일본에 있는 낙랑 유물

일본에 있는 낙랑 유물

2008년 8월 11일 초판 1쇄 인쇄
2008년 8월 21일 초판 1쇄 발행

지은이 | 이현혜 · 정인성 · 오영찬 · 김병준 · 이명선
펴낸이 | 권혁재

책임편집 | 선시현

펴낸곳 | 학연문화사
등록 | 1988년 2월 26일 제 2-501호
주소 | 서울특별시 금천구 가산동 371-62 우림라이온스밸리 B동 712호
전화 | 02-2026-0541~4
팩스 | 02-2026-0547
이메일 | hak7891@chol.com / 홈페이지 | www.hakyoun.co.kr

ISBN 978-89-5508-162-6 93910

* 이 저서는 2005년 정부(교육과학기술부)의 재원으로 한국학술진흥재단의 지원을 받아 수행된 연구임(KRF 2005-078-AS0020)

일본에 있는 낙랑유물

樂浪

● 이현혜 · 정인성 · 오영찬 · 김병준 · 이명선 지음

학연문화사

■ 일러두기

1. 낙랑토성의 기와와 벽돌의 유물번호는 유물이 담겨있던 상자에 개별 번호를 부여한 다음, 상자에 담긴 유물에 다시 일련번호를 준 것이다.
2. 편집상의 문제로 도판에 실린 기와의 축소율이 다른 것이 있다.
3. 수막새는 배면에 '실로떼기' 흔적이 남아 있는 경우, 상하 위치를 반듯하게 놓았지만 문양면과 반드시 일치하는 것은 아니다.
4. 도면과 도판의 가편집은 정인성이 주도하고 정명주와 하세가와 나오(長谷川奈緖)가 보조하였다.
5. 도쿄대학 고고학연구실에서의 자료조사에서는 고토우 타다시(後藤直), 오누키 시즈오(大貫靜夫) 교수의 도움을 받았고, 건축학 연구실의 자료조사에서는 후지이 가이스케(藤井惠介) 교수와 츠노다 마유미(角田眞弓) 씨의 전폭적인 도움을 받았음을 밝혀둔다.

차례

CONTENTS

책을 내며

이 책은 일본 도쿄대학 문학부 고고학연구실과 공학부 건축학연구실에 보관된 樂浪 관련 유물 자료를 조사한 보고서이다. 중국 漢 帝國 팽창의 역사적 산물로 등장한 낙랑은 동아시아 지역 토착민들에게는 선진문물을 받아 들이는 창구이자 교역의 거점으로 기능하였다. 이 때문에 한국과 일본 고대사 연구자들은 낙랑 연구에 깊은 관심을 가지지 않을 수 없다.

낙랑 연구를 활성화하고 그 실체를 올바르게 파악하려면 실물 자료의 확보가 무엇보다 중요하다. 하지만 현재 국내연구자들이 활용할 수 있는 낙랑 고고학 자료들은 그리 많지 않다. 해방 이후 북한학자들에 의해 발굴조사된 낙랑 자료들은 모두 북한에 있어 접근이 어렵고, 보고서가 일부 나오긴 했으나 사진과 도면 자료가 아주 빈약하여 자료의 내용을 제대로 파악할 수 없다. 그리고 해방 전 일제 강점기에 일본학자들에 의해 발굴조사된 자료들은 조사 후 보고서가 출간되지 않은 경우가 많아 전모를 파악하기 힘들다. 일부 보고서가 제출된 경우에도 중요한 실물자료의 상당수가 일본으로 반출되어 국내 연구자들이 이용하기가 쉽지 않다.

일제 강점기에 일본으로 반출된 낙랑 관련 자료들은 일본 내의 여러 기관에 분산 소장되어 있다. 도쿄대학이 보관하고 있는 자료들도 그 중 하나이다. 토기, 청동기와 같은 일부 자료가 이미 수년 전부터 단편적인 논문 형식으로 학계에 소개되기 시작하였고, 이를 계기로 한국 연구자들에게도 자료의 존재가 널리 알려지게 되었다. 다행히 2005년에는 한국학술진흥재단의 연구비 지원으로 철기와 벽돌, 기와 자료에 대한 조사가 이루어졌고, 그 결과물로 이 책이 나오게 되었다. 조사 자료는 총 853점이며 기와 475점, 벽돌 219점, 철기 135점, 토기 10점, 기타 유물 14점이다. 이 유물들이 발굴되어 지상에 모습을 드러낸 이후 이 한 권의 책에 실리기까지 어언 수십년의 세월이 흘렀다. 깨어진 벽돌과 기와 조각들 그리고 붉게 산화된 철기 조각들 하나하나에 서려 있는 시간과 역사적 의미를 풀어내는 것은 앞으로 이 자료를 활용하게 될 연구자들의 몫이다.

이 방대한 분량의 자료들이 빛을 보기까지 많은 분들의 이해와 열정 그리고 수고가 있었다. 무엇보다 後藤直 교수 이하 도쿄대학 고고학연구실 소속 교수들의 학문 탐구에 대한 깊은 이해와 배려가 있었기에 이 조사 작업이 가능하였다. 또한 유물 세척부터 사진 촬영, 도면과 탁본 작성, 편집과 관련된 전 작업 과정을 지휘한 정인성 교수와 벽돌 탁본을 도운 주홍규, 정창희 등 조사보조원들의 순수한 열정과 헌신적인 노력이야말로 값진 결실을 거두게 한 원동력이었다. 그리고 이 책의 자료적 가치와 활용도를 높이기 위해 김병준 교수는 중국측 비교자료를 만들고, 오영찬 박사는 낙랑 유물의 반출경위를 밝히는 논고 작성에 수고를 아끼지 않았다.

마지막으로 출판업계의 어려운 사정에도 불구하고 도면과 사진으로 가득 채워진 이 책의 출판을 기꺼이 맡아 주신 학연문화사 권혁재 사장님과 실무를 담당한 편집부 직원들께도 깊은 감사를 드린다.

2008년 7월

필자를 대표하여 이 현혜 씀

들어가는 글

이현혜(한림대)

기원전 108년 중국 漢나라 武帝가 위만조선의 영역에 4郡을 설치하면서 樂浪郡은 시작되었다. 1945년 이전까지 樂浪[1] 연구를 주도한 것은 일제 관학자들이었고 이들에 의해 평양 일대의 낙랑 유적, 유물들이 처음으로 발굴조사되기 시작하였다. 1960년대 이후에는 북한학자들에 의해 평양 낙랑구역 일대의 고분들이 활발하게 발굴조사되어 낙랑 고고학 자료가 양적으로 크게 증가하였다.[2] 2000년대에 들어와 한국학계에서도 낙랑 문제에 적극성을 띠기 시작하여 2001년 국립중앙박물관이 낙랑유물 특별전을 열었고,[3] 2003년 7월에는 한국고대사학회가 『동아시아에서의 낙랑』이란 주제로 하계 세미나를 개최하였다.[4] 뒤이어 2005년 10월에는 한국상고사학회가 「낙랑의 고고학」을 주제로 학술발표회를 개최하는 등[5] 낙랑에 대한 연구 관심이 높아졌다. 그 결과 한국고대사, 고고학뿐 아니라 중국사 연구자들도 낙랑 연구에 동참하면서 낙랑 연구 성과가 점차 늘어나고 있다.[6]

1 이하 이 글에서는 대방군을 포함하여 한반도에 설치된 중국의 군현을 통칭하는 용어로 사용한다.
2 『고고학자료집』 5, 1978.
『고고학자료집』 6, 1983.
리순진, 1996, 『평양 일대 락랑무덤에 대한 연구』.
리순진 · 김재용, 2002, 『락랑구역 일대의 고분발굴보고』.
3 국립중앙박물관 편, 2001, 『낙랑』.
4 한국고대사학회, 2004, 『한국고대사연구』 34.
5 한국상고사학회 33회 학술발표대회 발표요지, 2005, 『낙랑의 고고학』.
6 권오중, 1993, 『낙랑군연구』.
이남규, 1993, 「1~3세기 낙랑지역의 금속기문화」, 『한국고대사논총』 5.
정인성, 2000, 「낙랑토성 내에서의 청동기제작과 공방의 위치」, 『경북대학교 고고인류학과설립 20주년기념논총』.
오영찬, 2001, 「낙랑토기의 제작기법」, 『낙랑』, 국립중앙박물관.
______, 2001, 「낙랑 마구고」, 『고대연구』 6.
______, 2003, 「낙랑군의 군현지배」, 『강좌 한국고대사』 10.
______, 2004, 「국립중앙박물관 소장 낙랑고분 자료와 연구현황」, 『한국 고대사연구』 34.
정인성, 2004, 「낙랑토성의 활석혼입계토기와 그 연대」, 『백제연구』 40.
______, 2004, 「낙랑토성의 토기」, 『한국고대사연구』 34.
김무중, 2004, 「고고자료를 통해 본 백제와 낙랑의 교섭」, 『호서고고학』 11.
오영찬, 2005, 『낙랑 · 대방군 지배세력연구』, 서울대학교 대학원 박사학위논문.
______, 2006, 『낙랑군연구』.
김병준, 2006, 「중국고대 간독자료를 통해 본 낙랑군의 군현지배」, 『역사학보』, 189.
동북아역사재단, 2006, 『낙랑문화연구』.

그러나 지금까지의 낙랑 연구를 살펴보면 낙랑에 대한 연구 시각은 각국의 입장과 시대적 배경에 따라 다양하기 그지없다. 일제 강점기 일본학자들은 낙랑군을 중국 식민통치가 실시된 지역으로 파악하여 이른바 그들의 식민사관을 뒷받침하는 근거로 적극 활용하였다. 이에 대한 반론으로 북한학계는 낙랑군 평양 소재설을 아예 부인하고 있다. 1993년 이전 북한학계는 평양 일대의 낙랑 유물, 유적을 기원전 108년 요동에 중심지를 두고 있던 고조선이 멸망한 후 고조선 주민과 통치계급이 서북조선으로 이동하여 남긴 것으로 해석하였다.[7] 그 후 1993년 고조선의 중심지를 요동설에서 평양설로 수정하고 계속하여 평양의 낙랑 유물 · 유적을 『삼국사기』에 나오는 崔理의 낙랑국[8]과 관련지우고 있다.[9]

반면 한국학계는 낙랑군 평양 소재설을 일반적으로 인정하고 있으나 낙랑군의 성격에 대해서는 입장이 조금씩 다르다. 낙랑군의 기능은 군현 안팎의 이민족 집단들이 중국에 대해 위협이 되지 않도록 조정하는 것과 그들의 조공을 주선하고 지속시키는 데 있었다는 견해가 있다.[10] 이와 달리 낙랑군은 변경지역에 위치해 있긴 하지만 이곳에서도 다른 郡縣과 마찬가지로 문서행정과 율령을 근간으로 하는 중국의 군현지배가 실시되었다는 반론도 있다.[11] 군현 기능과 통치방식에 주목한 중국사 연구자들의 이러한 시각과는 달리 경제적인 측면을 부각시키는 입장도 있다. 한반도와 일본 열도의 토착집단들이 조공이라는 형식을 빌어 낙랑과 활발하게 물자교역을 전개한 것이 역사의 실상이므로 낙랑은 실질적으로 한 · 중 · 일 세 지역 간의 경제, 문화 교류의 거점으로 기능하였다는 것이다.[12]

반면 중국인들은 한반도 토착집단들이 낙랑군을 방문하여 공물을 바치고 官爵을 받는 것은 황제의 德治에 대한 感化와 중국적 통치질서에 복속하겠다는 표시로 해석하여 여전히 중국 중심 사고에서 벗어나지 못하고 있다. 그리하여 낙랑군의 존재는 중국 황제 직할지의 확대이자 중국 영토의 확대이며, 낙랑 지역은 중국 영토의 일부로 편입되어 중국 문화가 이식된 곳으로 본다.

이처럼 낙랑군의 소재지를 비롯하여 낙랑군의 기능과 군현 내의 통치 방식 등에 대해서는 다양한 논의들이 있다. 하지만 궁극적인 목표는 낙랑에 대한 선입견과 왜곡된 시각을 바로 잡고 낙랑의 역사적 실체를 올바르게 파악하는 것이다. 특히 한국고대사 연구자들이 낙랑과 빈번하게 교류하던 三韓, 東濊, 沃沮, 倭 등의 교역활동, 기술체계 그리고 문

7 사회과학원 고고학연구소, 1976, 『고조선문제연구논문집』.
8 『삼국사기』 고구려본기 대무신왕 15년조(AD 32).
9 고고학연구소, 2001, 『고조선력사개관』.
10 권오중, 1993, 『낙랑군연구』.
11 김병준, 2006, 「중국고대 간독자료를 통해 본 낙랑군의 군현지배」, 『역사학보』 189.
12 이현혜, 1994, 「삼한의 대외교역체계」, 『이기백선생고희기념한국사학논총(상)』(『한국고대의 생산과 교역』, 1998)
윤용구, 1999, 「삼한의 조공무역에 대한 일고찰」, 『역사학보』 162.

화의 변천과정을 밝히기 위해서는 낙랑의 물질문화와 기술체계에 대한 연구는 필수이다.

그런데 문헌기록만으로는 낙랑의 물질문화와 기술체계를 복원하는 데 많은 한계가 있다. 이 때문에 낙랑 연구자들은 고고학 자료를 핵심 연구자료로 활용하고 있다. 그러나 현재 국내 연구자들이 낙랑연구에 활용할 수 있는 고고학 자료들은 상당히 제한되어 있다. 그 이유는 1945년 이후 북한학자들에 의해 발굴조사된 낙랑 연구자료들은 모두 북한에 있고, 보고서가 일부 나오긴 했으나 내용이 간략하고 사진과 도면 자료가 아주 빈약하여 자료의 내용을 제대로 파악할 수 없기 때문이다. 그리고 1945년 이전 일제 강점기에 일본학자들에 의해 발굴조사된 자료의 대부분은 발굴조사 후 보고서가 출간되지 않은 경우가 많아 윤곽조차 파악하기 힘든 형편이다. 일부 보고서가 간행된 경우에도 중요한 실물 자료들이 일본으로 반출된 것이 적지 않다.[13] 이 때문에 국내 연구자들이 낙랑 연구에 활용할 수 있는 고고학 자료는 대단히 제한되어 있다. 근래 한반도 중부지역을 중심으로 낙랑계 유물들이 조금씩 발견되고 있기는 하지만 아직 소수에 불과하다.[14]

낙랑의 물질문화와 기술체계를 복원하기 위해서는 부족한 낙랑관련 1차 자료를 확보하여 연구를 활성화해야 한다. 특히 중국이 진행한 東北工程의 연구 주제의 하나로 낙랑문제가 포함되어 있어 낙랑의 실체에 대한 국내 학계의 학술적 대응이 어느 때보다 절실하다. 그러나 지금의 국내외 상황으로 미루어 북한에 있는 자료를 국내연구자들이 활용하는 것은 당분간 기대하기 어렵다. 이러한 학계의 필요에 부응하여 본 연구팀은 한국학술진흥재단의 연구비 지원을 받아 일제 강점기에 일본에 반출된 낙랑관련 고고자료들을 조사하였다. 이 책은 그 연구 조사활동의 결과물이며 구성과 내용은 다음과 같다.

일본으로 반출된 낙랑 자료는 현재 일본 내의 여러 기관에 분산 · 소장되어 있지만 가장 많은 곳이 도쿄대학이다. 이번에 조사대상으로 삼은 것은 도쿄대학 문학부 고고학연구실과 공학부 건축학연구실에 보관된 낙랑 유물이다. 제1장(정인성)은 도쿄대학 문학부 고고학연구실에 보관되어 있는 낙랑토성 출토 벽돌, 기와, 청동기, 철기 그리고 평양 석암리 205호분(王盱墓) 출토품에 대한 조사 결과이다.

낙랑토성은 낙랑군의 치소가 있었던 곳으로 1935년과 1937년 3차례에 걸쳐 실시된 발굴조사에 의해 방대한 분량의 유물(토기 300여 점, 철기 230여 점, 청동기 300여 점, 기와류 330여 점, 벽돌 200여 점, 토제품 120여 점, 석제품 50여 점, 유리제품 150점 이상)이 출토된 것으로 알려져 있다.[15] 이 유물들은 발굴 작업 후 보고서 발간을 위한 정리 작업이라는 명목으로

13 오영찬, 2004, 「국립중앙박물관 소장 낙랑고분 자료와 연구현황」, 『한국 고대사연구』 34, 한국고대사연구회.
14 기전문화재연구원, 2003, 『화성기안리마을유적, 기안리제철유적발굴조사』 현장설명회자료집.
박성희, 2003, 『경춘복선가평역사부지(달전리)발굴조사』.
김무중, 2006, 「마한지역낙랑계유물의 전개양상」, 『낙랑문화연구』, 동북아역사재단.
15 정인성의 조사에 의함.

일본 도쿄대학 문학부로 옮겨져 지금에 이르고 있다. 낙랑토성 발굴 직후 간단한 조사보고가 있었고,[16] 발굴조사 후 거의 30여 년이 지난 1964년에 발굴보고서가 간행되었지만[17] 일부 중요 유물과 유구 사진만 발췌, 수록하여 출토유물의 전모를 파악하기 어렵다. 기와와 벽돌에 대해서도 보고서에는 벽돌류 13점, 기와류 65점에 대한 사진 자료만 있고 개별 설명은 없다. 이 책에는 낙랑토성 출토 벽돌류 231점, 기와류 449점의 사진과 실측 도면 그리고 탁본 자료(와전류)를 수록하였다. 이러한 자료들은 낙랑 벽돌과 기와의 형태 및 제작기술에 관한 구체적인 정보를 제공할 것이다.

낙랑토성 출토 철기 유물의 경우, 1964년의 보고서에는 7점의 사진만 실려 있다. 이번 조사를 통해 130여 점의 철기가 확인되었다. 이는 1909년에 낙랑유적이 처음 조사된 이래로 지금까지 보고된 철기자료 전체 수량보다 더 많은 분량이다. 철기 조사자료 중 철기류 속성표와 실측도면 등 일부 자료는 조사활동 종료 직후 학계에 소개되었다.[18] 이 책에서는 실측 도면 이외에 사진과 철기 출토지점과 날짜를 명기한 철기 수납 종이 봉투 사진을 함께 수록하였다. 이러한 철기자료들은 낙랑지역 내에서의 철기 생산 여부를 검토하고 삼한 지역의 철기문화 전개과정을 밝히는 중요한 자료로 활용될 것이다. 특히 철기자료 중에 다양한 형태의 鑄造철기들이 포함되어 있어 낙랑군의 철기를 鍛造철기 중심으로만 생각하던 그간의 인식과는 차이가 있음을 보여준다.

다음으로 현재 도쿄대학 고고학연구실에 보관된 평양 석암리 205호분(王旴墓) 출토 토기, 청동기, 철기를 조사하였다. 이 고분은 1925년 발굴 후 5년 만에 정식 보고서를 출간하였으나[19] 보고서 완료 후 돌려주기로 약속한 출토품들은 반환되지 않은 채 아직도 도쿄대학 문학부에 보관되어 있다.[20] 이 가운데서 토기 8점, 청동기 4점 , 철기 3점, 기와편 3점을 조사하여 실측 도면과 사진을 다시 작성하고 자세한 자료 해설을 붙였다. 토기, 청동기는 보고서에 실린 자료를 토대로 확인, 재조사한 것이고, 철기와 기와편은 보고서에서 누락된 것을 새로 찾아낸 것이다. 기원후 1세기 후반에 축조된 것으로 추정되고 있는 이 고분에서 변형 화분형 토기가 출토된다는 사실과 鑄造 철부가 사용된다는 사실이 확인되었다.

제2장(정인성)은 도쿄대학 공학부 건축학연구실이 보관하고 있는 낙랑관련 유물을 조

16 朝鮮古蹟研究會, 1936, 『古蹟調査概報-昭和10年度 樂浪遺蹟』,
原田淑人 外, 1938, 「樂浪土城址の調査(概報)」, 『昭和12年度古蹟調査報告』.
17 東京大學文學部 考古學研究室, 1964, 『樂浪郡治址』.
18 정인성, 2006, 「낙랑토성의 철기와 제작」, 『낙랑문화연구』, 동북아역사재단 연구총서 20.
19 原田淑人 · 田澤金五, 1930, 『樂浪-五官椽王旴の墳墓』, 東京大學文學部.
20 정인성의 조사에 의하면 이 밖에 목관 하나도 통째로 옮겨져 있으며 비단을 포함한 각종 섬유류 자료와 발굴조사 당시, 그리고 보고서 작성 당시에 촬영한 유리원판이 보관되어 있다고 한다.

사한 것이다. 이 유물들은 대부분 일제 강점기 도쿄제국대학 공학부 교수로 있던 세키노 타다시(關野貞)가 발굴하거나 수집하여 일본으로 가져간 것이다. 이번에 조사한 것은 1909년에 세키노 타다시(關野貞)가 발굴한 평양 석암동 전실분에서 출토된 유물이다.『朝鮮古蹟圖譜』I 에[21] 실린 고분발굴에 대한 간단한 조사 내용과 사진자료를 토대로 발굴유물을 대조한 결과 석암동 전실묘 출토 토기 7점, 청동 거울 1점, 청동 팔찌 1쌍, 청동 반지 6개, 銅盌 1개와 다수의 五銖錢 꾸러미 등이 확인되어 정밀 조사를 하였다. 그리고 석암동고분(甲墳) 출토 금속기 6점을 확인하여 사진 촬영을 하였다. 이 고분들은 낙랑유적 중에서 전문가에 의해서 발굴된 최초의 고분으로 연구사적으로 중요한 유적이다.

이 밖에 공학부 건축학연구실에서 1910년과 1911년에 걸쳐 야츠이 세이이치(谷井濟一)가 발굴한 황해도 봉산군에 위치한 대방태수 張撫吏墓에서 출토된 기와편 4점, 文字塼 17점을 찾아내어 사진과 탁본 자료를 작성하였다. '帶方太守張撫吏' 라는 문자전이 출토된 이 고분은 지탑리(당)토성 서북쪽 5km 지점에 위치하여 이곳을 帶方郡 치소로 비정하는 중요한 고고학 증거가 되는 유적이다.[22] 이 고분에서 출토된 명문전은 각지에 분산되었으며, 그 중 많은 수가 일본으로 반출되었는데 도쿄대학의 건축학연구실에 가장 많이 보관되어 있다. 기와편은 봉토에서 출토된 것으로 이 유물들은 사진으로 일부가 보고된 바 있으나 도면자료는 물론 구체적인 관찰기록 등은 없었다.

다음으로 함경남도 영흥군 순영면(현 금야군 새동리) 소라리 토성과 그 주변에서 채집되어 현재 공학부 건축학연구실에 보관되어 있는 기와편 11점과 타날문토기편 3점에 대한 조사자료를 수록하였다. 소라리 토성은 낙랑군 東部都尉 7縣 중의 하나가 있었던 곳으로 추정되는 곳이다. 그리고 평남 온천군 어을동 토성(현 용강군 해운면 갈성리)에서 출토된 것으로 보이는 암키와편 1점도 조사하였는데 기와 제작 기법이 낙랑토성 출토품과 일치하는 것으로 밝혀졌다. 어을동 토성은 낙랑군의 관문인 대동강 하구에 위치하며 토성의 동북쪽 480m 떨어진 곳에서 黏蟬縣神祠碑가 발견되어 낙랑군 소속 점제현 치소로 추정되는 곳이다. 이 자료들은 토성의 축조시기와 성격은 물론, 낙랑군 내에서의 토기와 기와의 지역성 연구에 유용한 자료이다.

제3장(이명선)은 일본 東洋文庫 梅原末治 고고자료 중 낙랑토성과 석암동 205호와 관련된 자료만 발췌하여 별도의 목록을 만든 것이다. 梅原末治는 1930년대 이후 많은 낙랑유적을 조사한 인물로 그가 한반도에서 실시한 고적 조사과정에서 기록한 메모와 실측

21 關野貞 外, 1915,『朝鮮古蹟圖譜』(一), 東京.

22 關野貞 外, 1914,「樂浪 · 帶方の遺蹟」『朝鮮古蹟調査略報告』.
谷井濟一, 1911, 1912,「朝鮮通信」(1)(2),『考古學雜誌』2-2, 2-5.
______, 1914,「朝鮮平壤附近に於ける新發見せられてる樂浪郡時代の遺蹟」,『考古學雜誌』4-8.

도, 사진 등이 東洋文庫에 다량 소장되어 있다. 이 중에서 낙랑관련 미공개 자료를 찾아내기 위한 정밀 대조 작업을 계획하였으나 여러 가지 제약으로 말미암아 낙랑토성과 석암동 205호 관련 자료에 대한 목록 작성에 그치고 말았다. 하지만 이 자료는 일제강점기에 발굴조사된 유물의 소재 파악 등 앞으로의 정밀조사를 위한 기초자료가 될 것이다.

마지막으로 4장에는 조사 자료의 활용도를 높일 목적으로 두 편의 글을 실었다. 하나는 석암리 205호분의 발굴 허가 과정과 발굴 후 출토유물이 도쿄제국대학 문학부로 옮겨져 오늘에 이르게 된 경위를 자세히 밝힌 글이다(오영찬). 1925년 도쿄제국대학에서 실시한 평양 석암리 205호분의 발굴은 1916년 반포된 '古蹟及遺物保存規則'이 시행된 이후 조선총독부가 대학에 허가해준 단 한 번의 예외적인 발굴이었다. 이 논고에서 국립중앙박물관에 소장된 조선총독부박물관 시기의 문서를 조사하여 석암리 205호에 대하여 어떤 연유에서 조선총독부가 예외적으로 도쿄제국대학에 발굴 허가를 내어 주었는지 그리고 그 과정이 어떠했는지를 밝혔다.

다른 하나는 1997년부터 2006년까지 발표된 중국 내 漢代 縣城 유지와 출토유물 목록이다(김병준). 이번 조사활동에서 가장 많은 양을 차지하는 낙랑지역의 기와를 중국 내의 자료와 비교할 수 있는 기초연구 자료로 활용하기 위한 것이다. 이는 동아시아의 문화교류라는 관점에서 낙랑유물을 재평가하는 단초를 열게 될 것이다.

이번 조사활동의 성과는 나름대로 중요한 의미를 가진다. 기본적으로 이 자료들은 낙랑 연구에 있어서 가장 큰 장애 요인이었던 1차 자료의 부족을 조금이나마 메워줄 수 있을 것이다. 특히 앞으로 새로운 발굴조사를 기대하기 어려운 낙랑군의 핵심 시설인 낙랑토성에서 출토된 기와와 벽돌 그리고 철기들을 전부 조사한 것은 중요한 성과라 할 것이다. 그리고 앞으로 일제강점기에 일본인에 의해 이루어진 유적조사와 문화재 반출 상황에 대한 체계적인 연구의 필요성을 제기한 점에서 또 하나의 의의를 찾을 수 있을 것이다.

아무쪼록 이 책에 실린 자료들이 낙랑과 낙랑문화 연구에 밑거름이 되어 올바른 낙랑상을 확립하고, 중국의 東北工程에 대한 학술적 대응에도 긴요한 자료로 활용되기를 기대한다.

제 1 장

도쿄대학 문학부 고고학연구실 소장 자료

- 낙랑토성 출토 자료 — 정인성
- 평양 석암리 205호(왕우묘) 출토유물 — 정인성

낙랑토성 출토 자료

정인성

1. 유적 조사개요와 경과

한반도 서북지역의 평양시를 北東에서 南西 방향으로 가로지르는 대동강 남안에는 낙랑군시대의 것으로 이해되는 수천기의 고분이 산재하고 그 중심부에 낙랑토성이 자리한다(그림 1 참조). 낙랑토성은 北壁의 일부가 대동강의 남안에 접하는데 발굴조사가 이루어진 해방 전(1935년, 1937년)에는 서벽과 남벽이 비교적 잘 남아 있었다. 도면에서 보는 것처럼 평면형은 전체적으로 不定形인데, 대동강으로 흘러드는 작은 지류가 토성의 동벽과 남벽 바깥쪽을 감싸고 있어 자연 해자의 역할을 하였다. 토성의 동쪽을 흐르는 지류를 사이에 두고 그 對岸은 고구려 기와가 많이 채집된 장소인데 세키노 타다시(關野貞)가 보고한 '토성리 출토 고구려 와당'이란 주로 이곳에서 채집된 것이어서 낙랑토성 출토유물과는 출토지점을 구분할 필요가 있다. 대동강과 접하는 북벽 바깥쪽에는 조사 당시까지도 부락민이 이용하던 선착장이 있었다.

낙랑토성이 처음으로 학계에 알려진 것은 1913년 9월의 일이다. 당시 關野貞 조사단의 일원이었던 야츠이 세이이치(谷井齊一)와, 이마니시 류(今西龍)가 일본 육군이 제작한 평양부근의 지도에 土城里라는 지명이 있는 것을 보고 그 부근을 답사한 결과 토루와 漢式 기와류를 발견한 것이 직접적인 계기가 되었다. 그 후 낙랑토성의 축조시기와 낙랑군치로 기능한 시기를 둘러싸고 일본 내의 사학계 및 고고학계를 중심으로 논쟁이 일어나 1930년대에 발굴조사가 이루어지게 되었다. 발굴조사는 1935년에 2회, 1937년에 1회 총 3차례에 걸쳐서[1] 이루어졌는데 조사를 담당한 조직은 당시 조선총독부의 외곽단체 중의 하나였던 「朝鮮古蹟研究會」였다. 그렇지만 실제로는 도쿄대학에서 개설된 최초의 고고학강좌를 담당한 하라다 요시토(原田淑人)를 主査로 고마이(駒井和愛)가 현장조사를 담당하였다. 3차례에 걸친 조사에서 출토된 유물은 보고서 발간을 위한 정리 작업이라는 명목으로 대부분이 반출되어 현재 도쿄대학 문학부에 보관되었다. 당시의 발굴조사 내용에

1 1차 조사는 1935년 4월 9일에서 4월 30일, 2차 조사는 同年 9월 6일에서 10월 18일 그리고 3차 조사는 1937년 5월 29일에서 6월 26일까지 실시되었다.

관해서는 몇 차례 약식의 보고가 제출되었으나, 정식보고서는 1964년이 되어서야 출간되었다.

1964년의 보고서는 발굴 당시의 약식 보고를 바탕으로 약간의 유구 · 유물사진을 보탠 것에 불과해 출토유물 전반의 보고는 이루어지지 않았다. 『報告書』에서 강조한 조사성과로는 시중의 골동품으로 그 존재가 알려져 진위여부를 둘러싸고 異見이 있었던 봉니 일부와 '樂浪禮官' 명 와당이 실제 발굴조사에서 출토된 사실을 들고 있다. 그러나 한편으로는 낙랑토성의 축조연대나 낙랑군치로 기능한 기간, 그리고 낙랑토성이 위만조선 이래의 왕검성인지 등의 논란을 확인해 줄 구체적인 고고자료를 확보하지 못했다고 밝히고 있다.

보고서가 출간된 후에는 낙랑토성 혹은 그 출토유물에 대한 연구는 거의 이루어지지 않았다. 그러다가 1980년대가 되어 타니 토요노부(谷豊信)에 의해 낙랑토성 출토유물에 대한 새로운 정리 작업과 연구가 시작되었다. 그는 1983년부터 1986년까지 차례로 낙랑토성 내의 개별 유구나 출토 토기에 관한 연구결과를 발표했다. 谷豊信의 일련의 연구로 인해 낙랑토성 내부에 산재하는 여러 遺構들의 성격이 보다 분명해 진 점이 인정된다. 그렇지만 이때에도 토기를 제외한 나머지 유물에 대한 검토가 이루어지지 않았다.

그 후 2000년부터 도쿄대학 고고학연구실에 유학하던 필자에 의한 정리와 부분적인 보고가 이루어져 왔다.

여기서는 낙랑토성에서 출토되어 반출된 많은 유물들 중에서 도쿄대학 문학부 고고학연구실의 배려로 이번에 조사한 瓦塼類와 철기를 중심으로 소개하고자 한다.

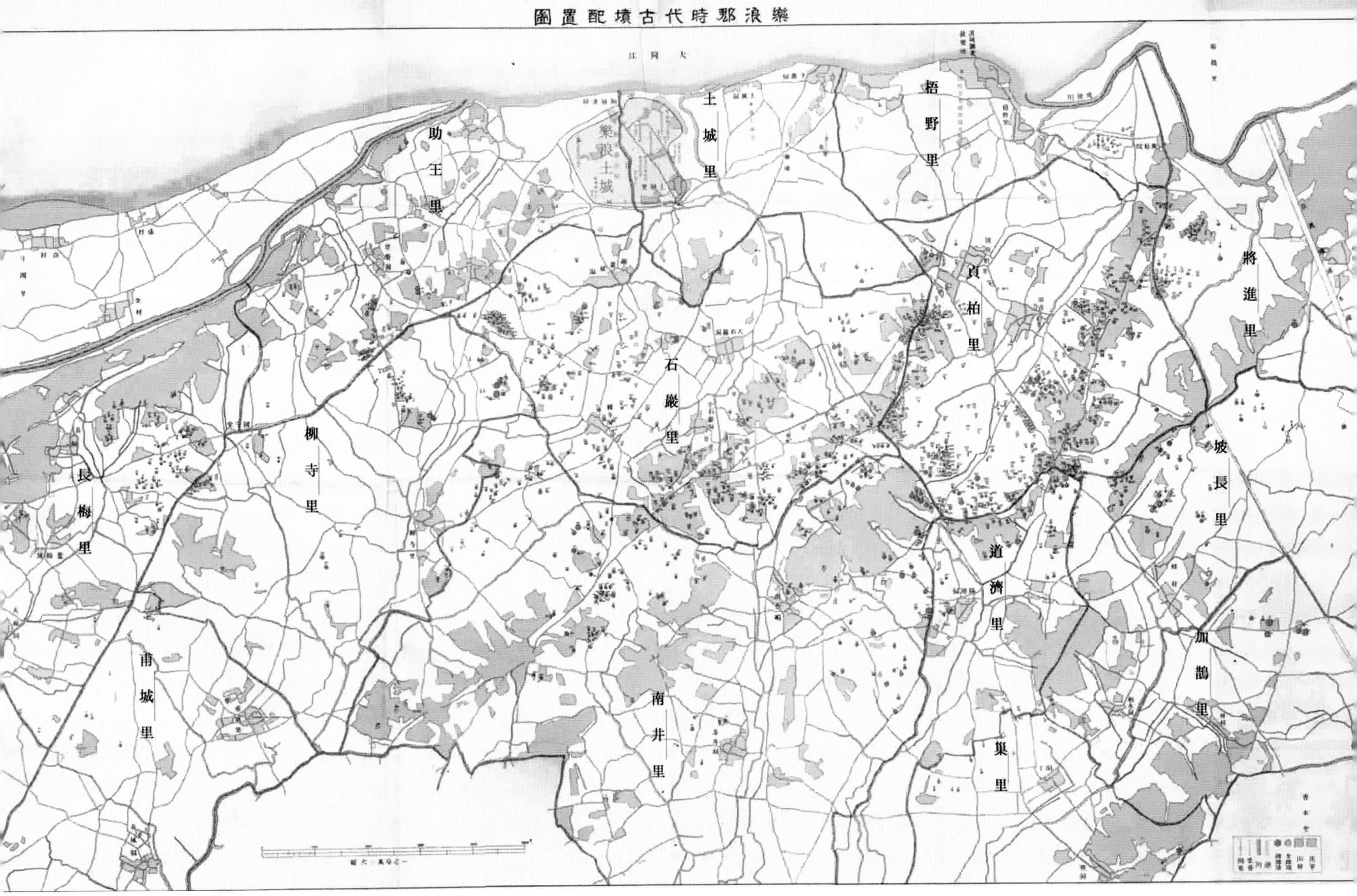

그림 1　낙랑토성 및 주변 고분의 분포(『樂浪郡時代의 遺蹟』의 지도에 가필)

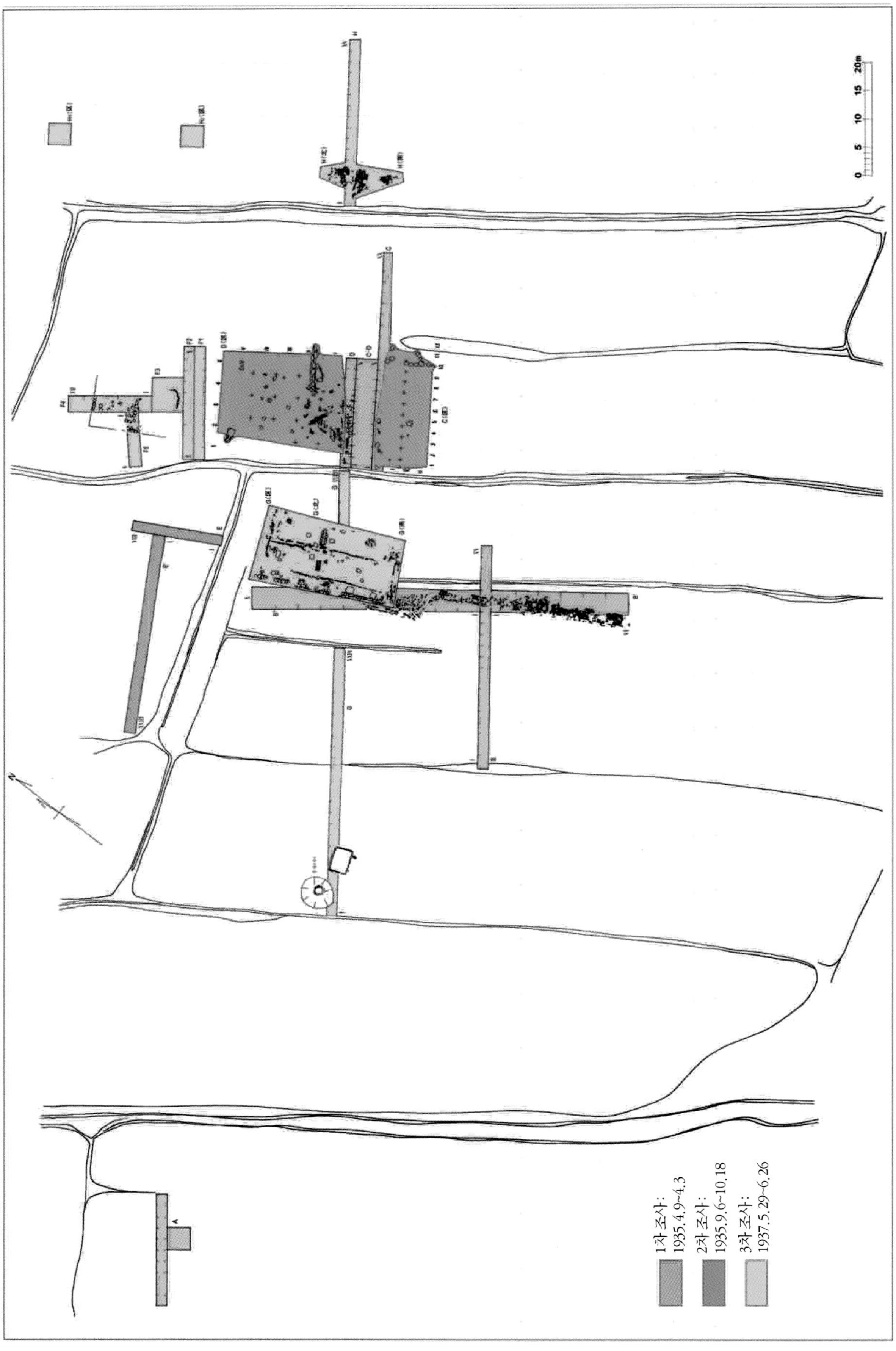

그림 2 낙랑토성 내 발굴조사 트렌치 배치도

2. 벽돌(塼)류

1) 자료의 개요

낙랑토성에서 출토되어 도쿄대학으로 반출된 塼은 223점을 넘는 것으로 조사되었다. 이번에 조사한 자료는 모두 230점 정도지만 이 중에는 혼입된 유물들이 부분적으로 포함되어 있었다. 조사 당시 낙랑토성의 塼은 대부분 세척되지 않은 상태로 플라스틱 유물상자와 나무상자에 나누어 담겨 있었고 상자의 바깥에는 매직과 분필로 '樂浪土城'이라고 적혀 있었다. 다만 1964년에 제출된 보고서『樂浪郡治址』에 수록된 자료는 문학부 고고학연구실의 열품실에 따로 보관되어 있었다. 이들 자료는 낙랑고분에서 출토된 전들과 형태적으로 혹은 제작기법상으로 일치하기 때문에 대개 낙랑토성에서 출토된 것으로 판단하여 크게 틀리지 않을 것이다. 이는 일부 전에서 발견되는 주기가 모두 낙랑토성의 발굴시에 설치한 트렌치 번호와 일치하는 것을 보아도 알 수 있다.

물론 유물 중에는 분명한 혼입품이 존재한다. 하나는 통일신라시대 경주의 '四天王寺'에서 출토된 것인데 어찌된 일인지 낙랑토성이라고 적힌 상자에 들어 있었다. 그리고 요동지역의 전실묘에서 출토된 것으로 보이는 전이 2점 확인되었으며, 낙랑전인지 아닌지 애매한 것이 2점 정도이다. 고고학연구실에 오랫동안 보관되면서 이들 전들의 보관 장소는 몇 번이고 이동되었고 이를 보관하는 상자도 바뀐 것으로 확인되었다. 유물의 보관 장소와 유물상자를 교체한 다음 關野貞의 아들이면서 중국고고학을 전공하여 도쿄대학에 재직하던 세키노 유(關野雄) 선생이 상자의 내용을 확인하면서 그 바깥에 낙랑토성이란 주기를 하였다고 한다. 이후 이들 상자는 뚜껑이 덮이지 않은 상태에서 장기간 보관되었고, 다른 시기, 다른 지역 출토 유물들이 인접하여 보관되어 있었기 때문에 성격이 다른 유물이 혼입될 개연성은 인정된다.

2) 조사 내용

낙랑전에 대한 조사 작업은 우선 세척과 주기부터 시작하였다. 세척은 출토된 뒤 오랜 시일이 경과하였기 때문에 표면에 부착된 흙을 제거하는 데 많은 시간과 노력이 요구되었다. 또한 전 자체가 가지는 무게는 이러한 작업을 더욱 힘들게 하였다. 塼에 대한 주기는 확인된 낙랑전이 담긴 상자에 우선 일련 번호(樂·塼 1~29)를 주었고 개별 상자에 담긴 유물에는 다시 개별적으로 번호를 부여했다. 낙랑토성의 조사내용에 대한 개보와 1964년의 보고서 작성 과정에서 세척되어, 열품실에 따로 보관되었던 塼들에는 30번이라는 번호를 부여했다. 주기가 끝난 塼은 우선 탁본을 만들고 특징을 관찰하였으며 사진을 촬영했다.

낙랑토성에서 출토된 전은 우선 형태 및 사용법에 따라 크게 장방형과 쐐기형으로 나누어진다. 장방형 전은 길이가 폭의 2배에 이르고 문양이 있는 것과, 활석이 혼입되어 문양이 없고 길이과 폭의 차가 거의 없는 것이다. 전자는 낙랑의 전실묘 축조에 사용되는 것과 동일하지만 후자는 고분에서 출토된 예가 없다. 측면에 문양이 전혀 없는 점 등을 고려하면 쌓는 용도가 아니라 회랑이나 보도를 만드는 데 사용된 것으로 추정된다. 문양이 있는 장방형 전은 장부 촉과 장부 구멍이 있는 장부전과 촉과 구멍이 없는 것으로 세분된다.

쐐기전은 전실묘 축조에서 연도부 아치를 만드는 데 사용하는 것이다. 낙랑토성에서 출토된 쐐기전은 크게 2가지가 있다. 하나는 평면 장방형이면서 측면의 두께가 다른 것이고, 다른 하나는 두께는 균일하나 평면형 자체가 사다리꼴을 띠는 것이다.

장부전의 경우 장부 촉이 있는 쪽을 상위로 하고 타날이 있는 넓은 면을 表面, 타날이 없는 반대쪽을 裏面이라 한다. 장방형 문양전의 경우에도 타날된 넓은 면을 表面이라 하는데 문양이 있는 좁은 측면을 상위로 둔다.

낙랑토성에서 출토된 개별 塼의 특징에 대해서는 다음의 표로 정리하였다.

〈표 1〉 **낙랑토성 출토 전(塼) 속성표**

연번	유물번호	종류	크기 길이 X 폭 X 두께	특징	비고
1	樂·塼 1-1	장방형, 문양, 장부전	(13)X12.5X5.4	泥質 소성, 'C' 라고 주기 되었음. 장부 구멍 있음, 중판타날	1-9와 접합됨
2	樂·塼 1-2	장방형, 문양	(13)X15 X6.1	회황색, 와질소성, 사립 다량 함유, 'Gl' 이라고 주기되었음	1-4와 접합됨
3	樂·塼 1-3	장방형, 문양	(22)X15X6	니질태토, 와질소성	
4	樂·塼 1-4	장방형, 문양, 장부전	(22.5)X15.4X6.2	회황색, 석사립 다량 함유, 장부 구멍이 있음	1-2와 접합됨
5	樂·塼 1-5	장방형, 문양, 장부전	(17.5)X14.8X5.3	석립 많이 혼입됨, 단판승문타날	
6	樂·塼 1-6	장방형, 문양, 장부전	(13.3)X15.5X5.5	석립 혼입됨, 장부 구멍 파손	
7	樂·塼 1-7	장방형, 문양, 문자전	(19.4)X6.7X4.5	'Gl' 이라고 주기되었음, 회색, 吉? 로 읽히는 문자 있음	
8	樂·塼 1-8	장방형, 문양	(17)X16X5.	회황색, 석립 소량 함유, 단판타날구에 의한 승문타날	
9	樂·塼 1-9	장방형, 문양, 장부전	(?)X13.7X5.4	니질태토, 와질소성, 중판타날, 장부 측 파손	
10	樂·塼 1-10	장방형, 문양	(14.8)X12.8/13.3X4.5,4.7	석립 소량 혼입, 소성도 낮음	거의 완형
11	樂·塼 2-1	장방형, 문양	(30)X15.7X3.9	단판승문타날 관찰됨, 석립 혼입	
12	樂·塼 2-2	장방형, 문양	(30.5)X16X5.8	니질태토, 소성도 중, 단판승문타날	
13	樂·塼 2-3	장방형, 문양	36X19.1X4.2	니질태토, 상면과 좌면에 용문이 표현되었음, 상하를 눌러서 제작	낙랑전에 유례가 없음, 혼입품
14	樂·塼 2-4	장방형, 문양, 쐐기전	(24.2)X15.7X4.7,5	석립 혼입, 상면에 기하문	
15	樂·塼 2-5	장방형, 문양, 쐐기전	32.4X15.7X4.7,5.1	니질태토, 하면에 문양이 있음	
16	樂·塼 2-6	장방형, 문양	29.9X14.5X4	상면에 기하문이 있음, 소량의 석립 혼입	완형
17	樂·塼 3-1	장방형, 문양	33.5,33.9X16.6X5.7	상면에 두꺼비와 토끼 표현됨, 큰 석립 소량 혼입, 겹쳐쌓기 흔 있음	완형
18	樂·塼 3-2	장방형, 문양	33.6X16/16.3,16.7X5.9	사립 혼입된 니질태토, 와질소성, 상면과 우측면에 문양 있음	거의 완형
19	樂·塼 3-3	장방형, 문양	32.5X16.2/16.4X4.9	상면에 기하문, 단판타날, 니질태토, 와질소성, 겹쳐 쌓고 소성한 흔적	우측면 문자
20	樂·塼 3-4	장방형, 문양	(30.1)X(13.3)/15.9X4.9/4.6	우측면 문양 사이에 문자 있음, 석립 혼입	
21	樂·塼 3-5	장방형, 문양, 장부전	(?)X12.5/12.2X5.9	석립 혼입, 장부 구멍 파손	
22	樂·塼 4-1	장방형, 문양	(19)X16.8X4.8	석립 혼입, 기포 흔적, 중판타날?	
23	樂·塼 4-2	장방형, 문양, 장부전	(16)X14.5X4.3	석립 다량 혼입	
24	樂·塼 4-3	장방형, 문양, 장부전	(16)X15.4X4.7	극히 소량의 석립 혼입, 장부 구멍 : 1.8cm, 기하학 무늬 시문	
25	樂·塼 4-4	장방형, 문양, 쐐기전	16.5X(15.8)X3.5, 4.7	석립 다량 혼입, 단판타날	
26	樂·塼 4-5	장방형, 문양	(18)X15.7X5.5	우측면에 사격자문 시문, 석립 혼입	
27	樂·塼 4-6	장방형, 문양	(13)X12.6X3.6/6	니질태토, 굵은 승문타날흔이 관찰됨, 기포 흔적이 확인됨	
28	樂·塼 4-7	장방형, 문양, 장부전	(10)X(17)X3.3	장부 구멍 관찰됨, 석립 소량 혼입	
29	樂·塼 4-8	장방형, 문양	(12)X15.8X5	석립 다량 혼입	
30	樂·塼 4-9	장방형, 문양	(12)X13.5X4	니질태토	
31	樂·塼 4-10	장방형, 문양	(13)X(8)X4.1	대립의 석립 소량 혼입	
32	樂·塼 4-11	장방형, 문양	(15)X(9.6)X6.2	석립 다량 혼입	
33	樂·塼 5-1	장방형, 문양, 장부전	(28?)X15.6X4.8	승문타날 후 긁어내기 조정, 석립 소량 혼입, 장부 구멍 : 0.9cm	
34	樂·塼 5-2	장방형, 문양	35X16.6X4.6	상면, 우측면 기하학 문양, 단판타날, 니질태토	완형
35	樂·塼 5-3	장방형, 문양, 장부전	31.7 X14.2X5.4	노끈눈이 굵은 승문타날, 극히 소량의 석립 혼입	완형
36	樂·塼 5-4	장방형, 문양	(32)X16.9X4.3	소성도 경질에 가까움, 단판타날, 상면과 우측면에 문양 있음	완형

37	樂·塼 5-5	장방형, 문양, 장부전	30.7X14.7X4.7	니질소성, 소성과정에 생긴 얼룩 있음, 단판타날	거의 완형
38	樂·塼 5-6	장방형, 문양	32.2X16.8X5.1	단판승문타날 관찰됨, 석립 소량 혼입	
39	樂·塼 6-1	장방형 부전		활석립 다량으로 혼입, 문양은 없음, 겹쳐 쌓고 소성하였기에 얼룩	완형
40	樂·塼 6-2	장방형, 문양, 문자전	33/(29)X17X4.6	상면과 우측면 기하문, 문자 관찰됨, 석립 혼입	문자, 거의 완형
41	樂·塼 6-3	장방형, 문양	32X14.4X4.2	소성도가 대단히 높음, 상면과 우측면 문양, 석립 혼입	완형
42	樂·塼 6-4	장방형, 문양, 장부전	29.5X15X4.8	석립 소량 혼입, 장부 구멍 : 1.3cm / 장부 촉 : 1.5cm	거의 완형
43	樂·塼 6-5	장방형, 문양	(24.8)X14.5X4.4	벽돌과 토기 조각이 태토에 혼입, 굵은 석립 혼입, 'B' 라고 쓴 주기	
44	樂·塼 6-6	장방형, 문양	(22)X15X4.6	무질서한 단판타날, 우측면에 문양, 석립 혼입	
45	樂·塼 6-7	장방형, 문양	(14.7)X(11.2)X4.6	적갈색, 토기와 벽돌 조각 혼입	
46	樂·塼 6-8	장방형, 문양	(3.5)X(9)X5.2	적갈색 색조, 니질태토, 기하문	
47	樂·塼 6-9	작은 파편		적갈색	
48	樂·塼 6-10	작은 파편		적갈색	
49	樂·塼 7-1	장방형, 문양	15.3X13.5X4.8	니질태토, 상면과 우측면에 기하문, 중판타날	
50	樂·塼 7-2	장방형, 문양	(31.7)X15.1X4.8	제법 굵은 자갈이 태토에 혼입됨	
51	樂·塼 7-3	장방형, 문양, 쐐기전	(29,30.2)X(9,14.5)X5.3	승문이 아니라 승석문 압흔, 니질태토	완형
52	樂·塼 7-4	장방형, 문양, 장부전	(15.5)X14.9X4.9	단판승문타날, 황색 색조, 석립 소량	
53	樂·塼 7-5	장방형, 문양, 장부전	(19.8)X(16.1)X5.7	석립 극히 소량 혼입, 장부 구멍 : 2.2cm	
54	樂·塼 7-6	장방형, 문양, 장부전	(15)X15.3X4.3	석립 혼입, 장부 촉 : 1.5cm	
55	樂·塼 7-7	장방형, 문양	(19)X13.2X4.5	석립 혼입, 좋은 질	
56	樂·塼 7-8	장방형, 문양	15.6X(12.3)X4.2	석립 다량	
57	樂·塼 7-9	장방형, 문양	(12)X(12.4)X5.2	석립 다량	
58	樂·塼 8-1	장방형, 문양, 장부전	34.5X17.8 X6	석립(소) 다량 혼입, 장부 촉 : 1.7cm	
59	樂·塼 8-2	장방형, 문양, 쐐기전	(19)X(15.7)X3.8,4.7	석립 다량 혼입. 상면과 우측면에 문양 있음	
60	樂·塼 8-3	장방형, 문양	(18.2)X16.6X5.6	황색, 니질태토, 표면에서 흑립이 다수 관찰됨	
61	樂·塼 8-4	장방형, 문양, 쐐기전	(19.2)X15.6X4.6	타날판 노끈눈이 굵음. 소량의 석립 혼입	
62	樂·塼 8-5	장방형, 문양	(18)X15.3X4.8	단판타날판의 노끈눈이 굵음, 극히 소량의 석립 혼입, 소성도 높은 편	
63	樂·塼 8-6	장방형, 문양, 쐐기전	(16.2)X(16.3)X3.4~4.5	단판승문타날, 니질태토, 소성도	
64	樂·塼 8-7	장방형, 문양	(19.2)X(13.9/10.4)X4.6	니질태토	
65	樂·塼 8-8	장방형, 문양	(11.5)X15.8X5	극히 소량의 석립 혼입	
66	樂·塼 9-1	장방형, 문양	31.8 X16.3X4.2	表面에 승문타날흔 선명, 대 · 소 석립 혼입	완형
67	樂·塼 9-2	장방형, 문양, 문자전	24X14.2 /(6.4)X4.6	그을음, 석립 혼입, 전체적으로 검은색	王五?
68	樂·塼 9-3	장방형, 문양, 장부전	(26.1)X16.1X5.5	석립 혼입, 장부 촉 : 0.8cm	
69	樂·塼 9-4	장방형, 문양, 문자전	(21.4/8.2)X5.9X4.9	황색, 그을음, 석립 혼입, 상면에 문자를 표현함	王平
70	樂·塼 9-5	장방형, 문양	(16.2)X15X3.9	대립 소량	
71	樂·塼 9-6	장방형, 문양	(7.6) X15.9X4.7	측면에 눌린 자국 있음, 소량의 굵은 석립 혼입	
72	樂·塼 9-7	장방형, 문양	(31.5)X14.8X4.1	적갈색, 흑색 입자가 군데군데, 백색회가 부분적으로 부착됨	
73	樂·塼 10-1	장방형 부전	33.8X24.9X5.2	석립 다량 혼입(대부분 활석임), 'D' 주기	부전(敷塼), 완형
74	樂·塼 10-2	장방형 부전		활석립 다량으로 혼입, 문양은 없음, 겹쳐 쌓고 소성하였기에 얼룩	부전(敷塼), 완형
75	樂·塼 10-3	장방형, 문양, 장부전	31.6X16.4X5.3	석립(대) 혼입, B'Ⅲ라 주기, 장부 촉 부분 파손, 장부 구멍 : 2cm	완형

76	樂·塼 10-4	장방형, 문양	(17.5)X14.2X4.7	표면에 회백색 회가 고착되어 있음, 석립 소량 혼입	
77	樂·塼 11-1	장방형, 문양	(18.4)X16.5X4.9	석립(알맹이 대) 소량, 다갈색	
78	樂·塼 11-2	장방형, 문양, 장부전	(21.5)X15.6X5.2	석립(소) 소량, 장부 구멍 : 2.2cm	
79	樂·塼 11-3	장방형, 문양, 장부전	(17.5)X16.3X5.3	석립(대) 혼입, 장부 구멍 : 1.5cm	
80	樂·塼 11-4	장방형, 문양, 장부전	(17)X15.7X4.8	니질태토, 좌측면에 겹쳐 쌓기에 의한 다른 전의 문양이 전사됨, 장부 촉: 1.3cm	
81	樂·塼 11-5	장방형, 문양	(23)X14.5 X3.8	석립 극히 소량 혼입	
82	樂·塼 11-6	장방형, 문양	(15)X16X5.2	석립 소량 혼입	
83	樂·塼 11-7	장방형, 문양	(21)X15X4.2	석립 혼입, 엷은 문양 있음	
84	樂·塼 11-8	장방형, 문양	35.3X16.8X5	단판인 승문타날, 석립(대) 혼입	거의 완형
85	樂·塼 12-0	장방형, 문양	20.4X(14.5)X6.6	적갈색, 석립 혼입	
86	樂·塼 12-1	장방형, 문양, 문자전	(23)X16X4.9	상면에 문자 있음, 그을음, 석립 혼입	王平
87	樂·塼 12-2	장방형, 문양, 장부전	(22.5)X16.4X5.8	석립 혼입, 황색, 장부 촉 파손	
88	樂·塼 12-3	장방형, 문양	(20.1)X13.3/(12.5)X4	석립 소량 혼입	
89	樂·塼 12-4	장방형, 문양	(18)X15 X4.9	소량	
90	樂·塼 12-5	장방형, 문양	(23.5)X15.9X4.3	타날판의 평태가 선명함, 부분적으로 석회 자국, 니질태토	
91	樂·塼 12-6	장방형, 문양	(19.5)X16.9 X4.5	석립 혼입	
92	樂·塼 12-7	장방형, 문양	(19.6)X(12)X4.9	니질태토	
93	樂·塼 13-1	장방형, 문양	31.4X15.8X4.4	작은 돌과 큰 입자의 사립 합유	완형
94	樂·塼 13-2	장방형, 문양	(17.8)X(16.8)X5.2	석립 혼입, 와질소성, 겹쳐 쌓아 건조한 까닭에 다른 전의 문양이 전사됨	
95	樂·塼 13-3	장방형, 문양	(19.2)X15.6X5.7	석립 많이 혼입됨	
96	樂·塼 13-4	장방형, 문양, 쐐기전	17X(8.4,11,13)X4.1	탁본 없음	
97	樂·塼 13-5	장방형, 문양, 쐐기전	(14)X(13)X(?)	탁본 없음	
98	樂·塼 13-6	장방형, 문양, 문자전	(17.8)X15.8X4	단판승문타날구에 의한 타날, 상면에 문자 있음	大吉
99	樂·塼 13-7	장방형, 문양	(19.5)X(18.5)X5.6	한쪽면에 '四天王寺' 주기(문양안 테두리 : 5.8cm)	통일신라 전, 혼입품
100	樂·塼 14-1	장방형, 문양	33X14.8X6.4	황색, 'GI' 주기, 겹쳐 쌓고 건조한 흔적	완형
101	樂·塼 14-2	장방형, 문양	32.5X(15.2?)X3.6	작은 돌이 몇 개 혼입, 좌우측면에 겹쳐 쌓고 건조시킨 흔적 관찰됨	완형
102	樂·塼 14-3	장방형, 문양, 장부전	30.5(22)X14.8X5	장부 촉 파손, 석립 혼입, 'D' 라고 쓴 주기, 장부 구멍 : 2cm, 석사립이 많이 혼입됨	거의 완형
103	樂·塼 14-4	장방형, 문양	(25)X16.5X3.8	상면에 문양 있음, 석립 혼입	
104	樂·塼 14-5	장방형, 문양, 장부전	29.6X13.6X5	줄무늬가 있음, 장부 구멍 : 2cm/장부 촉 : 1.9, 2.2cm	
105	樂·塼 14-6	장방형, 문양, 장부전	30.5X15.8X5.8	석립 혼입, 장부 촉 : 1.1/장부 구멍 :1.2cm	
106	樂·塼 15-1	장방형, 문양, 문자전	(31)X14.4X4.2	황색, 석립 혼입, 'GI' 주기	大吉
107	樂·塼 15-2	장방형, 문양, 장부전	(18)X(16)X5.5	석사립이 많이 혼입됨. 장부 구멍: 1.2cm	
108	樂·塼 15-3	장방형, 문양	14.8X(10.5)X4.8	태토에 검은 점 같은 입자가 많음, 적갈색, 화이트로 '樂G區 井戶' 주기	
109	樂·塼 15-4	장방형, 문양, 장부전	(13.8)X14.6X6.1	니질태토, 화이트로 '樂G區 井戶' 주기	
110	樂·塼 15-5	장방형, 문양	(6.1)X(4.2)X5.9	니질태토, 화이트로 'RY35-C' 주기는 근년 연구실의 이시카와(石川)가 하였으나 낙랑전이 분명함	
111	樂·塼 16-1	장방형, 문양	31.5X15.6X5.7	니질태토	16-7.8 접합, 완형
112	樂·塼 16-2	장방형, 문양	(30)X15X5.8	사립 혼입	
113	樂·塼 16-3	장방형, 문양	(14.8)X15.8X5.4	석사립 혼입, 'C' 라고 쓴 주기가 있음	

114	樂·塼 16-4	장방형, 문양	(20)X16.1X4.8	석립 혼입, 우측면에 건조 전에 X처럼 그은 흔적 있음	
115	樂·塼 16-5	장방형, 문양	(21.5/11)X(10.1)X6	니질태토	
116	樂·塼 16-6	문양전		문양면의 일부만 잔존, 석립 혼입	
117	樂·塼 17-1	장방형, 문양, 장부전	(16.5)X15.4X6.6	석립 조금 포함, 장부 촉 : 2cm	
118	樂·塼 17-2	장방형, 문양, 장부전	(24)X15.1X5.5	석사립 다량 혼입, 장부 구멍 : 0.8cm	
119	樂·塼 17-3	장방형, 문양, 장부전	27.5X11.8,13.6X4.4	니질태토, 모서리 파손	완형
120	樂·塼 17-4	장방형, 문양, 쐐기전	33.8X16.4X4.4,4.8	석사립 소량 포함, 'AX' 라 주기됨	완형
121	樂·塼 17-5	장방형, 문양	(16.3)X15.1X4	모서리 파손, 석립 전체적으로 다량 혼입, 소성된 토제품을 비짐으로 사용	
122	樂·塼 17-6	장방형, 문양	(11.5)X16.2X5.5	석사립 소량 포함	
123	樂·塼 17-7	장방형, 문양	(13.9)X(8.7)X4.7	석사립 소량 포함	
124	樂·塼 17-8	장방형, 문양	(9.3)X(8)X5.1	석립 조금 포함	
125	樂·塼 17-9	장방형, 문양	(9.4)X(6.9)X6.2	석사립 소량 포함	
126	樂·塼 18-0	장방형, 문양	(15)X(11.4)X5.7	'四天王寺' 라고 주기되었음	통일신라 전, 혼입품
127	樂·塼 18-1	장방형, 문양	30.8X13.5,14.8X4.6	석립 혼입	완형
128	樂·塼 18-2	장방형, 문양, 장부전	(30.8)X15.1X5.8	황색, 장부 촉 : 2cm, 장부 구멍 파손	
129	樂·塼 18-3	장방형, 문양, 장부전	(23.3)X15.7X5.9	황색, 장부 촉 : 2.1cm	
130	樂·塼 18-4	장방형, 문양	(23.2)X15.7X4.6	전체적으로 검고, 석립 다량 포함, 경질소성	
131	樂·塼 18-5	장방형, 문양	(13.6)X(10.8)X4.8	경질소성	
132	樂·塼 19-1	장방형, 문양, 쐐기전	35X(17.4,12.7,8.5)X6.2	상면에 문양 있음, 석립 조금 혼입됨	
133	樂·塼 19-2	장방형, 문양	31.5X15.4X5	상면에 문양이 있으나 탁본 제시하지 않았음, 석립 다수 혼입	거의 완형
134	樂·塼 19-3	장방형, 문양, 문자전	30.5X13.9X4	경질, 겹쳐 구운 흔적이 관찰됨	大吉, 완형
135	樂·塼 19-4	장방형, 문양	(19)X(15)X9.7	백색 화장 위에 붉은 채색, 큰 석립이 많이 포함	낙랑전이 아님
136	樂·塼 20-1	장방형, 문양	(10.9)X13.8X4.7	겹쳐서 건조 시킨 흔적, 경질, 검은 반점 포함	
137	樂·塼 20-2	장방형, 문양, 장부전	(19.4)X16.7X5.4	석립, 벽돌 편 다량 포함, 장부 구멍 : 1.7cm	
138	樂·塼 20-3	장방형, 문양, 장부전	(16.7)X14.9X6	겹쳐 구움, 경질, 니질태토, 회색 색조, 장부 촉 파손	
139	樂·塼 20-4	장방형, 문양	(15)X15X4.1	비스듬히 겹쳐 구움, 검은 반점, 소성된 토제품 부수어서 비짐으로 사용	
140	樂·塼 20-5	장방형, 문양, 장부전	(17.8)X16X5.5	토기편 포함, 경질	
141	樂·塼 20-6	장방형, 문양	(12.9)X15.9X5.4	벽돌과 작은 토기 조각? 혼입, 겹쳐 구움	
142	樂·塼 20-7	장방형, 문양	(12.2)X15.9X4.8	벽돌편이 다량 포함, 경질 소성	
143	樂·塼 20-8	장방형, 문양	(13)X(10.9)X4.5	니질태토, 검은 반점	
144	樂·塼 21-1	장방형, 문양	31X17,15.6X5.4	비스듬히 겹쳐 구움	거의 완형
145	樂·塼 21-2	장방형, 문양	(26)X(11)X4.5	니질태토, 가볍고, 비스듬히 겹쳐 구움	
146	樂·塼 21-3	장방형, 문양, 장부전		석립 다량 포함, 기포 있음, 상면 우측면 문양	
147	樂·塼 21-4	장방형, 문양	(6.5)X(11.7)X6.3	비스듬히 겹쳐 구움	
148	樂·塼 21-5	장방형, 문양	(9)X(5.5)X4.7		
149	樂·塼 22-1	장방형, 문양	30.4X14.6X5.6	경질소성, 검은 반점이 조금 포함	완형
150	樂·塼 22-2	장방형, 문양, 문자전	(23.5)X14.9X4.2	경질소성, 검은 반점과 석립이 포함	大吉
151	樂·塼 22-3	장방형, 문양, 장부전	(23.1)X14.9X4.6	경질소성, 검은 반점이 포함, 장부 촉 : 1.5cm	
152	樂·塼 22-4	장방형, 문양	(21.3)X16.3X5.5	경질소성, 니질태토, 직교하게 겹쳐서 구움	
153	樂·塼 22-5	장방형, 문양	15.1X(12.2)X4.1		
154	樂·塼 22-6	장방형, 문양, 쐐기전	(20.6)X(13.1, 10)X3.6,4		

155	樂·塼 22-7	장방형, 문양	(11.6)X(16.1)X5.1	직교해 겹쳐 구운 흔적이 관찰됨	
156	樂·塼 22-8	장방형, 문양	(15)X(14.3)X4.4	경질소성, 니질태토	
157	樂·塼 22-9	장방형, 문양, 문자전	(10.9)X(7.8)X4.4	탁본 없음, 경질(강) 소성	?宣
158	樂·塼 23-1	장방형, 문양	32.6X15.7X4.6	좌측면에 기하문	
159	樂·塼 23-2	장방형, 문양	(16.3)X14.8X4.6	석립 조금 포함	
160	樂·塼 23-3	장방형, 문양, 문자전	(16.9)X17.1X5.5	석립 조금 포함	王
161	樂·塼 23-4	장방형, 문양	(18.2)X14.7X4.8	석립 지극히 소량 포함	
162	樂·塼 23-5	장방형, 문양	(17.9)X16.3X4.6	석립 많이 포함, 제법 크고 작은 돌이 혼입되었음, 경질소성	
163	樂·塼 23-6	장방형, 문양	(21.35)X(14.15)X6	석립 소량 포함, 경질소성	
164	樂·塼 23-7	장방형, 문양, 장부전	(13.2)X(15.4)X5.8	석립 소량 포함. 장부 촉 파손	
165	樂·塼 23-8	장방형, 문양, 장부전	15.9X(9.7)X5.9	뒷면에 사각형의 홈을 파 두었음, 장부 구멍 : 3cm	
166	樂·塼 24-1	장방형, 문양	33.5X25.9X4.5	비스듬히 겹쳐서 소성함, 니질태토	완형
167	樂·塼 24-2	장방형, 문양, 장부전	(13.2)X17.3X5.4	석립 다량 포함됨	
168	樂·塼 24-3	장방형, 문양	(15.6)X17X4.4	극히 소량이 혼입	
169	樂·塼 24-4	장방형, 문양	(17.7)X15.4X4.8	소성된 토제품(기와, 전)을 부수어서 비짐으로 사용	
170	樂·塼 24-5	장방형, 문양	(20.8)X14.9 X4.8	토기편 많이 포함, 겹쳐짐	
171	樂·塼 24-6	장방형, 문양	(11.9)X15.2X4.6	석립	
172	樂·塼 24-7	장방형, 문양	(15.4)X16.5X4.6	황색, 니질태토	
173	樂·塼 24-8	장방형, 문양, 쐐기전	(14.8)X16.4X3.2,4	석립 포함	
174	樂·塼 24-9	장방형, 문양	(15.2)X(8.4)X5	전체적으로 석립이 다량, 황색	
175	樂·塼 24-10	장방형, 문양	(19.5)X(17.8)X5.5	석립 포함, '四天王寺' 주기	통일신라 전, 혼입품
176	樂·塼 25-1	장방형, 문양	32X16.1X4.9	황색, 니질태토, 흑반점이 있음	
177	樂·塼 25-2	장방형, 문양	(19.2)X15.7X3.6	흑반점 토기편 포함됨	
178	樂·塼 25-3	장방형, 문양	(21.7)X16X4.3	니질태토, 겹쳐서 소성	
179	樂·塼 25-4	장방형, 문양, 장부전	(26.4)X14.9X5.6	소성도 경질, 니질태토, 장부 촉 : 0.7cm	
180	樂·塼 25-5	장방형, 문양	(23)X16.8X4.9	비스듬하게 겹쳐 구움, 석립 많이 포함	
181	樂·塼 25-6	장방형, 문양	(21)X16X4.9	흑반점, 겹쳐짐	
182	樂·塼 25-7	장방형, 문양,문자전	(10.4)X16.1X3.9	'大王'字는 틀에서 찍어내서 만든 것이 아니라 소성 후 깎아내서 표현한 것임, 비스듬히 겹쳐서 소성함, 석립, 토기편이 비짐으로 많이 포함	大王
183	樂·塼 25-8	장방형, 문양	(13.3)X(10.4)X5.4	경질소성, 니질태토	
184	樂·塼 26-1	장방형, 문양, 장부전	(17.5,18.6)X15.5X4.9	석립 혼입, 장부 촉 : 1.4cm	
185	樂·塼 26-2	장방형, 문양	(18)X15.9X5	석립 조금, 황색	
186	樂·塼 26-3	장방형, 문양	(17.5)X15.6X5.1	전체적으로 그을음, 'CIX' 라는 주기	
187	樂·塼 26-4	장방형, 문양	(14.6)X(15.5)X5.5	황색, 석립 혼입, 겹치기 건조과정에서 다른 전의 문양이 전사됨	
188	樂·塼 26-5	장방형, 문양	(15)X(16.6)X4.6	석립 혼입, 황색?	
189	樂·塼 26-6	장방형, 문양	(18)X(14.5)X4.2	석립 많이 포함	
190	樂·塼 26-7	장방형, 문양	(15)X(15.7)X4.7	석립 많이 포함	
191	樂·塼 27-1	장방형, 문양	(23.8)X15.1X4.2	겹치기 소성흔 관찰됨, 석립 극히 소량 포함, 다갈색	
192	樂·塼 27-2	장방형, 문양	(19.1)X15.1X5.9	석립 다량 포함, 기포 있음	
193	樂·塼 27-3	장방형, 문양	(20.7)X14.5X3.8	석립 혼입	
194	樂·塼 27-4	장방형, 문양	(16.9)X16.5X5.6	석립 혼입, 황색(표면에 검은 그을음)	
195	樂·塼 27-5	장방형, 문양, 장부전	(15.5)X15.2X5.8	석립 혼입, 장부 촉 : 0.8cm	

196	樂·塼 27-6	장방형, 문양	(15.7)X15.4X5	황색(표면이 검음)	
197	樂·塼 27-7	장방형, 문양	(10.9)X(15.5)X5.2	소량 포함, 황색	
198	樂·塼 27-8	장방형, 문양	(9.4) X16.2X4.5	석사립이 대량으로 혼입됨	
199	樂·塼 27-9	장방형, 문양	(6.6)X16 X5.2	니질태토	
200	樂·塼 27-10	장방형, 문양	(9.1)X14.2X3.8	니질태토	
201	樂·塼 28-1	장방형, 문양	(21.5)X(?)X9.7	작은 돌 포함, 적·백색을 번갈아 바름, 어골문과 닮은 문양이 표현됨	낙랑 벽돌 아님, 혼입품
202	樂·塼 28-2	장방형, 문양, 장부전		석립 다량 혼입	
203	樂·塼 28-3	장방형, 문양	(16.5)X16.6X5.1	석립 혼입	
204	樂·塼 28-4	장방형, 문양	(16.3)X15.4X5	극히 소량의 석립 혼입, 경질소성	
205	樂·塼 28-5	장방형, 문양	(26.9)X15.9X4.2	니질태토	
206	樂·塼 28-6	장방형, 문양	(20.1)X(12.2)X4.4	니질태토	
207	樂·塼 28-7	장방형, 문양	(7.1)X13.9X4.6	석립 소량 포함	
208	樂·塼 28-8	장방형, 문양	(10.6)X15.3X4.7	석립 많이 혼입됨	
209	樂·塼 29-1	장방형, 문양	19.3X14.7X5	겹쳐짐, 경질소성, 니질태토	
210	樂·塼 29-2	장방형, 문양, 쐐기전	(15.5)X14 X4.2	비스듬히 겹친 흔적, 석립 포함, 경질소성	
211	樂·塼 29-3	장방형, 문양	(19)X15.1X4.1	석립. 토기편 많이 포함, 경질소성	
212	樂·塼 29-4	장방형, 문양	(13.7)X15.7X5.1	비스듬히 겹쳐 구움	
213	樂·塼 29-5	장방형, 문양, 장부전	(15.4)X15.1X4.8	직교해 겹쳐 구운 흔적, 니질태토, 가벼움, 장부 구멍:2cm	
214	樂·塼 29-6	장방형, 문양	(19.5)X(16.9)X5		
215	樂·塼 29-7	장방형, 문양, 장부전	(13.5)X(16)X6.5	석립 많이 포함, 니질태토	
216	樂·塼 29-8	장방형, 문양, 장부전	(17.5)X16.1X5	토기, 벽돌편 다수 포함, 승문타날로 두드린 흔적 없음, 장부 촉:0.7cm	
217	樂·塼 29-9	장방형, 문양	(15.5)X16.1X4.7	석립 많이 포함, 황색, 니질태토	
218	樂·塼 29-10	장방형, 문양, 장부전	(14.5)X14.6X5.3	겹쳐 구움, 토기편 포함,장부 구멍:2.6cm	
219	樂·塼 29-11	장방형, 문양, 장부전	(10.5)X(7.5)X6.2	경질소성, 니질태토	
220	樂·塼 30-1	장방형, 문양, 문자전		문자가 표현된 면만이 남음	판독 어려움, 『보고서』 도판 15-9
221	樂·塼 30-2	장방형, 문양, 문자전			『보고서』 도판 15-11 측면에 ?載?라는 명문
222	樂·塼 30-3	문양		사격자문이 표현된 것임. 공심전일 가능성 배제할 수 없음	『보고서』 도판 14-3
223	樂·塼 30-4	장방형, 문양, 문자전		상면에 문자가 표현되었음	『보고서』 도판 15-8, 10王宣
224	樂·塼 30-5	장방형, 문양		겹쳐 쌓기 흔적이 역력한 자료임	『보고서』 도판 15-7
225	樂·塼 30-6	장방형, 문양		상면에 문양 좌우면에 문양 없음	『보고서』 도판 15-13, 완형
226	樂·塼 30-7	장방형, 문양, 장부전		우측면에 문양	『보고서』 도판 15-1, 완형
227	樂·塼 30-8	장방형, 문양, 장부전		우측면에 문양	『보고서』 도판 15-3
228	樂·塼 30-9	장방형, 문양, 쐐기전		상·하, 우측면에 문양, 전형적인 쐐기전으로 좌측면에는 겹쳐 건조하기흔	『보고서』 도판 15-12
229	樂·塼 30-10	장방형, 문양, 장부전		좌측면에 문양	『보고서』 도판 15-2
230	樂·塼 30-11	장방형, 문양, 장부전		우측면에 문양	『보고서』 도판 15-4
231	樂·塼 30-12	장방형, 문양		상면, 우측면 문양	『보고서』 도판 15-6

1. 樂 · 塼 / 1-1

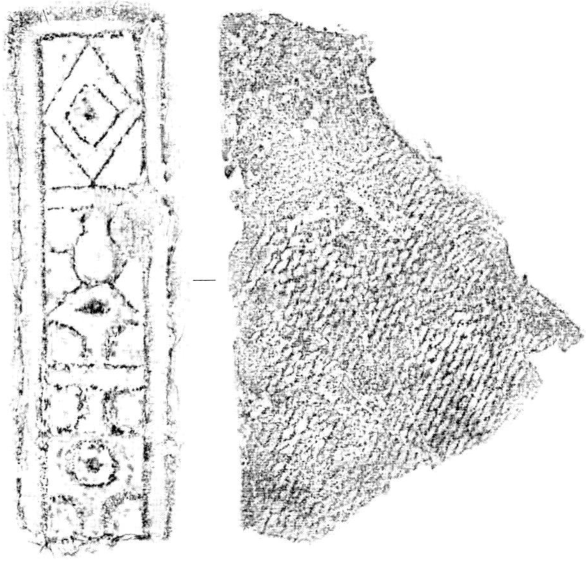

3. 樂 · 塼 / 1-3

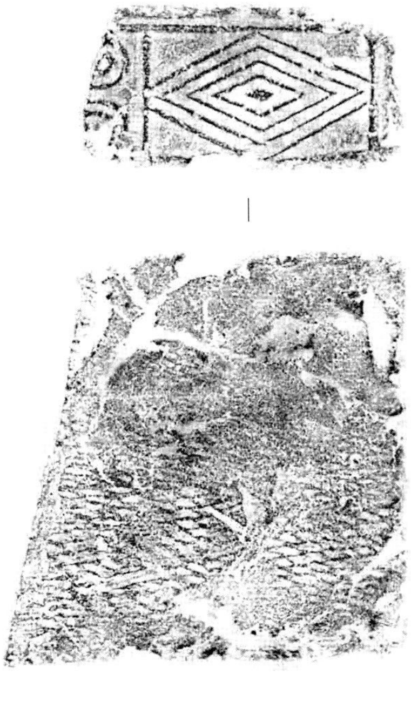

2. 樂 · 塼 / 1-2

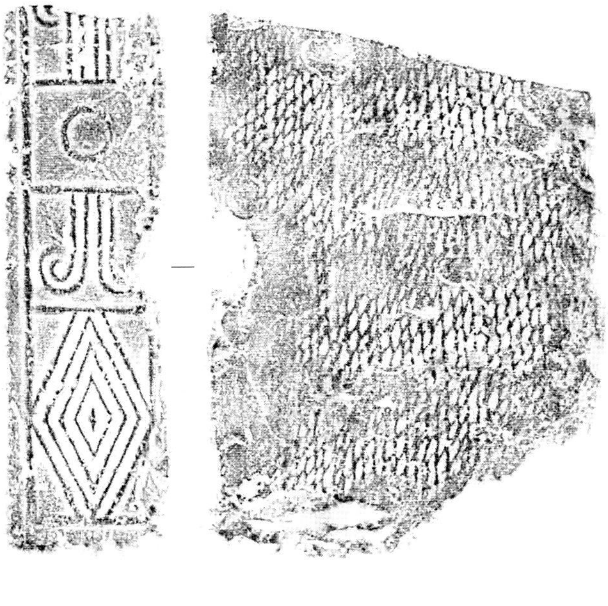

4. 樂 · 塼 / 1-4

0 10cm

그림 3 낙랑토성 출토전(塼) 탁본

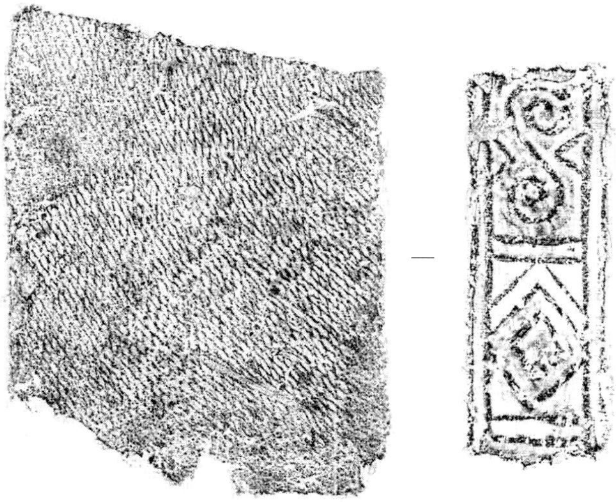

1. 樂·塼/1-5

2. 樂·塼/1-6

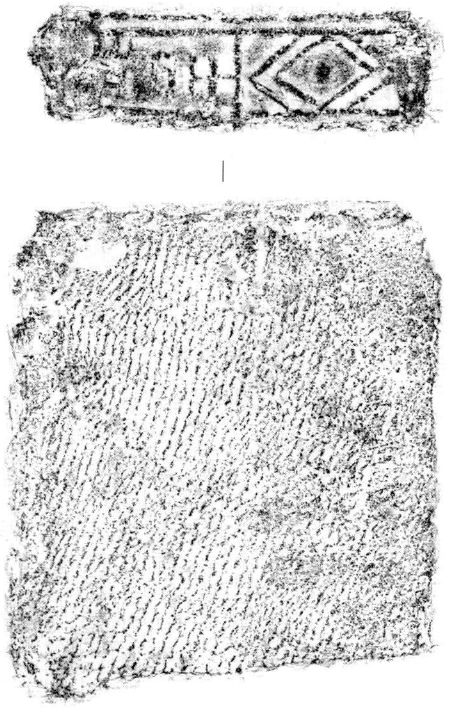

3. 樂·塼/1-7상면

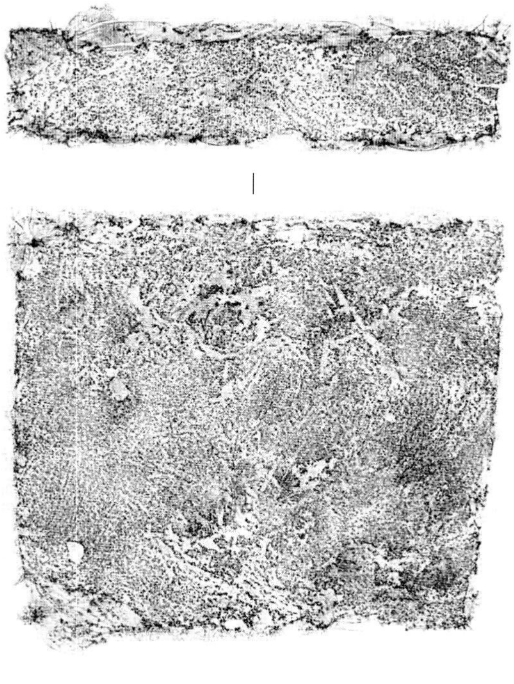

4. 樂·塼/1-7하면

0 10cm

그림 4 낙랑토성 출토전(塼) 탁본

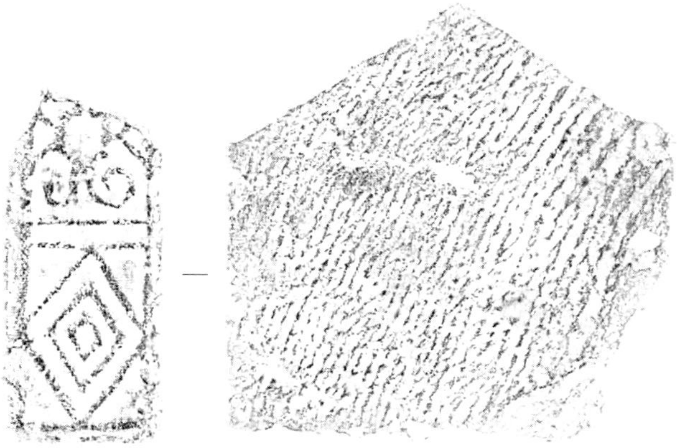

1. 樂 · 塼 / 1-8

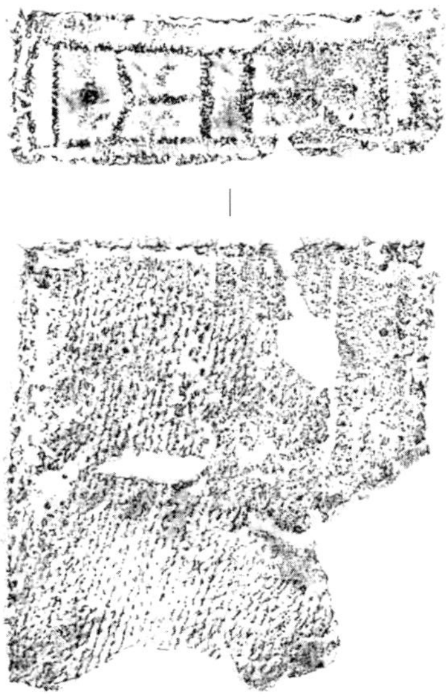

2. 樂 · 塼 / 1-10

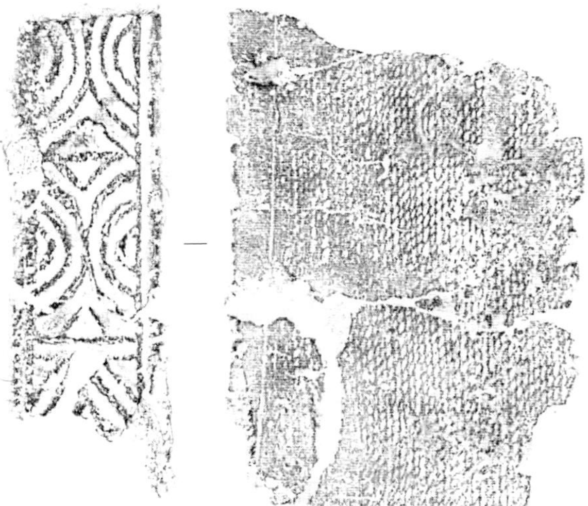

3. 樂 · 塼 / 1-9

4. 樂 · 塼 / 2-1

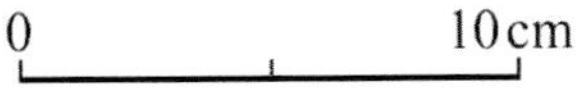

그림 5 낙랑토성 출토전(塼) 탁본

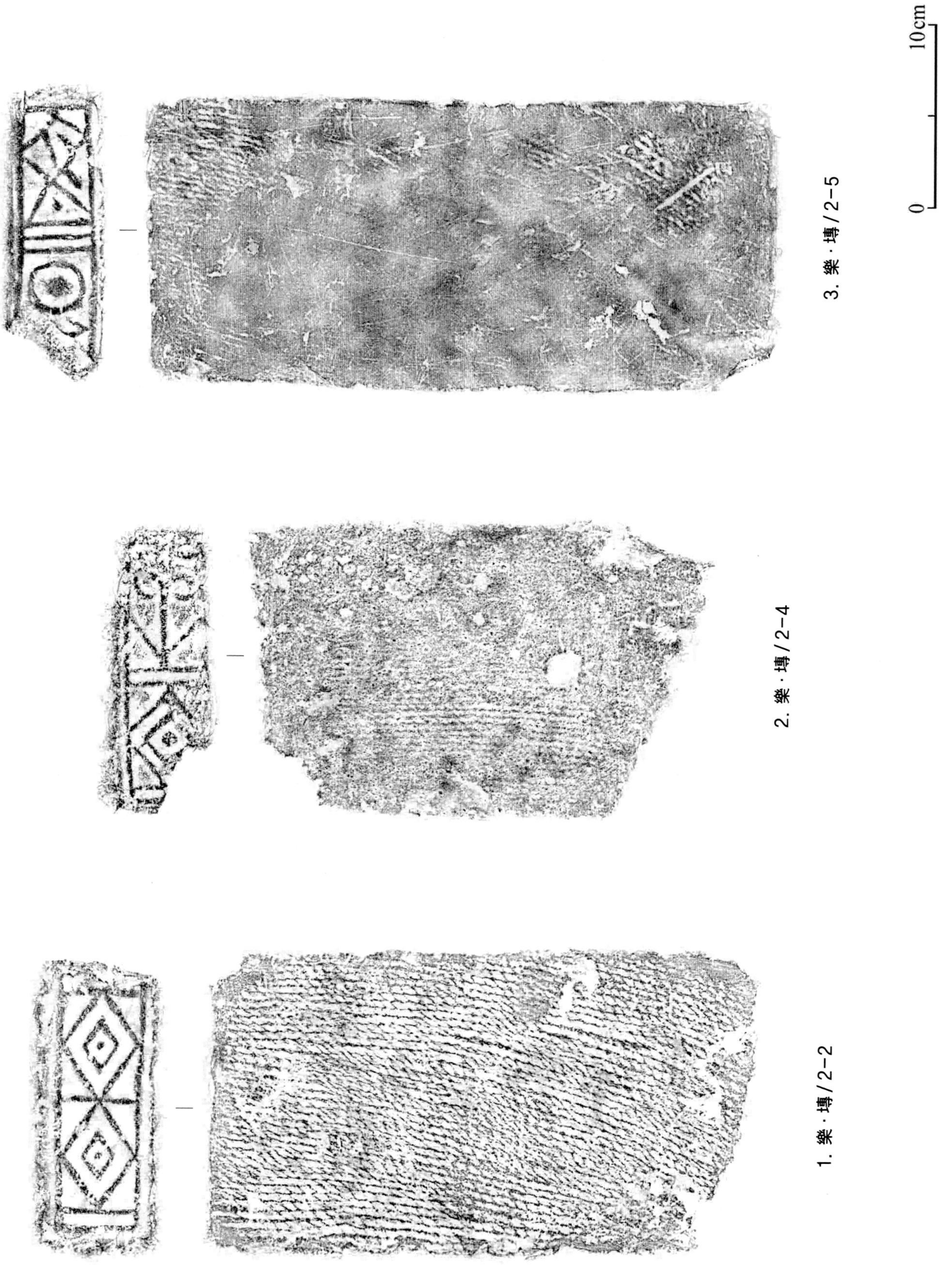

그림 6 낙랑토성 출토전(塼) 탁본

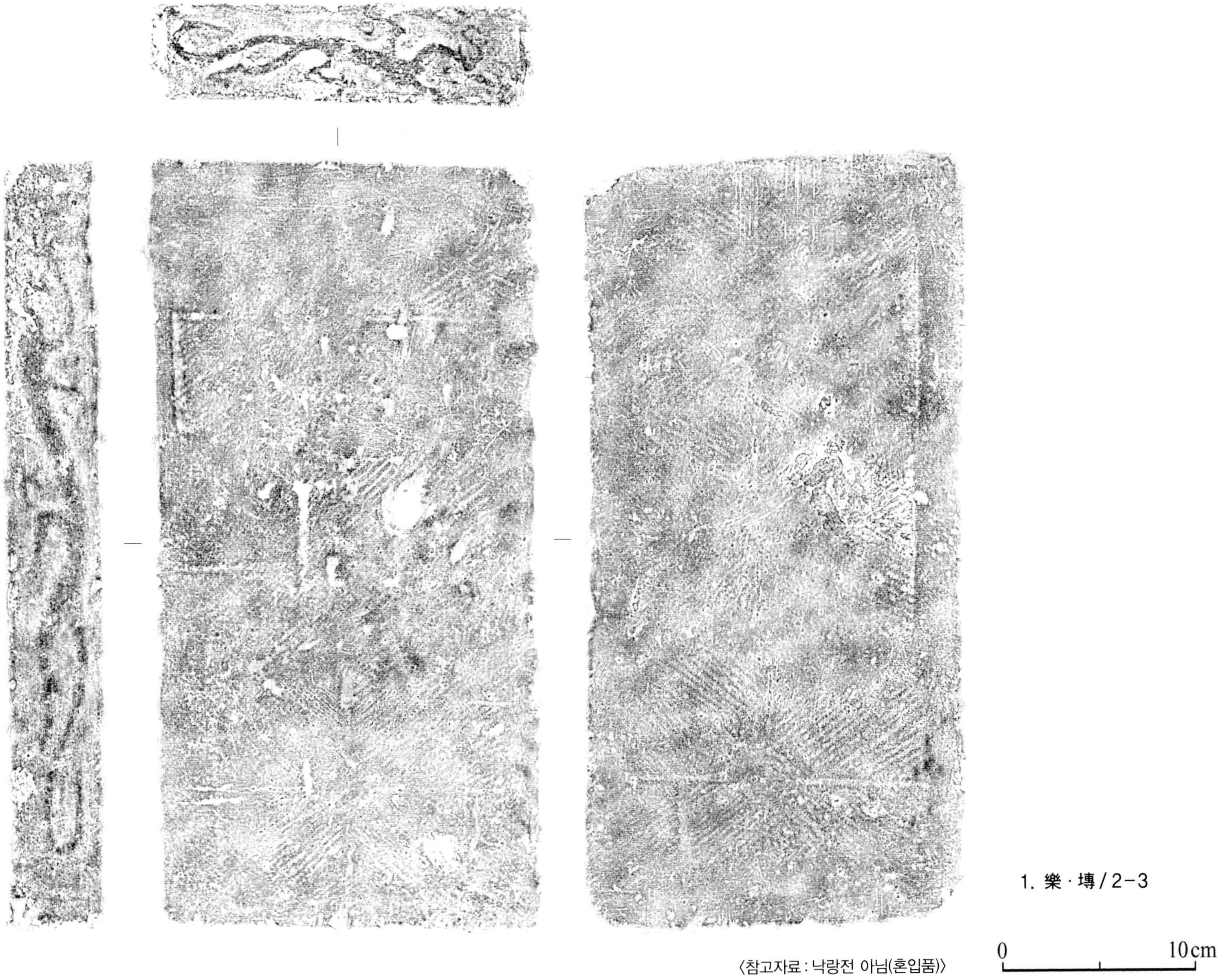

〈참고자료 : 낙랑전 아님(혼입품)〉

그림 7 낙랑 자료에 혼입된 벽돌의 탁본

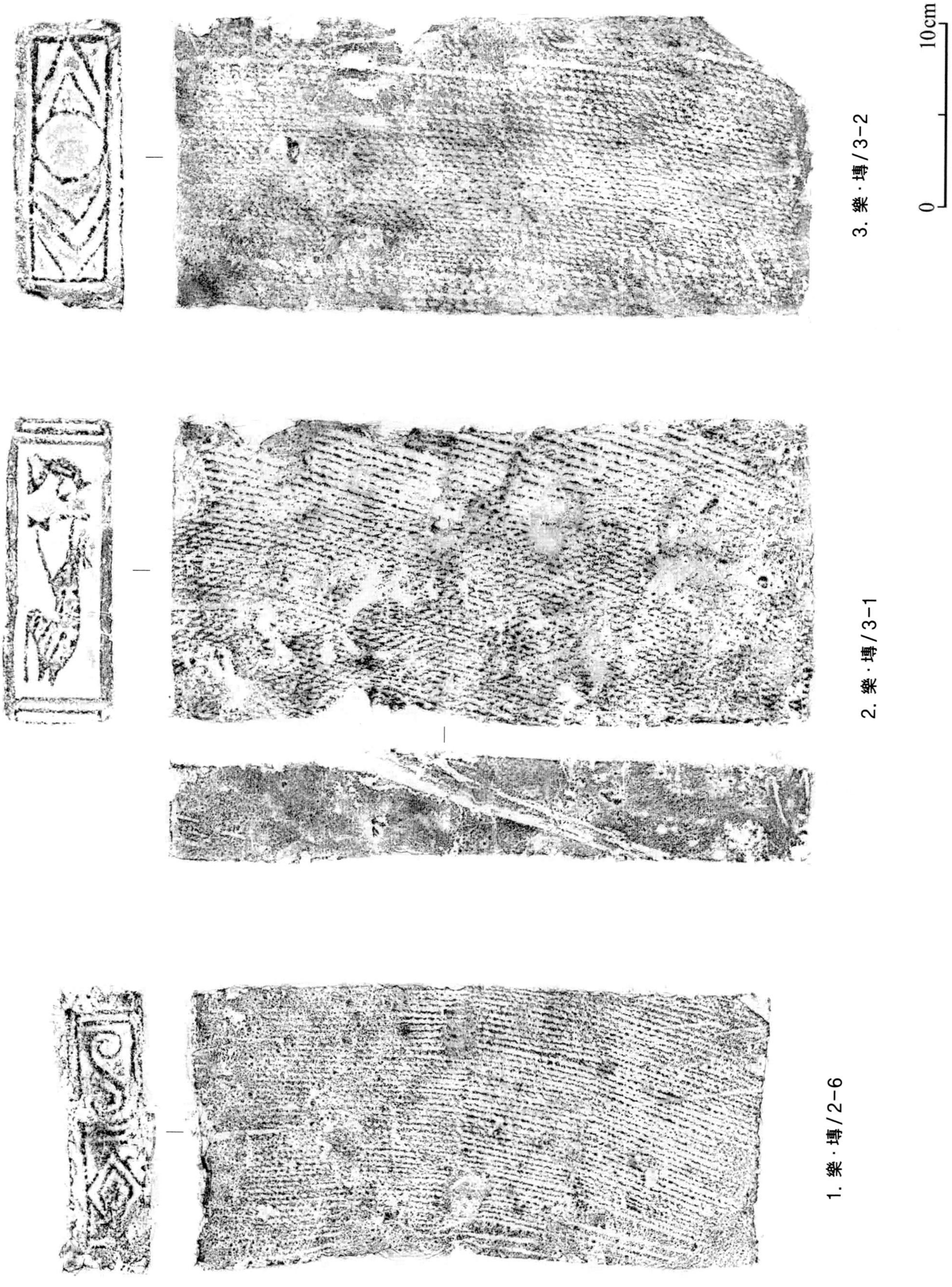

1. 樂·塼/2-6

2. 樂·塼/3-1

3. 樂·塼/3-2

그림 8 낙랑토성 출토전(塼) 탁본

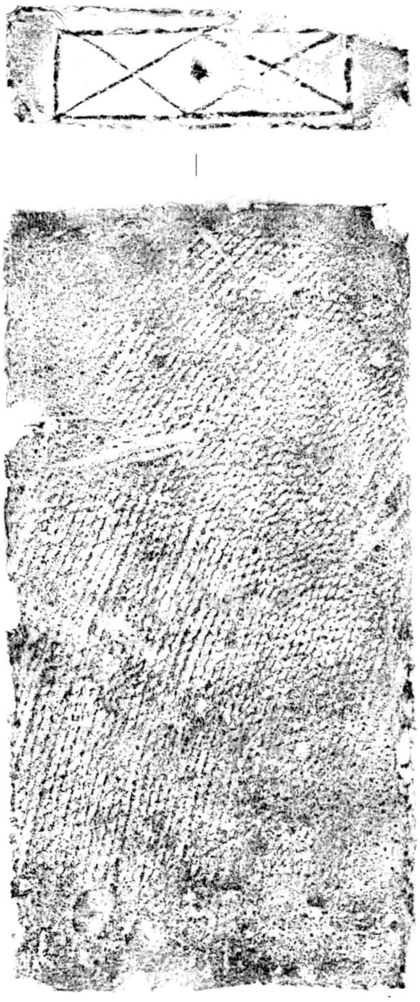

1. 樂 · 塼 / 3-3

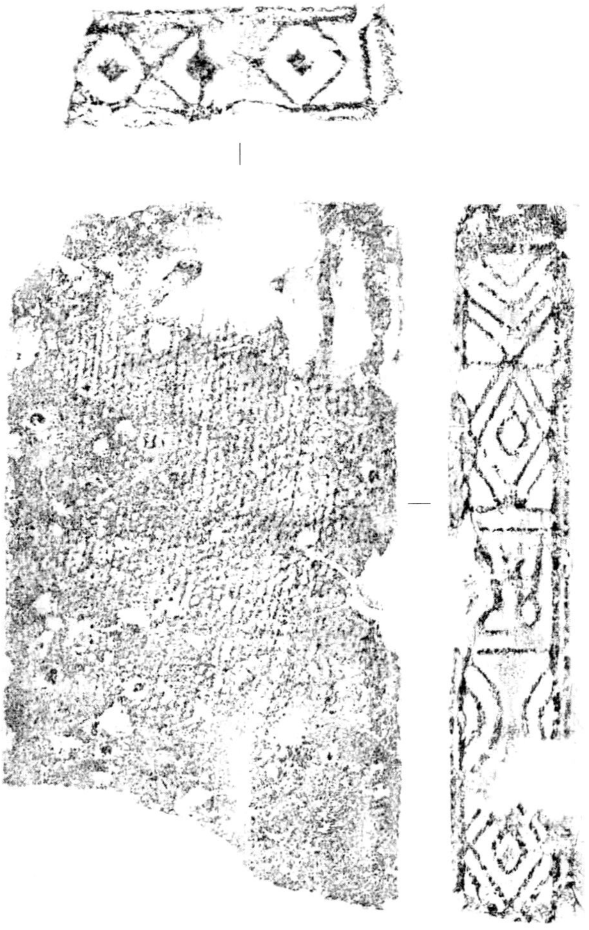

2. 樂 · 塼 / 3-4

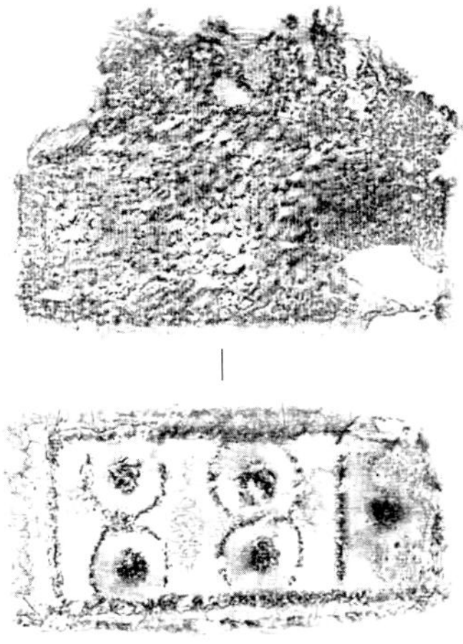

3. 樂 · 塼 / 3-5

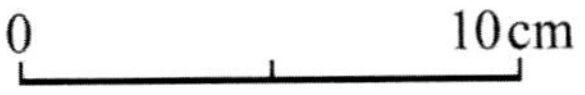

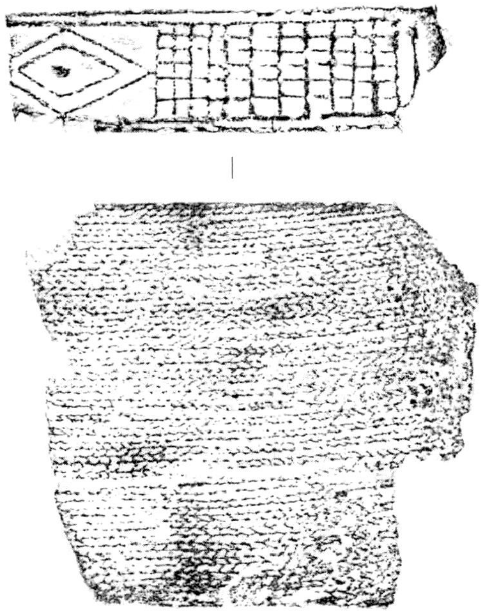

4. 樂 · 塼 / 4-1

그림 9 낙랑토성 출토전(塼) 탁본

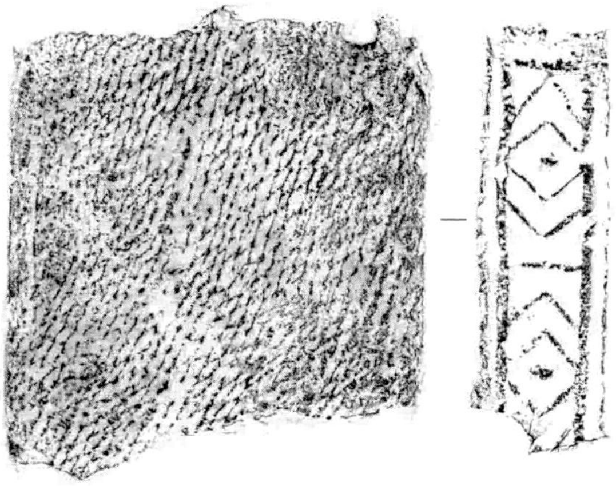

1. 樂 · 塼 / 4-2

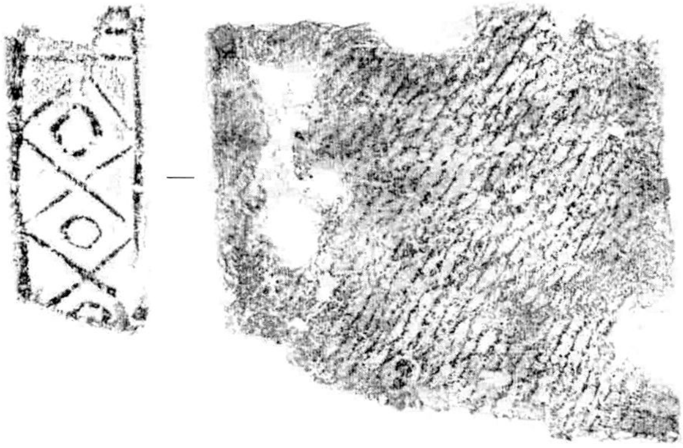

2. 樂 · 塼 / 4-3

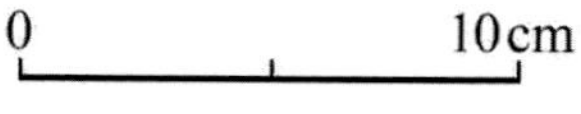

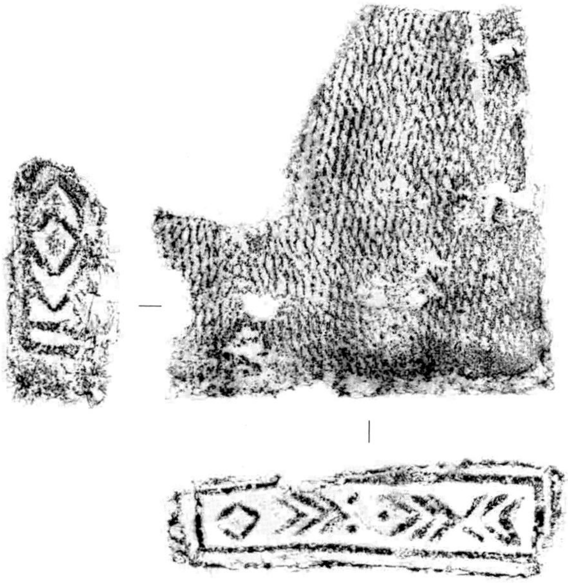

3. 樂 · 塼 / 4-4

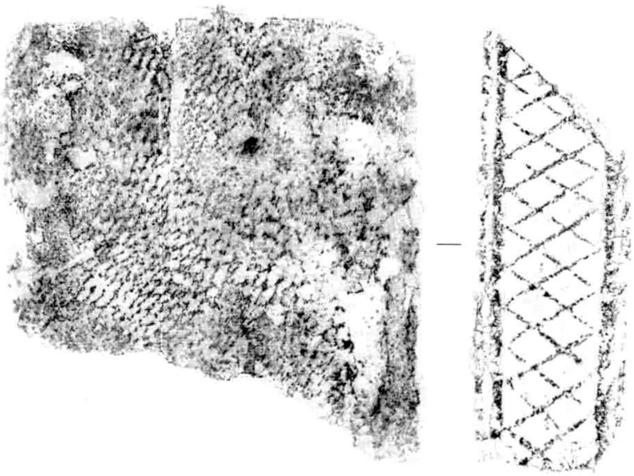

4. 樂 · 塼 / 4-5

그림 10 낙랑토성 출토전(塼) 탁본

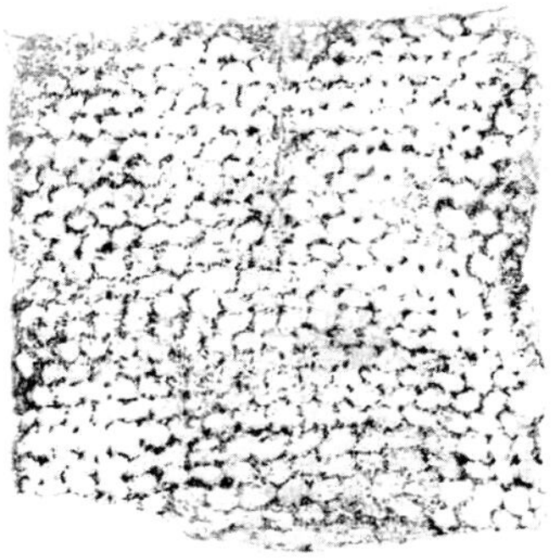

1. 樂 · 塼 / 4-6

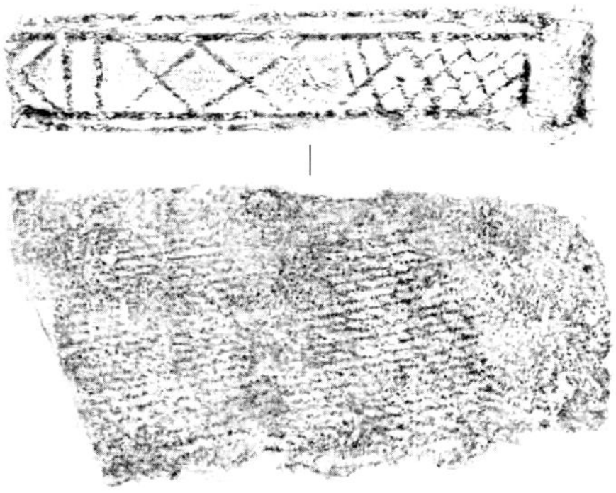

2. 樂 · 塼 / 4-7

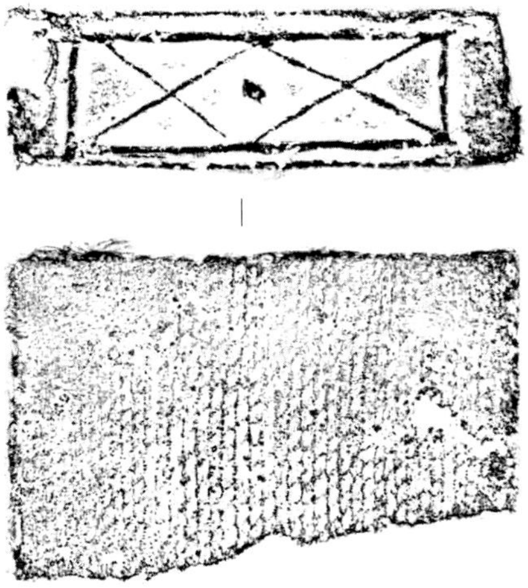

3. 樂 · 塼 / 4-8

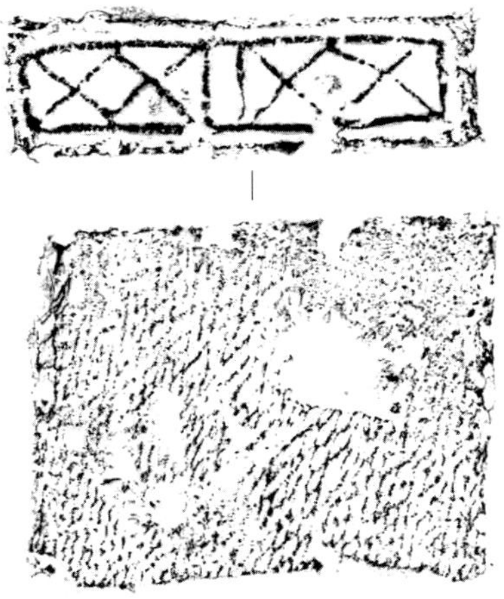

4. 樂 · 塼 / 4-9

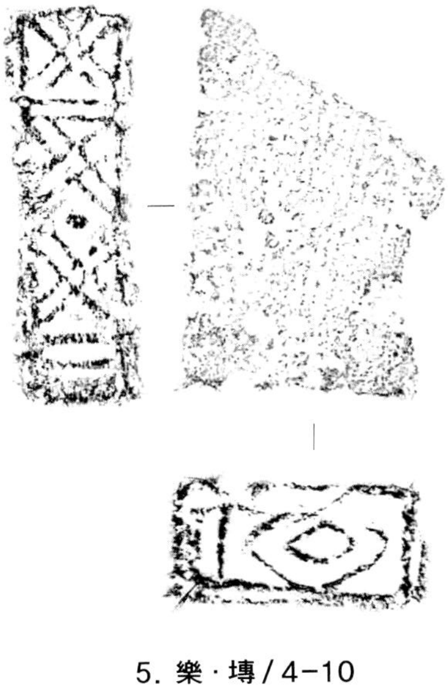

5. 樂 · 塼 / 4-10

6. 樂 · 塼 / 4-11

그림 11 낙랑토성 출토전(塼) 탁본

1. 樂 · 塼 / 5-1

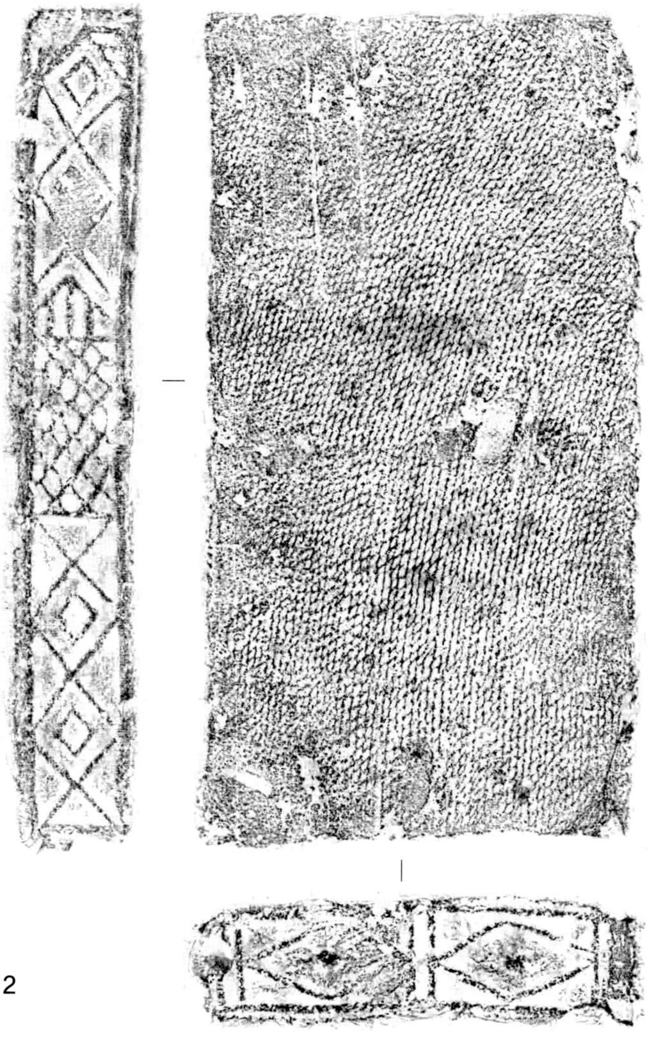

2. 樂 · 塼 / 5-2

그림 12 낙랑토성 출토전(塼) 탁본

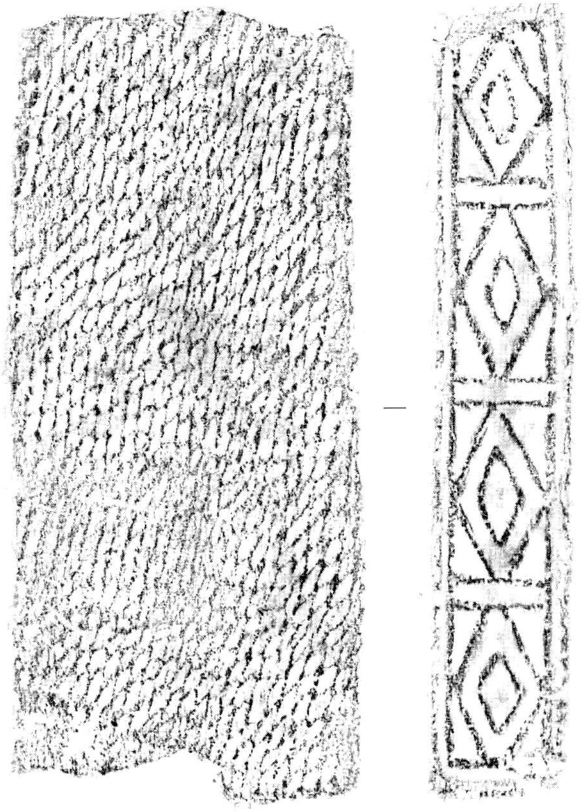

1. 樂 · 塼 / 5-3

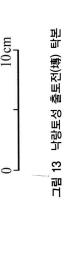

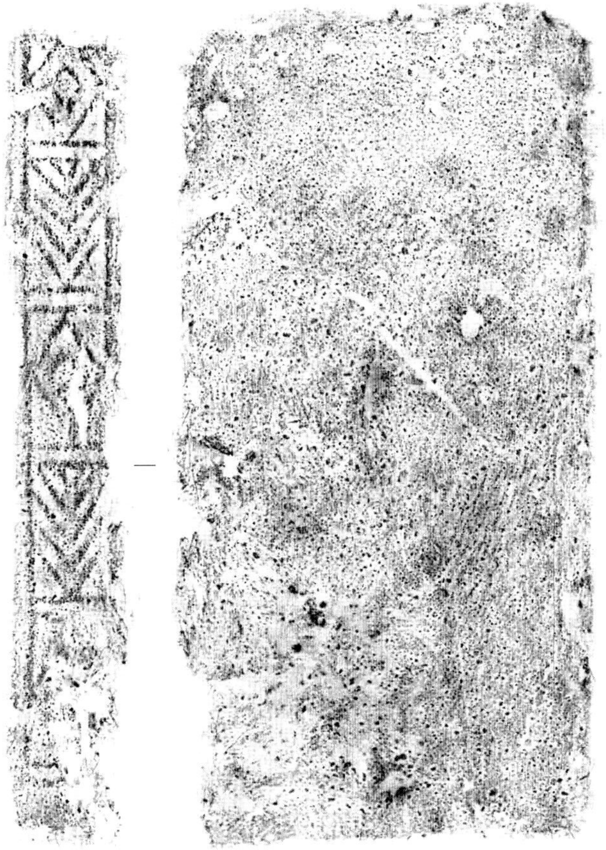

2. 樂 · 塼 / 5-4

그림 13 낙랑토성 출토전(塼) 탁본

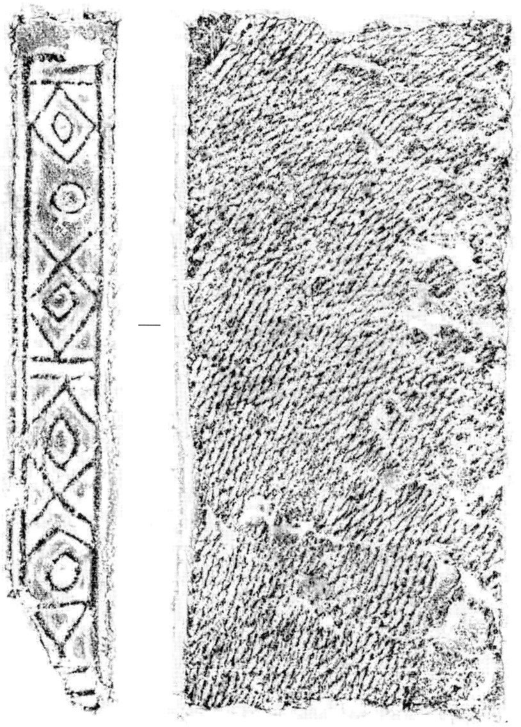

1. 樂·塼/5-5

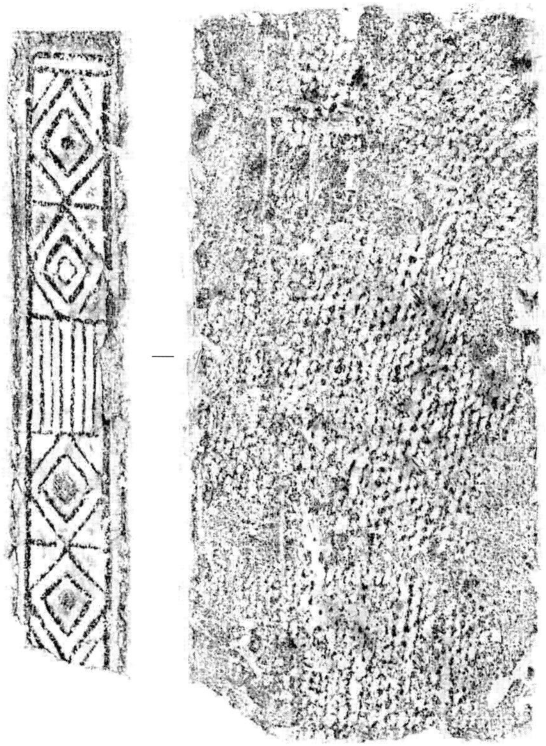

2. 樂·塼/5-6

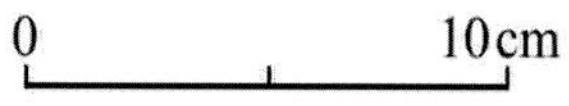

그림 14 낙랑토성 출토전(塼) 탁본

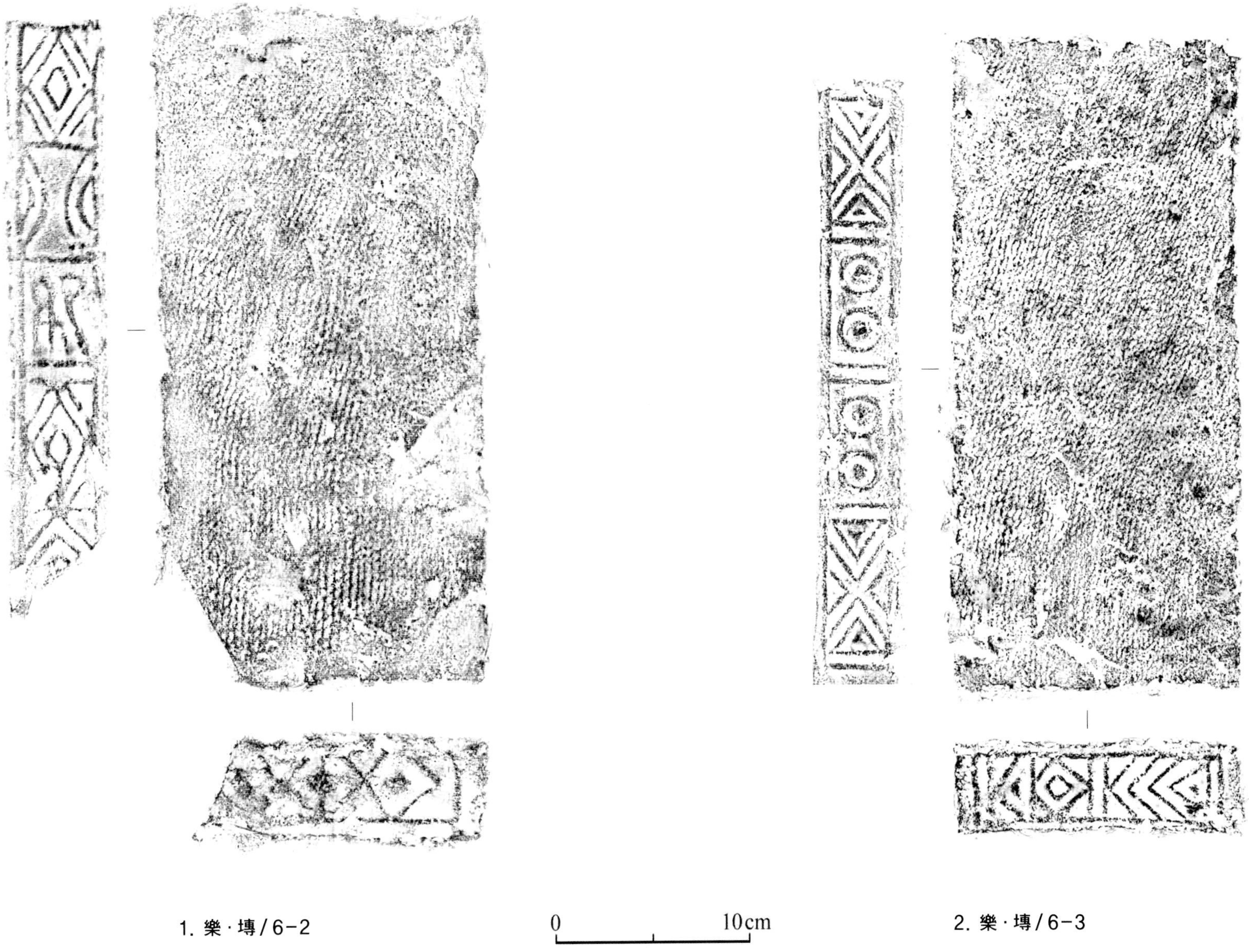

그림 15 낙랑토성 출토전(塼) 탁본(6-1 탁본 누락)

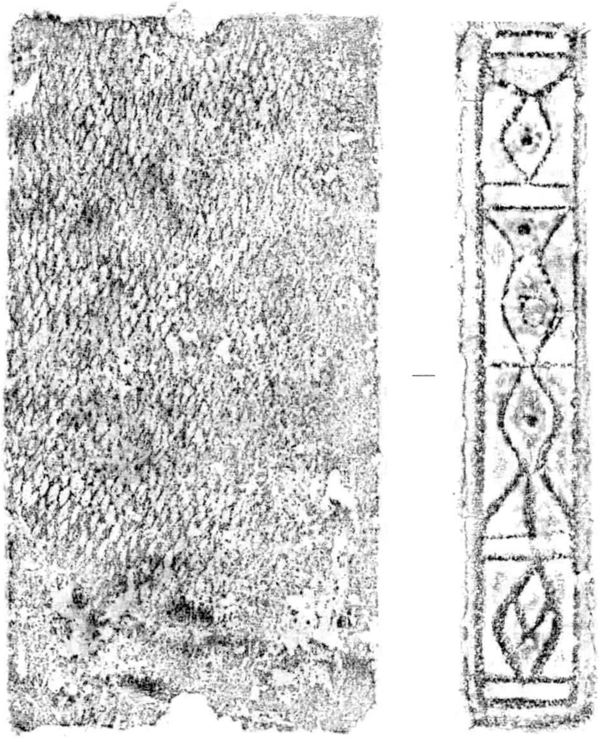

1. 樂 · 塼 / 6-4

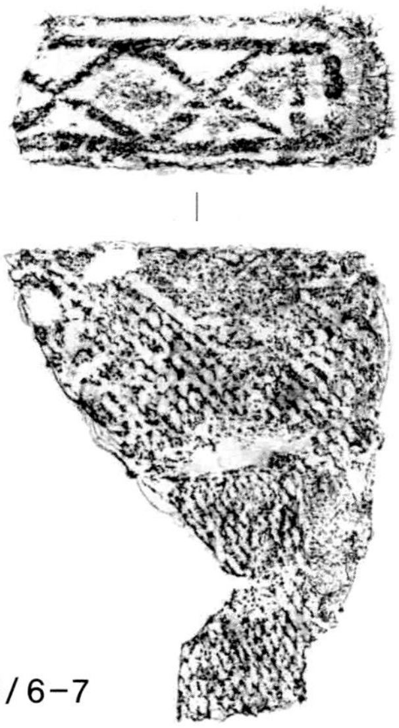

3. 樂 · 塼 / 6-7

4. 樂 · 塼 / 6-8

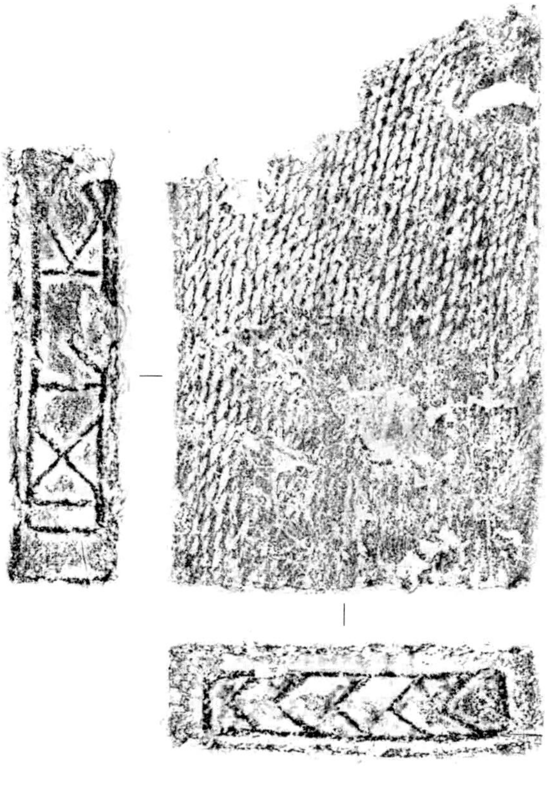

2. 樂 · 塼 / 6-5

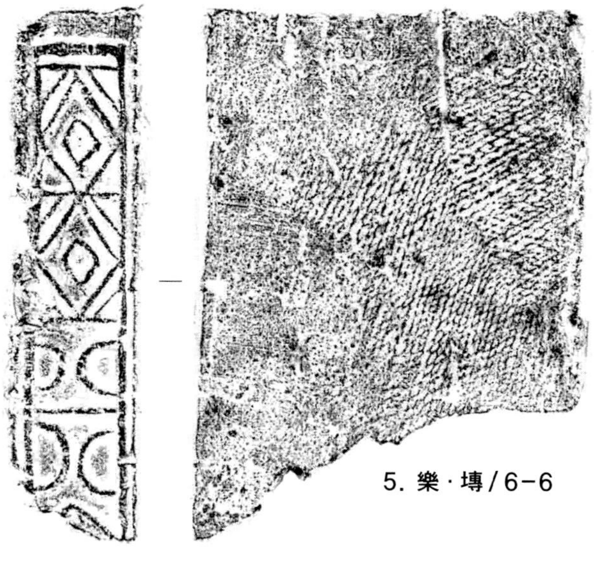

5. 樂 · 塼 / 6-6

0 10cm

그림 16 낙랑토성 출토전(塼) 탁본

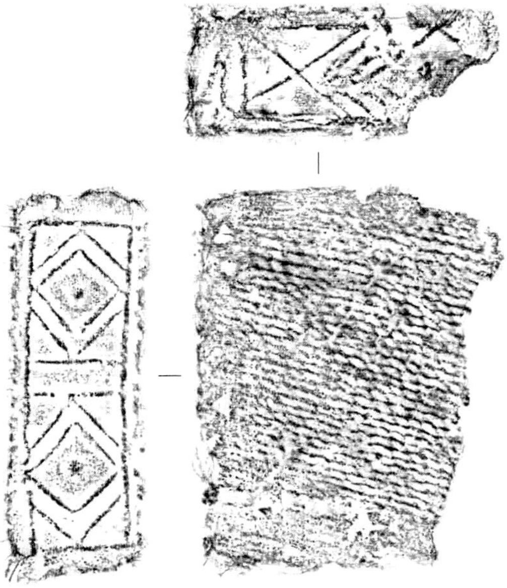

1. 樂 · 塼 / 7-1

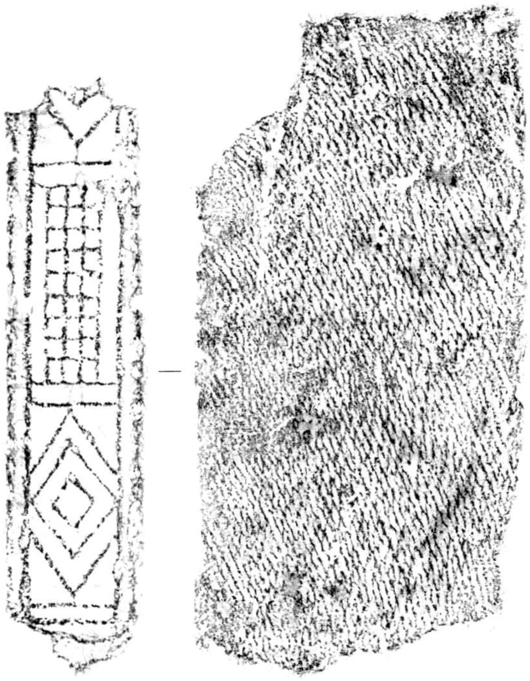

2. 樂 · 塼 / 7-2

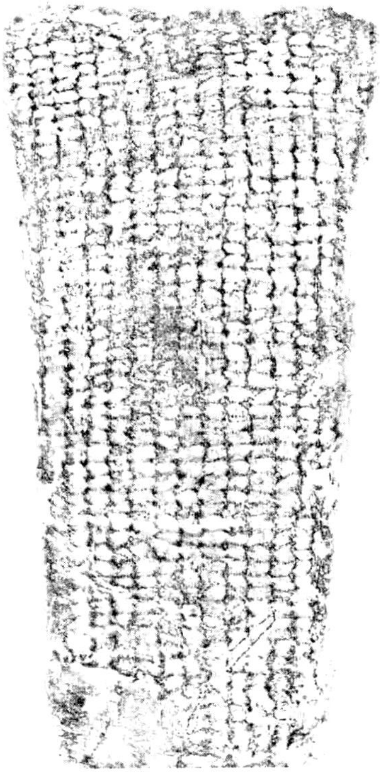

3. 樂 · 塼 / 7-3(혼입품?)

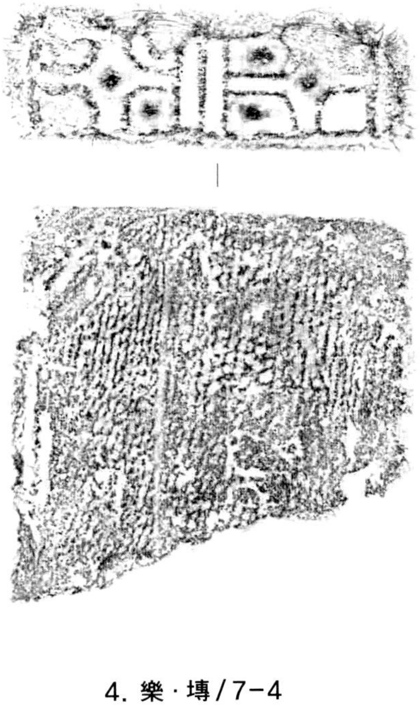

4. 樂 · 塼 / 7-4

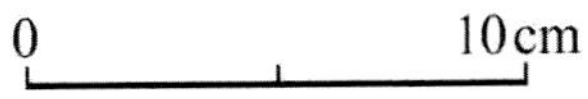

그림 17 낙랑토성 출토전(塼) 탁본

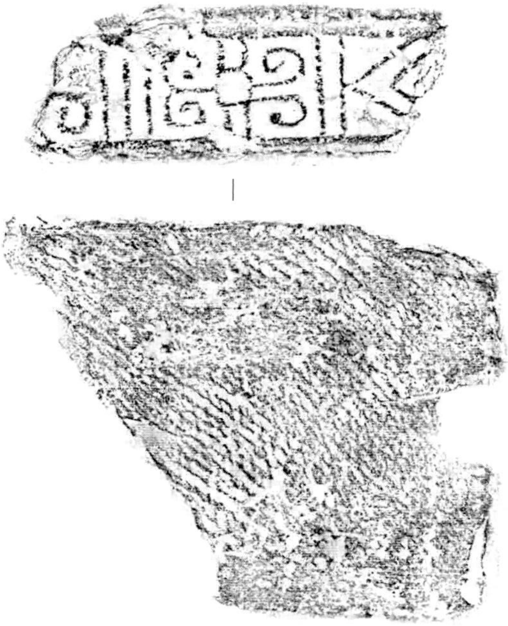

1. 樂·塼/7-5

2. 樂·塼/7-6

0 10cm

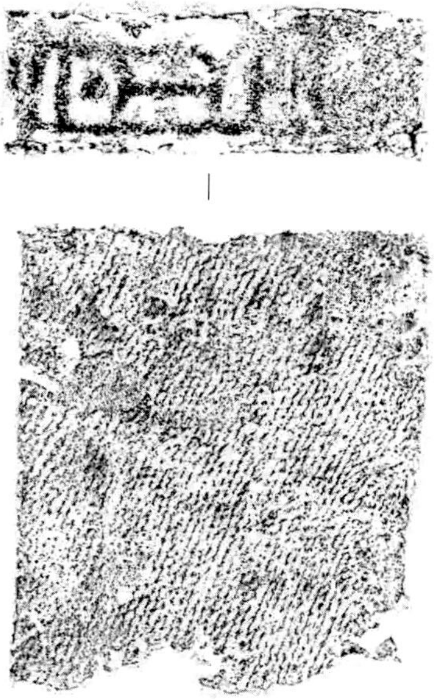

3. 樂·塼/7-7

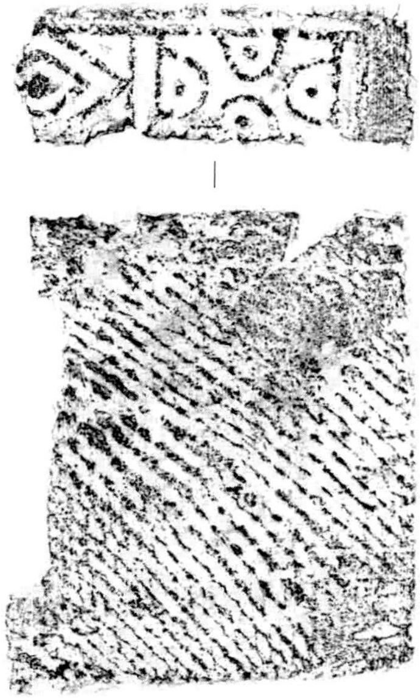

4. 樂·塼/7-8

그림 18 낙랑토성 출토전(塼) 탁본

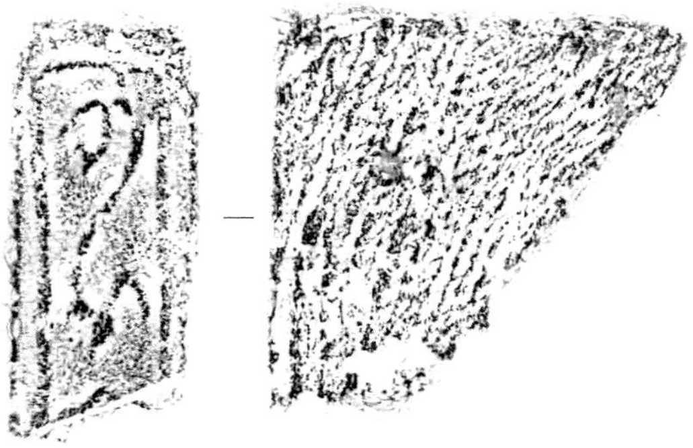

1. 樂 · 塼 / 7-9

2. 樂 · 塼 / 7-10

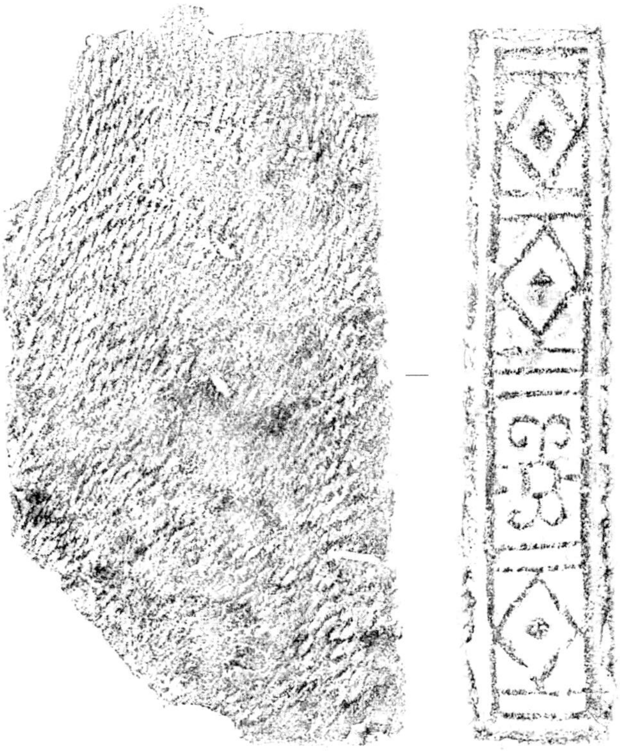

3. 樂 · 塼 / 8-1

0 10cm

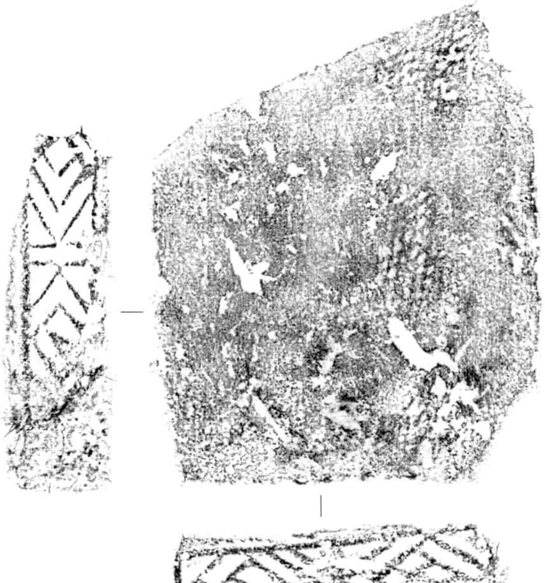

4. 樂 · 塼 / 8-2

5. 樂 · 塼 / 8-3

그림 19 낙랑토성 출토전(塼) 탁본

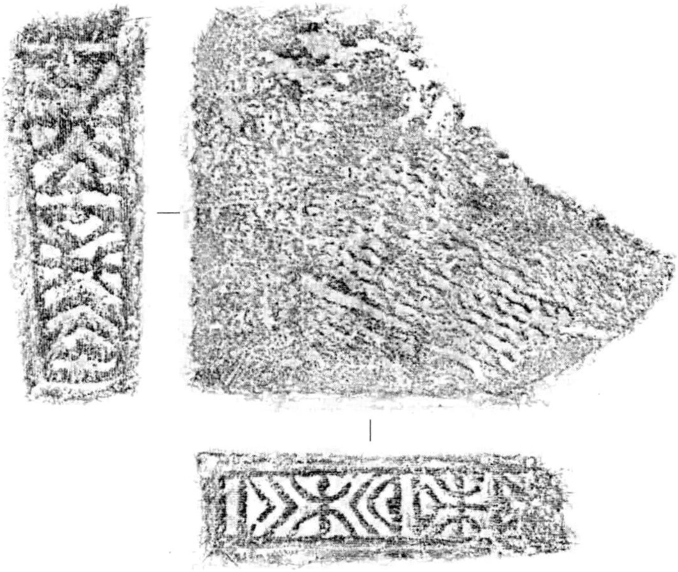

1. 樂 · 塼 / 8-4

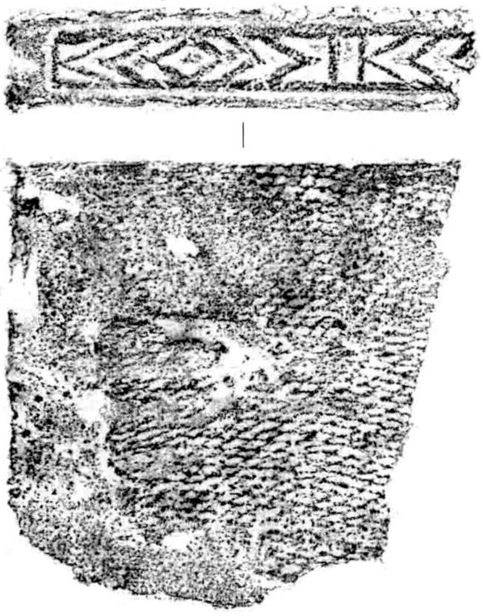

2. 樂 · 塼 / 8-6

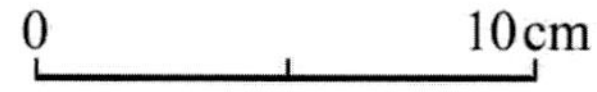

3. 樂 · 塼 / 8-5

4. 樂 · 塼 / 8-7

그림 20 낙랑토성 출토전(塼) 탁본

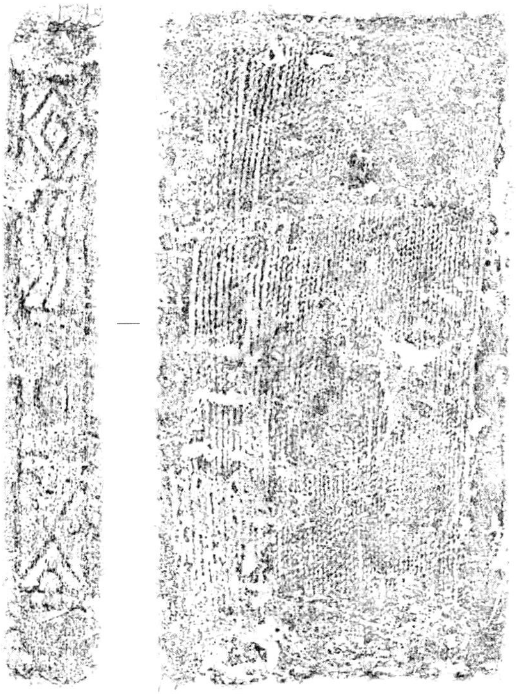

1. 樂 · 塼 / 9-1

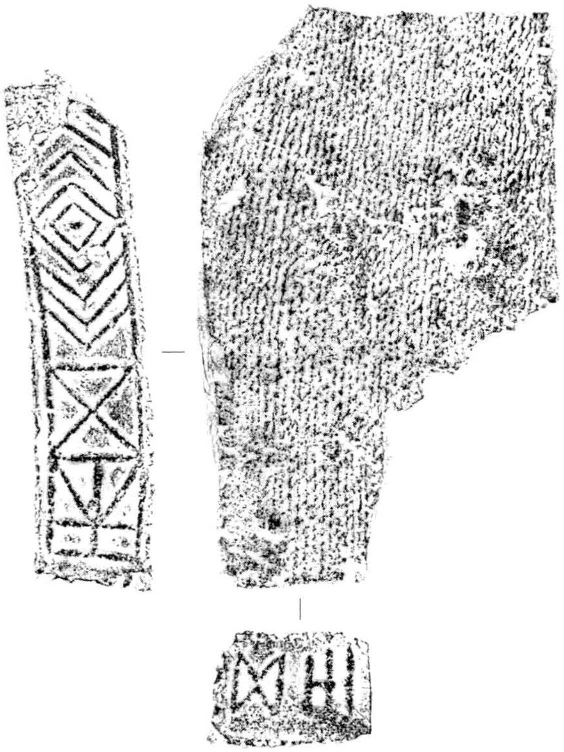

2. 樂 · 塼 / 9-2

0 10cm

3. 樂 · 塼 / 8-8

4. 樂 · 塼 / 9-3

그림 21 낙랑토성 출토전(塼) 탁본

1. 樂 · 塼 / 9-4

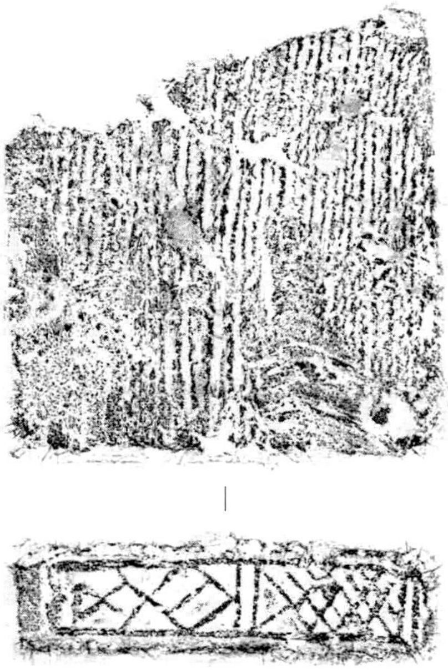

2. 樂 · 塼 / 9-5

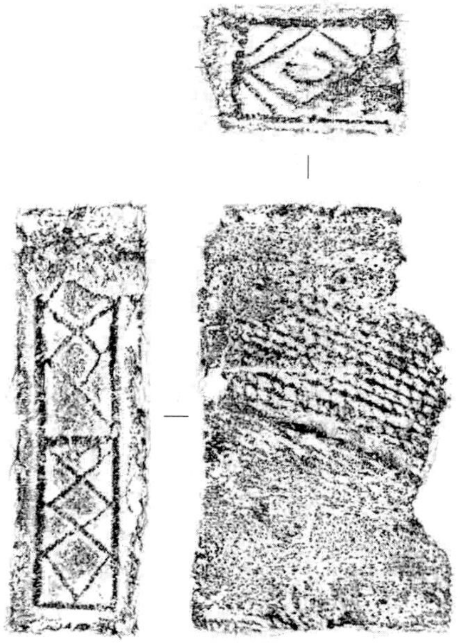

3. 樂 · 塼 / 9-6

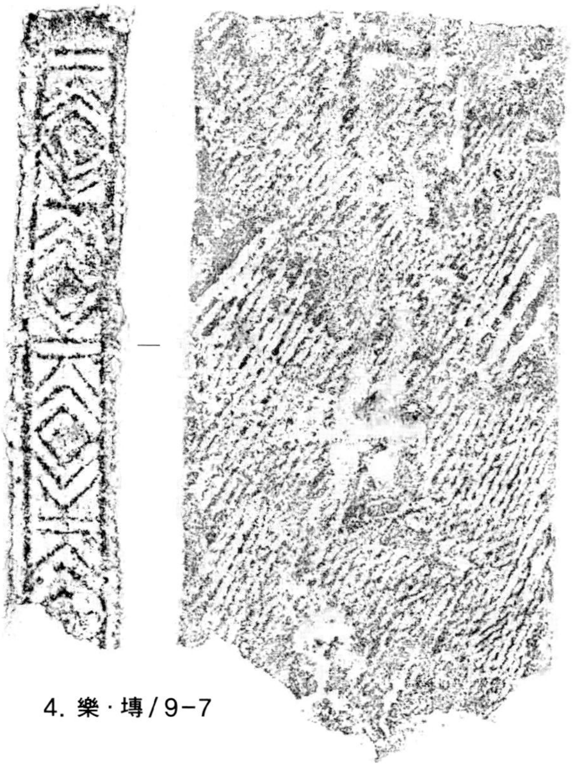

4. 樂 · 塼 / 9-7

0 10cm

그림 22 낙랑토성 출토전(塼) 탁본

1. 樂·塼/10-1

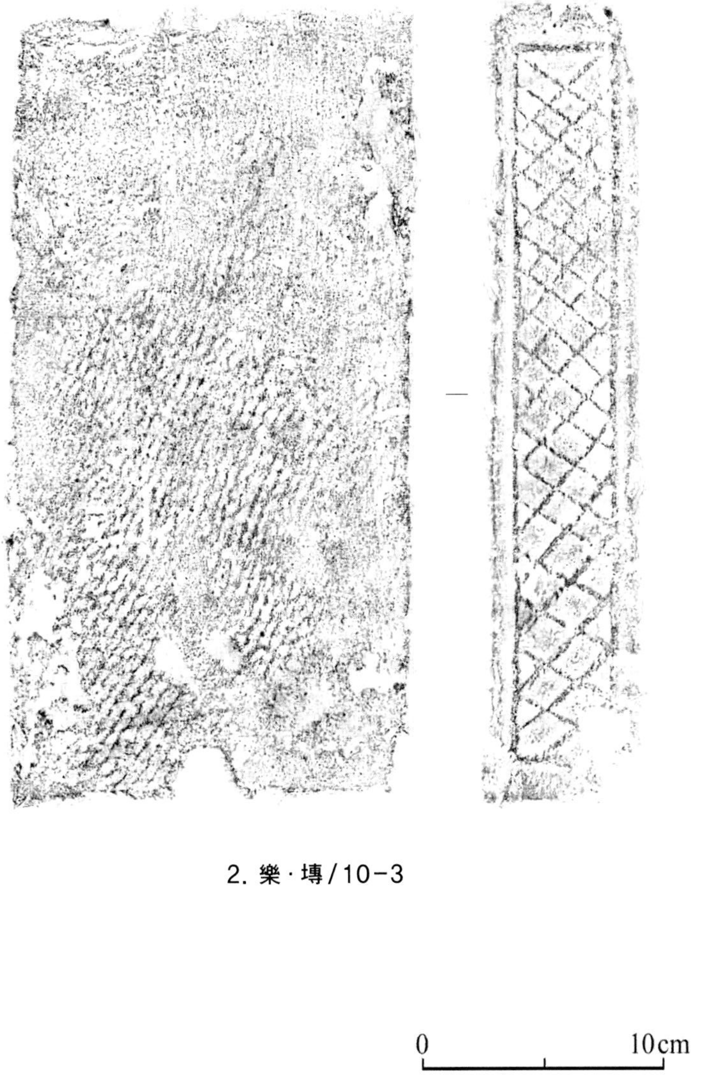

2. 樂·塼/10-3

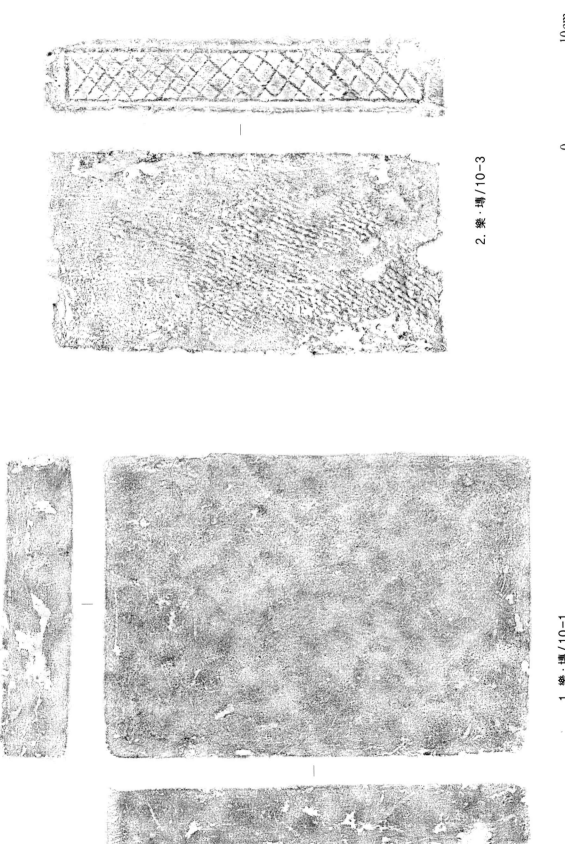

그림 23 낙랑토성 출토전(塼) 탁본(10-2 탁본 누락)

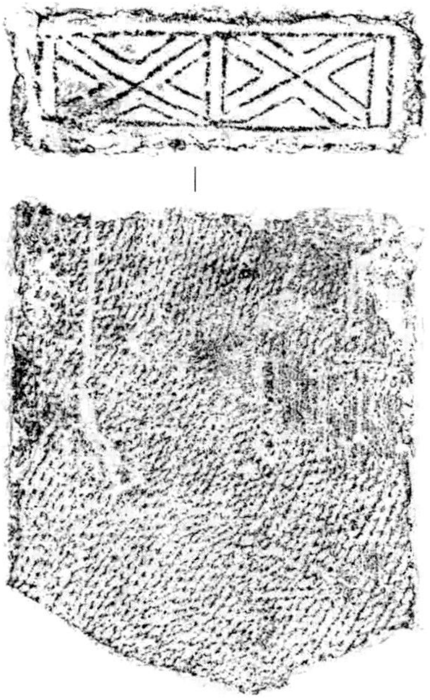

1. 樂 · 塼 / 10-4

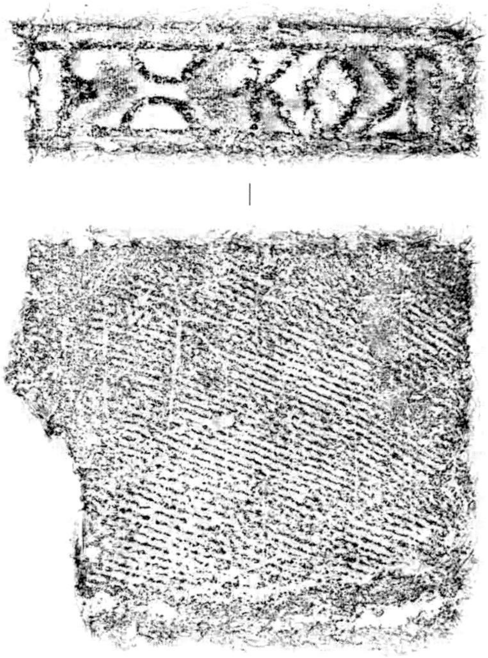

2. 樂 · 塼 / 11-1

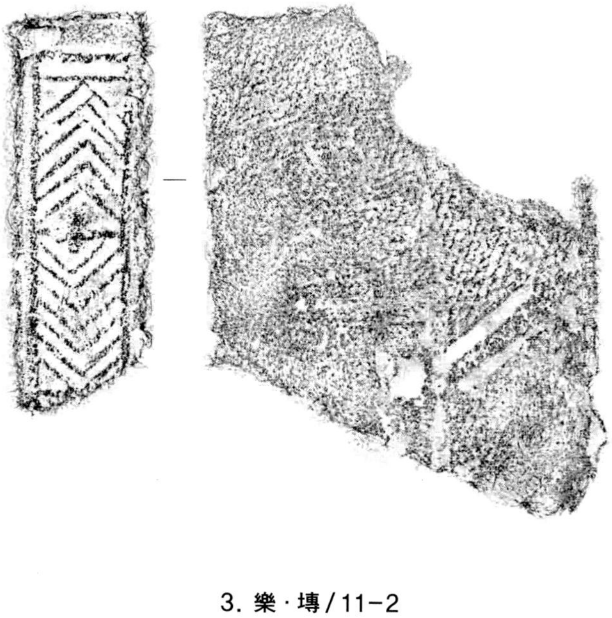

3. 樂 · 塼 / 11-2

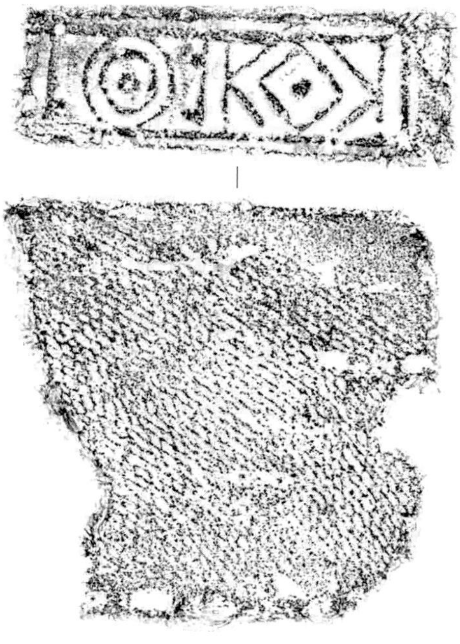

4. 樂 · 塼 / 11-3

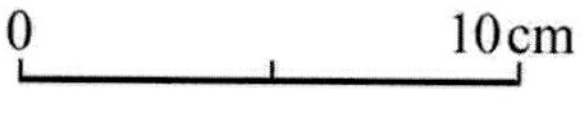

그림 24 낙랑토성 출토전(塼) 탁본

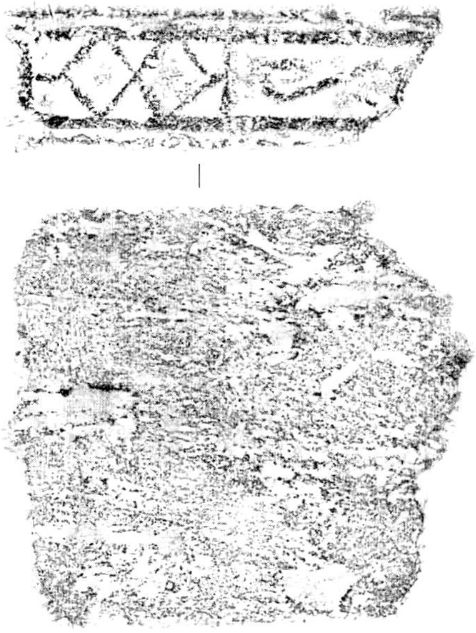

1. 樂 · 塼 / 11-4

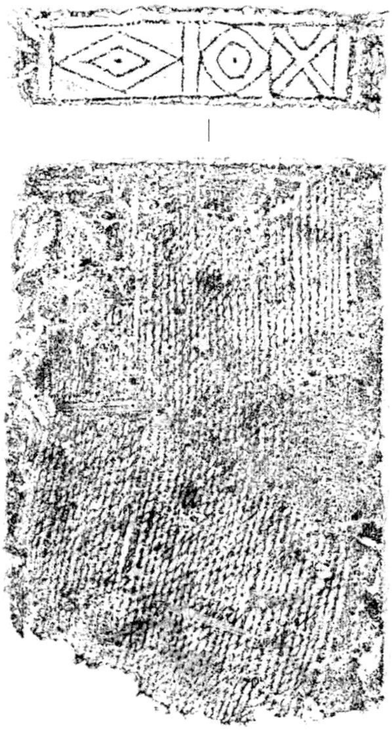

2. 樂 · 塼 / 11-5

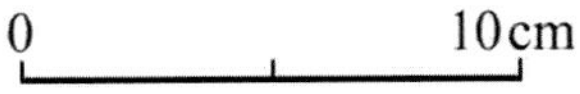

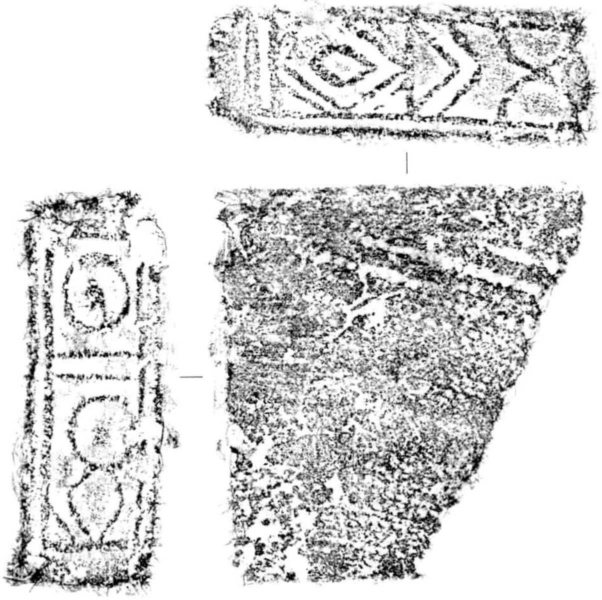

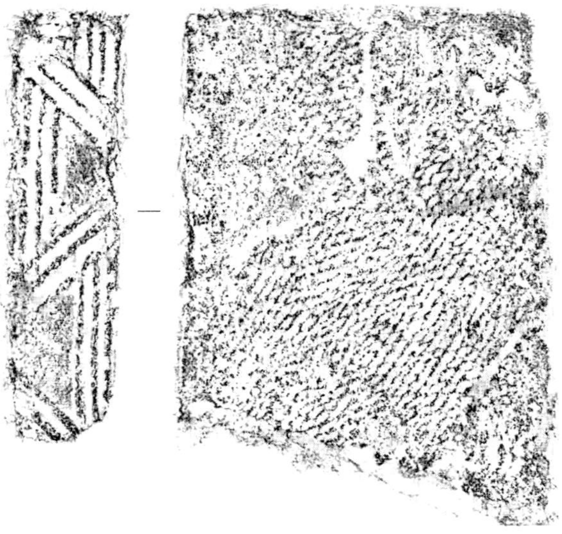

4. 樂 · 塼 / 11-7

3. 樂 · 塼 / 11-6

그림 25 낙랑토성 출토전(塼) 탁본

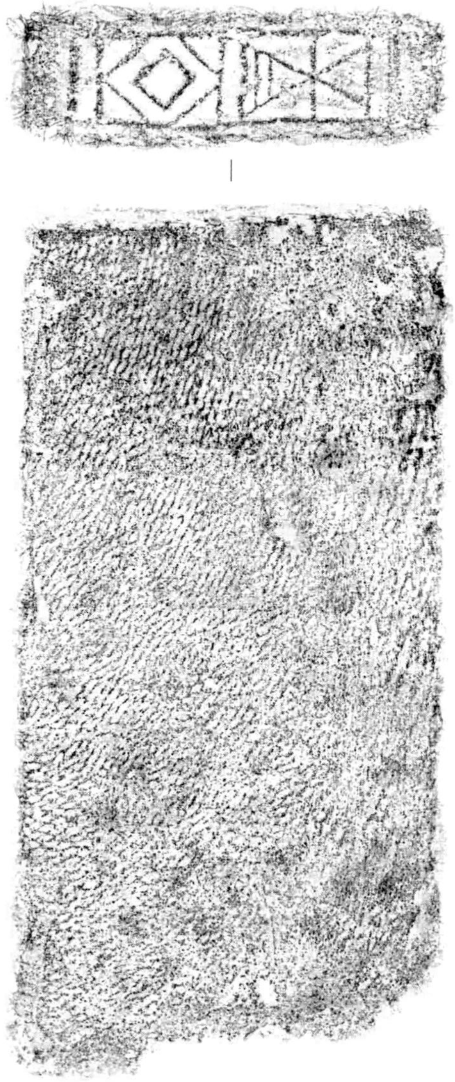

1. 樂·塼/11-8

2. 樂·塼/12-1

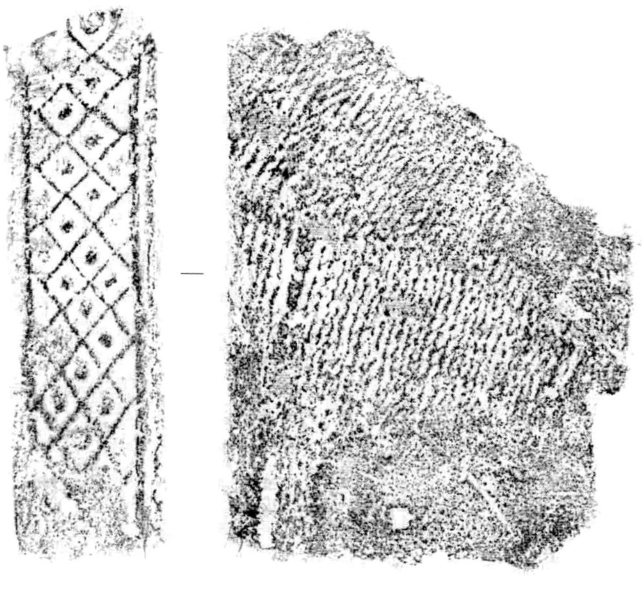

3. 樂·塼/12-2

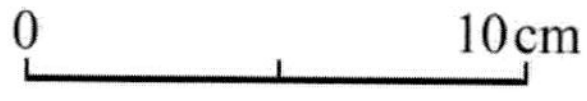

그림 26 낙랑토성 출토전(塼) 탁본

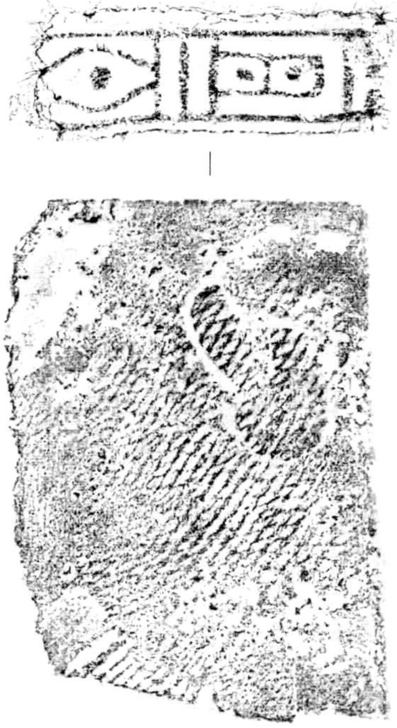

1. 樂 · 塼 / 12-3

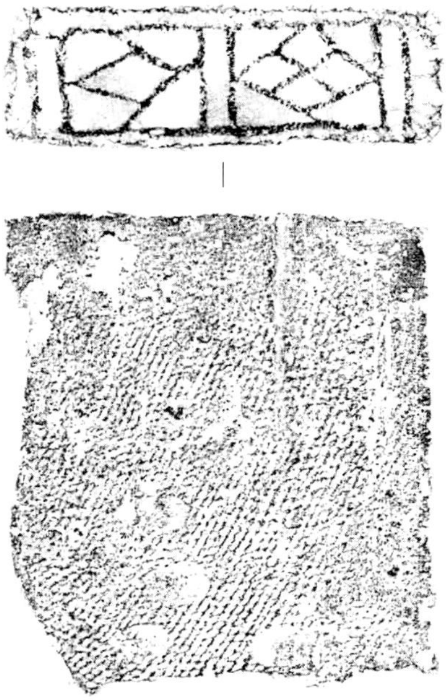

2. 樂 · 塼 / 12-4

0 10cm

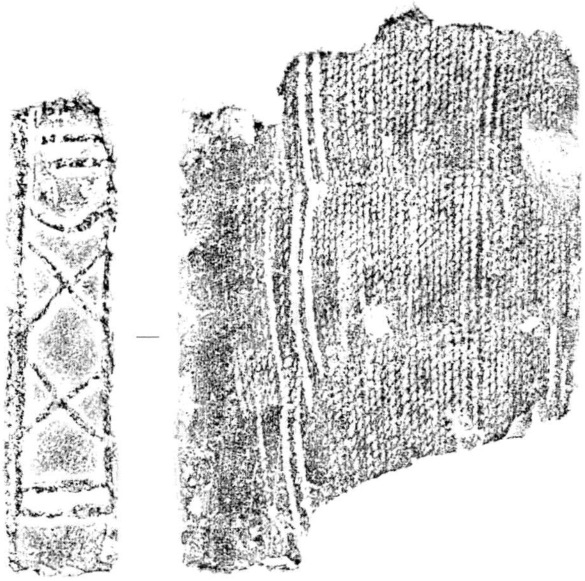

3. 樂 · 塼 / 12-5

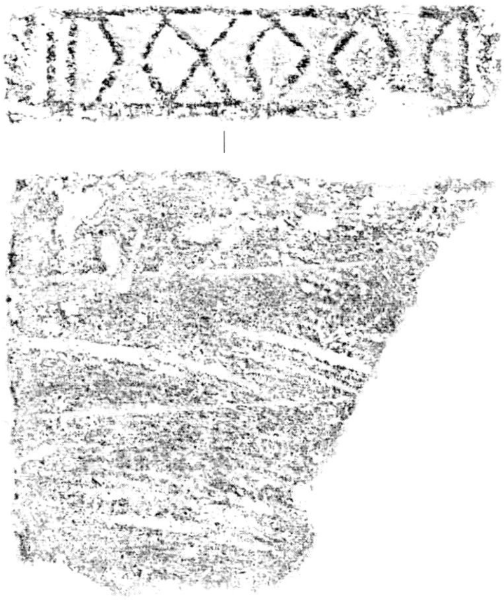

4. 樂 · 塼 / 12-6

그림 27 낙랑토성 출토전(塼) 탁본

1. 樂 · 塼 / 12-7

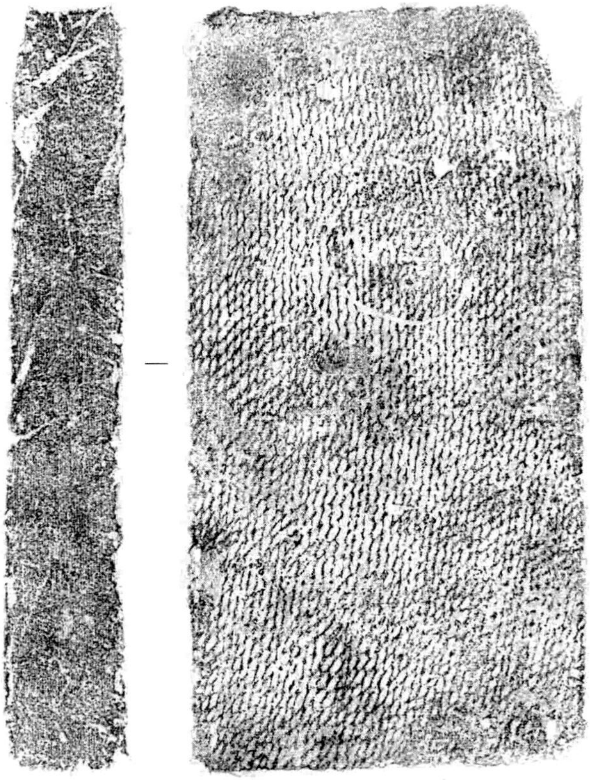

2. 樂 · 塼 / 13-1

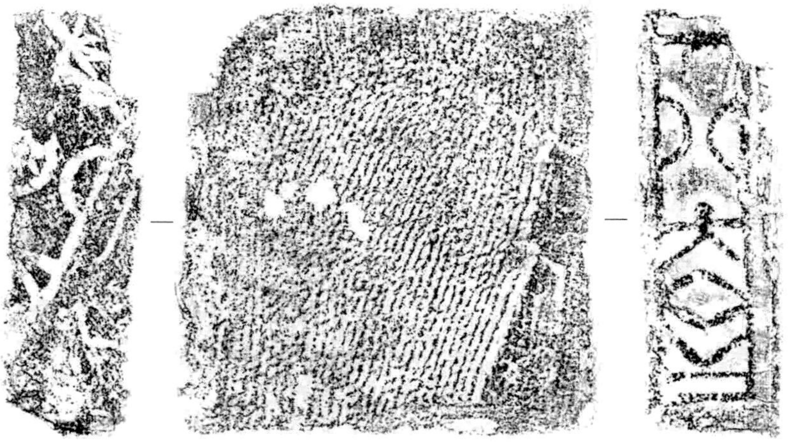

3. 樂 · 塼 / 13-2

0 10cm

그림 28 낙랑토성 출토전(塼) 탁본

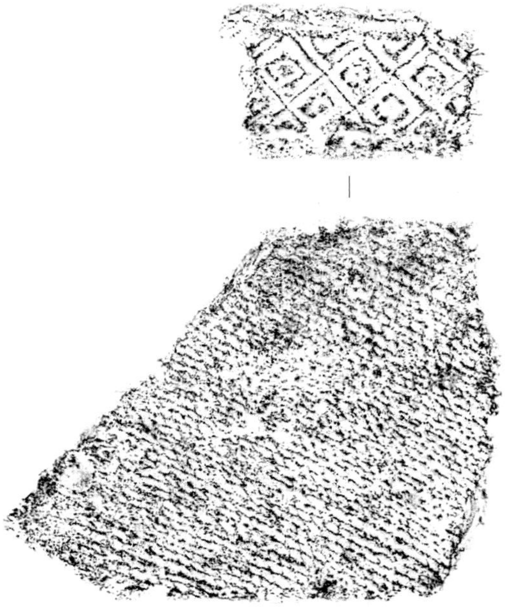

1. 樂 · 塼 / 13-3

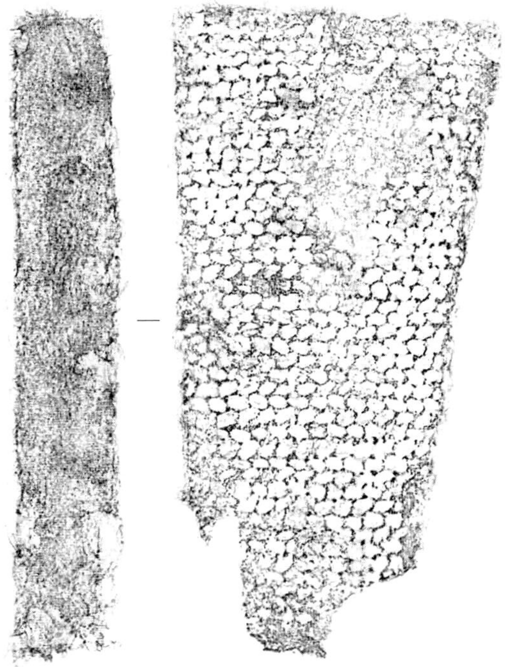

2. 樂 · 塼 / 13-4

3. 樂 · 塼 / 13-5

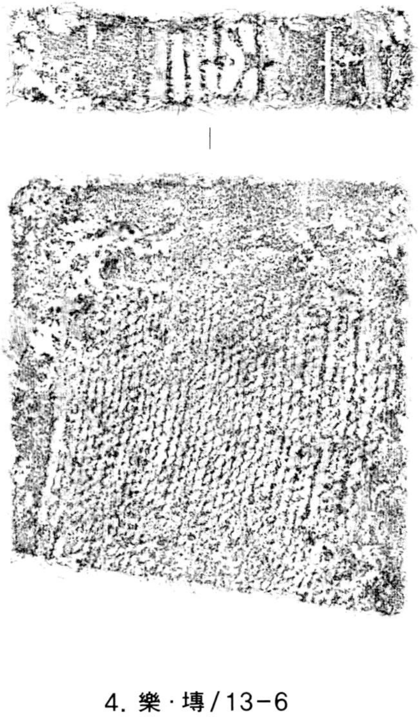

4. 樂 · 塼 / 13-6

0 10cm

그림 29 낙랑토성 출토전(塼) 탁본

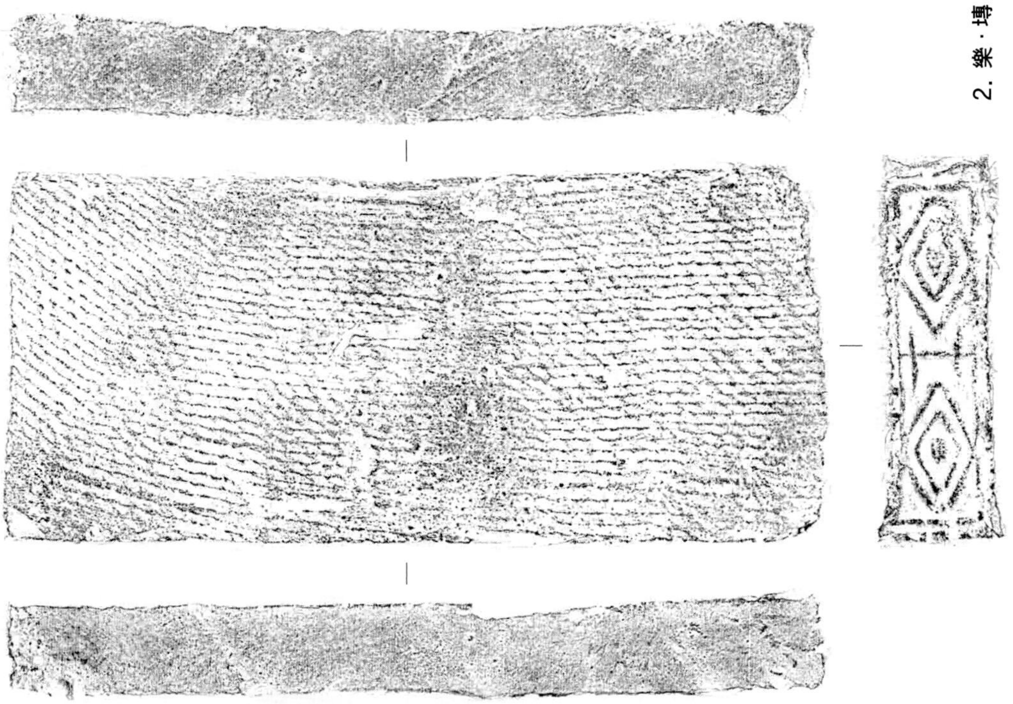

2. 樂·塼/14-2

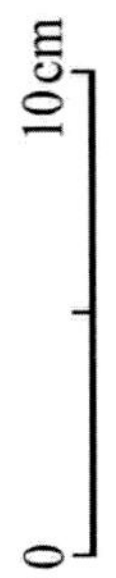

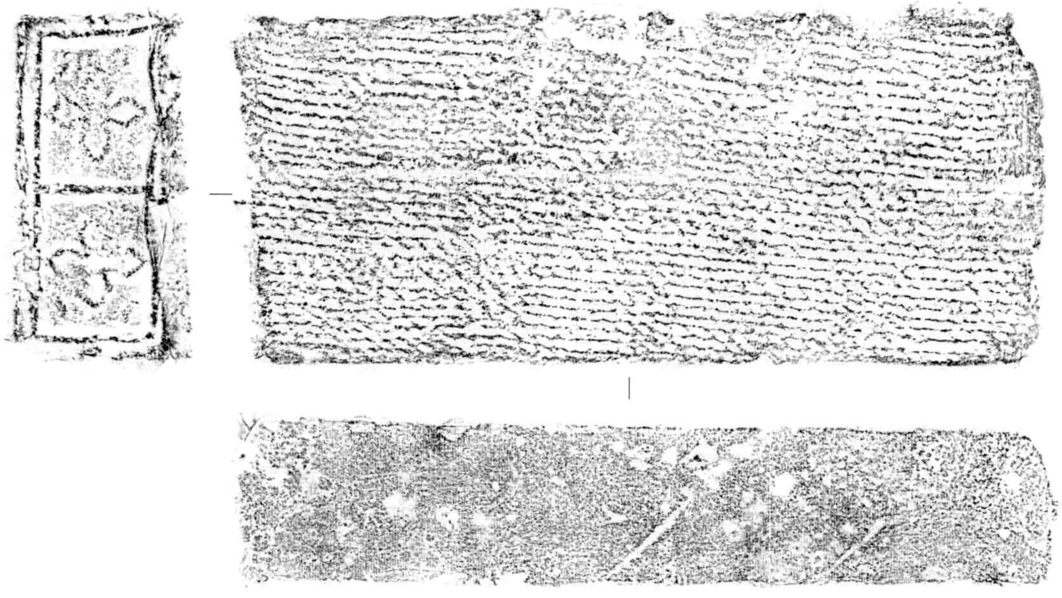

1. 樂·塼/14-1

그림 30 낙랑토성 출토전(塼) 탁본

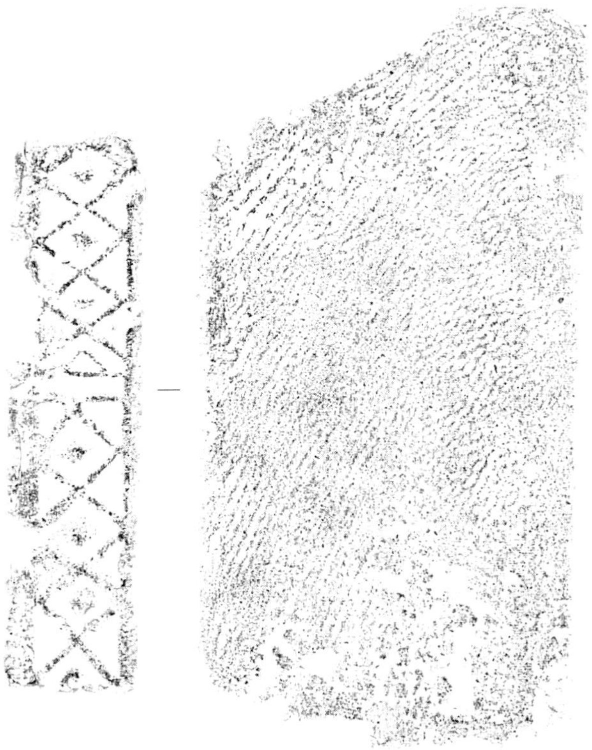

1. 樂 · 塼 / 14-3

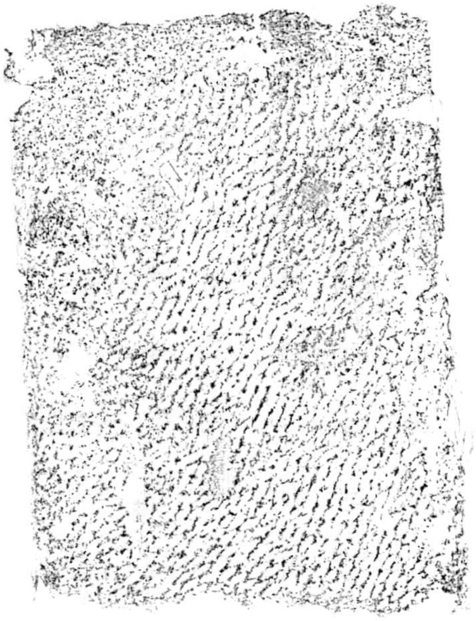

2. 樂 · 塼 / 14-4

0 10cm

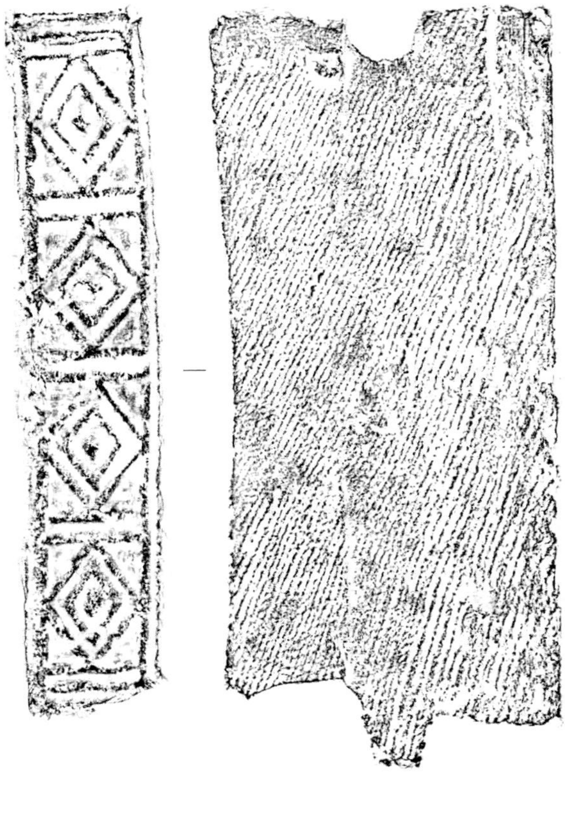

3. 樂 · 塼 / 14-5

4. 樂 · 塼 / 15-1

그림 31 낙랑토성 출토전(塼) 탁본

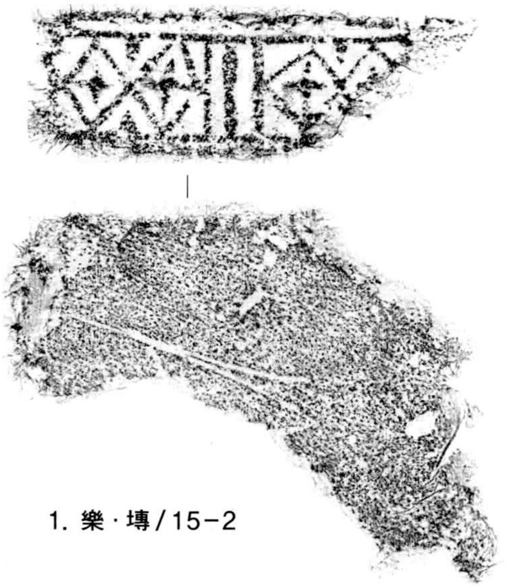

1. 樂·塼/15-2

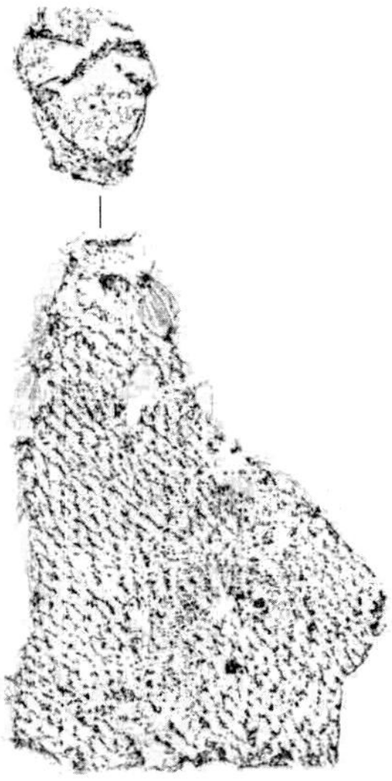

2. 樂·塼/15-3

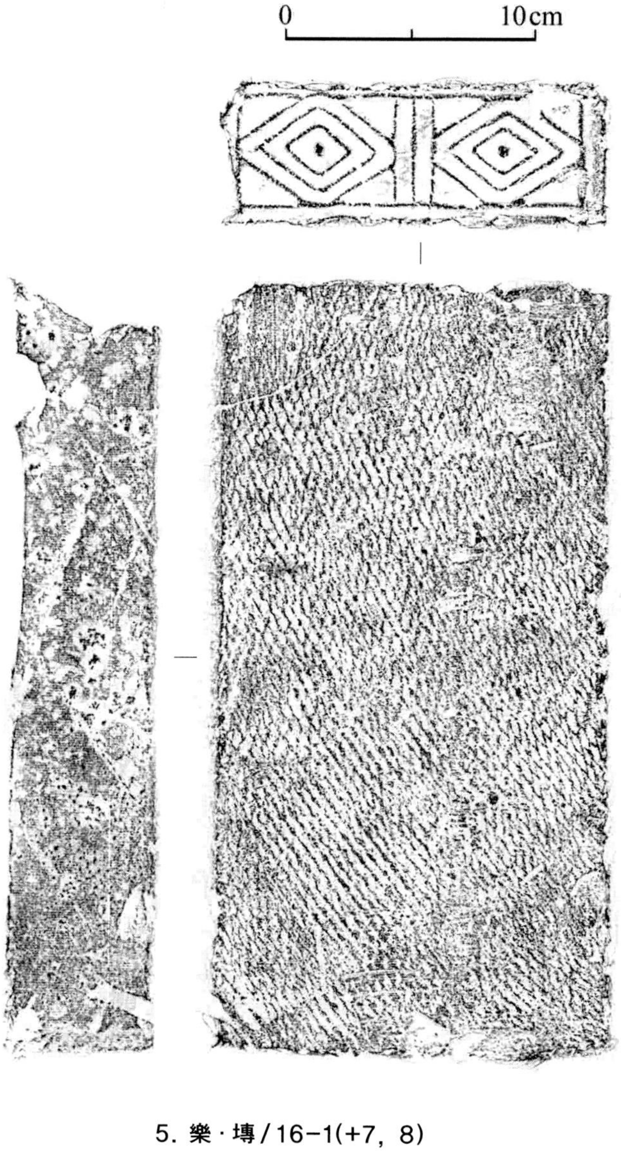

3. 樂·塼/15-4

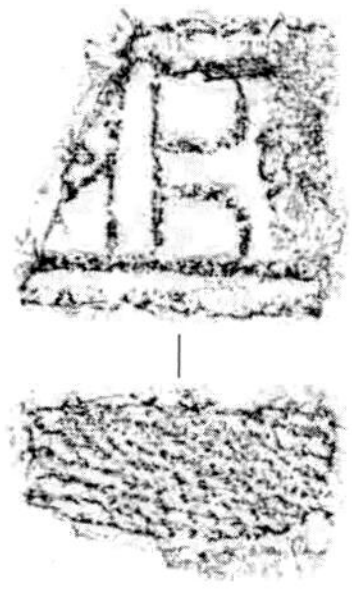

4. 樂·塼/15-5

5. 樂·塼/16-1(+7, 8)

그림 32 낙랑토성 출토전(塼) 탁본

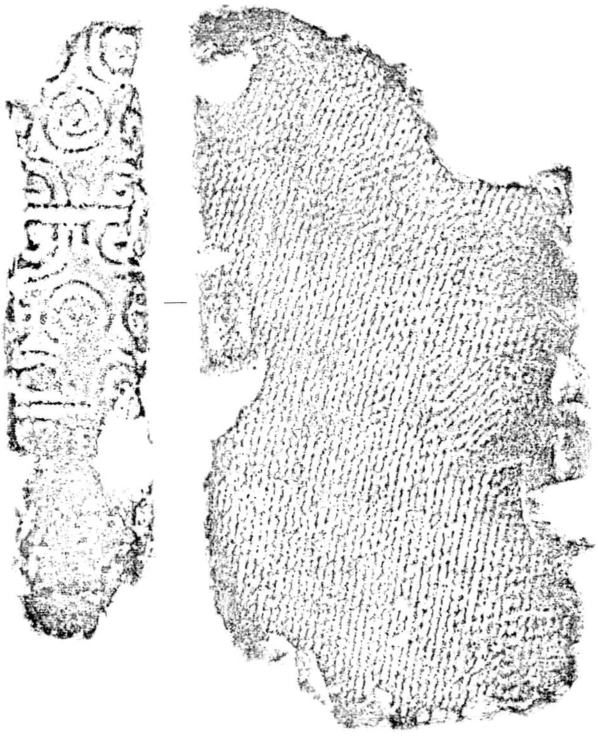

1. 樂·塼/16-2

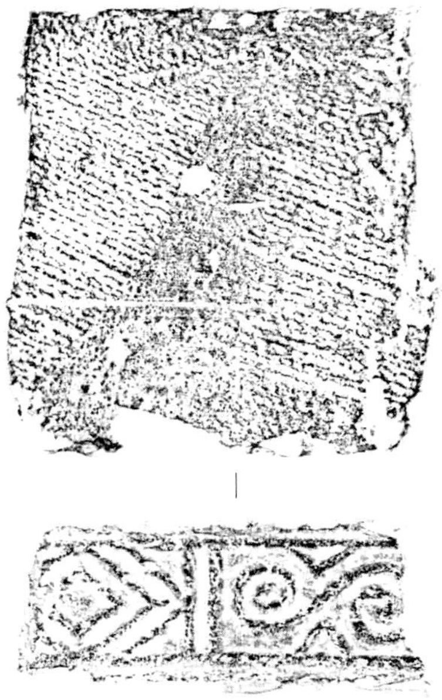

2. 樂·塼/16-3

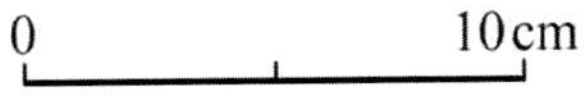

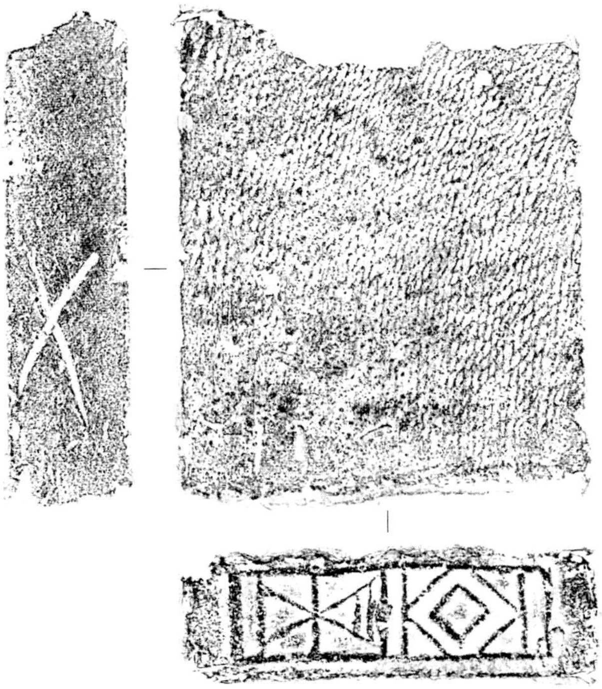

3. 樂·塼/16-4

4. 樂·塼/16-5

그림 33 낙랑토성 출토전(塼) 탁본

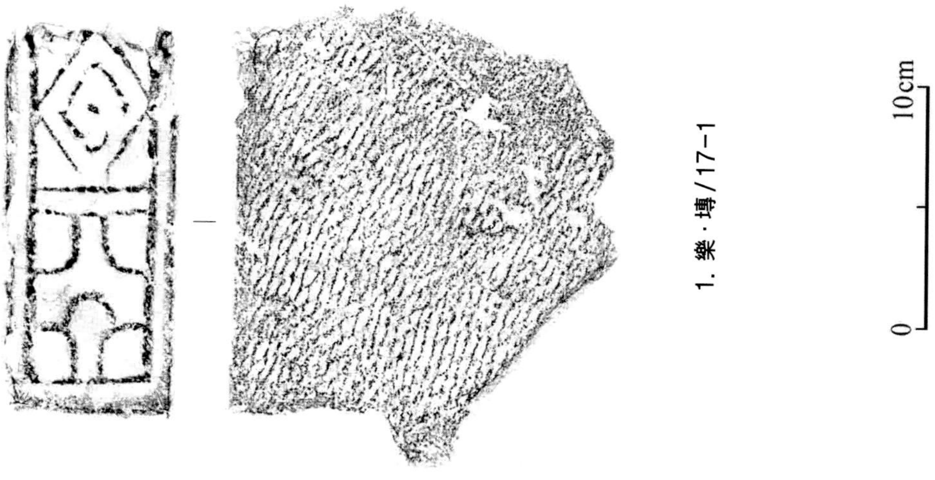

1. 樂·塼/17-1

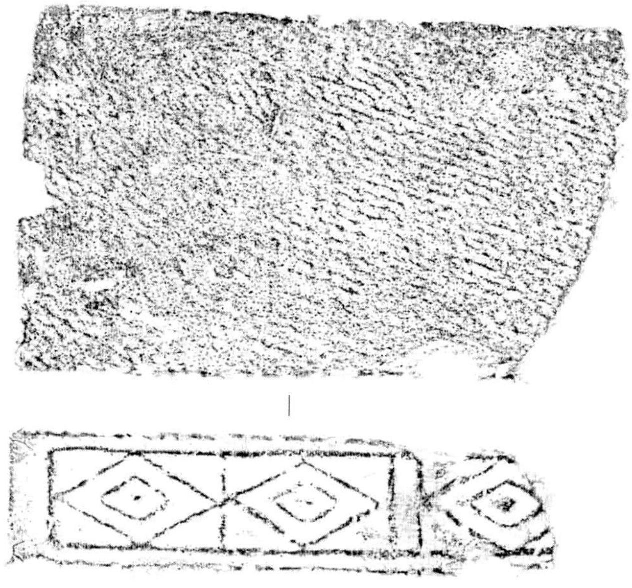

2. 樂·塼/17-2

3. 樂·塼/17-4

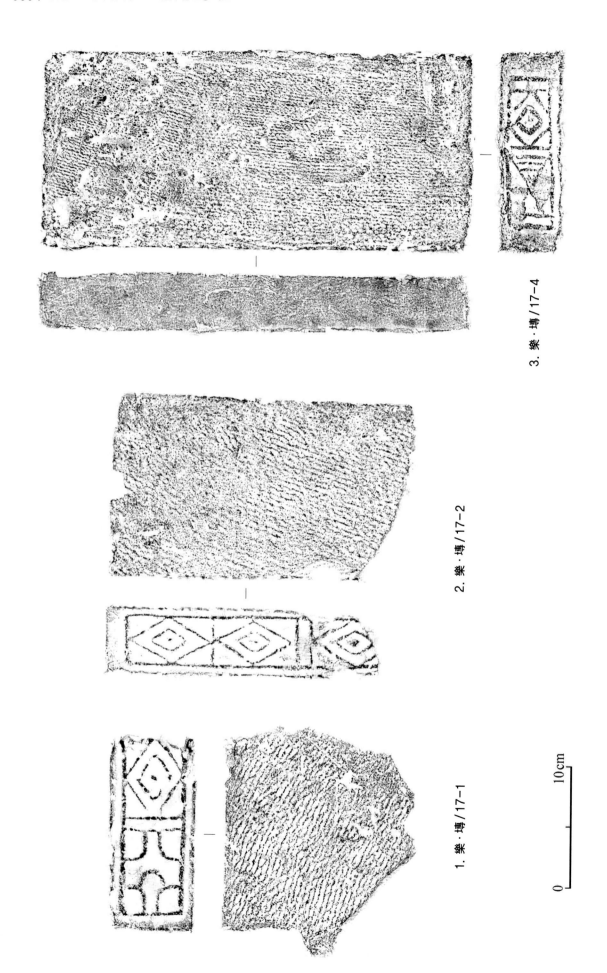

그림 34 낙랑토성 출토전(塼) 탁본

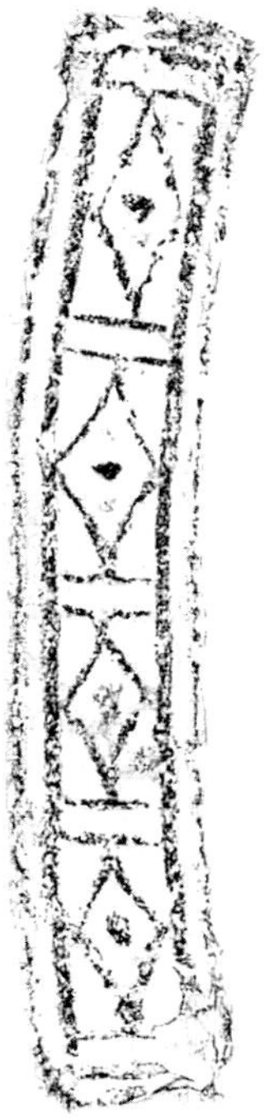

1. 樂 · 塼 / 17-3

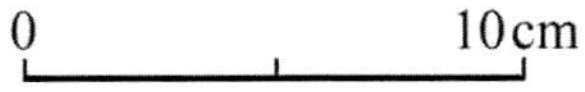

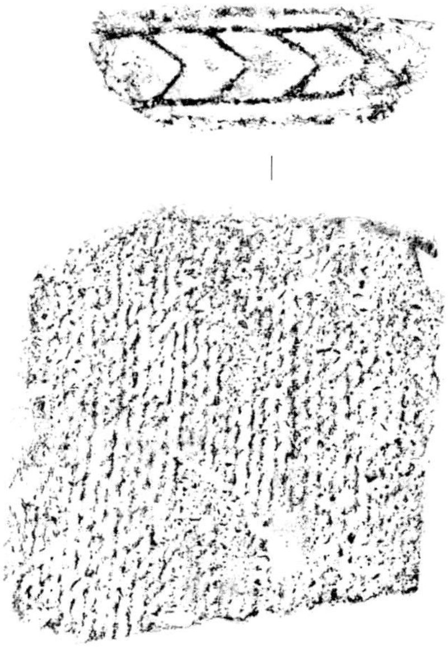

2. 樂 · 塼 / 17-5

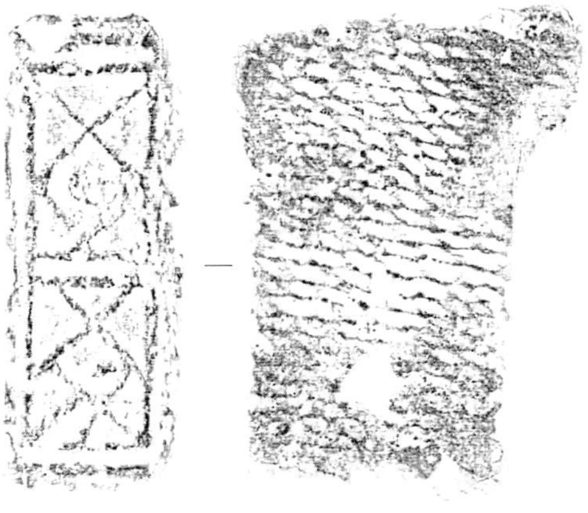

3. 樂 · 塼 / 17-6

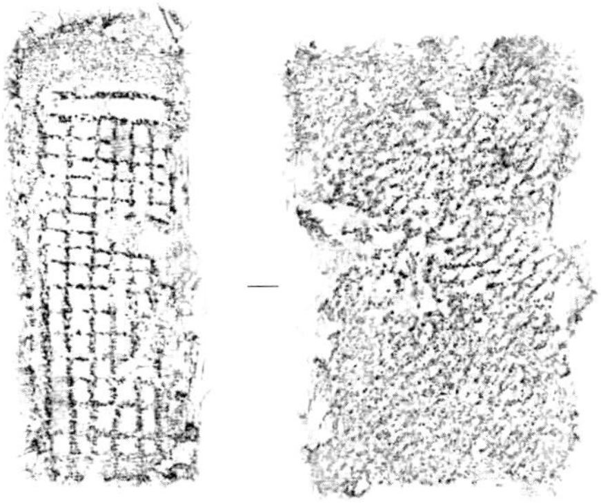

4. 樂 · 塼 / 17-7

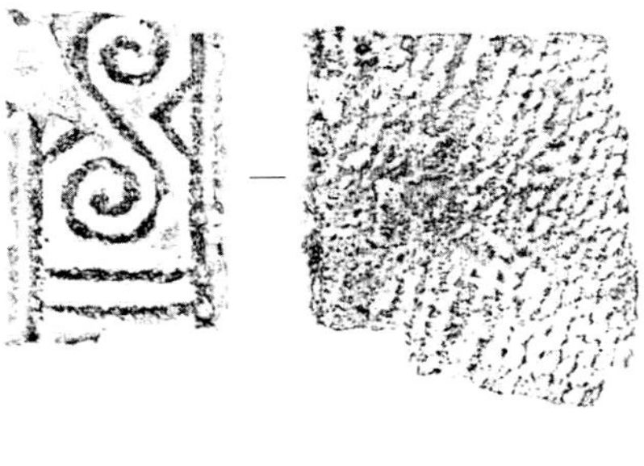

5. 樂 · 塼 / 17-8

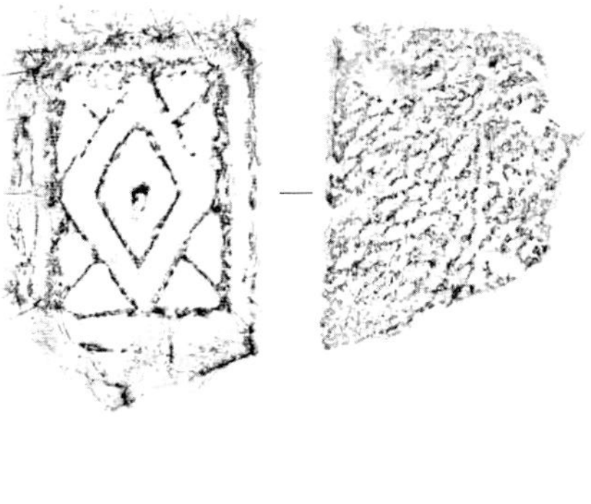

6. 樂 · 塼 / 17-9

그림 35 낙랑토성 출토전(塼) 탁본

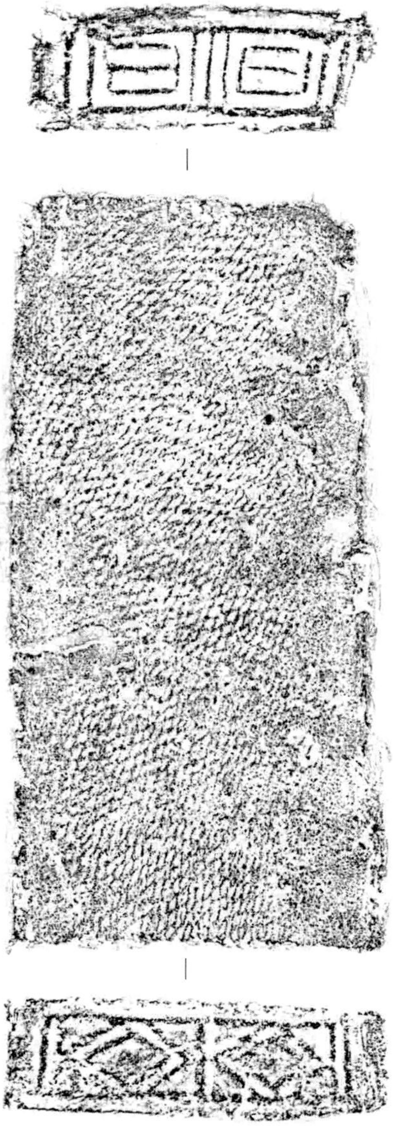

1. 樂·塼/18-1

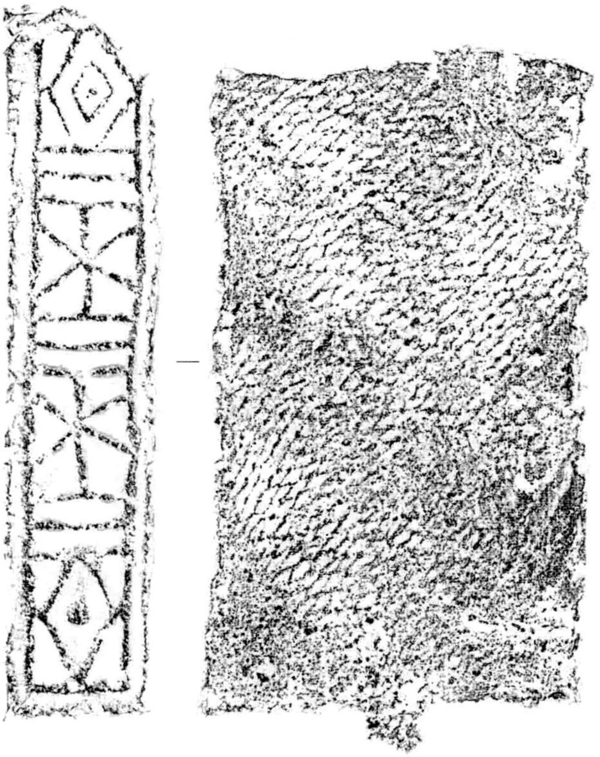

2. 樂·塼/18-2

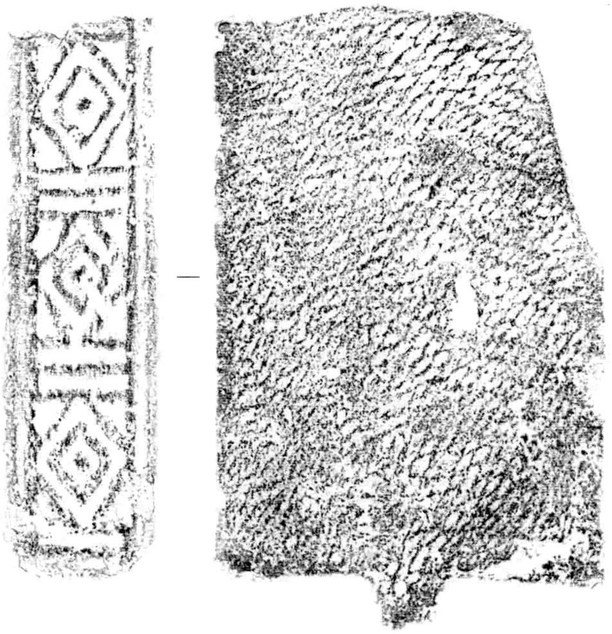

3. 樂·塼/18-3

그림 36 낙랑토성 출토전(塼) 탁본

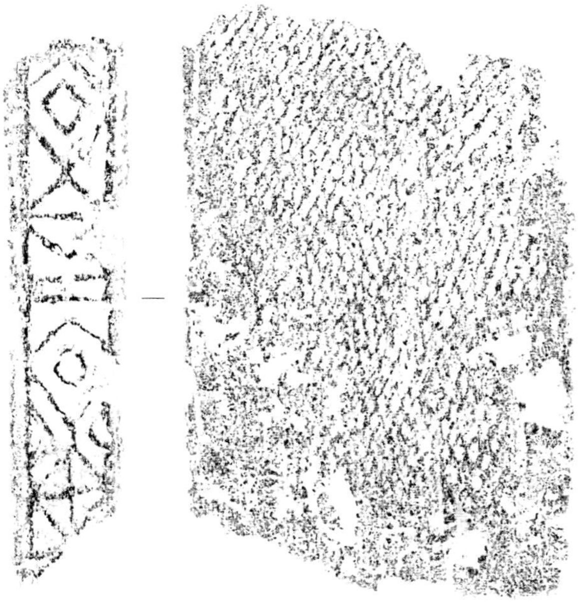

1. 樂 · 塼 / 18-4

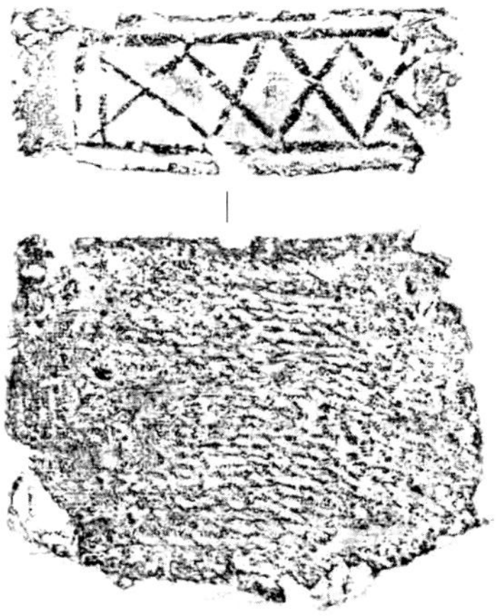

2. 樂 · 塼 / 18-5

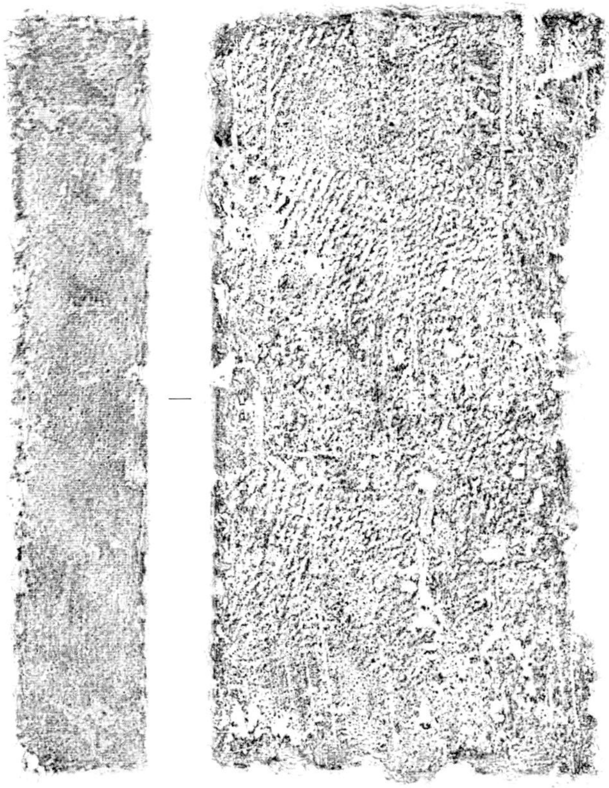

3. 樂 · 塼 / 19-2

0 10cm

그림 37 낙랑토성 출토전(塼) 탁본

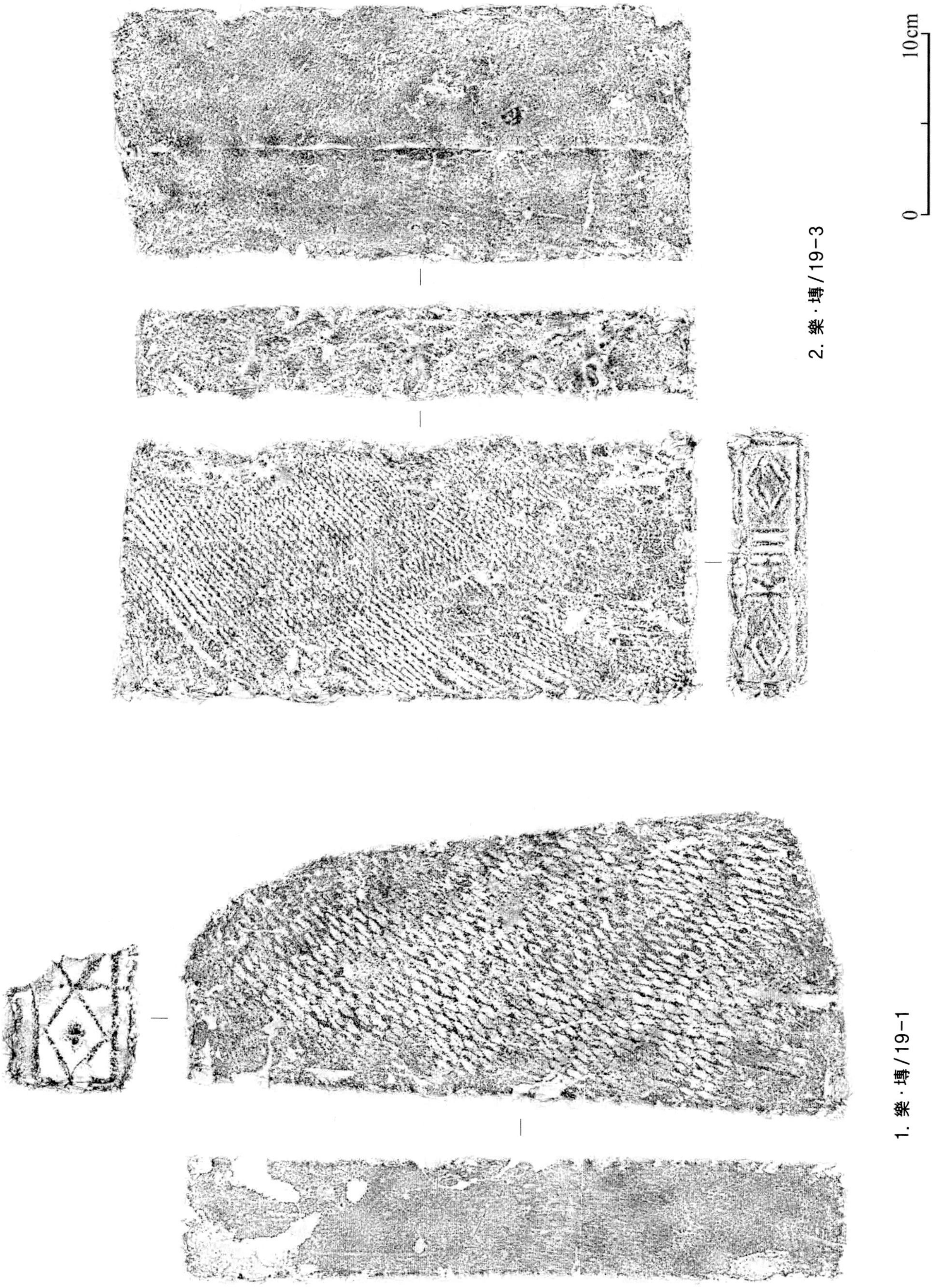

2. 樂·塼/19-3

1. 樂·塼/19-1

그림 38 낙랑토성 출토전(塼) 탁본

1. 樂 · 塼 / 20-1

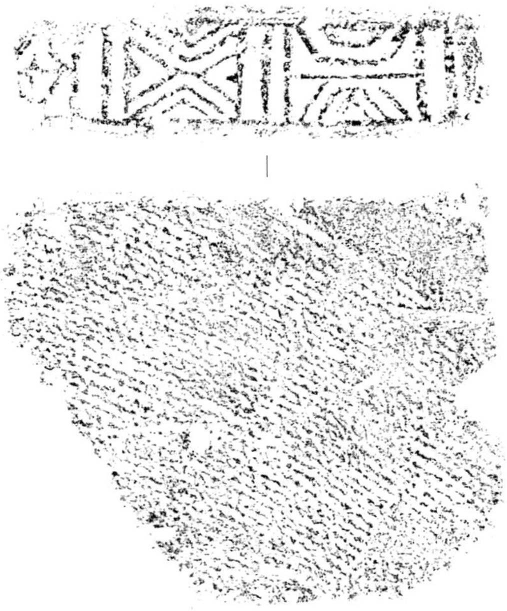

2. 樂 · 塼 / 20-2

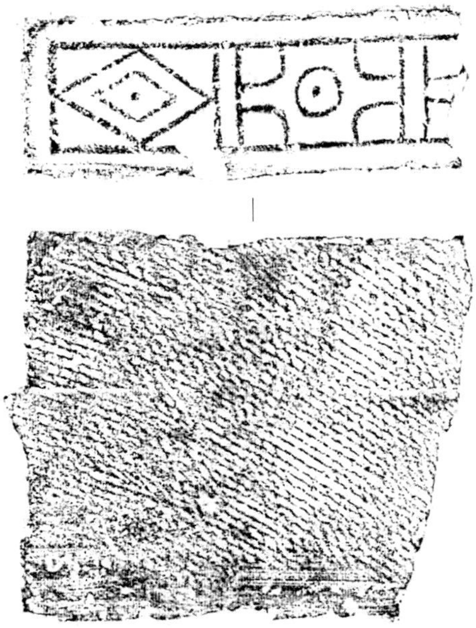

3. 樂 · 塼 / 20-3

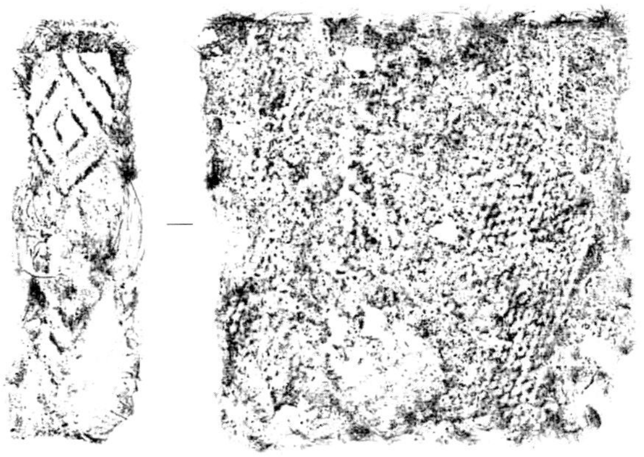

4. 樂 · 塼 / 20-4

0 10cm

그림 39 낙랑토성 출토전(塼) 탁본

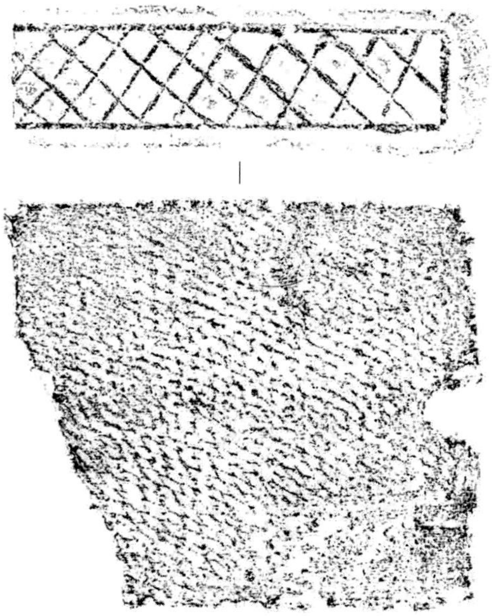

1. 樂 · 塼 / 20-5

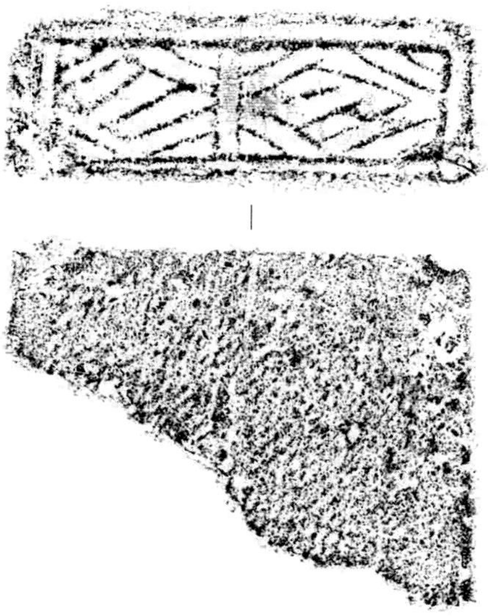

2. 樂 · 塼 / 20-6

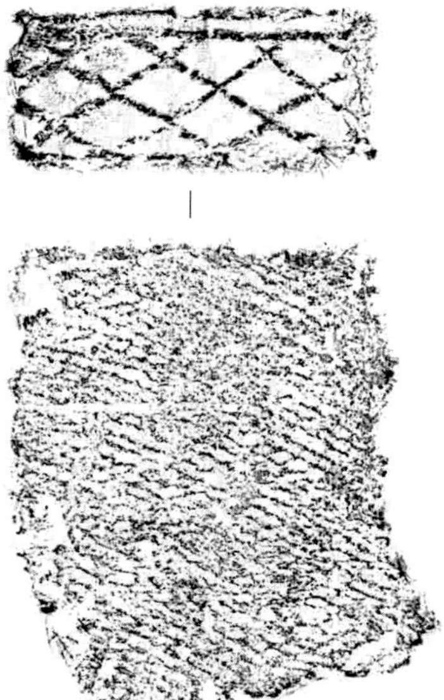

3. 樂 · 塼 / 20-7

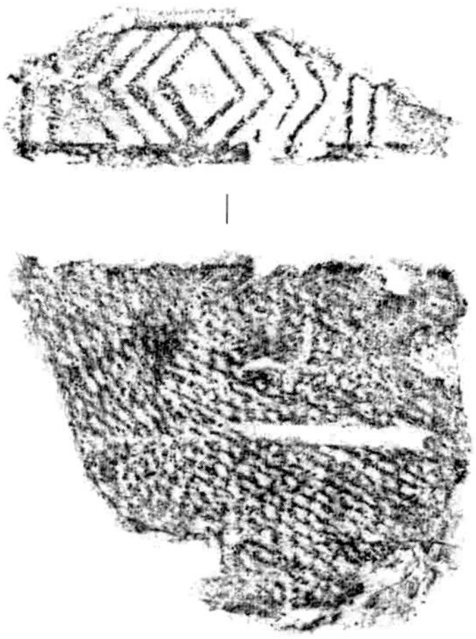

4. 樂 · 塼 / 20-8

0 10cm

그림 40 낙랑토성 출토전(塼) 탁본

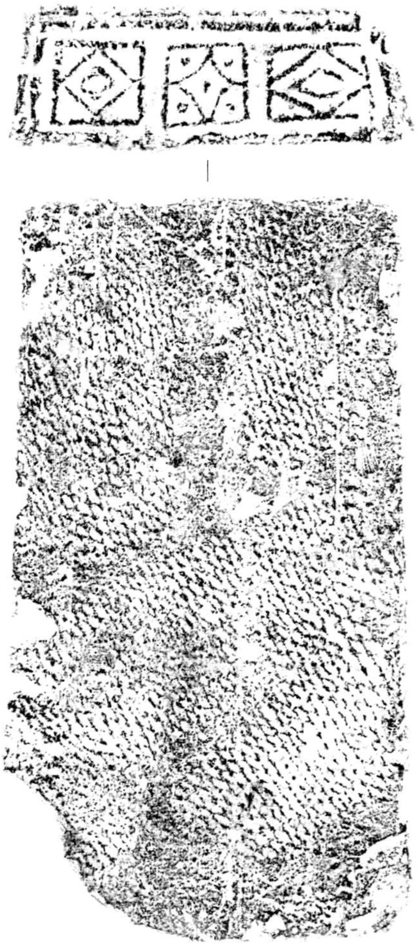

1. 樂 · 塼 / 21-1

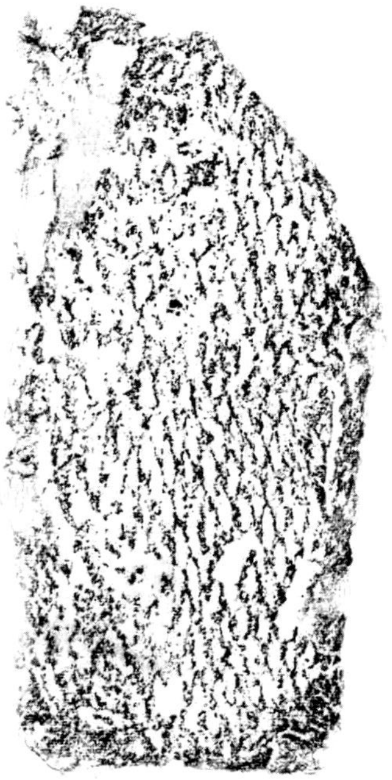

2. 樂 · 塼 / 21-2

4. 樂 · 塼 / 21-4

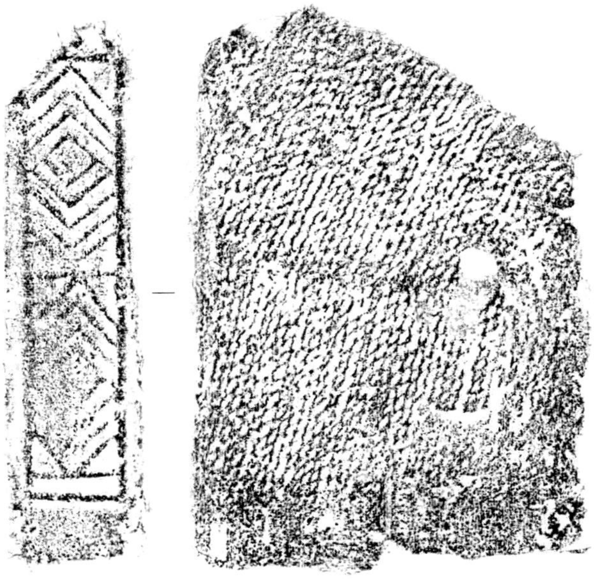

3. 樂 · 塼 / 21-3

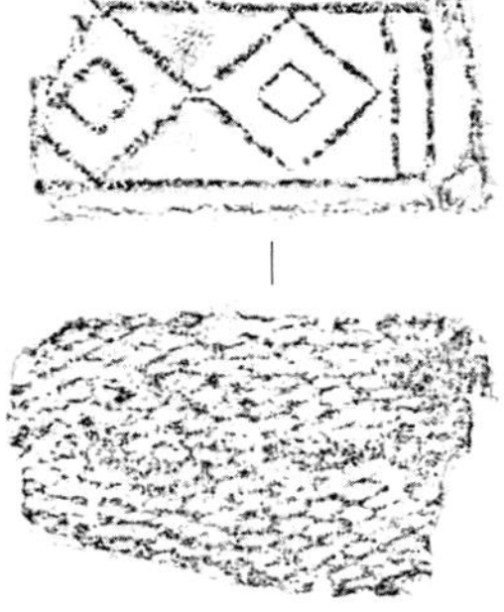

5. 樂 · 塼 / 21-5

0 10cm

그림 41 낙랑토성 출토전(塼) 탁본

1. 樂 · 塼 / 22-1

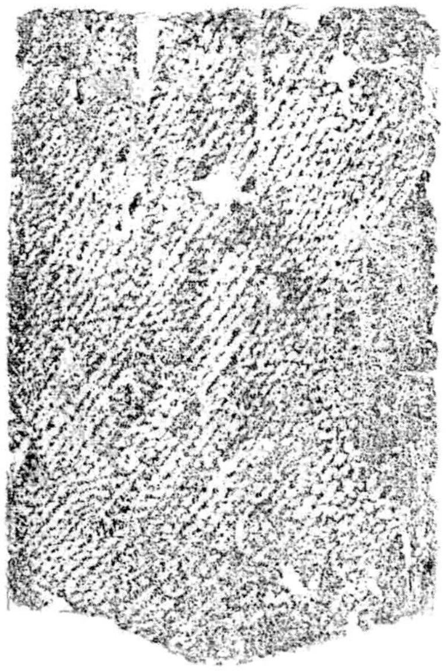

2. 樂 · 塼 / 22-2

3. 樂 · 塼 / 22-3

4. 樂 · 塼 / 22-4

그림 42 낙랑토성 출토전(塼) 탁본

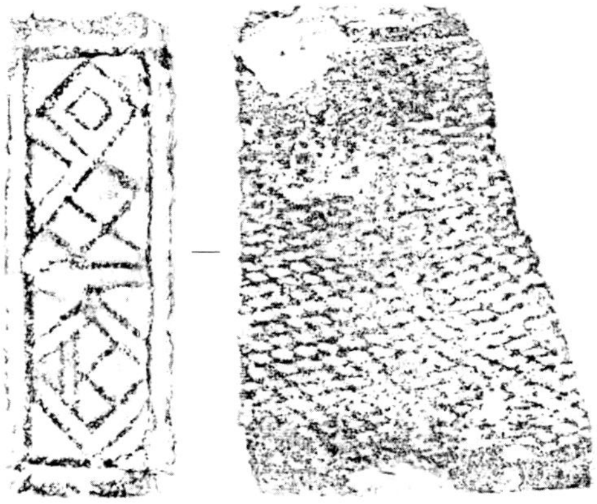

1. 樂 · 塼 / 22-7

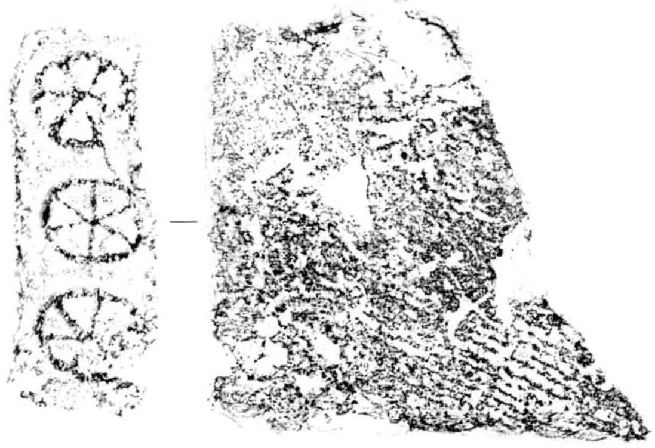

2. 樂 · 塼 / 22-8

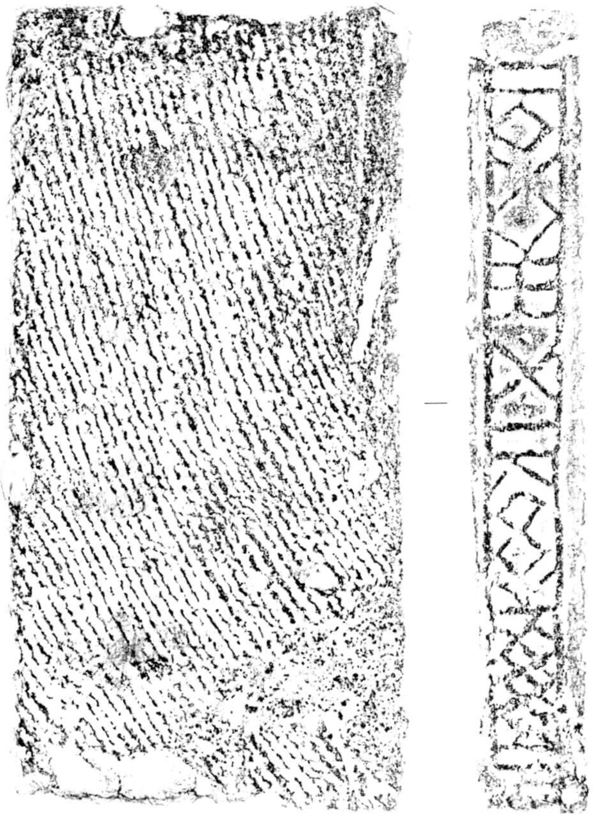

3. 樂 · 塼 / 23-1

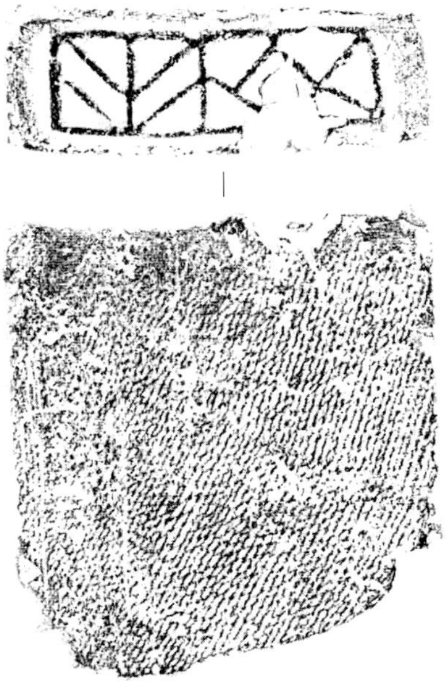

4. 樂 · 塼 / 23-2

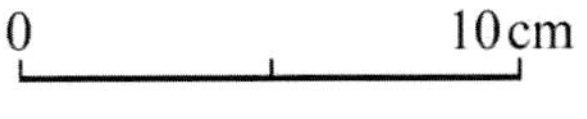

그림 43 낙랑토성 출토전(塼) 탁본(22-5, 22-6 탁본 누락)

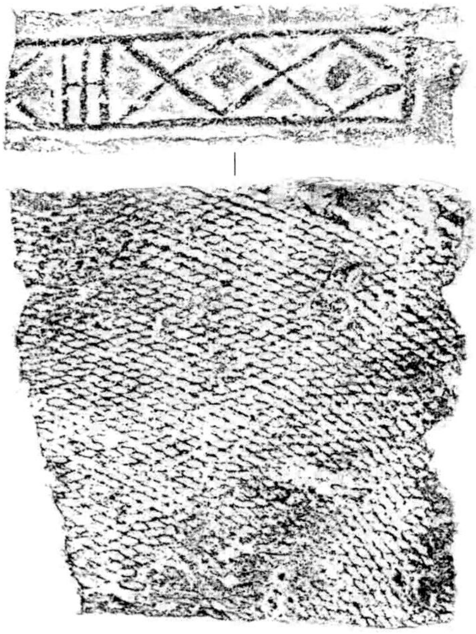

1. 樂 · 塼 / 23-3

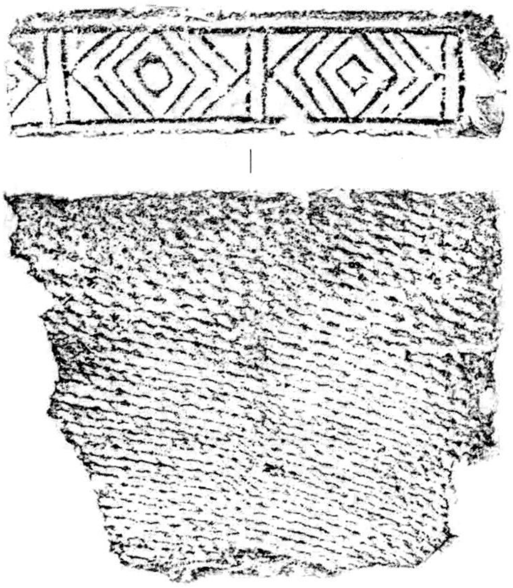

2. 樂 · 塼 / 23-4

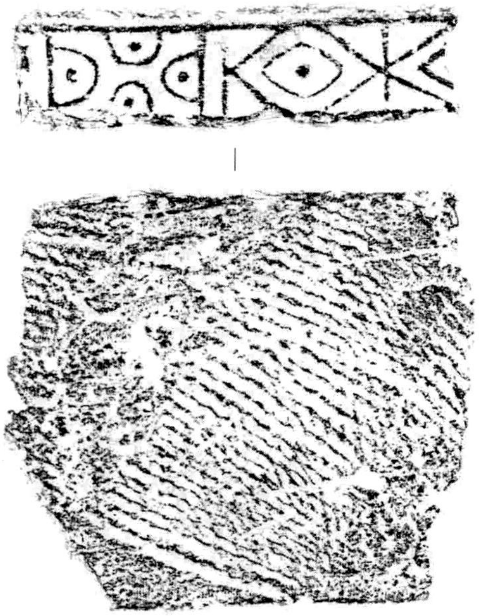

3. 樂 · 塼 / 23-5

4. 樂 · 塼 / 23-6

0 10cm

그림 44 낙랑토성 출토전(塼) 탁본

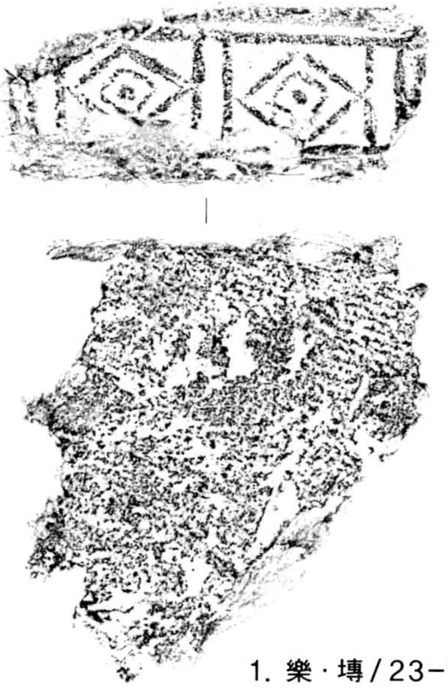

1. 樂 · 塼 / 23-7

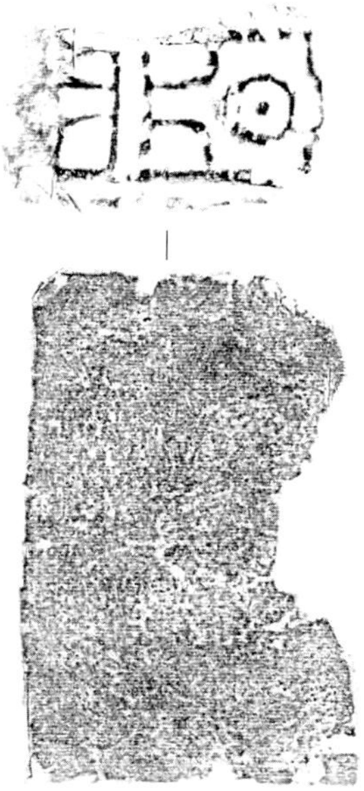

2. 樂 · 塼 / 23-8

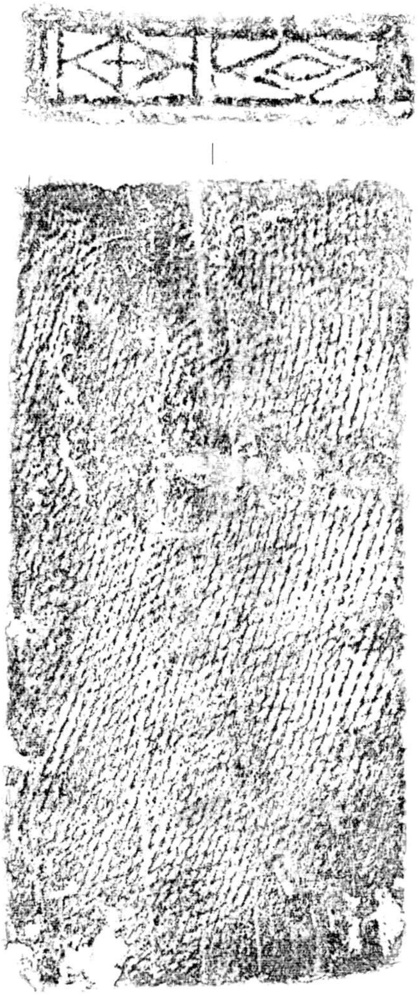

3. 樂 · 塼 / 24-1

4. 樂 · 塼 / 24-2

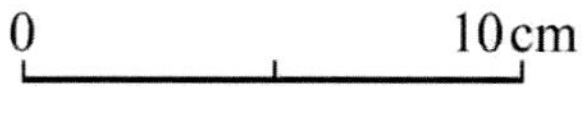

그림 45 낙랑토성 출토전(塼) 탁본

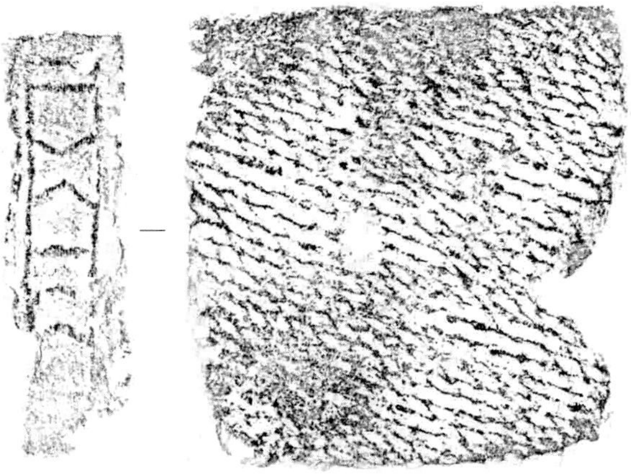

1. 樂 · 塼 / 24-3

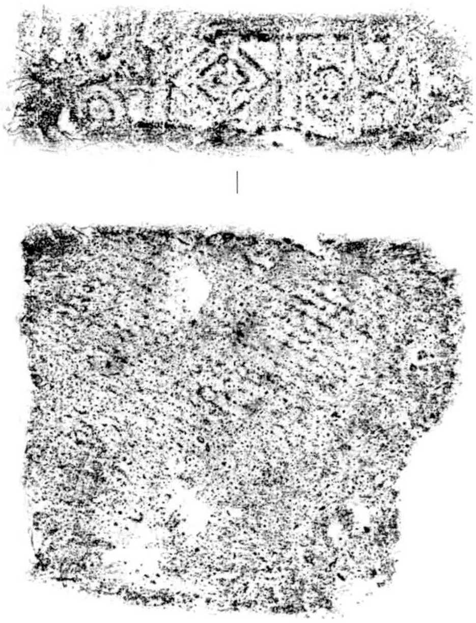

2. 樂 · 塼 / 24-4

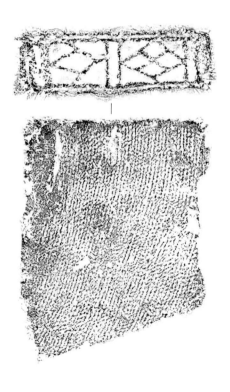

3. 樂 · 塼 / 24-5

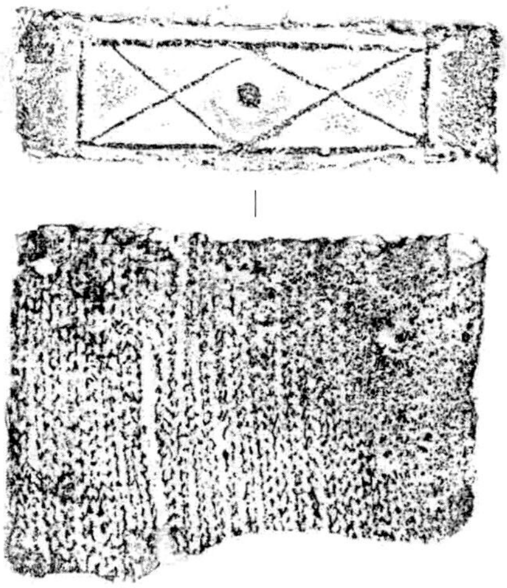

4. 樂 · 塼 / 24-6

그림 46 낙랑토성 출토전(塼) 탁본

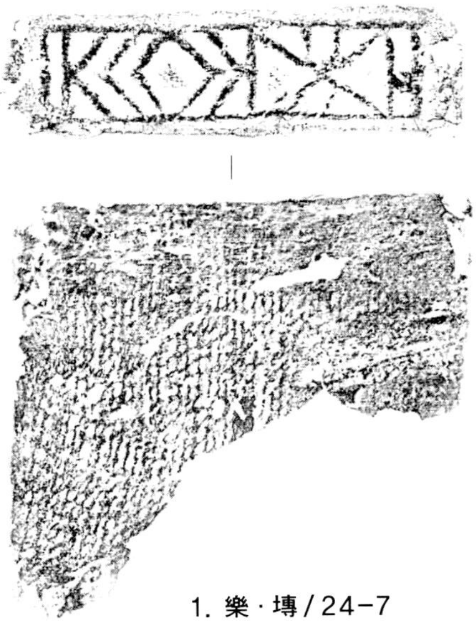

1. 樂 · 塼 / 24-7

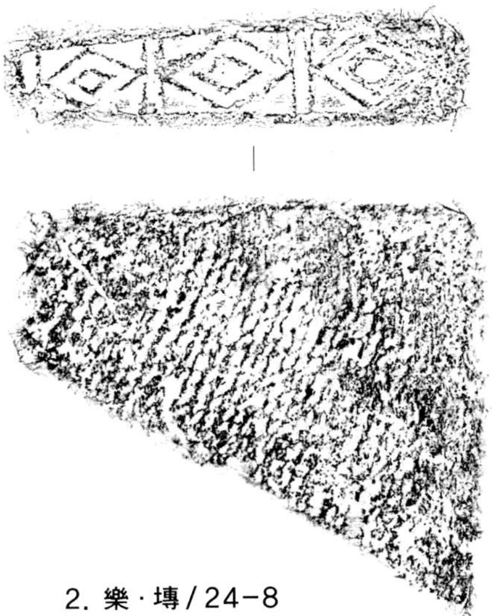

2. 樂 · 塼 / 24-8

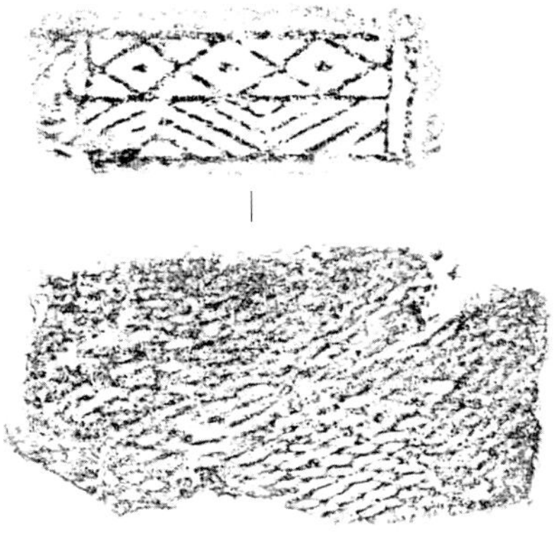

3. 樂 · 塼 / 24-9

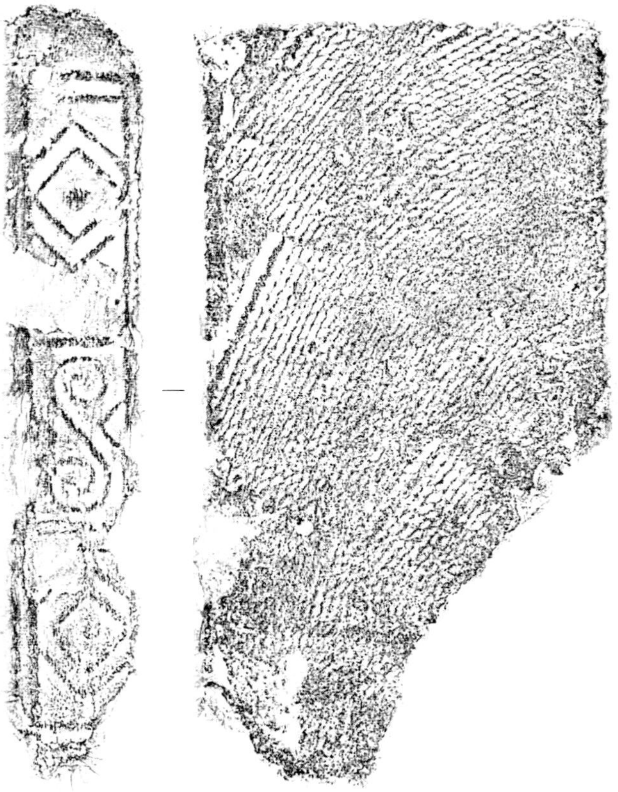

4. 樂 · 塼 / 25-1

0 10cm

그림 47 낙랑토성 출토전(塼) 탁본

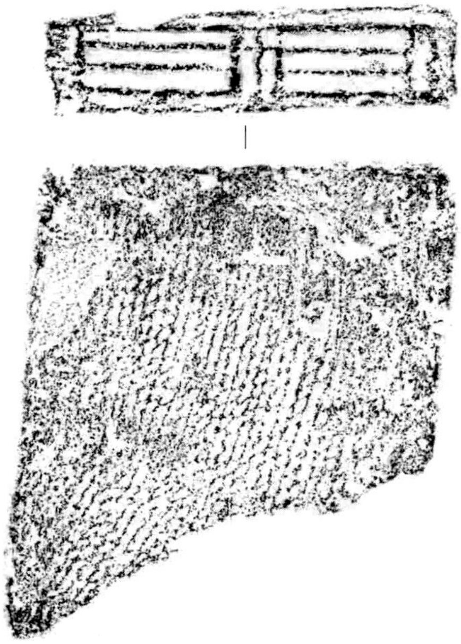

1. 樂 · 塼 / 25-2

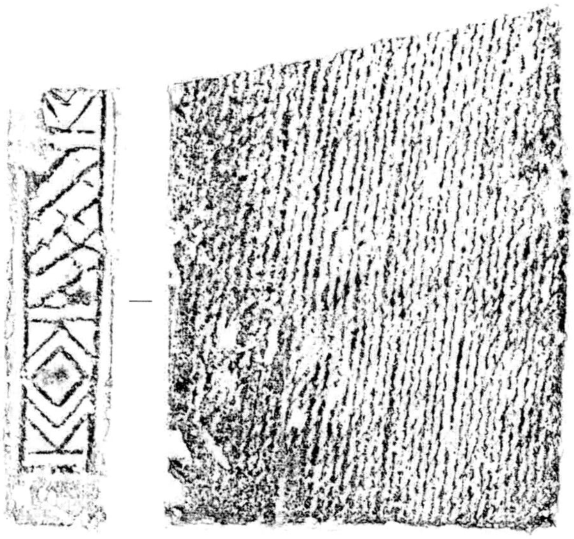

2. 樂 · 塼 / 25-3

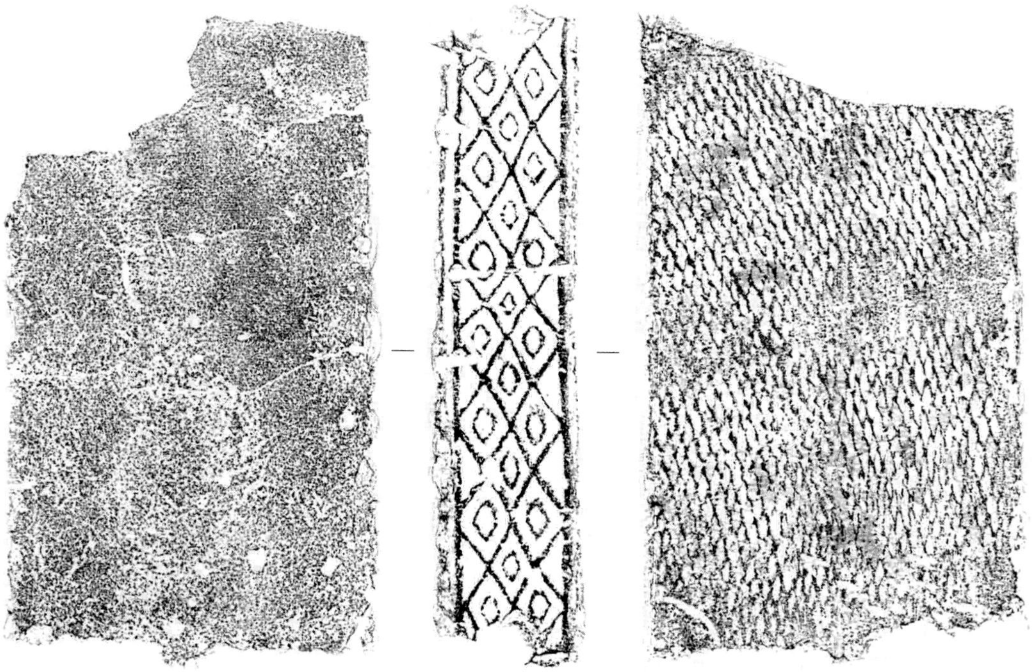

3. 樂 · 塼 / 25-4

0 10cm

그림 48 낙랑토성 출토전(塼) 탁본

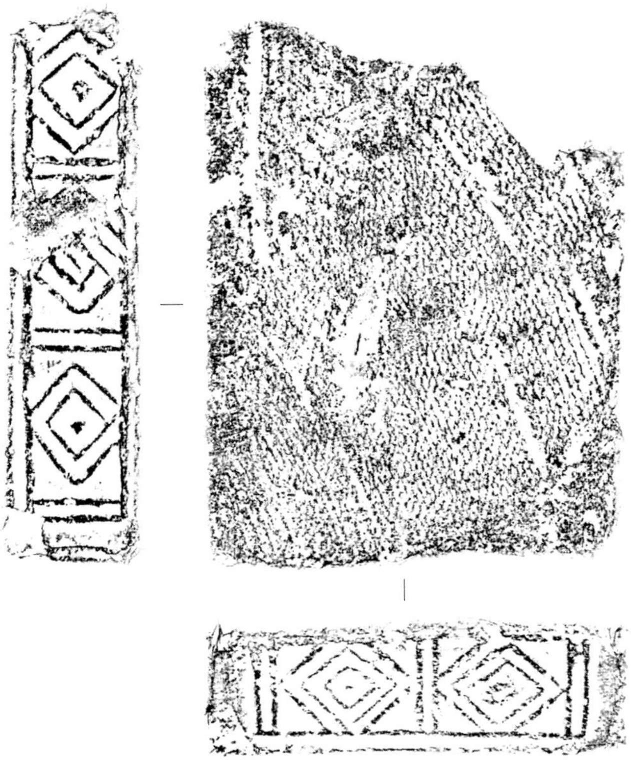

1. 樂 · 塼 / 25-5

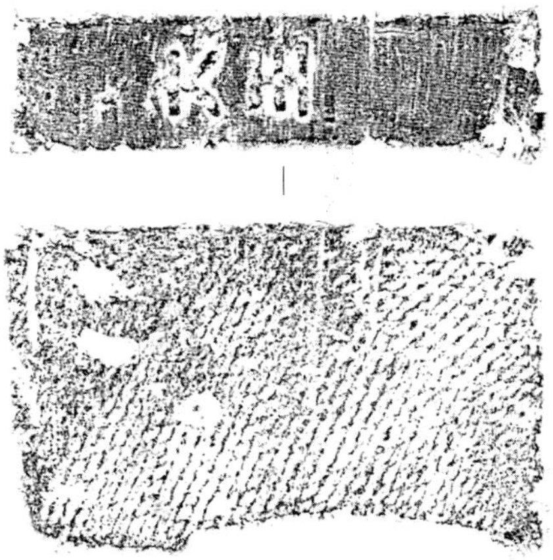

2. 樂 · 塼 / 25-7

0 10cm

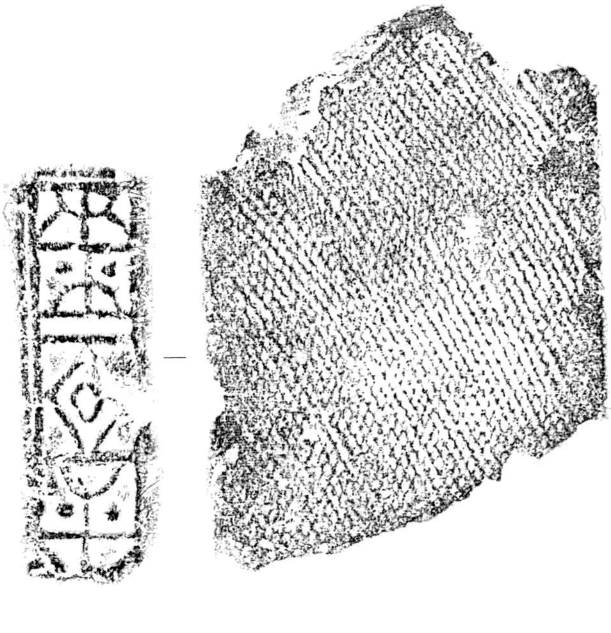

3. 樂 · 塼 / 25-6

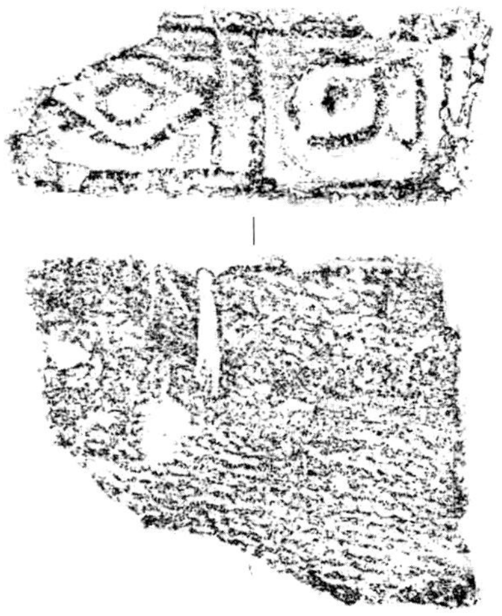

4. 樂 · 塼 / 25-8

그림 49 낙랑토성 출토전(塼) 탁본

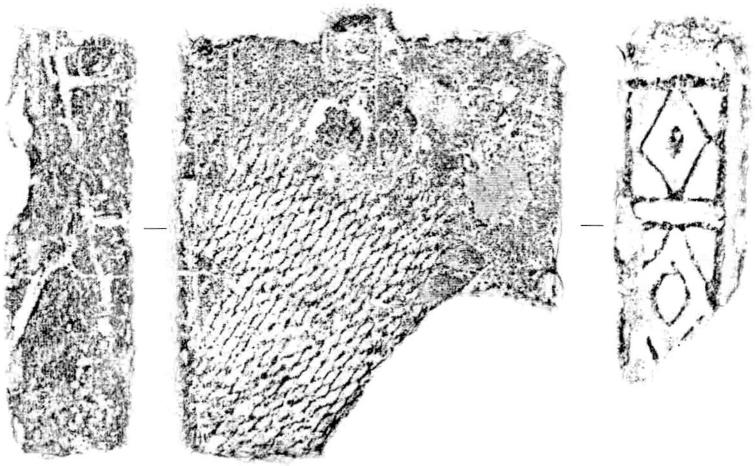

1. 樂 · 塼 / 26-1

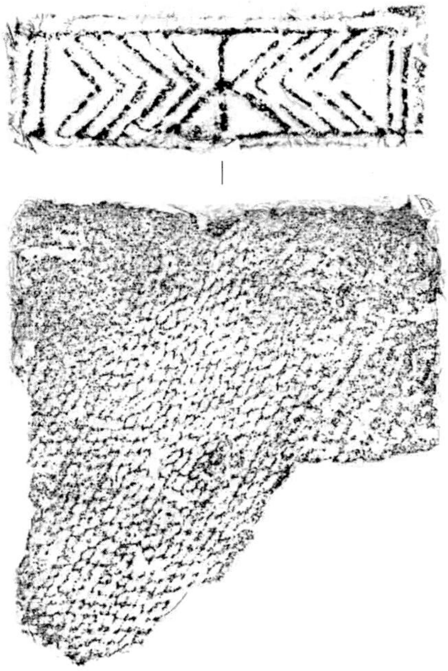

2. 樂 · 塼 / 26-2

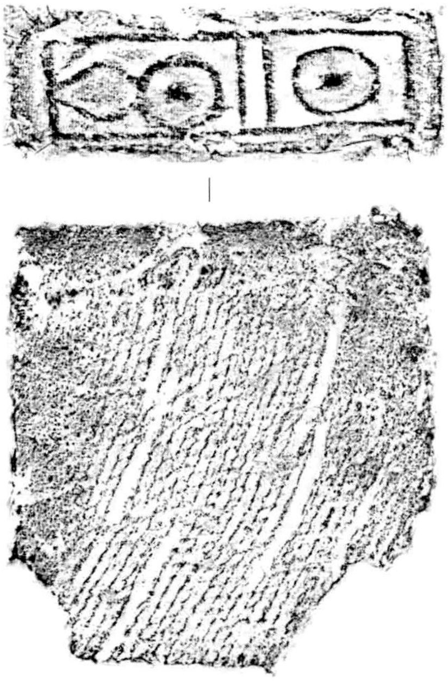

3. 樂 · 塼 / 26-3

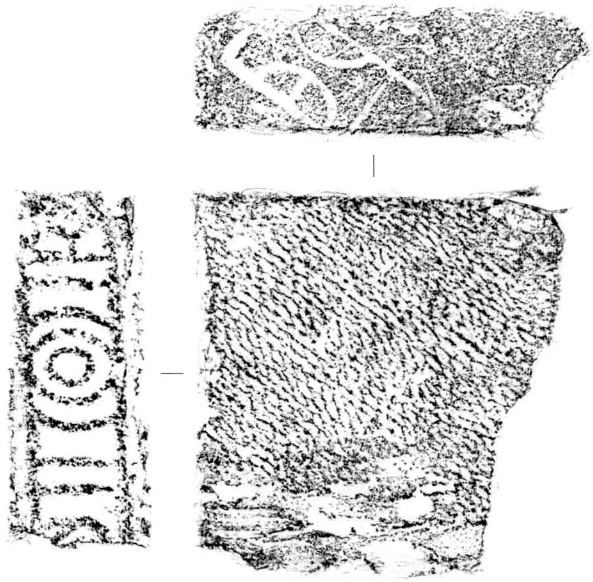

4. 樂 · 塼 / 26-4

0 10cm

그림 50 낙랑토성 출토전(塼) 탁본

1. 樂 · 塼 / 26-5

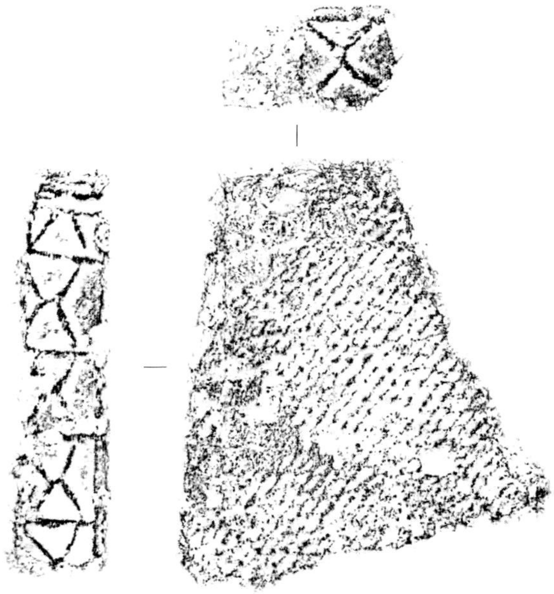

2. 樂 · 塼 / 26-6

3. 樂 · 塼 / 26-7

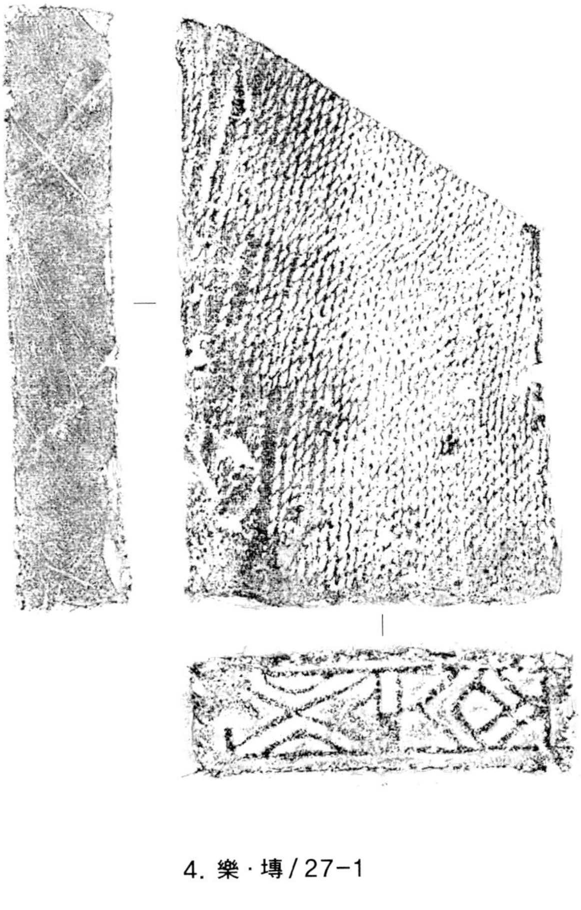

4. 樂 · 塼 / 27-1

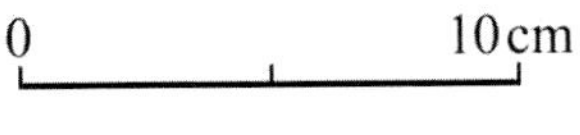

그림 51 낙랑토성 출토전(塼) 탁본

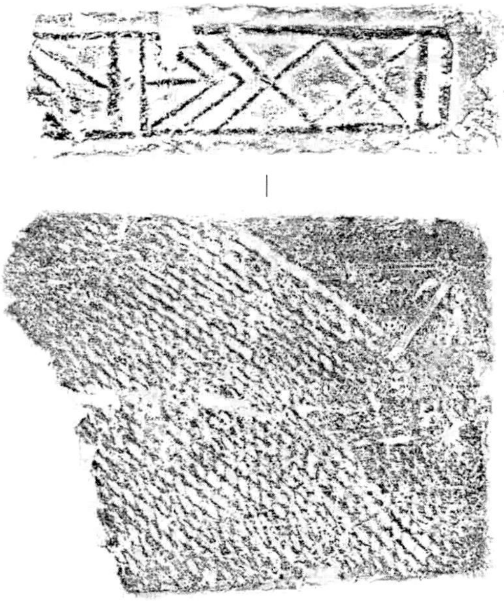

1. 樂 · 塼 / 27-2

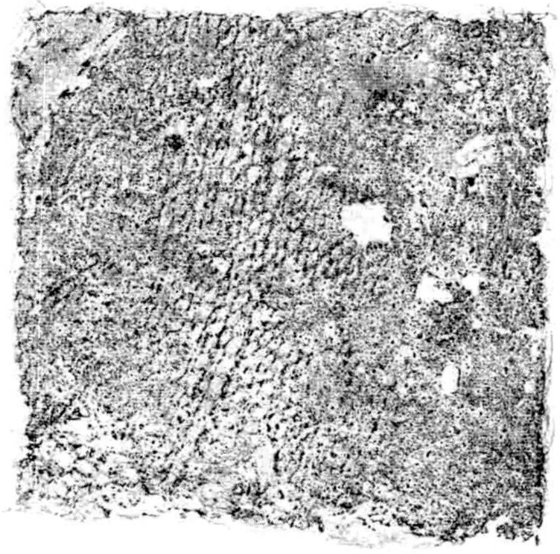

2. 樂 · 塼 / 27-4

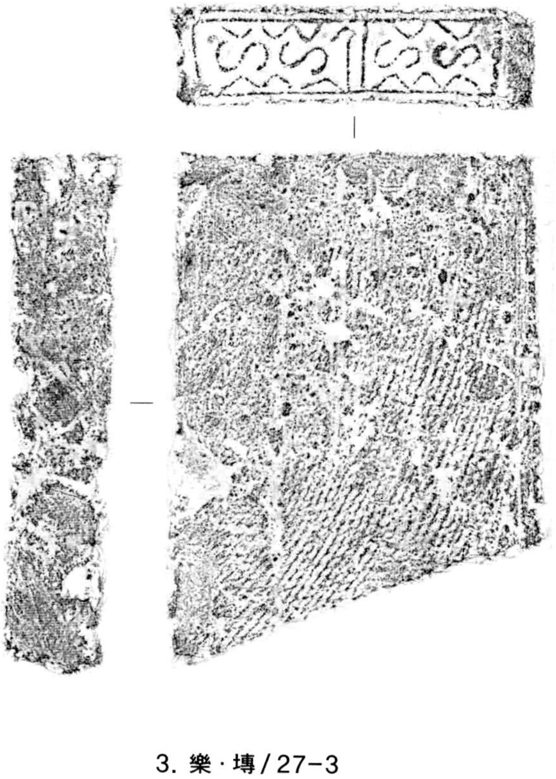

3. 樂 · 塼 / 27-3

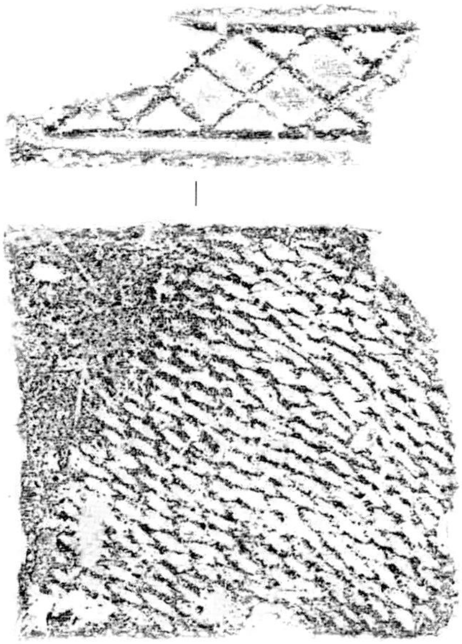

4. 樂 · 塼 / 27-5

0 10cm

그림 52 낙랑토성 출토전(塼) 탁본

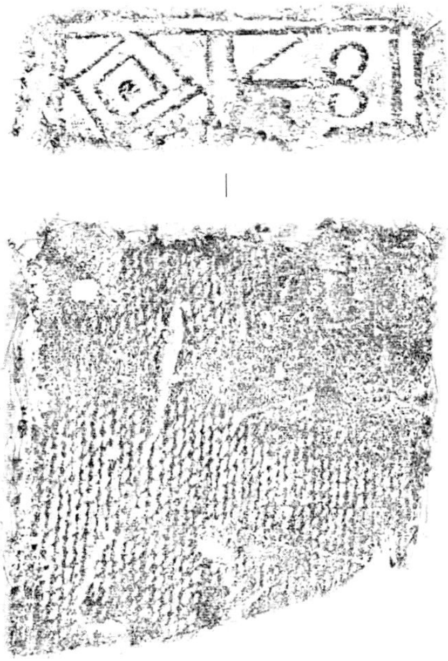

1. 樂 · 塼 / 27-6

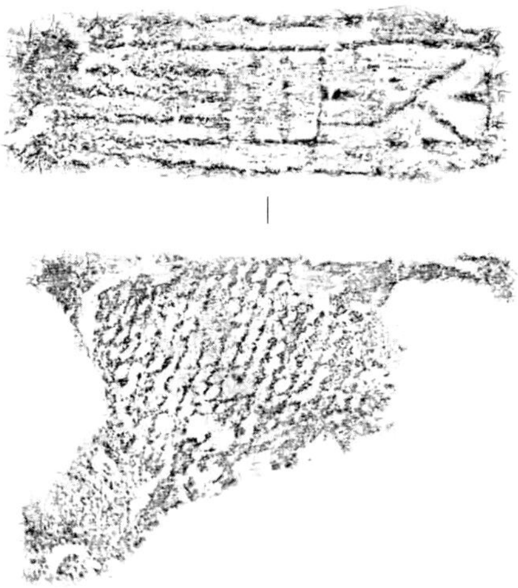

2. 樂 · 塼 / 27-7

0 10cm

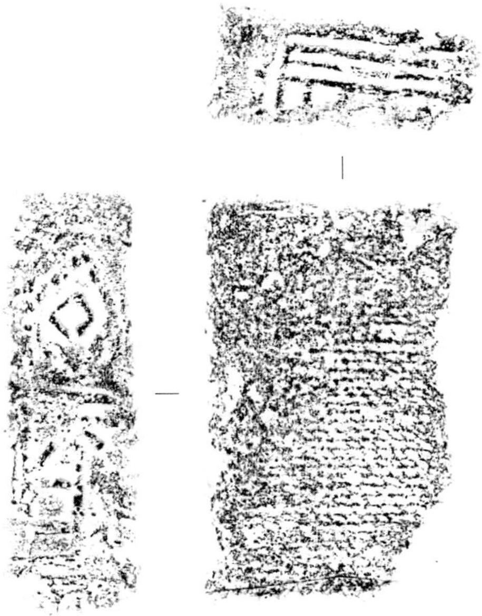

3. 樂 · 塼 / 27-8

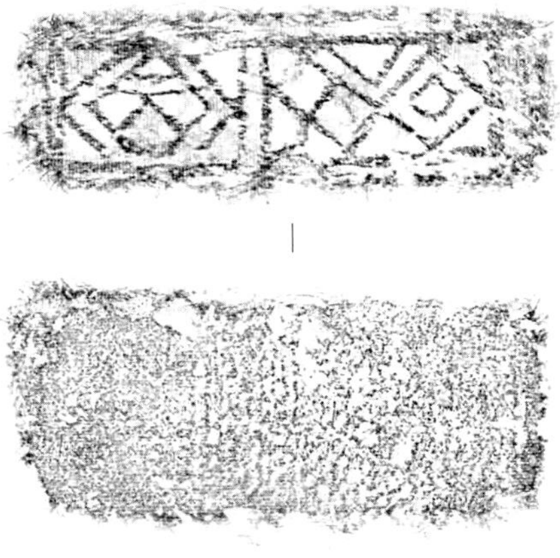

4. 樂 · 塼 / 27-9

그림 53 낙랑토성 출토전(塼) 탁본

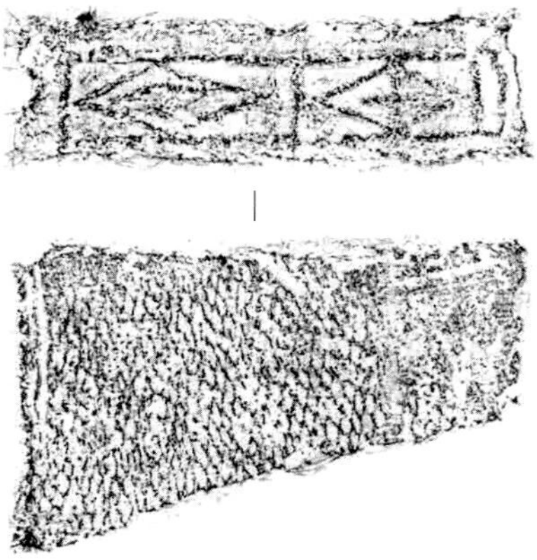

1. 樂 · 塼 / 27-10

2. 樂 · 塼 / 28-2

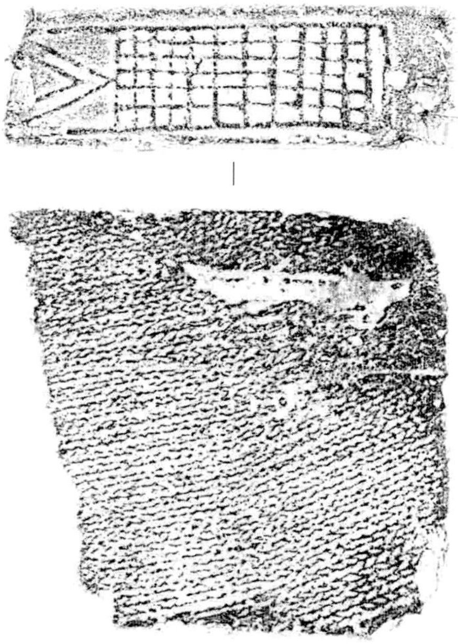

3. 樂 · 塼 / 28-3

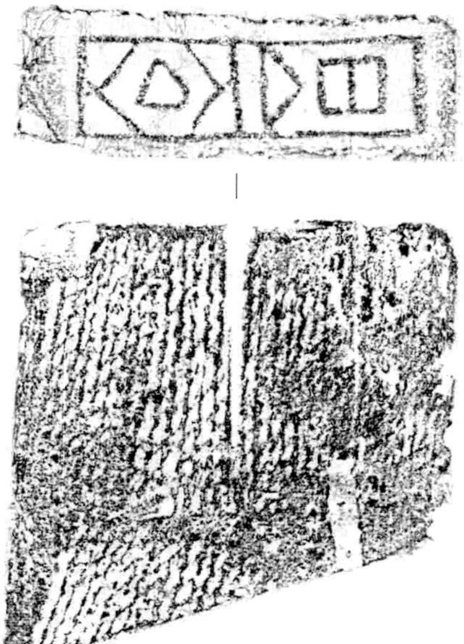

4. 樂 · 塼 / 28-4

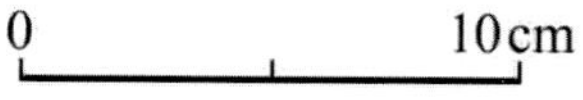

그림 54 낙랑토성 출토전(塼) 탁본

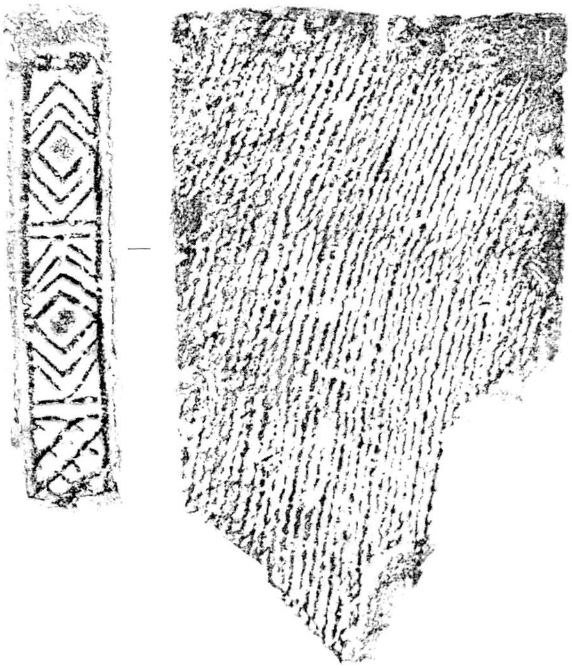

1. 樂 · 塼 / 28-5

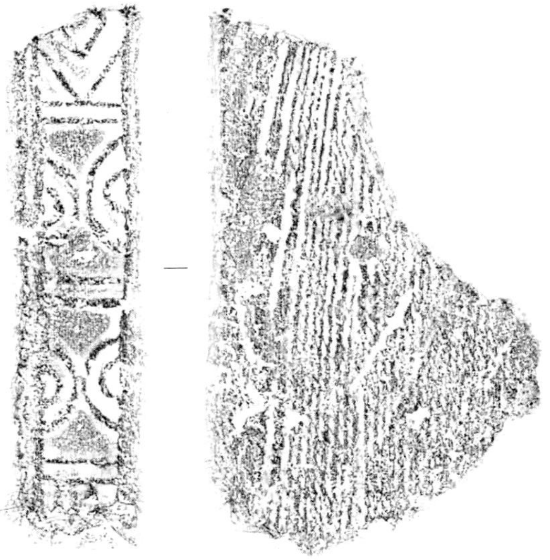

2. 樂 · 塼 / 28-6

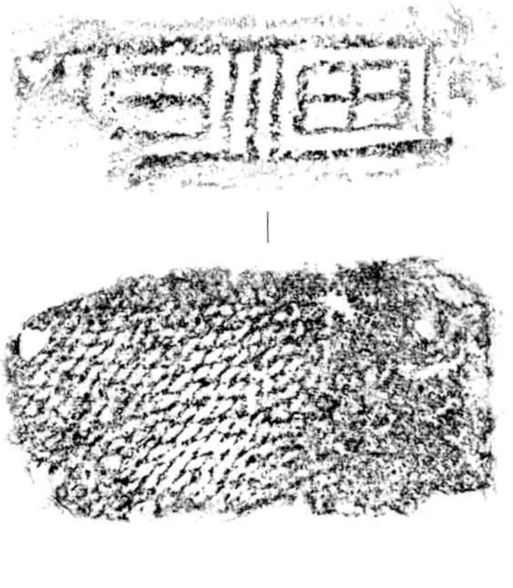

3. 樂 · 塼 / 28-7

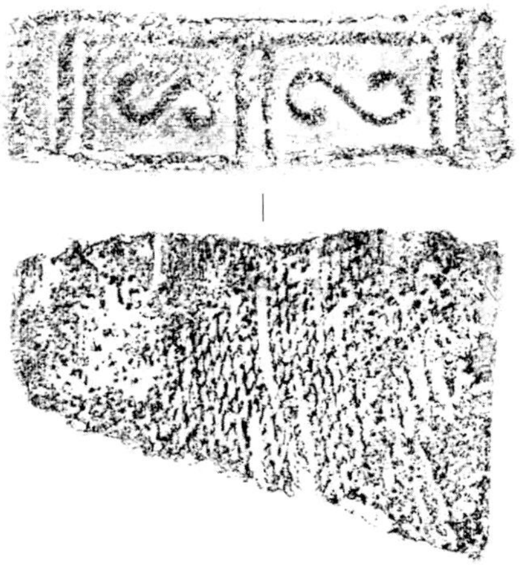

4. 樂 · 塼 / 28-8

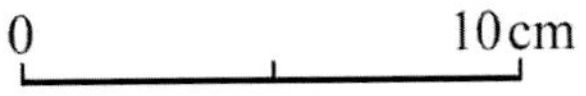

그림 55 낙랑토성 출토전(塼) 탁본

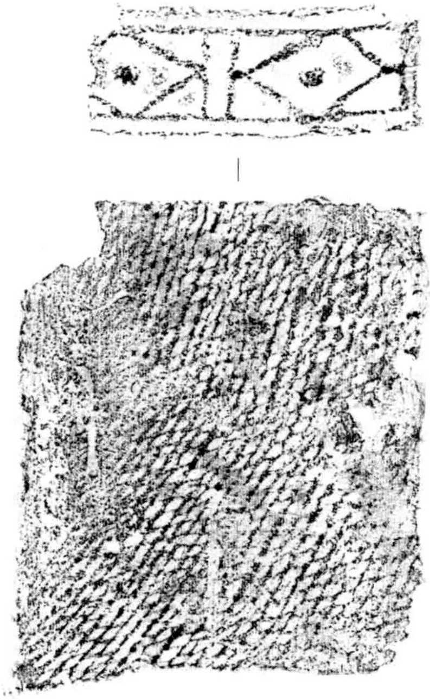

1. 樂 · 塼 / 29-1

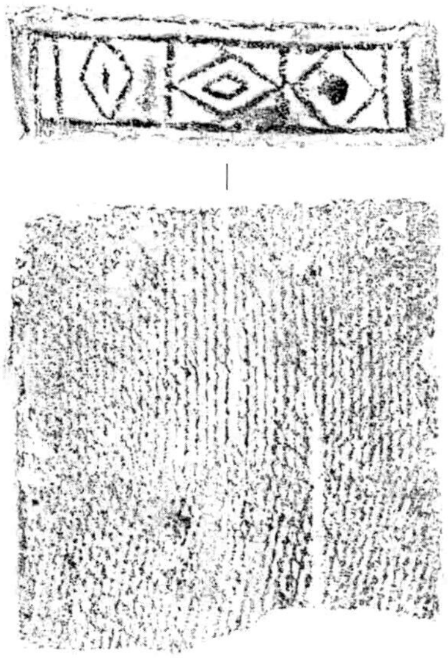

2. 樂 · 塼 / 29-2

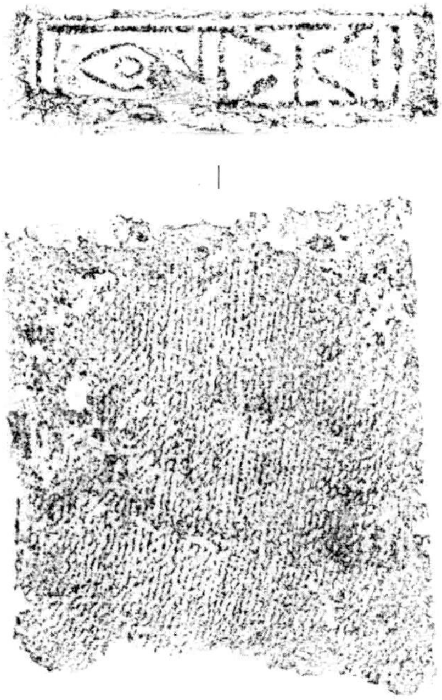

3. 樂 · 塼 / 29-3

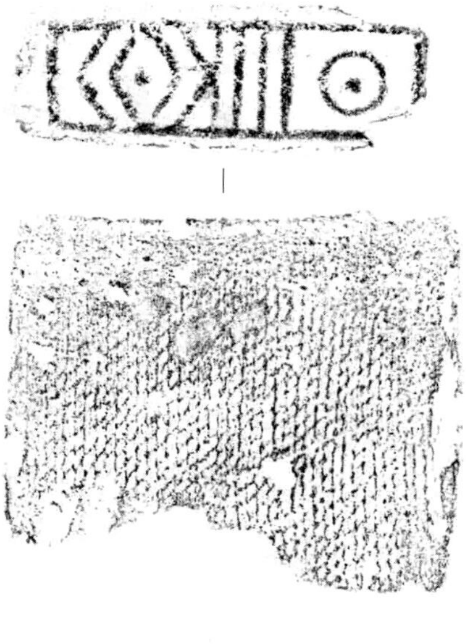

4. 樂 · 塼 / 29-4

0 10cm

그림 56 낙랑토성 출토전(塼) 탁본

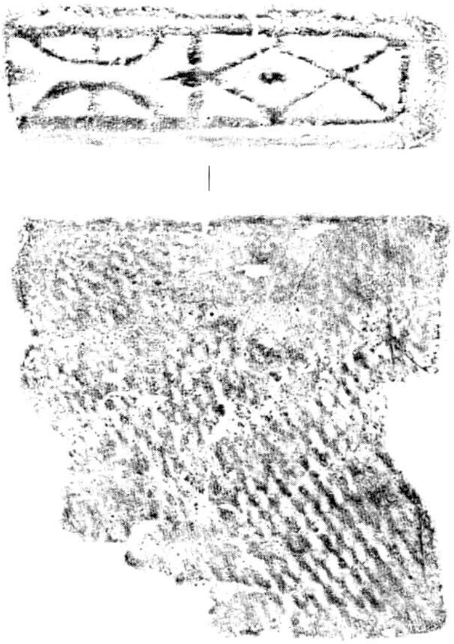

1. 樂 · 塼 / 29-5

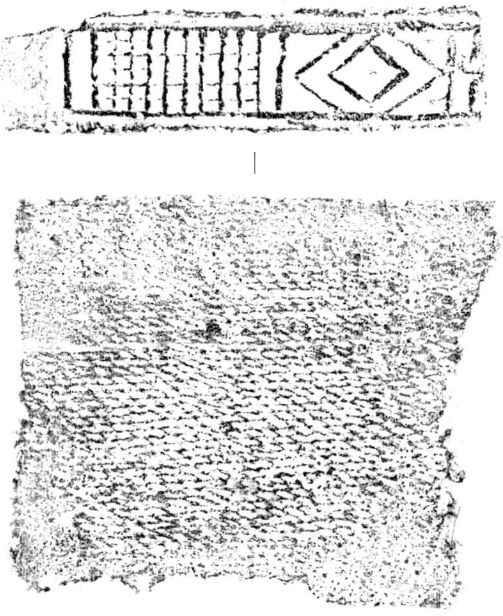

2. 樂 · 塼 / 29-6

3. 樂 · 塼 / 29-7

4. 樂 · 塼 / 29-8

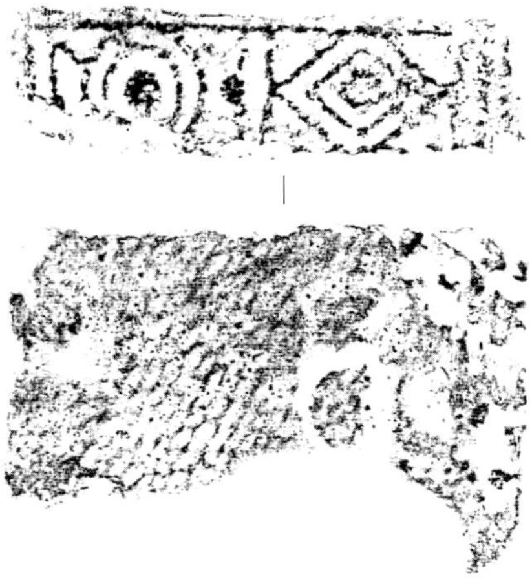

5. 樂 · 塼 / 29-9

0 10cm

그림 57 낙랑토성 출토전(塼) 탁본

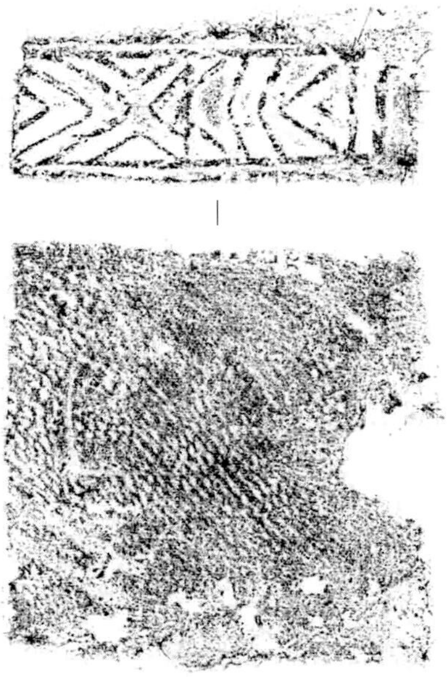

1. 樂·塼/29-10

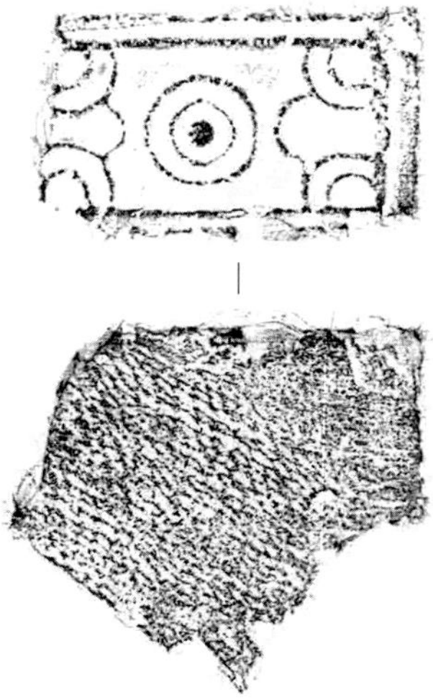

2. 樂·塼/29-11

3. 樂·塼/30-1

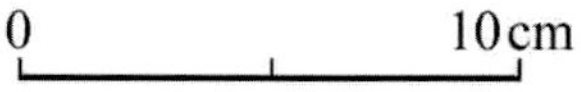

5. 樂·塼/30-2

4. 樂·塼/30-4

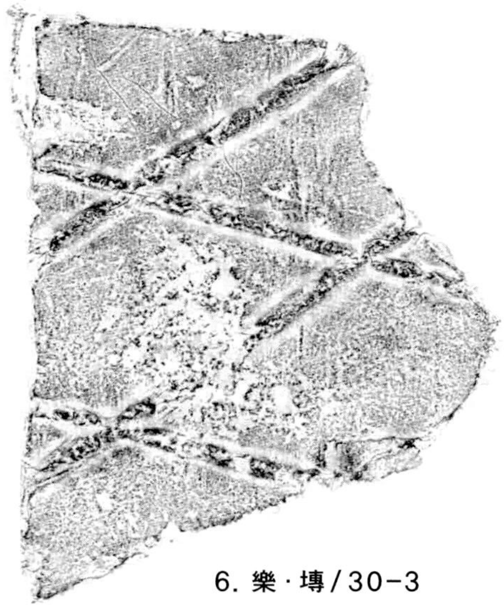

6. 樂·塼/30-3

그림 58 낙랑토성 출토전(塼) 탁본

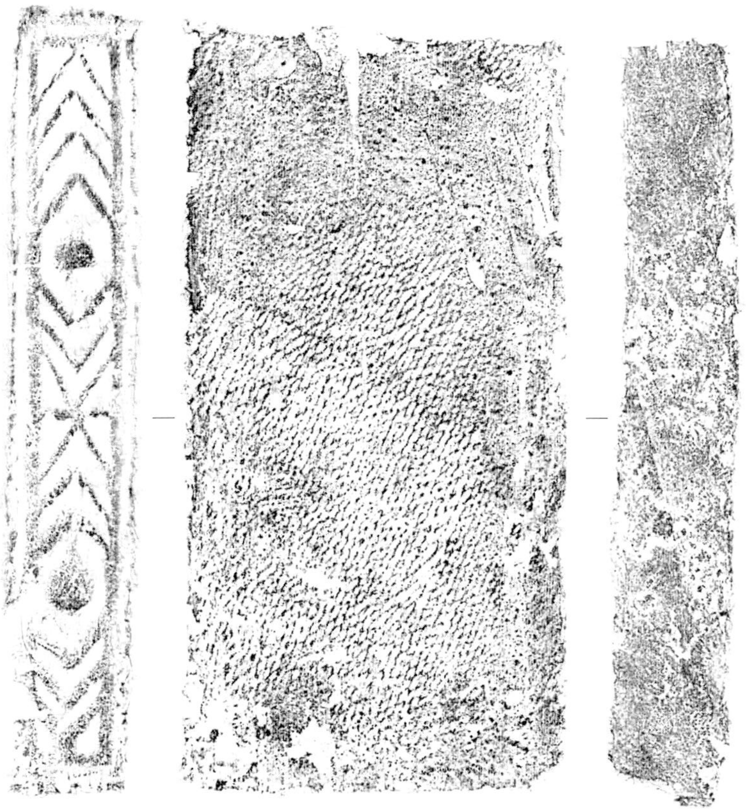

1. 樂·塼/30-5

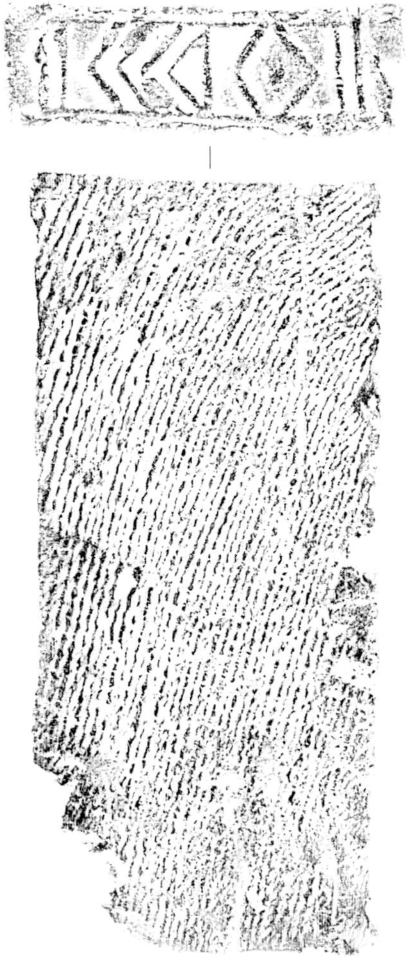

2. 樂·塼/30-6

0 10cm

그림 59 낙랑토성 출토전(塼) 탁본

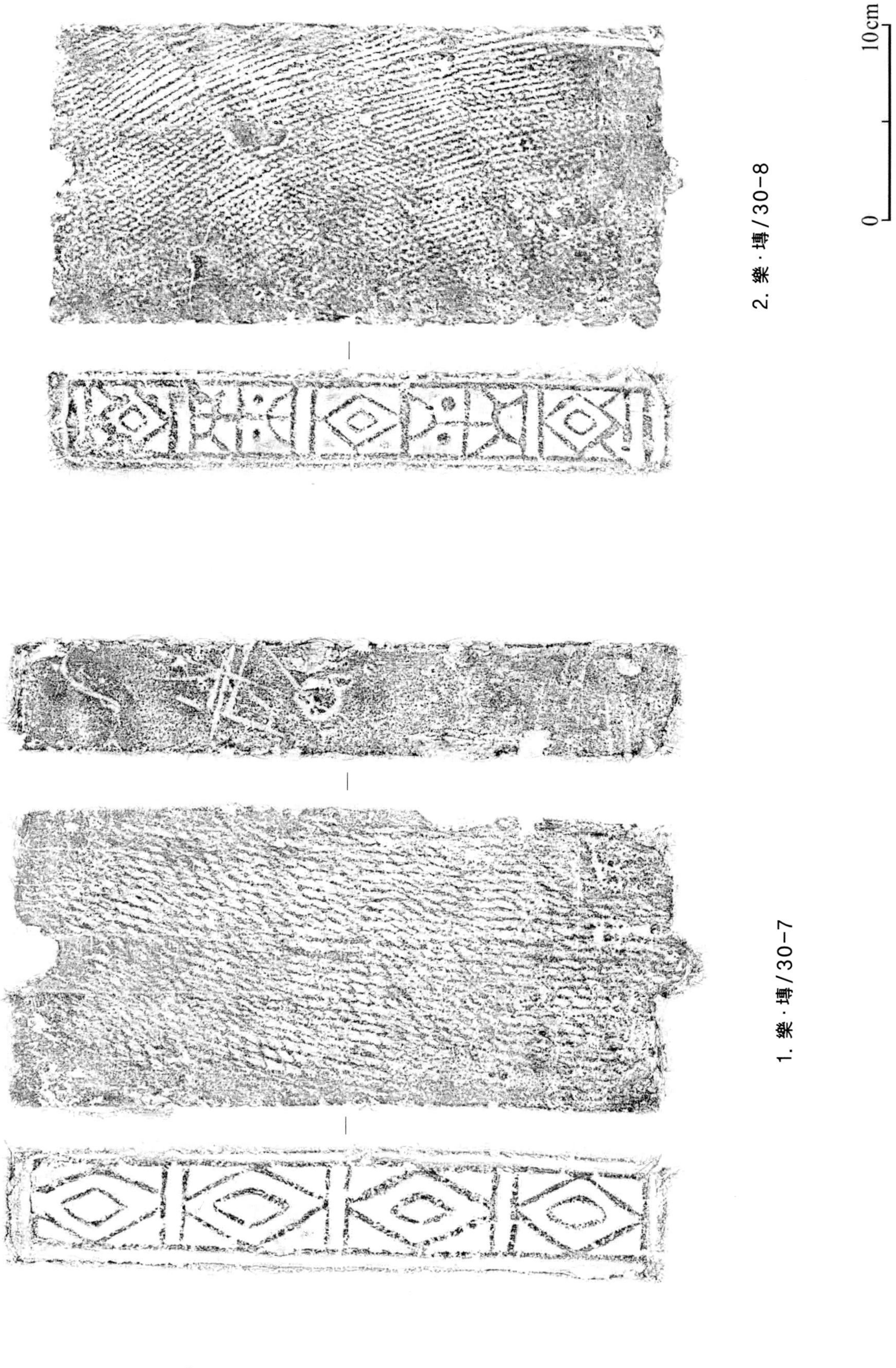

2. 樂·塼/30-8

1. 樂·塼/30-7

그림 60 낙랑토성 출토전(塼) 탁본

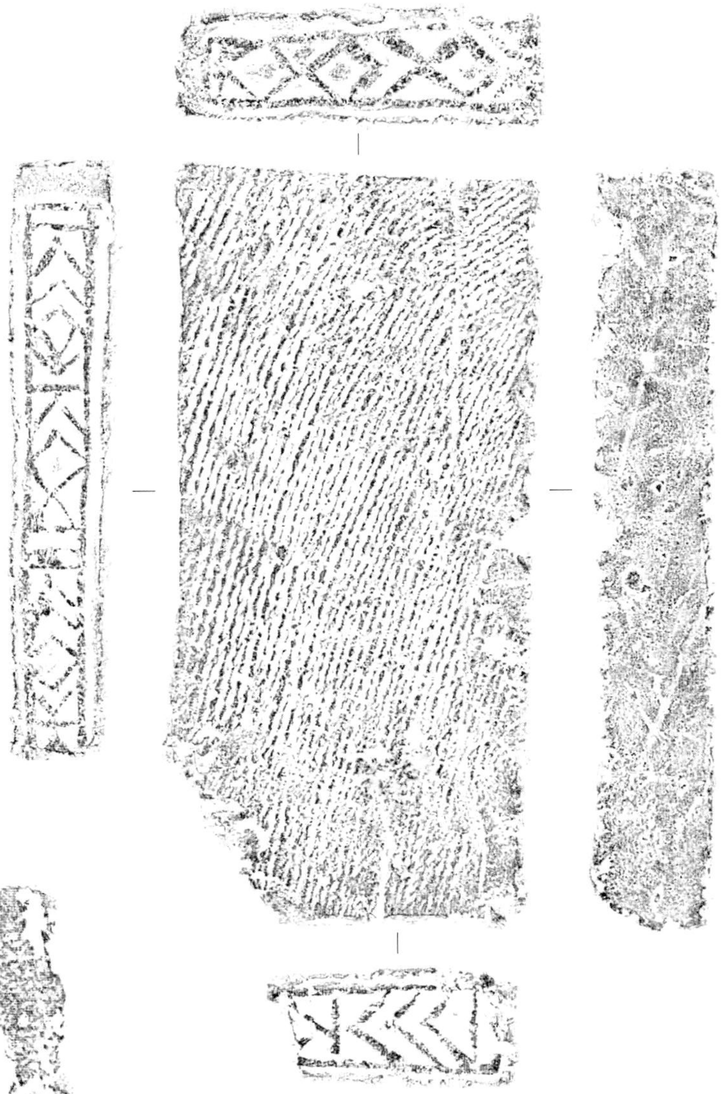

1. 樂 · 塼 / 30-9

2. 樂 · 塼 / 30-10

0 10cm

그림 61 낙랑토성 출토전(塼) 탁본

1. 樂·塼/30-11

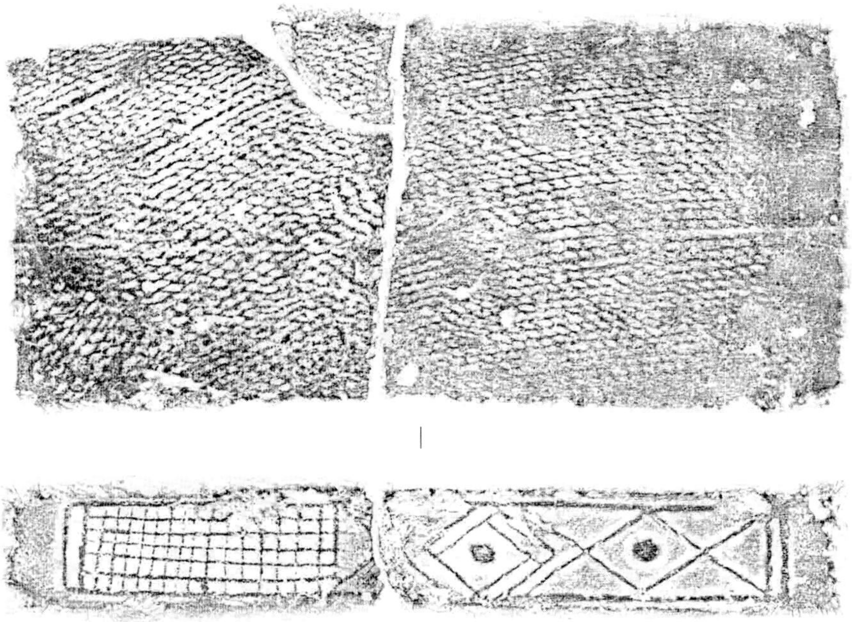

2. 樂·塼/30-12

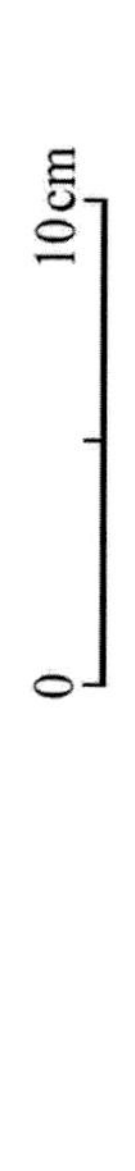

그림 62 낙랑토성 출토전(塼) 탁본

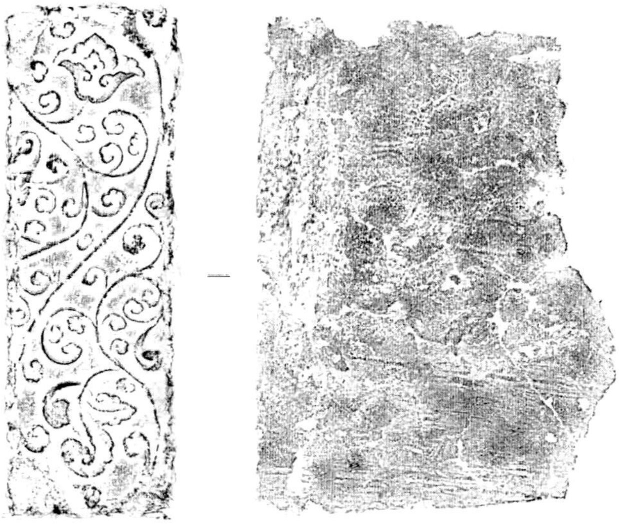

1. 樂 · 塼 / 12-0

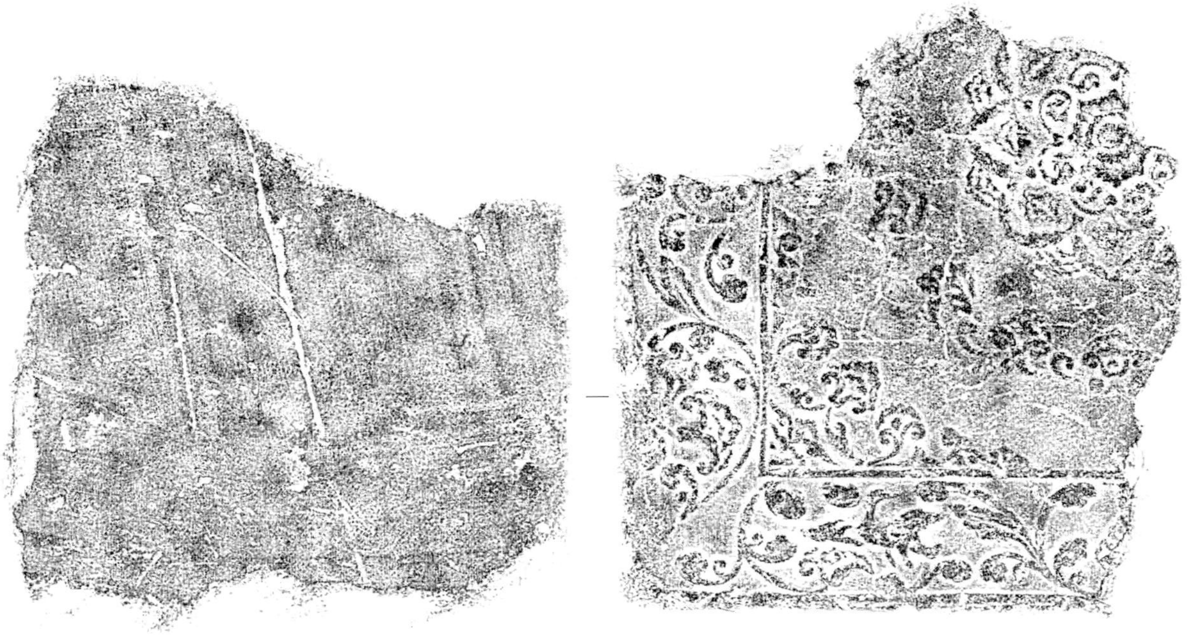

2. 樂 · 塼 / 13-7

0 10cm

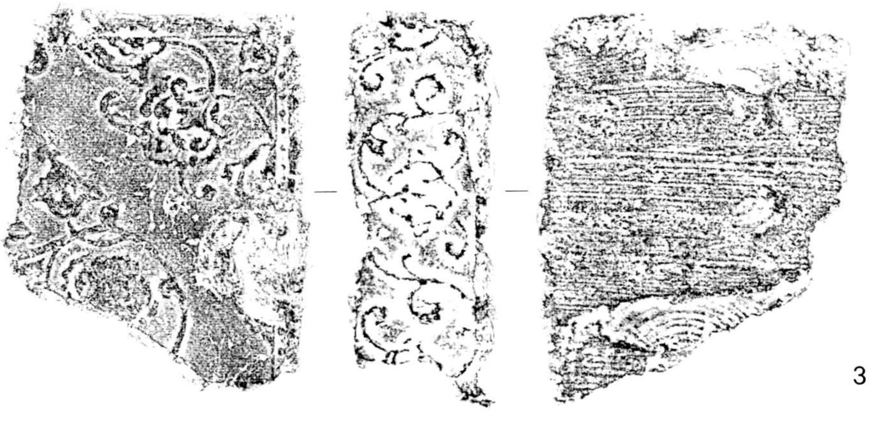

3. 樂 · 塼 / 18-0

그림 63 낙랑자료에 혼입된 벽돌 탁본

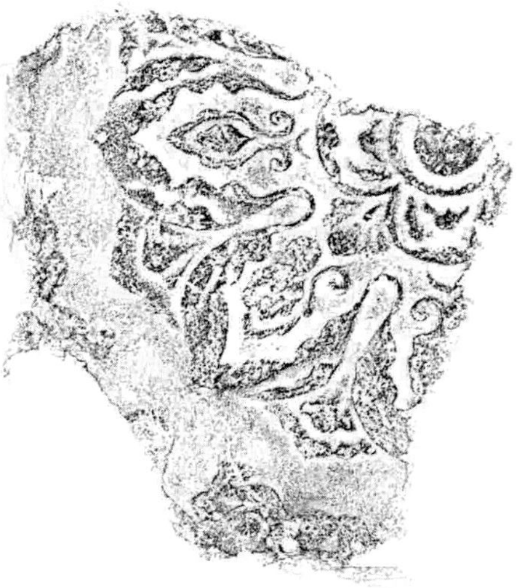

1. 樂 · 塼 / 24-10

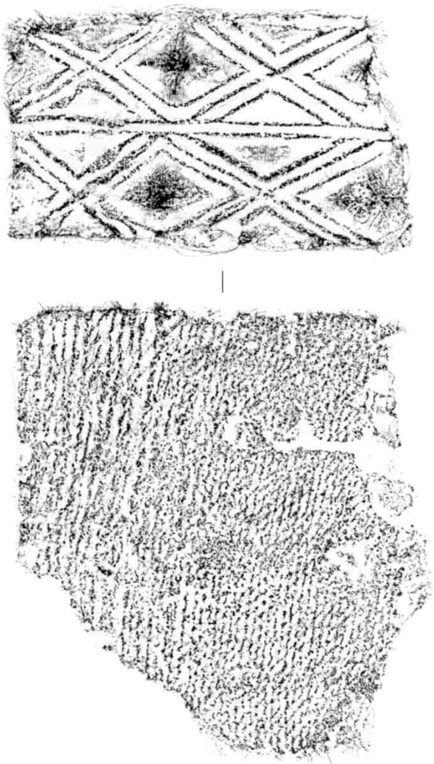

2. 樂 · 塼 / 19-4

3. 樂 · 塼 / 28-1

0 10cm

그림 64 낙랑자료에 혼입된 벽돌 탁본

1. 樂·塼/1-1

2. 樂·塼/1-2+4

그림 65 낙랑토성 출토전(塼) 사진

1. 樂·塼/1-3

2. 樂·塼/1-5

그림 66 낙랑토성 출토전(塼) 사진

1. 樂 · 塼 / 1-6

2. 樂 · 塼 / 1-7

그림 67 낙랑토성 출토전(塼) 사진

1. 樂 · 塼 / 1-8

2. 樂 · 塼 / 1-10

그림 68 낙랑토성 출토전(塼) 사진

1. 樂 · 塼 / 1-9

그림 69 낙랑토성 출토전(塼) 사진

1. 樂 · 塼 / 2-3

그림 70 낙랑 자료에 혼입된 벽돌의 사진

1. 樂·塼/3-2

그림 71 낙랑토성 출토전(塼) 사진

1. 樂·塼/3-3

그림 72 낙랑토성 출토전(塼) 사진

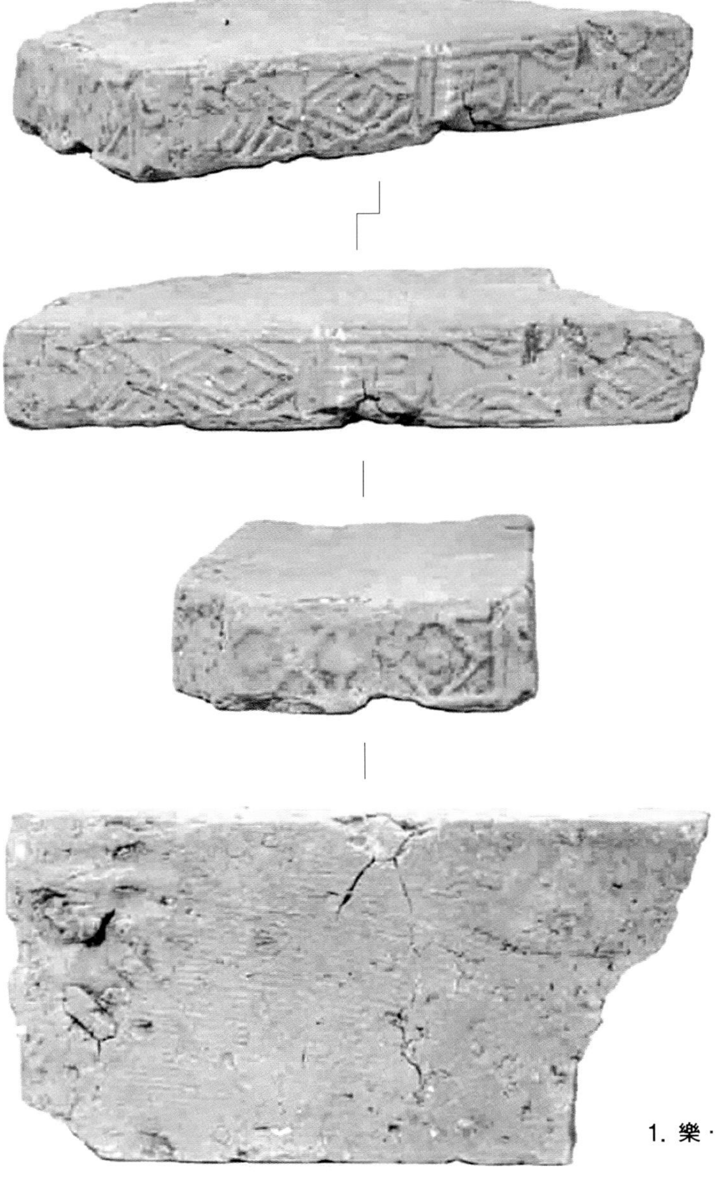

1. 樂 · 塼 / 3-4

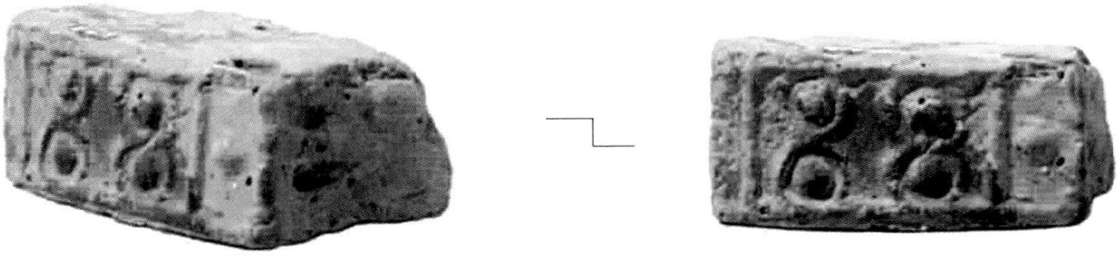

2. 樂 · 塼 / 3-5

그림 73 낙랑토성 출토전(塼) 사진

2. 樂·塼/4-2

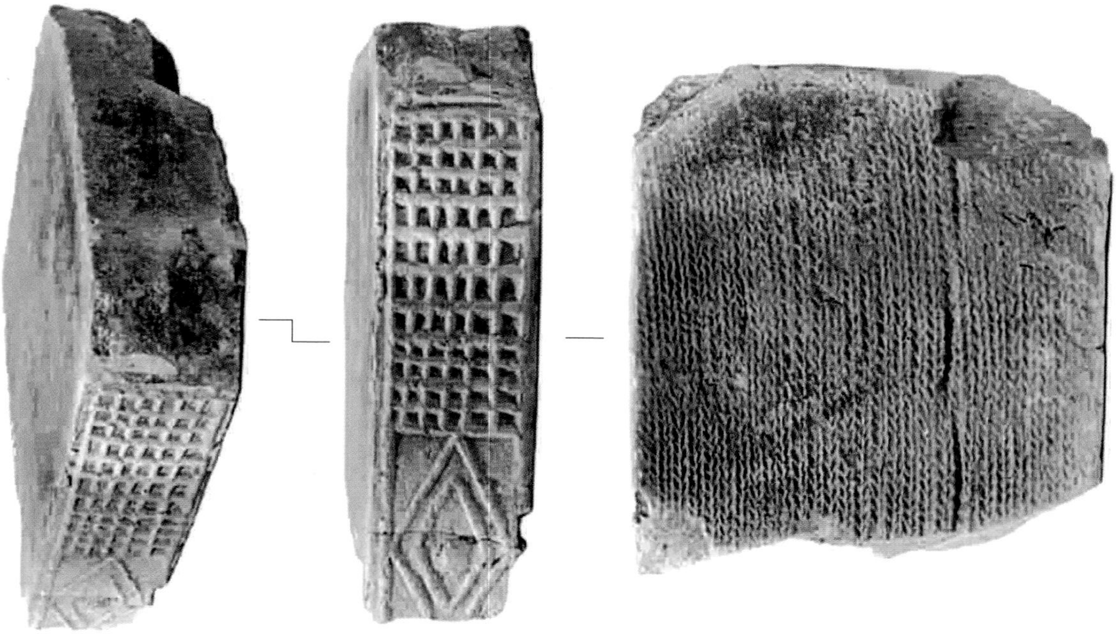

1. 樂·塼/4-1

그림 74 낙랑토성 출토전(塼) 사진

1. 樂·塼/4-3

2. 樂·塼/4-4

3. 樂·塼/4-5

그림 75 낙랑토성 출토전(塼) 사진

3. 樂·塼/4-8

2. 樂·塼/4-7

1. 樂·塼/4-6

그림 76 낙랑토성 출토전(塼) 사진

1. 樂·塼/4-9

2. 樂·塼/4-10

3. 樂·塼/4-11

그림 77 낙랑토성 출토전(塼) 사진

1. 樂·塼/5-1

2. 樂·塼/5-3

그림 78 낙랑토성 출토전(塼) 사진

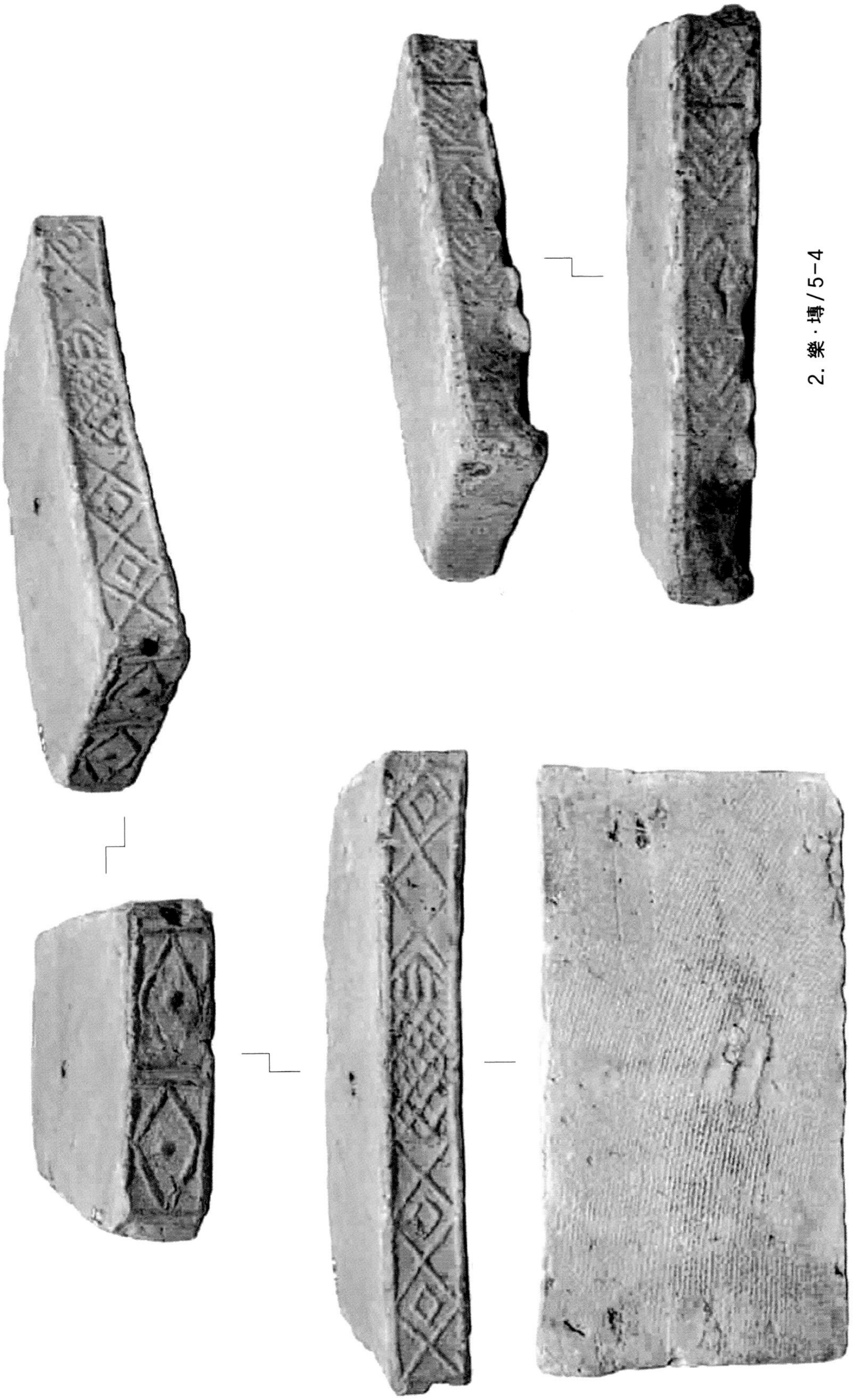

1. 樂·塼/5-2

2. 樂·塼/5-4

그림 79 낙랑토성 출토전(塼) 사진

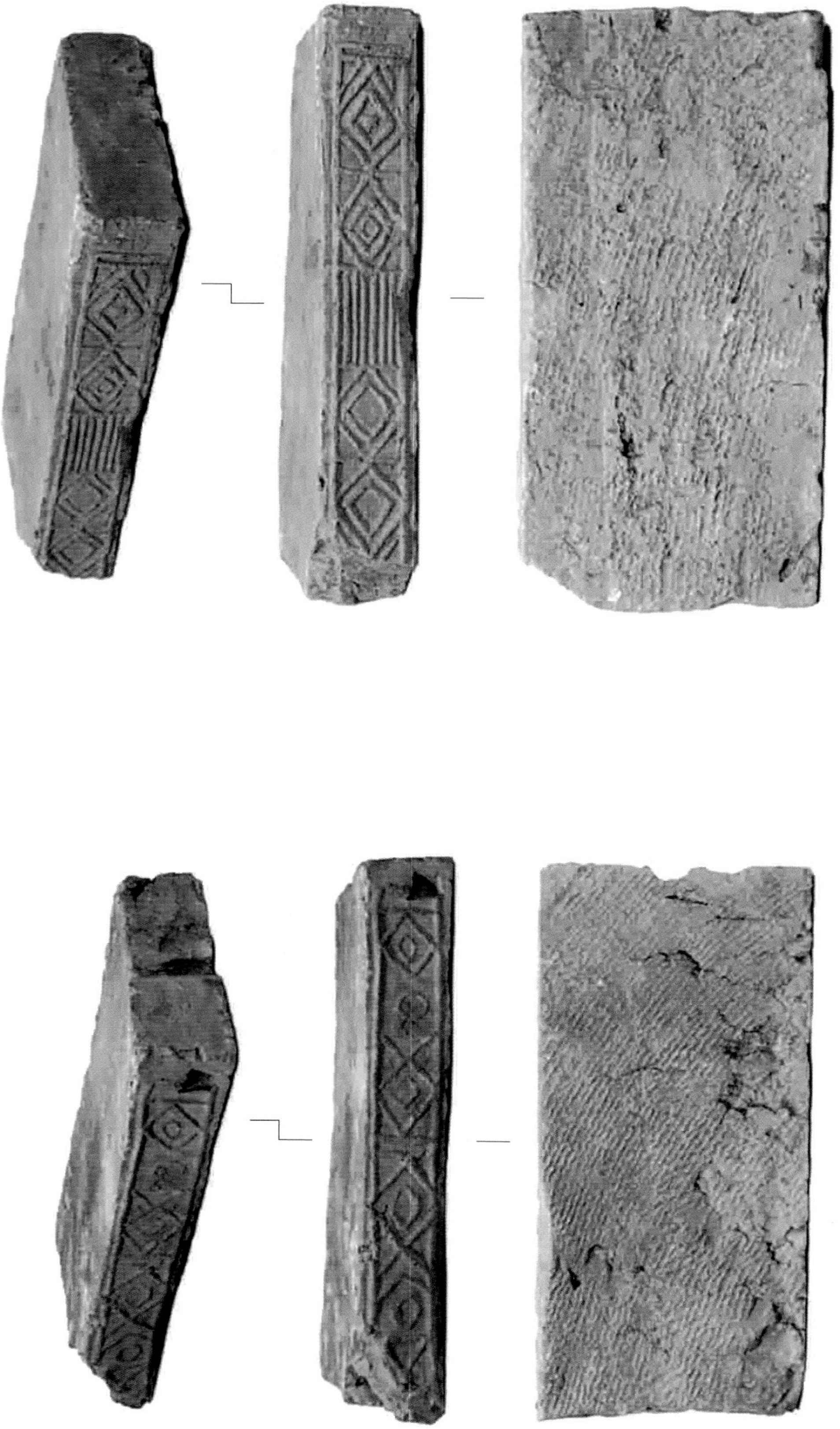

2. 樂·塼/5-6

1. 樂·塼/5-5

그림 80 낙랑토성 출토전(塼) 사진

1. 樂 · 塼 / 6-1

그림 81 낙랑토성 출토전(塼) 사진

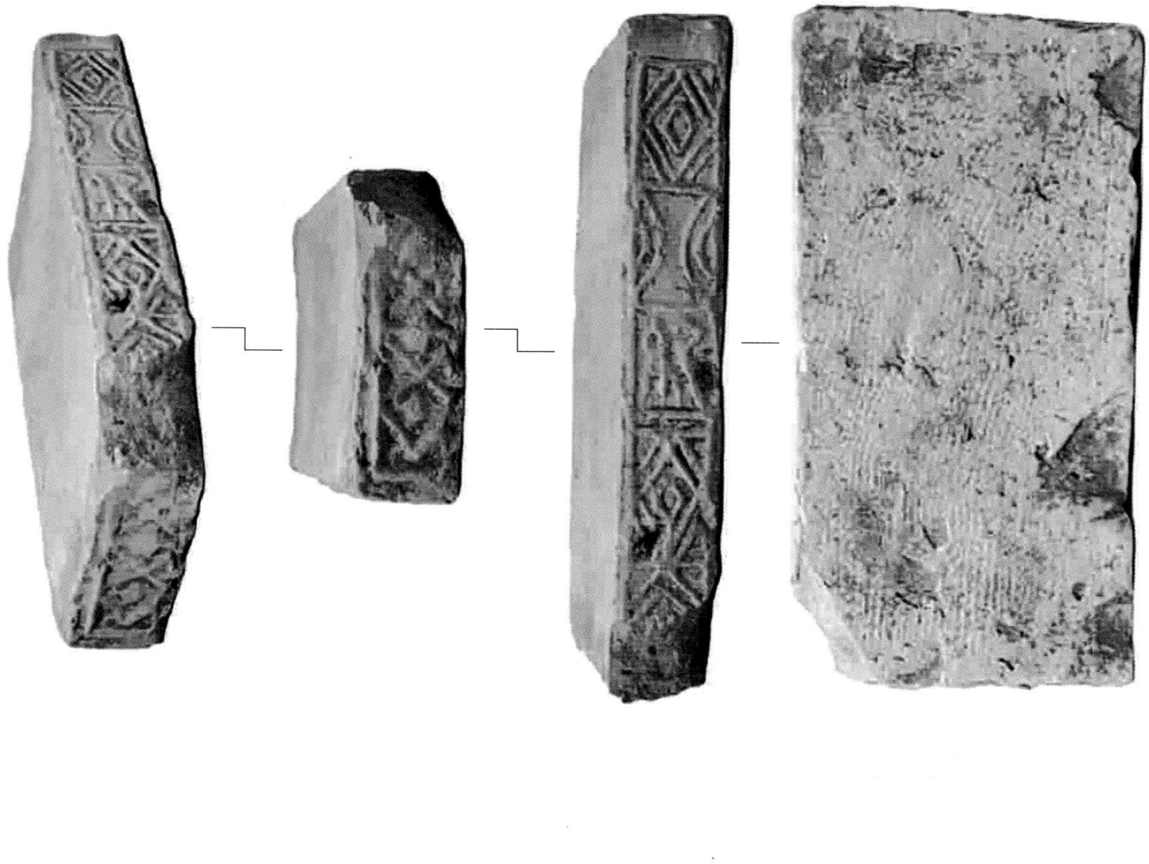
1. 樂·塼/6-2

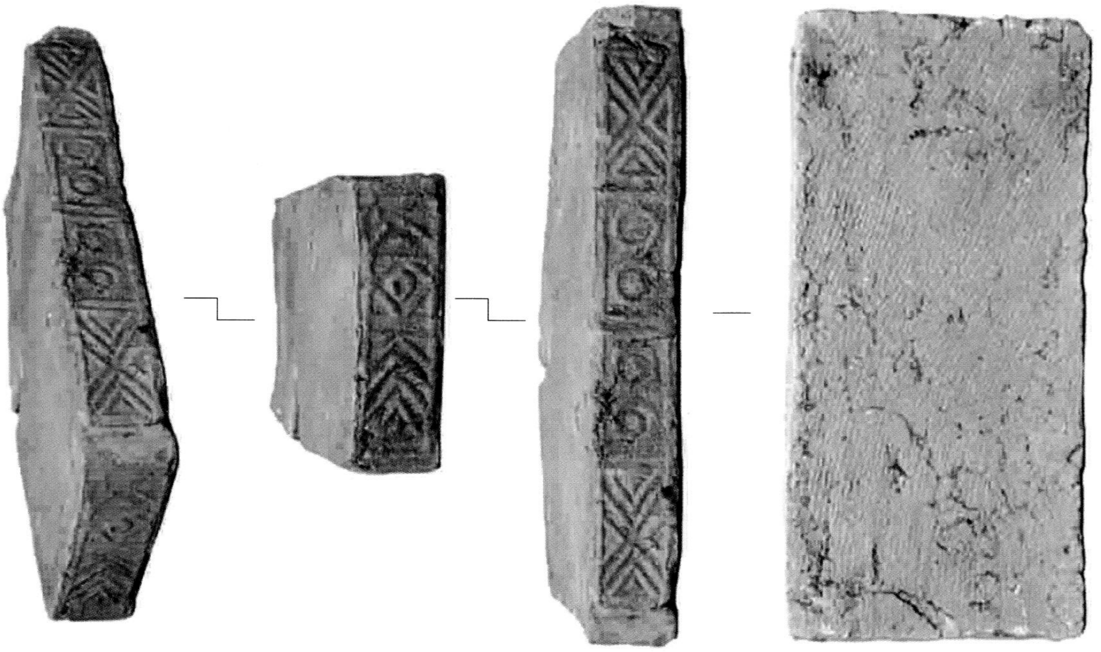
2. 樂·塼/6-3

그림 82 낙랑토성 출토전(塼) 사진

1. 樂·塼/6-4

2. 樂·塼/6-5

그림 83 낙랑토성 출토전(塼) 사진

1. 樂 · 塼 / 6-6

2. 樂 · 塼 / 6-8

3. 樂 · 塼 / 6-7

4. 樂 · 塼 / 7-1

그림 84 낙랑토성 출토전(塼) 사진

1. 樂·塼/7-2

2. 樂·塼/7-3

그림 85 낙랑토성 출토전(塼) 사진

1. 樂·塼/7-4

2. 樂·塼/7-5

그림 86 낙랑토성 출토전(塼) 사진

1. 樂·塼/7-6

2. 樂·塼/7-7

3. 樂·塼/7-8

그림 87 낙랑토성 출토전(塼) 사진

1. 樂·塼/7-9

2. 樂·塼/7-10

3. 樂·塼/8-1

그림 88 낙랑토성 출토전(塼) 사진

1. 樂 · 塼 / 8-2

2. 樂 · 塼 / 8-3

3. 樂 · 塼 / 8-4

그림 89 낙랑토성 출토전(塼) 사진

1. 樂 · 塼 / 8-5

2. 樂 · 塼 / 8-6

3. 樂 · 塼 / 8-7

그림 90 낙랑토성 출토전(塼) 사진

1. 樂·塼/8-8

2. 樂·塼/9-1

그림 91 낙랑토성 출토전(塼) 사진

1. 樂·塼/9-2

2. 樂·塼/9-3

그림 92 낙랑토성 출토전(塼) 사진

1. 樂·塼/9-4

2. 樂·塼/9-5

3. 樂·塼/9-6

그림 93 낙랑토성 출토전(塼) 사진

1. 樂·塼/9-7

2. 樂·塼/10-1

그림 94 낙랑토성 출토전(塼) 사진

1. 樂 · 塼 / 10-2

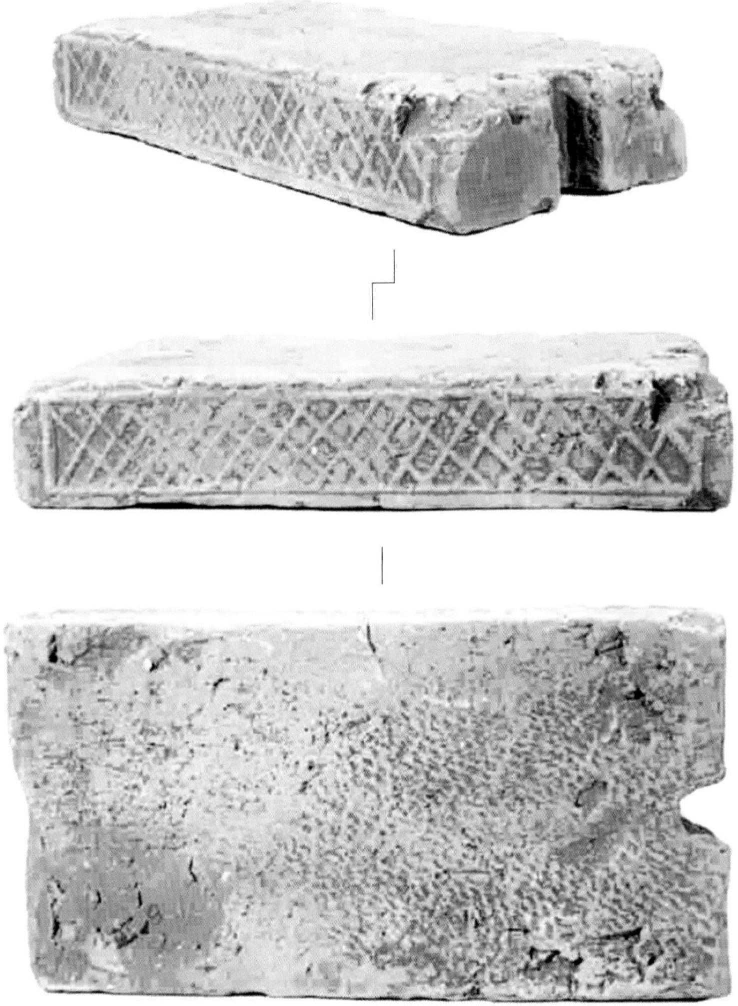

2. 樂 · 塼 / 10-3

그림 95 낙랑토성 출토전(塼) 사진

1. 樂·塼/10-4

2. 樂·塼/11-1

3. 樂·塼/11-2

그림 96 낙랑토성 출토전(塼) 사진

1. 樂 · 塼 / 11-3

2. 樂 · 塼 / 11-5

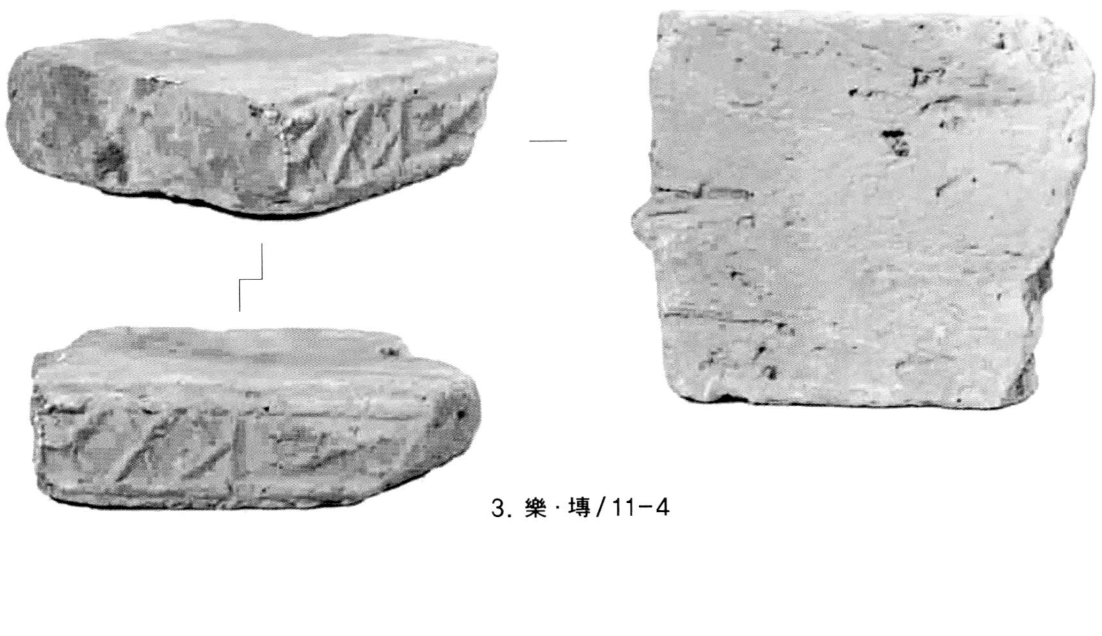

3. 樂 · 塼 / 11-4

그림 97 낙랑토성 출토전(塼) 사진

1. 樂 · 塼 / 11-6

2. 樂 · 塼 / 11-7

그림 98 낙랑토성 출토전(塼) 사진

1. 樂·塼/11-8

2. 樂·塼/12-2

그림 99 낙랑토성 출토전(塼) 사진

1. 樂·塼/12-1

2. 樂·塼/12-3

그림 100 낙랑토성 출토전(塼) 사진

1. 樂·塼/12-4

2. 樂·塼/12-5

그림 101 낙랑토성 출토전(塼) 사진

1. 樂·塼/12-6

2. 樂·塼/12-7

3. 樂·塼/13-1

그림 102 낙랑토성 출토전(塼) 사진

1. 樂·塼/13-2

2. 樂·塼/13-4

3. 樂·塼/13-3

4. 樂·塼/13-5

그림 103 낙랑토성 출토전(塼) 사진

1. 樂·塼/13-6

2. 樂·塼/14-1

그림 104 낙랑토성 출토전(塼) 사진

1. 樂 · 塼 / 14-2

그림 105 낙랑토성 출토전(塼) 사진

1. 樂·塼/14-3

2. 樂·塼/14-4

그림 106 낙랑토성 출토전(塼) 사진

2. 樂·塼/14-6

1. 樂·塼/14-5

그림 107 낙랑토성 출토전(塼) 사진

1. 樂·塼/15-1
2. 樂·塼/15-2
3. 樂·塼/15-3
4. 樂·塼/15-5
5. 樂·塼/15-4

그림 108 낙랑토성 출토전(塼) 사진

1. 樂 · 塼 / 16-1(+7, 8)

2. 樂 · 塼 / 16-2

그림 109 낙랑토성 출토전(塼) 사진

1. 樂·塼/16-3

2. 樂·塼/16-4

3. 樂·塼/16-5

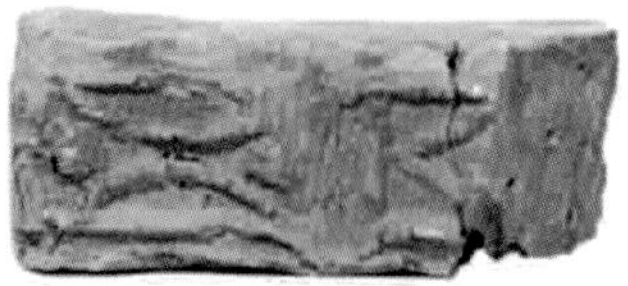
4. 樂·塼/16-6

그림 110 낙랑토성 출토전(塼) 사진

1. 樂·塼/17-1

2. 樂·塼/17-2

3. 樂·塼/17-3

그림 111 낙랑토성 출토전(塼) 사진

1. 樂 · 塼 / 17-4

2. 樂 · 塼 / 17-5

그림 112 낙랑토성 출토전(塼) 사진

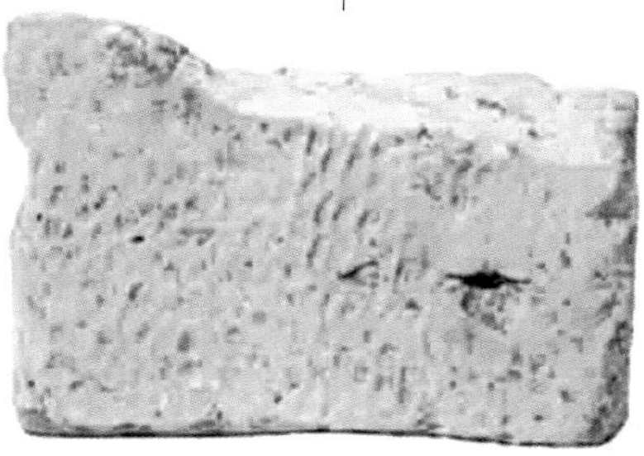

2. 樂·塼/17-6

1. 樂·塼/17-7

4. 樂·塼/18-2

3. 樂·塼/17-8

그림 113 낙랑토성 출토전(塼) 사진

1. 樂 · 塼 / 18-1

그림 114 낙랑토성 출토전(塼) 사진

1. 樂·塼/18-3

2. 樂·塼/18-4

그림 115 낙랑토성 출토전(塼) 사진

1. 樂·塼/18-5

2. 樂·塼/19-1

그림 116 낙랑토성 출토전(塼) 사진

1. 樂 · 塼 / 19-2

2. 樂 · 塼 / 19-3

그림 117 낙랑토성 출토전(塼) 사진

1. 樂·塼/20-1

2. 樂·塼/20-2

그림 118 낙랑토성 출토전(塼) 사진

1. 樂·塼/20-3

2. 樂·塼/20-5

그림 119 낙랑토성 출토전(塼) 사진

1. 樂 · 塼 / 20-4

그림 120 낙랑토성 출토전(塼) 사진

1. 樂 · 塼 / 20-6

2. 樂 · 塼 / 20-7

그림 121 낙랑토성 출토전(塼) 사진

1. 樂·塼/20-8

2. 樂·塼/21-1

그림 122 낙랑토성 출토전(塼) 사진

1. 樂 · 塼 / 21-2

2. 樂 · 塼 / 21-3

그림 123 낙랑토성 출토전(塼) 사진

1. 樂 · 塼 / 21-4

2. 樂 · 塼 / 21-5

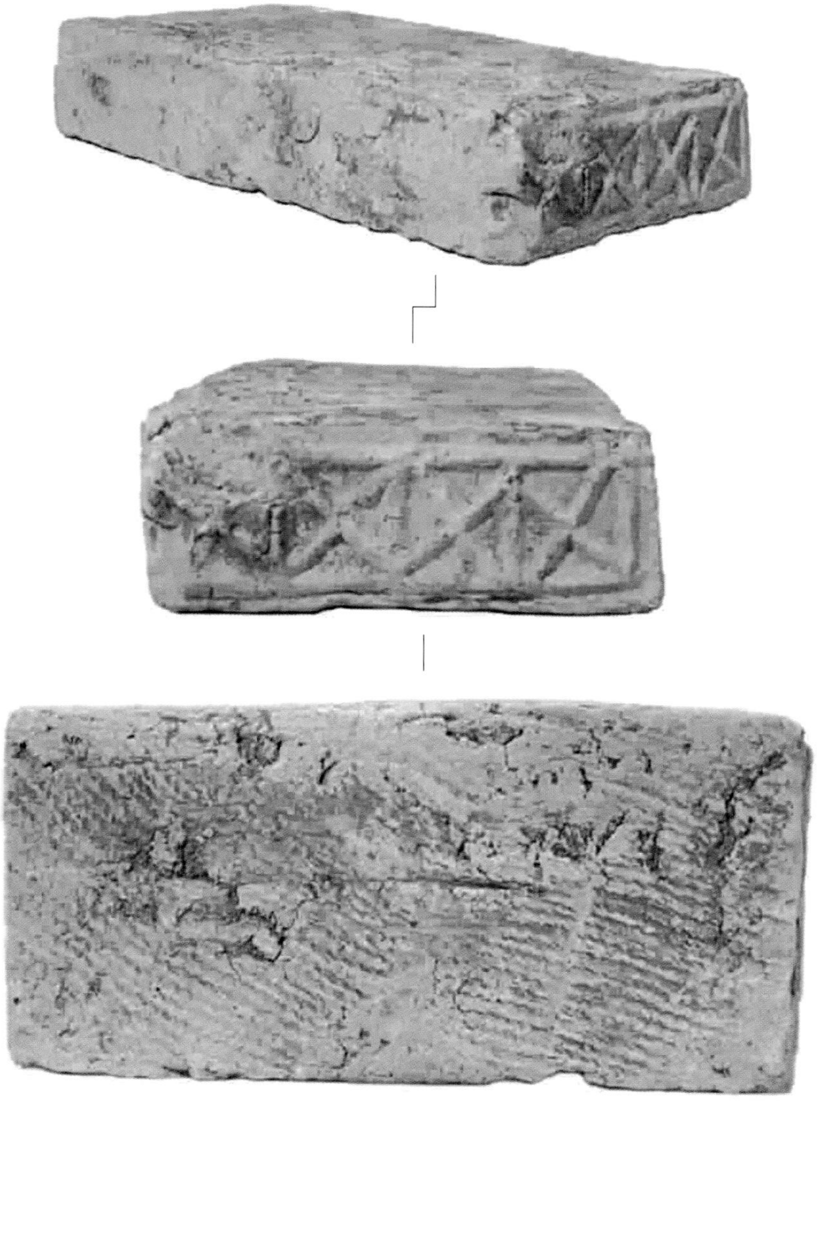

3. 樂 · 塼 / 22-1

그림 124 낙랑토성 출토전(塼) 사진

2. 樂·塼/22-3

1. 樂·塼/22-2

그림 125 낙랑토성 출토전(塼) 사진

1. 樂·塼 / 22-4

2. 樂·塼 / 22-5

그림 126 낙랑토성 출토전(塼) 사진

1. 樂 · 塼 / 22-6

2. 樂 · 塼 / 22-7

그림 127 낙랑토성 출토전(塼) 사진

1. 樂 · 塼 / 22-8

2. 樂 · 塼 / 22-9

3. 樂 · 塼 / 23-2

그림 128 낙랑토성 출토전(塼) 사진

1. 樂·塼/23-1

2. 樂·塼/23-3

그림 129 낙랑토성 출토전(塼) 사진

1. 樂·塼/23-4

2. 樂·塼/23-5

그림 130 낙랑토성 출토전(塼) 사진

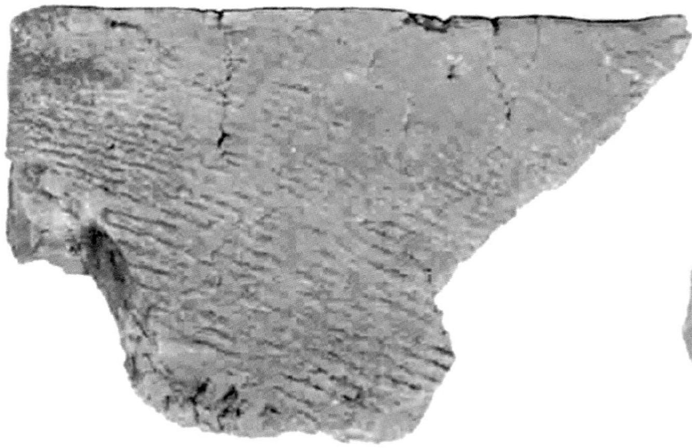

1. 樂 · 塼 / 23-6

2. 樂 · 塼 / 23-7

3. 樂 · 塼 / 23-8

그림 131 낙랑토성 출토전(塼) 사진

1. 樂·塼/24-1

2. 樂·塼/24-2

그림 132 낙랑토성 출토전(塼) 사진

1. 樂·塼/24-3

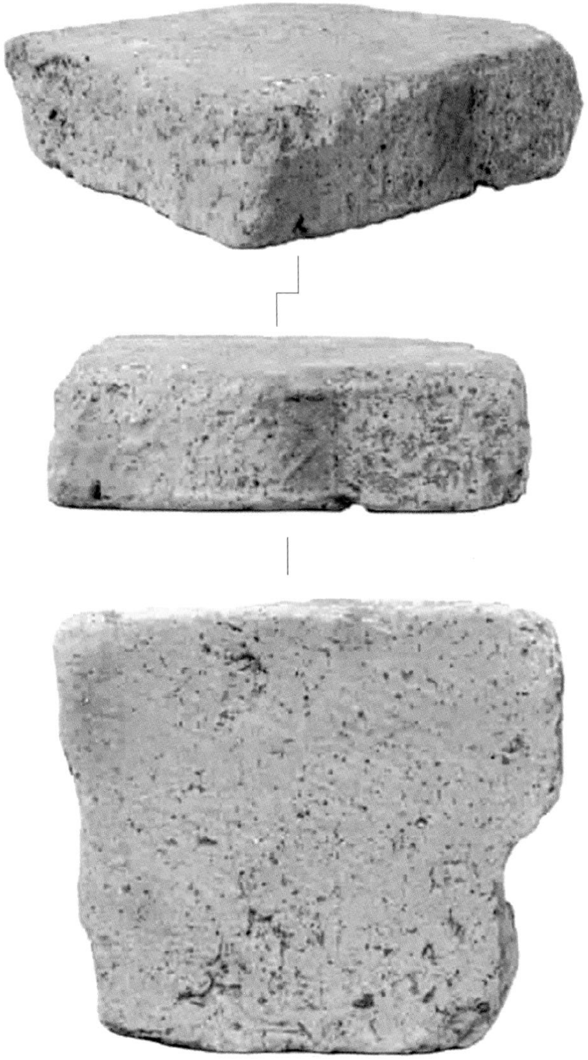

2. 樂·塼/24-4

그림 133 낙랑토성 출토전(塼) 사진

1. 樂·塼/24-5

2. 樂·塼/24-6

그림 134 낙랑토성 출토전(塼) 사진

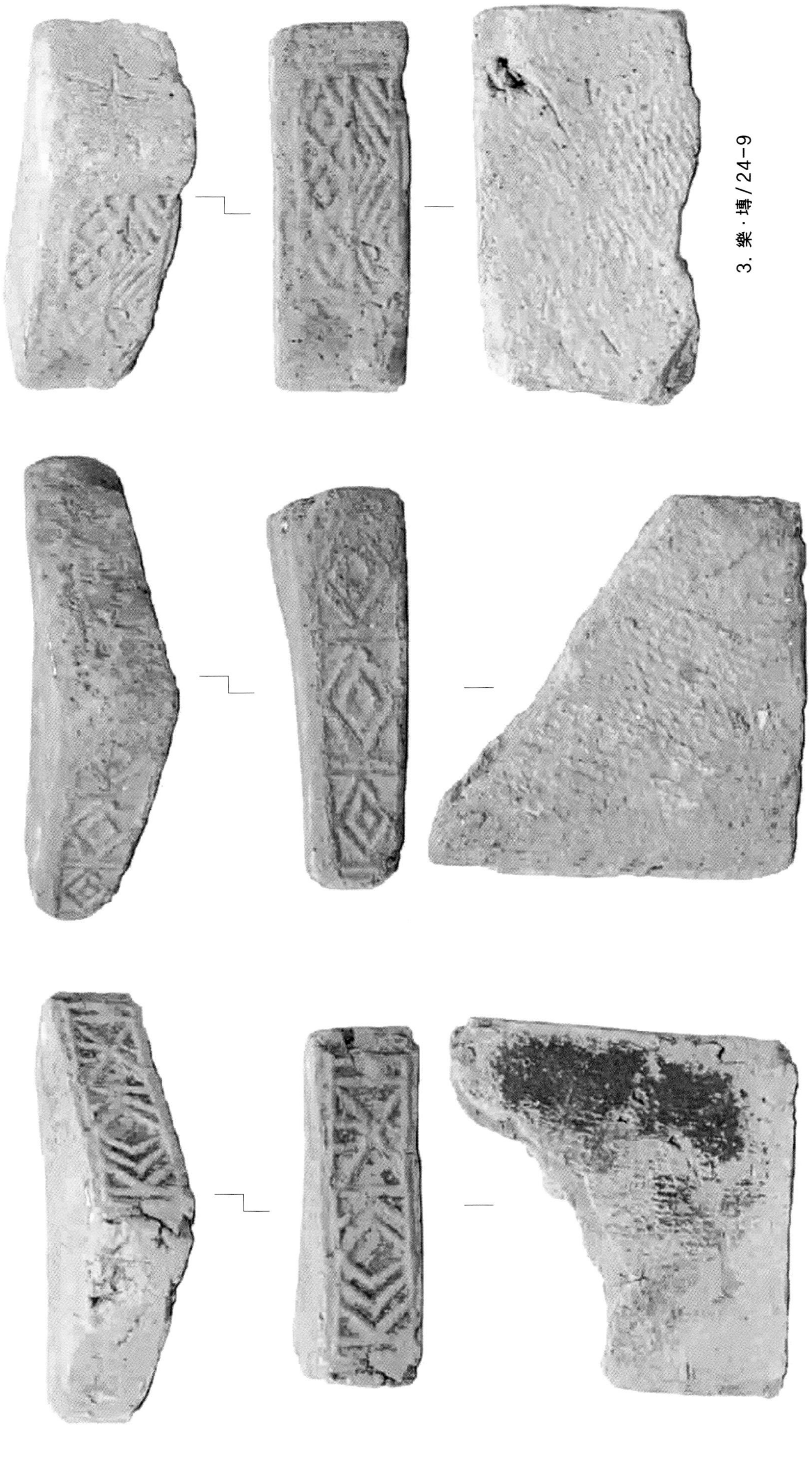

1. 樂·塼/24-7

2. 樂·塼/24-8

3. 樂·塼/24-9

그림 135 낙랑토성 출토전(塼) 사진

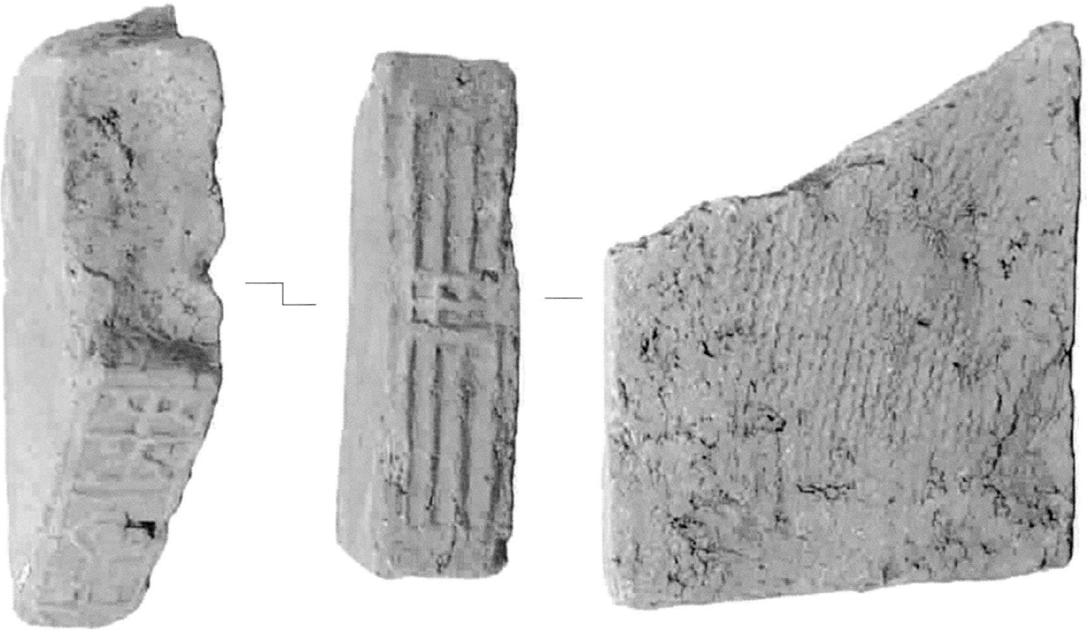

2. 樂·塼/25-2

1. 樂·塼/25-1

그림 136 낙랑토성 출토전(塼) 사진

1. 樂·塼/25-3

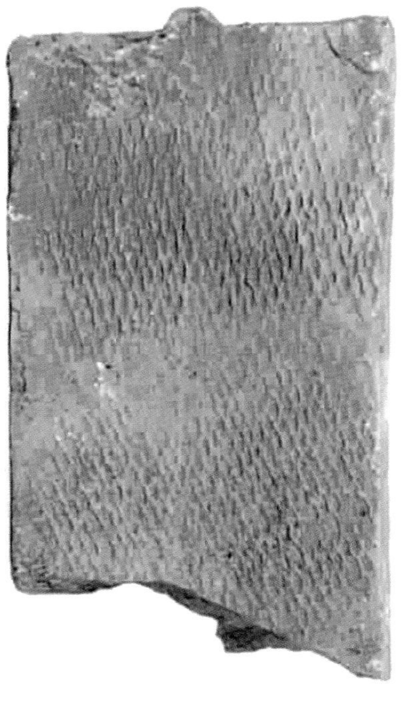

2. 樂·塼/25-4

그림 137 낙랑토성 출토전(塼) 사진

1. 樂·塼/25-5

그림 138 낙랑토성 출토전(塼) 사진

1. 樂 · 塼 / 25-6

2. 樂 · 塼 / 25-8

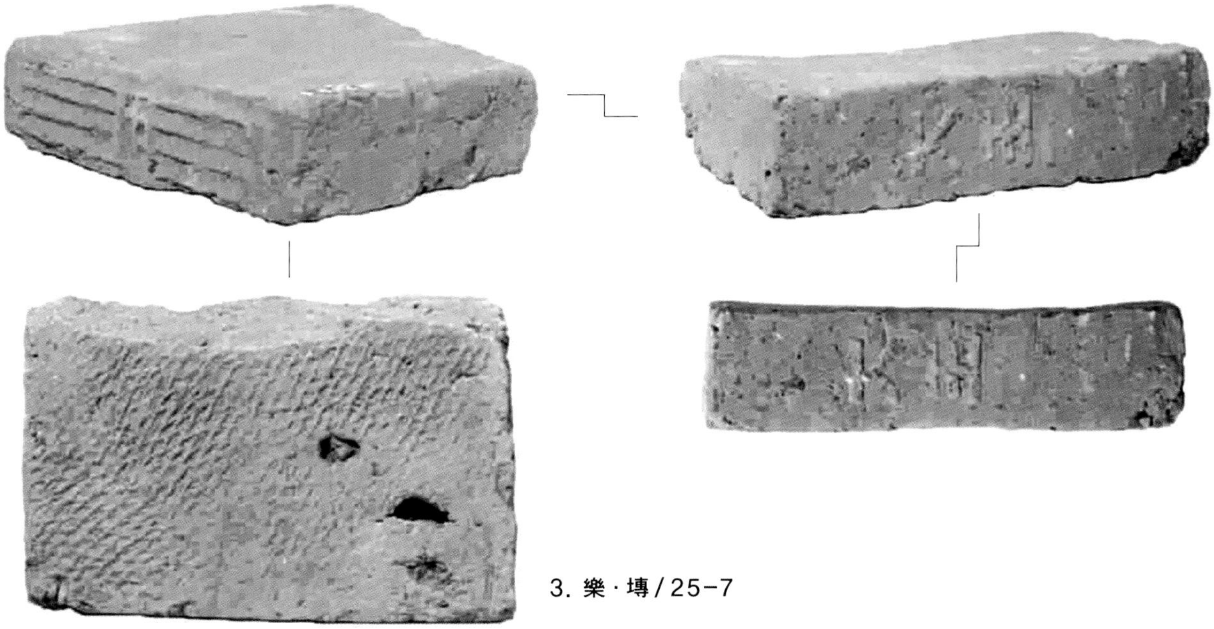

3. 樂 · 塼 / 25-7

그림 139 낙랑토성 출토전(塼) 사진

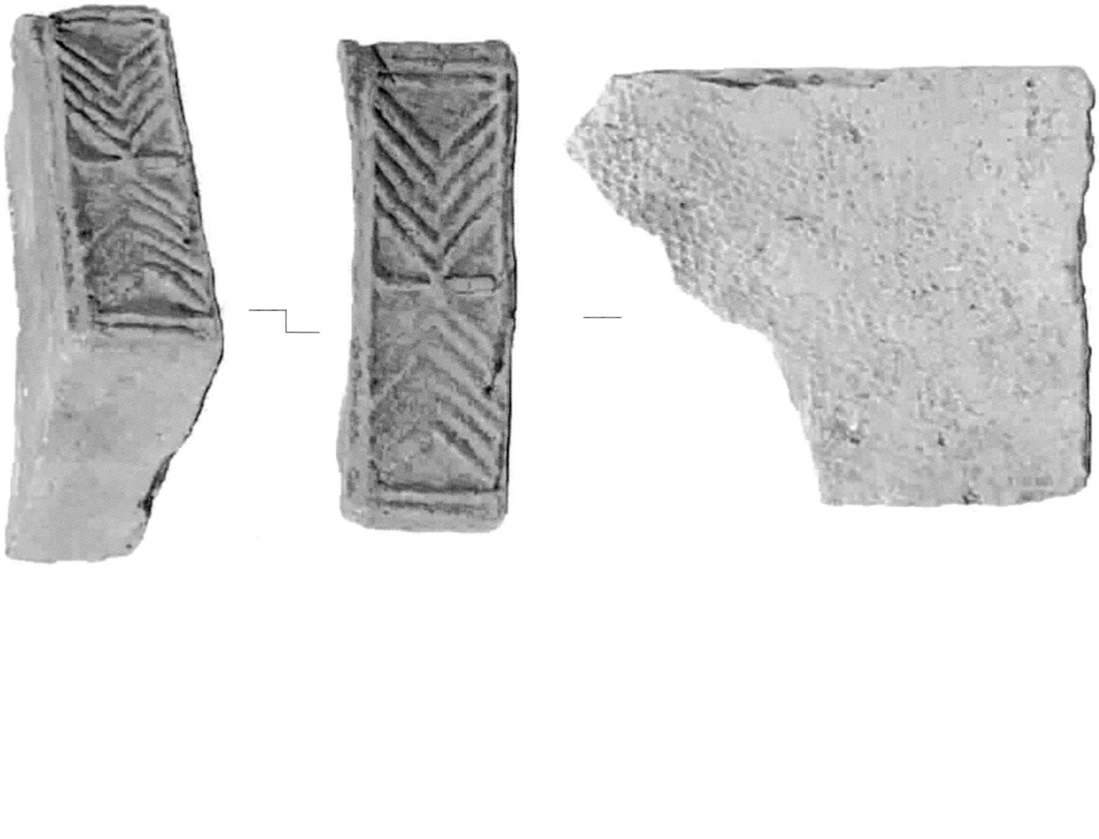

1. 樂·塼/26-1

2. 樂·塼/26-2

그림 140 낙랑토성 출토전(塼) 사진

1. 樂·塼/26-3

2. 樂·塼/26-4

3. 樂·塼/26-5

그림 141 낙랑토성 출토전(塼) 사진

樂·塼/26-7

樂·塼/26-6

그림 142 낙랑토성 출토전(塼) 사진

1. 樂·塼/27-1

2. 樂·塼/27-2

그림 143 낙랑토성 출토전(塼) 사진

1. 樂·塼/27-3

2. 樂·塼/27-4

그림 144 낙랑토성 출토전(塼) 사진

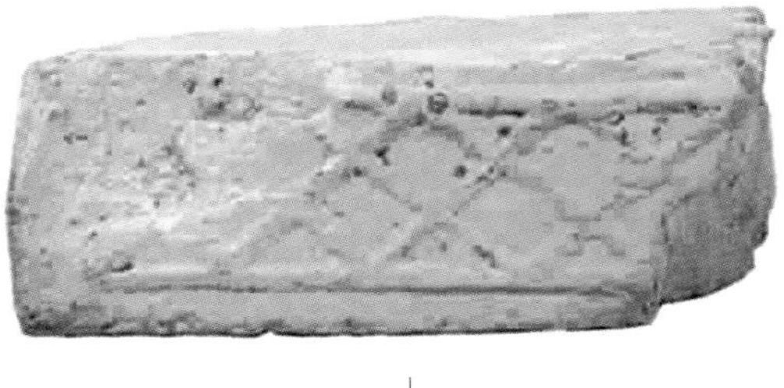

1. 樂 · 塼 / 27-5

2. 樂 · 塼 / 27-6

그림 145 낙랑토성 출토전(塼) 사진

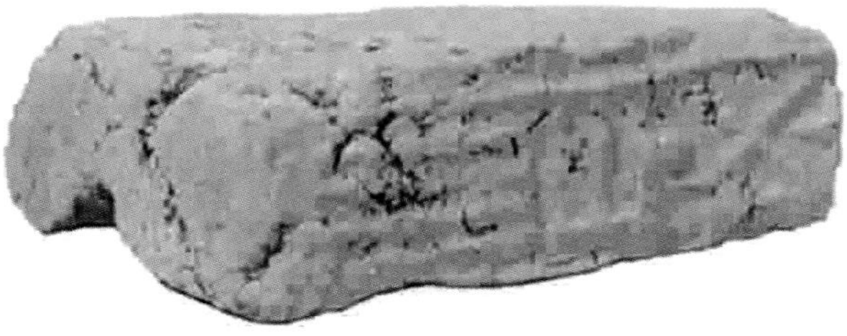

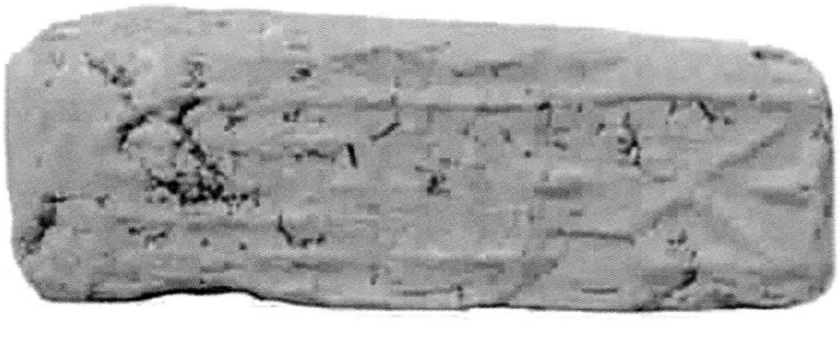

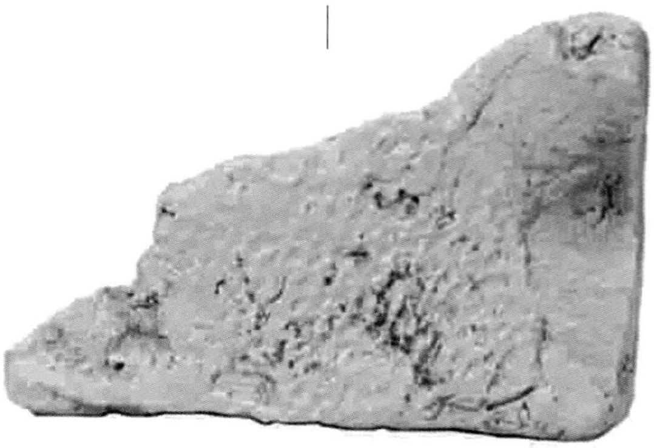

1. 樂·塼/27-7

2. 樂·塼/27-8

그림 146 낙랑토성 출토전(塼) 사진

1. 樂 · 塼 / 27-9

2. 樂 · 塼 / 27-10

그림 147 낙랑토성 출토전(塼) 사진

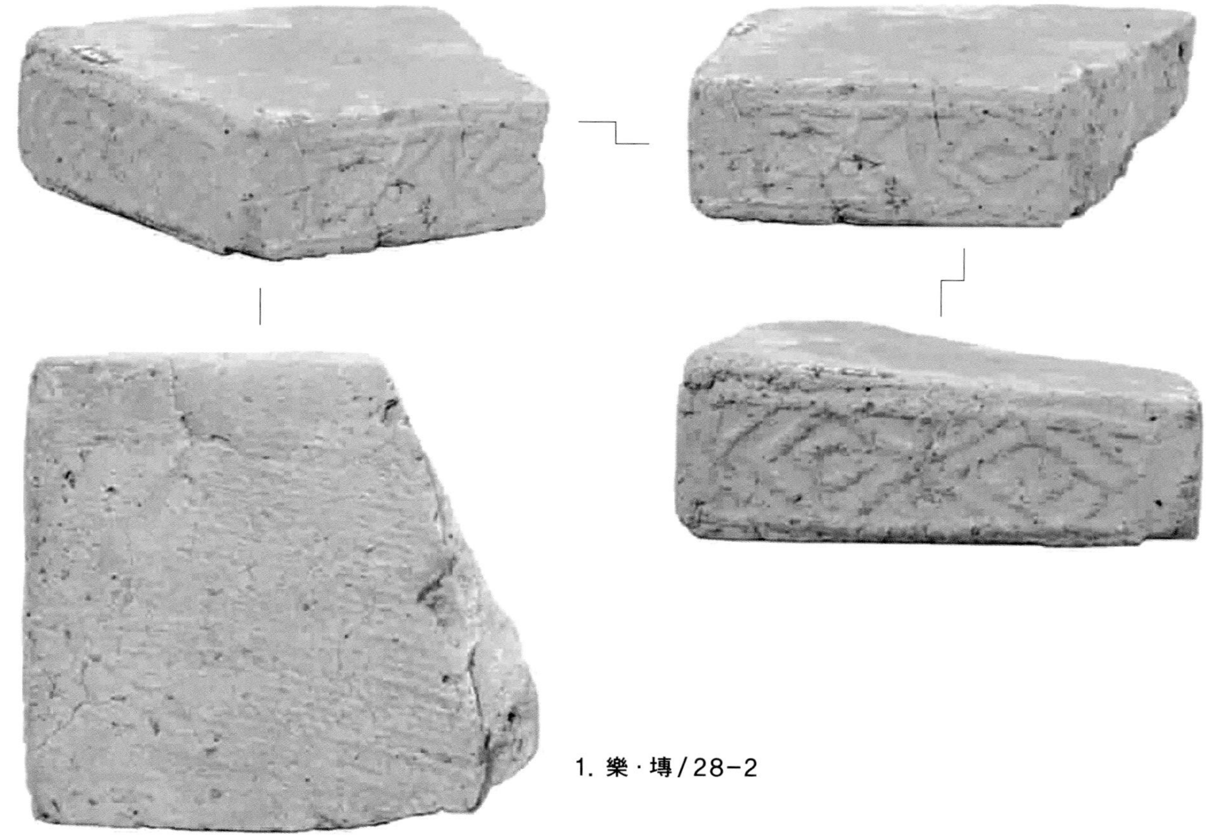

1. 樂 · 塼 / 28-2

2. 樂 · 塼 / 28-3

그림 148 낙랑토성 출토전(塼) 사진

1. 樂·塼/28-4

2. 樂·塼/28-5

그림 149 낙랑토성 출토전(塼) 사진

1. 樂 · 塼 / 28-6

2. 樂 · 塼 / 28-7

3. 樂 · 塼 / 28-8

그림 150 낙랑토성 출토전(塼) 사진

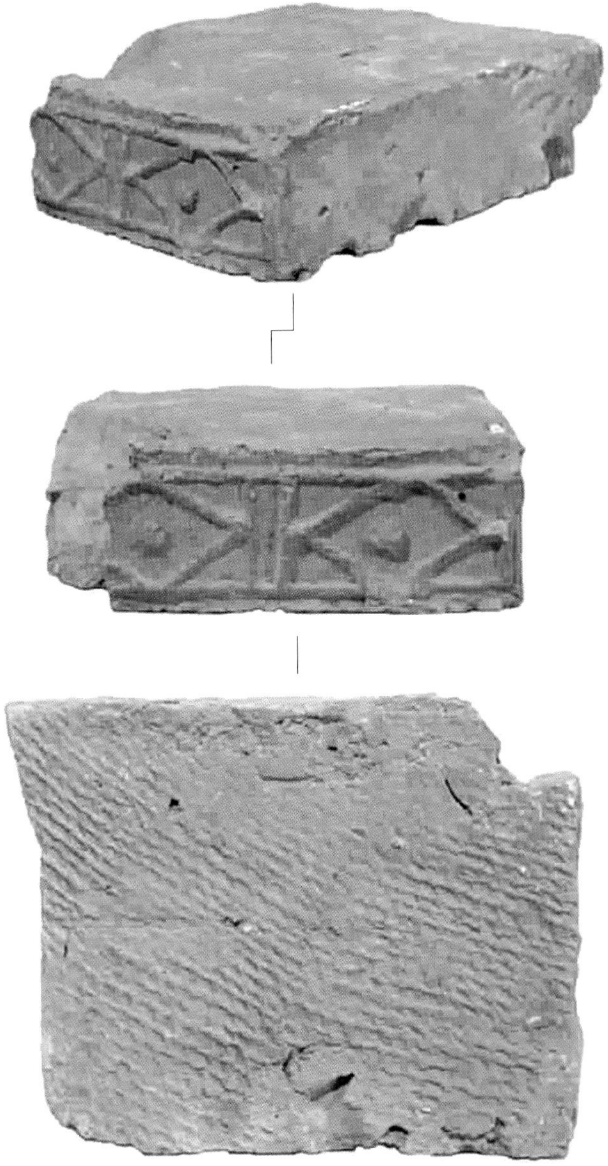

1. 樂 · 塼 / 29-1

2. 樂 · 塼 / 29-2

그림 151 낙랑토성 출토전(塼) 사진

1. 樂·塼/29-3

2. 樂·塼/29-4

그림 152 낙랑토성 출토전(塼) 사진

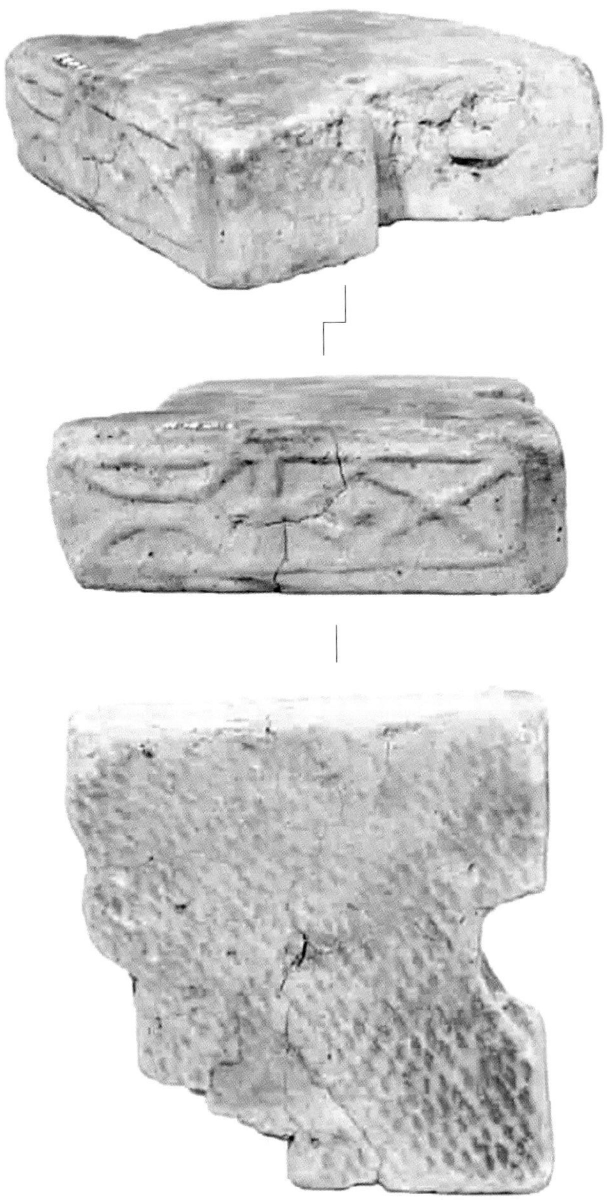

1. 樂·塼/29-5

2. 樂·塼/29-6

그림 153 낙랑토성 출토전(塼) 사진

1. 樂 · 塼 / 29-7

2. 樂 · 塼 / 29-8

그림 154 낙랑토성 출토전(塼) 사진

1. 樂 · 塼 / 29-10

2. 樂 · 塼 / 29-11

그림 155 낙랑토성 출토전(塼) 사진

1. 樂 · 塼 / 30-1

2. 樂 · 塼 / 30-2

3. 樂 · 塼 / 30-3

그림 156 낙랑토성 출토전(塼) 사진

1. 樂·塼/30-4

2. 樂·塼/30-5

그림 157 낙랑토성 출토전(塼) 사진

1. 樂 · 塼 / 30-6

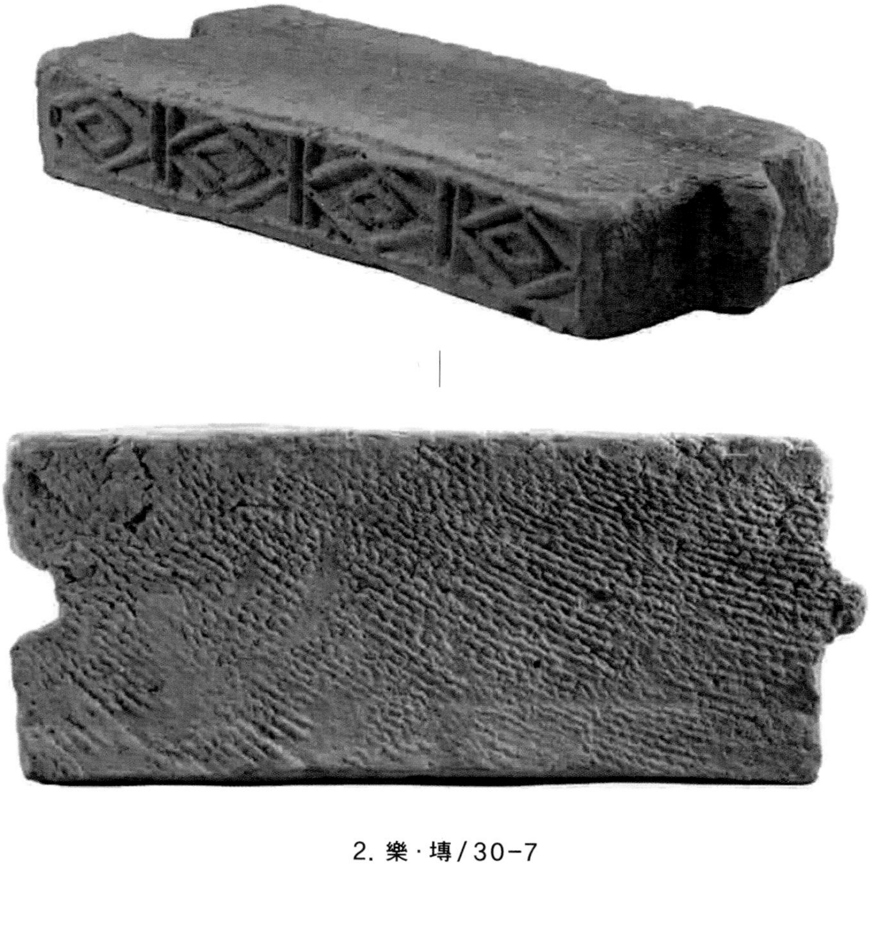

2. 樂 · 塼 / 30-7

그림 158 낙랑토성 출토전(塼) 사진

1. 樂·塼/30-9

그림 159 낙랑토성 출토전(塼) 사진

1. 樂·塼/30-8

2. 樂·塼/30-10

그림 160 낙랑토성 출토전(塼) 사진

1. 樂 · 塼 / 30-11

그림 161 낙랑토성 출토전(塼) 사진

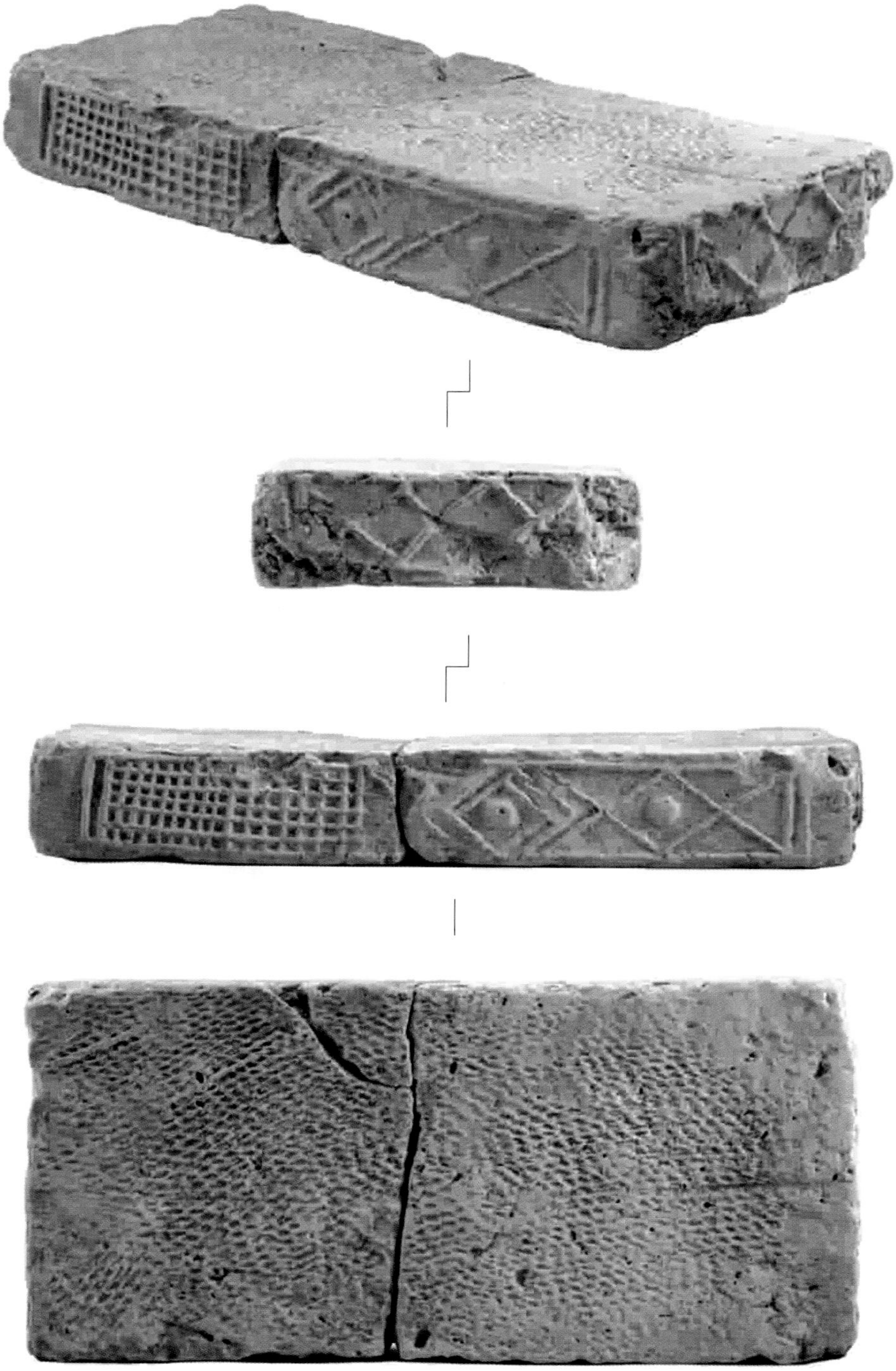

1. 樂 · 塼 / 30-12

그림 162 낙랑토성 출토전(塼) 사진

1. 樂·塼/12-0

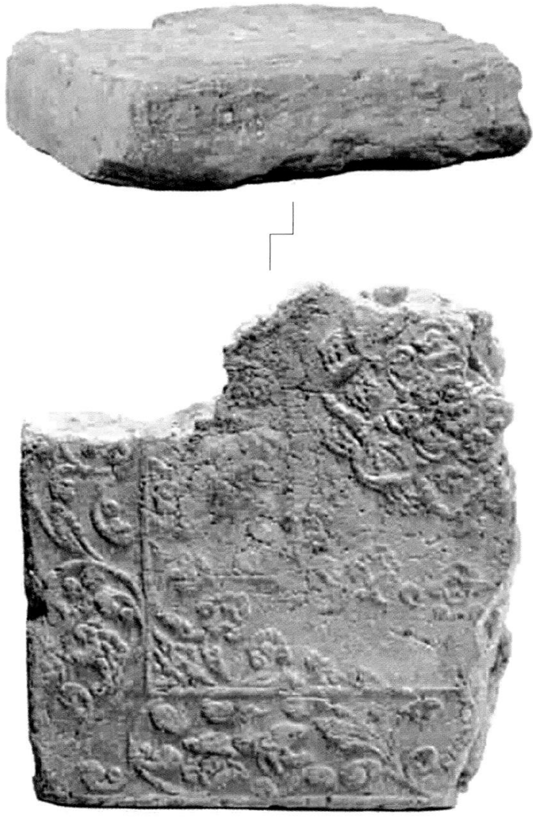

2. 樂·塼/13-7

3. 樂·塼/18-0

그림 163 낙랑 자료에 혼입된 벽돌 사진

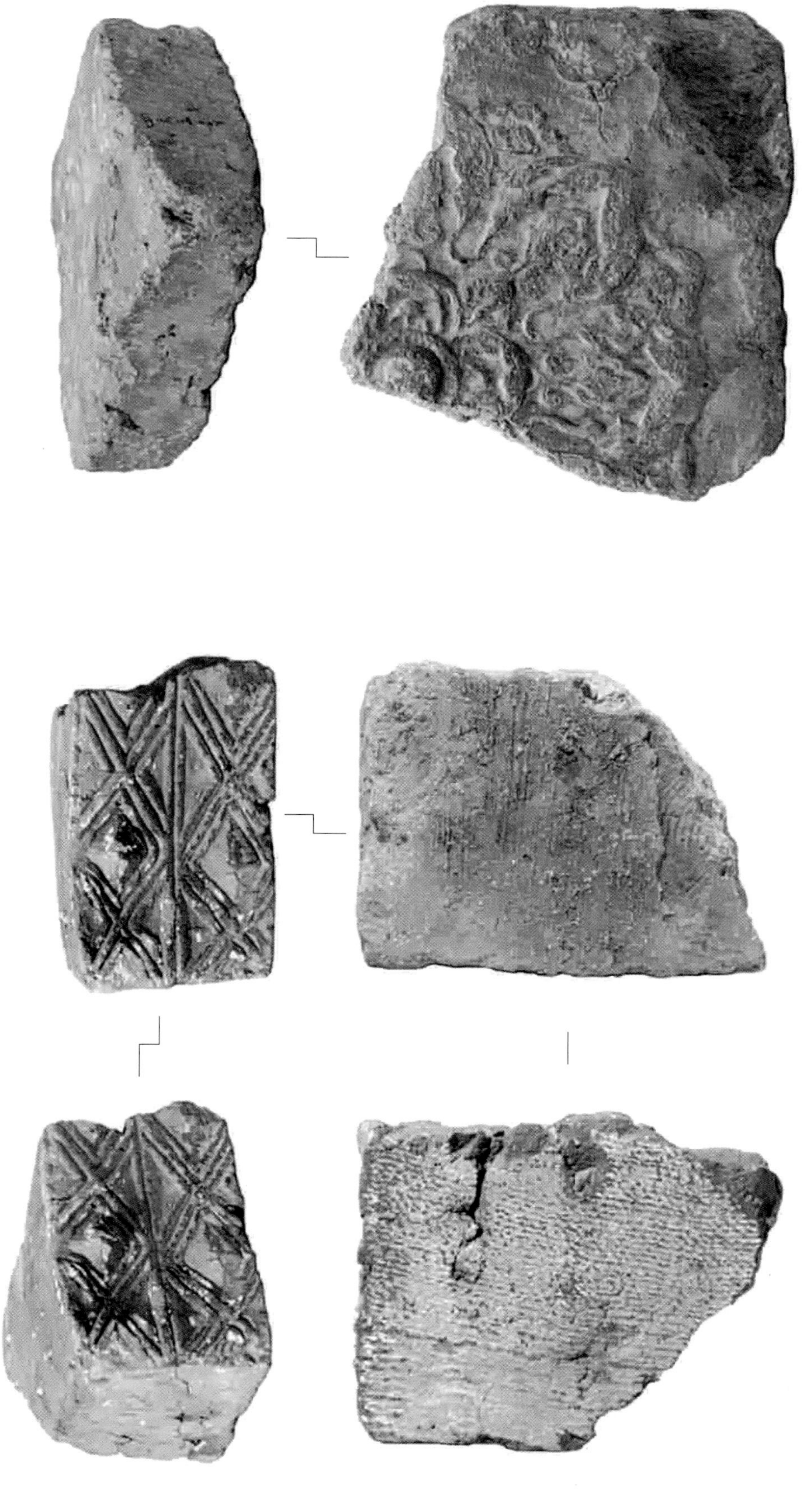

1. 樂·塼/19-4

2. 樂·塼/24-10

그림 164 낙랑 자료에 혼입된 벽돌 사진

1. 樂·塼/28-1

그림 165 낙랑 자료에 혼입된 벽돌 사진

3. 기와류

낙랑토성에서 출토되어 도쿄대학으로 반출된 기와는 대부분 높이가 낮은 나무상자에 보관되어 여러 장소에 분산되어 있었으며 일부는 플라스틱 유물상자에 보관되어 있었다. 유물은 오래전에 세척되어 부분적인 주기가 이루어진 것이 있었지만 이번 조사에서 새로 발견된 유물들도 적지 않았고 이미 주기된 기와들도 오랜 시간을 거치면서 검은 먼지가 두껍게 앉았기 때문에 유물 전체를 다시 세척하고 일괄하여 새로운 번호를 부여해야만 했다. 기와가 보관된 상자마다 연속되는 개별 번호를 부여하였고 상자별 개별 유물에도 새로이 번호를 주었다. 이들 유물상자의 바깥에는 분필로 '樂浪土城'이라고 적혀 있기도 한데 1980년대에 谷豊信가 기와를 정리하는 과정에서 써 둔 것임을 알았다.

조사 정리 결과 낙랑토성에서 출토된 기와에는 크게 낙랑 기와, 고구려 기와 그리고 고려 기와가 있음을 알았다. 물론 낙랑 기와가 압도적 다수를 차지하며 그 다음이 고려 기와인데, 고구려 기와는 극히 일부에 지나지 않는다. 낙랑 기와는 와당과 평기와로 구성되는데 와당에는 문자와당과 문양와당이 있다. 문자와당은 '樂浪平壤説'의 중요한 물적 근거가 되었으나 위조설에서 자유롭지 못했던 '樂浪禮官'이나 '樂浪富貴' 명 와당이 포함되어 있다. 그 외 '萬歲', '大晉元康', '千秋萬歲' 명 와당도 확인된다. 문양와당은 와당면을 4구획으로 분할하고 운기문을 돌려가며 배치한 것이 가장 많고 그 다음이 궐수문 와당이다. 또한 평기와는 와통을 사용하여 포를 씌우고 점토띠를 붙여서 성형한 것과, 와통을 사용하지 않고 점토띠를 쌓아 올린 다음 타날을 가하여 성형한 것이 있다. 무와통 타날에는 타날구와 내박자가 승문인 것이 압도적으로 많고 무문 내박자, 점열문 내박자, 기하문 내박자가 보조적으로 이용된 경우가 있다. '실로떼기'를 기본으로 하는 점토판 성형은 전혀 확인되지 않는다.

고구려 기와로는 몇 점의 평기와 편만이 확인될 뿐 와당은 없다. 대개 적갈색이고 승문타날의 타날구 폭이 넓으며 상·하단부가 물손질되고 건조 전에 기호를 새겨넣기도 하였다.

고려 기와는 모두 점토판 성형인지라 점토판을 '실로떼기'한 흔적이 분명하게 남는 특징이 있다. 단판타날은 거의 없고 복합문을 기본으로 하는 장판타날이 대부분이다. '官' 자명이 새겨진 명문와도 많은 특징이 있다.

이하 개별 기와의 상세한 설명은 다음의 표를 참고하면 된다.

끝으로 기와 자료 중에 RY-?로 주기된 것은 고고학연구실의 이시카와(石川)씨가 정리과정에서 요양지역 출토로 판단하여 주기한 결과이다. 일부 혼입품이 있으나 확인 결과 낙랑 기와임이 분명하다.

〈표 2〉 낙랑토성 출토 기와 속성표

연번	종류	시대	크기	특 징	색조	태토 소성	주기 (발굴당시)	유물번호
1	암키와	낙랑		내면 : 횡방향 승문타날 외면 : 종방향 승문타날 무와통 승문타날 성형	회색	니질 와질		樂 · 瓦 1-1
2	암키와	낙랑		내면 : 횡방향 승문타날 외면:종방향 승문타날 무와통 승문타날 성형	회백색	니질 와질		樂 · 瓦 1-2
3	원와당	낙랑		변형 궐수문 와당면이 특징인 것으로 턱과 와당 외연부는 타날이 없다. 배면이 부착된 기와는 무와통으로 승문타날로 성형된 것이고 유단식임	회색	니질 와질		樂 · 瓦 2-1
4	수키와 유단식	낙랑		내면 : 횡방향 승문타날 외면:종방향 승문타날 무와통 승문타날 성형	황색	니질 와질		樂 · 瓦 3-1
5	수키와 유단식	낙랑		내면:횡방향 승문타날 외면:종방향 승문타날 무와통 승문타날 성형, 물손질흔도 관찰됨	회황색	니질 와질		樂 · 瓦 3-2
6	수키와 유단식	낙랑		외면:종방향 승문타날 와통 승문타날 성형	회백색	니질 와질		樂 · 瓦 3-3
7	수키와	낙랑		내면 : 횡방향 승문타날 외면:종방향 승문타날 무와통 승문타날 성형	회청색	니질 와질		樂 · 瓦 3-4
8	암키와	낙랑		무와통 승문타날 성형, 횡조대	회색	니질 와질		樂 · 瓦 3-5
9	암키와	고구려?		와통 승문타날 성형, 횡조대	적갈색	니질 와질	E, D	樂 · 瓦 3-6
10	암키와	낙랑		무와통 승문타날 성형, 횡조대, 상하 문지르기흔	회청색	니질 와질		樂 · 瓦 3-7
11	암키와	낙랑		무와통 승문 타날 성형, 횡조대, 내면 상하 문지르기흔	회청색	니질 와질		樂 · 瓦 3-8
12	암키와	고려		와통 승문타날 성형	회청색	니질 와질	D′	樂 · 瓦 3-9
13	수키와 유단식	낙랑		무와통 승문타날 성형, 횡조대	회청색	니질 와질	D′	樂 · 瓦 4-1
14	수키와	낙랑		무와통 승문타날성형	회색	니질 와질		樂 · 瓦 4-2
15	수키와 유단식	낙랑		무와통 승문타날 성형, 횡조대	회백색	니질 와질	B	樂 · 瓦 4-3
16	수키와 유단식	낙랑		무와통 승문타날 성형, 횡조대	회색	니질 와질		樂 · 瓦 4-4
17	수키와 유단식	낙랑		무와통 승문타날 성형	황갈색	니질 와질		樂 · 瓦 4-5
18	수키와	낙랑		무와통 승문타날 성형 점토띠 접합흔 관찰됨	회색	니질 와질	D	樂 · 瓦 4-6
19	수키와	낙랑		무와통 승문타날 성형	회청색	니질 와질		樂 · 瓦 4-7

20	수키와	낙랑		무와통 승문타날 성형	회청색	니질 와질		樂 · 瓦 4-8
21	암키와	낙랑		무와통 승문타날 성형	회갈색	니질 와질		樂 · 瓦 4-9
22	평기와	낙랑		무와통 승문타날 성형	황갈색	니질 와질		樂 · 瓦 4-10
23	암키와	낙랑		무와통 승문타날 성형 내면 상하 문지르기흔	회청색	니질 와질		樂瓦 5-1
24	암키와	낙랑		무와통 승문타날 성형 외면 : 횡조대	회색	니질 와질		樂 · 瓦 5-2
25	암키와	낙랑		무와통 승문타날 성형 점열문 내박자	황갈색	니질 와질	D^{2-3} II	樂瓦 5-3
26	암키와	낙랑		무와통 점열문 내박자 승문타날 성형	적갈색	니질 와질	D^{2-3} II	樂 · 瓦 5-4
27	암키와	낙랑		와통 승문타날 성형, 횡조대	황갈색	니질 와질	D^{2} II	樂 · 瓦 5-5
28	암키와	낙랑		무와통 점열문 내박자 승문타날 성형	황갈색	니질 와질		樂 · 瓦 5-6
29	암키와			무와통 승문타날 성형 외면 : 횡조대 보임, 내면 : ?	회갈색	니질 와질		樂 · 瓦 5-7
30	암키와	낙랑		무와통 점열문 내박자 승문타날 성형	황갈색	니질 와질	D^{2-1} I	樂 · 瓦 5-8
31	암키와	낙랑		무와통 점열문 내박자 승문타날 성형	황갈색	니질 와질	D′	樂 · 瓦 5-9
32	암키와	낙랑		무와통 점열문 내박자 승문타날 성형	황갈색	니질 와질	D^{2} Ⅳ	樂 · 瓦 5-10
33	암키와	낙랑		무와통 승문타날 성형 점열문 내박자	회청색	니질 와질		樂 · 瓦 6-1
34	암키와	낙랑		무와통 승문타날 성형	회백색	니질 와질		樂 · 瓦 6-2
35	평기와	낙랑		무와통 승문타날 성형	회백색	니질 와질		樂 · 瓦 6-3
36	암키와	낙랑		무와통 승문타날 성형 내면 상하 문지르기흔	회청색	니질 와질		樂 · 瓦 6-4
37	평기와	낙랑		무와통 승문타날 성형	황갈색	니질 와질		樂 · 瓦 6-5
38	평기와	낙랑		평기와 파편	회청색	니질 와질		樂 · 瓦 6-6
39	평기와	낙랑		평기와 파편	회청색	니질 와질		樂 · 瓦 6-7
40	수키와 유단식	낙랑		와통 승문타날 성형, 단판타날구	회갈색	니질 와질		樂 · 瓦 7-1
41	수키와	낙랑		와통 승문타날 성형	회색	경질		樂 · 瓦 7-2
42	수키와	낙랑		와통 승문타날 성형, 회전물손질흔	회청색	니질 와질		樂 · 瓦 7-3
43	수키와 유단식	낙랑		무와통 승문타날 성형, 회전물손질흔 내외면 조정하여 타날흔 지워짐	회색	니질 와질		樂 · 瓦 7-4

44	암키와	낙랑		무와통 승문타날 성형, 하단에 횡조대 형성됨	황갈색	니질 와질		樂 · 瓦 8-1
45	수키와 유단식	낙랑		무와통 승문타날 성형 후 회전물손질로 미구부 조정	회청색	니질 와질		樂 · 瓦 8-2
46	수키와 유단식?	낙랑		무와통 승문타날 성형 회전물손질로 미구부 조정	황갈색	니질 와질		樂 · 瓦 8-3
47	암키와	낙랑		무와통 승문타날 성형, 횡조대(내외면) 내면에 상하 문지르기흔	회색	니질 와질		樂 · 瓦 8-4
48	수키와 유단식	낙랑		무와통 승문타날 성형 미구부 '조으기'로 만들었음	회색	니질 와질		樂 · 瓦 8-5
49	암키와	낙랑		무와통 승문타날 성형한 뒤 기하학적 내박자 사용하여 정형타날	회청색	니질 와질		樂 · 瓦 9-1
50	암키와	낙랑		무와통 승문타날 성형 내면 횡방향 문지르기흔	회색	니질 와질		樂 · 瓦 9-2
51	암키와	낙랑		무와통 승문타날 성형, 내면에 상하 문지르기, 외면에 노끈으로 묶어서 고정시킨 흔적	황갈색	니질 와질		樂 · 瓦 9-3
52	암키와	낙랑		무와통 승문타날 성형 후, 기하학적 내박자 사용한 정형타날	회갈색	니질 와질		樂 · 瓦 9-4
53	암키와	낙랑		무와통 승문타날 성형 후, 기하학적 내박자 사용한 정형타날	회갈색	니질 와질		樂 · 瓦 9-5
54	암키와	낙랑		무와통 승문타날 성형 후, 회전물손질로 하단부 조정, 내 · 외면 횡조대	회백색	니질 와질		樂 · 瓦 9-6
55	암키와	낙랑		무와통 승문타날 성형 후, 기하학적 내박자 사용한 정형타날	회갈색	니질 와질		樂 · 瓦 9-7
56	암키와	낙랑		무와통 승문타날 성형 후, 기하학적 내박자 사용한 정형타날	황갈색	니질 와질		樂 · 瓦 9-8
57	암키와	낙랑		무와통 승문타날 성형 후, 기하학적 내박자 사용한 정형타날	회갈색	니질 와질		樂 · 瓦 9-9
58	암키와	낙랑		무와통 승문타날 성형 후, 기하학적 내박자 사용한 정형타날	회청색	니질 와질		樂 · 瓦 9-10
59	암키와	낙랑		무와통 승문타날 성형 후, 기하학적 내박자 사용한 정형타날	회청색	니질 와질		樂 · 瓦 9-11
60	암키와	낙랑		무와통 평행타날 성형, 내면은 횡방향의 승문 내박자	회청색	니질 와질		樂 · 瓦 9-12
61	암키와	낙랑		무와통 승문타날 성형 후 사격자문 내박자로 정형타날	적갈색	경질	CX?	樂 · 瓦 9-13
62	암키와	낙랑		와통 성형 후 강한 물손질로 외면에 주름을 만듦	회갈색	니질 와질	D^4 II	樂 · 瓦 9-14
63	암키와	낙랑		와통 성형 후 강한 물손질로 외면에 주름을 만듦, 내면에 상하문지르기흔	회갈색	니질 와질	D′	樂 · 瓦 9-15
64	암키와	낙랑		무와통 성형 후 사격자 내박자 이용하여 정형타날	회청색	니질 와질		樂 · 瓦 9-16
65	암키와	낙랑		무와통 승문타날 성형 후, 기하학적 내박자로 정형타날	황갈색	니질 와질	D′	樂 · 瓦 9-17
66	암키와	낙랑		와통 승문타날 성형, 외면에 횡조대 점토띠 접합흔 뚜렷함	황갈색	니질 와질	B′	樂 · 瓦 9-18
67	암키와	낙랑		와통 승문타날 성형, 외면에 횡조대 점토띠 접합흔 뚜렷함	황갈색	니질 와질		樂 · 瓦 9-19

68	암키와	낙랑		무와통 승문타날 성형 후, 사격자문 내박자로 정형타날	회갈색	니질 와질		樂·瓦 9-20
69	암키와	낙랑		무와통 승문타날 성형 후, 내박자는 점열문	적갈색	니질 와질		樂·瓦 9-21
70	암키와	낙랑		무와통 승문타날 성형 후, 기하학적 내박자로 정형타날	회백색	니질 와질		樂·瓦 9-22
71	암키와	낙랑		와통 승문타날 성형. 와통에 단차 있음	회백색	니질 와질		樂·瓦 9-23
72	암키와	낙랑		무와통 승문타날 성형 후 기하학적 내박자로 정형타날	회백색	니질 와질		樂·瓦 9-24
73	암키와	낙랑		와통 승문타날 성형 후, 회전을 통한 횡조대 만듦, 내면은 포를 연결한 흔적 있음	회색	니질 와질	B″X	樂·瓦 9-25
74	암키와	낙랑		무와통 승문타날 성형 후, 기하학적 내박자로 정형타날	회백색	니질 와질		樂·瓦 9-26
75	암키와	낙랑		무와통 승문타날 성형 후, 기하학적 내박자로 정형타날	회백색	니질 와질		樂·瓦 9-27
76	암키와	낙랑		무와통 승문타날 성형 후, 기하학적 내박자로 정형타날	회백색	니질 와질		樂·瓦 9-28
77	수키와 유단식	낙랑		와통 승문타날 성형 후, 구연 내부 깎기 조정, 하단 깎기 조정	황갈색	니질 와질		樂·瓦 10-1
78	수키와 유단식	낙랑		와통 승문타날 성형 후, 구연 내부 깎기 조정, 하단 깎기 조정	황갈색	니질 와질		樂·瓦 10-2
79	수키와 유단식	낙랑		와통 승문타날 성형 후, 구연 내부 깎기 조정, 하단 깎기 조정	황갈색	니질 와질		樂·瓦 10-3
80	수키와	낙랑		와통 승문타날 성형	회갈색	니질 와질		樂·瓦 10-4
81	평기와	낙랑		와통 승문타날 성형 내면에 포를 덧댄 흔적	회백색	니질 와질		樂·瓦 10-5
82	암키와	고구려		와통 승문타날 성형, 하단 물손질	적갈색	니질 경질		樂·瓦 11-1
83	토제 우물	낙랑		원통을 사용한 승문타날. 태토에 활석 다량 혼입, 단판타날	회청색	와질		기와 아님 樂·瓦 11-2
84	암키와	낙랑		무와통 승문타날 성형, 외면 : 횡조대, 내면 : 상하 문지르기흔	회백색	니질 와질		樂·瓦 11-3
85	토제 우물	낙랑		원통을 사용한 승문타날, 단판타날 단부깎기 조정, 태토에 활석 다량 혼입	회청색	니질 와질		기와 아님 樂·瓦 12-1
86	암키와	낙랑		무와통 승문타날 성형 내면에 무질서한 문지르기흔	회백색	니질 와질		樂·瓦 12-2
87	암키와	낙랑		무와통 승문타날 성형 내면에 상하 문지르기흔	회백색	니질 와질		樂·瓦 12-3
88	암키와	낙랑		무와통 승문타날 성형 외면 : 횡조대	회색	니질 와질		樂·瓦 12-4
89	암키와	낙랑		무와통 승문타날 성형 내면에 상하 문지르기흔	회백색	니질 와질		樂·瓦 13-1
90	수키와 유단식	낙랑		와통 승문타날 성형, 미구부는 포를 제거하고 회전물손질흔 조정	회갈색	니질 와질		樂·瓦 13-2

91	수키와	낙랑		무와통 승문타날 성형, 내면 점토띠 접합흔	회백색	니질 와질		樂·瓦 13-3
92	수키와 유단식	낙랑		무와통 승문타날 성형, 횡조대 내면에 점토띠 접합흔 있음	황색	니질 와질		樂·瓦 13-4
93	암키와	낙랑		무와통 승문타날 성형, 내면 점토띠 접합흔, 상하 문지르기흔	회백색	니질 와질		樂·瓦 13-5
94	암키와	낙랑		무와통 승문타날 성형, 내면에 상하 문지르기흔	회색	니질 와질		樂·瓦 13-6
95	암키와	낙랑		무와통 승문타날 성형 후 기하학적 내박자로 정형타날	회백색	니질 와질		樂·瓦 13-7
96	암키와	낙랑		무와통 승문타날 성형, 외면:횡조대, 내면:상하 문지르기흔	회청색	니질 와질		樂·瓦 13-8
97	수키와 유단식	낙랑		무와통 승문타날 성형 회전물손질로 미구부 제작	회색	니질 와질	樂G區 井戶	樂·瓦 13-9
98	암키와	낙랑		무와통 승문타날 성형 내면:횡조대	회색	니질 와질		樂·瓦 13-10
99	평기와	낙랑		평기와 파편, 승문타날 성형		니질		樂·瓦 13-11
100	암키와	낙랑		무와통 승문타날 성형, 내면:상하 문지르기 흔, 외면:횡조대	회갈색	경질		樂·瓦 14-1
101	암키와	낙랑		무와통 승문타날 성형, 내면:상하 문지르기흔	회갈색	니질 와질		樂·瓦 14-2
102	암키와	낙랑		무와통 승문타날 성형 내면: 상하 문지르기흔, 외면: 횡조대	회갈색	니질 와질		樂·瓦 14-3
103	암키와	낙랑		무와통 승문타날 성형 내면: 상하 문지르기흔	회갈색	니질 와질		樂·瓦 14-4
104	암키와	낙랑		무와통 승문타날 성형	회백색	니질 와질		樂·瓦 14-5
105	수키와	낙랑		와통 승문타날 성형, 미구부 파손 외면 한단 깎기 후 조정타날	회갈색	니질 와질		樂·瓦 15-1
106	수키와 유단식	낙랑		와통 승문타날 성형 후, 미구부 제작 미구 내부에도 깎기 조정	황갈색	니질 와질		樂·瓦 15-2
107	수키와 유단식	낙랑		무와통 승문타날 성형, 단판타날구 미구부는 회전조정흔	회백색	니질 와질	B″X	樂·瓦 16-1
108	수키와 유단식	낙랑		무와통 승문타날 성형, 내박자는 무문, 단판타날구	회갈색	니질 와질	D^2	樂·瓦 16-2
109	수키와 유단식	낙랑		무와통 승문타날 성형, 미구부는 회전물손질로 만들어냄. 외면 상위에 횡조대가 만들어짐	회백색	니질 와질		樂·瓦 16-3
110	수키와 유단식	낙랑		무와통 승문타날 성형, 미구 내면: 물손질흔, 외면: 다수의 횡침선. 미구부는 깎아내기로 조정	회갈색	니질 와질	E′XI.	樂·瓦 16-4
111	수키와 유단식	낙랑		무와통 승문타날 성형, 내면: 상하 문지르기흔, 외면: 횡조대. 미구부는 깎아내기로 조정	회백색	니질 와질		樂·瓦 16-5
112	수키와 유단식	낙랑		무와통 승문타날 성형, 미구부: 회전물손질흔 외면:횡조대, 내면: 점토띠 접합흔	회백색	니질 와질	D′	樂·瓦 16-6
113	수키와 유단식	낙랑		와통 승문타날 성형, 중판타날구 미구부: 회전물손질흔 조정	회백색	니질 와질	D	樂·瓦 16-7
114	수키와 유단식	낙랑		무와통 승문타날 성형, 외면: 횡조대	회백색 와질	니질	D′	樂·瓦 16-8

115	수키와 유단식	낙랑		무와통 승문타날 성형 미구부 : 회전물손질흔, 외면 : 횡조대	회백색	니질 와질		樂 · 瓦 16-9
116	수키와 유단식	낙랑		무와통 승문타날 성형 미구부 : 회전물손질흔, 외면 : 횡조대	회백색	니질 와질	D′(C′?)	樂 · 瓦 16-10
117	수키와	낙랑		와통 승문타날 성형, 외면 : 횡조대	황갈색	니질 와질	E Ⅶ	樂 · 瓦 16-11
118	암키와	낙랑		무와통 승문타날 성형	회청색	니질 와질		樂 · 瓦 16-12
119	수키와 유단식	낙랑		무와통 승문타날 성형 미구부 물손질흔 축약	회갈색	니질 와질		樂 · 瓦 16-13
120	암키와	고구려?		와통 승문타날 성형 내면 : 점토띠 접합흔 선명히 관찰됨	회백색	니질 와질		樂 · 瓦 17-1
121	암키와	낙랑		무와통 승문타날 성형 내면 : 기하문 내박자로 정형타날 하였음	회백색	니질 와질	樂G區 井戸	樂 · 瓦 17-2
122	암키와	낙랑		무와통 승문타날 성형 내면 : 상하 문지르기흔 G區 우물에서 출토	회갈색	니질 와질	樂G區 井戸	樂 · 瓦 17-3
123	암키와	낙랑		무와통 승문타날 성형	회흑색	니질	樂G區 井戸	樂 · 瓦 17-4
124	암키와	낙랑		무와통 승문타날 성형 내면 : 상하 문지르기흔 확인, 외면 : 횡조대	회백색	니질 와질	樂G區 井戸	樂 · 瓦 17-5
125	암키와	낙랑		무와통 승문타날 성형 내면 : 상하 문지르기흔 확인, 외면 : 횡조대	회백색	니질 와질	樂G區 井戸	樂 · 瓦 17-6
126	수키와 유단식	낙랑		무와통 승문타날 성형 미구부 내의 물손질흔 조정	회색	니질 와질		樂 · 瓦 17-7
127	수키와	낙랑		무와통 승문타날 성형	회백색	니질 와질		樂 · 瓦 17-8
128	암키와	낙랑		무와통 승문타날 성형, 외면 : 횡침선 내면 : 무질서한 물손질흔 내박자흔 지움	회백색	니질 와질		아래 樂 · 瓦 17-9
129	수키와 편	낙랑		무와통 승문타날 성형	회색	니질 와질		樂 · 瓦 17-10
130	수키와 유단식	낙랑		무와통 승문타날 성형 물손질로 미구부 제작	회백색	니질 와질		樂 · 瓦 17-11
131	수키와 편	낙랑		무와통 승문타날 성형	황갈색	니질 와질		樂 · 瓦 17-12
132	암키와	낙랑		무와통 승문타날 성형 외면 : 횡조대, 내면 : 상하 문지르기흔	회색	니질 와질		樂 · 瓦 18-1
133	암키와	낙랑		무와통 승문타날 성형 외면 : 횡조대, 내면 : 상하 문지르기흔	회색	니질 와질		樂 · 瓦 18-2
134	암키와	낙랑		무와통 승문타날 성형, 외면 : 횡조대 내면 : 무질서한 물손질흔 내박자흔 거의 지움	회백색	니질 와질		樂 · 瓦 18-3
135	암키와	낙랑		무와통 승문타날, 내면 : 상하 문지르기흔 분할 위한 와도흔 보임	회백색	니질 와질		樂 · 瓦 18-4
136	암키와	낙랑		무와통 승문타날 성형 내면 : 상하 문지르기흔, G區 우물에서 출토	회백색	니질 와질	樂G區 井戸	樂 · 瓦 18-5
137	암키와	낙랑		무와통 승문타날 성형 외면 : 도구 이용한 회전 조정	회백색	니질 와질	樂G區 井戸	樂 · 瓦 18-6

138	암키와	낙랑		무와통 승문타날 성형, 외면 : 횡조대 내면 : 상하 문지르기흔, G區 우물에서 출토	회색	니질 와질	樂G區 井戸	樂 · 瓦 18-7
139	암키와	낙랑		무와통 승문타날 성형 내면에 상하 문지르기흔	회갈색	니질 와질		樂 · 瓦 18-8
140	수키와 유단식	낙랑		무와통 승문타날 성형 미구부 : 회전물손질흔 조정되었음 내면 : 물손질되어 내박자흔 지워짐	회백색	니질 와질	樂G區 井戸	樂 · 瓦 19-1
141	수키와 유단식	낙랑		무와통 승문타날 성형 외면 : 횡조대, 내면 : 상하 문지르기흔, 미구부 회전물손질흔	회색	니질 와질	樂G區 井戸	樂 · 瓦 19-2
142	수키와	낙랑		무와통 승문타날 성형 내면 : 점토띠 접합흔 보임	회색	니질 와질	樂G區 井戸	樂 · 瓦 19-3
143	수키와 유단식	낙랑		무와통 승문타날 성형 미구부: 조으기로 조정	황갈색	니질 와질	樂G區 井戸	樂 · 瓦 19-4
144	수키와	낙랑		무와통 승문타날 성형, 외면 : 횡조대	회백색	니질 와질		樂 · 瓦 19-5
145	수키와	낙랑		무와통 승문타날 성형, 외면 : 횡조대 내면 : 일부 횡방향으로 물손질	회백색	니질 와질	樂G區 井戸	樂 · 瓦 19-6
146	수키와	낙랑		무와통 승문타날 성형	회갈색	니질 와질	樂G區 井戸	樂 · 瓦 19-7
147	수키와 유단식	낙랑		무와통 승문타날 성형, 외면 : 횡조대 보임 내면 미구부 : 물손질흔 조정 외면 미구부 : 조으기 조정	회백색	니질 와질		樂 · 瓦 43-59, 樂 · 瓦 43-4, 樂 · 瓦 19-8
148	수키와 유단식	낙랑		무와통 승문타날, 내면 : 물손질흔 지웠음 외면 미구부 : 조으기 조정, 주름상의 횡조대 밀집됨	회백색	니질 와질		樂 · 瓦 19-9
149	수키와	낙랑		무와통 승문타날 성형, 외면 물손질흔 조정	회백색	니질 와질	樂G區 井戸	樂 · 瓦 19-10
150	수키와 유단식	낙랑		무와통 승문타날 성형, 외면 : 횡조대 보임 내면 : 약간의 지운 흔적 있음. 외면 미구부: 조으기 조정	회갈색	니질 와질	樂G區 井戸	樂 · 瓦 19-11
151	수키와 유단식	낙랑		무와통 승문타날 성형, 외면 미구부 : 회전 물손질로 조정	회갈색	니질 와질	樂G區 井戸	樂 · 瓦 19-12
152	수키와	낙랑		무와통 승문타날 성형 내면 : 상하 물손질흔 있음	회색	니질 와질	樂G區 井戸	樂 · 瓦 19-13
153	수키와 유단식	낙랑		무와통 승문타날 성형, 외면 : 조으기 조정 내면 : 상하 방향으로 물손질흔 조정	회갈색	니질 와질	樂G區 井戸	樂 · 瓦 19-14
154	수키와 유단식	낙랑		와통 승문타날 성형 미구부 : 회전 물손질흔 조정	회갈색	니질 와질		樂 · 瓦 19-15
155	수키와 유단식	낙랑		와통 승문타날 성형 외면 미구부 : 회전 물손질흔 조정	회흑색	니질 와질		樂 · 瓦 19-16
156	수키와 유단식	낙랑		무와통 승문타날 성형 내 · 외면 미구부 및 물손질흔 조정	회백색	니질 와질		樂 · 瓦 19-17
157	수키와 유단식	낙랑		무와통 승문타날 성형 외면 : 미구부 조으기로 조정	회흑색	니질 와질		樂 · 瓦 19-18
158	수키와 유단식	낙랑		무와통 승문타날 성형 외면 미구부 : 회전 물손질로 조정	회흑색	니질 와질		樂 · 瓦 19-19
159	수키와 유단식	낙랑		무와통 승문타날 성형 외부 미구부 조으기로 조정, 물손질로 조정	회갈색	니질 와질		樂 · 瓦 19-20

160	수키와 유단식	낙랑		무와통 승문타날 성형, 외면 조으기로 조정	회갈색	니질		樂·瓦 19-22
161	수키와 유단식	낙랑		무와통 승문타날 성형, 내면 : 물손질로 조정 외면 미구부 : 조으기로 조정	회백색	니질 와질		樂·瓦 19-23
162	수키와?	낙랑		무와통 승문타날 성형 내면 : 상하 문지르기흔	회갈색	니질 와질		樂·瓦 19-24
163	수키와			내외면 : 횡조대 보임 요양출토로 분류되었음, 낙랑 기와 아님	회갈색	석사립 혼입		樂·瓦 19-25
164	수키와	낙랑		무와통 승문타날 성형 외면 : 횡조대, 내면 : 물손질흔	회흑색	니질 와질		樂·瓦 19-26
165	수키와	낙랑		무와통 승문타날 성형 내면 : 물손질흔?	회백색	니질 와질		樂·瓦 19-27
166	평기와	낙랑		무와통 승문타날 성형	회색	니질 와질		樂·瓦 19-28
167	와당			궐수문 와당	회백색	니질 와질		樂·瓦 19-30
168	암키와	고려		장판 복합문 타날, 와통 점토판 타날 성형 실로떼기로 점토판을 잘라낸 흔적 보임	회흑색	니질 와질		樂·瓦 20-1
169	암키와	고려		와통 점토판 타날 성형, 외면 복합문 장판타날흔, 내면 실로떼기 흔적	회백색	니질 와질	D′	樂瓦 20-2
170	암키와	고려		와통 점토판 타날 성형, 외면 복합문 장판타날흔, 내면 실로떼기 흔적, 점토판 접합흔	회백색	니질 와질		樂瓦 20-3
171	암키와	고려		와통 점토판 타날 성형, 외면 복합어문 장판타날, 내면 포압흔과 점토판 실로떼기흔	회색	니질 와질		樂瓦 20-4
172	암키와	고구려?		와통 점토판 타날 성형, 외면 어골문 장판타날, 내면 포목흔, 실로떼기흔	적갈색	니질 와질	D′	樂瓦 20-5
173	암키와	고려		와통 점토판 타날성형, 외면은 마름모 및 사격자문	회갈색	니질 와질	A	樂瓦 20-6
174	수키와 무단식	고려		와통 점토판 타날 성형, 복합어골문, 상협하광, 내면 포목압흔, 점토판 실로떼기흔, 장판타날	회갈색	니질 와질		樂·瓦 21-1 완형
175	수키와 무단식	고려		와통 점토판 타날 성형, 복합선문, 외면 하단 물손질로 타날지움, 내면 점토판 실로떼기흔, 상협하광, 장판타날	회갈색	니질 와질	D	樂·瓦 21-2
176	수키와	고려		와통 점토판 타날 성형, 외면 평행타날 후 외면 물손질로 지움, 내면 포흔 아래로 점토판 실로떼기흔	회황색	니질 와질	D	樂·瓦 21-3
177	수키와	고려		와통 점토판 타날 성형, 복합마름모 문양 장판타날, 내면에 점토판 실로떼기흔 있음	회백색	니질 와질	D′	樂·瓦 21-4
178	수키와	고려		와통 점토판 타날, 외면 유사 어골문 타날, 내면 포압흔	회청색	니질 와질		樂·瓦 21-5
179	수키와	고려		와통 점토판 타날, 내면 포흔, 눈테흔, 외면 복합 사격자문 장판타날	회백색	니질 와질	E	樂·瓦 21-6
180	수키와	고려		와통 점토판 타날 성형, 사격자문 타날	회색	니질 와질	E	樂·瓦 21-7
181	수키와 무단식	고려		와통 점토판 타날 성형, 복합문 장판타날로 외면이 각짐, 내면 포흔, 상협하광	회청색	니질 와질		樂·瓦 22-2

182	수키와	고려		와통 점토판 타날 성형, 복합문 장판타날로 외면 타날, 내면 포흔, 상협하광	회청색	니질 와질		樂·瓦 22-3
183	수키와 무단식	고려		와통 타날 성형, 상협하광, 官자명 복합문 장판타날	회갈색	니질 와질		樂·瓦 22-4
184	암키와	고려		와통 점토판 타날성형, 외면 官자명 복합문 장판타날, 내면 점토판 실로떼기흔 있음	회백색	니질 와질		樂·瓦 22-5
185	수키와 무단식	고려		와통 점토판 타날 성형, 외면 단사 집선문 장판타날, 내면 포 이음매 관찰됨		니질 와질		樂·瓦 22-6
186	수키와			와통 점토판 타날 성형, 선단부 깎기 조정, 외면은 물손질	회백색	니질 와질	EⅣ	樂·瓦 22-8
187	암키와	고려		와통 타날 성형, 官자명 복합문 장판타날, 내면 점토판 실로떼기흔 관찰됨	회갈색	니질 와질		樂·瓦 22-7,10
188	암키와	고려		와통 타날 성형, 官자명 복합문 장판타날, 내면 점토판 실로떼기흔 관찰됨	회갈색	니질 와질		樂·瓦 22-9
189	수키와	고려		와통 타날 성형, 官자명 복합문 내면 점토판 실로떼기흔 관찰됨, 상협하광	황갈색	니질 와질		樂·瓦 22-11
190	수키와	고려		와통 타날 성형, 官자명 복합문 장판타날, 내면 점토판 실로떼기흔 관찰됨	회색	니질 와질	表耕	樂·瓦 22-12
191	수키와	고려		와통 타날 성형, 官자명 복합문 장판타날, 내면 점토판 실로떼기흔 관찰됨	회황색	니질 와질		樂·瓦 22-13
192	수키와	고려		와통 점토판 타날 성형, 평행선문 장판타날, 내면에 점토판 실로떼기흔 관찰됨	회색	니질 와질		樂·瓦 23-1
193	수키와 무단식	고려		와통 사용, 점토판 타날 성형, 사격자문 장판타날, 내면 포압흔, 눈테흔, 상협하광	회갈색	니질 와질		樂·瓦 23-2
194	수키와 무단식	고려		와통 사용, 점토판 타날 성형, 복합문 장판타날, 내면 점토판 실로떼기흔 역력	회백색	니질 와질	E	樂·瓦 23-3
195	수키와 무단식	고려		와통사용, 점토판 타날 성형, 복합문 장판타날, 내면 점토판 실로떼기흔 역력	황갈색	니질 와질	D′	樂·瓦 23-4
196	수키와 무단식	고려		와통 사용, 점토판 타날 성형, 복합문 장판타날, 내면 점토판 실로떼기흔 역력	회갈색	니질 와질	D′	樂·瓦 23-5
197	수키와 무단식	고려		와통사용, 점토판 타날 성형, 복합선문 장판타날, 내면 점토판 실로떼기흔 역력, 상협하광	흑갈색	니질 와질		樂·瓦 24-1
198	수키와 무단식	고려		와통사용, 점토판 타날 성형, 굵은 단사선문 장판타날, 내면 눈테흔	황색	니질 와질		樂·瓦 24-2
199	수키와	고려 이후		와통 사용, 점토판타날 성형	회청색	니질 경질	D′	樂·瓦 24-3
200	수키와	고려		와통타날 성형, 官자명 복합문, 상협하광	회갈색	니질 와질		樂·瓦 24-4
201	?	고려		와통 사용, 타날 성형, 외면에 유사 어골문	황색	니질 와질	E表	樂·瓦 24-5
202	?	낙랑		무와통 승문타날 성형, 단부에 물손질 흔적	회색	니질 와질		樂·瓦 24-6
203	암키와	고려		와통 사용, 복합문 장판타날 내면에 실로떼기 흔적	회황색	니질 와질	D	樂·瓦 25-1
204	암키와	고려		와통 사용, 복합문 장판타날 내면에 실로떼기 흔적	회색	니질 와질	D′	樂·瓦 25-2

205	암키와	고려		와통 사용, 복합문 장판타날, 내면에 실로떼기 흔적	회청색	니질 와질	D′	樂 · 瓦 25-3
206	암키와	고려		와통 사용, 복합문 장판타날, 내면에 실로떼기 흔적	회색	니질 와질	D	樂 · 瓦 25-4
207	암키와	고려		와통 사용, 내면에 포압흔 아래로 실로떼기 흔적 역력	황갈색	니질 와질	D′	樂 · 瓦 25-5
208	암키와	고려		와통 사용, 내면에 포압흔 아래로 실로떼기 흔적 역력, 외면은 단판타날흔이 여러 방향으로 남음	회색	니질 와질		樂 · 瓦 25-6
209	암키와	고려		와통 사용, 複合鳥文 장판타날, 내면에 포흔 아래로 사방향의 점토판 실로떼기 흔적	회백색	니질 와질	D′	樂 · 瓦 25-7
210	암키와	고려		와통 사용, 내면에 포압흔 아래로 실로떼기 흔적 역력, 외면은 사격자문 타날흔이 관찰됨.	회색	니질 와질		樂 · 瓦 25-8
211	암키와	고려		와통 사용, 점토판 타날 성형, 외면에는 사방향 집선문이 관찰되고 내면에는 포목흔과 그 아래로 점토판 실로떼기흔이 역력	회황색	니질 와질		樂 · 瓦 26-1
212	암키와	고려		와통 사용, 25-7번 기와와 동일한 방법으로 제작되었음	회색	니질 와질		樂 · 瓦 26-3
213	수키와	고려		와통 사용, 복합문 장판타날구로 두드려서 성형한 것으로 보인다. 단부의 내면은 깎기조정하여 마무리	회청색	니질 와질		樂 · 瓦 26-4
214	암키와	고려		와통 사용, 내면에 포압흔 아래로 실로떼기 흔적 역력, 외면은 사격자문 타날흔이 관찰됨	황갈색	니질 와질	E II	樂 · 瓦 26-2
215	암키와	고려		와통 사용, 複合鳥文 장판타날, 내면에 포흔 아래로 사방향의 점토판 실로떼기 흔적	회백색	니질 와질	D′	樂 · 瓦 26-5
216	암키와	고려		와통 사용, 복합문 장판타날구로 두드려서 성형한 것으로 보인다. 내면에는 포목흔 아래로 사방향으로 점토판을 떼어낸 흔적	회백색 와질	니질	D′	樂 · 瓦 26-6
217	암키와	고려		와통 사용, 복합문 장판타날구로 두드려서 성형한 것으로 보인다. 내면에는 포목흔 아래로 사방향으로 점토판을 떼어낸 흔적	회갈색	니질 와질	D′	樂 · 瓦 26-7
218	암키와	고려		와통 사용, 복합문 타날구로 두드려서 성형, 내면에는 점토판 실로떼기흔 관찰	황갈색	니질 와질	D′	樂 · 瓦 26-8
219	암키와	고려		와통 사용, 기하문 장판타날로 두드려 성형, 내면에는 실로떼기 흔적 관찰	회색	니질 와질		樂 · 瓦 26-9
220	수키와	고려		와통 사용, 복합문 타날구로 두드려서 성형, 내면에는 점토판 실로떼기흔이 관찰	회백색	니질 와질	D′	樂 · 瓦 26-10
221	암키와	고려		와통 사용, 유사어골문 장판타날, 내면에 포목흔과 사방향의 점토판 실로떼기흔이 관찰	회갈색	니질 와질		樂 · 瓦 27-1
222	수키와	고려		와통 사용, 복합단사선문 장판타날, 상협하광, 내면 점토판 실로떼기흔 역력	황갈색	니질 와질		樂 · 瓦 27-2
223	암키와	고려		와통 사용, 복합단사선문, 내면 점토판 실로떼기흔 역력	회백색	니질 와질	G우물	樂 · 瓦 27-3
224	수키와	고려		와통 사용, 복합단사선문, 내면 포목흔, 상협하광	회황색	니질 와질	G우물	樂 · 瓦 27-4
225	원와당	낙랑		4구획 분할, 운기문, 와당 배면에 부착한 통와는 무와통 타날 성형, 와당부 바깥쪽에도 승문타날, 헤라로 통와 분할	회백색	니질 와질	G′ XXVI	樂 · 瓦 28-1
226	원와당	낙랑		원와당, 4구획 분할, 운기문, 와당면 외연에는 타날 없음	회황색	니질 와질	D^{2} I	樂 · 瓦 28-2

227	원와당	낙랑		원와당, 4구획 분할, 운기문, 와당면 외연에는 타날 없음, 와당 배면에 원통 부착하고 천공 후 실로떼기로 절반 분할	회백색	니질 와질	D^3Ⅳ	樂·瓦 28-3
228	원와당	낙랑		원와당, 4분할 구획, 궐수문, 와당면 외연 타날 없음, 와당배면에 통와 부착 후 분할	회갈색	니질 와질		樂·瓦 28-4
229	원와당	낙랑		원와당, 궐수문, 와당면 외연부 문양 없음, 배면 와통 사용, 승문타날 통와 부착 후 헤라로 분할, 배면 부착와는 중판 이상의 타날구로 두드림	회갈색	니질 와질	D′, D^3Ⅳ	樂·瓦 28-5
230	원와당	낙랑		4구획 분할, 변형 궐수문, 와당배면에 부착한 통와는 천공 후 실로떼기로 분할	회백색	니질 와질		樂·瓦 28-6
231	원와당	낙랑		4분할 구획, 운기문, 와당면 외연에는 문양 없음, 배면 통와는 천공 후 분할	회백색	니질 와질	D′	樂·瓦 28-7
232	원와당	낙랑		4구획 분할, 변형궐수문, 와당배면에 부착한 통와는 천공 후 실로떼기로 분할, 28-6과 동일 거푸집으로 와당면 제작, 통와의 제작기법도 동일	회색	니질 와질	D^3Ⅳ	樂·瓦 28-8,12
233	원와당	낙랑		4구획 분할 , 운기문과 궐수문 조합	회갈색	니질 와질		樂·瓦 28-9
234	원와당	낙랑		4분할 구획, 운기문, 와당면 외연에는 문양 없음, 배면 통와는 천공 후 실로떼기로 분할	회백색	니질 와질	D^4V	樂·瓦 28-10
235	원와당	낙랑		4분할 구획, 운기문과 궐수문 조합, 와당면 외연부는 문양 없음, 와당면 바깥까지 승문타날, 천공 후 배면 통와 분할	회색	니질 와질	H2	樂·瓦 28-11
236	원와당	낙랑		4분할 구획, 중앙부 점열문, 운기문, 와당면 외연부 승문타날, 배면 통와는 천공 후 분할	회황색	니질 와질	G	樂·瓦 28-13
237	원와당	낙랑		4분할 구획, 운기문, 와당배면에는 통와 떨어져 나간 흔적이 역력, 통와 접합 과정에서 생긴 점토 누르기 흔적 있음	회백색	니질 와질	B′′Ⅷ-Ⅸ′	樂·瓦 28-14
238	원와당	낙랑		4분할 구획, 변형 궐수문, 배면 통와를 헤라로 분할한 흔적이 관찰됨	회백색	니질 와질	F?	樂·瓦 28-15
239	원와당	낙랑		4분할 구획, 운기문, 와당면 얇은 편, 와당 외연부 문양 없음, 와당배면 통와 접합흔 뚜렷	회황색	니질 와질	G北	樂·瓦 28-16
240	원와당 문자와	낙랑		와당 중앙부 점열문, 낙랑부귀명 문자와당의 파편, 와당배면에 헤라로 분할한 흔적 남음	회흑색	니질 와질	F2V′	樂·瓦 28-17
241	원와당 문자와	낙랑		대진원강 명문와당, 와당면 외연부 타날 없음, 와당면 바깥쪽에도 타날흔 없음	회색	니질 와질	表耕	樂·瓦 28-18
242	원와당	낙랑		樹木文과 궐수문 조합, 문양이 얕고 와당배면에 부착되었던 통와가 분리된 흔적이 뚜렷이 남음	회색	니질 와질	D^2Ⅳ	樂·瓦 28-19
243	원와당 문자와	낙랑		낙랑예관 4분할 구획 문자와, 와당면 얇은 편임	적갈색	니질 와질		樂·瓦 29-4
244	원와당	낙랑		4분할 구획, 운기문, 와당면 배면에 부착되었던 통와가 박락된 흔적이 남음	회적색	니질 와질		樂·瓦 30-1
245	원와당	낙랑		4분할 구획, 운기문, 와당면 외연부에 타날흔 없음, 와당배면에는 통와를 분할한 흔적이 남음	회백색	니질 와질	E′	樂·瓦 30-2
246	원와당	낙랑		4분할 구획, 운기문, 와당면 외연부에 타날흔 없음, 와당배면에는 통와를 분할한 흔적이 남음	회색	니질 와질		樂·瓦 30-3
247	원와당	낙랑		4분할 구획, 운기문, 와당면 외연부에 타날흔 없음	회백색	니질 와질		樂·瓦 30-4
248	원와당	낙랑		궐수문 와당, 배면에 통와 실로떼기 분할흔	회백색	니질 와질		樂·瓦 30-5

249	원와당	낙랑		궐수문, 와당배면과 바깥면에 승문타날흔이 남았음	회백색	니질 와질		樂·瓦 30-6
250	원와당	낙랑		궐수문, 와당배면의 통와 파손, 외연부 타날 없음	회황색	니질 와질		樂·瓦 30-7
251	원와당	낙랑		문양 파악 안됨	회황색	니질 와질		樂·瓦 30-8
252	원와당 문자와	낙랑		낙랑예관 4분할 구획 문자와, 와당면 얇은 편임	적갈색	니질 와질	AⅧ?	樂·瓦 30-9
253	원와당	낙랑		4분할 구획, 문양 확인 안됨	회백색	니질 와질		樂·瓦 30-10
254	원와당	낙랑		원주 돌선이 다중으로 돌아감, 외연과 배면 기와는 결실되었음	회백색	니질 경질		樂·瓦 30-11
255	원와당	낙랑		원주 돌선이 다중으로 돌아감, 외연과 배면 기와는 결실되었음	회백색	니질 와질	D^2Ⅳ	樂·瓦 30-12
256	원와당	낙랑		문양 파악 안됨	황갈색	니질 와질		樂·瓦 30-13
257	원와당	낙랑		사엽좌문 와당, 와당면 턱에도 승문타날, 배면 기와는 떨어져 남지 않았음	황갈색	니질 와질	C′ II	樂·瓦 30-14
258	원와당	낙랑		사엽좌문 와당, 와당면 턱에도 승문타날, 배면 기와는 떨어져 남지 않았음	황갈색	니질 와질	D′	樂·瓦 30-15
259	원와당	낙랑		와당의 중앙부 돌기만 남았기 때문에 형태적 특징을 파악할 수 없음	회황색	니질 와질	C^3	樂·瓦 30-16
260	토제품	낙랑		기와와 동일한 상자에 들어 있었으나 그 성격을 알 수 없음	회흑색	니질 와질		樂·瓦 30-17
261	원와당	낙랑		4구획 분할, 운기문, 와당의 중심 일부만 남았기 때문에 전체형을 알 수 없음	회갈색	니질 와질		樂·瓦 30-18
262	토제품	낙랑		기와류가 아니고 전의 일종일 가능성이 있음 표면에 운기문을 음각으로 표현한 것	회색	니질 와질		樂·瓦 30-19
263	원와당	낙랑		운기문 원와당, 와당면 일부만이 남아 전체형 알 수 없음	회백색	니질 와질		樂·瓦 30-20
264	토제품	낙랑		낙랑 기와와 같은 상자에 들어 있었으나 기와인지 분명하지 않음 토기편일 가능성도 있음	회갈색	니질 와질		樂·瓦 30-21
265	원와당 문자와	낙랑		낙랑부귀 문자와, 극히 일부만이 남아 전체 모양을 알 수 없음	회색	니질 와질		樂·瓦 30-22
266	와당	낙랑		작은 편(片)이라 전체 모양을 알 수 없음, 운기문?	회색	니질 와질		樂·瓦 30-23
267	원와당	낙랑		4분할 와당, 작은 편이라 전체 형태를 알 수 없음	회갈색	니질 와질	B″X.	樂·瓦 30-24
268	와당편	낙랑		작은 편이라 전체 모양을 알 수 없음	회갈색	니질 와질	G′XXVI	樂·瓦 30-25
269	토제품	낙랑		와당에서 떨어져 나온 작은 편	회색	니질 와질		樂·瓦 30-26
270	와당편	낙랑		작은 파편이라서 분명하지만 운기문과 수목문처럼 보이는 문양이 있음	회색	니질 와질		樂·瓦 30-27
271	와당편	낙랑		와당의 외연부 파편	회색	니질 와질		樂·瓦 30-28

272	와당편	낙랑		낙랑예관 4분할 구획 문자와일 가능성이 있지만 분명하지 않음	회색	니질 와질		樂 · 瓦 30-29
273	와당편	낙랑		운기문처럼 보이는 문양이 있음	회백색	니질 와질		樂 · 瓦 30-30
274	와당편	낙랑		와당 파편	회백색	니질 와질		樂 · 瓦 30-31
275	와당편 문자와	낙랑		낙랑부귀 문자와, 극히 일부만이 남아 전체 모양을 알 수 없음	회갈색	니질 와질		樂 · 瓦 30-32
276	수키와	낙랑		수키와 미구부 파편, 내외면에 타날된 흔적은 확인되지 않음	회청색			樂 · 瓦 30-33
277	기와편	낙랑			회백색			樂 · 瓦 30-34
278	기와편	낙랑			회백색			樂 · 瓦 30-35
279	원와당	낙랑		4분할 구획 와당, 작은 편이라 전체 형태를 알 수 없음	회백색	니질 와질	D^3Ⅳ	樂 · 瓦 31-1
280	원와당	낙랑		궐수문 와당, 중앙부 돌기, 외연부 타날문 없음, 와당배면에 통와 부착시의 조정흔 있음, 28-8, 28-12, 31-4와 동일 거푸집으로 제작한 와당임	회백색	니질 와질	D^4Ⅴ	樂 · 瓦 31-2
281	원와당	낙랑		작은 편이라 분명하지 않지만 4분할 구획일 가능성이 크다. 배면의 통와는 무와통 승문타날로 제작됨	황갈색	니질 와질	北G?	樂 · 瓦 31-3
282	원와당	낙랑		궐수문 와당, 중앙부 돌기, 외연부 타날문 없음, 와당배면에 통와 부착시의 조정흔 있음, 28-8, 28-12, 31-2와 동일 거푸집으로 제작한 와당	회색	니질 와질	D^3Ⅳ	樂 · 瓦 31-4
283	원와당	낙랑		4분할 구획 와당, 운기문과 궐수문, 와당의 조합, 배면와는 무와통 승문타날	회갈색	니질 와질	O	樂 · 瓦 31-5
284	원와당	낙랑		4분할 구획 와당, 운기문, 와당 외연부에도 승문타날, 와당의 턱과 그 둘레에도 승문타날, 배면의 통와는 천공 후 실로떼기로 분할	회백색	니질 와질	D^3Ⅳ	樂 · 瓦 31-6
285	원와당	낙랑		4분할 구획 와당, 운기문, 와당 외연부에는 문양이 없음, 배면에 부착했던 통와는 천공 후 실로떼기로 분할하였음	회흑색	니질 와질	D^4	樂 · 瓦 31-7
286	원와당	낙랑		4분할 구획 와당, 운기문, 와당 외연부에도 승문타날, 와당의 턱과 그 둘레에도 승문타날, 배면의 통와는 천공 후 분할	회흑색	니질 와질	B″Ⅷ	樂 · 瓦 31-8
287	원와당	낙랑		4분할 구획 와당, 운기문, 와당 외연부에 승문타날 관찰됨, 배면에 접합과정의 물손질	회백색	니질 와질	D^4	樂 · 瓦 31-9
288	원와당	낙랑		4분할 구획 와당, 운기문, 와당배면에 부착한 통와는 천공 후 실로떼기로 분할	회흑색	니질 와질	B″Ⅴ北	樂 · 瓦 32-1
289	원와당	낙랑		4분할 구획 와당, 운기문, 와당면 외연부는 승문타날 조정, 와당 턱과 그 둘레에도 승문타날이 이루어짐, 천공 후 분할함	회백색	니질 와질		樂 · 瓦 32-2
290	원와당	낙랑		4분할 구획 와당, 궐수문, 배면의 통와는 남아있지 않음	회흑색	니질 와질	F2Ⅴ.	樂 · 瓦 32-3
291	원와당	낙랑	직경 7.9, 두께 2.7	4분할 구획 와당, 활석립을 포함한 하얀색 석립이 다량 섞인 태토, 와당배면과 와당 턱의 안쪽에도 포목흔이 관찰되어 형뜨기로 와당면이 제작된 것임을 알 수 있음	회백색	활석 혼입 경질	D^4	樂 · 瓦 32-4
292	원와당	낙랑		4분할 구획 와당, 운기문, 와당면 외연부는 승문타날 조정, 와당 턱과 그 둘레에도 승문타날이 이루어짐, 천공 후 분할함, 32-3과 동일 거푸집으로 와당면 제작	회흑색	니질 와질		樂 · 瓦 32-5

293	원와당	낙랑		4분할 구획 와당, 운기문, 와당면의 턱과 그 둘레에도 승문타날이 관찰된다, 배면 통와는 천공 후 실로떼기로 분할시킴	회갈색	니질 와질	B″X	樂 · 瓦 32-6
294	원와당	낙랑		4분할 구획 와당, 변형 궐수문, 와당면 외연부에는 타날되지 않았음	회갈색	니질 와질		樂 · 瓦 32-7
295	원와당 문자와	낙랑		4분할 구획, 千秋萬歲 명, 외연부 안쪽으로 거치문, 배면에는 면 고르기 조정흔이 관찰됨	회갈색	니질 와질	C′²V	樂 · 瓦 32-8
296	원와당	낙랑		4분할 구획, 雲氣文, 외연부에도 타날문 관찰됨, 배면에 타날흔 관찰됨	회갈색	니질 와질	C.Ⅸ.	樂 · 瓦 32-9
297	원와당 문자와	낙랑		4분할 구획 와당, 萬歲 명, 외연부에는 타날되지 않았음, 와당배면에는 통와가 떨어져 나간 흔적이 있음	회흑색	니질 와질	D⁴.Ⅳ	樂 · 瓦 32-10
298	원와당 문자와	낙랑		4분할 구획와당, 千秋萬世 명 외연 안쪽에 거치문, 외연부에 타날문 없음	회백색	니질 와질		樂 · 瓦 32-11
299	원와당 문자와	낙랑		4분할 구획와당, 문자불명, 와당 외연부에 승문타날 없음, 와당배면 헤라로 분할	회백색	니질 와질	GXXV.北	樂 · 瓦 32-12
300	원와당	낙랑		와당면의 일부만 잔존하여 전체형을 알 수 없다. 궐수문, 와당면의 턱과 그 둘레에도 승문타날이 관찰됨	회백색	니질 와질		樂 · 瓦 32-13
301	원와당	낙랑		4분할 구획 와당, 낙랑부귀 문자와, 일부만이 남아 전체 모양을 알 수 없다. 낙랑이라고 쓴 부위만이 남았음	회백색	니질 와질	F3Ⅴ.	樂 · 瓦 32-14
302	원와당	낙랑		낙랑부귀 문자와, 일부만이 남아 전체 모양을 알 수 없음, 낙랑의 일부만이 남아 있음	회백색	니질 와질	G?北	樂 · 瓦 32-15
303	원와당	낙랑		작은 편이어서 전체형을 알 수 없음	회백색	니질 와질	B″Ⅸ	樂 · 瓦 32-16
304	원와당	낙랑		사엽좌문 와당, 와당면 턱에도 승문타날, 배면 기와는 떨어져 남지 않았음, 와당면의 외연부에도 승문타날흔이 관찰됨	회갈색	니질 와질	G北	樂 · 瓦 32-17
305	원와당	낙랑				니질 와질	D³Ⅳ	樂 · 瓦 32-18
306	원와당	낙랑		4분할 구획 와당, 운기문, 외연부에는 승문타날이 이루어지지 않았다. 와당배면에는 통와를 붙이지 아니하고 분할된 수키와를 부착하고 조정하였음	회흑색	니질 와질	D⁴.Ⅳ	樂 · 瓦 33-1
307	원와당	낙랑		4분할 구획 와당, 궐수문, 외연부에는 승문타날이 이루어지지 않았다. 와당배면에는 통와를 붙이지 아니하고 분할된 수키와를 부착하고 승문타날했을 가능성이 큼	회색	니질 와질	D³Ⅴ	樂 · 瓦 33-2
308	원와당	낙랑		궐수문 와당, 와당면 외연 타날 관찰됨	회백색	니질 와질	GXXV.北	樂 · 瓦 33-3
309	원와당	낙랑		변형 운기문인지, 문자인지 분명하지 않음, 태토에 사립이 많이 포함됨	회흑색	사립혼입 와질		樂 · 瓦 33-4
310	원와당	낙랑		변형 궐수문, 와당면 턱 둘레에도 타날	회백색	니질 와질	D³Ⅳ	樂 · 瓦 33-5
311	원와당	낙랑		4분할 구획 와당, 태토에 활석과 하얀색 석사립이 다량으로 포함되었다. 운기문, 와당면 외연이 얕고 와당배면과 턱의 안쪽에도 포목압흔이 선명하게 관찰되는 것을 보면 이 기와는 형뜨기로 만든 것임	회흑색	니질 와질	D?	樂 · 瓦 34-1
312	원와당	낙랑		4분할 구획 와당, 변형 궐수문, 와당면 외연부에는 타날되지 않았음. 와당배면에 부착시킨 통와는 실로떼기로 분할하였음이 역력	회갈색	니질 와질		樂 · 瓦 34-2
313	원와당	낙랑		궐수문 와당면 외연부에도 희미하지만, 승문타날흔이 관찰됨	회백색	니질 와질	GXXV.北	樂 · 瓦 34-3

314	원와당	낙랑		4분할 구획 와당, 운기문, 외연부 승문타날	회갈색	니질 와질	EⅦ	樂·瓦 34-4
315	원와당	낙랑	두께 0.5 직경 15.6	4분할 구획 와당, 변형 궐수문, 와당면 외연부에는 타날흔이 관찰되지 않음 태토에 활석과 석사립이 다수 혼입됨, 와당면의 문양은 얕다. 와당면의 턱 둘레에도 승문타날이 관찰 와당배면과 통와의 내면에도 포목흔이 관찰	회색	니질 와질	G	樂·瓦 34-5
316	원와당	낙랑		4분할 구획 와당, 운기문, 와당면 외연부에는 타날흔이 없음, 와당턱의 둘레에는 통와 접합과정에서 승문타날흔이 지워짐	적갈색	니질 와질		樂·瓦 34-6
317	원와당	낙랑		4분할 구획 와당, 운기문, 와당면 외연부는 결실되었음	회색	니질 와질	E.Ⅲ?	樂·瓦 34-7
318	원와당	낙랑		4분할 구획 와당, 운기문, 와당면 외연부에도 승문타날 되었음, 와당턱의 둘레에도 승문타날이 관찰됨, 통와는 무와통 승문타날로 제작된 것을 부착한 것으로 보임	회갈색	니질 와질	G.I?	樂·瓦 34-8
319	원와당	낙랑		4분할 구획 와당, 운기문, 와당면 외연부는 결실되었음. 와당배면은 통와를 부착하는 과정에서 발생한 손누름 흔적이 부분적으로 남아 있음	회황색	니질 와질	G.XVI.	樂·瓦 34-9
320	원와당	낙랑		4분할 구획 와당, 운기문, 와당면 외연부 결실, 와당면 배면에는 깎기흔이 관찰	적갈색	니질 와질	B′,B″.	樂·瓦 34-10
321	원와당	낙랑		4분할 구획 와당, 운기문, 와당면 외연이 높고 문양이 없음. 배면에 부착되었던 통와는 실로떼기로 분할한 흔적	황갈색	니질 와질	D^3V	樂·瓦 34-11
322	원와당	낙랑	반지름 7.4	4분할 구획 와당, 운기문, 와당면 외연은 높지 않음. 태토에는 활석과 석사립이 다량으로 혼입. 와당배면과 와당턱의 안쪽에는 고운 포목흔이 연결되면서 남음.	회갈색	활석 혼입 경질	B″X	樂·瓦 34-12
323	원와당	낙랑	반지름 6.8	4분할 구획 와당, 운기문, 와당면 외연부에는 타날흔이 없음, 와당배면에는 비교적 굵은 포목흔이 관찰	회흑색	활석 혼입 경질		樂·瓦 34-13
324	원와당	낙랑	반지름 7.3 두께 1-3	4분할 구획 와당, 운기문, 와당면 외연부에는 타날흔이 없음, 와당면의 배면에는 비교적 굵은 포압흔이 관찰, 부분적으로 남은 배면부착 통와의 안쪽에도 포흔이 연결되는 것을 보면 형뜨기로 제작한 것임을 알 수 있음	회갈색	활석 혼입 경질	E′	樂·瓦 34-14
325	원와당	낙랑		변형 궐수문, 와당면 외연부에 타날흔 없음, 와당배면의 외연에는 실로떼기흔이 관찰	회백색	니질 와질	G.XX	樂·瓦 34-15
326	원와당	낙랑		4분할 구획 와당, 궐수문, 외연부에는 승문타날이 이루어지지 않았다. 와당배면에는 통와를 붙이지 아니하고 분할된 수키와를 부착하고 승문타날했을 가능성이 큼	회백색	니질 와질	E.Ⅵ?	樂·瓦 34-16
327	원와당	낙랑		4분할 구획 와당, 운기문, 와당 외연부에도 승문타날	황갈색	니질 와질	F	樂·瓦 34-17
328	원와당	낙랑		변형 궐수문, 와당 외연부 떨어져 나감, 배면의 부착 통와도 깨끗하게 떨어져 나감	회색	니질 와질	EⅦ	樂·瓦 34-18
329	원와당	낙랑		4분할 구획 와당, 운기문, 와당면 외연부는 타날되지 않았음, 배면에는 물손질흔이 뚜렷하게 남았음	회황색	니질 와질		樂·瓦 34-19
330	원와당	낙랑		변형 궐수문, 와당면 외연부에도 희미한 타날흔, 배면 외연에는 헤라로 통와를 분할한 흔적이 뚜렷하게 남았음	회색	니질 와질	B′	樂·瓦 34-20

331	원와당	낙랑	직경 12.3	4분할 구획 와당, 운기문, 태토에 활석와 하얀색 석사립이 다량 혼입됨, 배면에 헤라로 배면 통와를 잘라낸 흔적이 뚜렷하게 남았음	회흑색	활석 혼입 와질		樂 · 瓦 34-21
332	원와당	낙랑	직경 10.2 두께 2.6	4분할 구획 와당, 운기문, 태토에 활석및 석사립 다량 혼입	흑갈색	활석 혼입 와질		樂 · 瓦 34-22
333	원와당	낙랑		4분할 구획 와당, 운기문	황갈색	니질 와질	E2?V	樂 · 瓦 34-23
334	원와당	낙랑		4분할 구획 와당, 운기문	회백색	니질 와질	D^2V?	樂 · 瓦 34-24
335	원와당	낙랑		4분할 구획 와당, 운기문, 와당면 외연부에는 타날흔 남지 않음, 태토에 활석 및 하얀색 석사립 다량 혼입, 와당배면 통와를 분리하면서 생긴 헤라 흔적이 분명	회갈색	활석 혼입 와질	B''X	樂 · 瓦 34-25
336	원와당	낙랑		4분할 구획 와당, 변형 운기문	회황색	니질 와질	D^4.Ⅳ	樂 · 瓦 34-26
337	원와당	낙랑		4분할 구획 와당, 운기문	회흑색	니질 와질	E表	樂 · 瓦 34-27
338	원와당	낙랑		4분할 구획 와당, 운기문, 외연부에 승문타날 보이지 않음	적갈색	니질 와질	G.XX	樂 · 瓦 34-28
339	원와당	낙랑		4분할 구획 와당, 운기문, 와당면 턱 둘레에도 승문타날흔이 관찰됨.	황갈색	니질 와질	G비北?	樂 · 瓦 34-29
340	와당편	낙랑		4분할 구획 와당, 우기문, 와당배면 헤라로 통와 잘라서 분할한 흔적.	황갈색	니질 와질	D^3.V.	樂 · 瓦 34-30
341	원와당	낙랑		4분할 구획 와당, 운기문, 와당면 외연부에도 승문타날 되었음, 와당턱의 둘레에도 승문타날	회갈색	니질 와질	FV?	樂 · 瓦 34-31
342	원와당	낙랑		4분할 구획 와당, 운기문, 와당면 외연부에는 승문타날 관찰되지 않음, 태토에는 활석과 하얀색 석사립이 다량으로 포함됨, 배면에는 고운 포목흔이 남아 있음	회백색	활석 혼입 경질	GI	樂 · 瓦 34-32
343	원와당	낙랑		변형 궐수문	황갈색	니질 와질	G北	樂 · 瓦 34-33
344	원와당	낙랑		4분할 구획 와당, 운기문	적갈색	니질 와질	D^{1-3}	樂 · 瓦 34-34
345	원와당	낙랑		4분할 구획 와당, 운기문	회황색	니질 와질		樂 · 瓦 34-35
346	원와당	낙랑		운기문, 4분할 구획 와당, 와당면 외연부에는 타날흔 관찰되지 않음.	회흑색	니질 와질	G??	樂 · 瓦 34-36
347	원와당	낙랑		4분할 구획 와당, 궐수문	회흑색	니질 와질	G北	樂 · 瓦 34-37
348	원와당	낙랑		4분할 구획 와당, 운기문, 와당 외연부에 타날흔 없음, 와당턱의 바깥쪽 둘레에도 타날이 있고 횡조대가 돌아감, 배면에 부착된 기와는 무와통 타날기와	회색	사립 혼입 와질	D''X??	樂 · 瓦 35-1
349	원와당	낙랑		4분할 구획 와당, 운기문, 와당면 외연부에도 희미하지만 승문타날문 관찰됨	회갈색	니질 와질		樂 · 瓦 35-2
350	원와당	낙랑		4분할 구획 와당, 운기문, 외연부 미세한 타날 있음, 헤라로 분리한 흔적 있음	회백색	니질 와질	C^2 II?	樂 · 瓦 35-3
351	원와당	낙랑		4분할 구획 와당, 운기문, 와당턱 외면 둘레에도 승문타날흔적이 뚜렷	회백색	니질 와질	G.北	樂 · 瓦 35-4

352	원와당	낙랑		궐수문 와당, 와당 외연부가 낮고 문양이 없는 것이 특징, 와당턱과 그 둘레에도 타날이 지워짐, 28-8,12와 동일 거푸집으로 제작된 것	회갈색	니질 와질	F″VI.	樂 · 瓦 35-5
353	원와당	낙랑		4분할 구획 와당, 운기문, 와당 외연부 타날문 없음	회갈색	니질 와질		樂 · 瓦 35-6
354	원와당	낙랑		4분할 구획 와당, 운기문, 와당 외연부 타날되었음	회백색	니질 와질	C″II	樂 · 瓦 35-7
355	원와당	낙랑		4분할 구획 와당, 운기문	회갈색	니질 와질	C	樂 · 瓦 35-8
356	원와당	낙랑		4분할 구획 와당, 운기문	회백색	니질 와질	C″II	樂 · 瓦 35-9
357	원와당	낙랑		4분할 구획 와당, 운기문, 와당배면의 부착 통와는 전부 결실되었음	회갈색	니질 와질		樂 · 瓦 35-10
358	원와당	낙랑		4분할 구획 와당, 운기문	회갈색	니질 와질	G.北	樂 · 瓦 35-11
359	원와당	낙랑		4분할 구획 와당, 운기문, 와당배면의 부착 통와는 전부 결실	회백색	니질 와질	D^{1-3}	樂 · 瓦 35-12
360	원와당	낙랑		4분할 구획 와당, 운기문, 와당배면의 부착 통와는 전부 결실	회황색	니질 와질		樂 · 瓦 35-13
361	원와당	낙랑		4분할 구획 와당, 운기문, 와당배면의 부착 통와는 전부 결실	회색	니질 와질	D^{3}IV	樂 · 瓦 35-14
362	원와당	낙랑		4분할, 운기문, 와당면 외연부에 승문타날흔적 관찰	회갈색	니질 와질		樂 · 瓦 35-15
363	원와당	낙랑		4분할, 운기문, 와당면 외연부에 승문타날흔적 관찰, 와당배면 부착 통와 결실	회색	니질 와질	GXX	樂 · 瓦 35-16
364	원와당	낙랑		4분할 구획 와당, 운기문, 와당면 외연부 타날 없음, 와당면 배면 헤라로 통와 분할한 흔적 있음	회백색	니질 와질	G.XV.	樂 · 瓦 35-17
365	원와당	낙랑		4분할 구획 와당, 운기문, 와당면 외연부 타날 없음, 와당면 배면 박락되었음	회색	니질 와질	B^{2}X	樂 · 瓦 35-18
366	원와당	낙랑		변형 운기문, 와당면 문양이 가늘다. 배면에는 통와를 분할하여 잘라낸 흔적과 부착시에 생긴 손누름 자국이 남음	회백색	니질 와질	F^{2}II	樂 · 瓦 35-19
367	원와당	낙랑		4분할 구획 와당, 운기문, 와당면 외연부 결실되었음, 통와가 아니라 분할된 수키와를 와당배면에 부착했을 가능성 있으나 박락되어 분명치 않음	회청색	니질 와질	E′I 3	樂 · 瓦 35-20
368	원와당	낙랑		4분할 구획 와당, 운기문, 와당면 외연부 타날 없음, 와당면 배면 통와 결실	회흑색	니질 와질		樂 · 瓦 35-21
369	원와당	낙랑		4분할 구획 와당, 운기문, 와당면 외연부 타날 없음, 와당면 배면 통와 결실	회색	니질 와질		樂 · 瓦 35-22
370	원와당	낙랑		4분할 구획 와당, 운기문, 와당면 외연부 타날 없음, 와당면 배면 통와 결실	회황색	니질 와질	E′	樂 · 瓦 35-23
371	원와당	낙랑		4분할 구획 와당, 운기문, 와당면 외연부 타날 없음, 와당면 배면 통와 결실	회흑색	니질 와질		樂 · 瓦 35-24
372	원와당	낙랑		4분할 구획 와당, 운기문, 배면 통와 결실되었음	회갈색	니질 와질		樂 · 瓦 35-25
373	원와당	낙랑		4분할 구획 와당, 운기문, 배면 통와 결실	회황색	니질 와질	G??	樂 · 瓦 35-26

374	원와당	낙랑		4분할 구획 와당, 운기문, 작은 편이라 전체 모양을 알 수 없음	회색	니질 와질	GXXV.北	樂·瓦 35-27
375	원와당	낙랑		4분할 구획 와당, 운기문, 배면 통와 분할시의 실로떼기흔이 관찰	회황색	니질 와질	BVIII-X	樂·瓦 35-28
376	원와당	낙랑		4분할 구획 와당, 운기문, 와당면 외연부에도 승문타날 되었음, 와당턱의 둘레에도 승문타날	회백색	니질 와질		樂·瓦 35-29
377	원와당	낙랑		4분할 구획 와당, 운기문, 와당면 외연에는 타날 없음, 와당배면 헤라로 통와를 분할해낸 흔적이 관찰	회황색	니질 와질	G南	樂·瓦 35-30
378	원와당	낙랑		4분할 구획 와당, 운기문, 와당 외연부 타날 없음	회황색	니질 와질	G?	樂·瓦 35-31
379	원와당	낙랑		4분할 구획 와당, 운기문, 와당 외연부 타날 없음, 와당배면 통와 박락, 실로떼기흔 있음	회흑색	니질 와질		樂·瓦 35-32
380	원와당	낙랑		4분할 구획 와당, 운기문, 와당 외연부 타날 없음, 와당배면 통와 박락	회황색	니질 와질		樂·瓦 35-33
381	원와당	낙랑		4분할 구획 와당, 운기문, 와당 외연부 결실되었음	회황색	니질 와질		樂·瓦 35-34
382	원와당	낙랑		4분할 구획 와당, 운기문	회백색	니질 와질	B?北	樂·瓦 35-35
383	원와당	낙랑		4분할 구획 와당, 운기문	회백색	니질 와질	E′	樂·瓦 35-36
384	원와당	낙랑		4분할 구획 와당, 운기문	회갈색	니질 와질	G?	樂·瓦 35-37
385	원와당	낙랑		4분할 구획 와당, 궐수문, 와당배면에도 승문타날 흔적이 관찰	회백색	니질 와질	G.北?	樂·瓦 35-38
386	원와당	낙랑		4분할 구획 와당, 운기문	회갈색	니질 와질		樂·瓦 35-39
387	원와당	낙랑		4분할 구획 와당, 운기문	회갈색	니질 와질	D′	樂·瓦 35-40
388	원와당	낙랑		4분할 구획 와당, 운기문이 쌍으로 표현	회백색	니질 와질	C6	樂·瓦 35-41
389	원와당	낙랑		4분할 구획 와당, 운기문	회갈색	니질 와질	D^2IV.	樂·瓦 35-42
390	원와당	낙랑		4분할 구획 와당, 운기문	회황색	니질 와질	D.	樂·瓦 35-43
391	원와당	낙랑		4분할 구획 와당, 운기문, 배면에 통와 부착 후 물손질 흔적이 남음	회백색	니질 와질	D	樂·瓦 35-44
392	원와당	낙랑		4분할 구획 와당, 운기문, 와당 외연부 승문타날흔	회황색	니질 와질	D	樂·瓦 35-45
393	원와당	낙랑		4분할 구획 와당, 운기문, 내구는 방격문 안에 원주	회색	니질 와질		樂·瓦 35-46
394	원와당	낙랑		운기문	회색	니질 와질	C.X	樂·瓦 35-47
395	원와당	낙랑		4분할 구획 와당, 와당면 외연부 타날흔 없음, 와당턱의 둘레에도 승문타날	황갈색	니질 와질	D^1?I.	樂·瓦 35-48
396	원와당	낙랑		4분할 구획 와당, 운기문, 내구는 방격문 안에 원주	회황색	니질 와질	F′	樂·瓦 35-49

397	원와당	낙랑		4분할 구획 와당, 운기문	회백색	니질 와질	B′Ⅰ	樂 · 瓦 35-50
398	원와당	낙랑		4분할 구획 와당, 와당면 외연부에 타날되었음, 와당배면 헤라로 분할한 흔적	회흑색	니질 와질		樂 · 瓦 35-51
399	원와당	낙랑		운기문	회흑색	니질 와질		樂 · 瓦 35-52
400	원와당	낙랑		4분할 구획 와당, 운기문	회흑색	니질 와질	G.北.	樂 · 瓦 35-53
401	원와당	낙랑		4분할 구획 와당, 운기문, 헤라로 부착된 통와 분할, 외연부 타날 없음	회흑색	니질 와질		樂 · 瓦 35-54
402	원와당	낙랑		4분할 구획 와당, 운기문	회색	니질 와질	F.	樂 · 瓦 35-55
403	원와당	낙랑		와당 파편	회백색	니질 와질		樂 · 瓦 35-56
404	원와당	낙랑		와당편, 운기문		니질 와질		樂 · 瓦 35-57
405	원와당	낙랑		4분할 구획, 원주형 내구		니질 와질	D$^{1-3}$ Ⅰ.	樂 · 瓦 35-58
406	원와당	낙랑		와당편		니질 와질	D′	樂 · 瓦 35-59
407	원와당	낙랑		운기문 와당편		니질 와질		樂 · 瓦 35-60
408	원와당	낙랑		운기문 와당편		니질 와질	D^{3}	樂 · 瓦 35-61
409	원와당	낙랑		운기문 와당편		니질 와질	G.北.	樂 · 瓦 35-62
410	원와당	낙랑		4분할 구획 와당		니질 와질	D^{3}	樂 · 瓦 35-63
411	원와당	낙랑		4분할 구획 와당, 운기문, 외연부 승문타날, 배면 통기와를 부착한 흔적		니질 와질	E′	樂 · 瓦 35-64
412	원와당	낙랑		4분할 구획 와당, 운기문		니질 와질	B″Ⅵ	樂 · 瓦 35-65
413	원와당	낙랑		와당편, 외연부 승문타날만이 관찰		니질 와질	G?	樂 · 瓦 35-66
414	원와당	낙랑		4분할 구획 와당, 운기문		니질 와질	G.	樂 · 瓦 35-67
415	원와당	낙랑		4분할 구획 와당, 운기문, 외연부 승문타날, 배면 통기와는 무와통 승문타날 성형, 배면 기와 분할은 헤라로		니질 와질	B″X	樂 · 瓦 36-1
416	원와당	낙랑		4분할 구획 와당, 외연부에는 승문타날이 관찰되지 않음, 배면 통와는 무와통 승문타날 성형, 와당턱 둘레는 조정되어 승문타날흔이 부분적으로 지워졌음		니질 와질	GXⅥ.	樂 · 瓦 36-2
417	원와당	낙랑		4분할 구획 와당, 외연부는 박락되었음, 배면 통와는 승문타날 성형		니질 와질	G北 曲	樂 · 瓦 36-3
418	원와당	낙랑		4분할 구획 와당, 외연부는 타날흔적이 관찰되지 않음, 궐수문, 배면 통와는 승문타날 성형. 와당턱의 둘레는 물손질 조정되어 타날흔이 지워졌음		니질 와질	G.北.	樂 · 瓦 36-4

419	원와당	낙랑		4분할 구획 와당, 외연부는 타날흔적이 관찰되지 않음, 운기문, 배면에 통와를 부착하면서 점토를 누른 흔적이 관찰	회백색	니질 와질	G.北.	樂 · 瓦 36-5
420	원와당	낙랑		4분할 구획 와당, 운기문, 와당면 외연부에도 승문타날 되었음, 와당턱의 둘레에도 승문타날	회갈색	니질 와질	C″ II	樂 · 瓦 36-6
421	원와당	낙랑		4분할 구획 와당, 운기문, 와당면 외연부에도 승문타날 되었음, 와당턱의 둘레에도 승문타날	회흑색	니질 와질	D4.Ⅳ,D.	樂 · 瓦 36-7
422	원와당	낙랑		4분할 구획 와당, 외연부는 타날흔적이 관찰되지 않음, 궐수문	회백색	니질 와질	G南	樂 · 瓦 36-8
423	원와당	낙랑		4분할 구획 와당, 외연부는 타날흔적이 관찰되지 않음, 궐수문	회백색	니질 와질	D^{1-3} II.	樂 · 瓦 36-9
424	원와당	낙랑		4분할 구획 와당, 외연부는 타날흔적이 관찰되지 않음, 궐수문	회황색	니질 와질	C-D?	樂 · 瓦 36-10
425	원와당	낙랑		4분할 구획 와당, 외연부는 타날흔적이 관찰되지 않음, 궐수문	회색	니질 와질		樂 · 瓦 36-11
426	원와당	낙랑		4분할 구획 와당, 와당면 외연부에 승문타날흔이 관찰됨, 정연한 운기문	회황색	니질 와질	D^{1-1} II	樂 · 瓦 36-12
427	원와당	낙랑		4분할 구획 와당, 와당면 외연부에 승문타날흔이 관찰됨, 궐수문, 배면의 통와는 결실	회황색	니질 와질		樂 · 瓦 36-13
428	원와당	낙랑		4분할 구획 와당, 와당면 외연이 결실되었음, 궐수문	회황색	니질 와질	DⅣ	樂 · 瓦 36-14
429	원와당	낙랑		궐수문 와당, 와당 외연부가 낮고 문양이 없는 것이 특징	회백색	니질 와질	F2	樂 · 瓦 36-15
430	원와당	낙랑		궐수문 와당, 와당면의 외연부에는 타날되지 않았음	회갈색	니질 와질	D 4 V	樂 · 瓦 36-16
431	원와당	낙랑		궐수문 와당, 와당 외연부는 타날이 없음	회갈색	니질 와질	C-D II	樂 · 瓦 36-17
432	원와당	낙랑		와당편, 궐수문?, 와당 외연부에도 승문타날흔이 관찰, 와당턱 둘레에도 승문타날이 관찰	회색	니질 와질	B″ Ⅵ	樂 · 瓦 36-18
433	원와당	낙랑		궐수문 와당, 와당 외연부는 타날이 없음	회갈색	니질 와질		樂 · 瓦 36-19
434	원와당	낙랑		와당편	회흑색	니질 와질		樂 · 瓦 36-20
435	원와당	낙랑		궐수문 와당, 외연부 파손	회색	니질 와질	B″X	樂 · 瓦 36-21
436	원와당	낙랑		궐수문 와당 파편	회백색	니질 와질	D′	樂 · 瓦 36-22
437	원와당	낙랑		와당 파편, 와당배면의 실로떼기 흔이 관찰	회색	니질 와질	D^{2-3} II	樂 · 瓦 36-23
438	원와당	낙랑		궐수문 와당, 외연부 파손	회흑색 속심적갈색	니질 와질	B′ Ⅷ. I	樂 · 瓦 36-24
439	원와당	낙랑		궐수문 와당, 외연부 파손, 배면의 통와 결실	회갈색	니질 와질		樂 · 瓦 36-25
440	원와당	낙랑		궐수문 와당 파편	적갈색	니질 와질		樂 · 瓦 36-26
441	원와당	낙랑		궐수문 파편	회갈색	니질 와질	D	樂 · 瓦 36-27

442	원와당	낙랑		궐수문 와당편	회색	니질 와질		樂 · 瓦 36-28
443	원와당	낙랑		와당편	회색	니질 와질	D²Ⅳ	樂 · 瓦 36-29
444	원와당	낙랑		궐수문 와당편, 작은 편이라서 전체형을 알 수 없음	회갈색	니질 와질	D³Ⅴ	樂 · 瓦 36-30
445	암키와	낙랑		무와통 승문타날, 외면에는 종방향의 승문타날, 내면에는 횡방향으로 내박자 단위가 연속됨	회백색	니질 와질		樂 · 瓦 37-1
446	암키와	낙랑		무와통 승문타날, 외면에는 종방향의 승문타날, 내면에는 횡방향으로 내박자 단위가 연속된다. 내면에는 내박자의 단위와 점토띠 접합흔이 관찰	회갈색	니질 와질		樂 · 瓦 37-2
447	암키와	고려		와당을 사용한 타날 성형, 내면에 점토판 실로떼기흔이 관찰된다. 외면에는 교차하는 집선문으로 구성된 장판 타날흔이 선명하게 남았음, 내면에는 분할을 위한 와도흔이 관찰	회색	니질 와질	D	樂 · 瓦 37-3
448	암키와	고구려		횡으로 굴곡이 있는 와통(쪽와통)을 사용하고 점토띠를 부착한 후 승문타날로 성형, 외면에는 중판 이상의 승문타날흔이 관찰되고 상면은 물손질하여 조정, 외면에는 승문타날흔을 일부 지우는 헤라부호가 관찰되는 곳이 있다. 이러한 여러 속성들을 종합해 보건대 이 기와는 고구려 기와일 가능성이 매우 높음	적갈색	니질 와질		樂 · 瓦 37-4
449	원와당	낙랑		사엽좌문, 와연부에도 승문타날이 관찰됨, 내면의 통와는 결실	회백색	니질 와질		樂 · 瓦 37-5

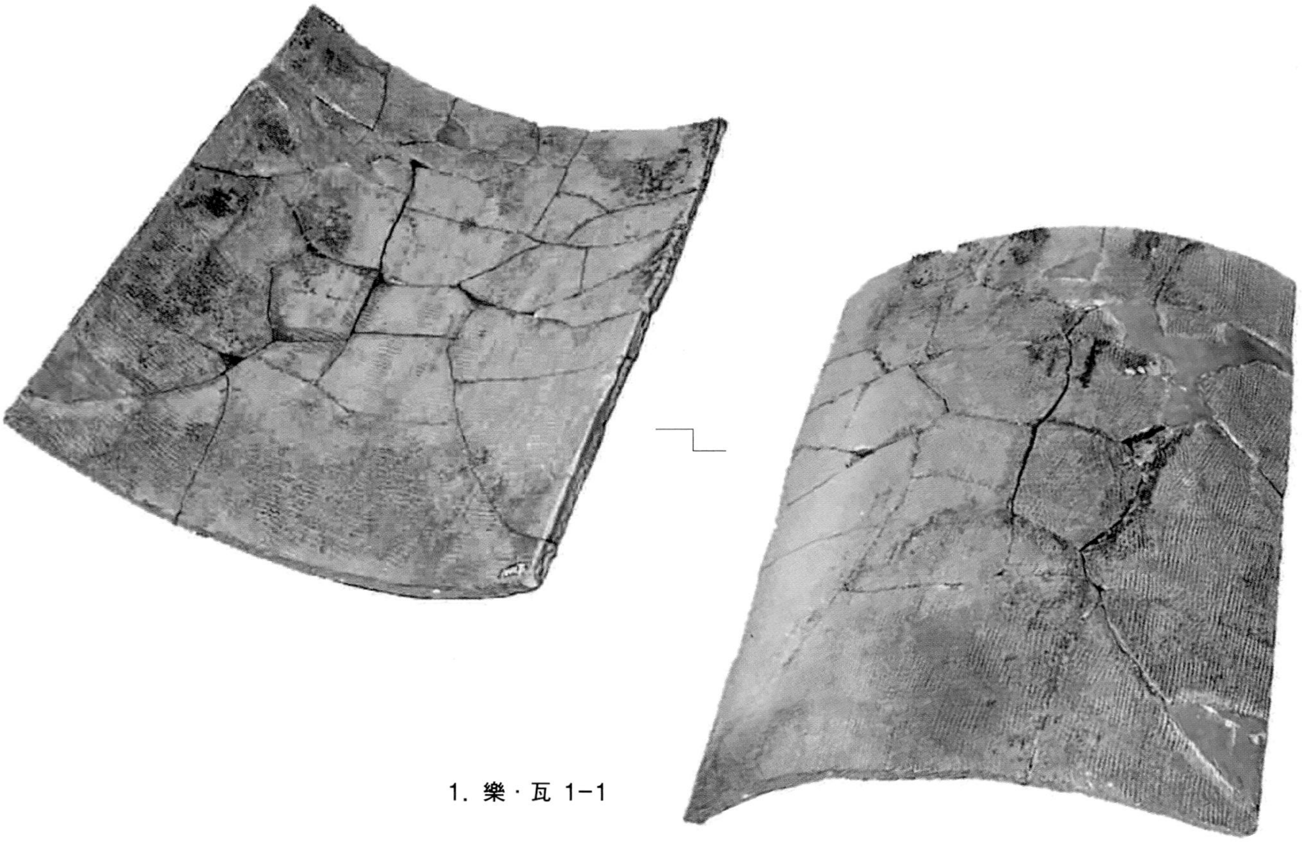

1. 樂 · 瓦 1-1

2. 樂 · 瓦 1-2

그림 1 낙랑토성 출토 기와

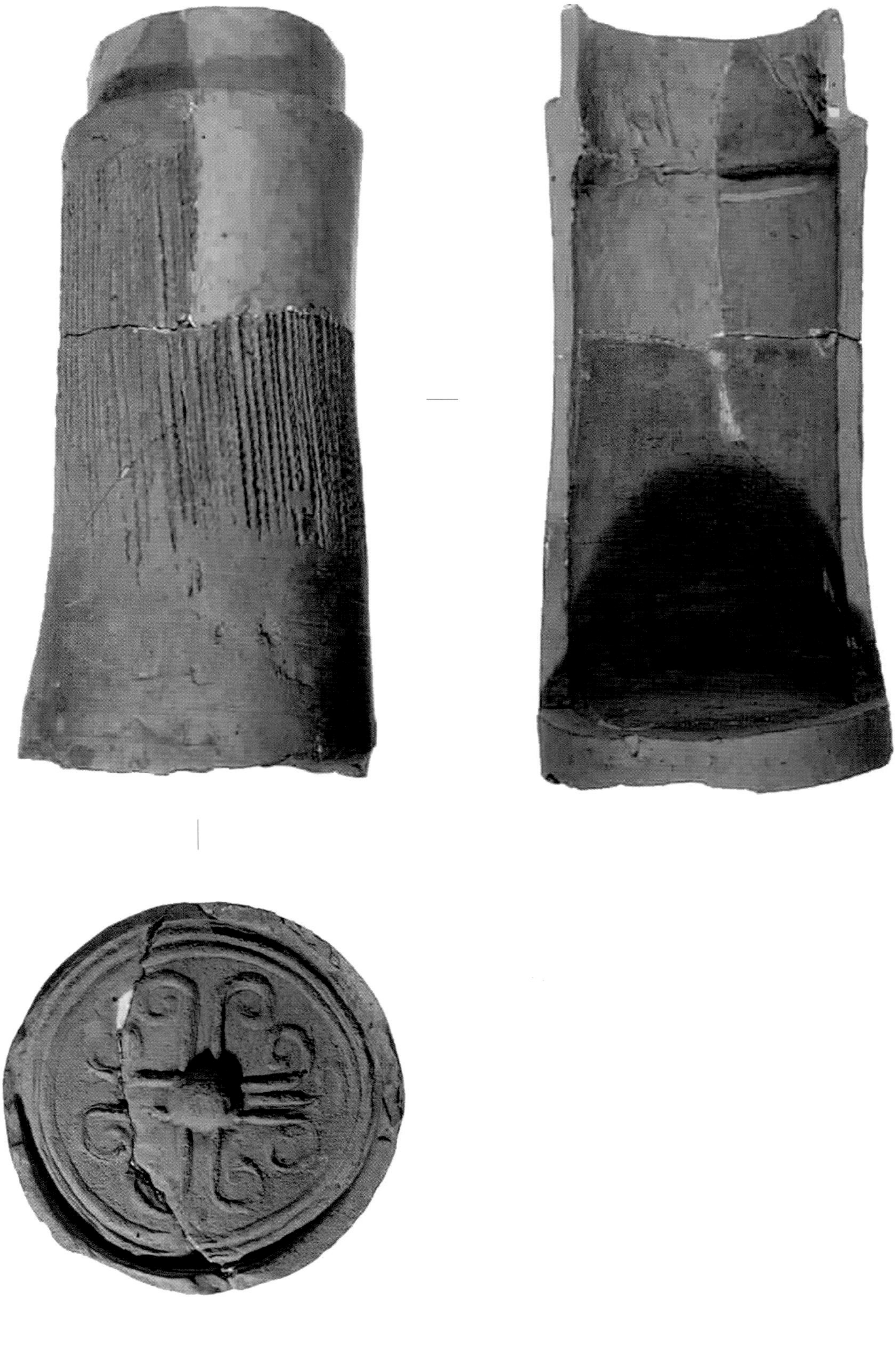

1. 樂 · 瓦 2-1

그림 2 낙랑토성 출토 기와

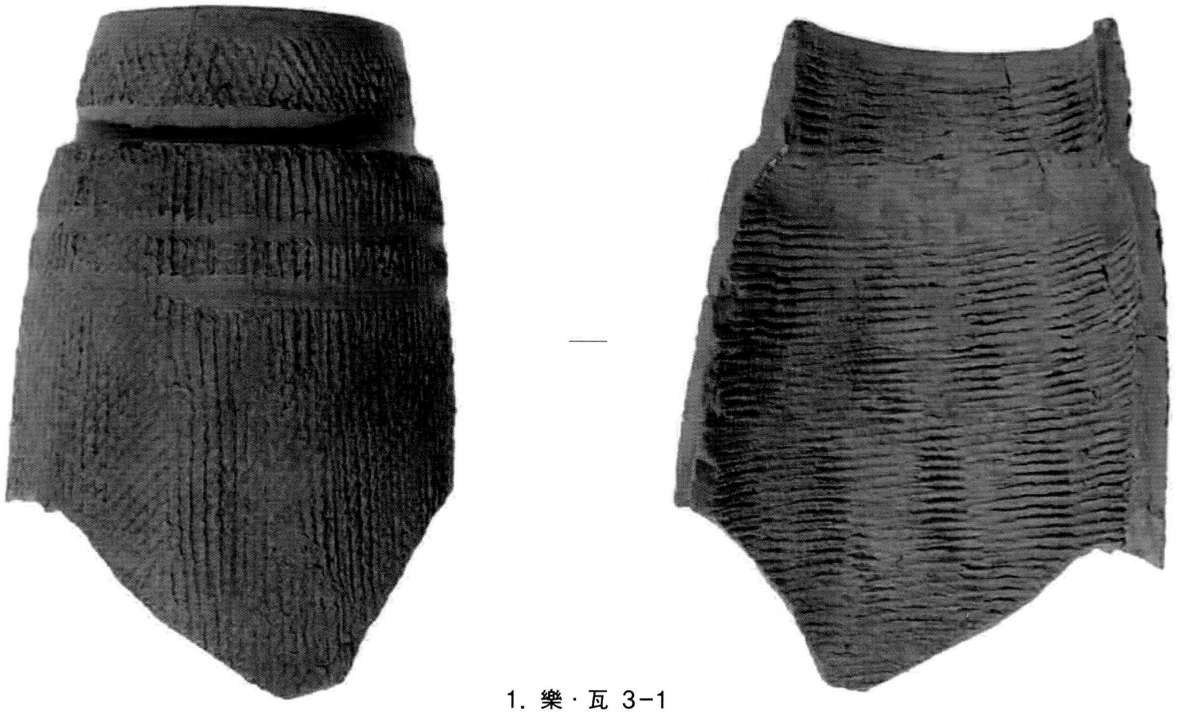

1. 樂 · 瓦 3-1

2. 樂 · 瓦 3-2

그림 3 낙랑토성 출토 기와

1. 樂 · 瓦 3-3

2. 樂 · 瓦 3-4

그림 4 낙랑토성 출토 기와

1. 樂 · 瓦 3-5

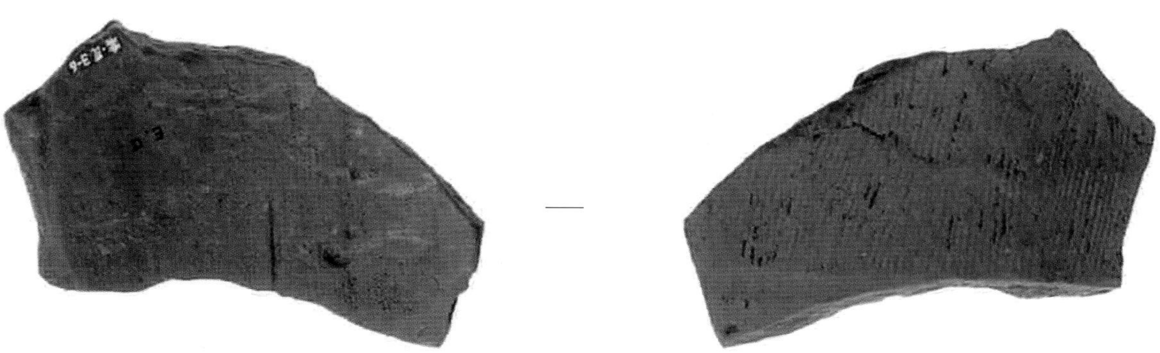

2. 樂 · 瓦 3-6

3. 樂 · 瓦 3-7

그림 5 낙랑토성 출토 기와

1. 樂 · 瓦 3-8

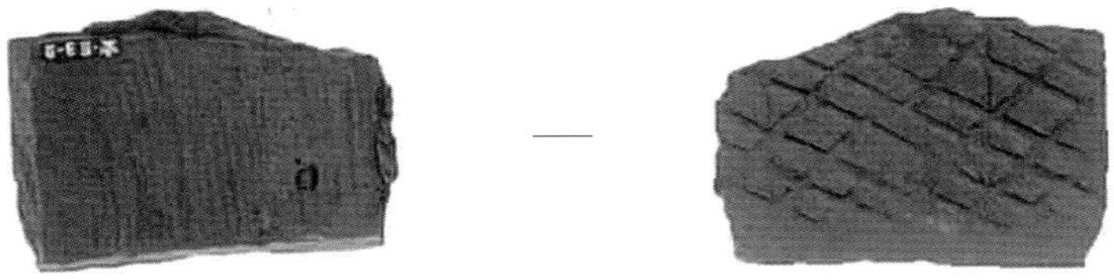

2. 樂 · 瓦 3-9

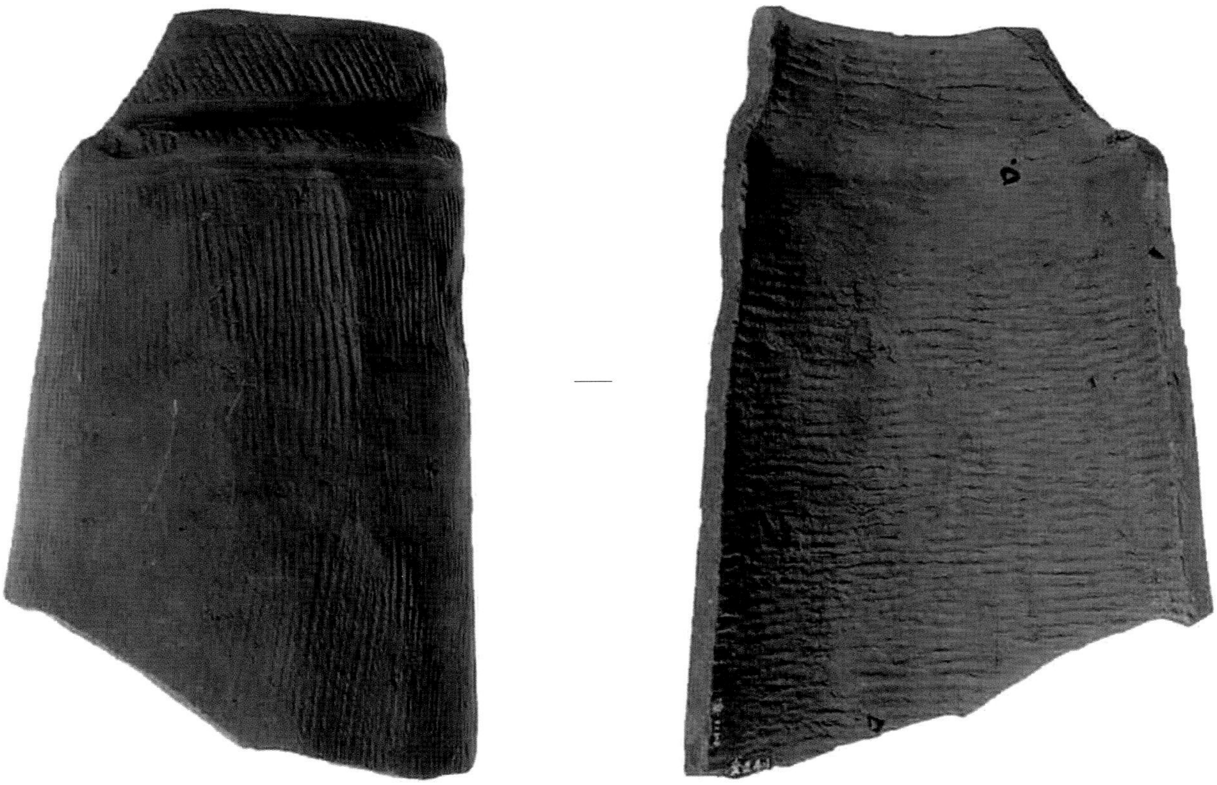

3. 樂 · 瓦 4-1

그림 6 낙랑토성 출토 기와

1. 樂 · 瓦 4-2

2. 樂 · 瓦 4-3

그림 7 낙랑토성 출토 기와

1. 樂 · 瓦 4-4

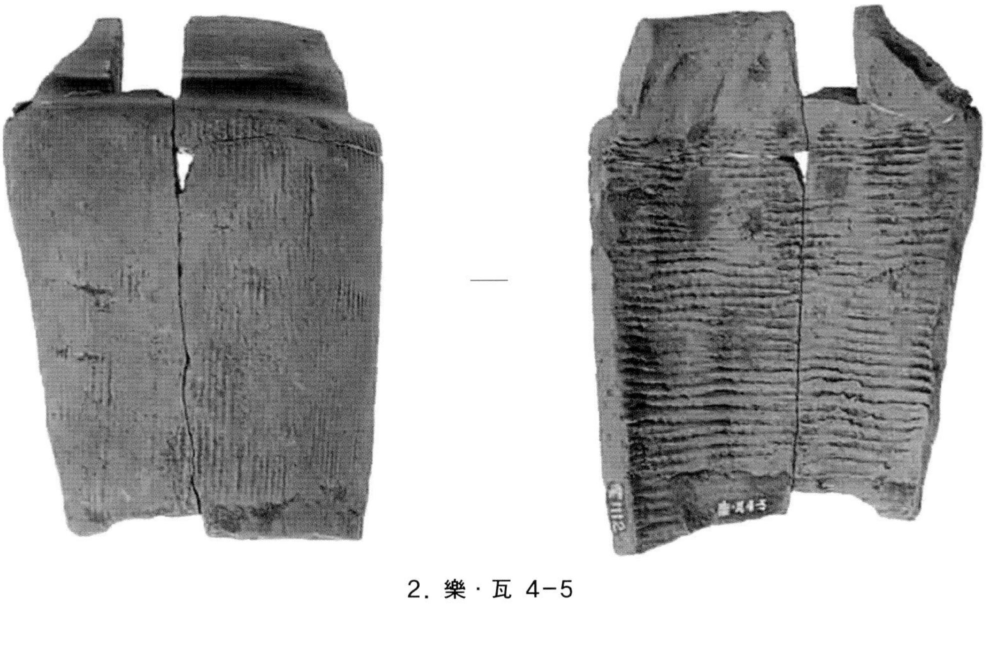

2. 樂 · 瓦 4-5

그림 8 낙랑토성 출토 기와

1. 樂·瓦 4-6

2. 樂·瓦 4-7

3. 樂·瓦 4-8

그림 9 낙랑토성 출토 기와

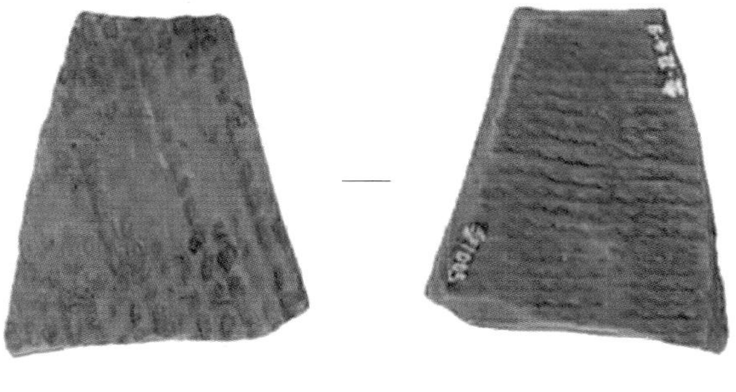

1. 樂 · 瓦 4-9

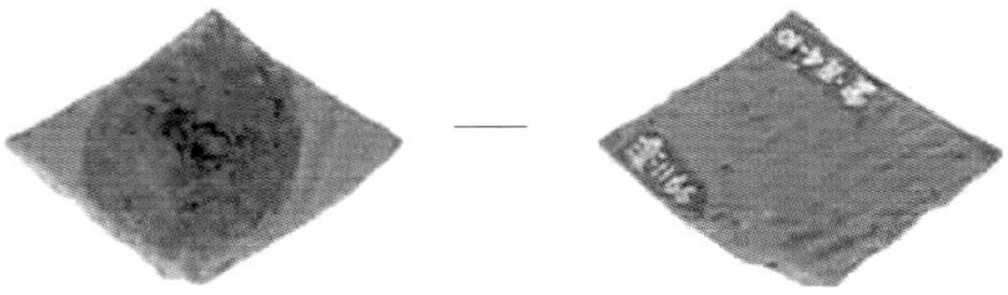

2. 樂 · 瓦 4-10

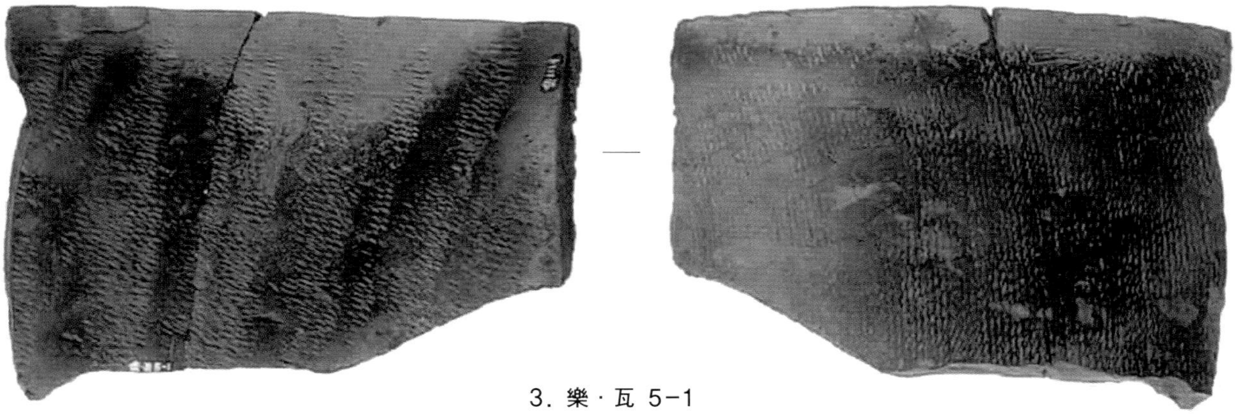

3. 樂 · 瓦 5-1

4. 樂 · 瓦 5-2

그림 10 낙랑토성 출토 기와

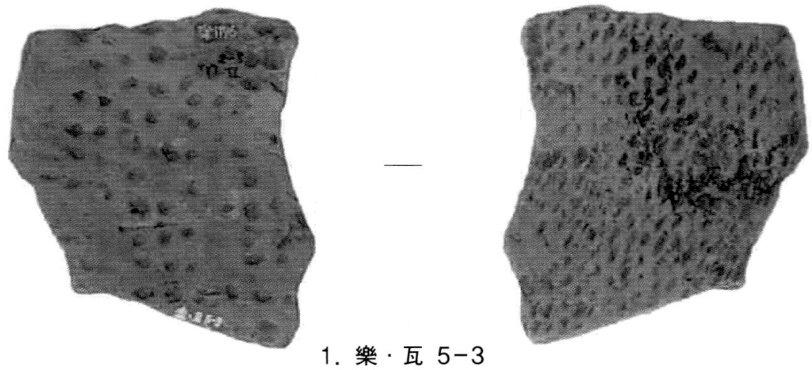

1. 樂 · 瓦 5-3

2. 樂 · 瓦 5-4

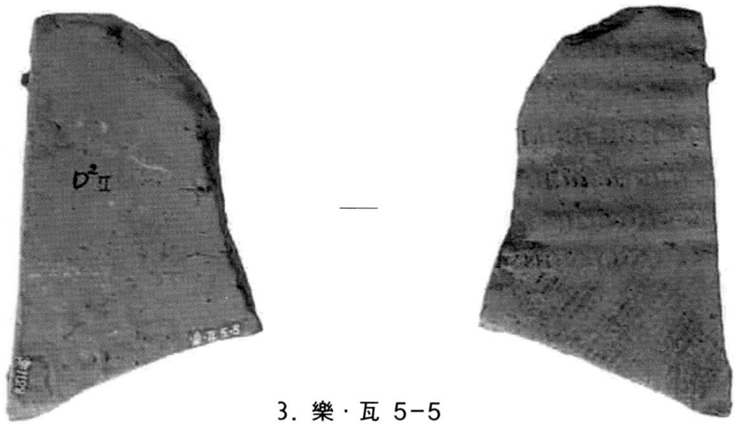

3. 樂 · 瓦 5-5

4. 樂 · 瓦 5-6

그림 11 낙랑토성 출토 기와

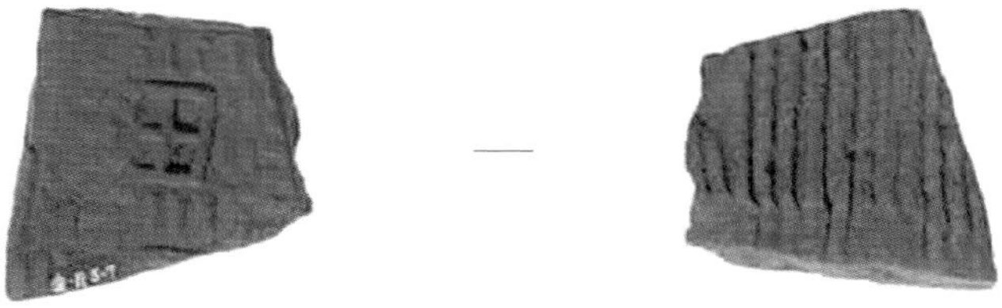

1. 樂 · 瓦 5-7

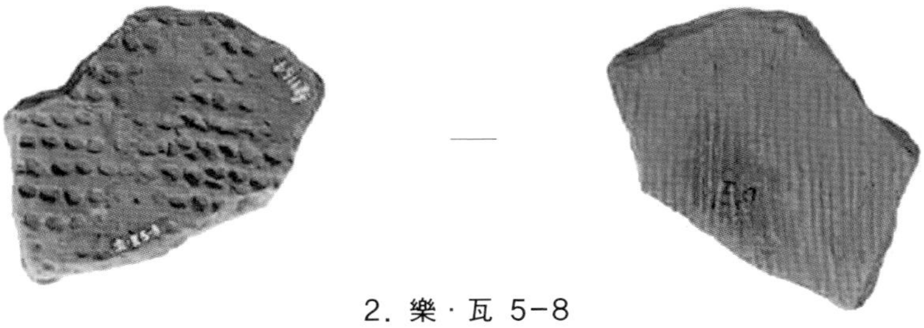

2. 樂 · 瓦 5-8

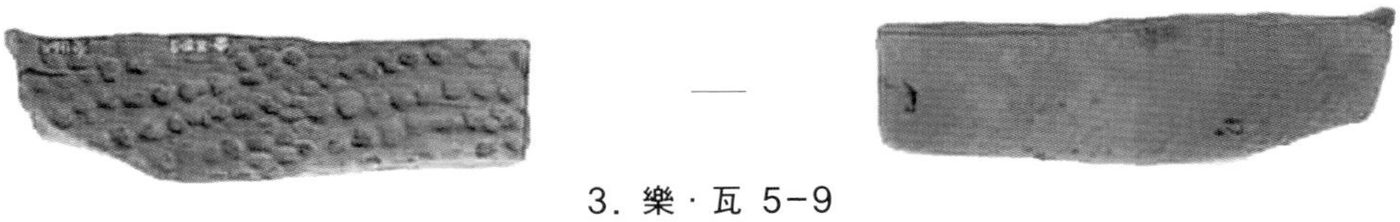

3. 樂 · 瓦 5-9

4. 樂 · 瓦 5-10

5. 樂 · 瓦 6-1

그림 12 낙랑토성 출토 기와

1. 樂 · 瓦 6-2

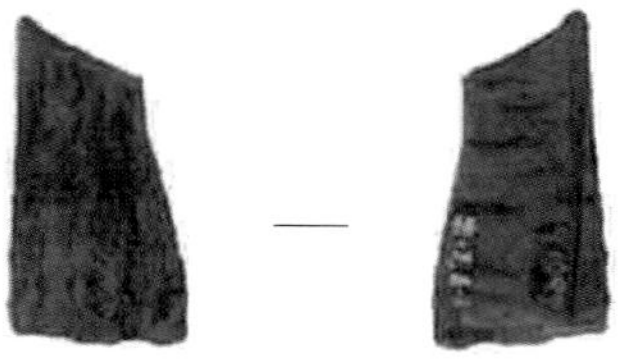

2. 樂 · 瓦 6-3

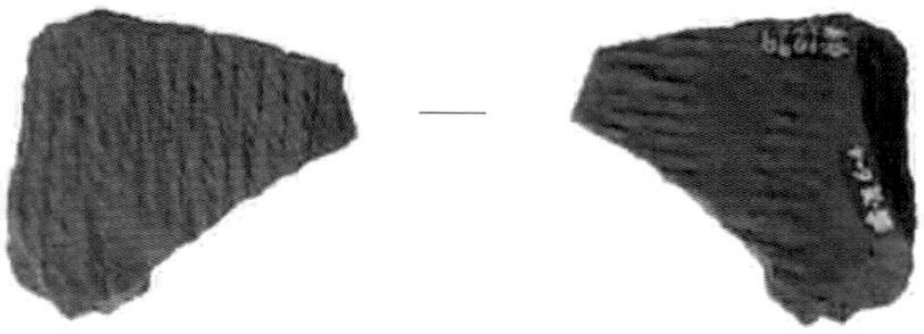

3. 樂 · 瓦 6-4

4. 樂 · 瓦 6-5

5. 樂 · 瓦 6-6

6. 樂 · 瓦 6-7

7. 樂 · 瓦 7-1

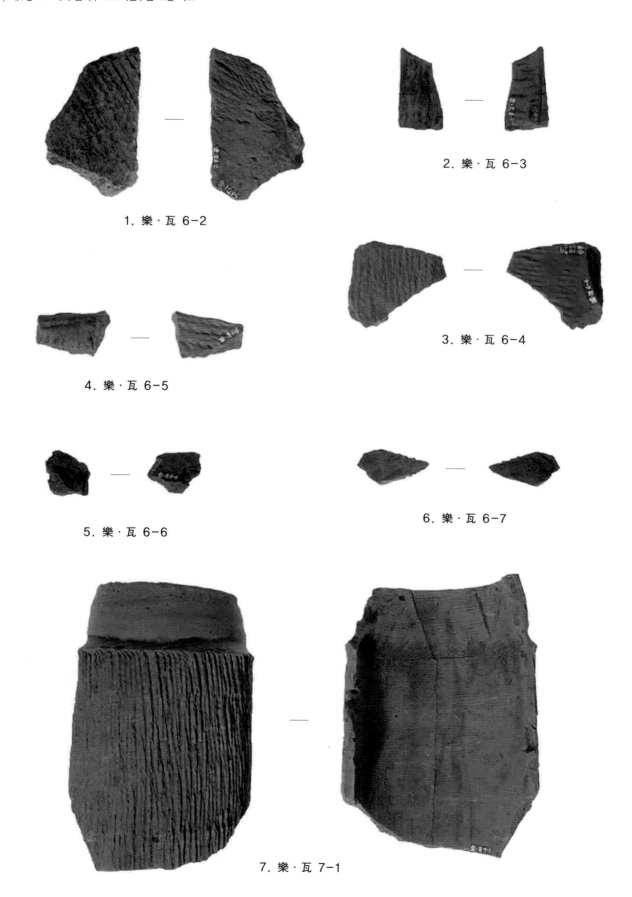

그림 13 낙랑토성 출토 기와

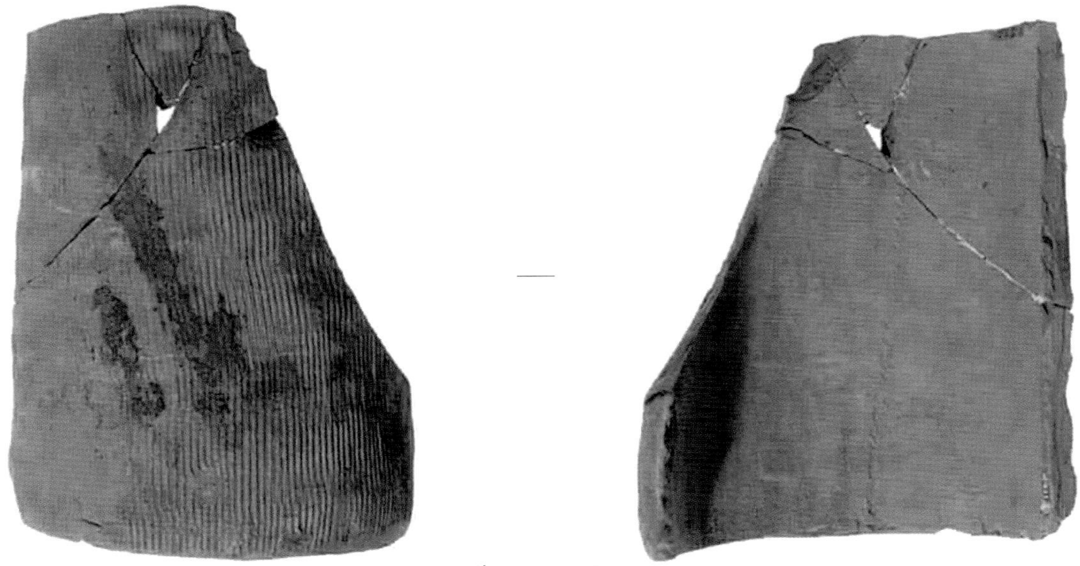

1. 樂 · 瓦 7-2

2. 樂 · 瓦 7-3

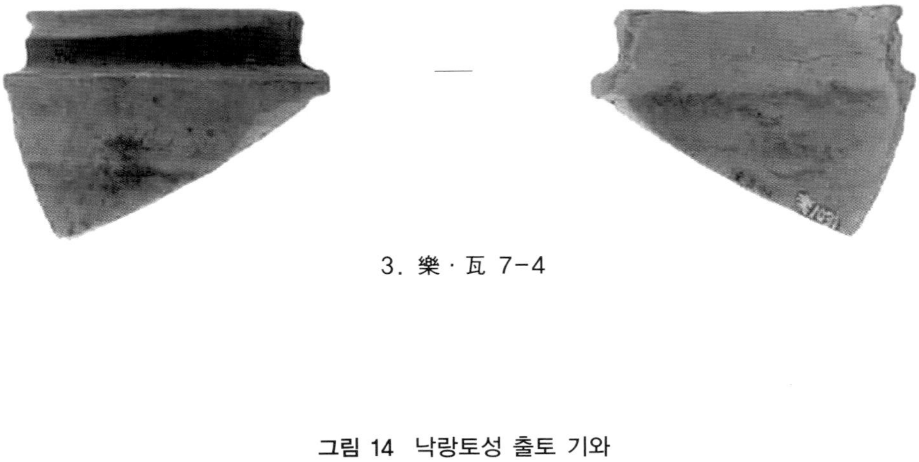

3. 樂 · 瓦 7-4

그림 14 낙랑토성 출토 기와

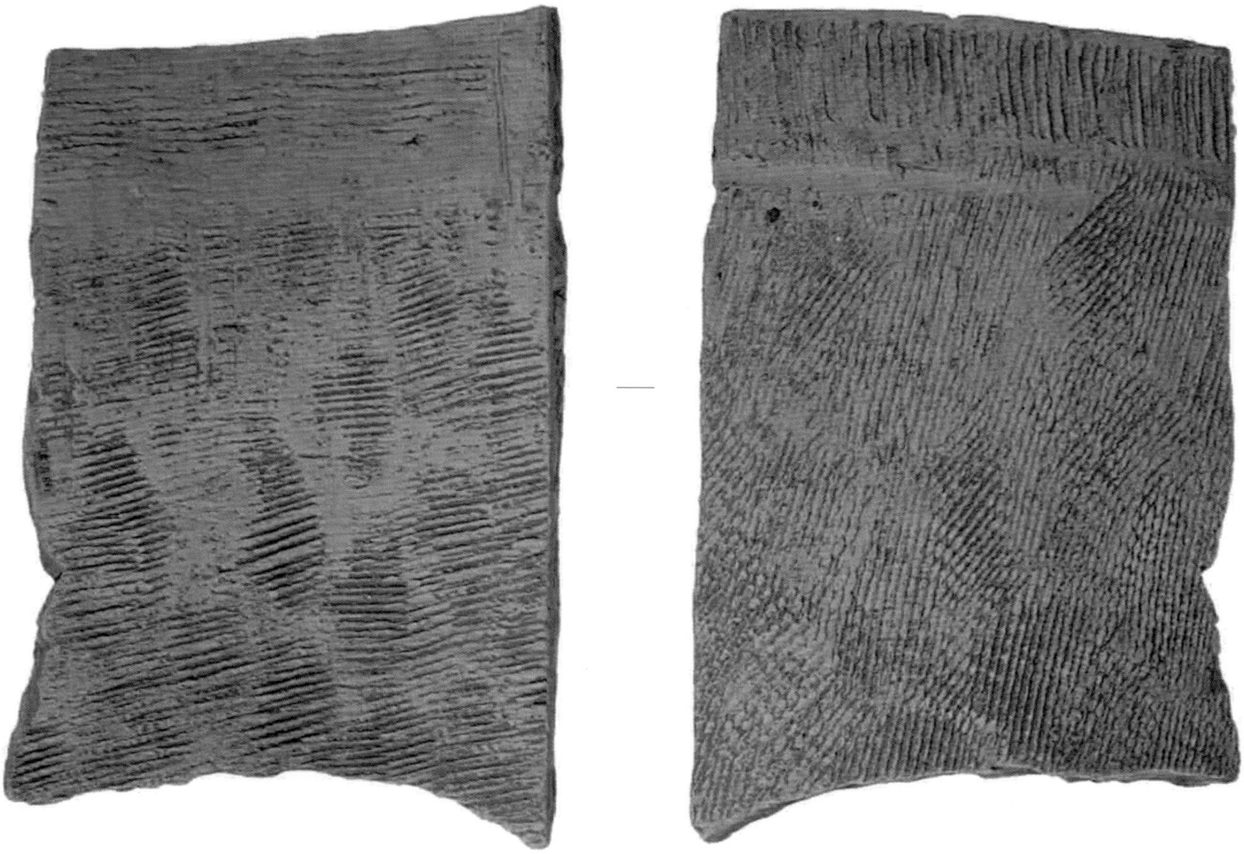

1. 樂 · 瓦 8-1

2. 樂 · 瓦 8-2

그림 15 낙랑토성 출토 기와

1. 樂 · 瓦 8-3

2. 樂 · 瓦 8-4

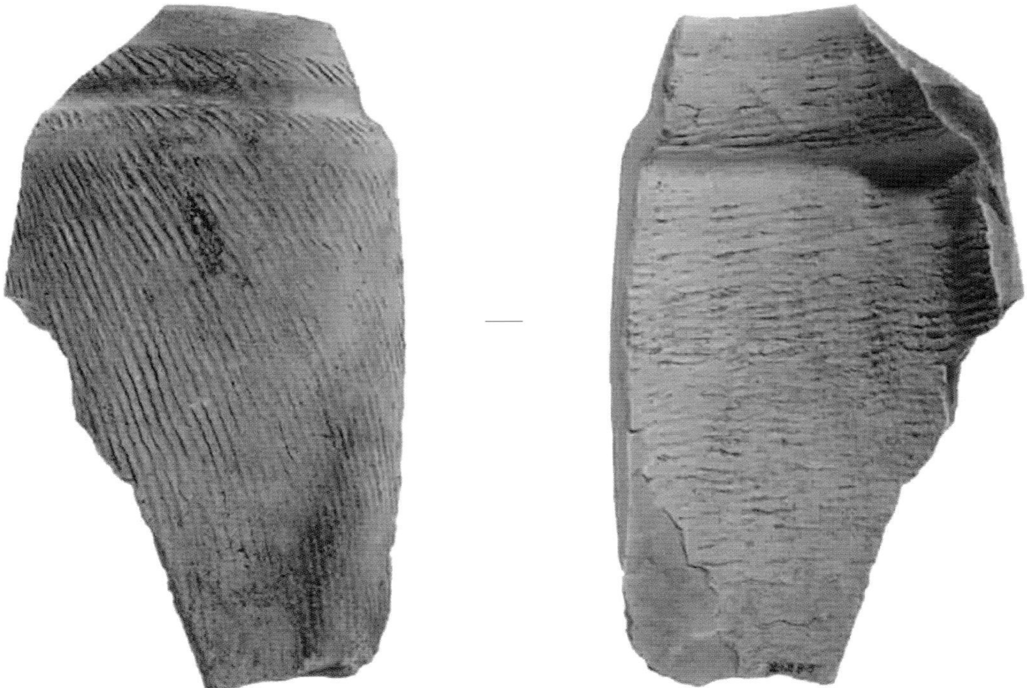

3. 樂 · 瓦 8-5

그림 16 낙랑토성 출토 기와

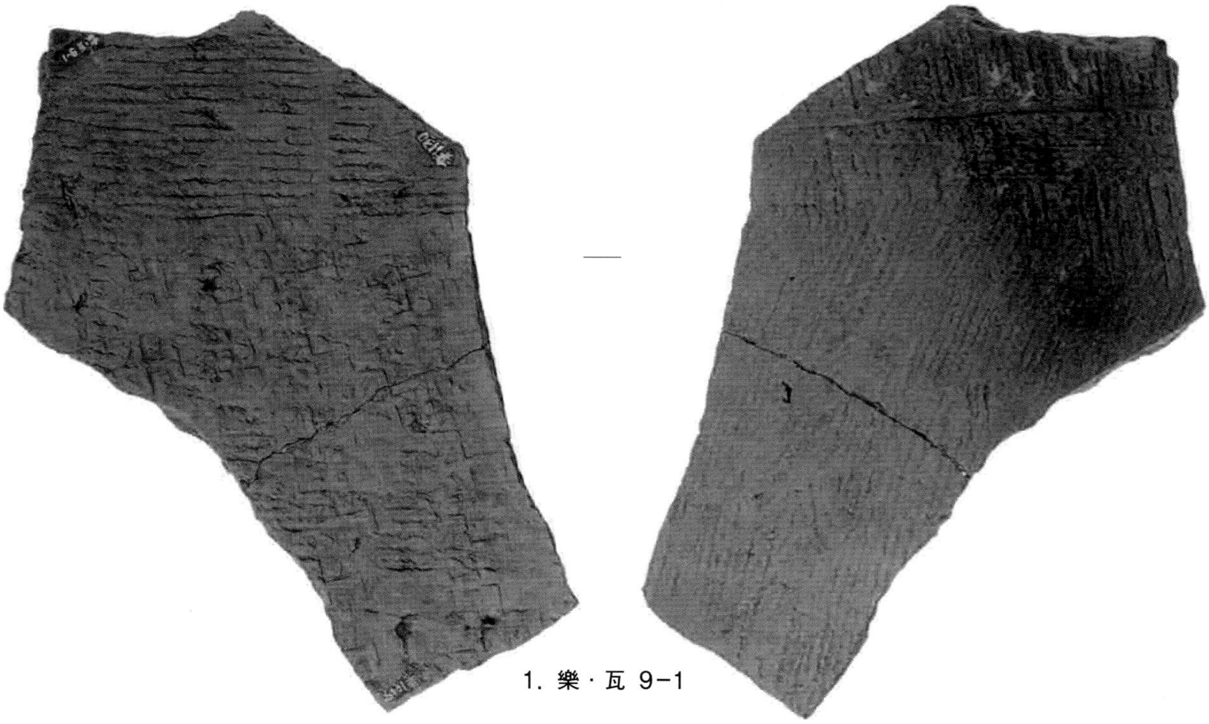

1. 樂·瓦 9-1

2. 樂·瓦 9-2

그림 17 낙랑토성 출토 기와

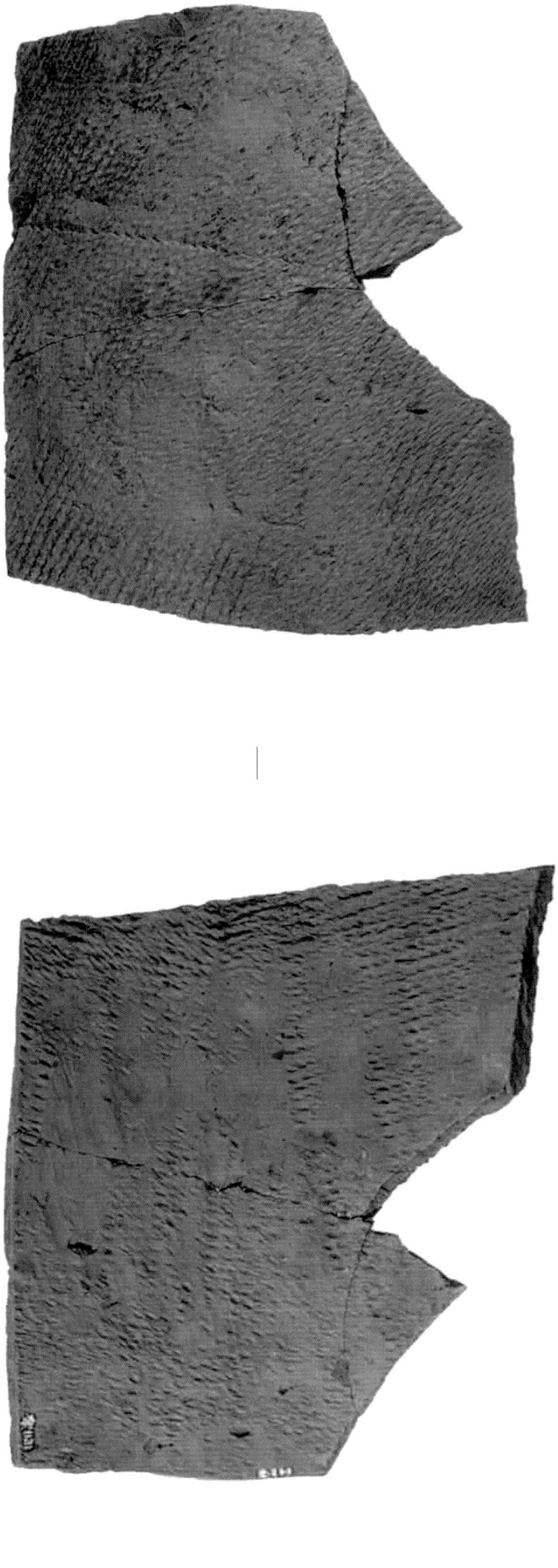

1. 樂·瓦 9-3

그림 18 낙랑토성 출토 기와

1. 樂·瓦 9-4

2. 樂·瓦 9-6

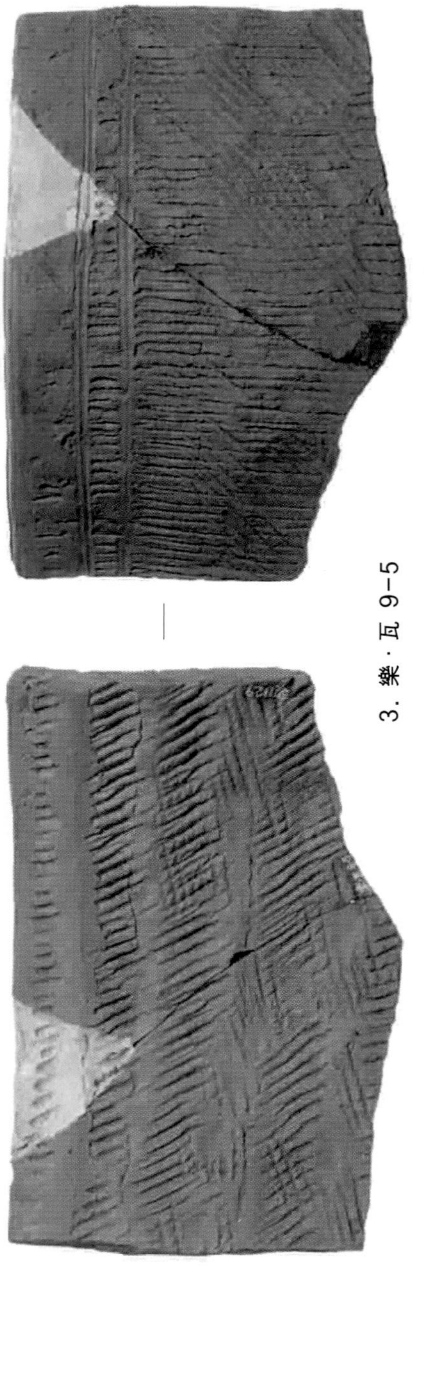

3. 樂·瓦 9-5

그림 19 낙랑토성 출토 기와

1. 樂 · 瓦 9-7

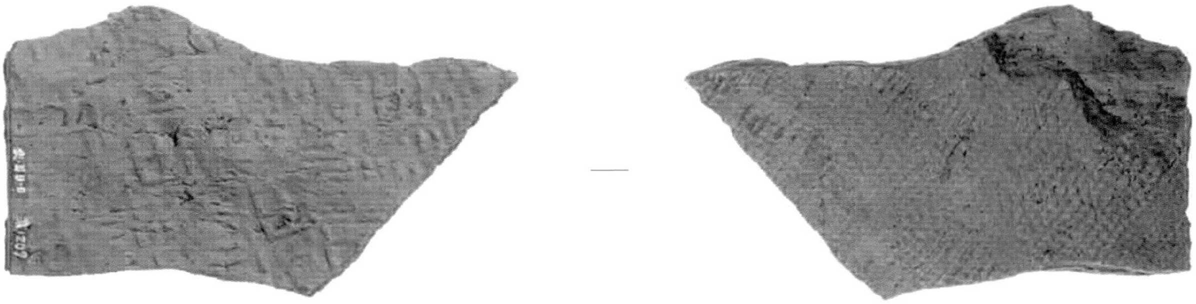

2. 樂 · 瓦 9-8

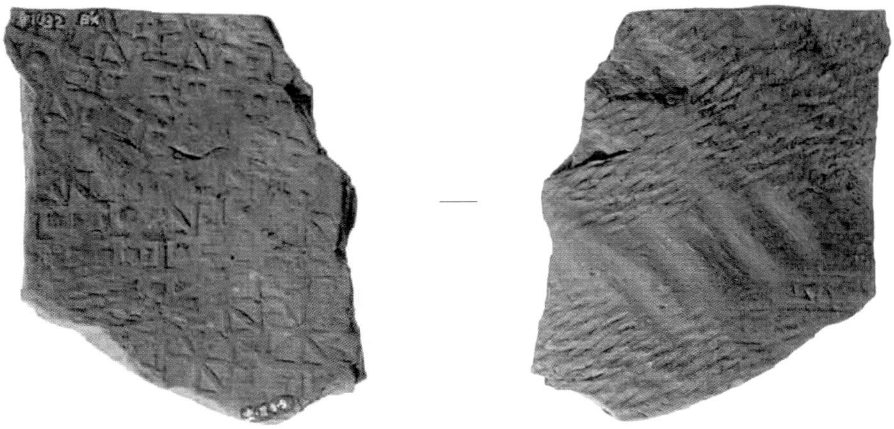

3. 樂 · 瓦 9-9

그림 20 낙랑토성 출토 기와

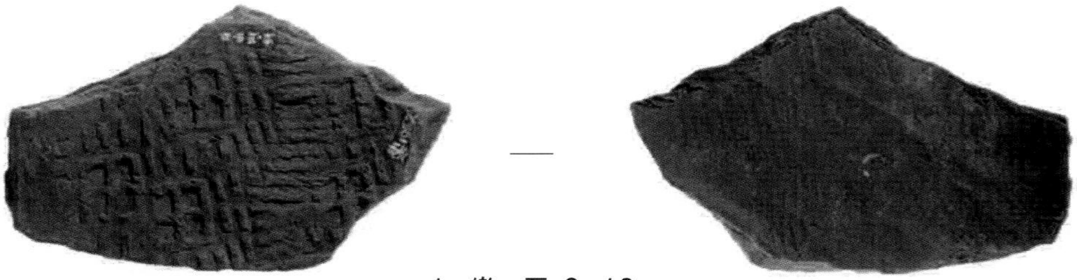

1. 樂 · 瓦 9-10

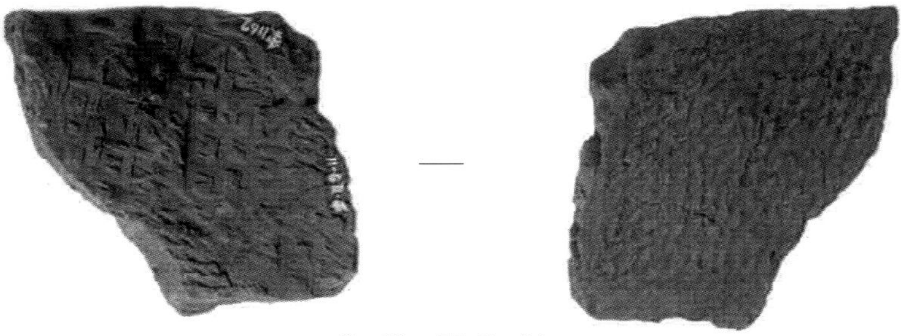

2. 樂 · 瓦 9-11

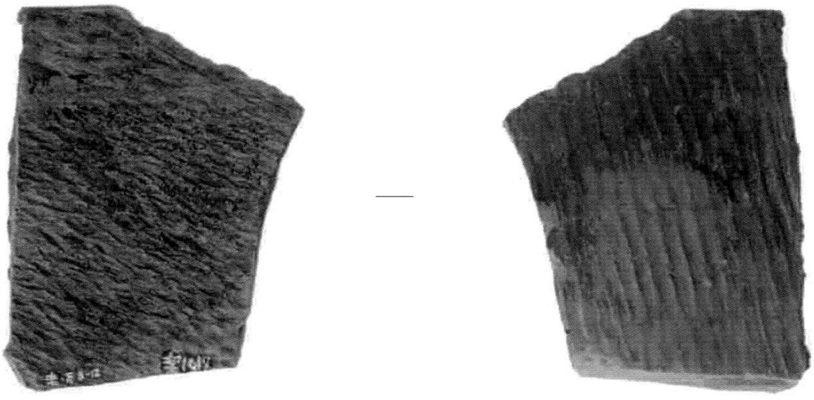

3. 樂 · 瓦 9-12

4. 樂 · 瓦 9-13

그림 21 낙랑토성 출토 기와

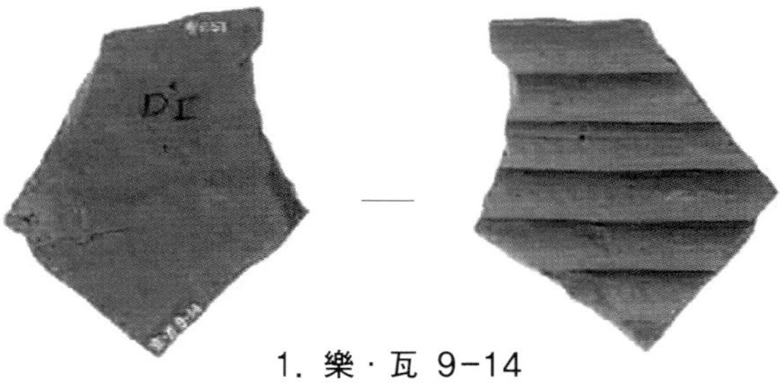

1. 樂 · 瓦 9-14

2. 樂 · 瓦 9-15

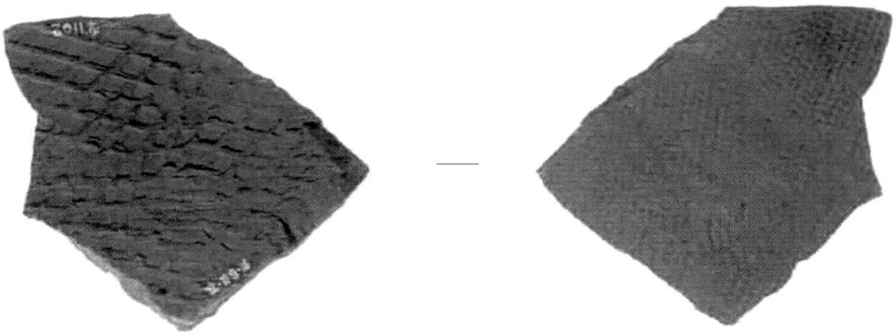

3. 樂 · 瓦 9-16

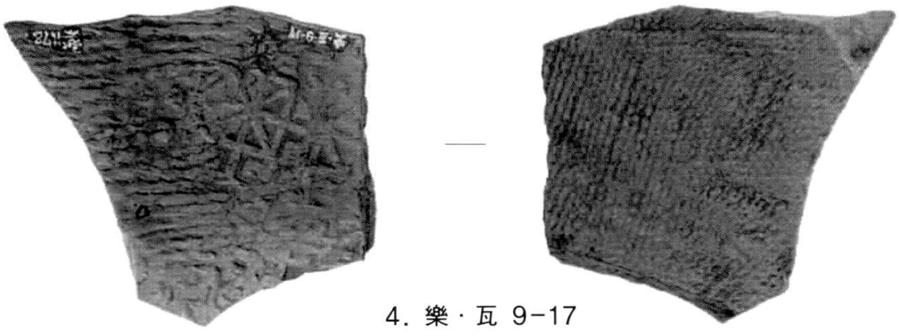

4. 樂 · 瓦 9-17

그림 22 낙랑토성 출토 기와

1. 樂 · 瓦 9-18

2. 樂 · 瓦 9-19

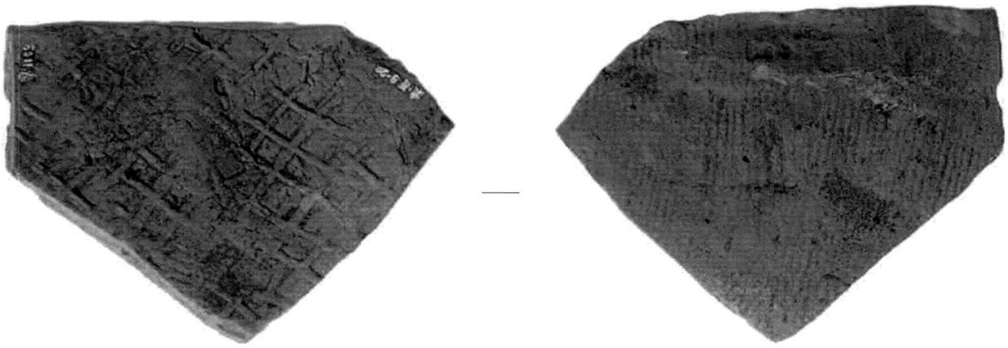

3. 樂 · 瓦 9-20

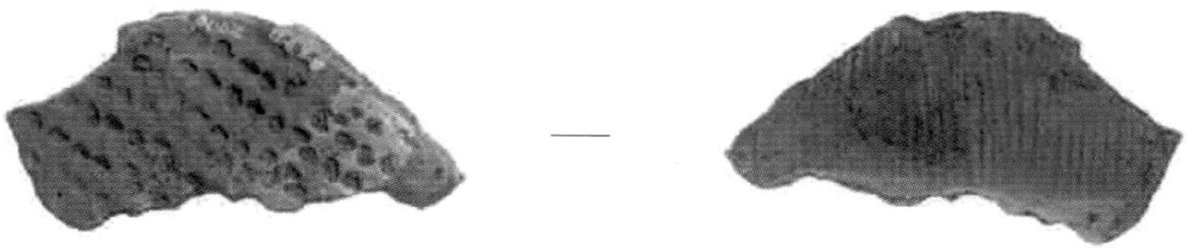

4. 樂 · 瓦 9-21

그림 23 낙랑토성 출토 기와

1. 樂 · 瓦 9-22

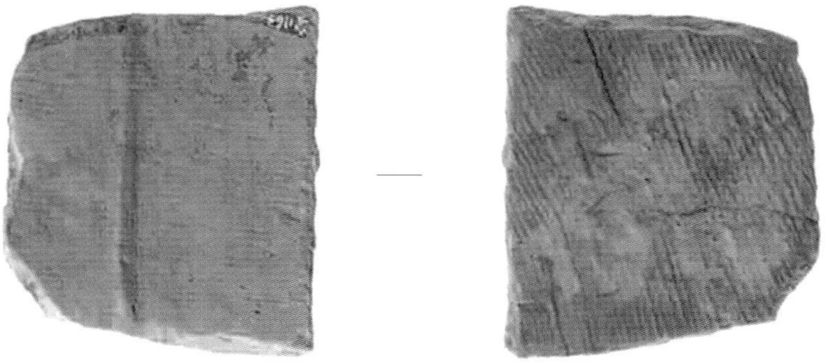

2. 樂 · 瓦 9-23

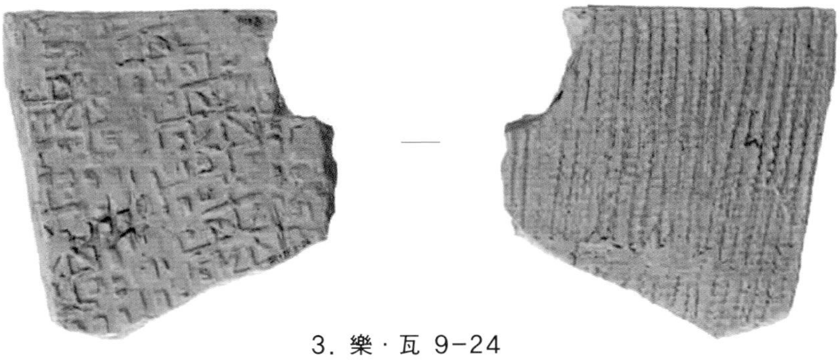

3. 樂 · 瓦 9-24

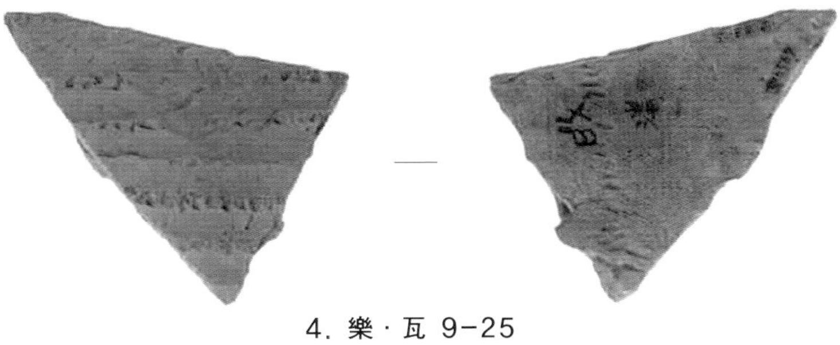

4. 樂 · 瓦 9-25

그림 24 낙랑토성 출토 기와

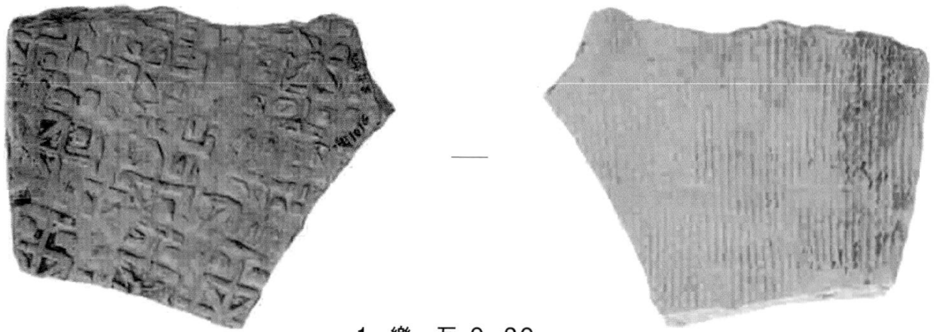

1. 樂·瓦 9-26

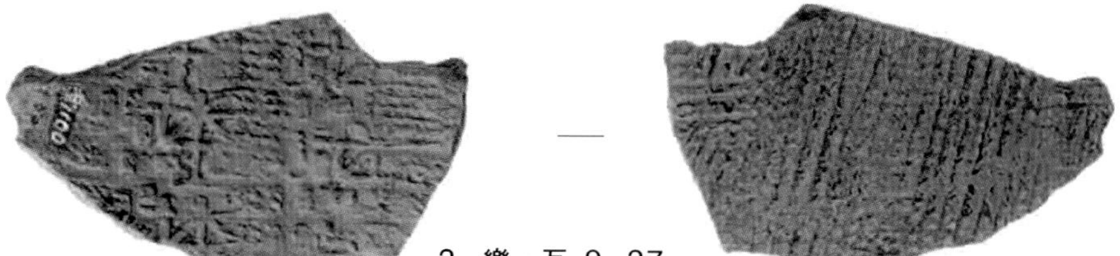

2. 樂·瓦 9-27

3. 樂·瓦 9-28

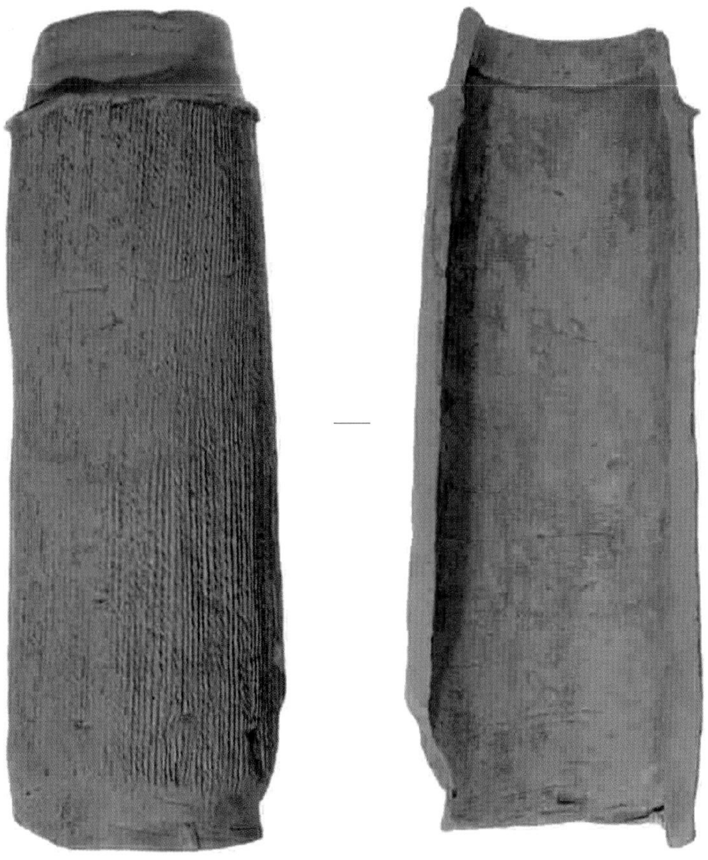

4. 樂·瓦 10-1

그림 25 낙랑토성 출토 기와

1. 樂 · 瓦 10-2

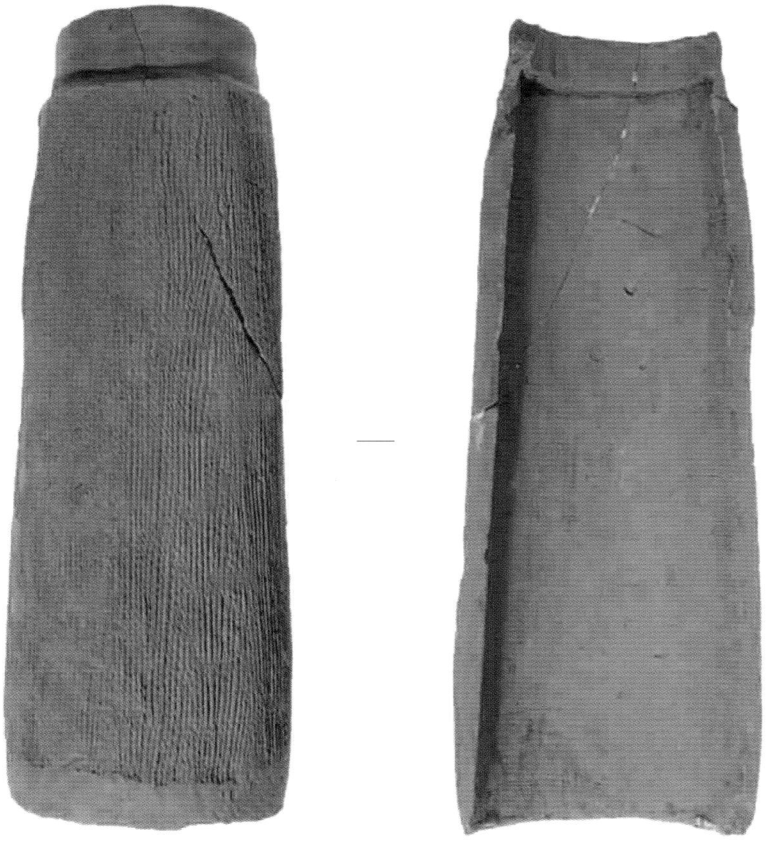

2. 樂 · 瓦 10-3

그림 26 낙랑토성 출토 기와

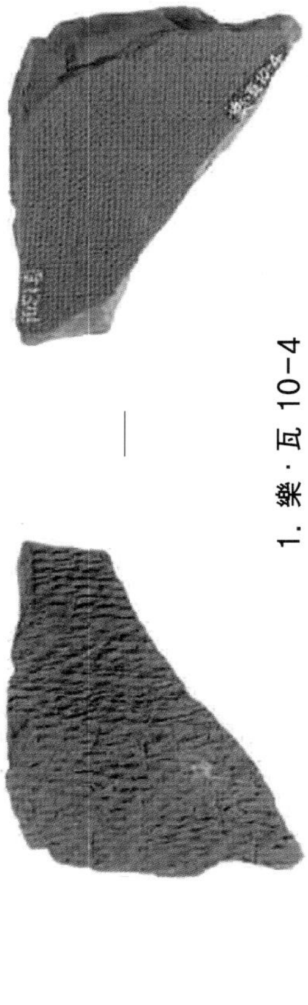

1. 樂·瓦 10-4

2. 樂·瓦 10-5

3. 樂·瓦 11-1

그림 27 낙랑토성 출토 기와

1. 樂 · 瓦 11-2

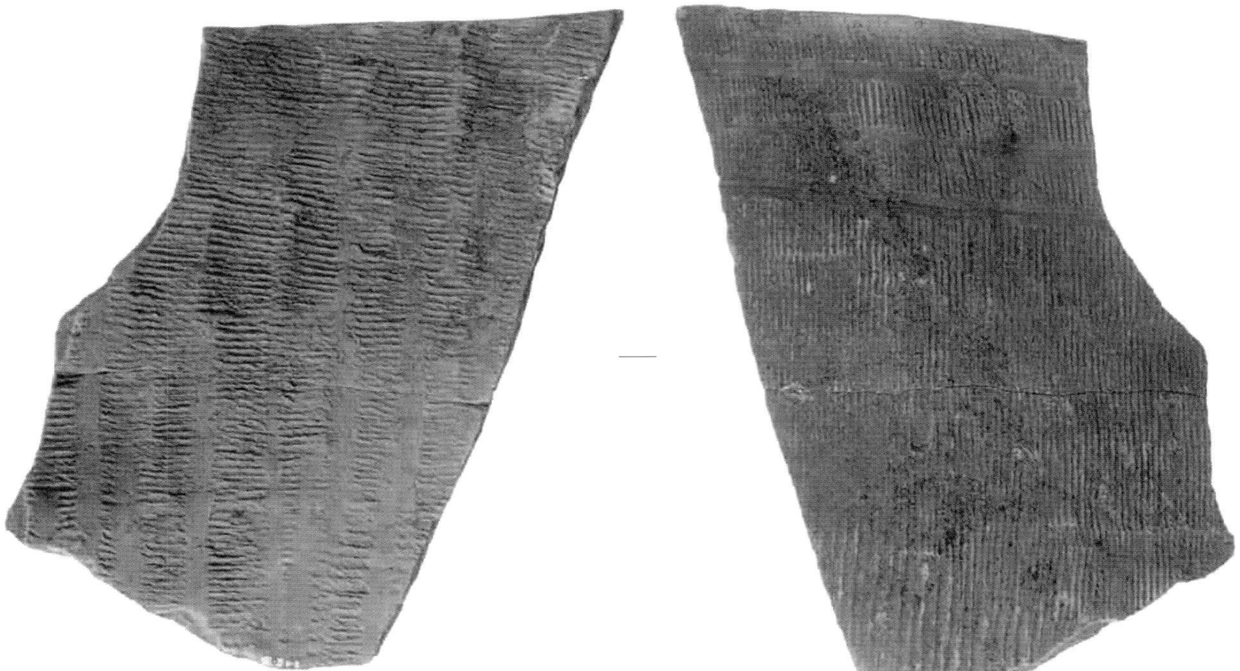

2. 樂 · 瓦 11-3

그림 28 낙랑토성 출토 기와

1. 樂·瓦 12-1

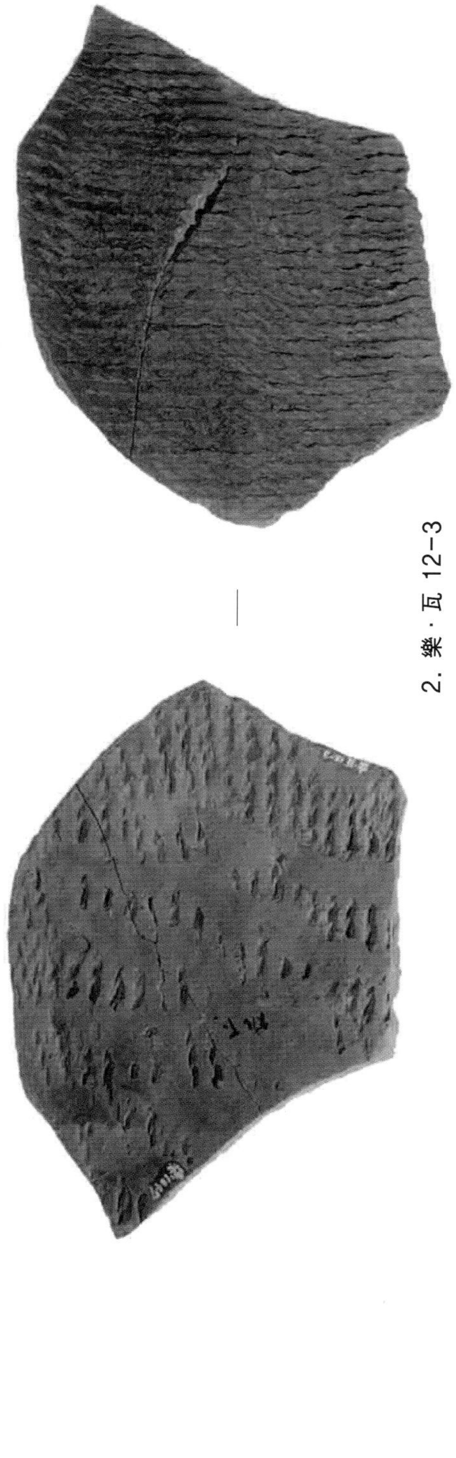

2. 樂·瓦 12-3

그림 29 낙랑토성 출토 기와

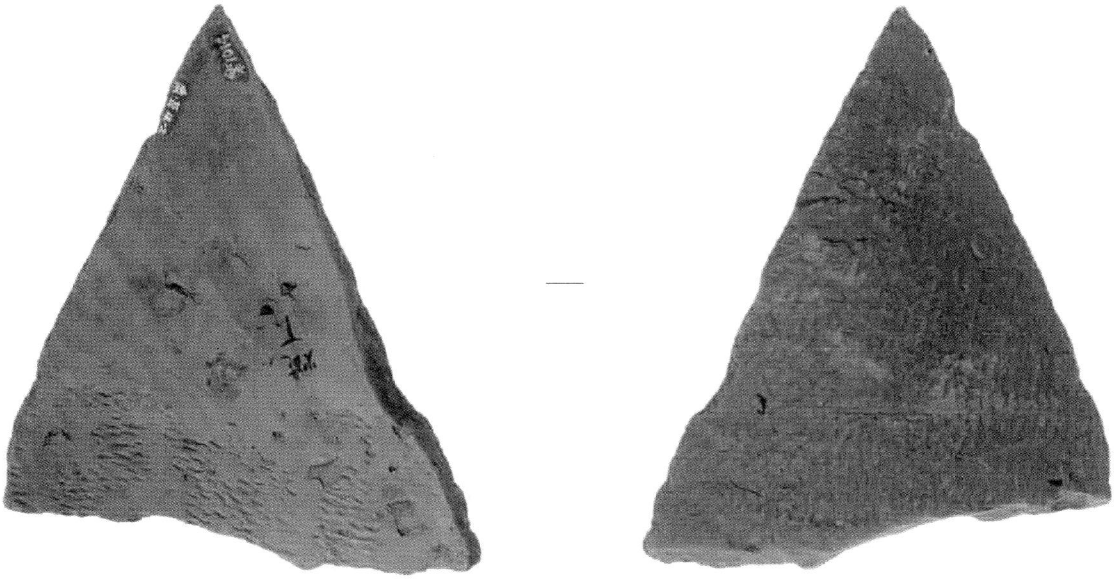

1. 樂 · 瓦 12-2

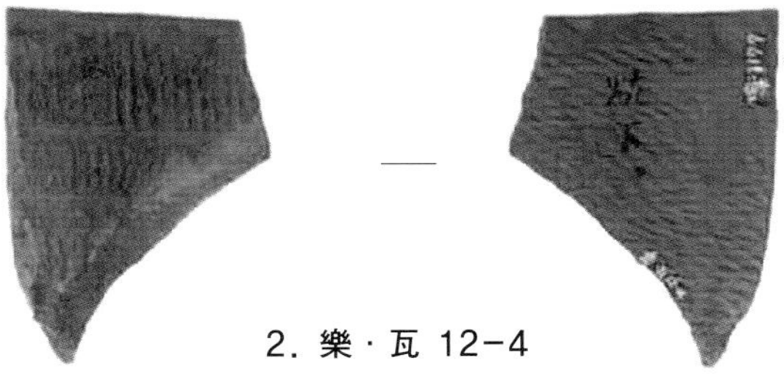

2. 樂 · 瓦 12-4

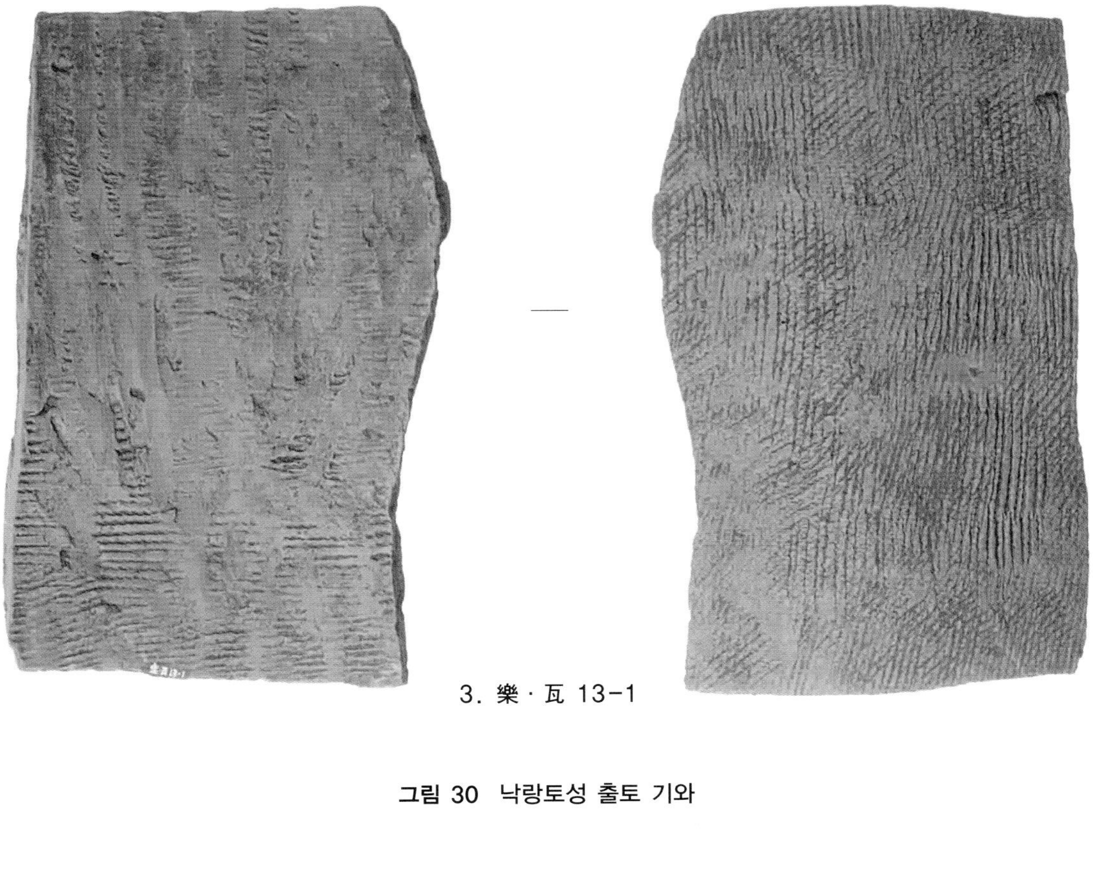

3. 樂 · 瓦 13-1

그림 30 낙랑토성 출토 기와

1. 樂 · 瓦 13-2

2. 樂 · 瓦 13-3

그림 31 낙랑토성 출토 기와

1. 樂 · 瓦 13-4

2. 樂 · 瓦 13-5

그림 32 낙랑토성 출토 기와

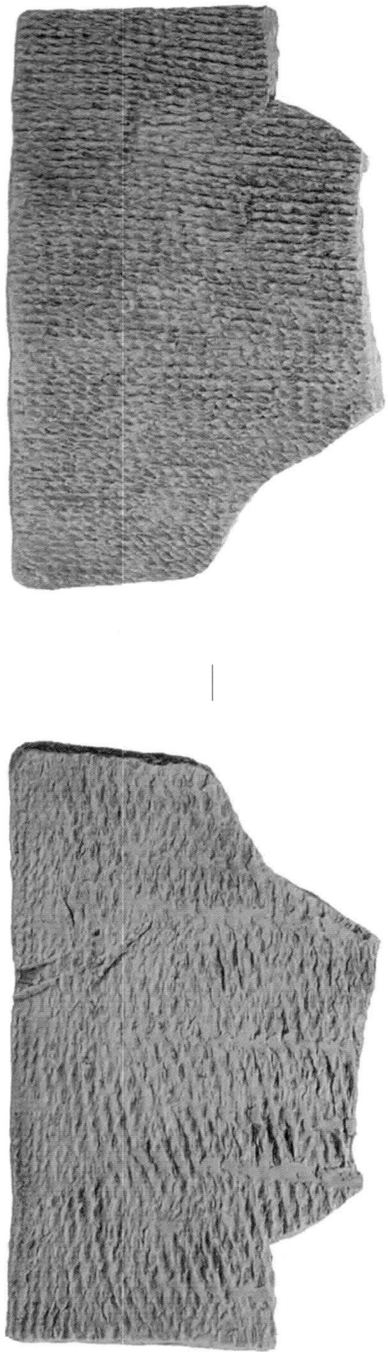

1. 樂·瓦 13-6

2. 樂·瓦 13-7

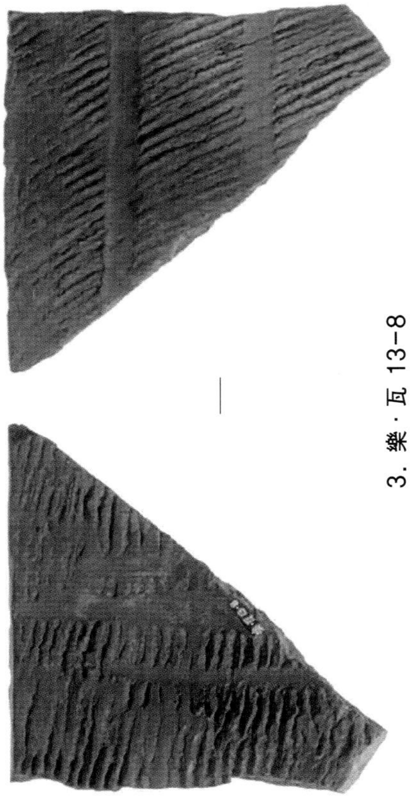

3. 樂·瓦 13-8

그림 33 낙랑토성 출토 기와

1. 樂 · 瓦 13-9

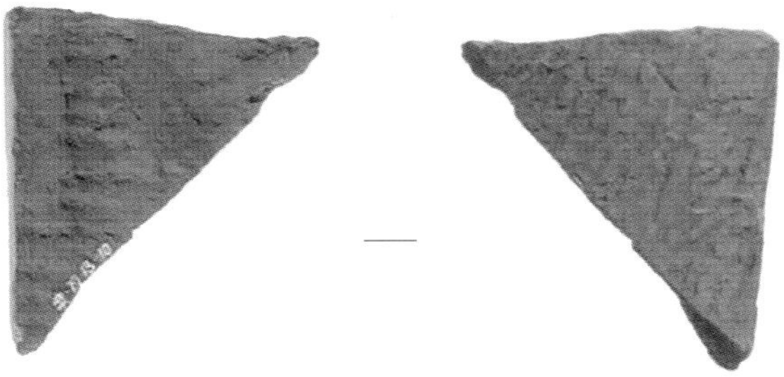

2. 樂 · 瓦 13-10

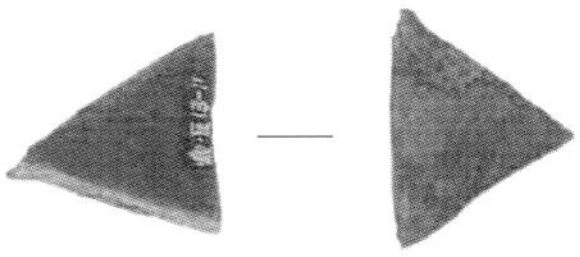

3. 樂 · 瓦 13-11

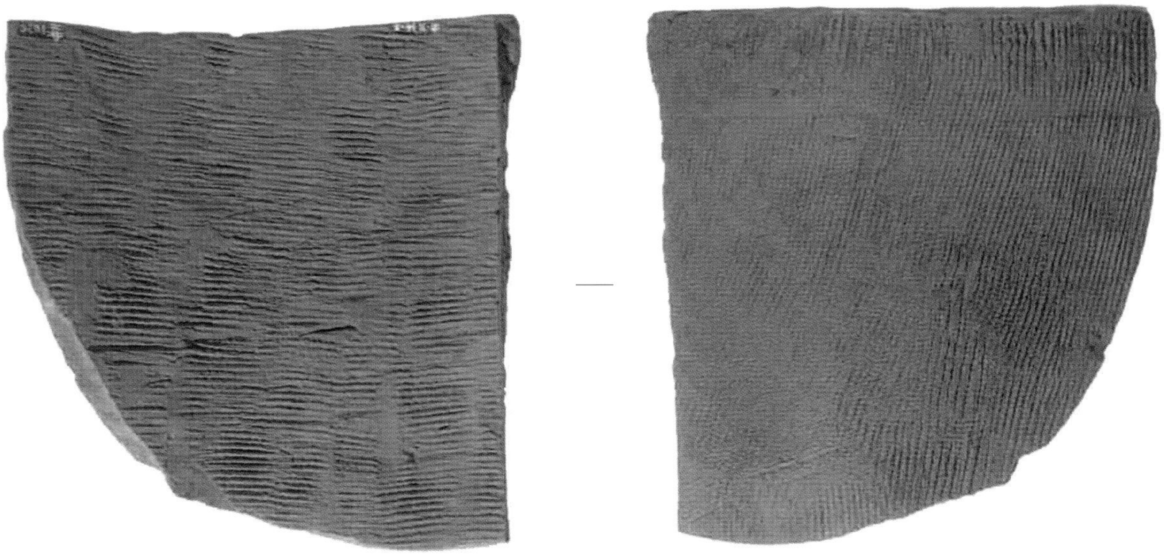

4. 樂 · 瓦 14-2

그림 34 낙랑토성 출토 기와

1. 樂·瓦 14-1

그림 35 낙랑토성 출토 기와

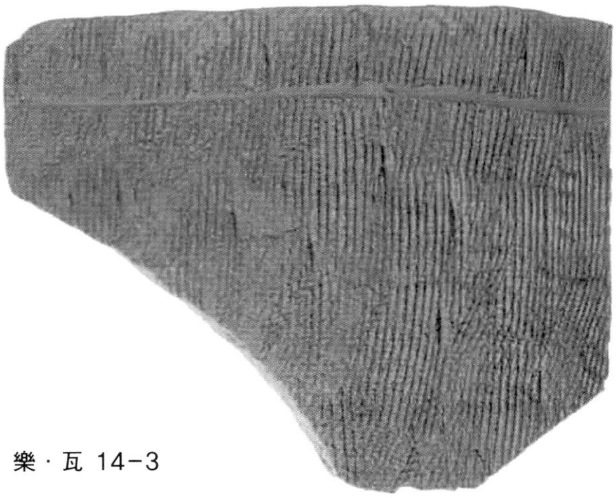

1. 樂 · 瓦 14-3

2. 樂 · 瓦 14-4

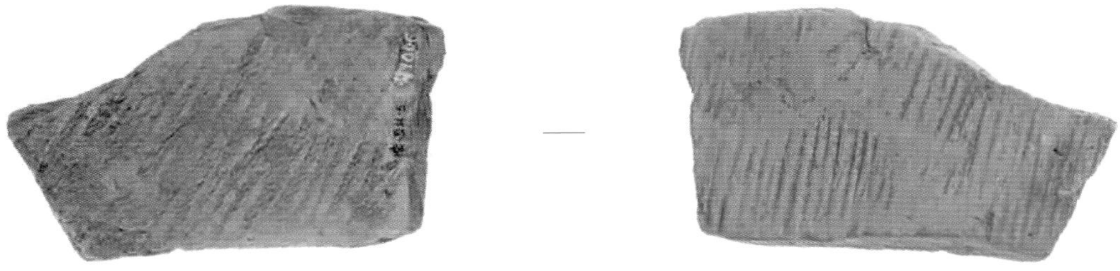

3. 樂 · 瓦 14-5

그림 36 낙랑토성 출토 기와

1. 樂 · 瓦 15-1

2. 樂 · 瓦 15-2

그림 37 낙랑토성 출토 기와

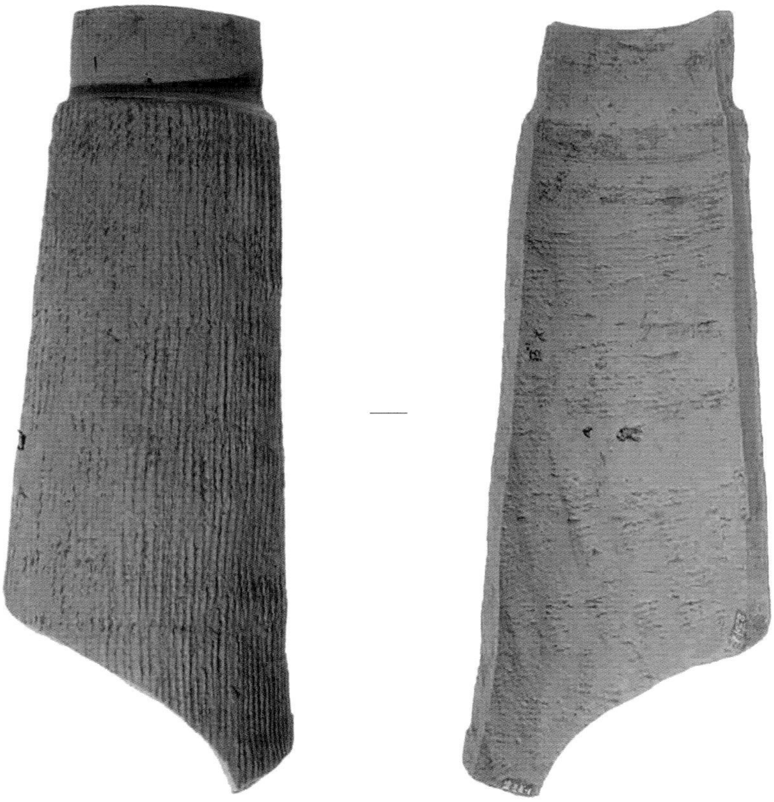

1. 樂 · 瓦 16-1

2. 樂 · 瓦 16-2

그림 38 낙랑토성 출토 기와

1. 樂 · 瓦 16-3

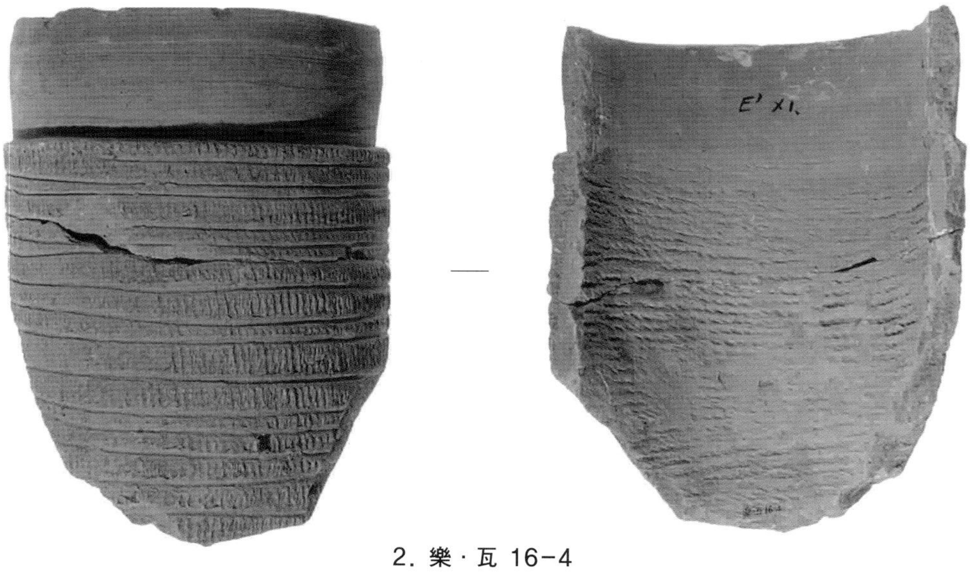

2. 樂 · 瓦 16-4

그림 39 낙랑토성 출토 기와

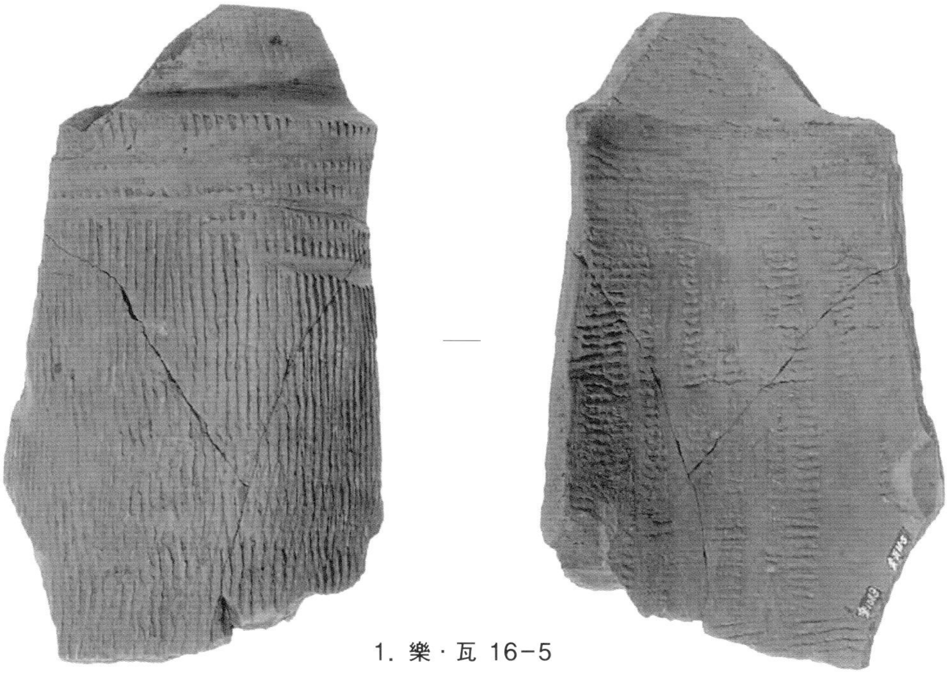

1. 樂 · 瓦 16-5

2. 樂 · 瓦 16-6

그림 40 낙랑토성 출토 기와

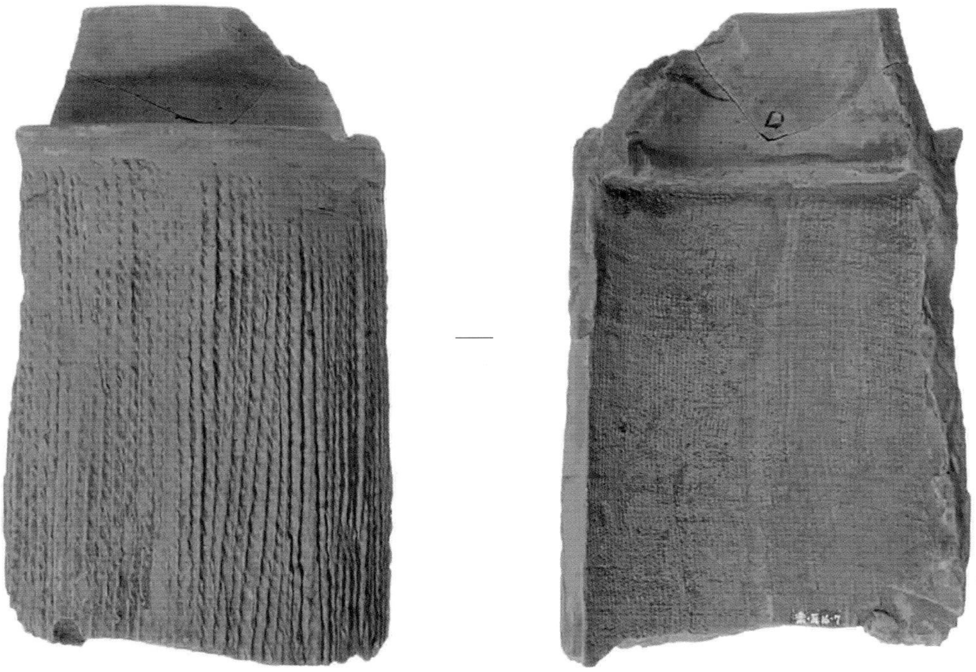

1. 樂 · 瓦 16-7

2. 樂 · 瓦 16-8

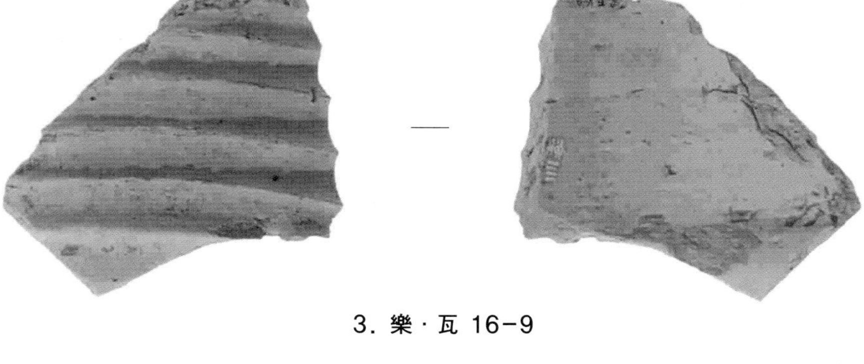

3. 樂 · 瓦 16-9

그림 41 낙랑토성 출토 기와

1. 樂 · 瓦 16-10

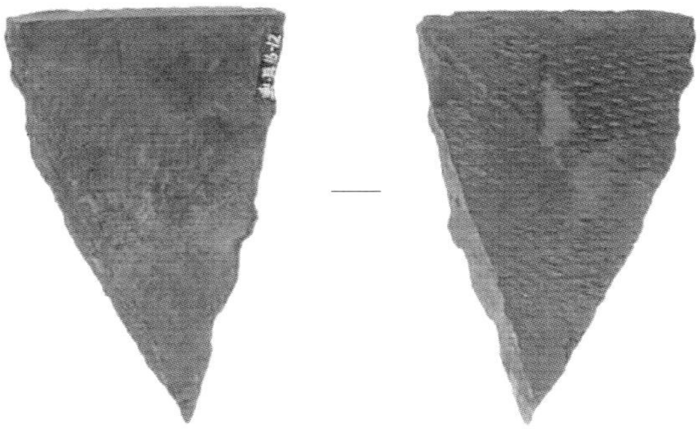

3. 樂 · 瓦 16-12

2. 樂 · 瓦 16-11

4. 樂 · 瓦 16-13

5. 樂 · 瓦 17-1

그림 42 낙랑토성 출토 기와

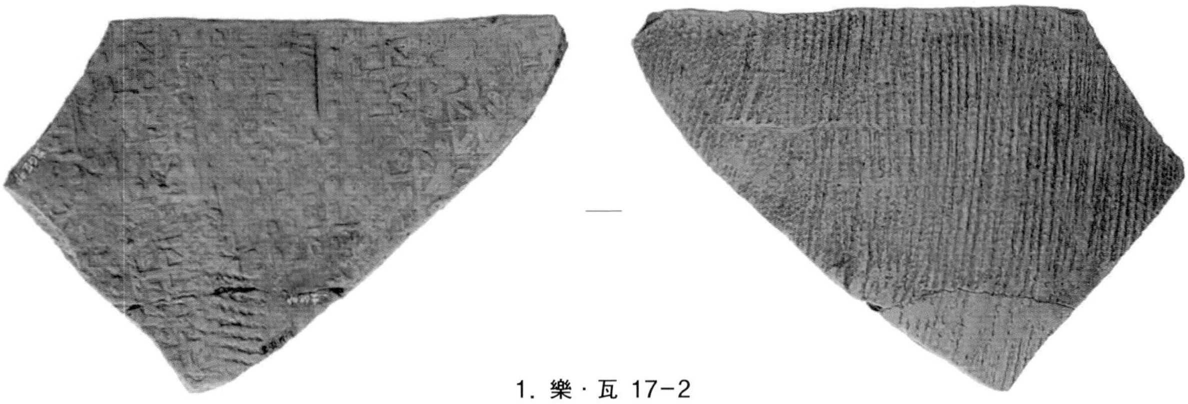

1. 樂 · 瓦 17-2

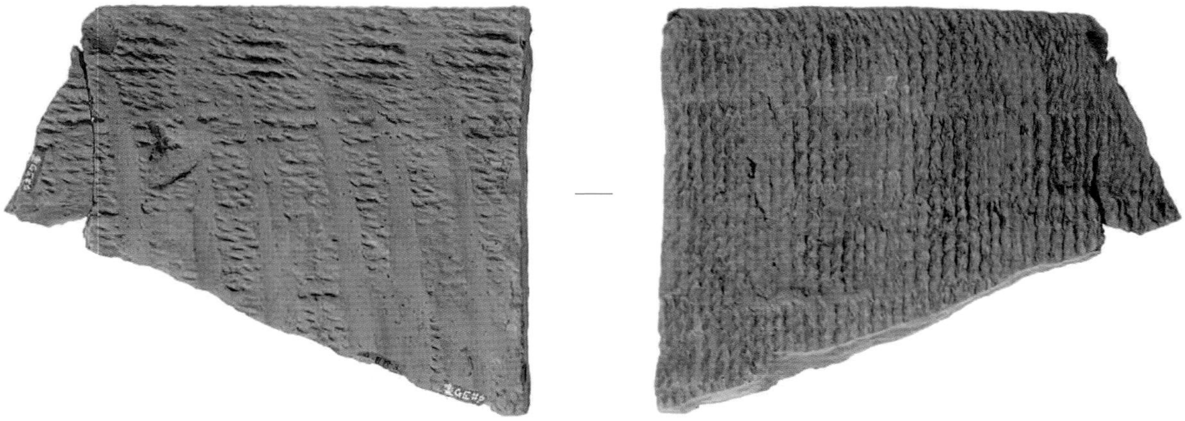

2. 樂 · 瓦 17-3

3. 樂 · 瓦 17-4

그림 43 낙랑토성 출토 기와

1. 樂·瓦 17-5

2. 樂·瓦 17-6

그림 44 낙랑토성 출토 기와

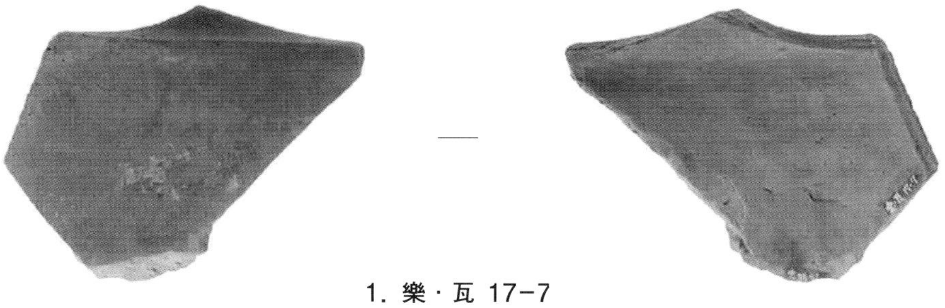

1. 樂 · 瓦 17-7

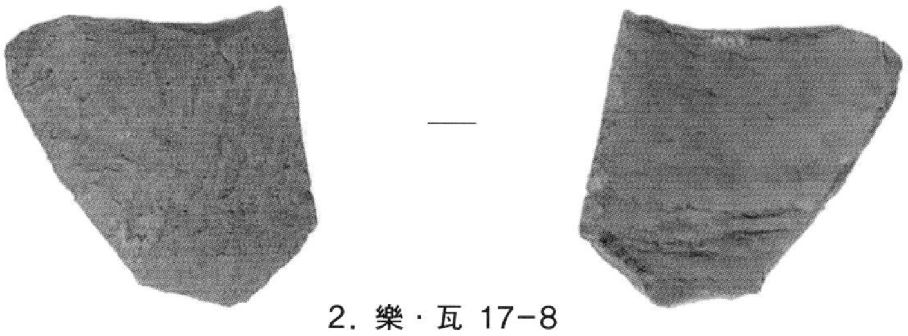

2. 樂 · 瓦 17-8

3. 樂 · 瓦 17-9

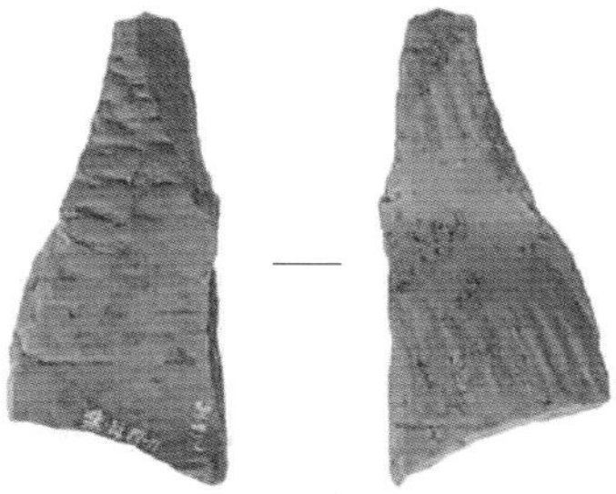

5. 樂 · 瓦 17-11

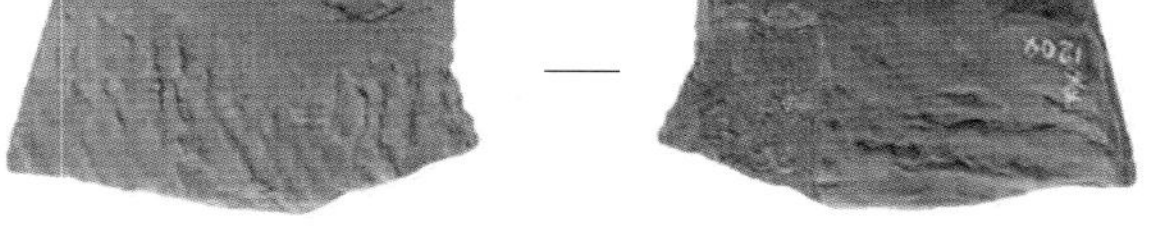

4. 樂 · 瓦 17-10

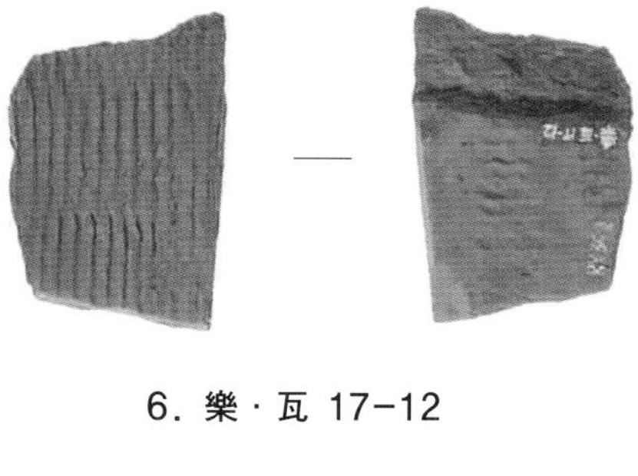

6. 樂 · 瓦 17-12

그림 45 낙랑토성 출토 기와

1. 樂·瓦 18-1

2. 樂·瓦 18-2

그림 46 낙랑토성 출토 기와

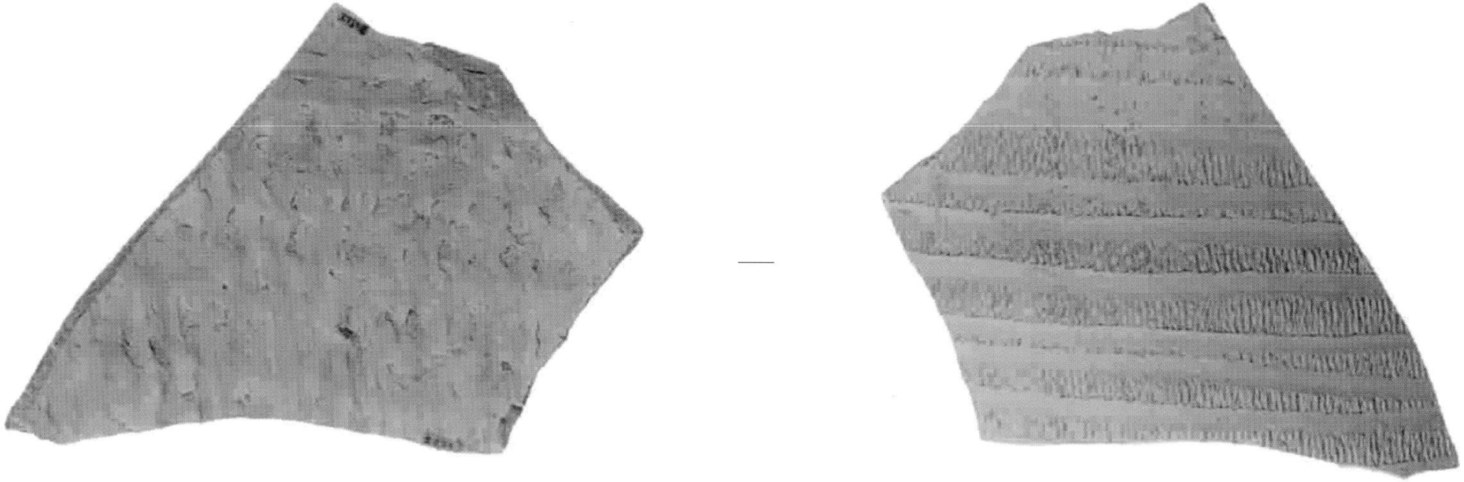

1. 樂·瓦 18-3

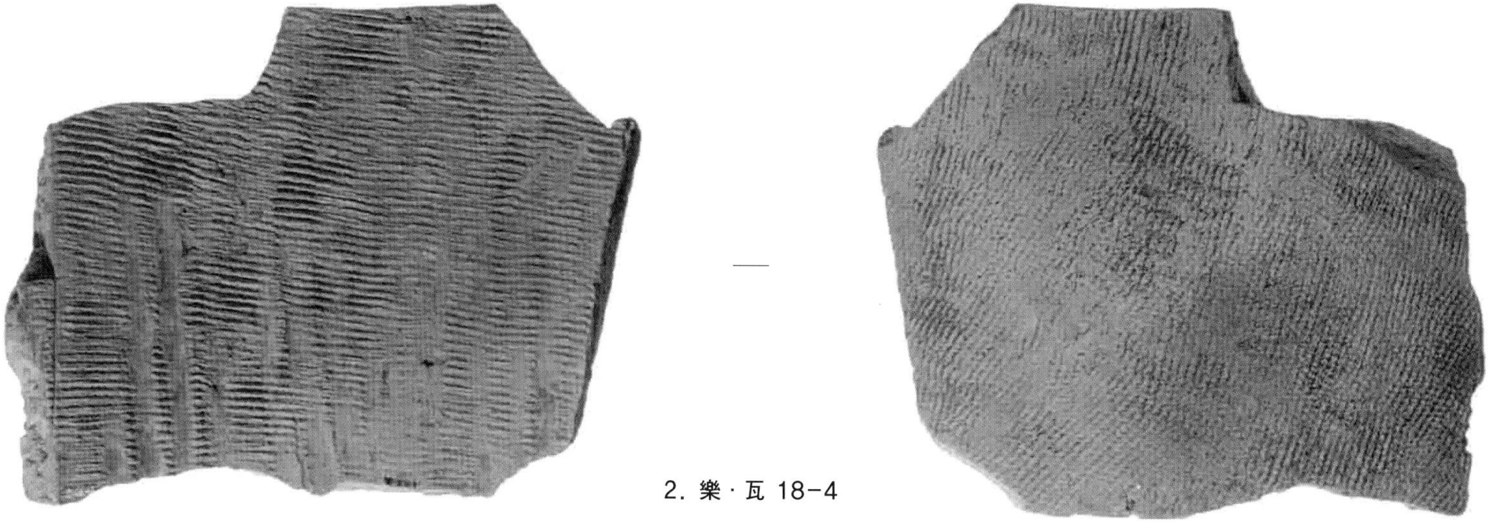

2. 樂·瓦 18-4

그림 47 낙랑토성 출토 기와

1. 樂·瓦 18-5

2. 樂·瓦 18-6

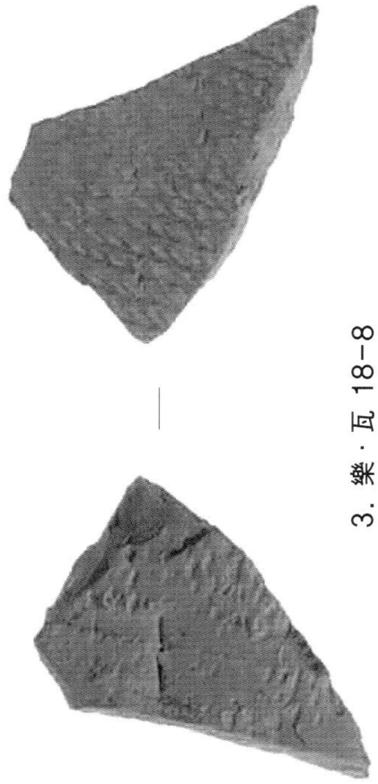
3. 樂·瓦 18-8

그림 48 낙랑토성 출토 기와

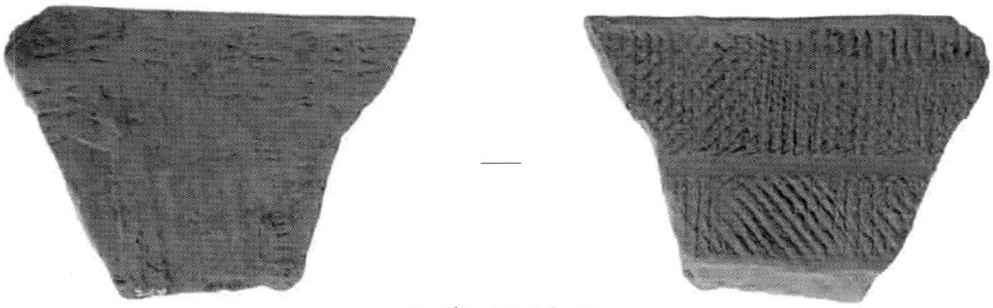

1. 樂 · 瓦 18-7

2. 樂 · 瓦 19-1

3. 樂 · 瓦 19-2

그림 49 낙랑토성 출토 기와

1. 樂·瓦 19-3

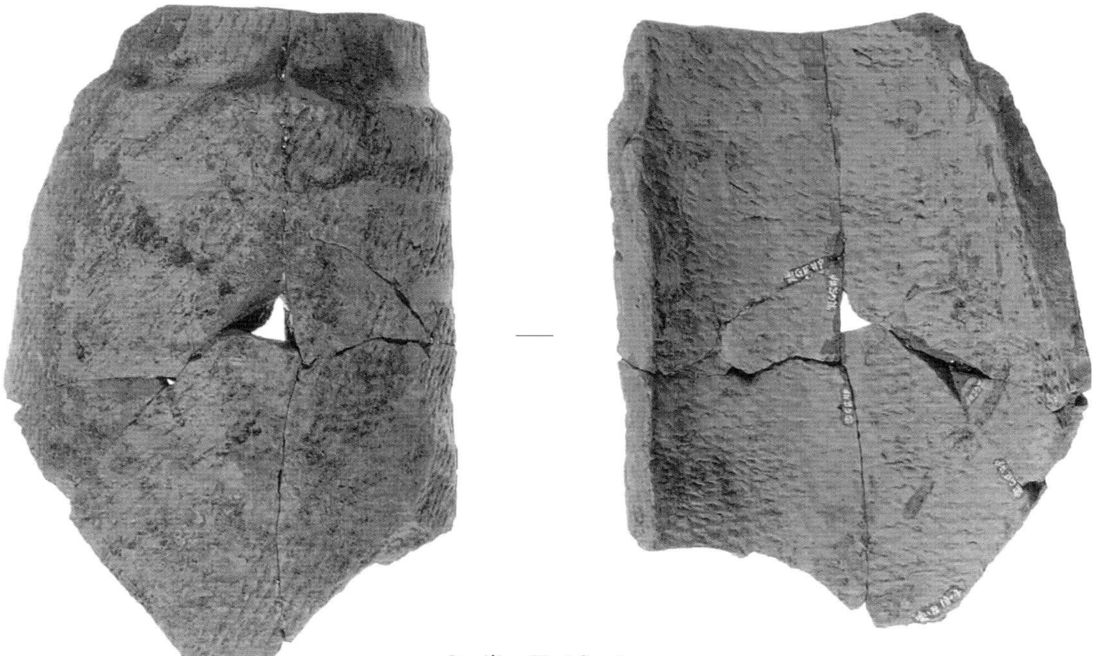

2. 樂·瓦 19-4

그림 50 낙랑토성 출토 기와

1. 樂 · 瓦 19-5

2. 樂 · 瓦 19-6

그림 51 낙랑토성 출토 기와

1. 樂 · 瓦 19-7

2. 樂 · 瓦 19-8

그림 52 낙랑토성 출토 기와

2. 樂 · 瓦 19-9

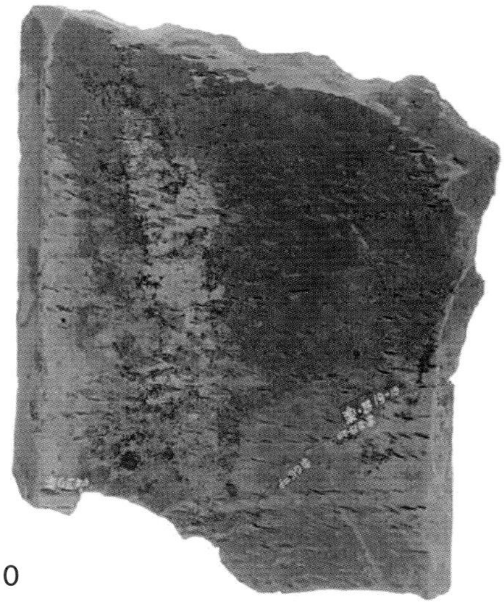

2. 樂 · 瓦 19-10

2. 樂 · 瓦 19-11

그림 53 낙랑토성 출토 기와

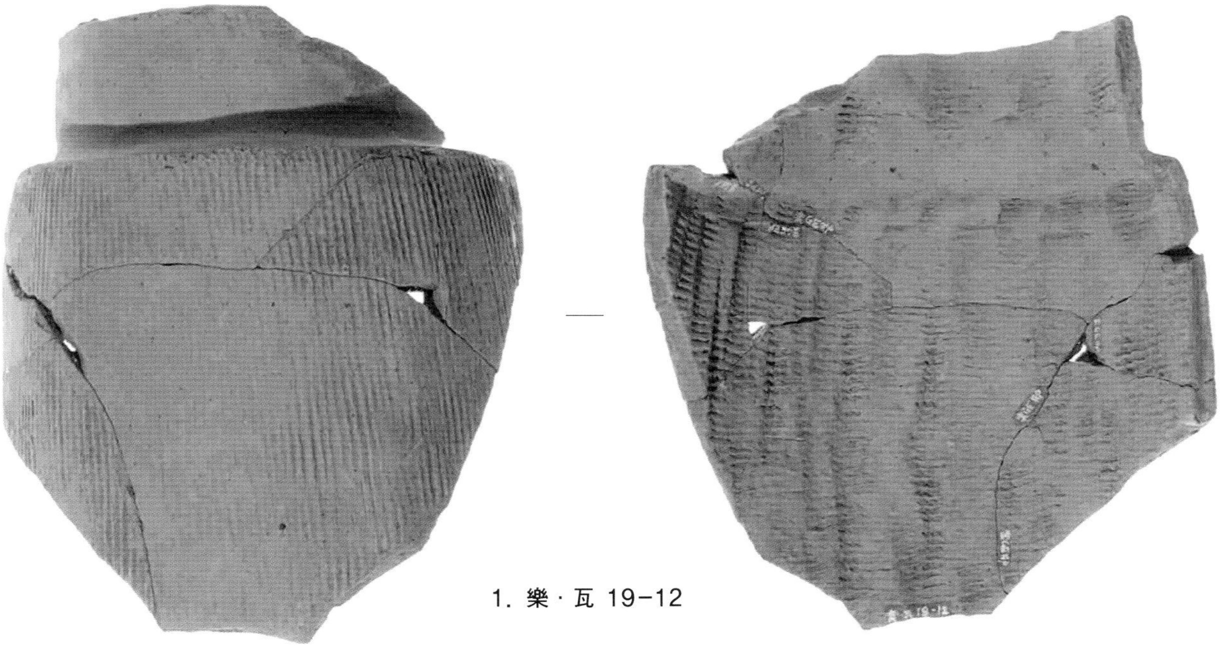

1. 樂 · 瓦 19-12

2. 樂 · 瓦 19-13

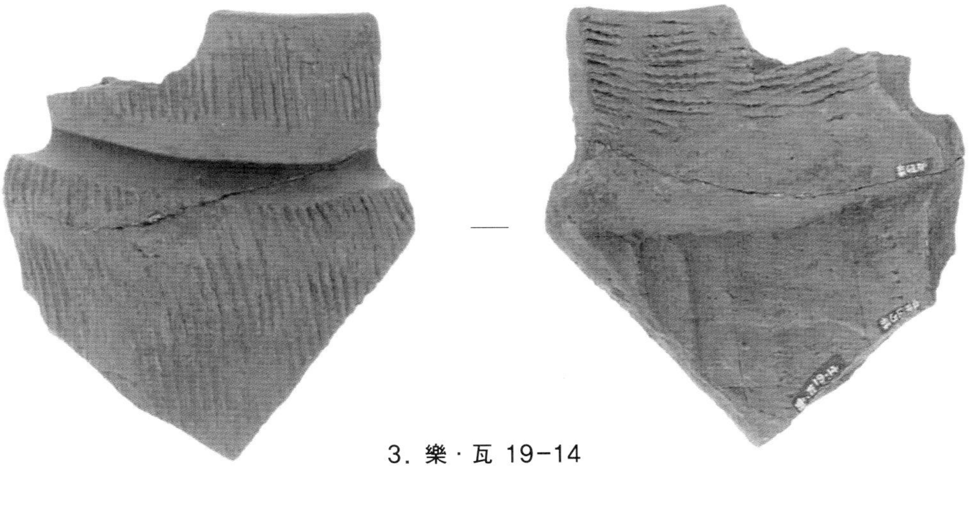

3. 樂 · 瓦 19-14

그림 54 낙랑토성 출토 기와

1. 樂 · 瓦 19-15

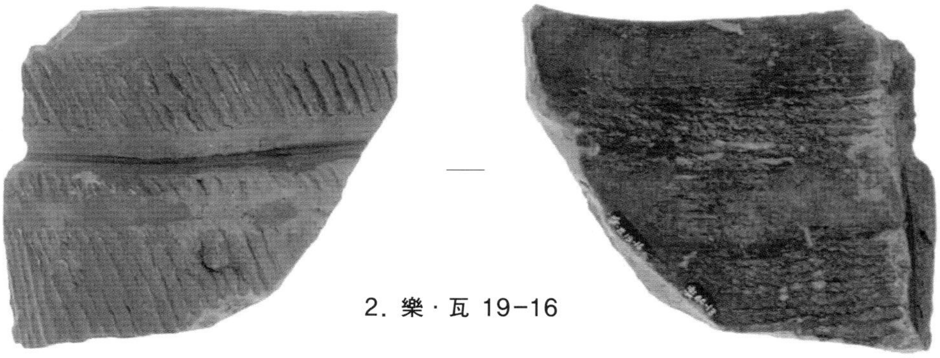

2. 樂 · 瓦 19-16

3. 樂 · 瓦 19-17

4. 樂 · 瓦 19-18

그림 55 낙랑토성 출토 기와

2. 樂 · 瓦 19-19

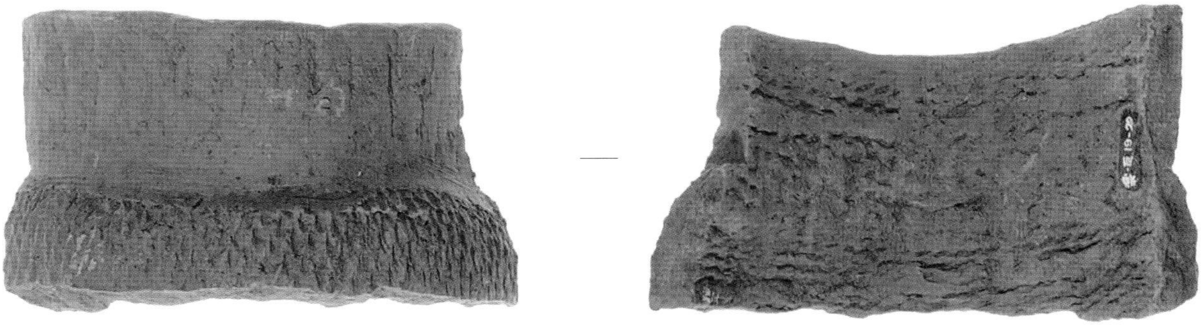

2. 樂 · 瓦 19-20

2. 樂 · 瓦 19-22

그림 56 낙랑토성 출토 기와

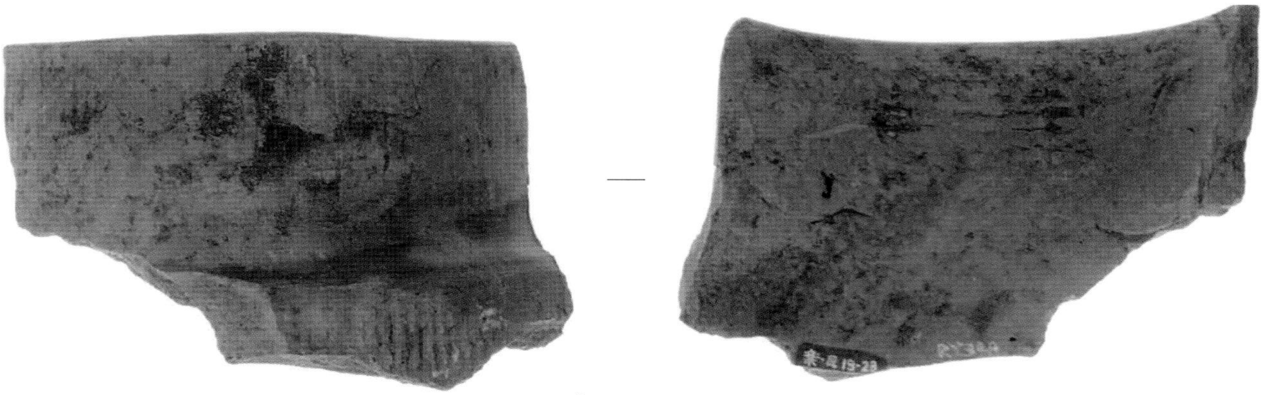

1. 樂 · 瓦 19-23

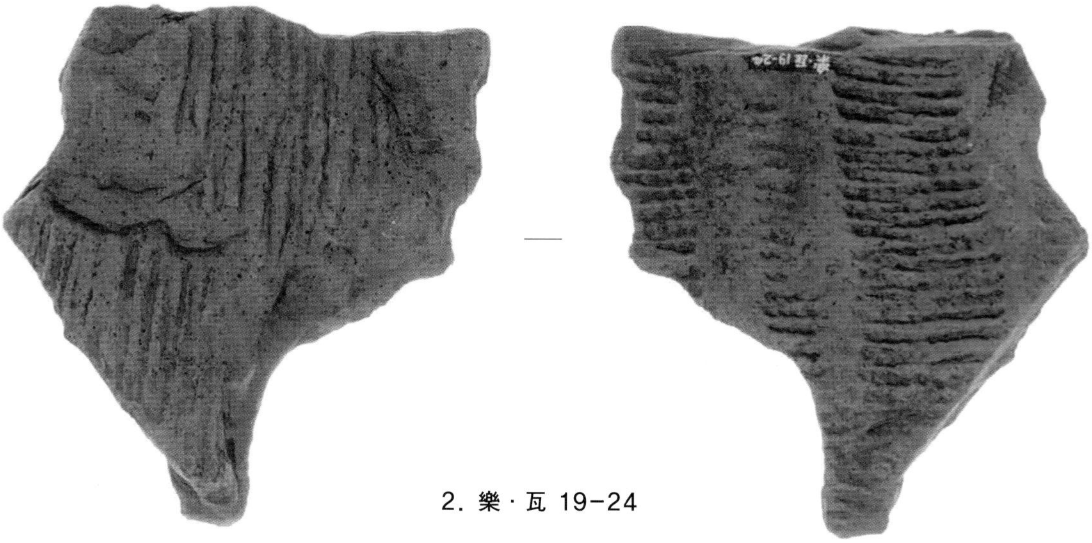

2. 樂 · 瓦 19-24

3. 樂 · 瓦 19-25

그림 57 낙랑토성 출토 기와

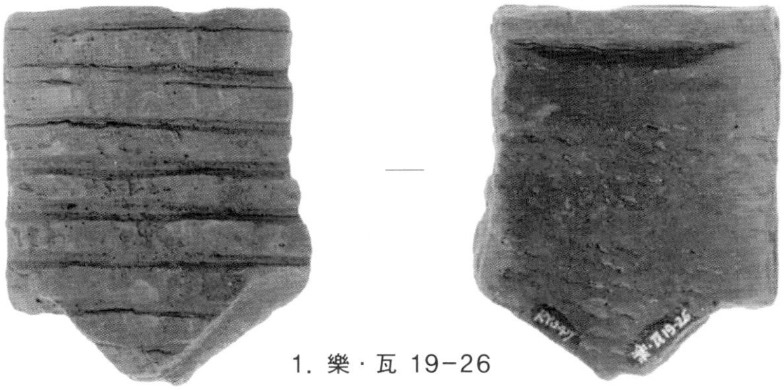

1. 樂 · 瓦 19-26

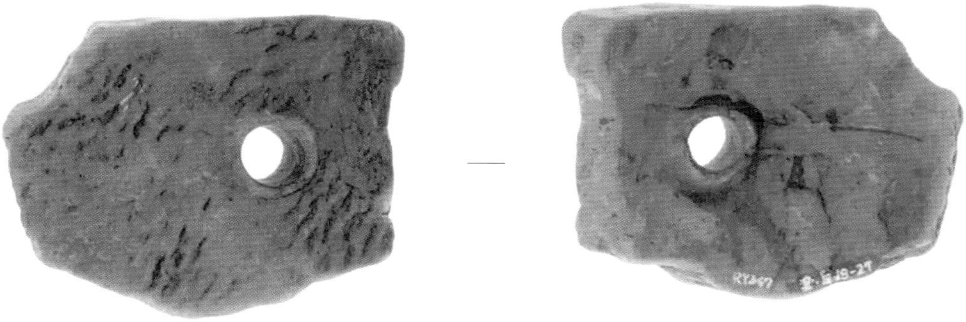

2. 樂 · 瓦 19-27

3. 樂 · 瓦 19-28

4. 樂 · 瓦 19-30

그림 58 낙랑토성 출토 기와

1. 樂·瓦 20-1

그림 59 낙랑토성 출토 기와

2. 樂·瓦 20-2

그림 60 낙랑토성 출토 기와

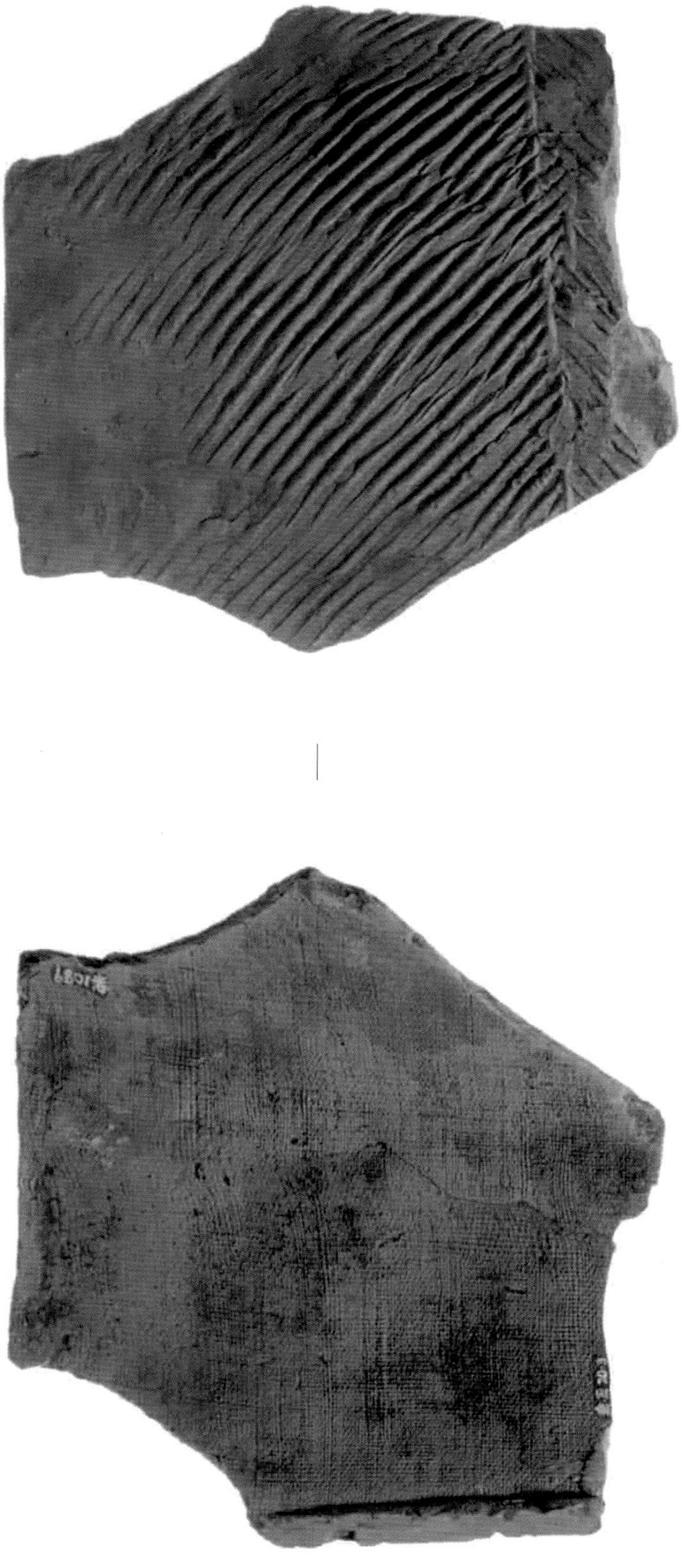

1. 樂 · 瓦 20-3

그림 61 낙랑토성 출토 기와

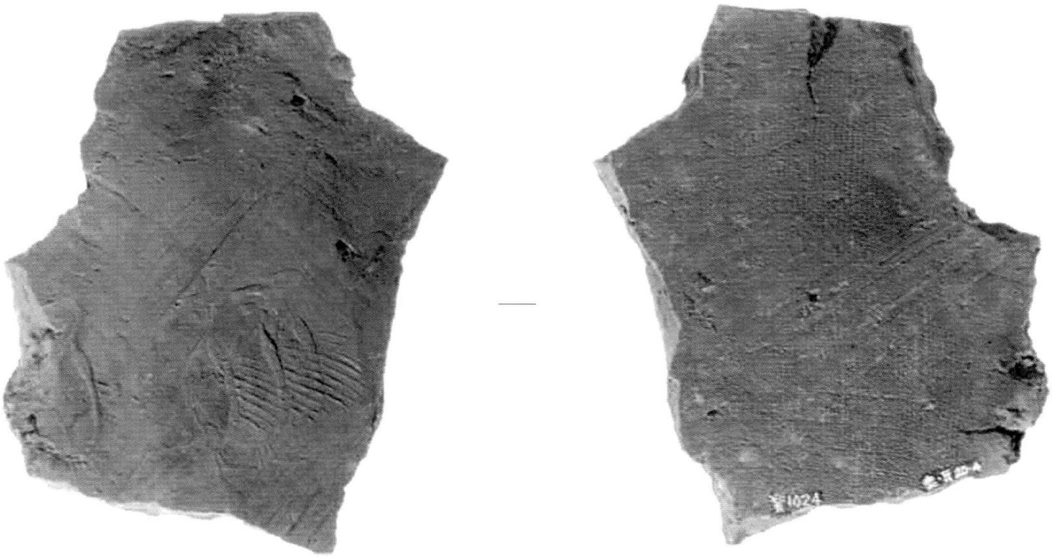

1. 樂 · 瓦 20-4

2. 樂 · 瓦 20-5

그림 62 낙랑토성 출토 기와

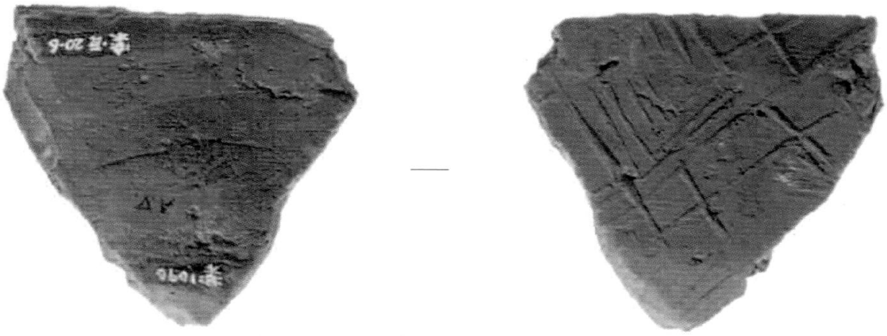

1. 樂 · 瓦 20-6

2. 樂 · 瓦 21-1

그림 63 낙랑토성 출토 기와

1. 樂 · 瓦 21-2

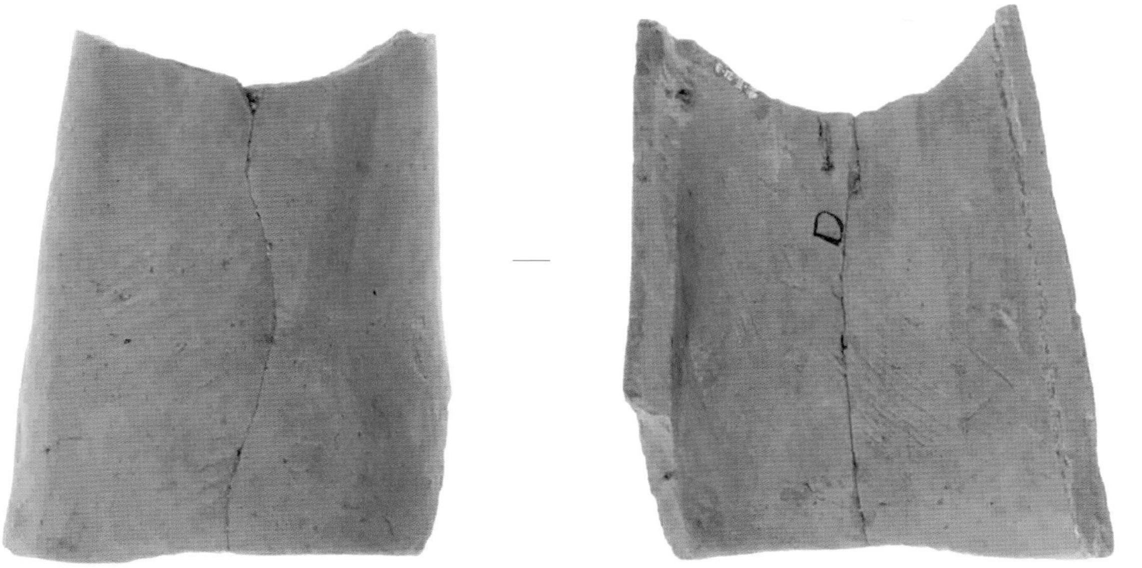

2. 樂 · 瓦 21-3

그림 64 낙랑토성 출토 기와

1. 樂 · 瓦 21-4

2. 樂 · 瓦 21-5

그림 65 낙랑토성 출토 기와

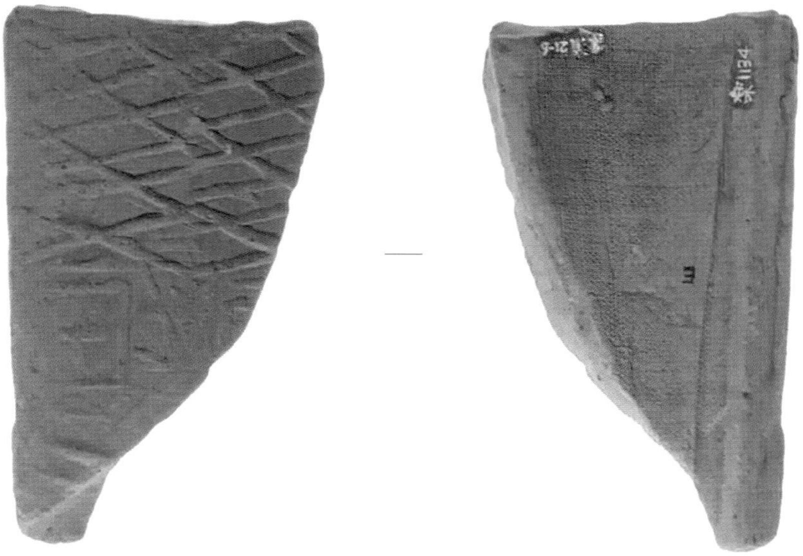

1. 樂 · 瓦 21-6

2. 樂 · 瓦 21-7

그림 66 낙랑토성 출토 기와

1. 樂 · 瓦 22-2

2. 樂 · 瓦 22-3

그림 67 낙랑토성 출토 기와

1. 樂·瓦 22-4

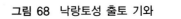

2. 樂·瓦 22-5

그림 68 낙랑토성 출토 기와

1. 樂 · 瓦 22-6

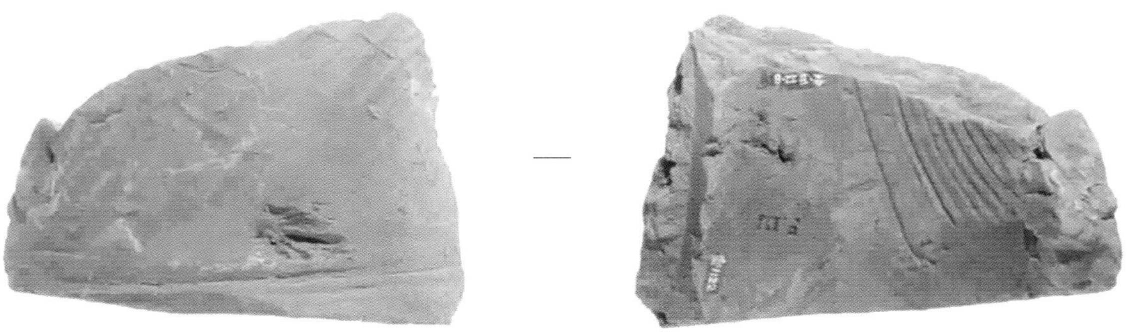

2. 樂 · 瓦 22-8

그림 69 낙랑토성 출토 기와

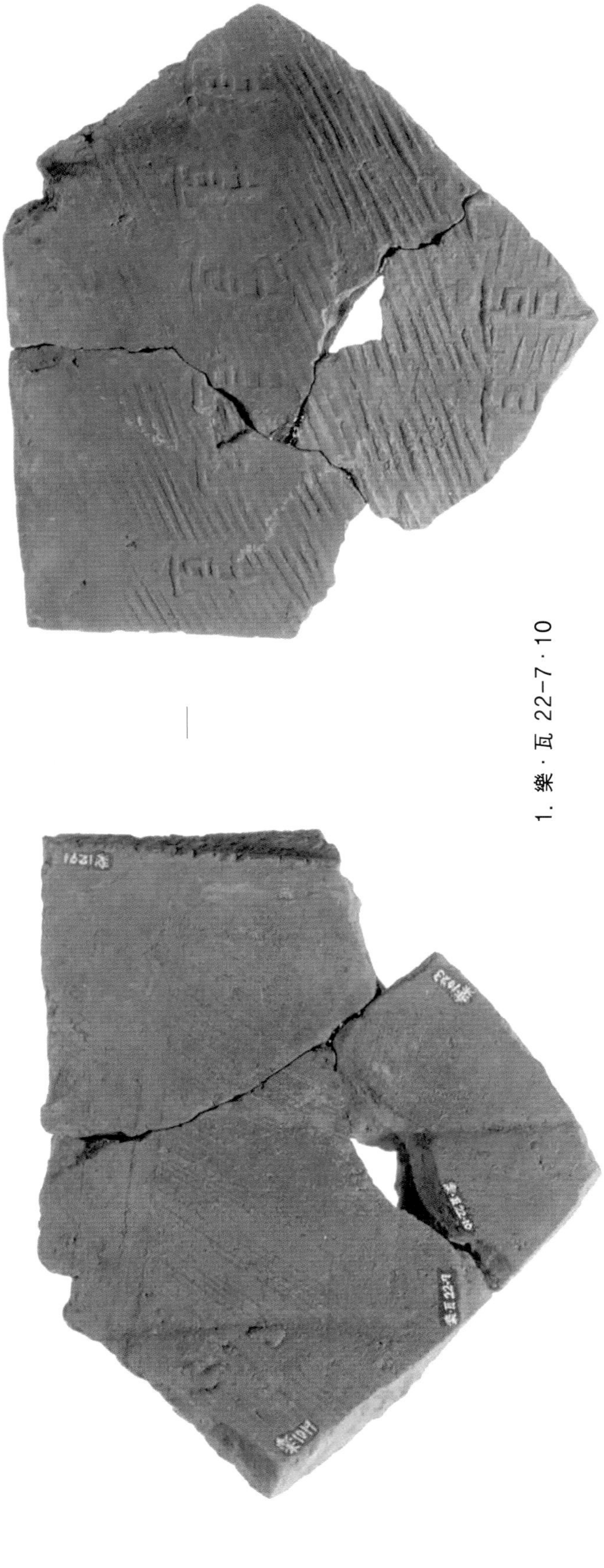

1. 樂·瓦 22-7·10

그림 70 낙랑토성 출토 기와

1. 樂·瓦 22-9

그림 71 낙랑토성 출토 기와

1. 樂 · 瓦 22-11

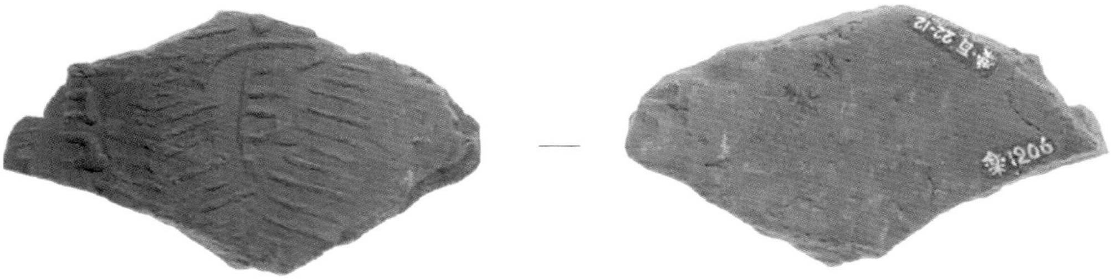

2. 樂 · 瓦 22-12

3. 樂 · 瓦 22-13

그림 72 낙랑토성 출토 기와

1. 樂·瓦 23-1

그림 73 낙랑토성 출토 기와

1. 樂 · 瓦 23-2

2. 樂 · 瓦 23-3

그림 74 낙랑토성 출토 기와

1. 樂 · 瓦 23-4

2. 樂 · 瓦 23-5

그림 75 낙랑토성 출토 기와

1. 樂 · 瓦 24-1

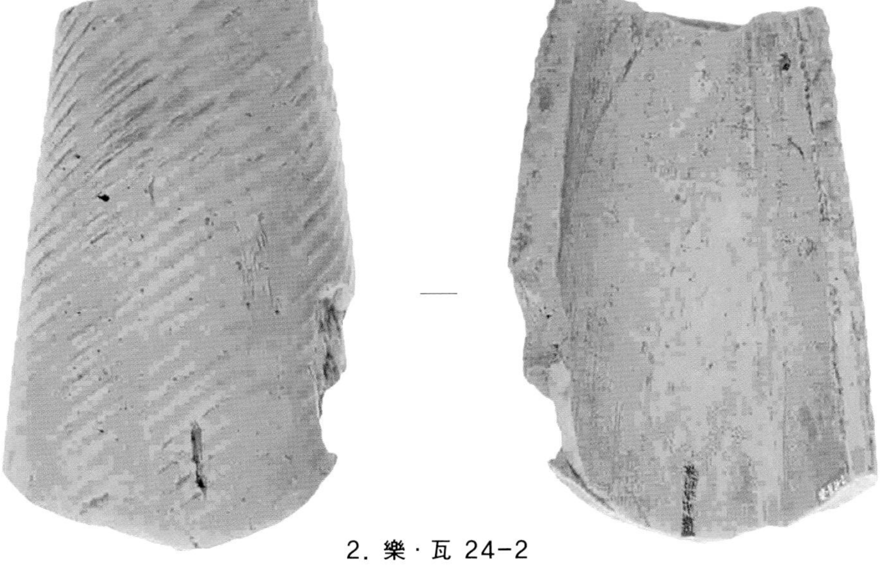

2. 樂 · 瓦 24-2

그림 76 낙랑토성 출토 기와

1. 樂 · 瓦 24-3

2. 樂 · 瓦 24-4

3. 樂 · 瓦 24-5

4. 樂 · 瓦 24-6

그림 77 낙랑토성 출토 기와

1. 樂 · 瓦 25-1

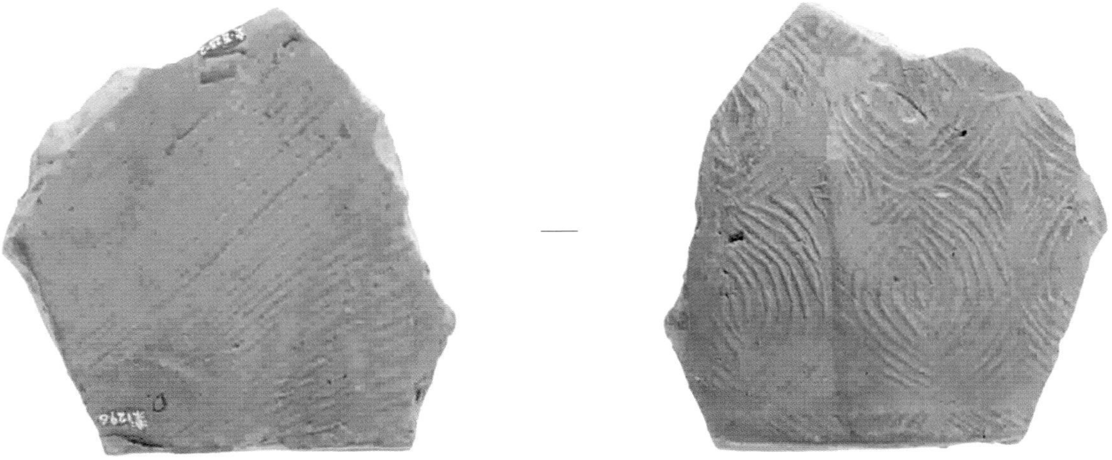

2. 樂 · 瓦 25-2

그림 78 낙랑토성 출토 기와

1. 樂·瓦 25-3

2. 樂·瓦 25-4

그림 79 낙랑토성 출토 기와

1. 樂 · 瓦 25-5

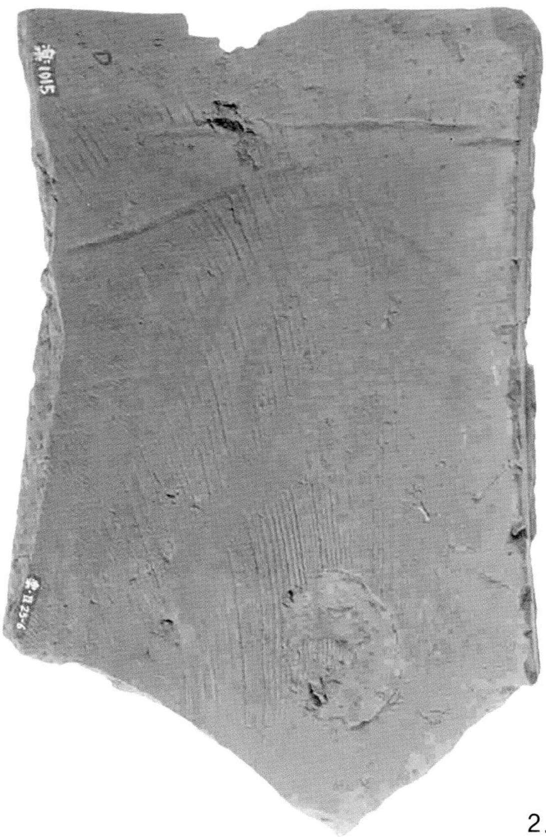

2. 樂 · 瓦 25-6

그림 80 낙랑토성 출토 기와

1. 樂 · 瓦 25-7

2. 樂 · 瓦 25-8

그림 81 낙랑토성 출토 기와

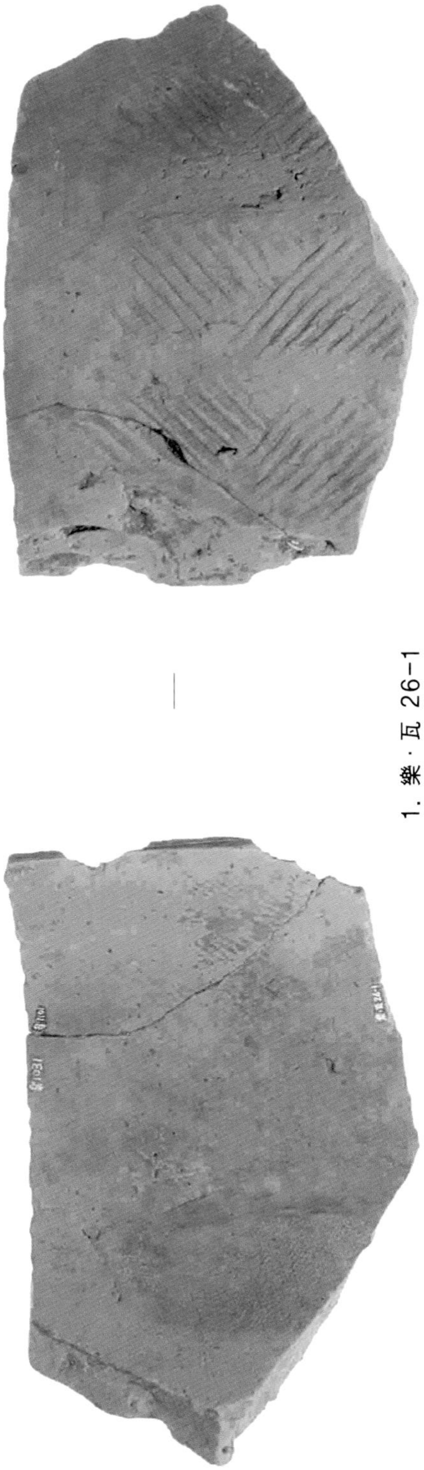

1. 樂·瓦 26-1

2. 樂·瓦 26-3

3. 樂·瓦 26-4

그림 82 낙랑토성 출토 기와

1. 樂 · 瓦 26-2

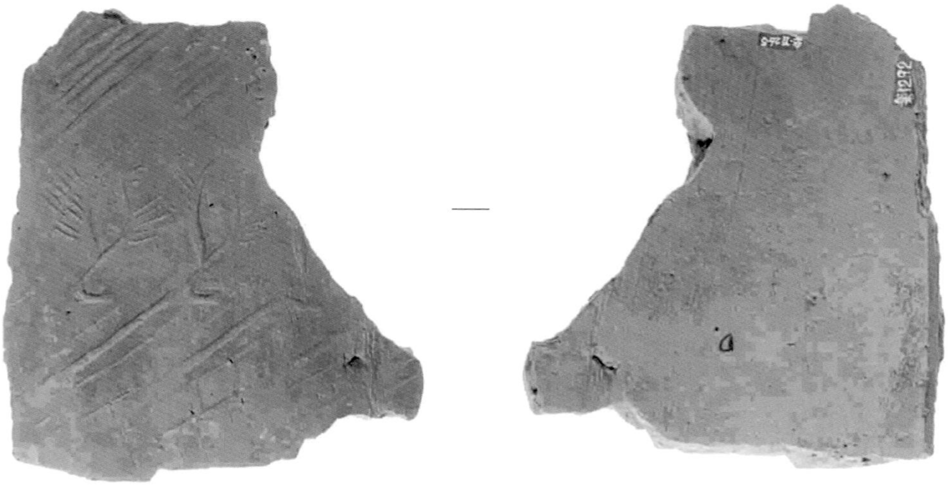

2. 樂 · 瓦 26-5

그림 83 낙랑토성 출토 기와

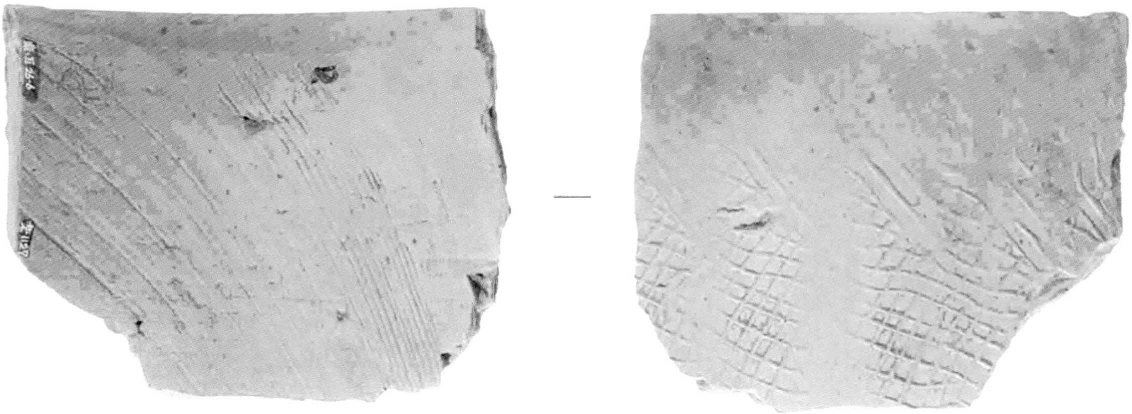

1. 樂 · 瓦 26-6

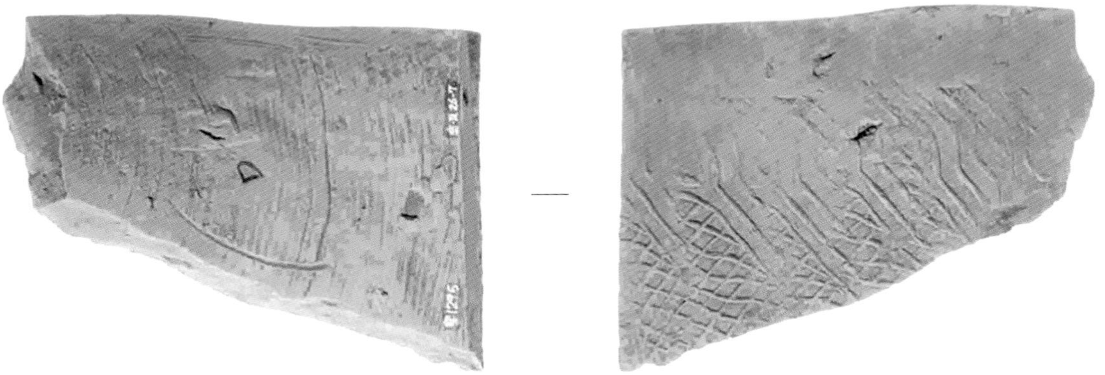

2. 樂 · 瓦 26-7

3. 樂 · 瓦 26-8

그림 84 낙랑토성 출토 기와

1. 樂 · 瓦 26-9

2. 樂 · 瓦 26-10

3. 樂 · 瓦 27-1

그림 85 낙랑토성 출토 기와

1. 樂 · 瓦 27-2

2. 樂 · 瓦 27-4

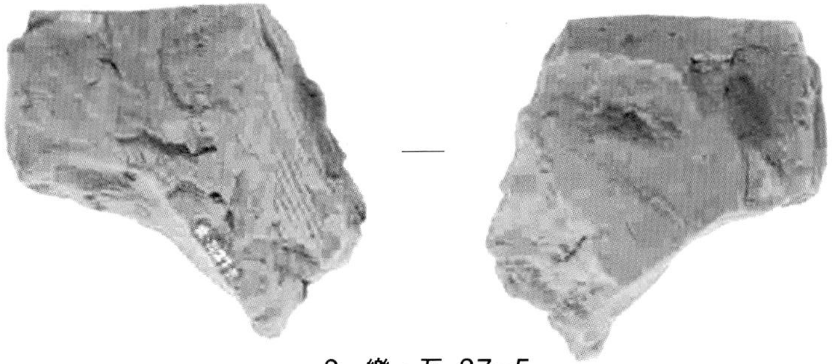

3. 樂 · 瓦 27-5

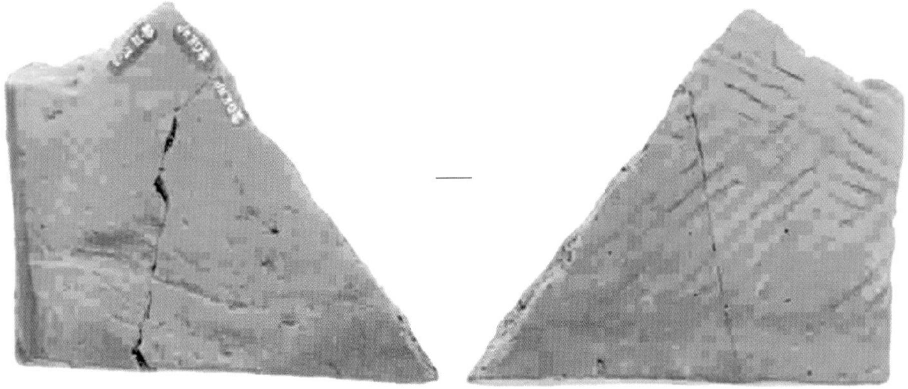

4. 樂 · 瓦 27-3

그림 86 낙랑토성 출토 기와

1. 樂 · 瓦 28-1

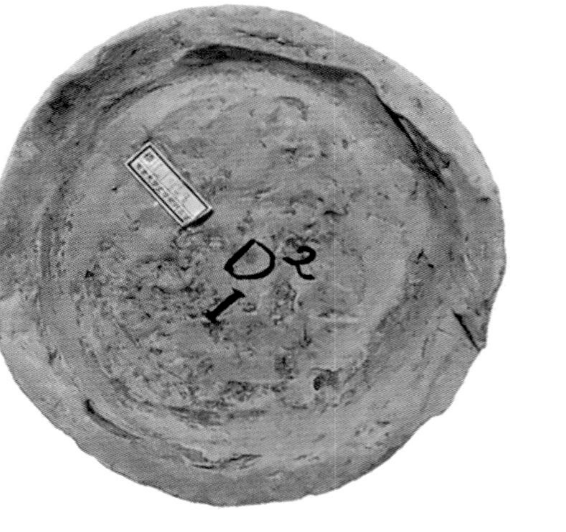

2. 樂 · 瓦 28-2

그림 87 낙랑토성 출토 기와

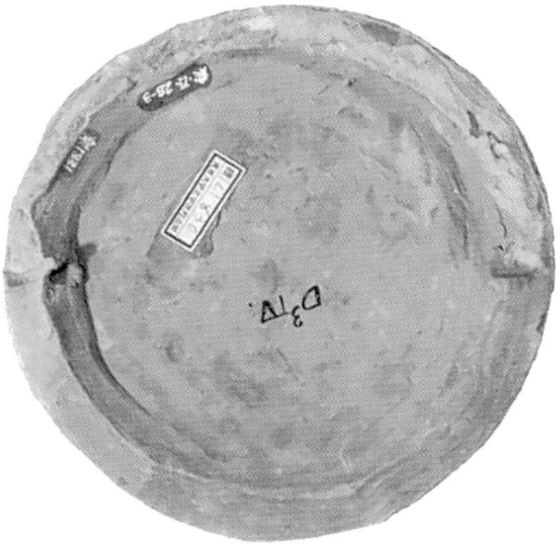

1. 樂 · 瓦 28-3

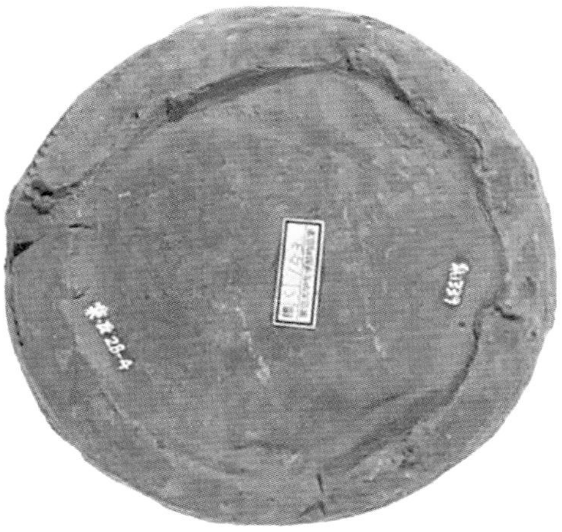

2. 樂 · 瓦 28-4

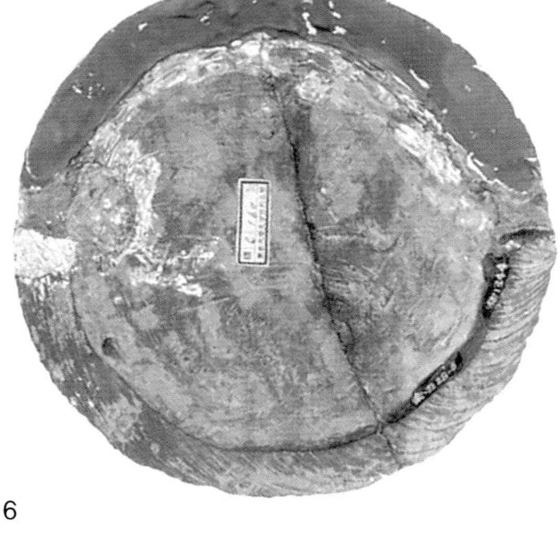

3. 樂 · 瓦 28-6

그림 88 낙랑토성 출토 기와

1. 樂 · 瓦 28-5

그림 89 낙랑토성 출토 기와

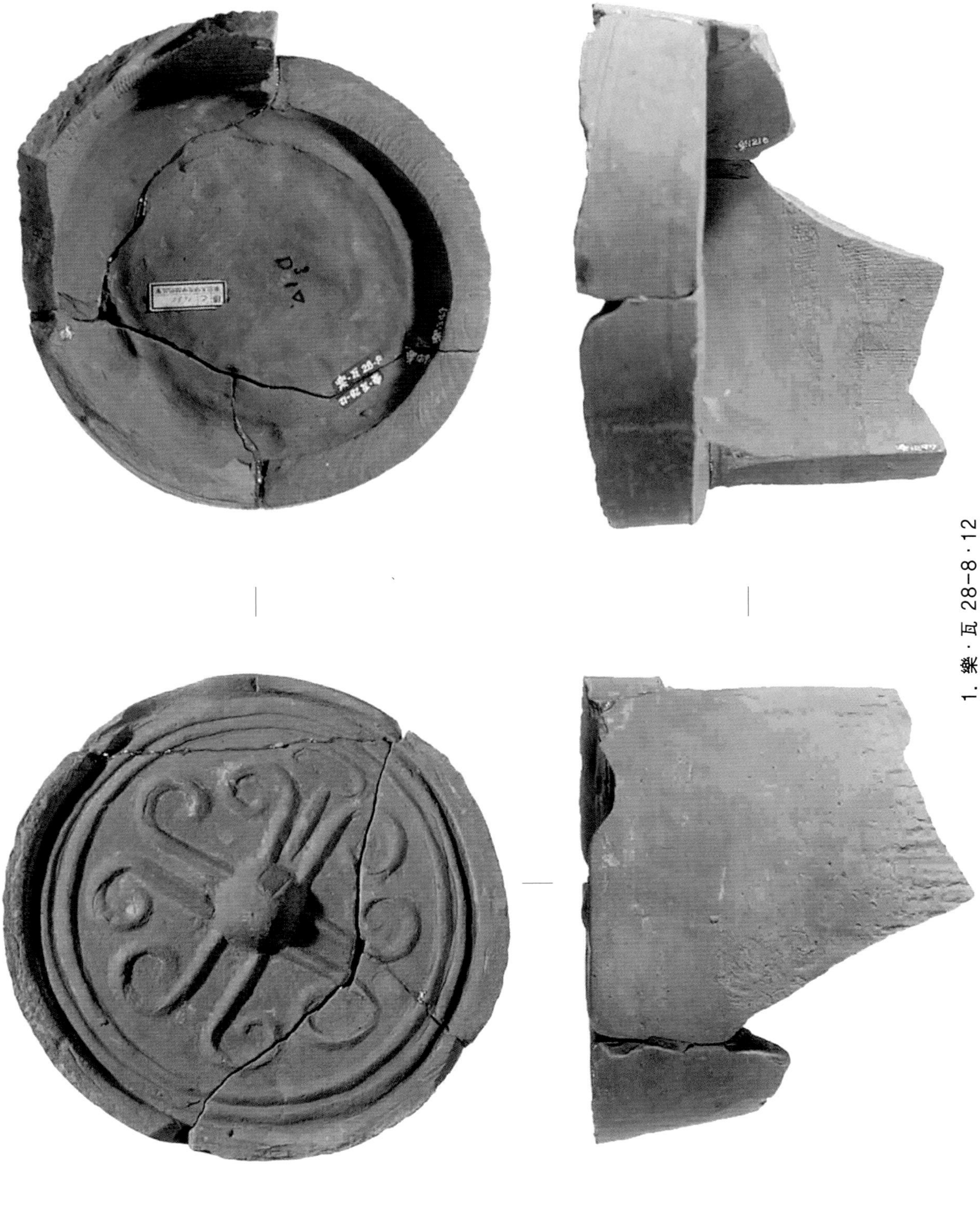

1. 樂·瓦 28-8·12

그림 90 낙랑토성 출토 기와

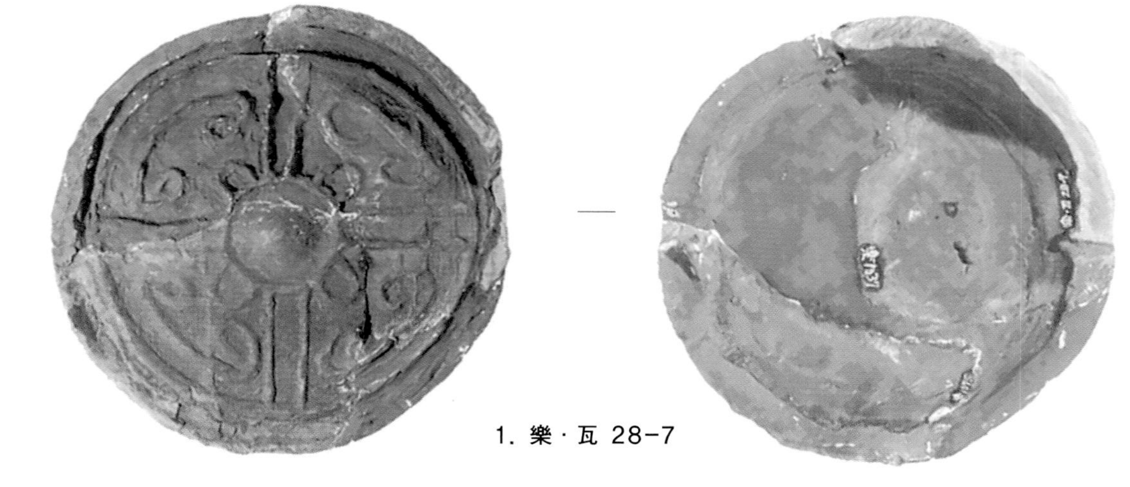

1. 樂 · 瓦 28-7

2. 樂 · 瓦 28-9

3. 樂 · 瓦 28-10

그림 91 낙랑토성 출토 기와

1. 樂 · 瓦 28-11

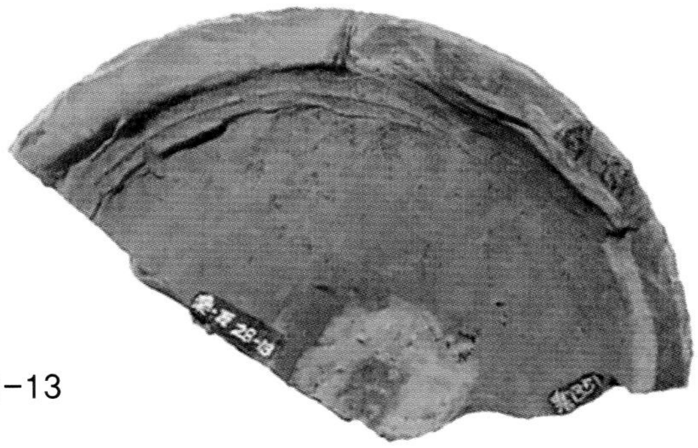

2. 樂 · 瓦 28-13

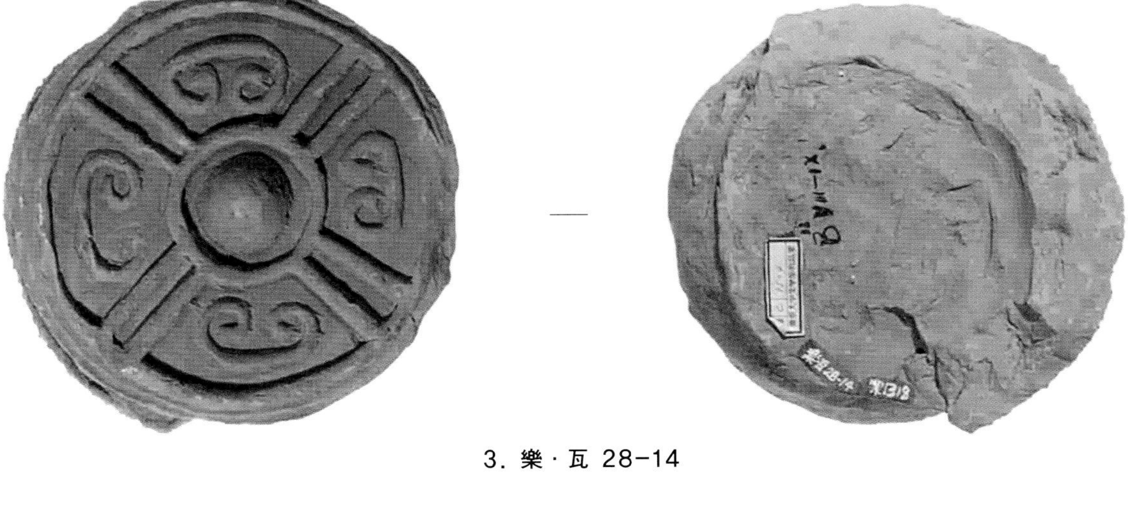

3. 樂 · 瓦 28-14

그림 92 낙랑토성 출토 기와

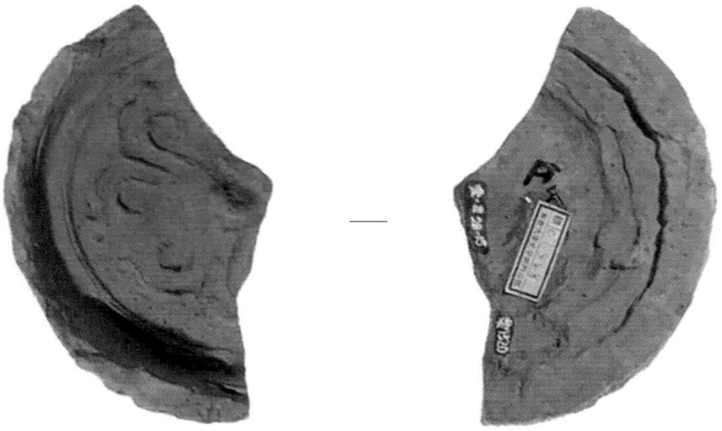

1. 樂 · 瓦 28-15

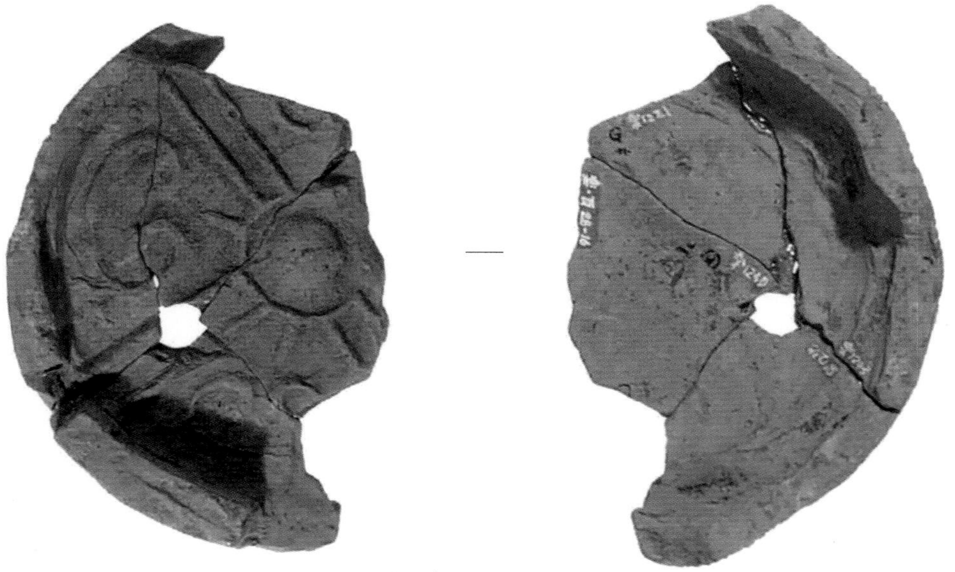

2. 樂 · 瓦 28-16

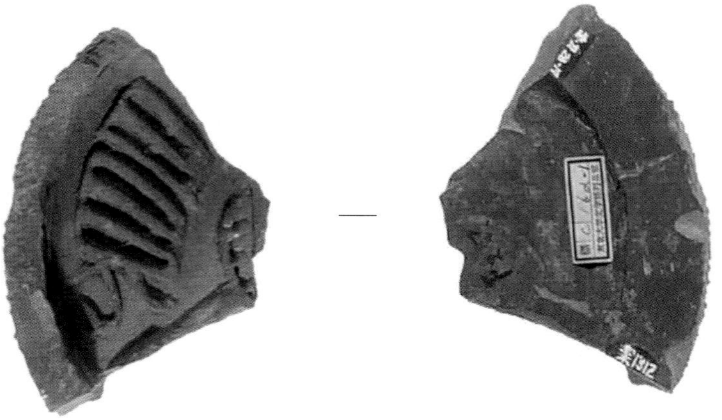

3. 樂 · 瓦 28-17

그림 93 낙랑토성 출토 기와

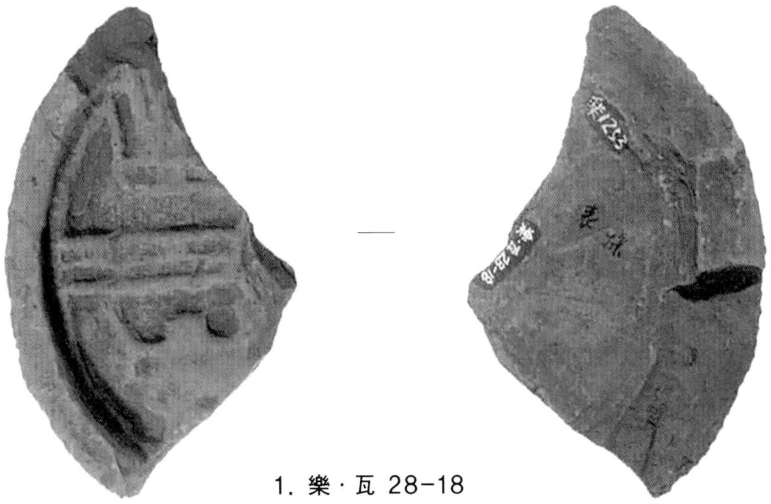

1. 樂 · 瓦 28-18

2. 樂 · 瓦 28-19

3. 樂 · 瓦 29-4

4. 樂 · 瓦 30-1

그림 94 낙랑토성 출토 기와

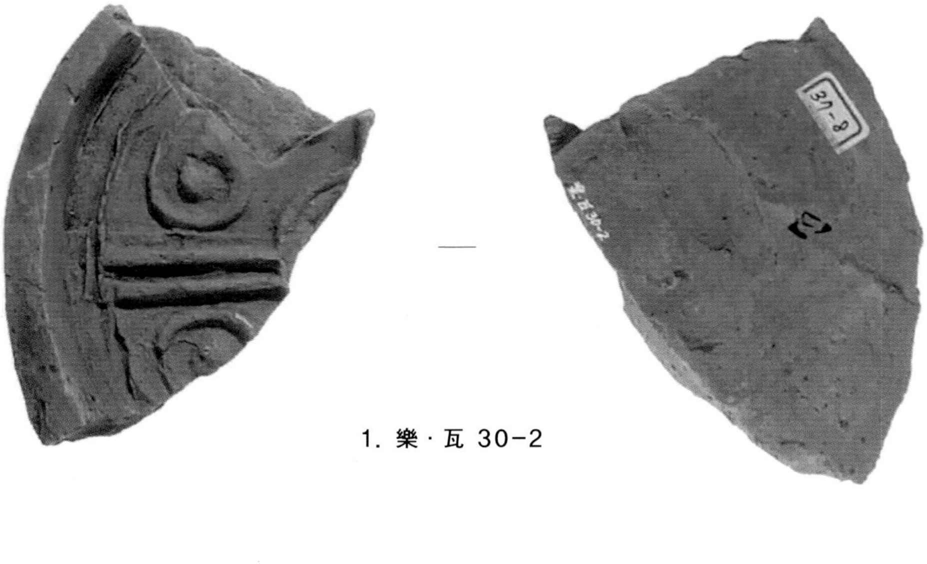

1. 樂 · 瓦 30-2

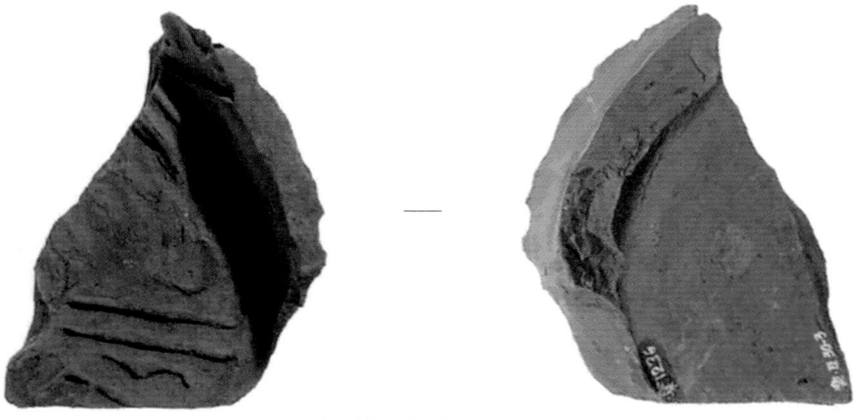

2. 樂 · 瓦 30-3

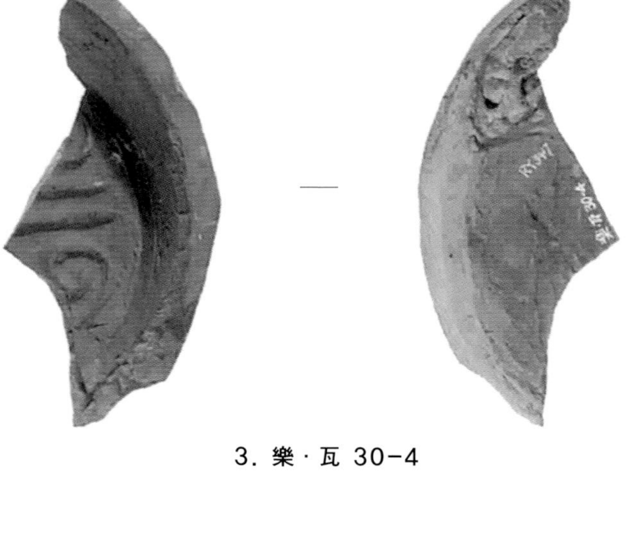

3. 樂 · 瓦 30-4

그림 95 낙랑토성 출토 기와

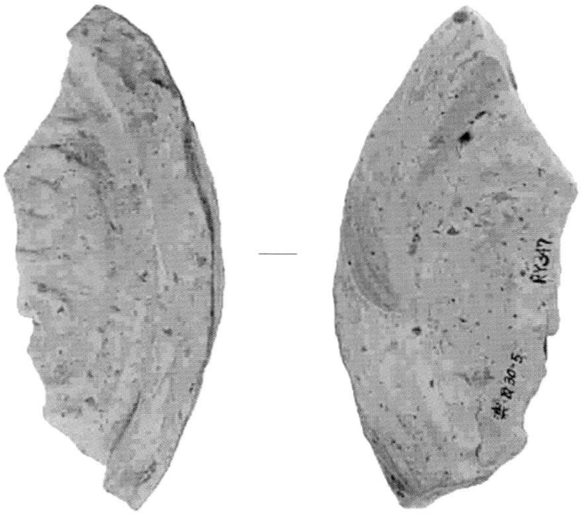

1. 樂 · 瓦 30-5

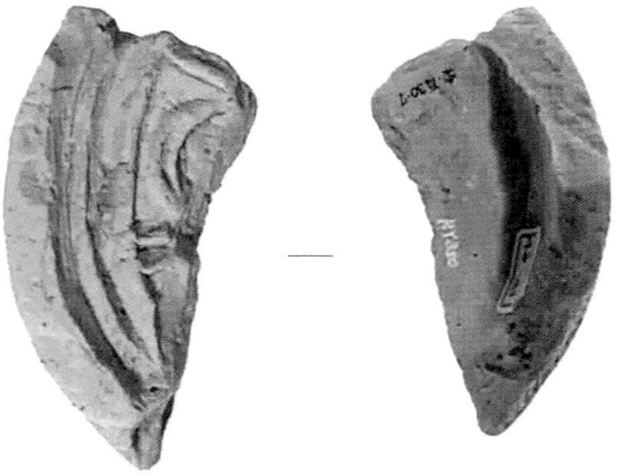

2. 樂 · 瓦 30-7

3. 樂 · 瓦 30-6

4. 樂 · 瓦 30-8

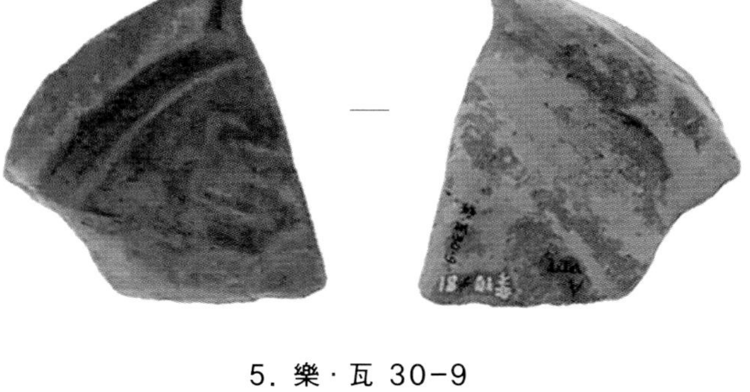

5. 樂 · 瓦 30-9

6. 樂 · 瓦 30-10

그림 96 낙랑토성 출토 기와

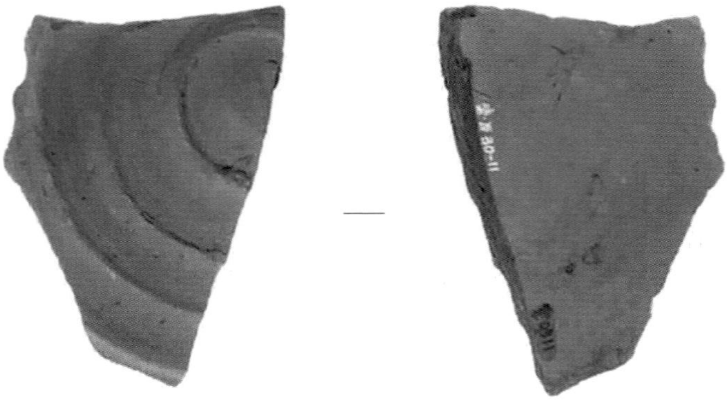

1. 樂 · 瓦 30-11

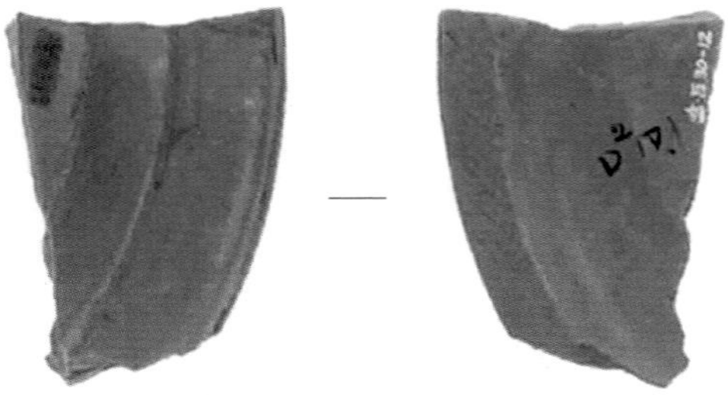

2. 樂 · 瓦 30-12

3. 樂 · 瓦 30-13

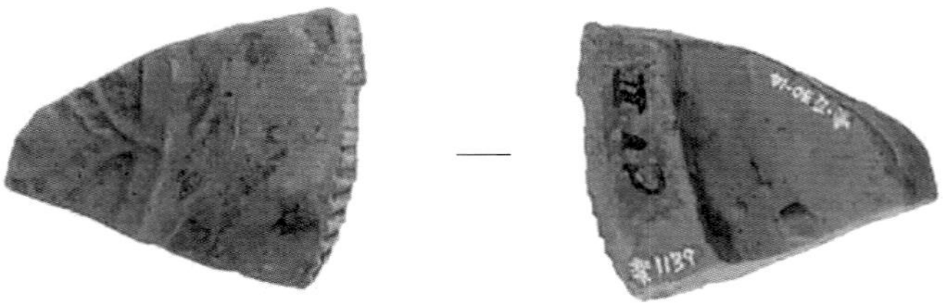

4. 樂 · 瓦 30-14

5. 樂 · 瓦 30-15

6. 樂 · 瓦 30-18

7. 樂 · 瓦 30-16

그림 97 낙랑토성 출토 기와

1. 樂 · 瓦 30-17

2. 樂 · 瓦 30-19

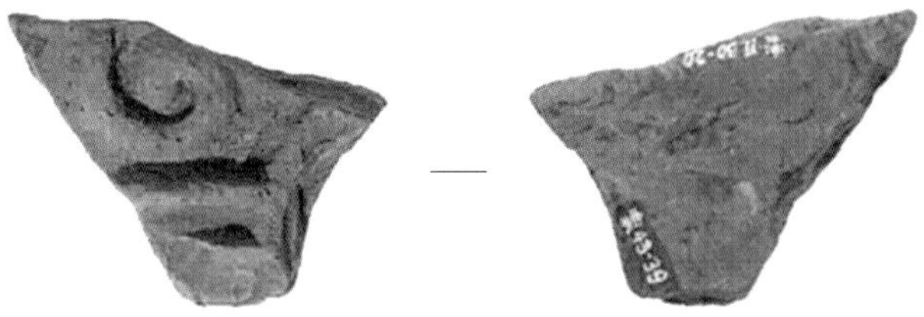

3. 樂 · 瓦 30-20

4. 樂 · 瓦 30-22

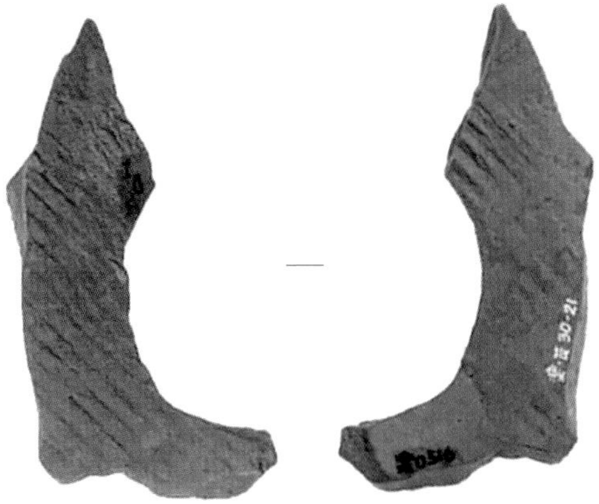

5. 樂 · 瓦 30-21

그림 98 낙랑토성 출토 기와

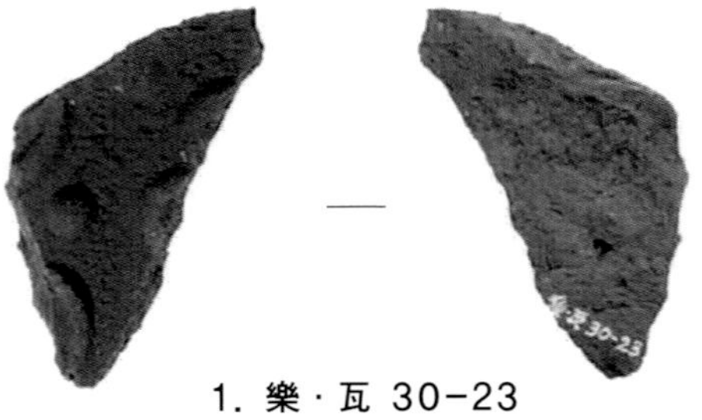

1. 樂 · 瓦 30-23

2. 樂 · 瓦 30-24

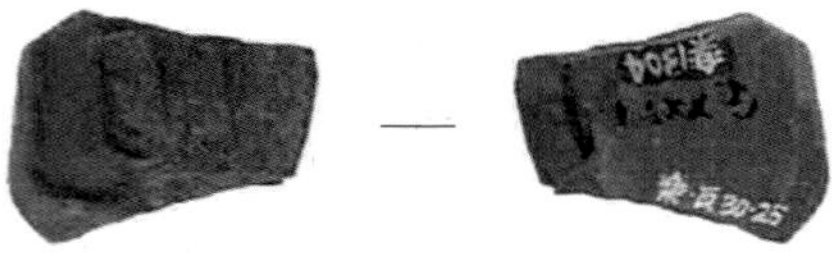

3. 樂 · 瓦 30-25

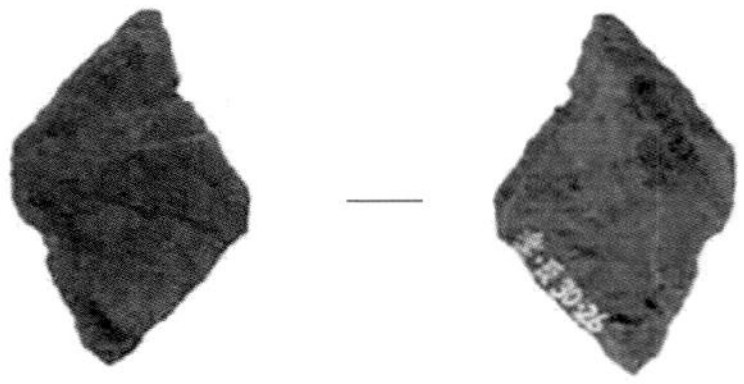

4. 樂 · 瓦 30-26

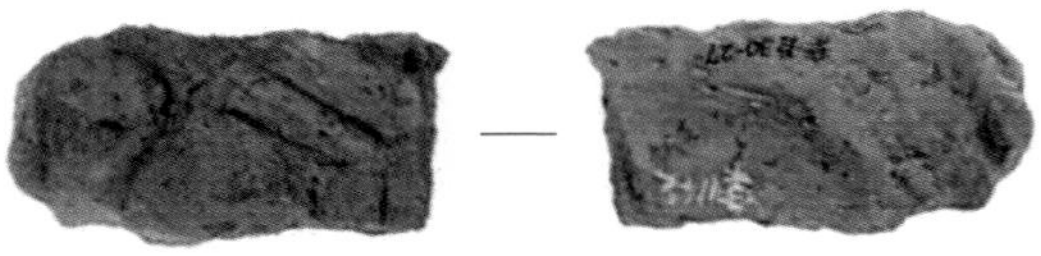

5. 樂 · 瓦 30-27

6. 樂 · 瓦 30-28

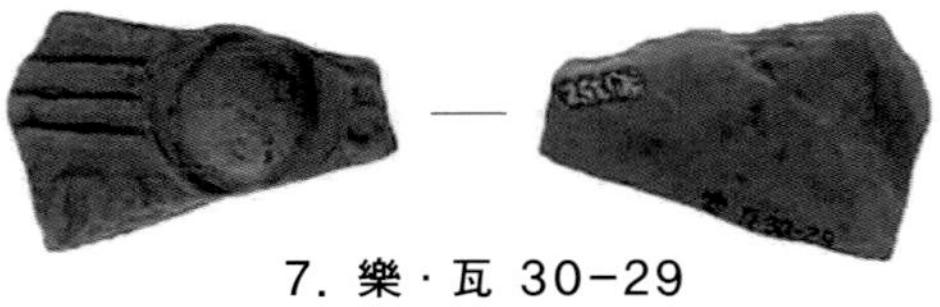

7. 樂 · 瓦 30-29

8. 樂 · 瓦 30-30

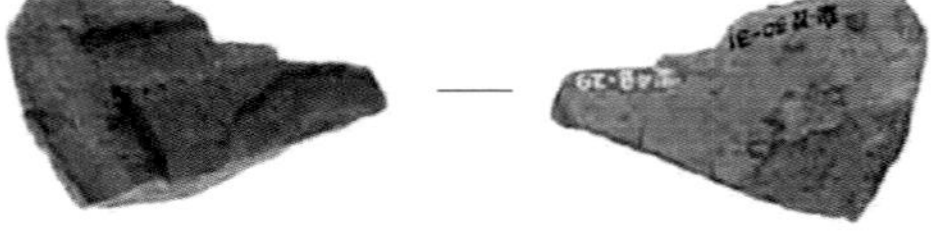

9. 樂 · 瓦 30-31

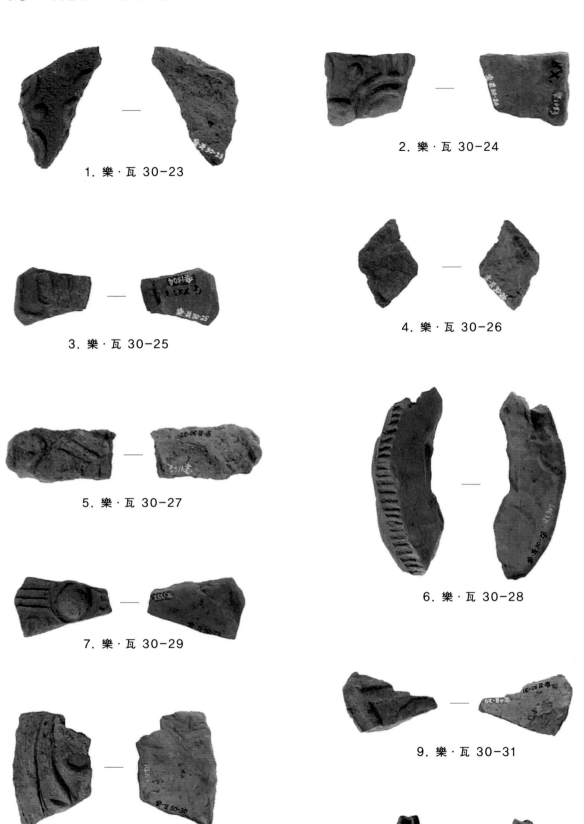

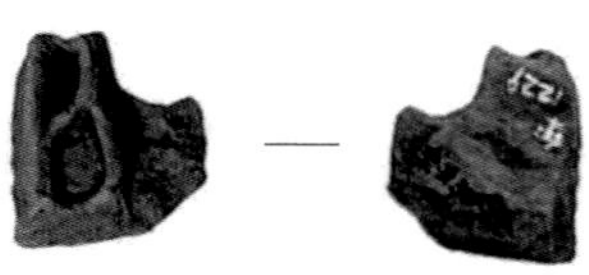

10. 樂 · 瓦 30-32

그림 99 낙랑토성 출토 기와

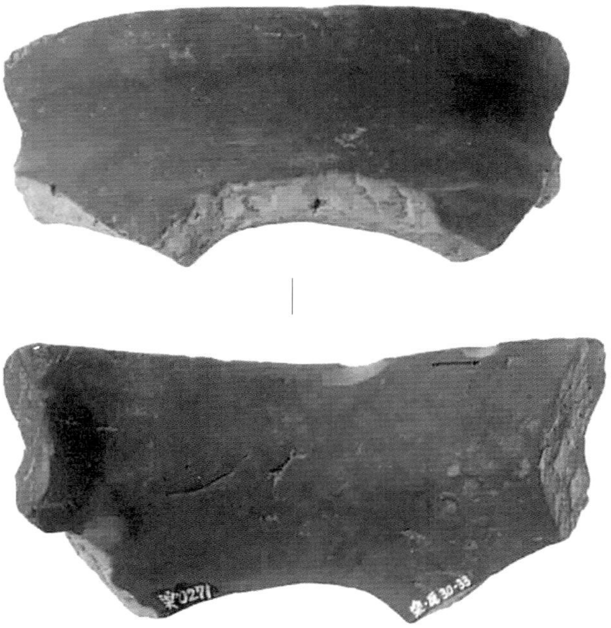

1. 樂 · 瓦 30-33

2. 樂 · 瓦 30-35

3. 樂 · 瓦 31-1

그림 100 낙랑토성 출토 기와

1. 樂 · 瓦 31-2

2. 樂 · 瓦 31-3

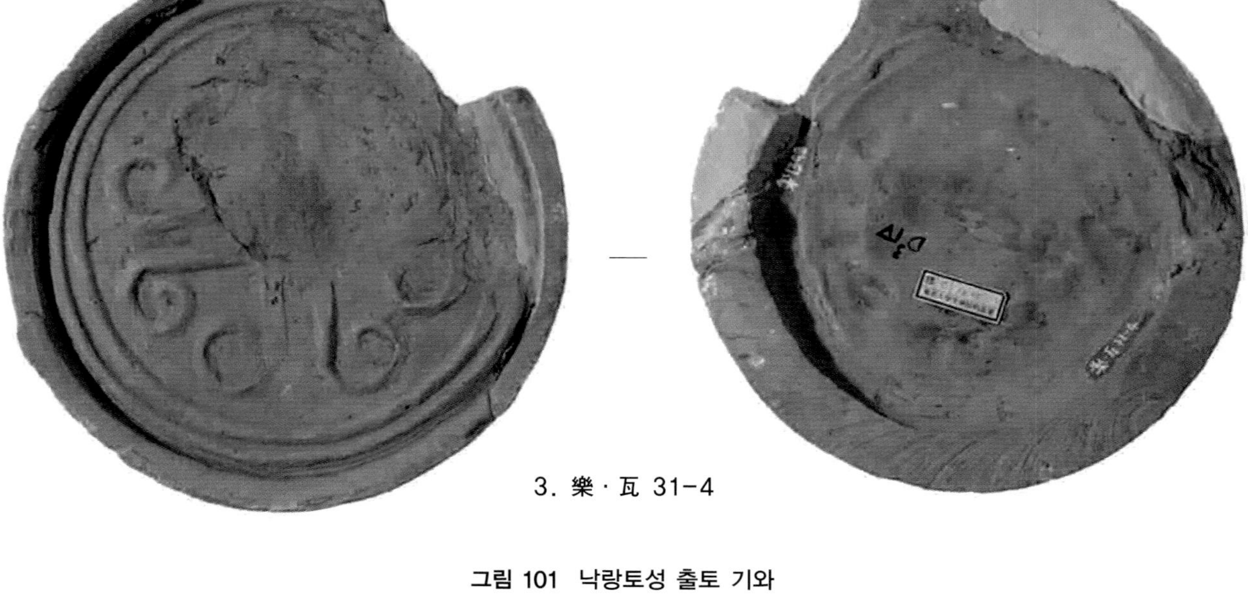

3. 樂 · 瓦 31-4

그림 101 낙랑토성 출토 기와

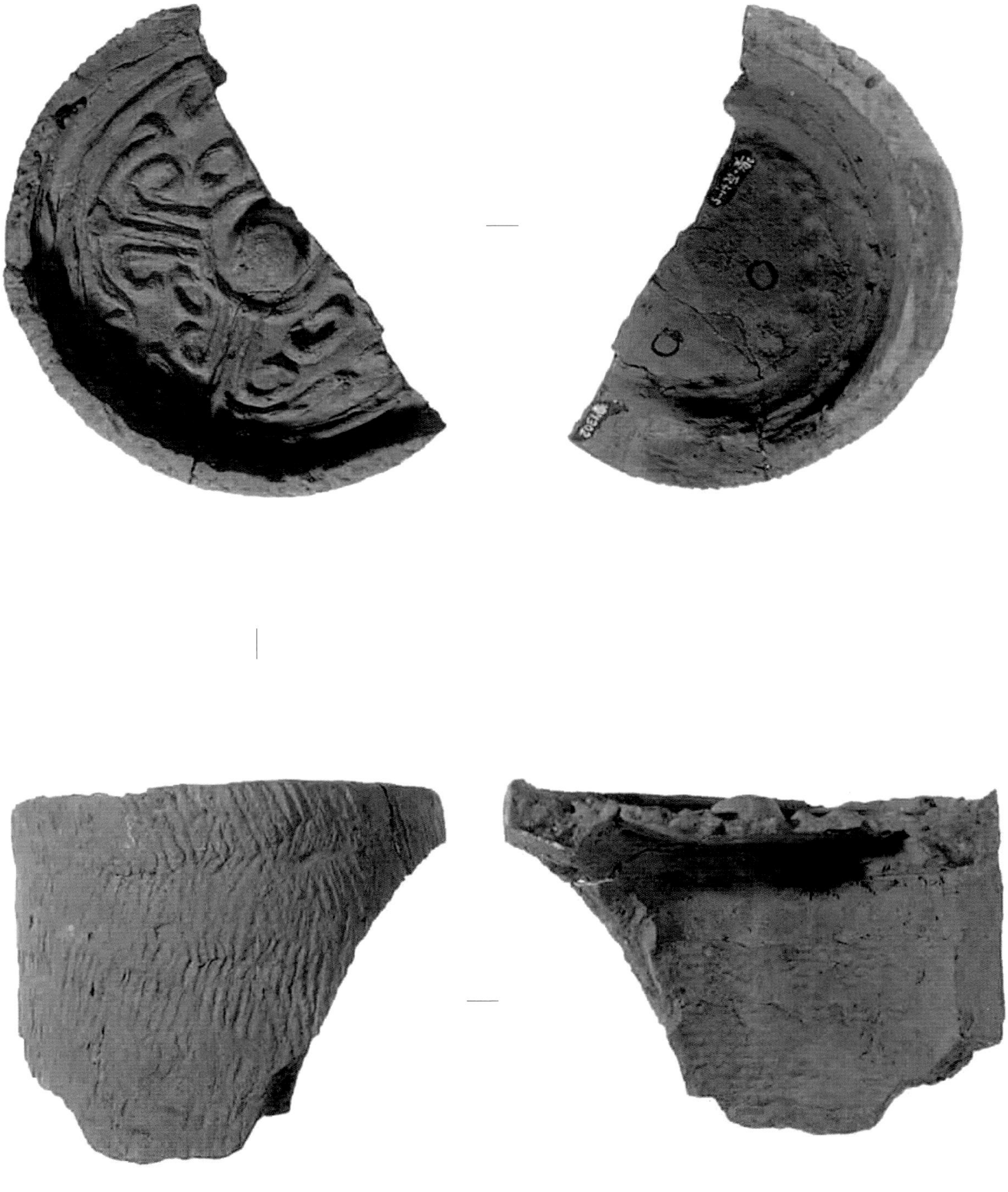

1. 樂 · 瓦 31-5

그림 102 낙랑토성 출토 기와

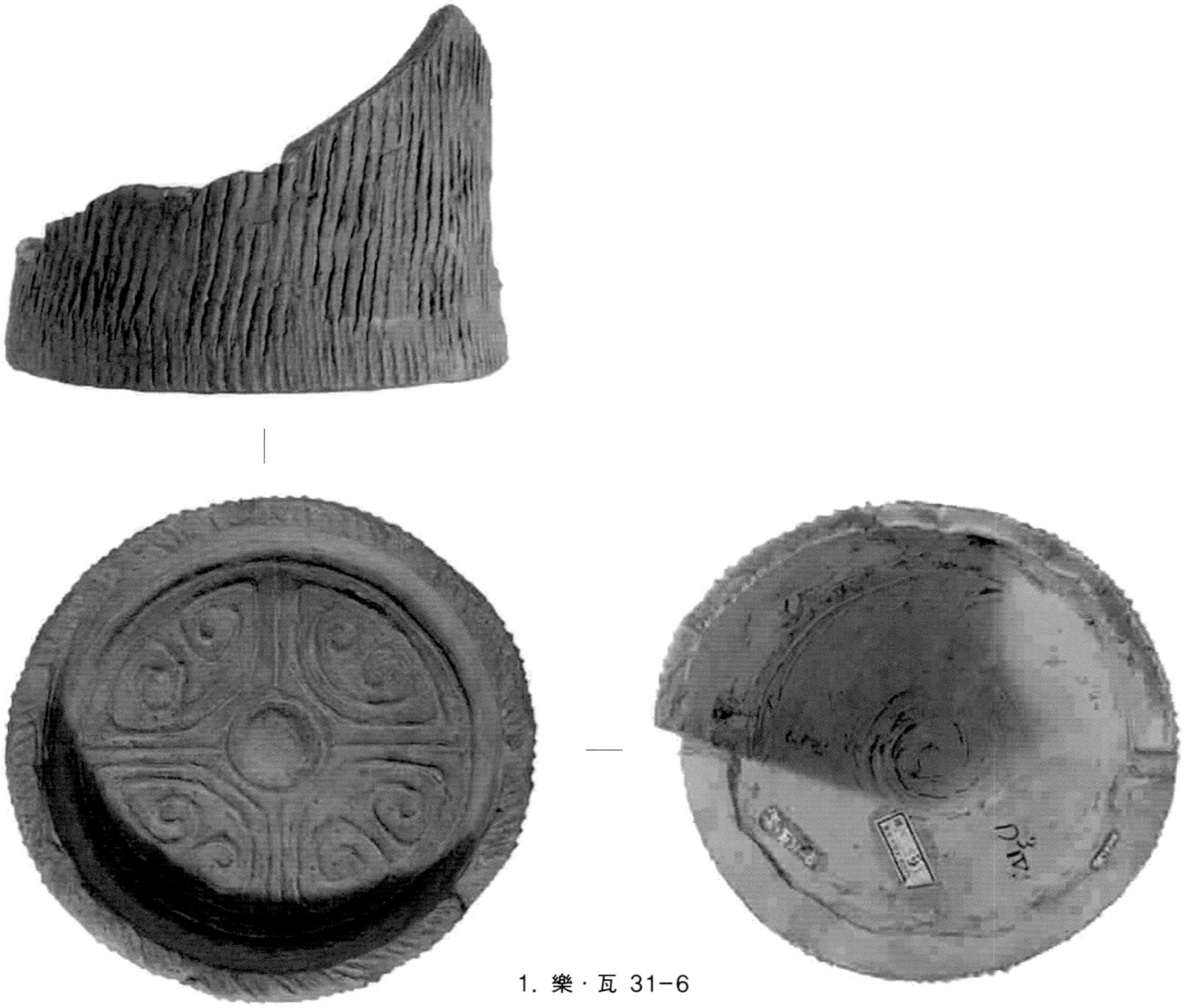

1. 樂 · 瓦 31-6

2. 樂 · 瓦 31-7

그림 103 낙랑토성 출토 기와

1. 樂 · 瓦 31-8

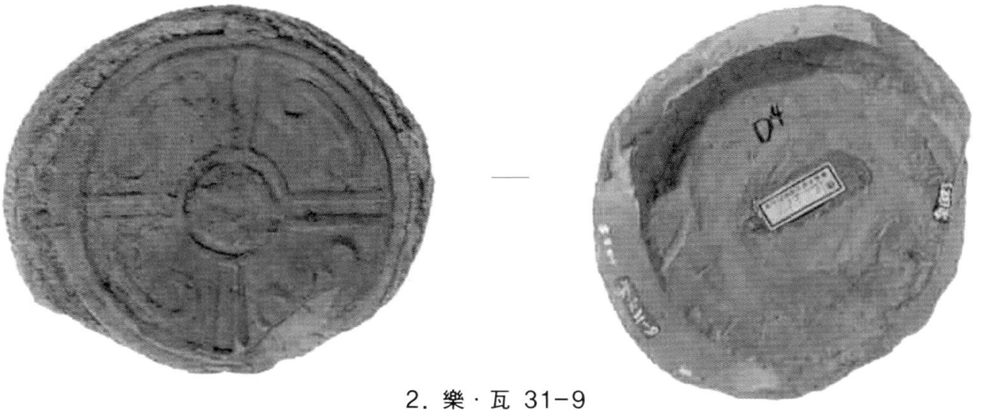

2. 樂 · 瓦 31-9

3. 樂 · 瓦 32-1

그림 104 낙랑토성 출토 기와

4. 철기류

낙랑토성에서 출토된 철기류는 1964년에 간행된 보고서인 『樂浪郡治址』에 도면과 사진으로 총 7점, 그리고 목록으로 일부가 보고되었을 뿐, 나머지 대부분은 미보고인 상태이다. 이들 유물 중 일부는 타니 토요노부(谷豊信)에 의해 1980년대 초에 기초 정리가 이루어졌으며 2000년부터 시작된 필자(정인성)의 정리 작업에서 추가로 발견된 것도 많다.

그런데 1964년에 보고서를 간행하면서 정리가 이루어진 철기 유물은 주기가 없어진 것이 대부분이어서 출토 지점 등의 정보를 알 수 없는 문제가 있다. 다만 당시 정리된 철기 자료 중 일부가 보고서에 목록으로 실려 있어 출토 지점의 대강은 어느 정도 파악할 수 있다.

〈표 3〉 기존 보고된 철기와 출토 지점

트렌치 명	종류
B 트렌치	철촉 2개, 鐵釘 1개
C 트렌치	철촉 1개
D 구역	철촉 1개, 철부 편 3개, 마름쇠 1개
E-E′ 트렌치	철촉 2개
F 트렌치	철촉 3개, 환두도자 1개
F′ 트렌치	철촉 2개, 환두도자 편 1개
F″ 트렌치	철촉(葉狀) 1개, 환두도자 1개, 마름쇠 1개
G 구역	철촉 3개(삼릉촉 1, 사릉촉 2)
H 트렌치	철촉 1개(葉狀)

이하 위 표에 게재된 자료도 일부 포함되겠지만 지금까지 보고되지 않았던 낙랑토성 출토 철기 자료를 개관하면 아래와 같다.

1) 주조 철부(鑄造 鐵斧)

(1) 주조 철부(그림 2-1, 그림 13-1)

평면형이 장방형이고 단면이 사다리꼴인 주조 철부이다. 上面의 양 쪽 외연을 따라서 突線이 형성되었으며 바닥면은 평평하다. 측면과 바닥면의 연결 부위가 돌출되었고, 상면이 경사진 반면 바닥이 직선적인 것으로 보아 單合范을 이용한 주조임을 짐작할 수 있다. 공부 안에는 철 녹이 흙과 함께 고착되어 있고 공부 및 날 끝은 파손되었다.

(2) 주조 철부 (그림 2-2, 그림 13-2)

평면형과 단면형이 모두 장방형인 주조 철부이다. 공부의 일부가 파손되었으나 잔존 상태는 비교적 양호하다. 刃部는 양 끝이 미세하게 벗어나지만 전체적으로는 직선에 가깝다. 철 녹이 많이 부착되어 분명하진 않지만 길이 방향의 단면은 한쪽이 편평하고 반대쪽이 경사진다.

(3) 주조 철부 (그림 2-3, 그림 13-3)

평면 형태는 세장방형이고 단면형태는 梯形인 주조 철부이다. 측면은 공부를 수평으로 놓았을 때 한 면이 직선적이고 반대면은 경사를 이룬다. 刃部의 한쪽 모서리가 파손되었으나 양쪽 끝이 약간 들린 형태로 추정된다. 주조 철부 1과 마찬가지로 바닥 면과 측면의 연결지점이 약간 넓어지는 것으로 보아 單合范을 이용한 주조임을 알 수 있다. 부식으로 인해 사용흔은 관찰되지 않는다.

(4) 주조 철부 (그림 2-4, 그림 13-4)

파손이 심하여 전체 형태를 파악하는 것은 어려우나, 刃部 쪽이 약간 좁은 평면 장방형의 주조 철부인데 단면 형태는 梯形이다. 刃部는 둥근 형태인 것으로 짐작된다.

(5) 주조 철부 (그림 3-1, 그림 14-1)

평면이 세장방형이고 공부 단면이 장방형인 주조 철부이다. 공부를 제외한 대부분이 파손되어 전체 형태를 추정할 수 없다.

(6) 주조 철부 (그림 3-2, 그림 14-2)

평면형이 장방형인 주조 철부인데 身部와 刃部의 일부만을 남기고 상면 대부분이 파손되었다. 녹이 진행되어 파손된 공부에는 고운 주물사로 된 내범이 고착된 채 남았다.

(7) 주조 철부 (그림 3-3, 그림 14-3)

단면 梯形의 주조 철부이다. 斧身의 좁은 면이 파손되어 결실되었는데 재가공된 흔적은 확인되지 않는다.

(8) 주조 철부의 내범 (그림 3-4, 그림 14-4)

고운 주물사로 된 내범으로 상면과 先端部는 파손되었다. 속심의 색조는 회백색이나 외면은 열을 받아 전체적으로 옅은 보라색을 띤다. 속심 곳곳에 미세한 기포가 형성되어 있다. 평면형은 긴 장방형이고 단면이 사다리꼴인데 소형 주조 철부를 제작하는 과정에서 발생한 것으로 보인다.

(9) 주조 철부 (그림 3-5, 그림 14-5)

공부에서 刃部 쪽으로 가면서 평면형이 축약되고 단면형은 사다리 꼴인 주조 철부이다. 파손이 심하여 전체 모양을 복원하는 것이 어렵다. 공부에는 제거되지 않은 토제 내범이 그대로 남아 있는데 색조는 흑갈색이다.

(10) 주조 철부 (그림 3-6, 그림 14-6)

주조 철부의 刃部 片인데 나머지 부위는 파손되어 형태를 알아보기 힘들다.

낙랑토성에서는 이상의 자료 이외에도 개체가 다른 2점 정도의 주조 철부가 있는데 모두가 평면 장방형인 소형 철부이다.

2) 단조 철부 (鍛造 鐵斧)

(1) 단조 철부 (그림 3-7, 그림 14-7)

평면이 방형에 가깝고 단면 형태가 장방형인 단조 철부이다. 공부 형태는 흙과 철 녹이 고착되어 명확하지 않으나 타원형에 가깝다. 측면은 공부에서 刃部로 가면서 양쪽이 축약되는 형태이다. 녹이 심하게 진행되어 공부의 접은 면이 보이지 않으나, 鐵斧 표면이 넓게 층을 이루며 켜켜이 박리되는 것으로 보아 단조기술로 제작되었음이 분명하다. 파손으로 인해 刃部 선단부의 형태는 확인할 수 없다.

(2) 단조 철부 (그림 4-1, 그림 15-1)

단조 철부이다. 공부의 접은 면이 끝나는 지점의 외연이 넓어지는 것으로 보아 有肩式일 가능성이 있는 자료이다. 철부의 횡단면은 바닥이 평평하지만 반대쪽은 접은 면을 頂点으로 두고 양쪽으로 경사진다. 공부에는 흙과 철 녹이 고착되어 있으며 身部의 하반부는 파손되어 정확한 형태를 알 수 없다.

(3) 단조 철부 (그림 4-2, 그림 15-2)

단조 철부이다. 평면형은 전체적으로 부정형이지만 刃部가 비교적 넓게 벌어진다. 공부는 두드려 말았으나 상면이 포개지지 않고 넓게 벌어진 상태이다.

3) 마름쇠

(1) 마름쇠 (그림 4-3, 그림 15-3)

끝이 날카롭게 처리된 가지가 4개 달린 방어용 무기이다. 3개의 가지가 바닥에 닿으면 나머지 하나가 반드시 하늘을 향하게끔 조절되었기 때문에 밟으면 상처를 입게 된다. 가지의 단면은 모두가 삼각형에 가깝다. 『보고서』에 보고된 것이다.

(2) 마름쇠 (그림 4-4, 그림 15-4)

위의 마름쇠와 동일한 방어용 무기이나 약간 소형이고 가지의 단면형이 사각형에 가까운 것이다.

4) 삽날 (그림 4-5, 그림 15-5)

횡으로 긴 말각 장방형의 삽날이다. 공부의 상면이 깊게 파여 있으나 파손되거나 녹이 슬어 있다. 날은 양쪽 끝 모서리가 둥글게 처리되었지만 전체적으로는 직선에 가깝다.

5) 철제 공구류

(1) 공구 (그림 4-6, 그림 15-6)

녹이 많이 진행되고 파손이 심하여 정확한 형태를 파악하기 어려운 자료이다. 머리 부분에 공부가 형성되었을 가능성이 있는 자료이나 분명하지 않다. 다만 횡단면이 둥근 형태이고 파손된 하단부가 축약되는 것으로 보아 鐵梃과 같은 도구로 이용되었을 가능성이 있지만 단정할 수 없다.

(2) 공구 (그림 5-1, 그림 16-1)

단조제품인데 단면 사각형의 철봉을 구부려 선단부를 둥글게 만들었다. 반대쪽 끝은 막대기 같은 것에 박아 고정시킬 수 있도록 뾰족한 莖部를 만들었다. 용도 미상이다.

(3) 공구 (그림 5-2, 그림 16-2)

공작용의 작은 마치를 연상시키는 철기이다. 머리 반대쪽에는 자루를 꽂을 수 있게 莖部를 만들어 두었다.

(4) 기타 공구(그림 5-3～5-10)

소형의 棒狀 공구들인데 한쪽 끝이 뾰족하게 가공되었거나 날이 서 있어 공구로 제작된 것임을 알 수 있다.

6) 鐵刀 및 손칼

(1) 鐵刀?(그림 6-1, 그림 17-1)

단면 형태가 납작한 장방형으로 날이 서지 않은 미완성 鐵刀이다. 날의 선단부는 파손되었으나 반대쪽은 자루를 고정시키기 위하여 뾰족하게 만들어 두었다. 물론 이 자료를 미완성 鐵刀로 단정할 수는 없다. 자루를 만들어 현재의 상태로 이용되었을 가능성도 배제할 수 없으며 건축 재료로 사용된 대형 꺾쇠일 가능성도 있기 때문이다.

(2) 손칼(그림 6-2, 그림 17-2)

손칼의 파편이다. 날 끝이 위로 들린 형태로 판단하였으나, 녹이 심하여 어느 쪽에 날이 만들어졌는지 분명하지 않다.

(3) 손칼(그림 6-3, 그림 17-3)

손칼의 파편일 가능성이 있는 자료이나 양 端이 파손되어 전체 형태를 추정할 수 없다.

(4) 손칼(그림 6-4, 그림 17-4)

손칼의 파편일 수 있는 자료이나 양 端이 파손되고 녹이 진행되어 단면 형태가 분명하지 않은 자료이다.

(5) 손칼(그림 6-5, 그림 17-5)

손잡이에 둥근 고리가 달린 鍛造製의 손칼이다. 손잡이 부분에 목질흔이 관찰되지 않기 때문에 철제 손잡이를 그대로 사용한 듯하다.

(6) 손칼(그림 6-6, 그림 17-6)

손잡이에 둥근 고리가 달린 鍛造製의 손칼인데 손잡이와 인부 사이에는 턱이 형성되어 있다. 손잡이 부분에 목질흔이 관찰되지 않고 고리를 포함한 柄部가 짧기 때문에 나무 손잡이 대신 노끈 등을 감아서 사용했을 가능성이 있다.

(7) 손칼 (그림 6-7, 그림 17-7)

손칼의 일부인데 날의 끝부분만이 남았다. 녹막이 박락되어 속심이 보이는데 인부 쪽으로 파손이 심하다. 칼등이 직선에 가까운 것이 특징이다.

(8) 손칼 (그림 6-8, 그림 17-8)

고리가 달린 손칼이다. 칼끝이 약간 들리는 형태로 손잡이와 날 부분의 경계가 명확하지 않은 점이 특징이다. 손잡이 고리와 날 끝부분이 파손되었다.

(9) 손칼 (그림 6-9, 그림 17-9)

등이 직선적인 손칼이다. 刃部와 柄部는 段이 져서 구분된다. 그리고 다른 자료와 달리 손잡이 부분에 목질흔이 남아 있다.

(10) 손칼 (그림 6-10, 그림 17-10)

손잡이 끝에 둥근 고리가 달린 철제 손칼인데 칼등과 날이 모두 직선적인 것이다. 손잡이와 날 부분의 구분이 분명하지 않다. 손잡이 고리가 부러졌으며 녹이 많이 진행된 것이다.

(11) 손칼 (그림 6-11)

손잡이 끝에 둥근 고리가 달린 손칼인데 칼끝이 약간 들린다. 손잡이와 刃部는 段 差 없이 연결된다. 손잡이 부분에 木質이 관찰되지 않는 것으로 보아 고리 안쪽에 끈을 감아 사용했을 가능성이 있는 것이다.

7) 화살촉류

(1) 사릉촉(四陵鏃) (그림 7-1, 그림 18-1)

有莖式 사릉촉인데 촉두는 단면 사각형이다. 鏃頭와 경부의 경계가 뚜렷한 것이 특징이다. 莖部 역시 단면 사각형으로 관찰되나 표면에 생긴 녹으로 인해 분명하지는 않다. 莖部의 끝이 파손되었다.

(2) 사릉촉 (그림 7-2, 그림 18-2)

유경식 사릉촉이다. 촉두 단면은 사각형이고 莖部 단면 역시 사각형에 가깝다. 그림 7-1, 18-1의 사릉촉과 마찬가지로 촉두와 경부의 경계가 뚜렷한 것이다.

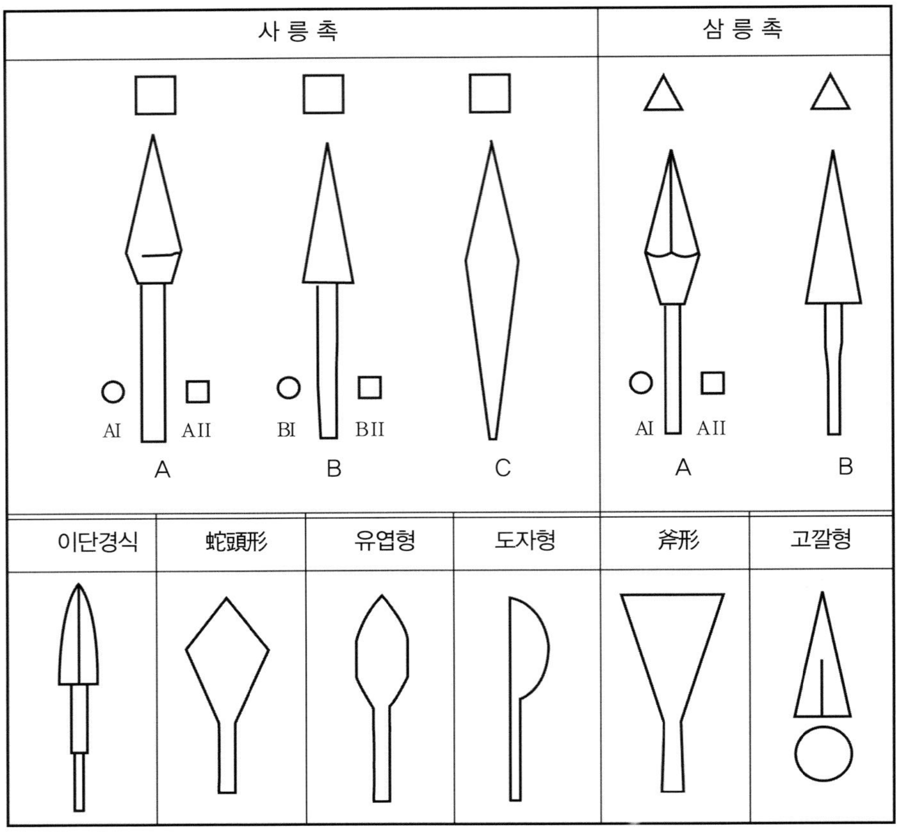

그림 1 낙랑토성 출토 철촉의 분류

(3) 사릉촉 (그림 7-3, 그림 18-3)

촉두는 단면 장방형이며 전체적으로 세장한 형태의 사릉촉이다. 頭部와 경부의 경계가 분명하지 않은 채로 연결되는 것이 특징이다.

(4) 사릉촉 (그림 7-4, 그림 18-4)

유경식 사릉촉이다. 촉두는 단면 사각형이고 莖部는 단면 원형으로 관찰되지만 표면에 형성된 녹으로 인하여 분명하지 않다. 頭部와 경부의 경계가 분명한 형식이다.

(5) 사릉촉 (그림 7-5, 그림 18-5)

유경식 사릉촉이다. 그림 7-1(그림 18-1), 그림 7-2(그림 18-2)의 사릉촉과는 달리 鏃頭의 단면 최대경이 턱 부위에 존재한다. 경부 하단부는 파손되었다.

(6) 사릉촉 (그림 7-6, 그림 18-6)

촉두가 단면 사각형인 사릉촉인데 莖部와의 경계가 분명하지 않은 것이다. 촉두의 선단부와 경부 끝이 파손되었다.

(7) 사릉촉 (그림 7-7, 그림 18-7)

촉두가 단면 사각형인 사릉촉인데 경부는 파손되었다. 頭部의 단면 최대경이 하반부에 있으며 아래로 축약되는 형태이다.

(8) 사릉촉 (그림 7-8, 그림 18-8)

사릉촉인데 경부와 頭部의 경계가 없는 형태이다.

(9) 사릉촉 (그림 7-9, 그림 18-9)

사릉촉인데 頭部와 경부의 경계가 뚜렷한 형태이다. 頭部의 단면은 약간 기울어진 사각형이고 경부 단면은 원형에 가깝다. 莖部 하단부가 파손되었다.

(10) 사릉촉 (그림 7-10, 그림 18-10)

촉두의 단면형이 사각형인 사릉촉인데 莖部와의 사이에 경계가 뚜렷한 것이다. 최대경은 頭部 하단부에 위치한다. 경부 단면은 원형이다.

(11) 사릉촉 (그림 7-11, 그림 18-11)

촉두의 단면이 사각형인 사릉촉인데 莖部와의 경계가 분명하지 않은 型式이다.

(12) 사릉촉 (그림 7-12, 그림 18-12)

촉두의 단면이 사각형인 사릉촉이다. 莖部와 頭部의 경계가 분명하지 않다.

(13) 사릉촉 (그림 8-1, 그림 19-1)

사릉촉인데 頭部와 莖部 사이의 경계가 뚜렷이 관찰되는 것이다. 촉두 단면형은 사각형이지만 莖部 단면형은 녹이 심하기 때문에 확인할 수 없다.

(14) 사릉촉 (그림 8-2, 그림 19-2)

頭部와 莖部의 경계가 뚜렷한 사릉촉이다. 촉두 단면은 사각형이고 촉두 하반부의 단면도 사각형이다.

(15) 사릉촉 (그림 8-3, 그림 19-3)

두부와 경부의 단면이 사각형인 사릉촉이다. 녹이 심하여 분명치 않은 점이 있으나 頭部와 莖部의 경계가 희미하게 인정되는 것이다.

(16) 사릉촉 (그림 8-4, 그림 19-4)

頭部 단면이 사각형인 사릉촉이다. 두부와 경부의 경계는 미미하나 녹으로 인해 명확하지 않다.

(17) 사릉촉 (그림 8-5, 그림 19-5)

잔존상태가 나쁘지만 사릉촉임이 인정되는 자료이다. 촉두와 경부의 경계가 명확하지 않은 것이다.

(18) 사릉촉 (그림 8-6, 그림 19-6)

녹이 진행되었지만 촉두의 단면 형태가 사각형인 사릉촉이다. 莖部와의 경계가 잘록해지나 턱이 형성된 것은 아니다.

(19) 사릉촉 (그림 8-7)

촉두 단면형이 사각형인 사릉촉이다. 莖部와의 경계가 뚜렷하지 않은 형식이다. 경부의 하단은 파손되었다.

(20) 사릉촉 (그림 8-8, 그림 19-8)

사릉촉이다. 녹이 두껍게 형성되었으나 박락된 부분을 통해 촉두 단면이 사각형인 것을 알 수 있다. 경부 하단이 파손되었다.

(21) 사릉촉 (그림 8-9, 그림 19-9)

촉두와 경부의 경계가 분명하며 촉두의 최대경이 턱 부분에 있는 사릉촉이다. 녹으로 인해 경부의 형태는 분명치 않으나 원형에 가깝다.

(22) 사릉촉 (그림 8-10, 그림 19-10)

촉두와 경부의 경계가 분명한 사릉촉이다. 촉두는 단면 사각형이며 莖部는 원형에 가깝다. 경부 하단이 파손되었다.

(23) 사릉촉 (그림 8-11, 그림 19-11)

촉두와 경부의 경계가 분명치 않은 형식의 사릉촉이다.

(24) 사릉촉 (그림 8-12, 그림 19-12)

촉두가 부풀었다가 경부로 가면서 축약되는 사릉촉이나 턱이 형성되지는 않았다.

(25) 사릉촉 (그림 8-13, 그림 19-13)

촉두와 경부의 경계가 분명하지 않은 형식의 사릉촉이다.

(26) 사릉촉 (그림 8-14, 그림 19-14)

촉두와 경부의 경계가 분명치 않은 사릉촉이다.

(27) 사릉촉 (그림 8-15, 그림 19-15)

촉두와 경부의 경계가 분명치 않은 사릉촉인데 녹이 많이 진행되었으며 파손이 심한 편이다.

(28) 삼릉촉(三稜鏃) (그림 9-1, 그림 20-1)

삼릉촉 즉 촉두의 단면형이 삼각형이다. 촉두의 하반부 단면은 육각형에 가깝게 조정되었으나 부정형이다. 경부는 턱이 만들어진 촉두와 연결되는데 단면은 원형이다.

(29) 삼릉촉 (그림 9-2, 그림 20-2)

삼릉촉인 것은 명확하나 파손과 부식이 심하기 때문에 전체 형태를 파악하는 것이 쉽지 않다. 촉신의 하반부는 원형인 것으로 관찰된다. 촉두와 경계가 뚜렷한 경부는 파손되었으나 원형일 가능성이 크다.

(30) 삼릉촉 (그림 9-3, 그림 20-3)

촉두의 단면이 삼각형인 삼릉촉이다. 촉두는 하반부 축약이 인정되지 않으며 경부와의 경계가 턱을 이루면서 뚜렷하다. 莖部 단면은 원형이다.

(31) 삼릉촉 (그림 9-4, 그림 20-4)

소형 삼릉촉인데 촉두와 경부의 연결부 경계가 없다.

(32) 삼릉촉 (그림 9-5, 그림 20-5)

파손과 부식이 심하여 명확하지 않지만 경부와의 경계가 뚜렷한 삼릉촉임이 분명한 것이다. 경부 하단이 파손되었다.

(33) 이단경식 촉 (그림 9-6, 그림 20-6)

녹이 심하게 진행되었으나 촉두의 좌우 대칭이 분명한 이단경식 촉이다. 촉두는 단면 菱形이고 頸部와 莖部는 원형이다.

(34) 이단경식 촉 (그림 9-7, 그림 20-7)

앞에서 설명한 이단경식 촉과 동일한 형식이다. 촉두와 경부의 일부가 파손되었다.

(35) 이단경식 촉 (그림 9-8, 그림 20-8)

二段莖式 촉이다. 촉두는 물론 頸部 및 莖部의 단면이 모두 렌즈형을 띤다. 주조 기법으로 제작된 것인데 주조과정에서 거푸집의 합범면이 좌우로 어긋난 것이다. 이 자료를 통해서 나머지 이단경식 촉도 주조 제품일 가능성이 크다고 판단할 수 있다.

(36) 이단경식 촉 (그림 9-9, 그림 20-9)

이단경식 촉으로 여겨지나 莖部의 부식과 파손이 심하여 명확하지 않다. 촉두의 단면형은 菱形에 가까우나 莖部의 단면형은 확실치 않다.

(37) 이단경식 촉 (그림 9-10, 그림 20-10)

頸部가 축약된 이단경식 촉이다. 촉두와 莖部 등이 모두 단면 렌즈형이었던 것으로 보이지만 莖部는 결실되었다.

(38) 사두형(蛇頭形) 촉 (그림 9-11, 그림 20-11)

좌우 대칭이 비교적 양호한 蛇頭形 촉으로 단면형이 편평하다.

(39) 도자형(刀子形) 촉 (그림 9-12, 그림 20-12)

흔히 도자형 철촉으로 분류되는 형식의 것이다. 莖部의 단면형은 원형이다.

(40) 도자형 촉 (그림 9-13, 그림 20-13)

刀子形 혹은 柳葉形으로도 분류가 가능한 철촉이다. 촉두는 녹이 많이 진행되어 명확하지 않지만 육안으로 관찰한 결과는 렌즈형에 가깝다.

(41) 도자형 촉 (그림 9-14, 그림 20-14)

촉두는 부식이 심하지만 단면형이 렌즈형에 가깝고 莖部는 원형이다. 역시 유엽형으로 분류할 수도 있는 형태이다.

(42) 도자형 촉 (그림 10-1, 그림 21-1)

녹이 진행되었으나 촉두의 형태는 도자형에 가깝다. 경부는 단면이 원형이고 경부의 끝이 파손되었다.

이외에 그림 10-2~4도 도자형으로 분류할 수 있으나 파손이 심하다.

(43) 유엽형(柳葉形) 촉 (그림 10-5, 그림 21-5)

유엽형 촉이다. 표면에 녹이 두껍게 형성되어 단면형이 명확하지 않다. 莖部는 파손되어 형태를 알 수 없다.

(44) 斧形 촉 (그림 10-6, 그림 21-6)

소형이지만 촉두가 도끼날 모양과 비슷한 평면형이다. 즉 촉의 刃部 先端이 가장 넓고 莖部로 가면서 점차 좁아지는 형태이다.

(45) 고깔형 철촉 (그림 10-11~16, 그림 21-11~16)

낙랑토성에서는 마치 고깔처럼 생긴 소형 철제품이 다수 출토되었다. 길이는 3~5cm 내외로 모두가 단조 접합선을 가지는 것이다. 마치 창의 물미를 연상시키기나 그러기에는 너무 소형이다. 선단부가 비교적 날카롭게 마무리 된 점, 그리고 이와 비슷한 크기와 중량을 가지는 철촉의 존재로 보아 화살촉일 가능성이 크다.

그리고 낙랑토성에서는 이와 형태가 유사한 骨鏃이 다수 출토된 사실도 이들 철제품이 화살촉이었을 가능성을 뒷받침한다.

8) 꺾쇠 및 철못

(1) 꺾쇠(그림 11-1, 그림 22-1)

鍛造製의 철제 꺾쇠이다. 비교적 날카롭게 가공된 양 선단부를 제외한 나머지 부분의 단면형은 方形에 가깝다.

(2) 철못 (그림 11-2~21, 그림 22-2~21)

낙랑토성에서는 다양한 형태의 철못이 출토되었다. 철못은 머리가 둥글게 생긴 것과 '丁' 字 처럼 머리가 구부러진 것이 있다. 머리가 둥근 것은 그림 11-2와 같이 양 선단부를 날카롭게 만든 다음 가운데를 둥글게 구부린 것, 그림 11-3~6과 같이 한 쪽을 둥글게, 그리고 나머지 한 쪽을 뾰족하게 마무리 한 것이 있다. 그리고 일부 소형 철못에는 머리가 둥근 것도 있다(그림 11-18, 20). 낙랑토성에서 출토된 대다수의 철못은 단조기법으로 제작된 것으로 보이지만 분석을 통해 보다 명확히 할 필요가 있다.

9) 철 슬래그 (그림 12-1, 그림 23-1)

고온의 열을 받아 생성된 철 슬래그이다. 표면은 울퉁불퉁하고 부분적으로 기포가 형성되기도 하였으며 자갈돌이 부착된 채로 녹이 진행된 부분도 있다. 구체적으로 어떠한 공정에서 발생한 것인지 명확하지는 않으나 鍛冶爐 등의 爐 시설과 관련되었을 가능성이 크다. 분석이 필요한 자료이다.

10) 저울추 (그림 12-2, 그림 23-2)

둥근 고리가 상면에 부착된 철제 저울추이다. 녹막이 두껍게 형성되어 명확하지 않지만 평면 형태는 8개 정도의 이를 가진 톱니바퀴와 같은 모양이다.

11) 기타 철제품 (그림 12-3~11, 그림 23-3~11)

이외에도 낙랑토성에서는 원형이 복원되지 않는 용도 미상의 철제품들이 다수 출토되었다. 그림 12-3은 일견 刀子처럼 보이기도 하지만 날의 형태가 뚜렷하지 않은 것이다.

그림 12-4는 無莖 逆刺式 철촉과 같이 생긴 것으로 촉신에는 구멍도 관찰된다. 삼한 및 야요이 시대의 逆刺式 촉에도 이와 유사한 형태의 구멍이 뚫린 것이 있어 그 관련성이 주목된다.

그림 12-5는 파손되지 않은 外緣의 한 쪽이 약간 도드라지게 처리된 鑄造 철판인데 파손되어 원래의 형태를 알 수 없다.

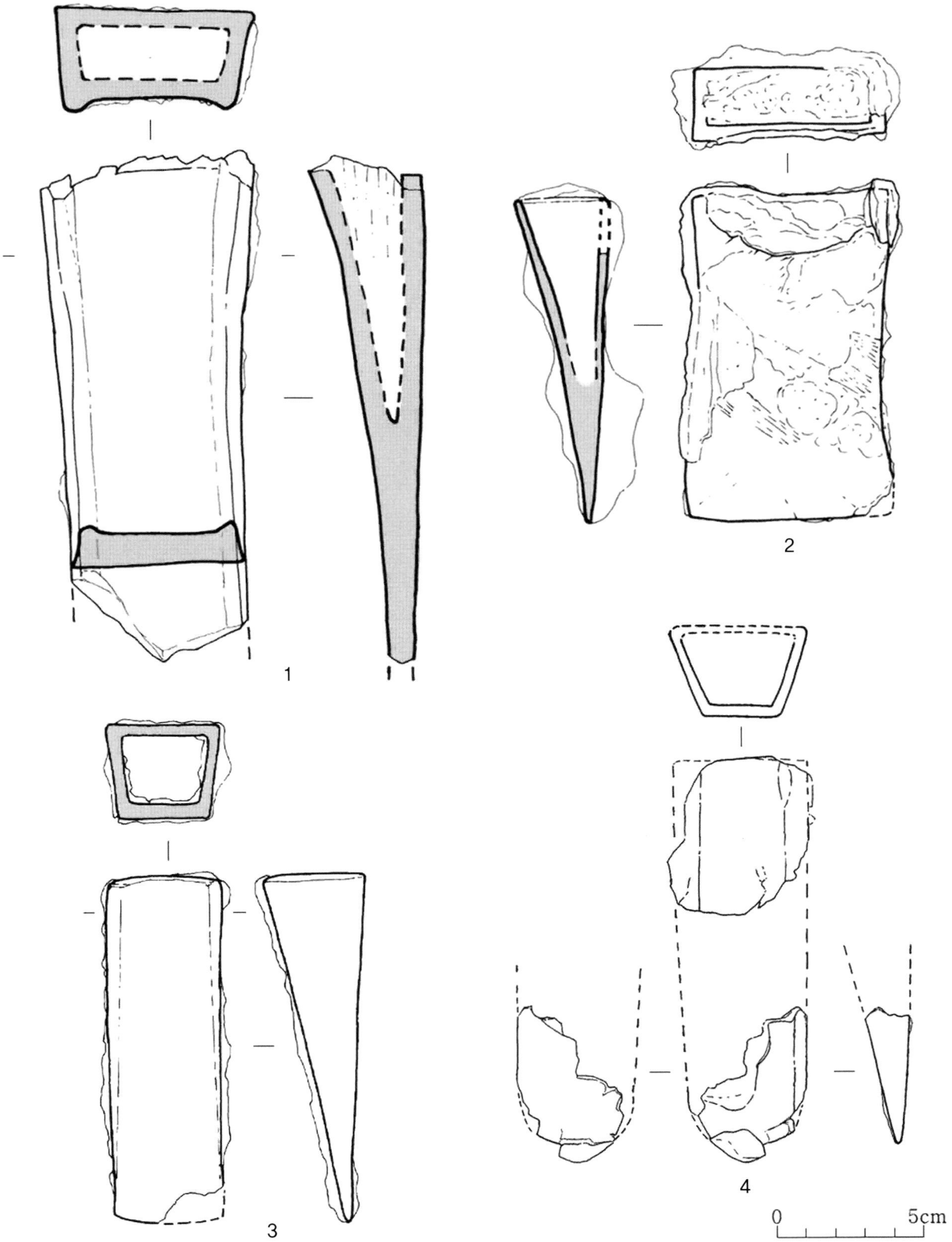

1. 주조 철부　　2. 주조 철부　　3. 주조 철부(G區우물)　　4. 주조 철부(H南)

그림 2　낙랑토성 출토 철부 도면

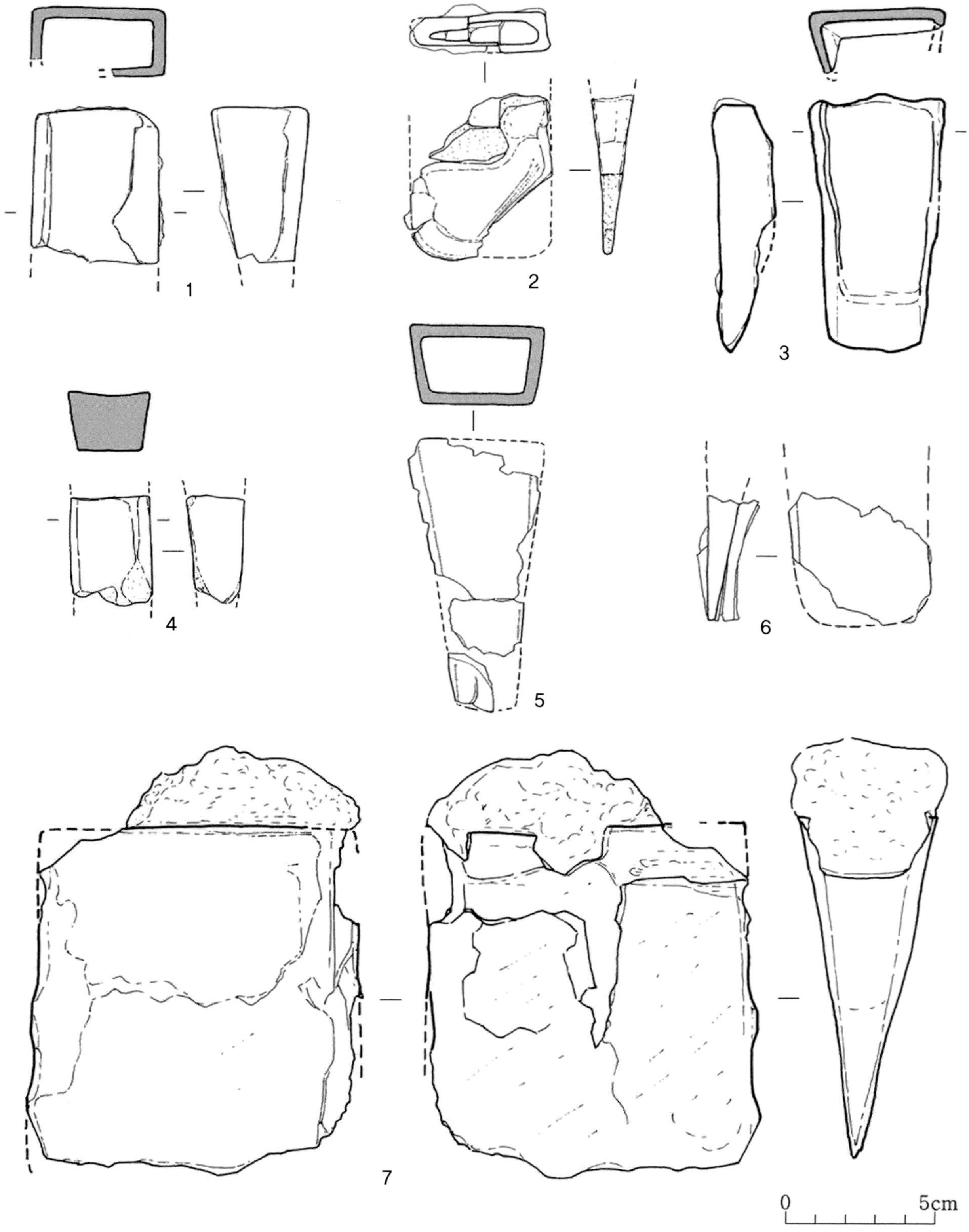

1. 주조 철부　2. 주조 철부(F5)　3. 주조 철부　4. 주조 철부의 내범(토제)
5. 주조 철부　6. 주조 철부　7. 단조 철부

그림 3 낙랑토성 출토 철부 도면

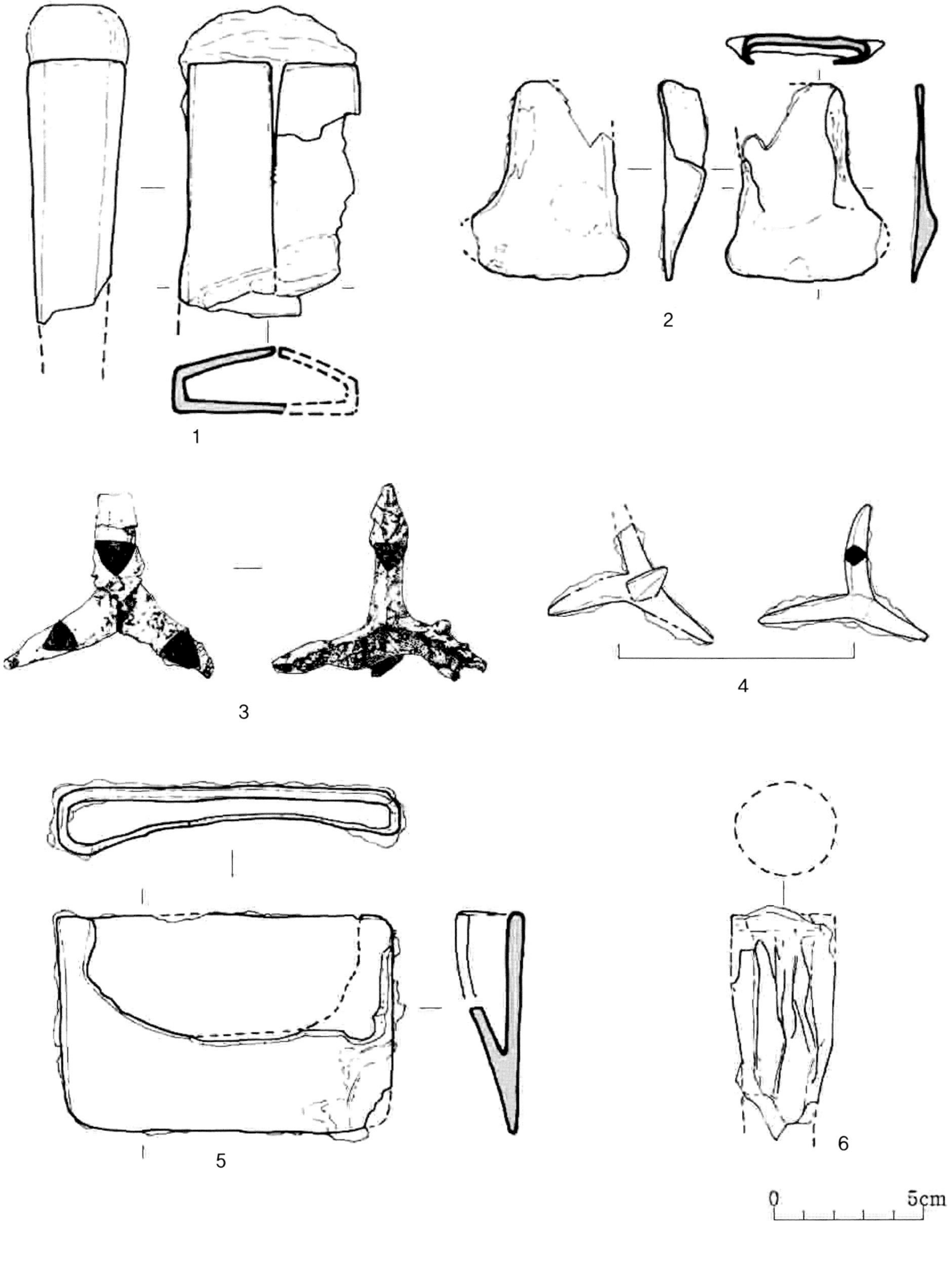

1. 단조 철부(G區우물) 2. 단조 철부 3. 마름쇠 4. 마름쇠
5. 삽날 6. 공구(B3xⅡ)

그림 4 낙랑토성 출토 철기류 도면

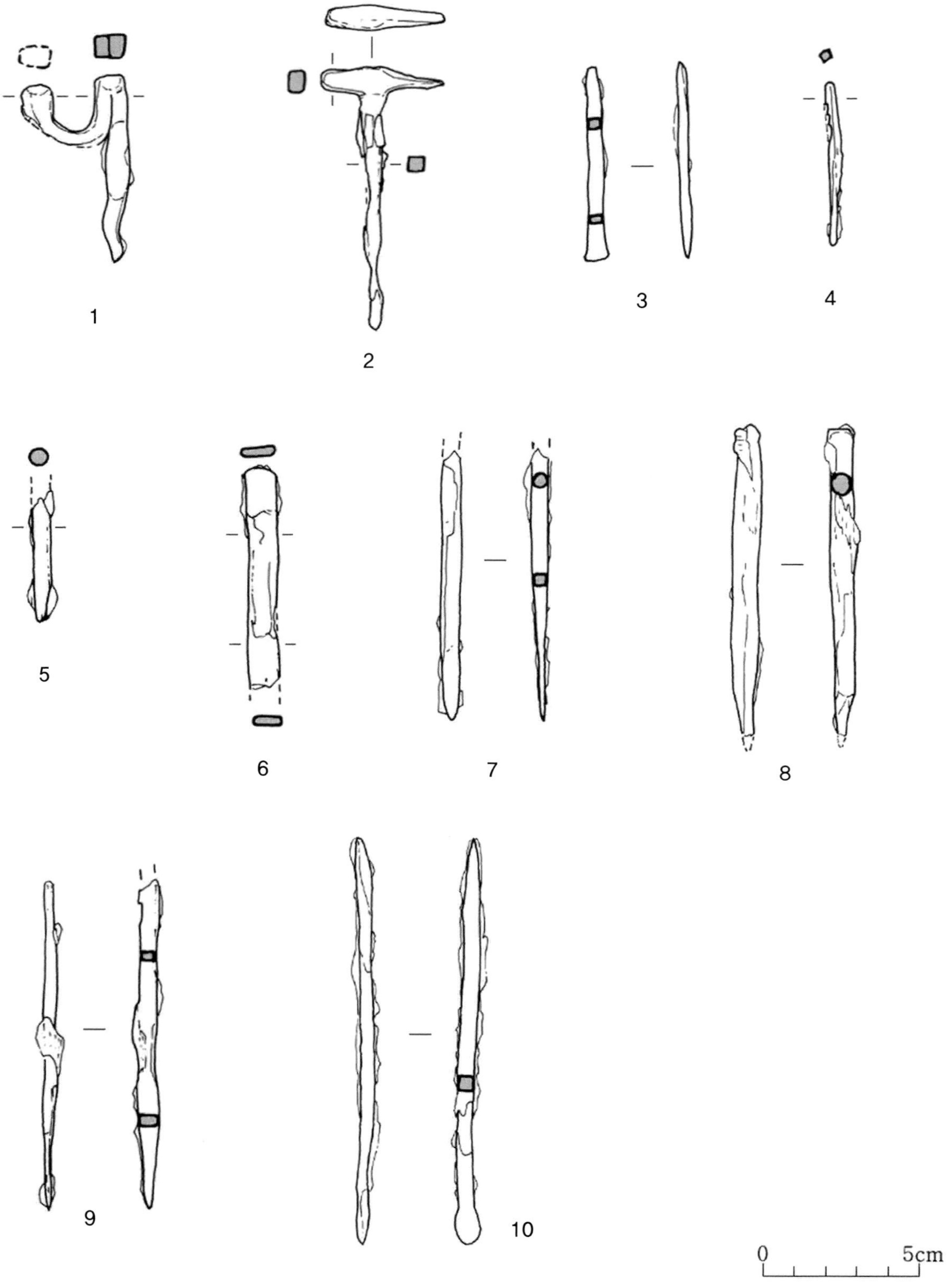

1. 공구(B″)	2. 공구	3. 공구(F5의 1)	4. 공구	5. 공구(F3)
6. 공구	7. 공구(F3)	8. 공구	9. 공구	10. 공구(F4의 3)

그림 5 낙랑토성 출토 철기류 도면

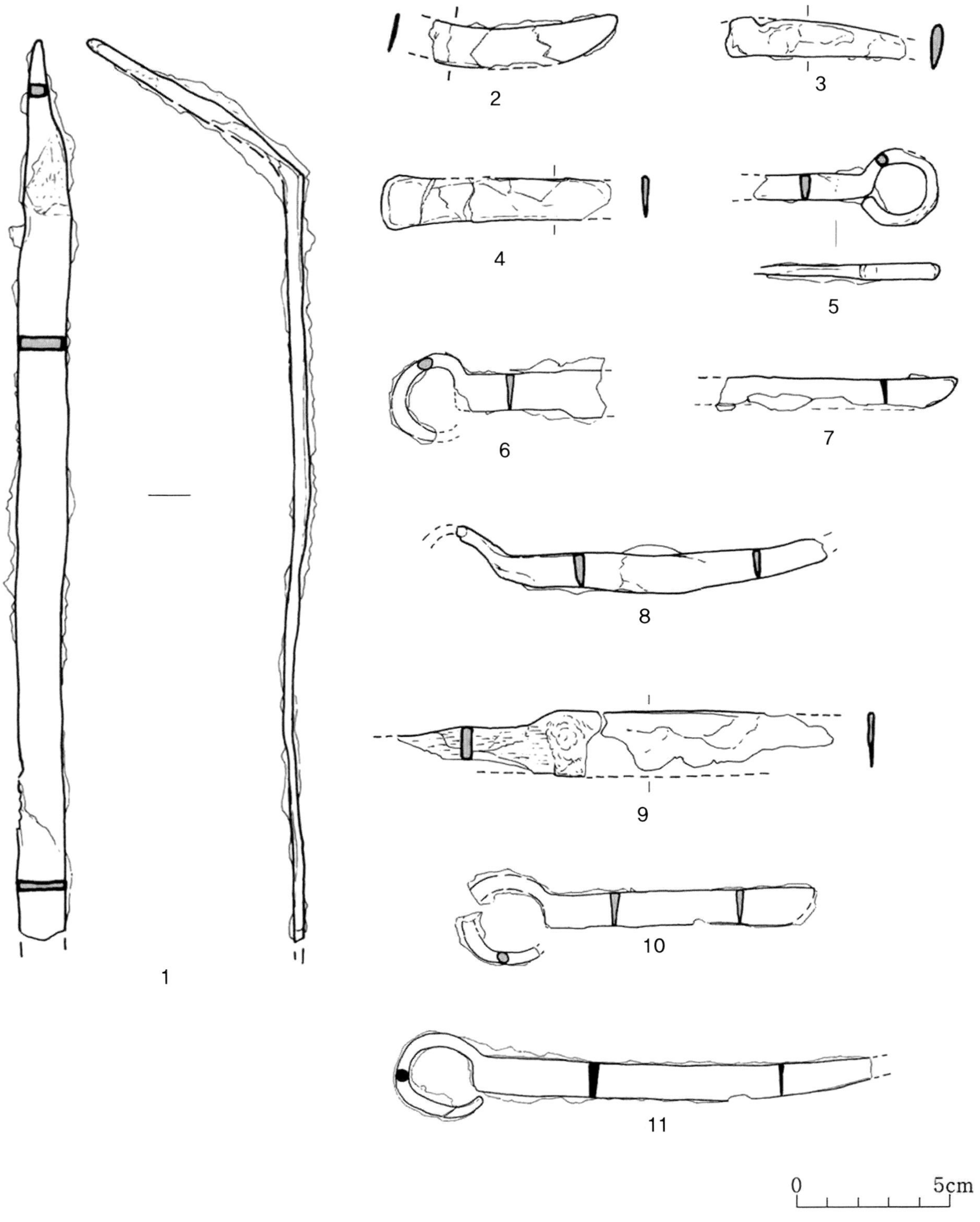

1. 미완성 철도(?) 2. 손칼(F3) 3. 손칼(B″) 4. 손칼(F4의 5) 5. 손칼
6. 손칼(F4 Ⅶ 경작토 下) 7. 손칼 8. 손칼(F5의 1) 9. 손칼(F5)
10. 손칼(F4의 4) 11. 손칼(F5)

그림 6 낙랑토성 출토 철기류 도면

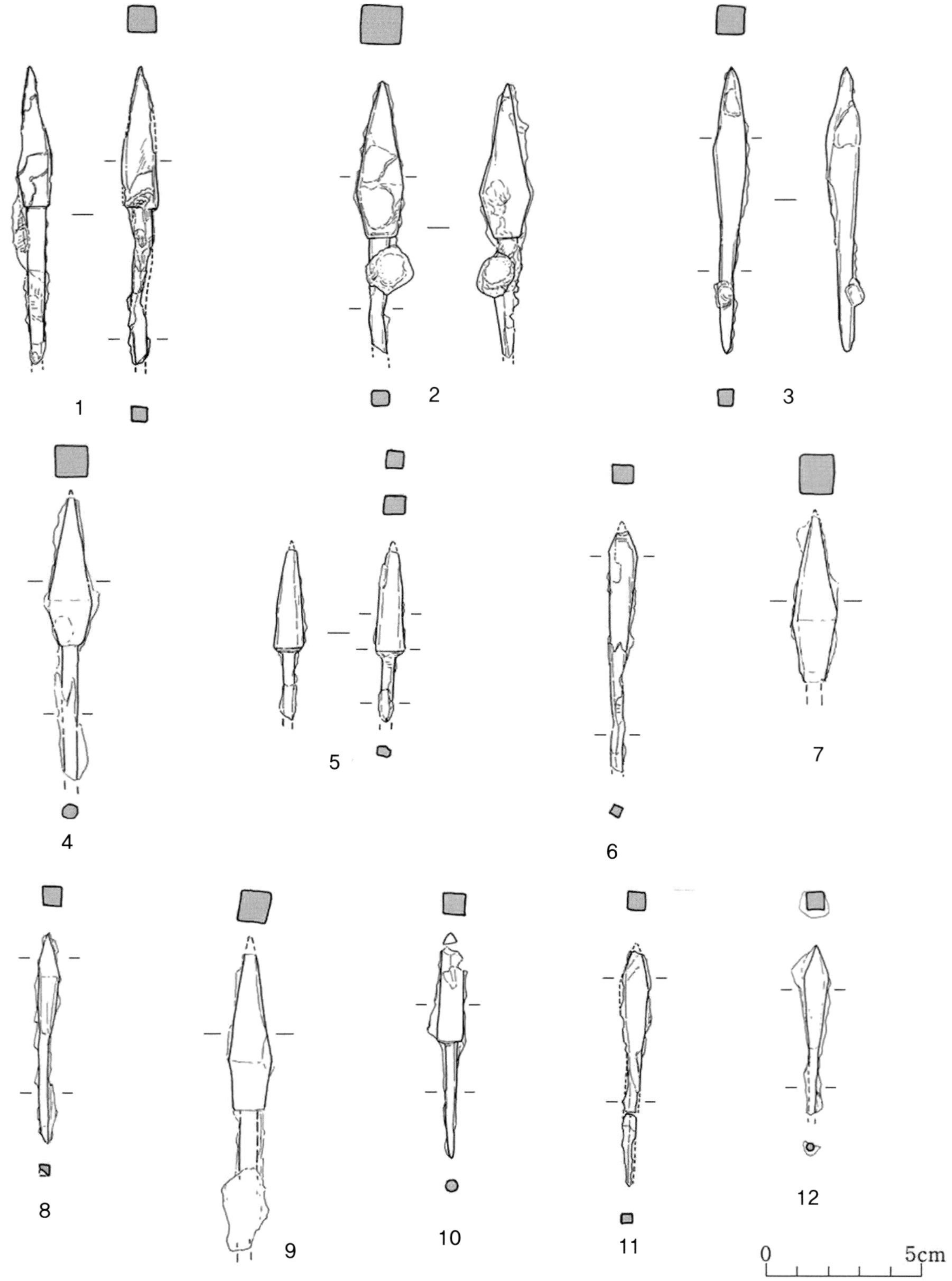

1. 화살촉
2. 화살촉(B″Ⅷ청동정의 옆)
3. 화살촉
4. 화살촉(F2의 Ⅶ)
5. 화살촉(G南東모서리)
6. 화살촉(B″)
7. 화살촉
8. 화살촉(B″트렌치 Ⅳ)
9. 화살촉
10. 화살촉
11. 화살촉(B″)
12. 화살촉(BⅩⅧ)

그림 7 낙랑토성 출토 철기류 도면

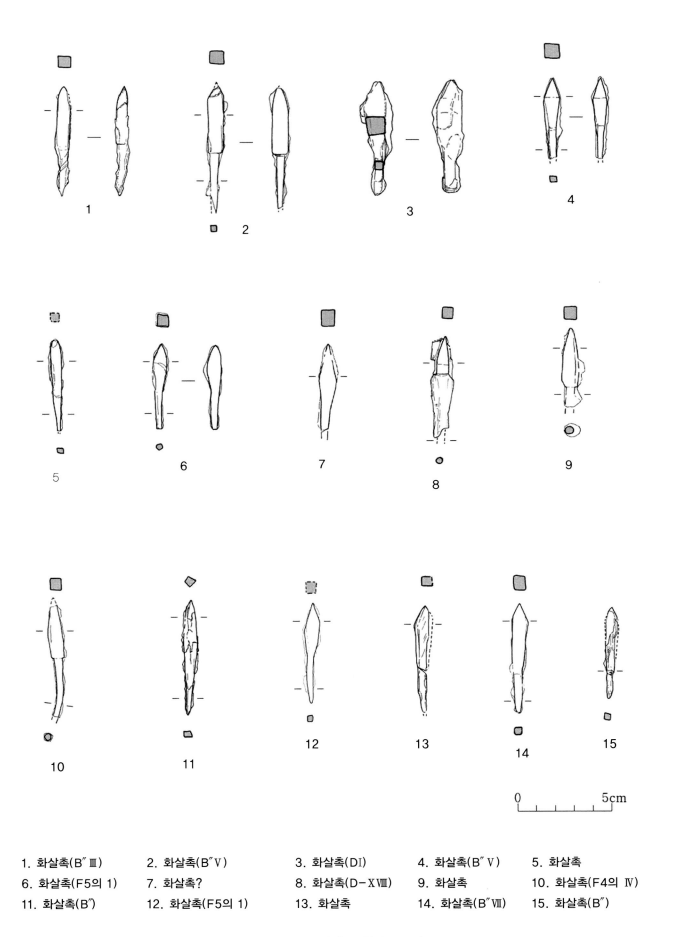

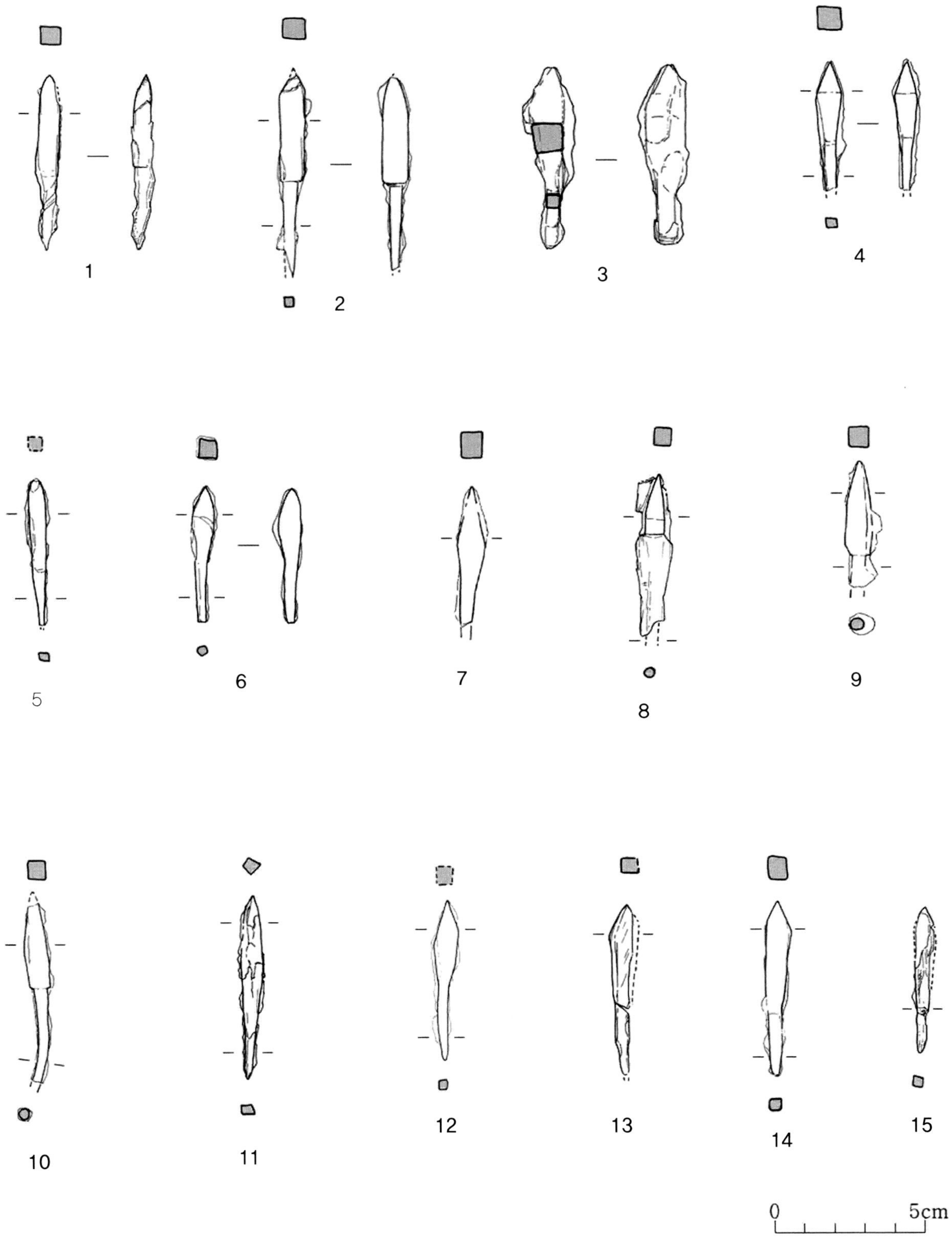

1. 화살촉(B″Ⅲ)　2. 화살촉(B″Ⅴ)　3. 화살촉(DⅠ)　4. 화살촉(B″Ⅴ)　5. 화살촉
6. 화살촉(F5의 1)　7. 화살촉?　8. 화살촉(D－ⅩⅧ)　9. 화살촉　10. 화살촉(F4의 Ⅳ)
11. 화살촉(B″)　12. 화살촉(F5의 1)　13. 화살촉　14. 화살촉(B″Ⅶ)　15. 화살촉(B″)

그림 8　낙랑토성 출토 철기류 도면

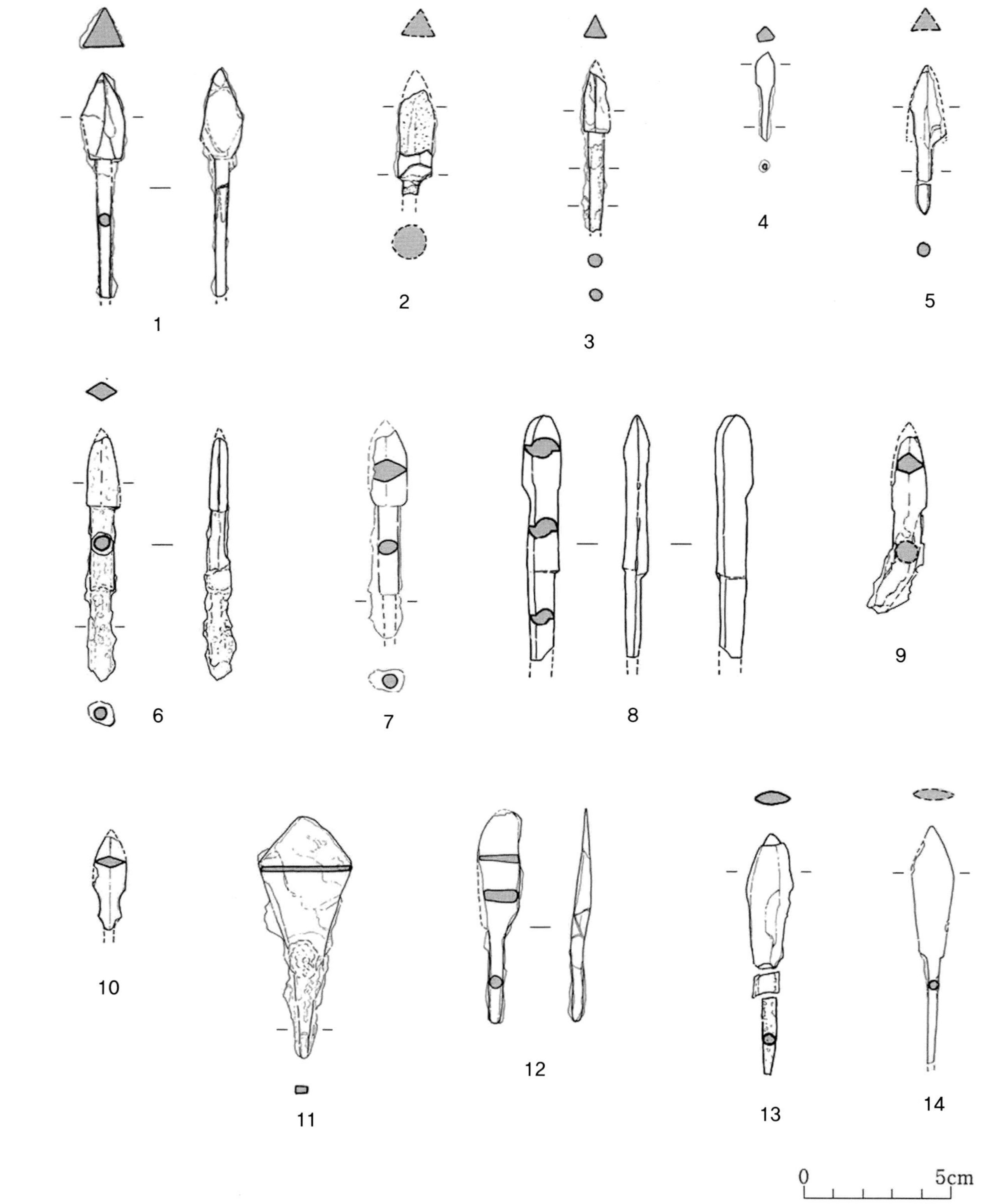

1. 화살촉(A-Ⅶ) 2. 화살촉(F2의 Ⅹ) 3. 화살촉(G南東 모서리) 4. 화살촉(F4의 7) 5. 화살촉(F2Ⅴ경작토 아래)
6. 화살촉((B″Ⅴ) 7. 화살촉(HTR의 1) 8. 화살촉(B″Ⅴ) 9. 화살촉(B″Ⅴ) 10. 화살촉(HⅣ)
11. 화살촉(F4) 12. 화살촉 13. 화살촉(F3) 14. 화살촉(F2Ⅴ경작토 아래)

그림 9 낙랑토성 출토 철기류 도면

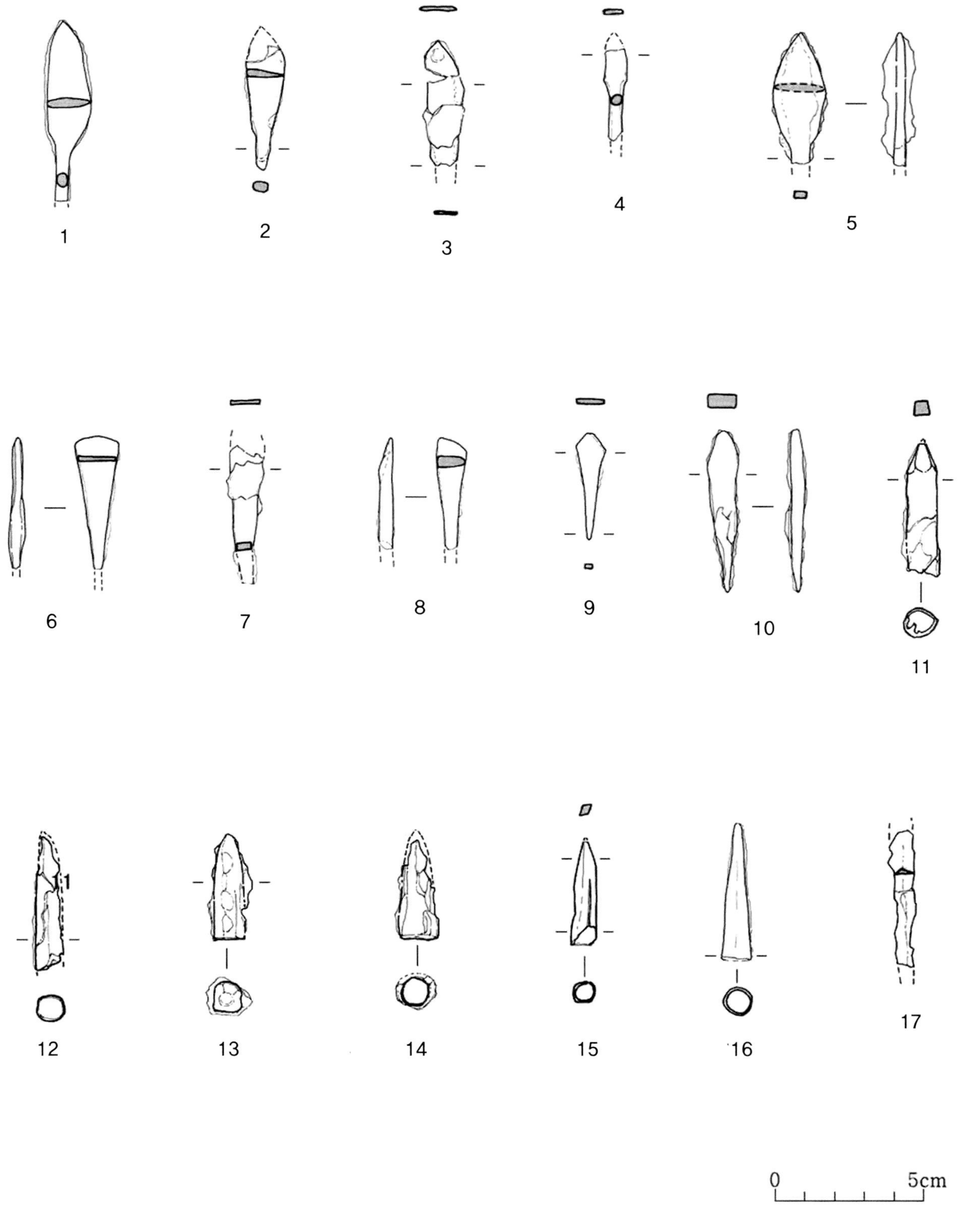

1. 화살촉(F4의 4)　2. 화살촉(F4의 3)　3. 화살촉(F3)　4. 화살촉(C″1)　5. 화살촉(C″)
6. 화살촉(1, F3)　7. 화살촉(B″Ⅲ)　8. 화살촉　9. 화살촉(F4의 5)　10. 화살촉(B″Ⅳ)
11. 화살촉?(B″)　12. 화살촉?　13. 화살촉?　14. 화살촉?(F3)　15. 화살촉?
16. 화살촉?(F2의 9Ⅶ)　17. 화살촉(AⅣ)

그림 10　낙랑토성 출토 철기류 도면

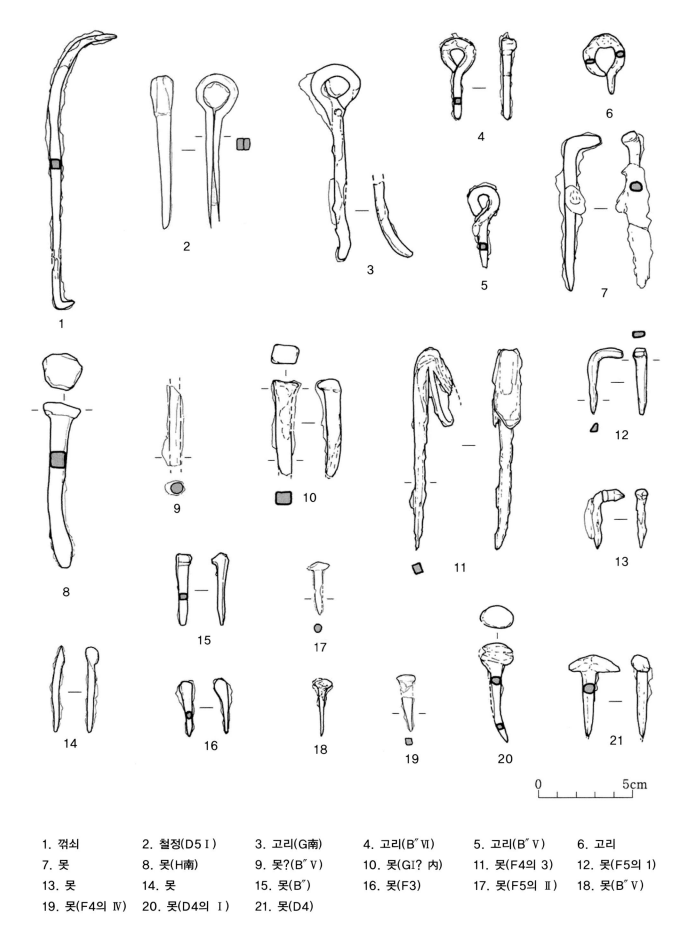

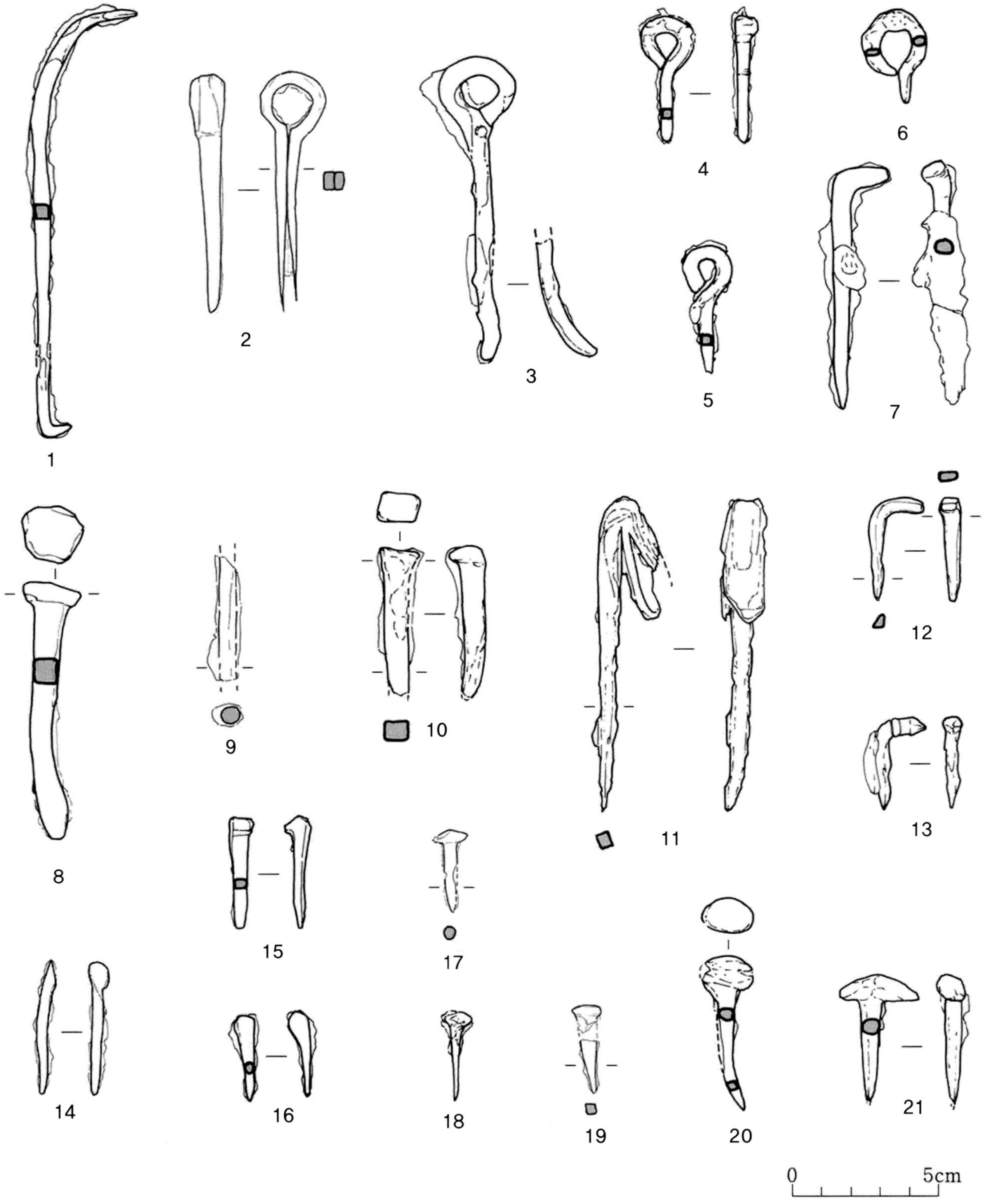

1. 꺾쇠 2. 철정(D5Ⅰ) 3. 고리(G南) 4. 고리(B″Ⅵ) 5. 고리(B″Ⅴ) 6. 고리
7. 못 8. 못(H南) 9. 못?(B″Ⅴ) 10. 못(GⅠ? 內) 11. 못(F4의 3) 12. 못(F5의 1)
13. 못 14. 못 15. 못(B″) 16. 못(F3) 17. 못(F5의 Ⅱ) 18. 못(B″Ⅴ)
19. 못(F4의 Ⅳ) 20. 못(D4의 Ⅰ) 21. 못(D4)

그림 11 낙랑토성 출토 철기류 도면

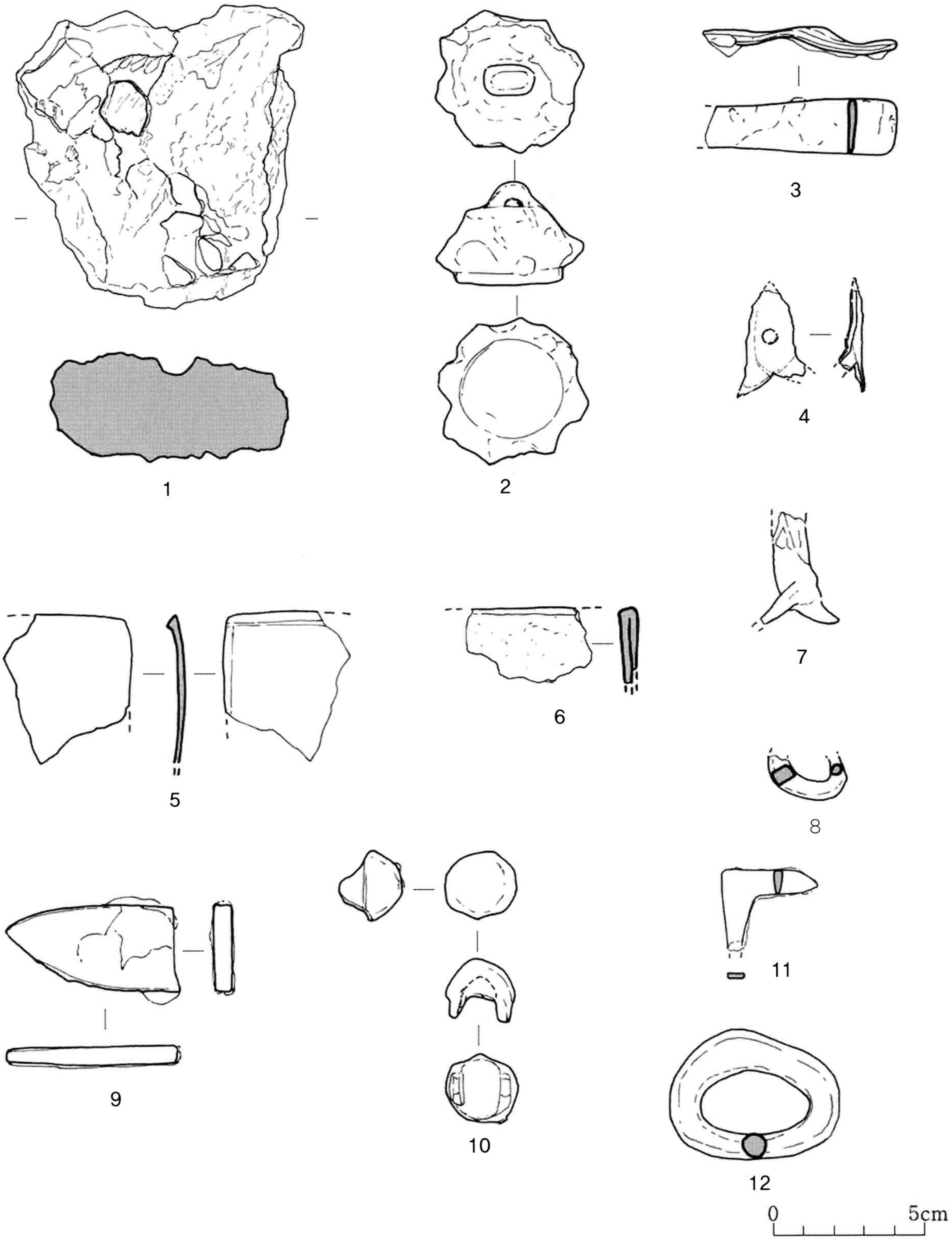

1. 철 슬래그 2. 저울추(F3) 3. 철편(G北)) 4. 불명철기(B″Ⅴ)
5. 불명철기 6. 철편 7. 불명철기(F1의 3) 8. 철환(D2-3Ⅱ)
9. 불명철기(F2의 外) 10. 불명철기 11. 불명철기(F4의 1) 12. 철환

그림 12 낙랑토성 출토 철기류 도면

1. 주조 철부 2. 주조 철부 3. 주조 철부(G區우물) 4. 주조 철부(H南)

그림 13 낙랑토성 출토 철부 도판

1. 주조 철부 2. 주조 철부(F5) 3. 주조 철부 4. 주조 철부의 내범(토제)
5. 주조 철부 6. 주조 철부 7. 단조 철부

그림 14 낙랑토성 출토 철부 도판

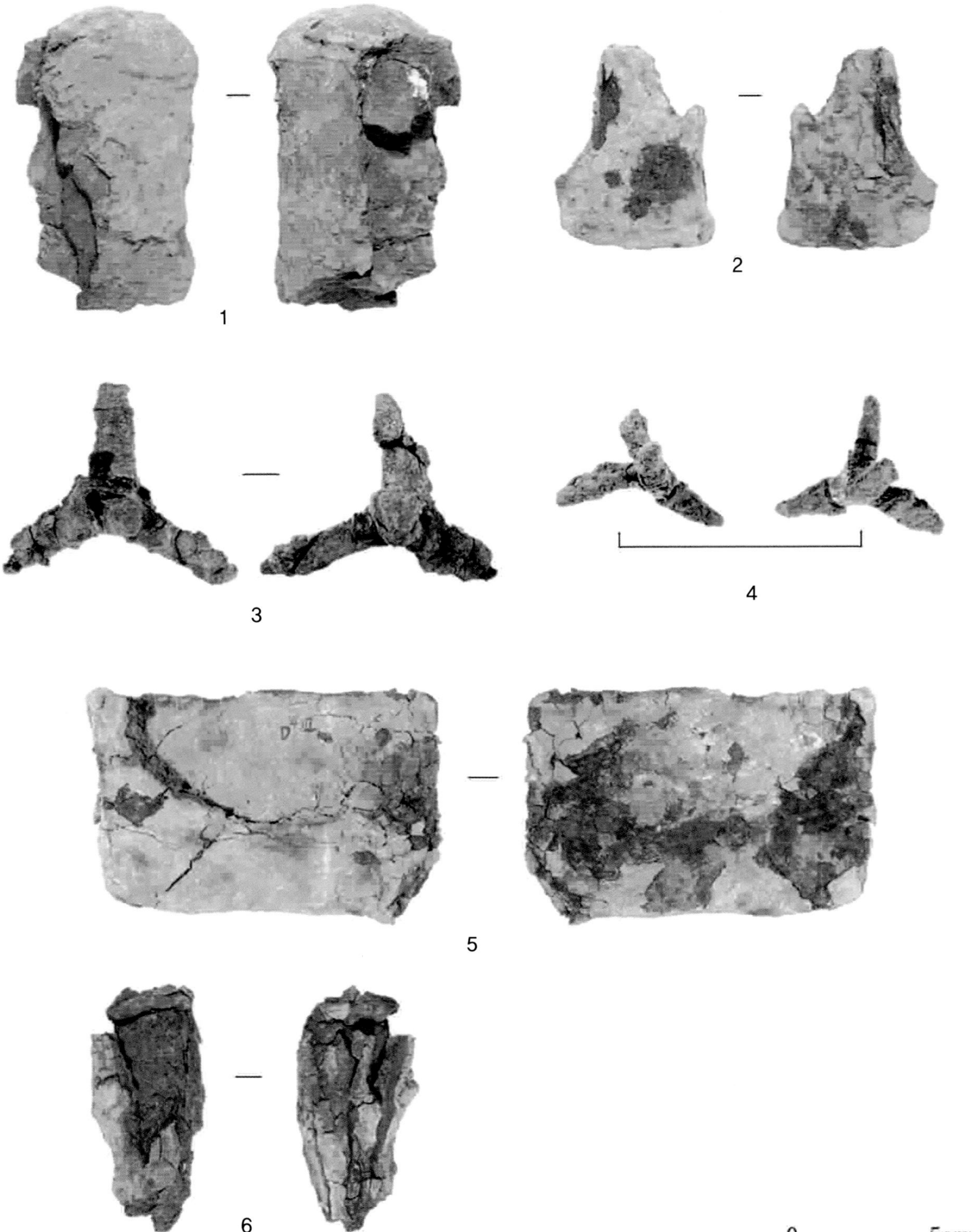

1. 단조 철부(G區우물)　　2. 단조괭이　　3. 마름쇠　　4. 마름쇠
5. 삽날　　6. 공구(B3xⅡ)

그림 15　낙랑토성 출토 철기류 도판

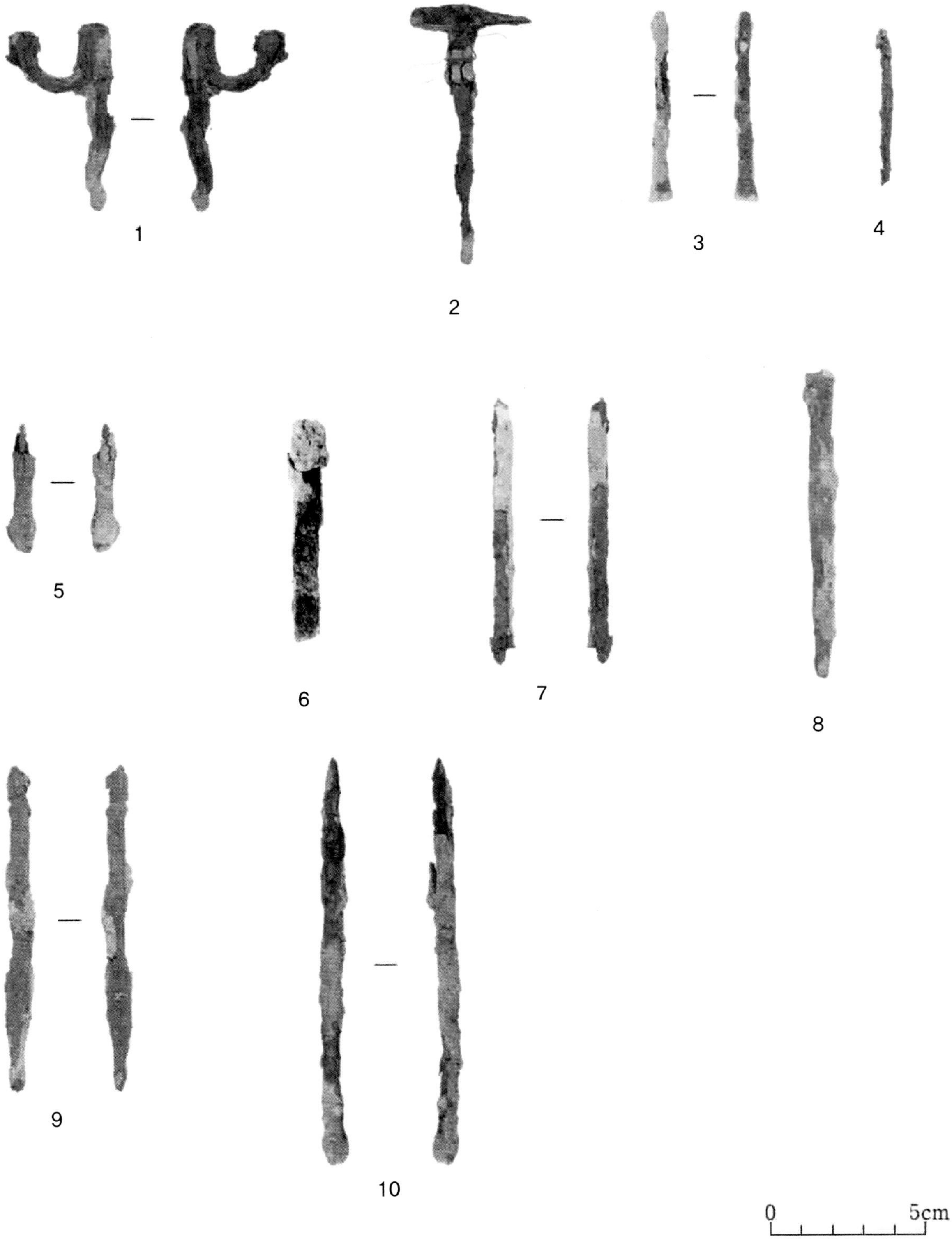

1. 공구(B″)　2. 공구　3. 공구(F5의 1)　4. 공구　5. 공구(F3)
6. 공구　7. 공구(F3)　8. 공구　9. 공구　10. 공구(F4의 3)

그림 16 낙랑토성 출토 철기류 도판

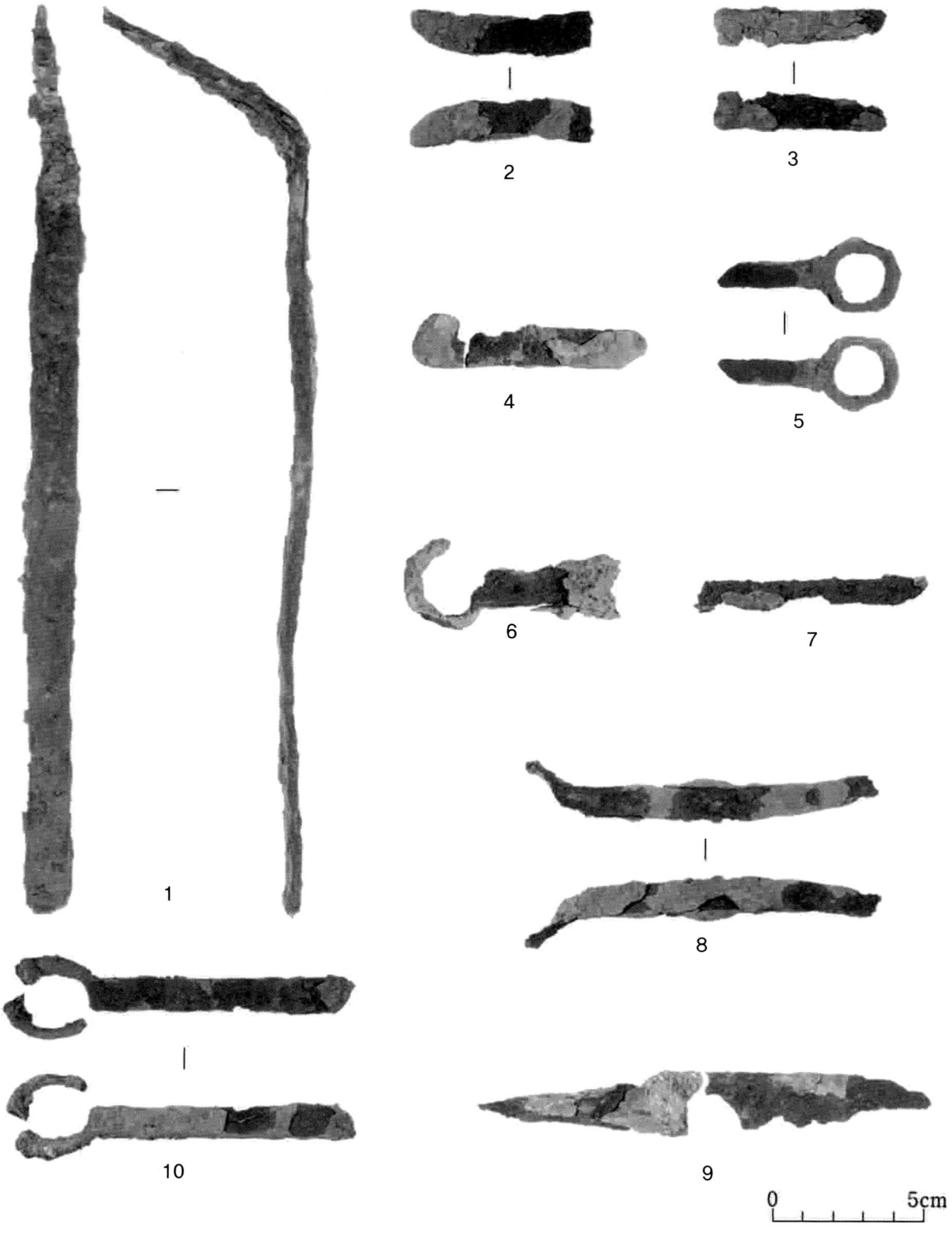

1. 미완성 철도(?) 2. 손칼(F3) 3. 손칼(B″) 4. 손칼(F4의 5) 5. 손칼
6. 손칼(F4 Ⅶ 경작토 下) 7. 손칼 8. 손칼(F5의 1) 9. 손칼(F5) 10. 손칼(F4의 4)

그림 17 낙랑토성 출토 철기류 도판

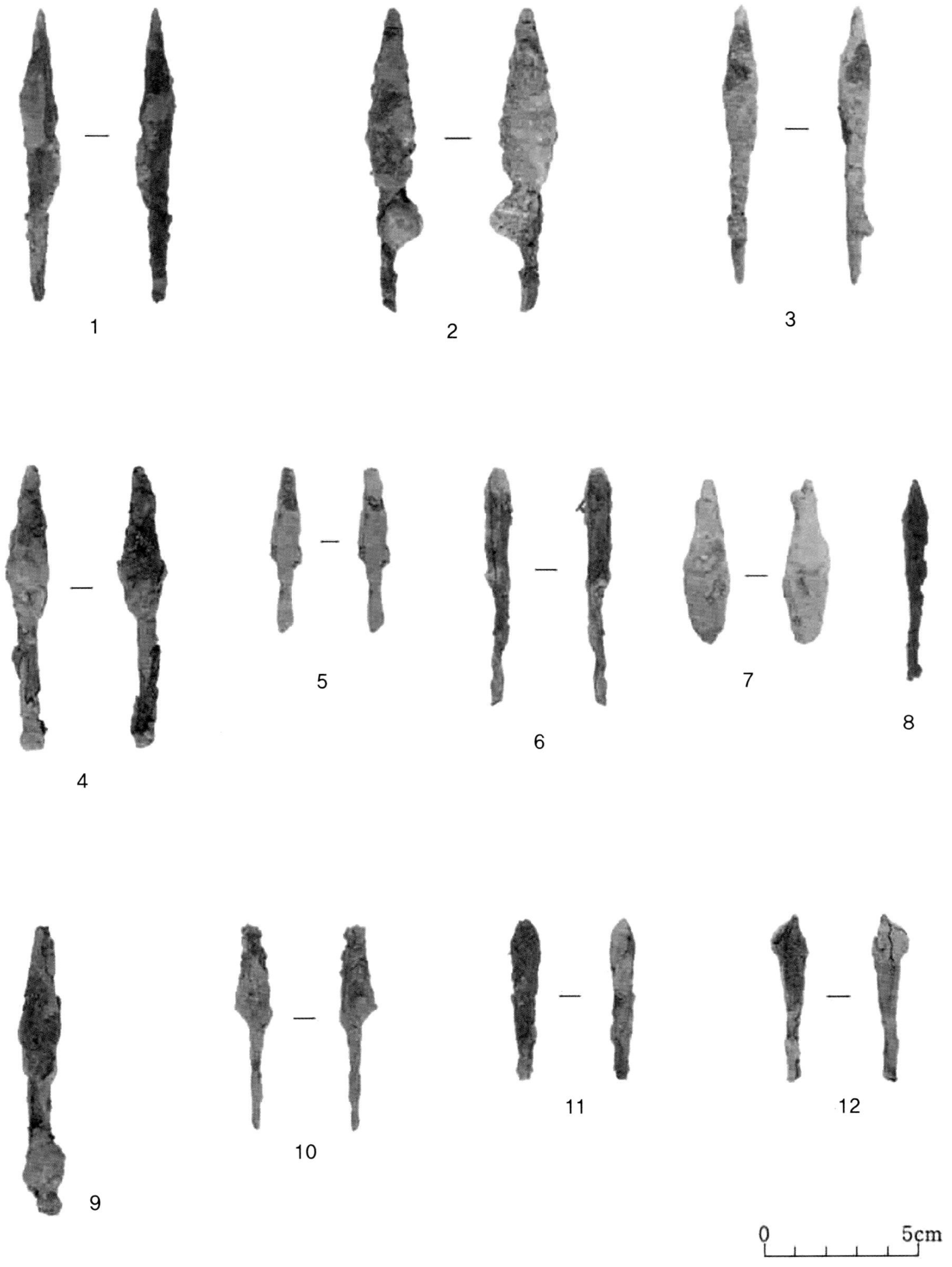

1. 화살촉	2. 화살촉(B″Ⅷ청동정의 옆)	3. 화살촉	4. 화살촉(F2의 Ⅶ)
5. 화살촉(G南東모서리)	6. 화살촉(B″)	7. 화살촉	8. 화살촉(B″트렌치 Ⅳ)
9. 화살촉	10. 화살촉	11. 화살촉(B″)	12. 화살촉(BⅩⅧ)

그림 18 낙랑토성 출토 철기류 도판

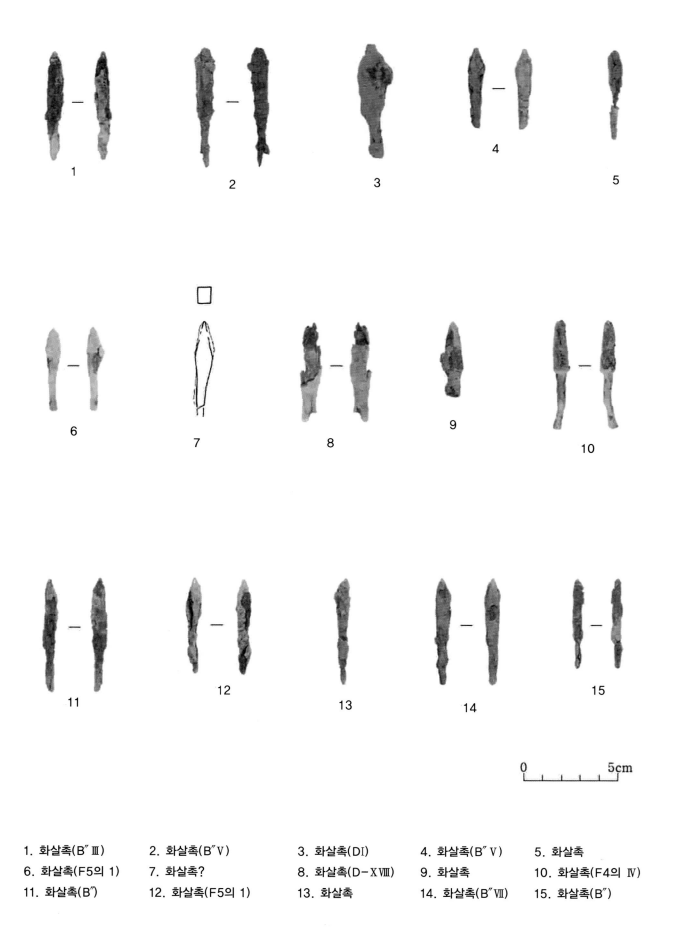

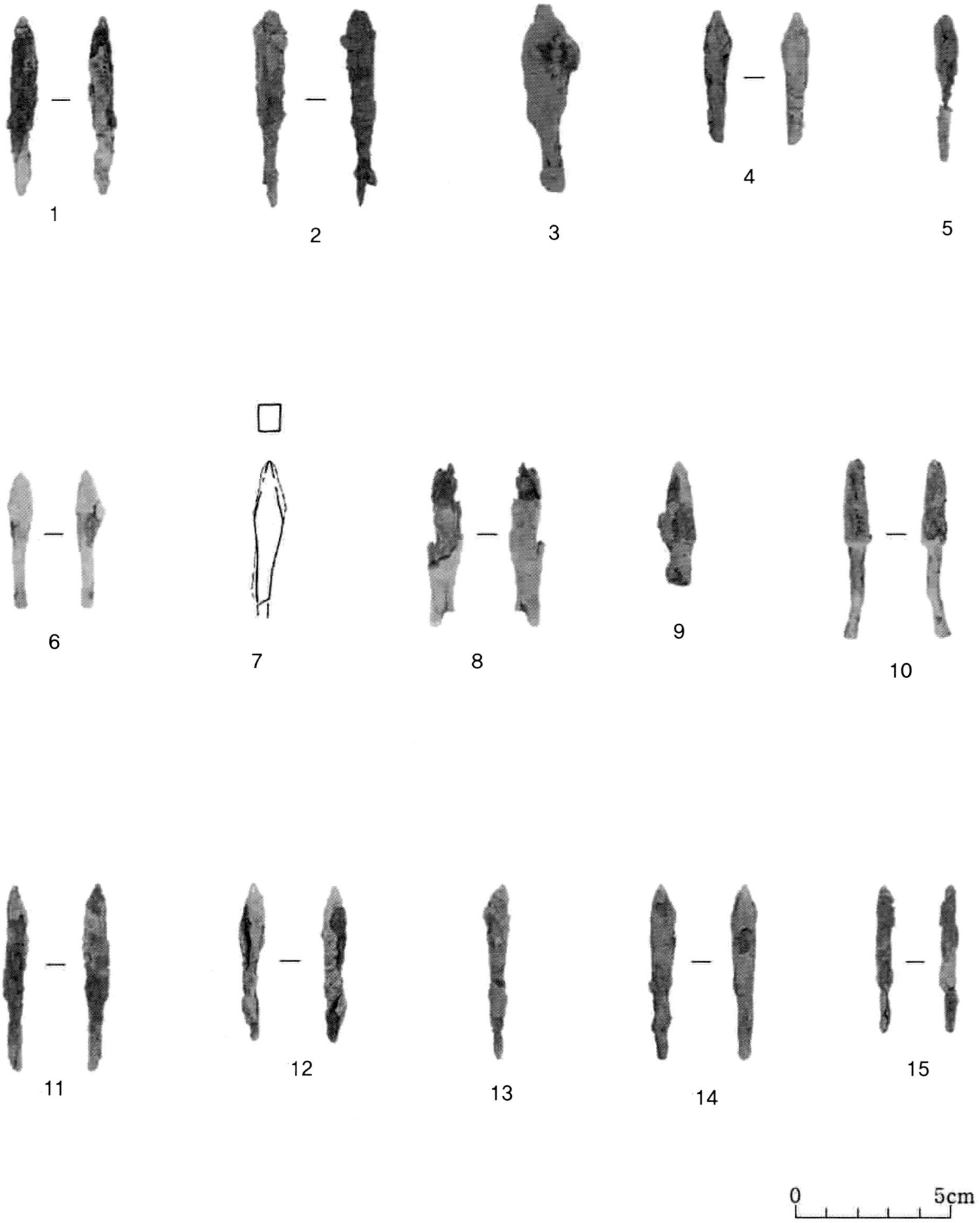

1. 화살촉(B″Ⅲ)
2. 화살촉(B″Ⅴ)
3. 화살촉(DⅠ)
4. 화살촉(B″Ⅴ)
5. 화살촉
6. 화살촉(F5의 1)
7. 화살촉?
8. 화살촉(D-XⅧ)
9. 화살촉
10. 화살촉(F4의 Ⅳ)
11. 화살촉(B″)
12. 화살촉(F5의 1)
13. 화살촉
14. 화살촉(B″Ⅶ)
15. 화살촉(B″)

그림 19 낙랑토성 출토 철기류 도판

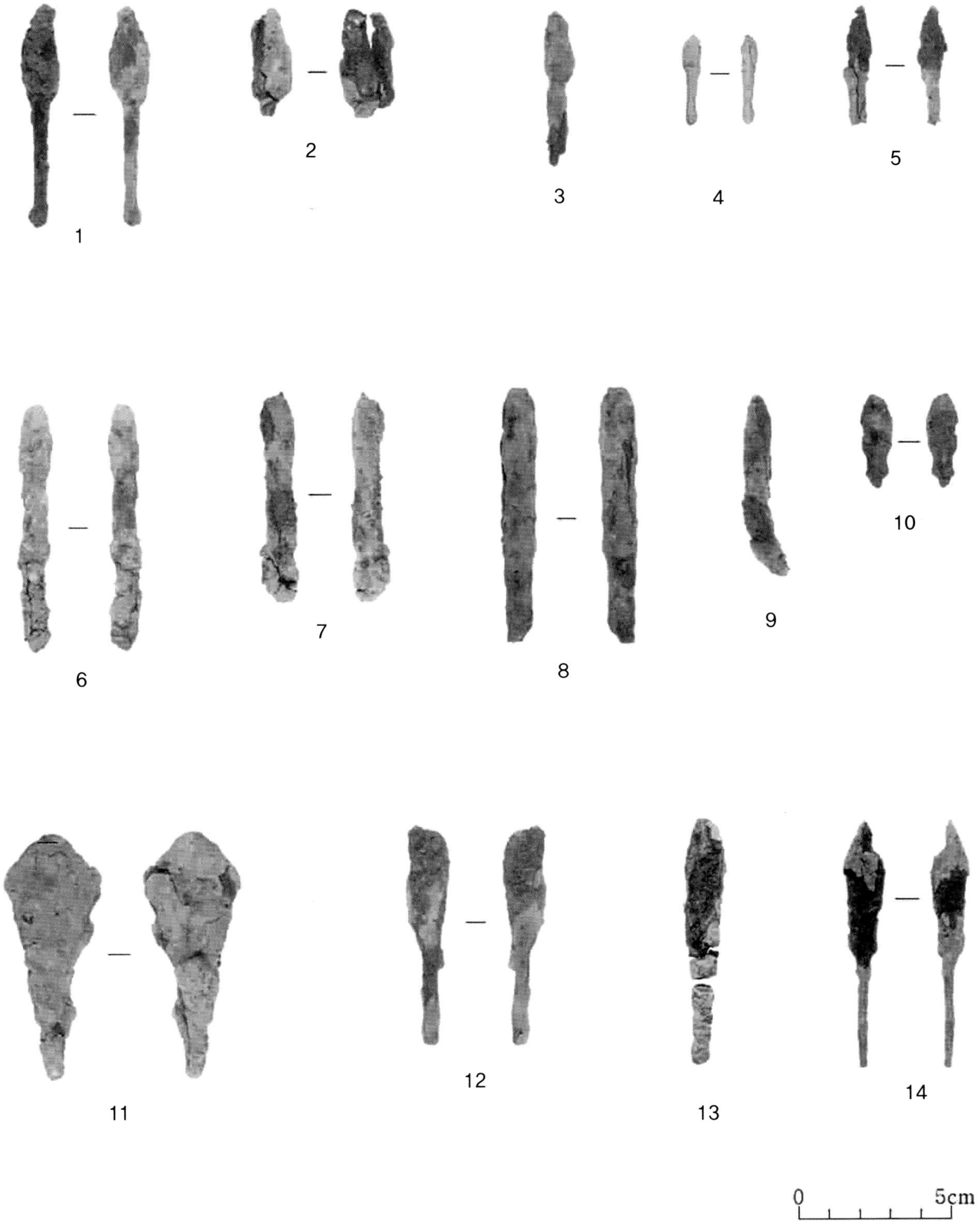

1. 화살촉(A-Ⅶ) 2. 화살촉(F2의 Ⅹ) 3. 화살촉(G南東 모서리) 4. 화살촉 5. 화살촉(F2Ⅴ경작토 아래)
6. 화살촉(B″Ⅴ) 7. 화살촉(HTR의 1) 8. 화살촉(B″Ⅴ) 9. 화살촉(B″Ⅴ) 10. 화살촉(HⅣ)
11. 화살촉(F4) 12. 화살촉 13. 화살촉(F3) 14. 화살촉(F2Ⅴ경작토 아래)

그림 20 낙랑토성 출토 철기류 도판

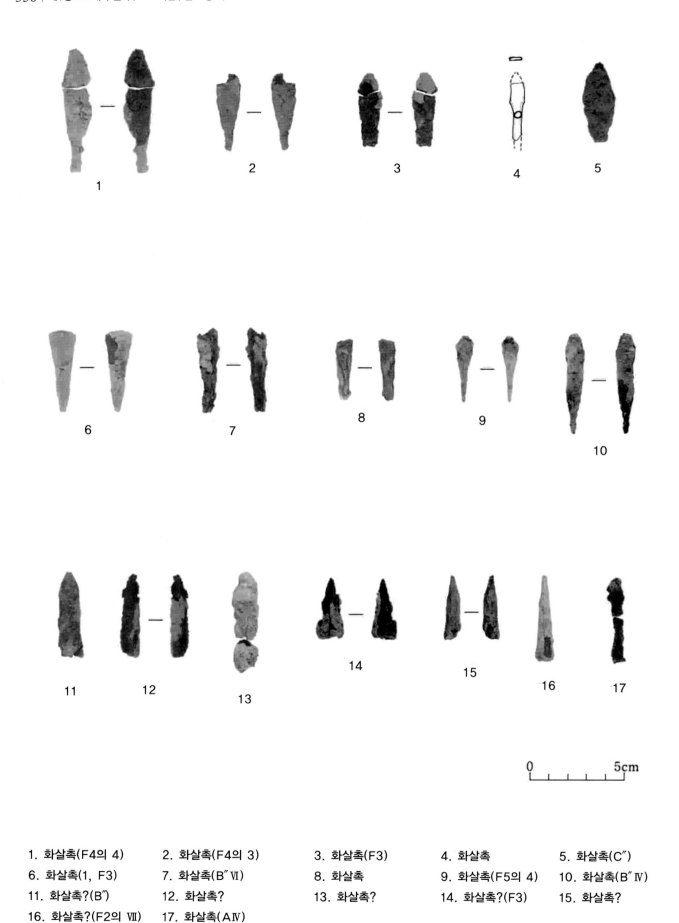

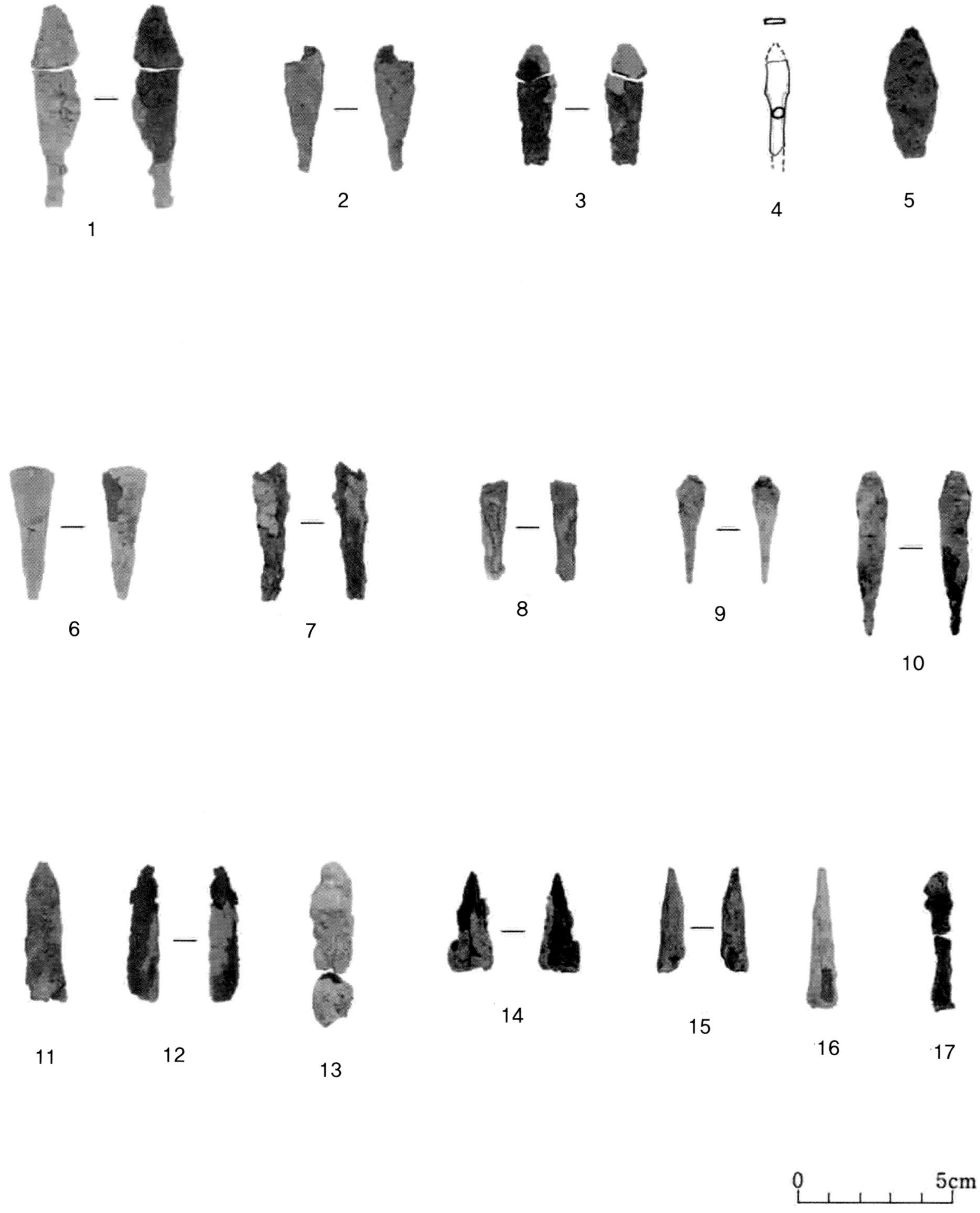

1. 화살촉(F4의 4) 2. 화살촉(F4의 3) 3. 화살촉(F3) 4. 화살촉 5. 화살촉(C″)
6. 화살촉(1, F3) 7. 화살촉(B″Ⅵ) 8. 화살촉 9. 화살촉(F5의 4) 10. 화살촉(B″Ⅳ)
11. 화살촉?(B″) 12. 화살촉? 13. 화살촉? 14. 화살촉?(F3) 15. 화살촉?
16. 화살촉?(F2의 Ⅶ) 17. 화살촉(AⅣ)

그림 21 낙랑토성 출토 철기류 도판

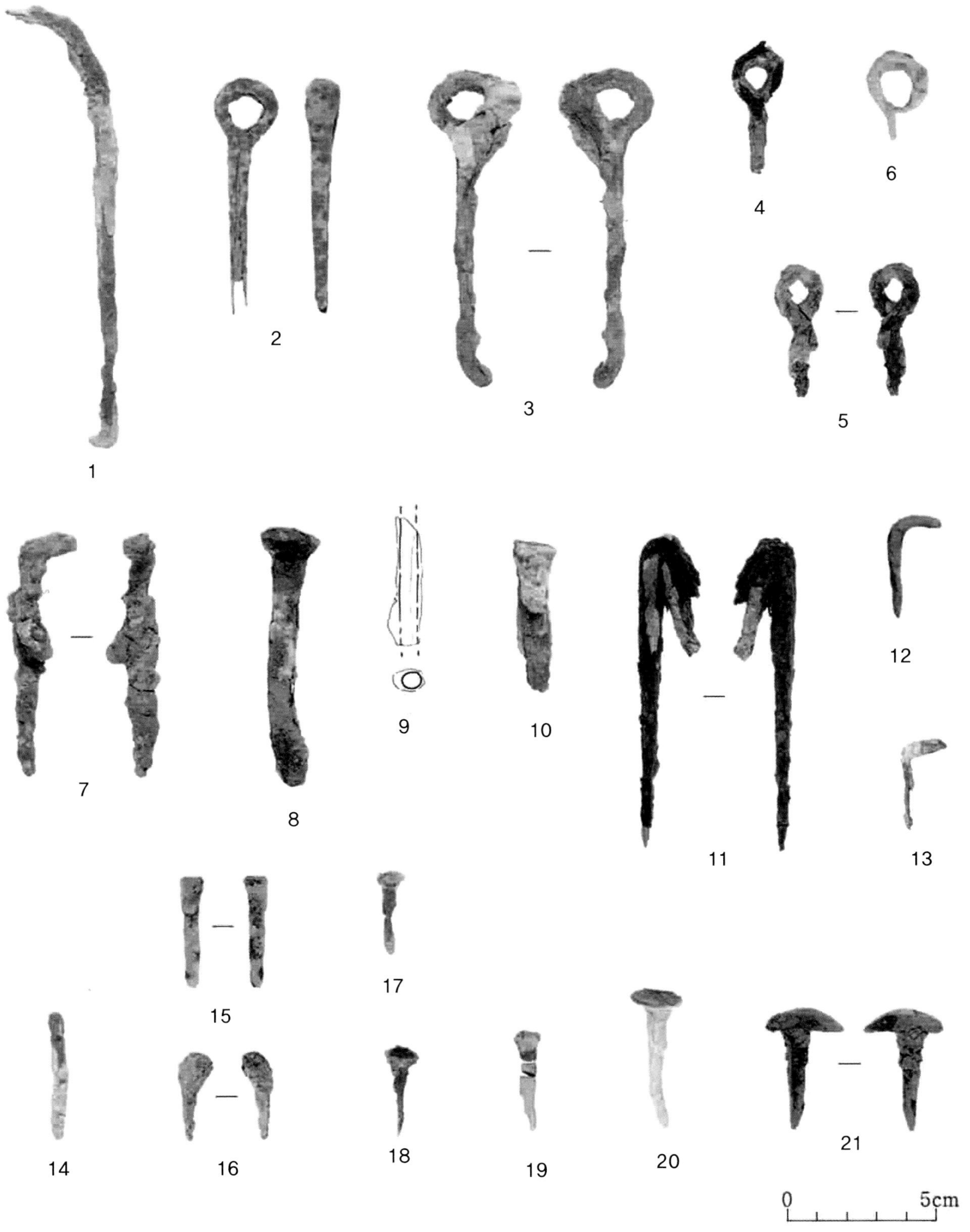

1. 꺾쇠 2. 철정(D5) 3. 고리(G南) 4. 고리(B″Ⅵ) 5. 고리(B″Ⅴ) 6. 고리
7. 못 8. 못 9. 못? 10. 못(GI? 內) 11. 못(F4의 3) 12. 못(F5의 1)
13. 못 14. 못 15. 못(B″) 16. 못 17. 못(F5의 Ⅱ) 18. 못(B″Ⅴ)
19. 못(F4의 Ⅳ) 20. 못(D4의 Ⅰ) 21. 못(D4)

그림 22 낙랑토성 출토 철기류 도판

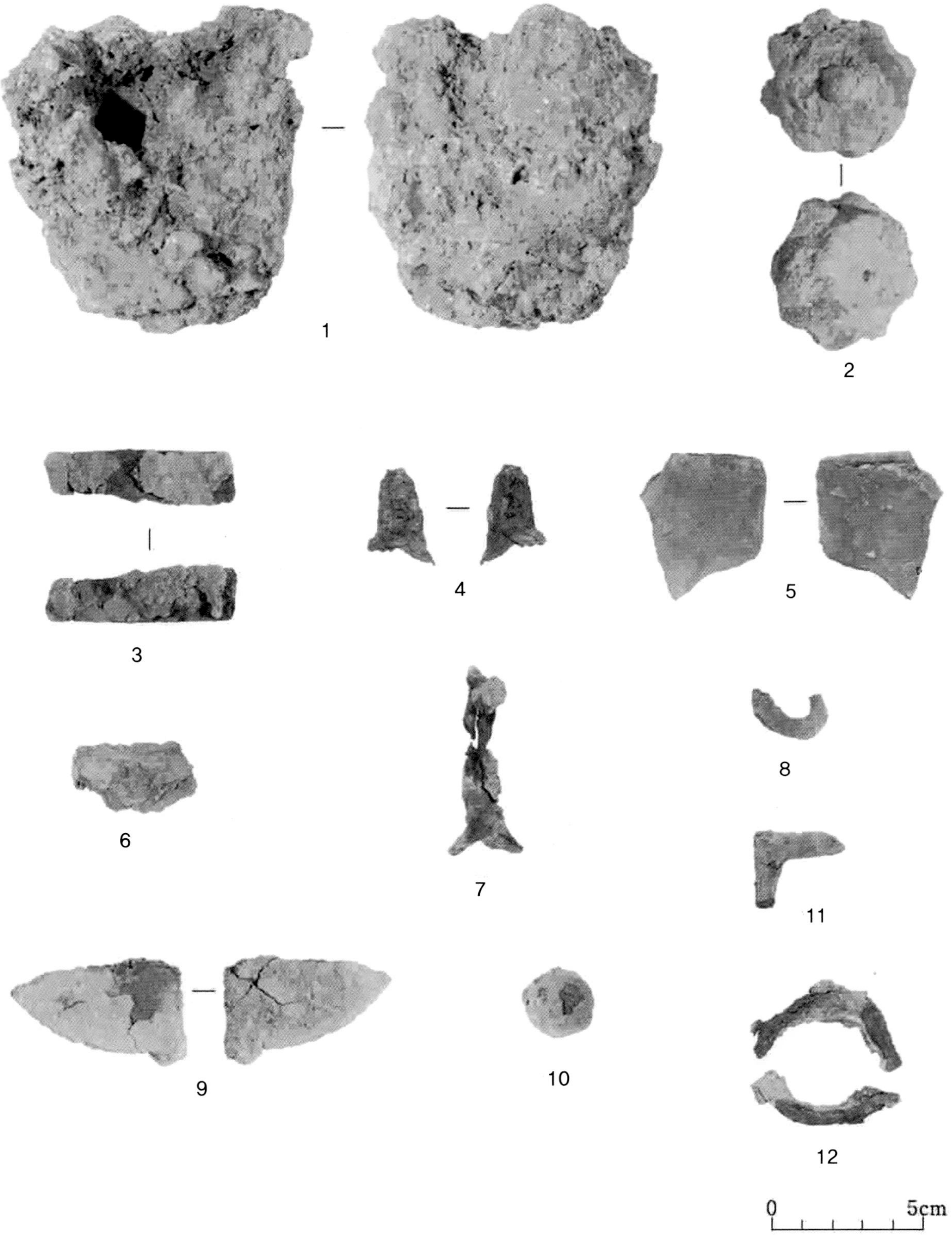

1. 철 슬래그　2. 저울추(F3)　3. 철편(G北))　4. 불명철기(B″Ⅴ)
5. 불명철기　6. 철편　7. 불명철기(F1의 3)　8. 철환(D2-3Ⅱ)
9. 불명철기(F2의 外)　10. 불명철기　11. 불명철기(F4의 1)　12. 철환

그림 23 낙랑토성 출토 철기류 도판

5. 철기 유물 보관 봉투

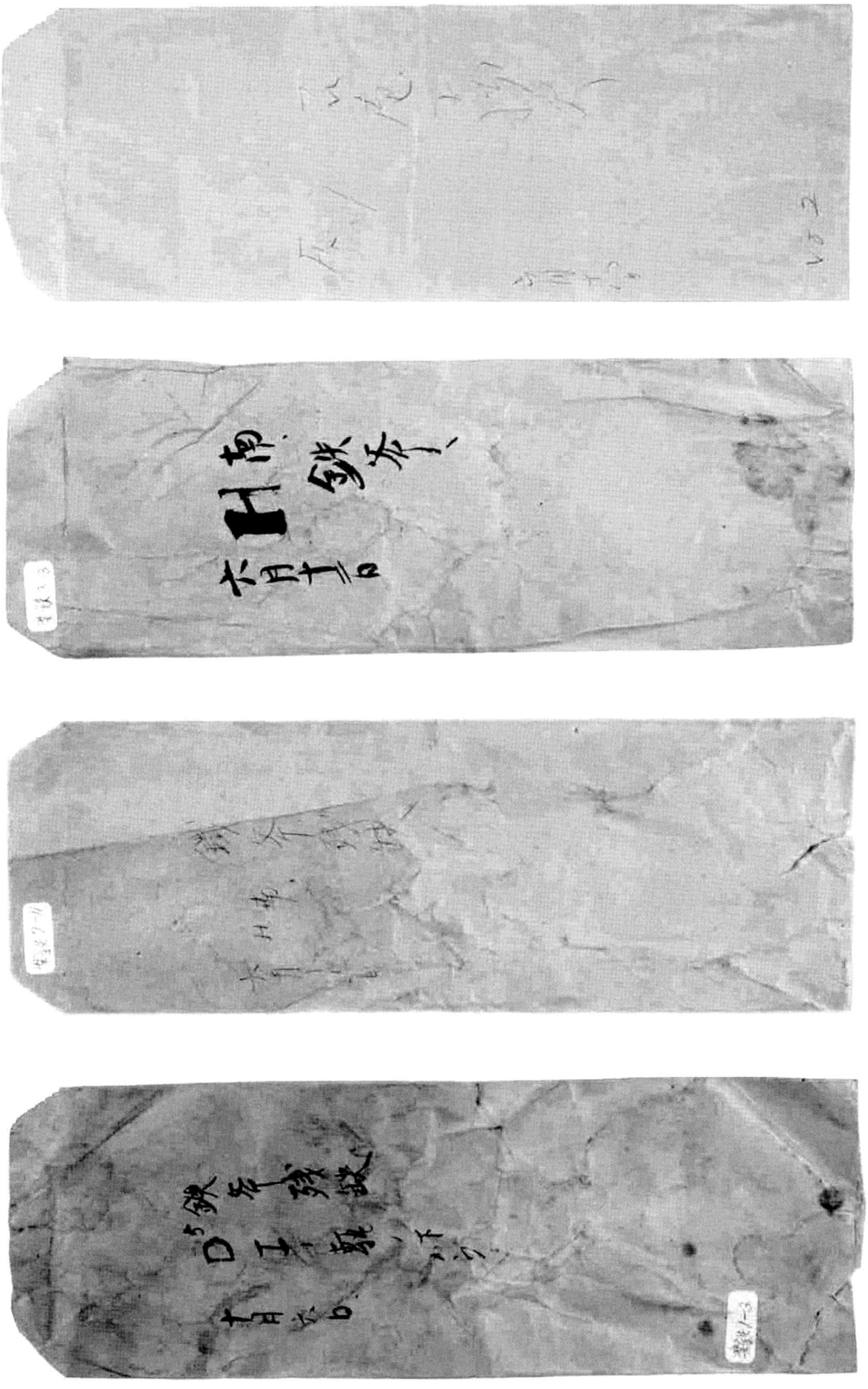

4. 3-5, 6

3. 2-6

2. 2-1

1. 1-3

그림 1 철기 유물 보관 봉투 Ⅰ

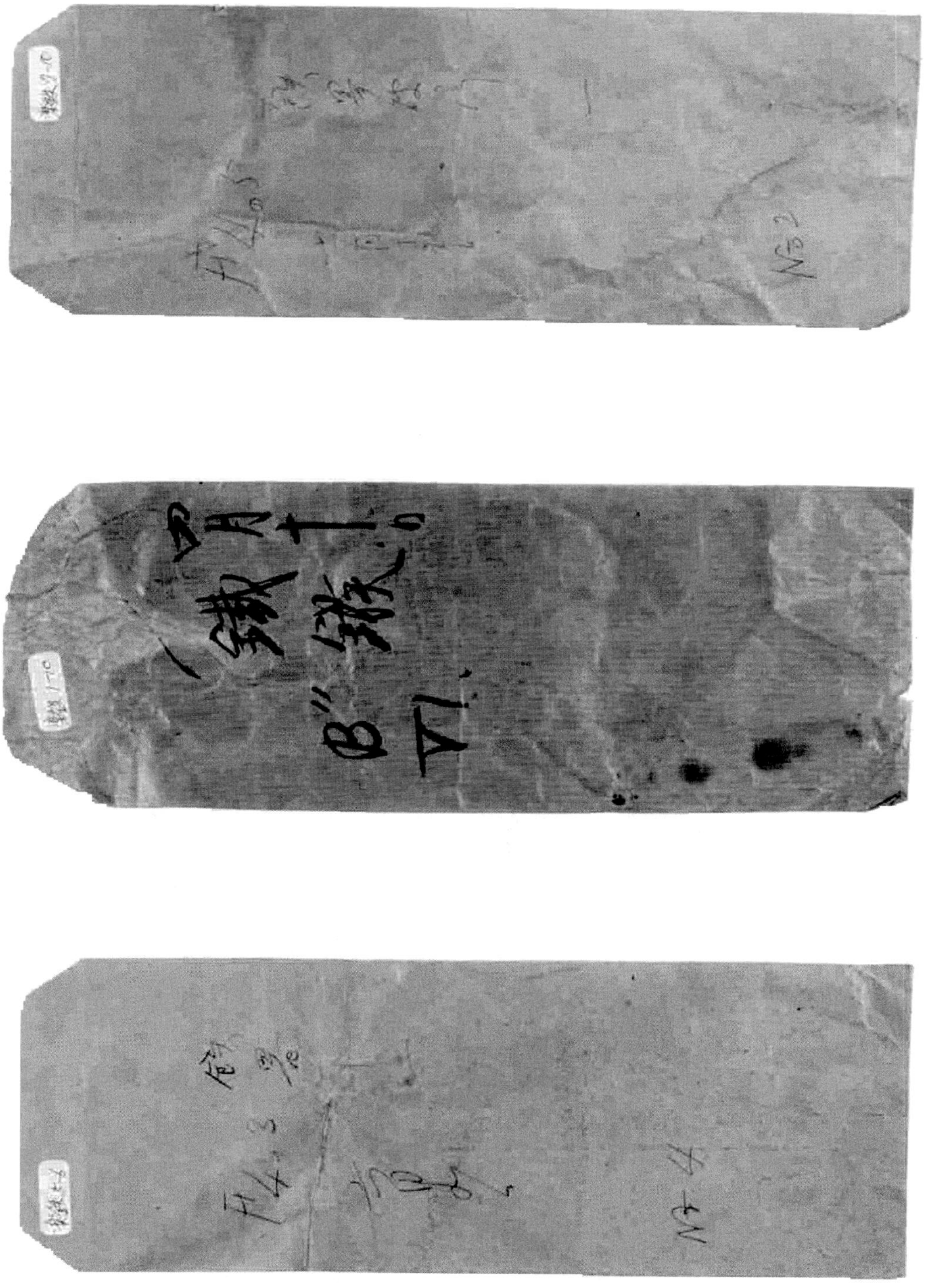

3. 5-4

2. 5-1

1. 4-11

그림 2 철기 유물 보관 봉투 Ⅱ

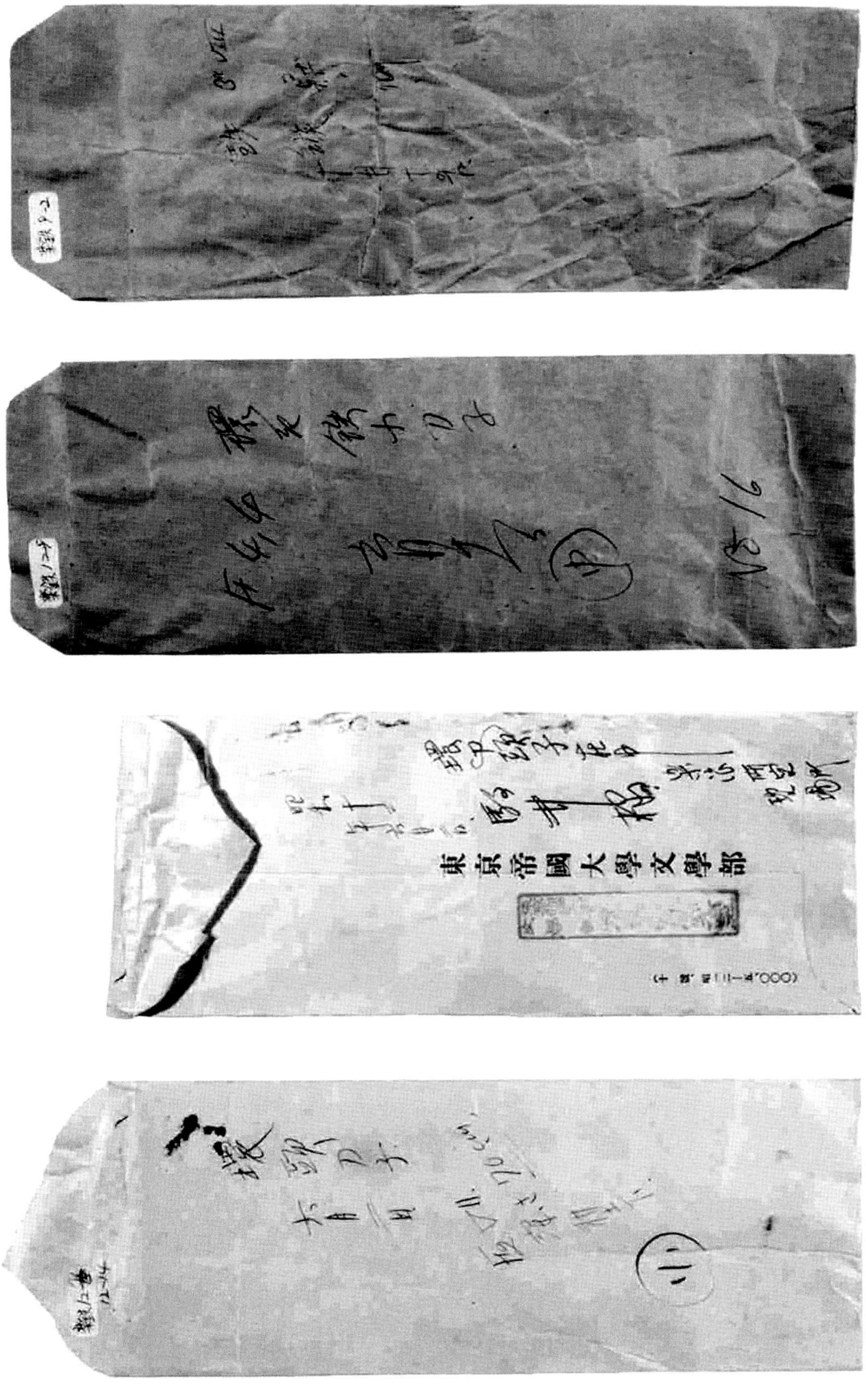

3. 6-2

2. 5-10

1. 5-6

그림 3 철기 유물 보관 봉투 Ⅲ

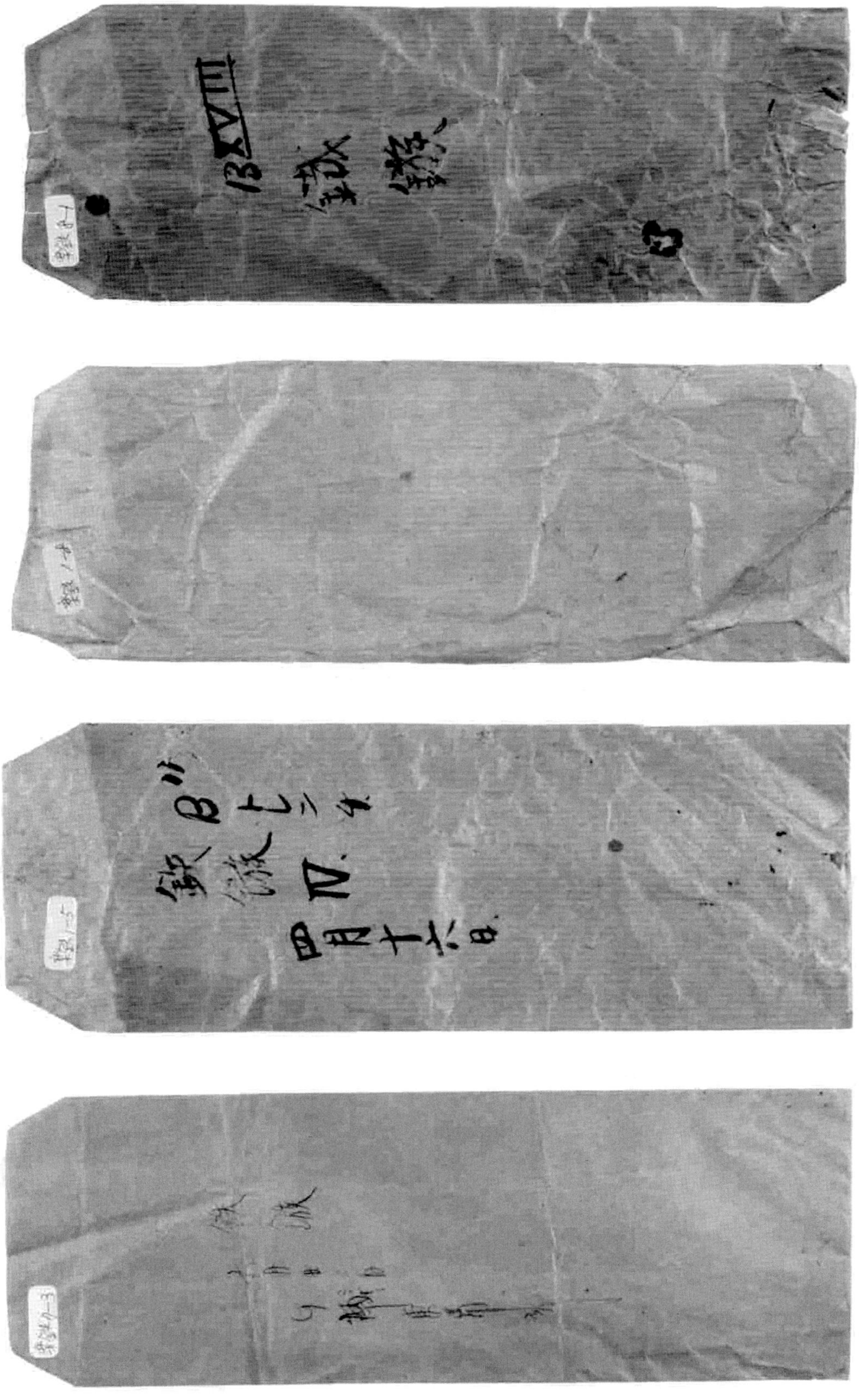

1. 6-5 2. 6-8 3. 6-10 4. 6-12

그림 4 철기 유물 보관 봉투 Ⅳ

1. 7-1　2. 7-5　3. 7-6　4. 7-8

그림 5 철기 유물 보관 봉투 Ⅴ

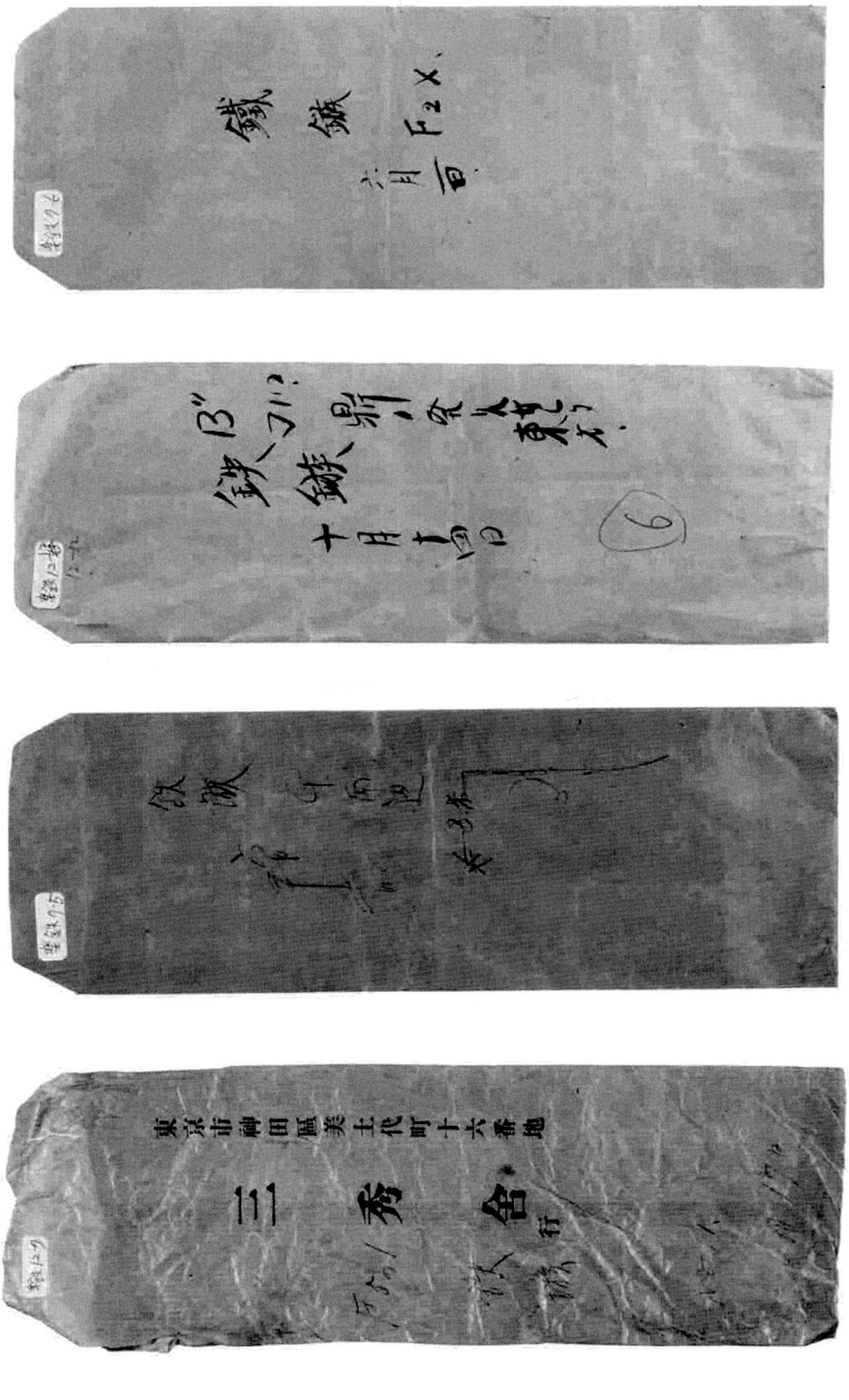

1. 7-12
2. 7-13
3. 7-14
4. 8-2

그림 6 철기 유물 보관 봉투 Ⅵ

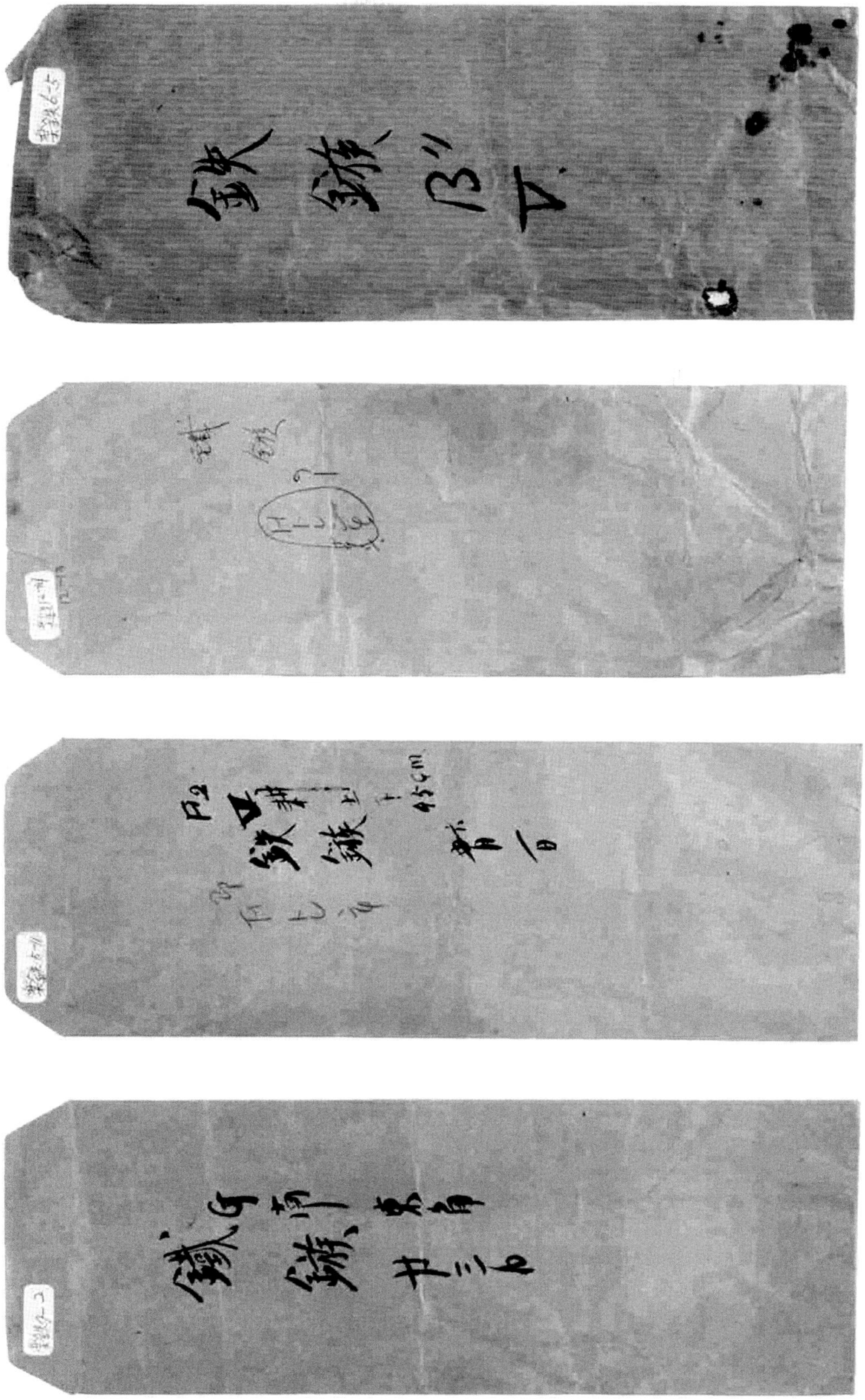

1. 8-3 2. 8-5 3. 8-7 4. 8-8

그림 7 철기 유물 보관 봉투 Ⅷ

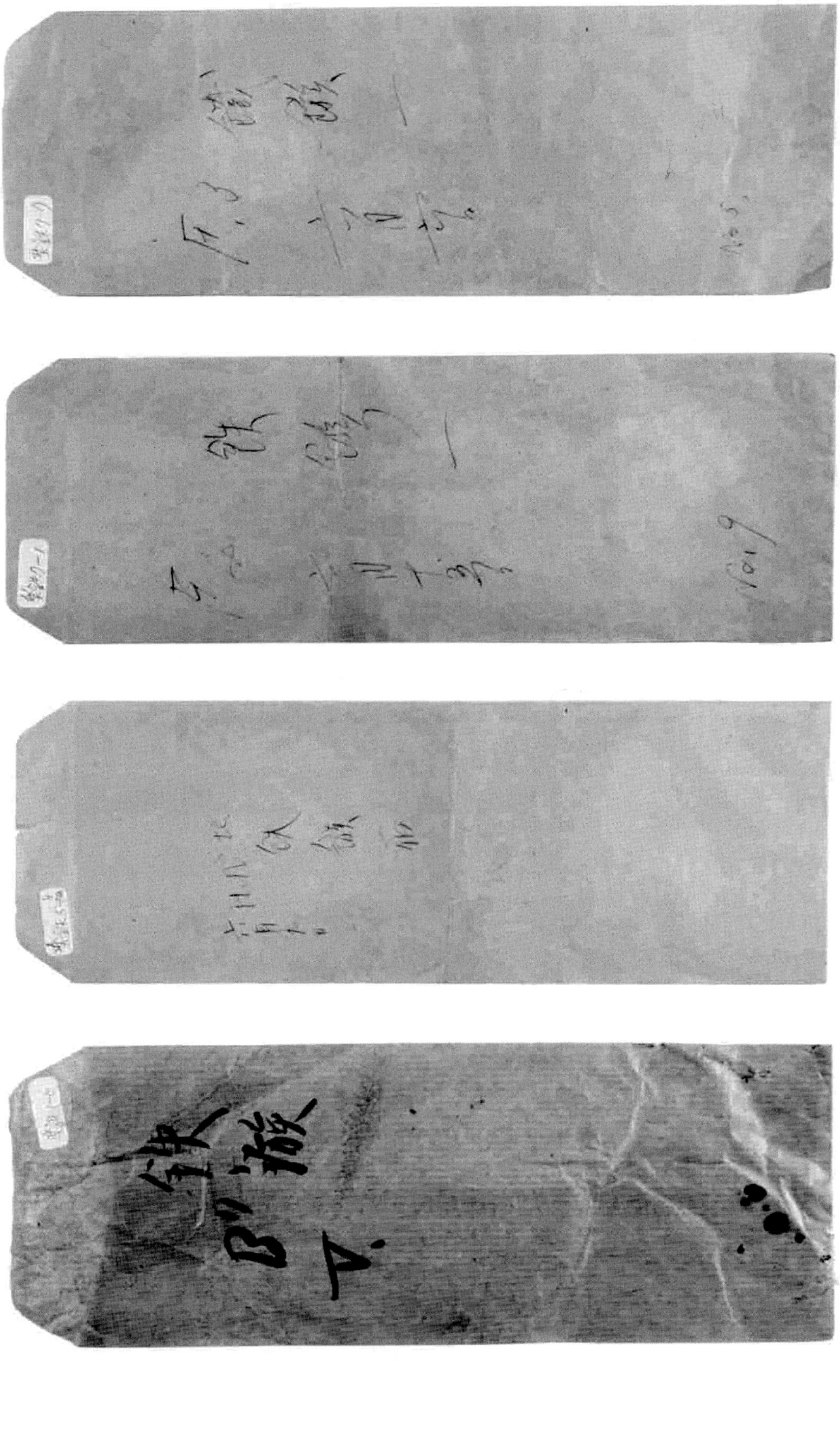

1. 8-9

2. 8-10

3. 8-12

4. 8-16

그림 8 철기 유물 보관 봉투 Ⅷ

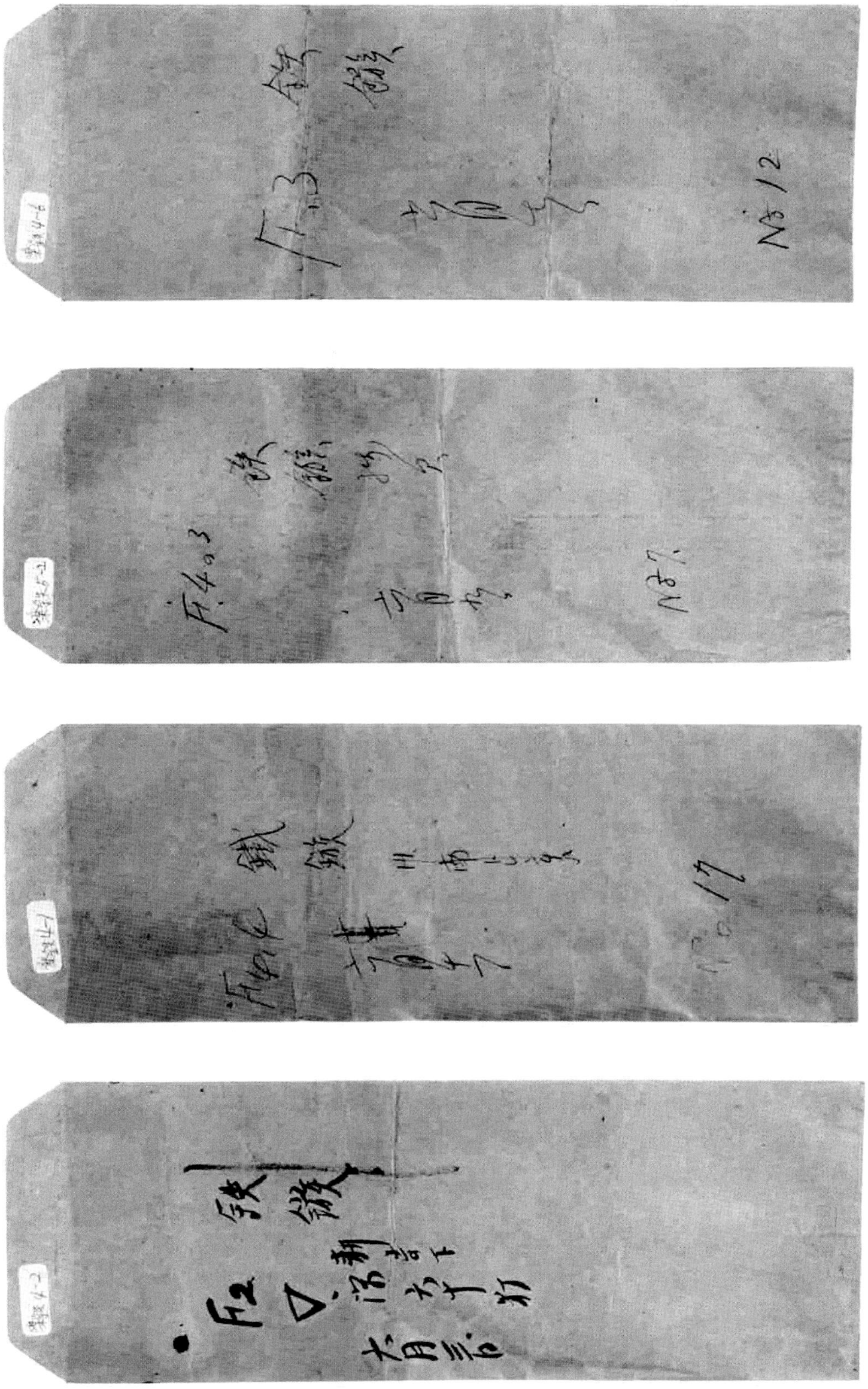

1. 9-1　2. 9-2　3. 9-3　4. 9-4

그림 9 철기 유물 보관 봉투 Ⅸ

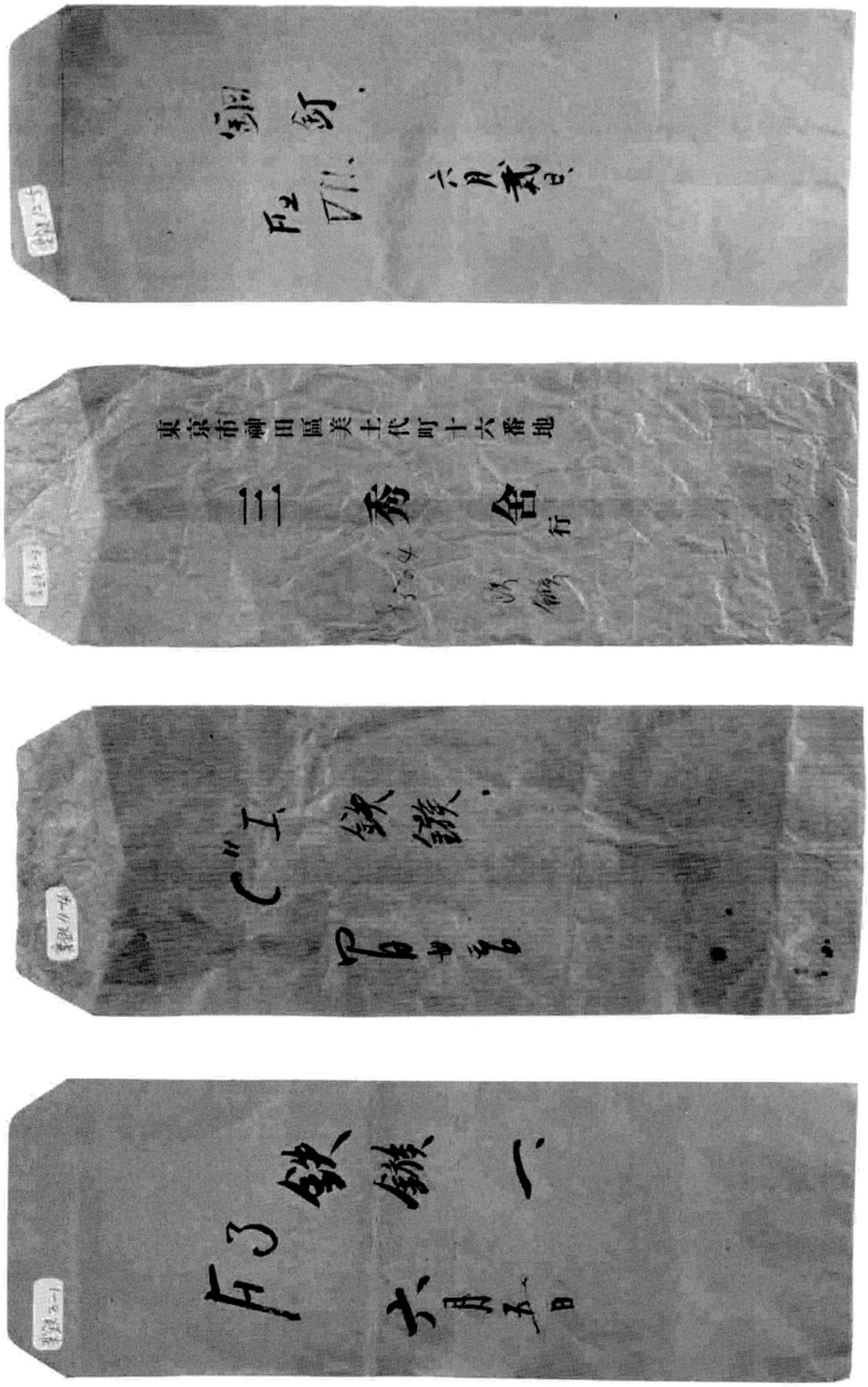

1. 9–7　2. 9–9　3. 9–10　4. 9–17

그림 10 철기 유물 보관 봉투 X

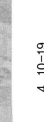

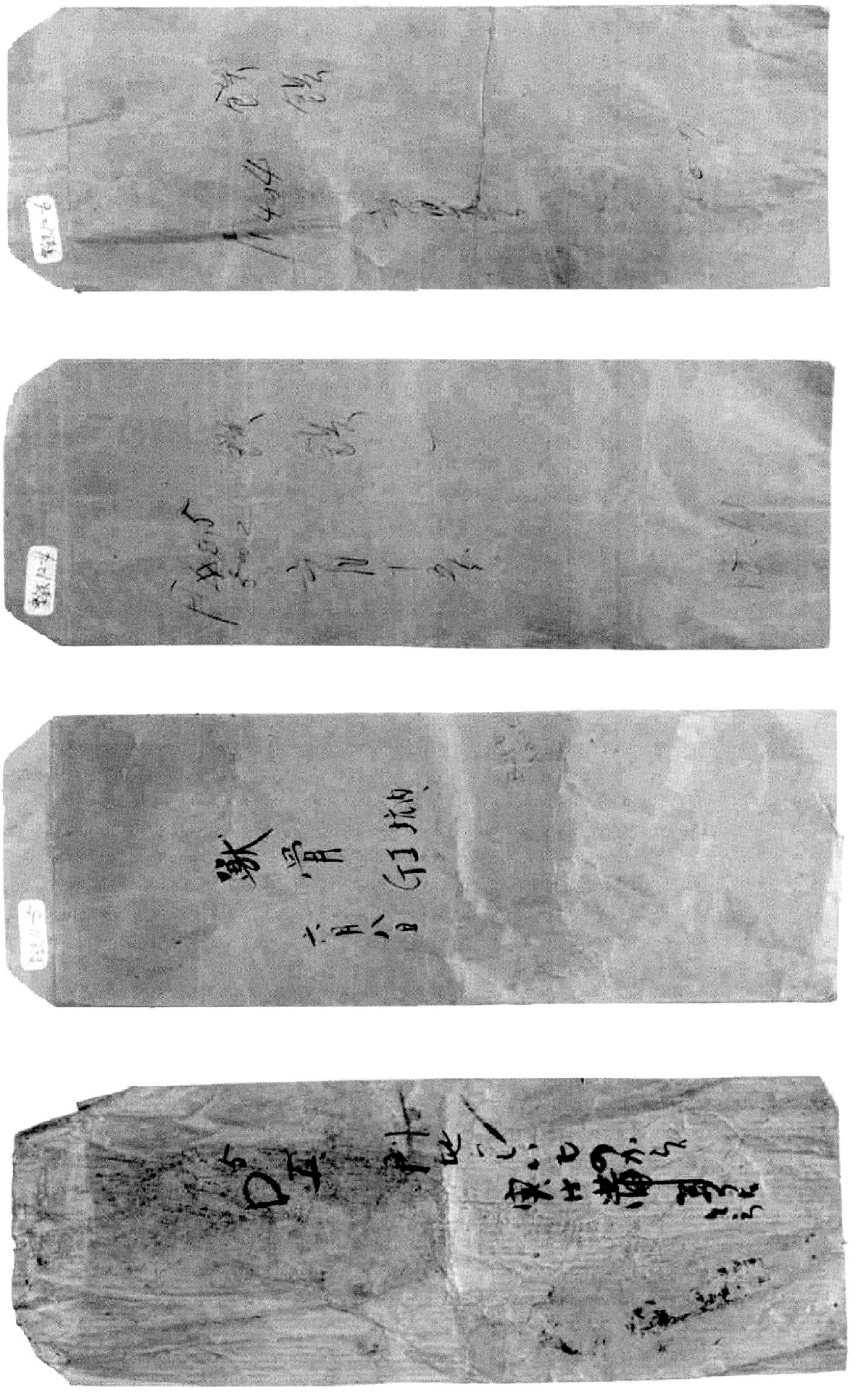

1. 10-2

2. 10-10

3. 10-17

4. 10-19

그림 11 철기 유물 보관 봉투 XI

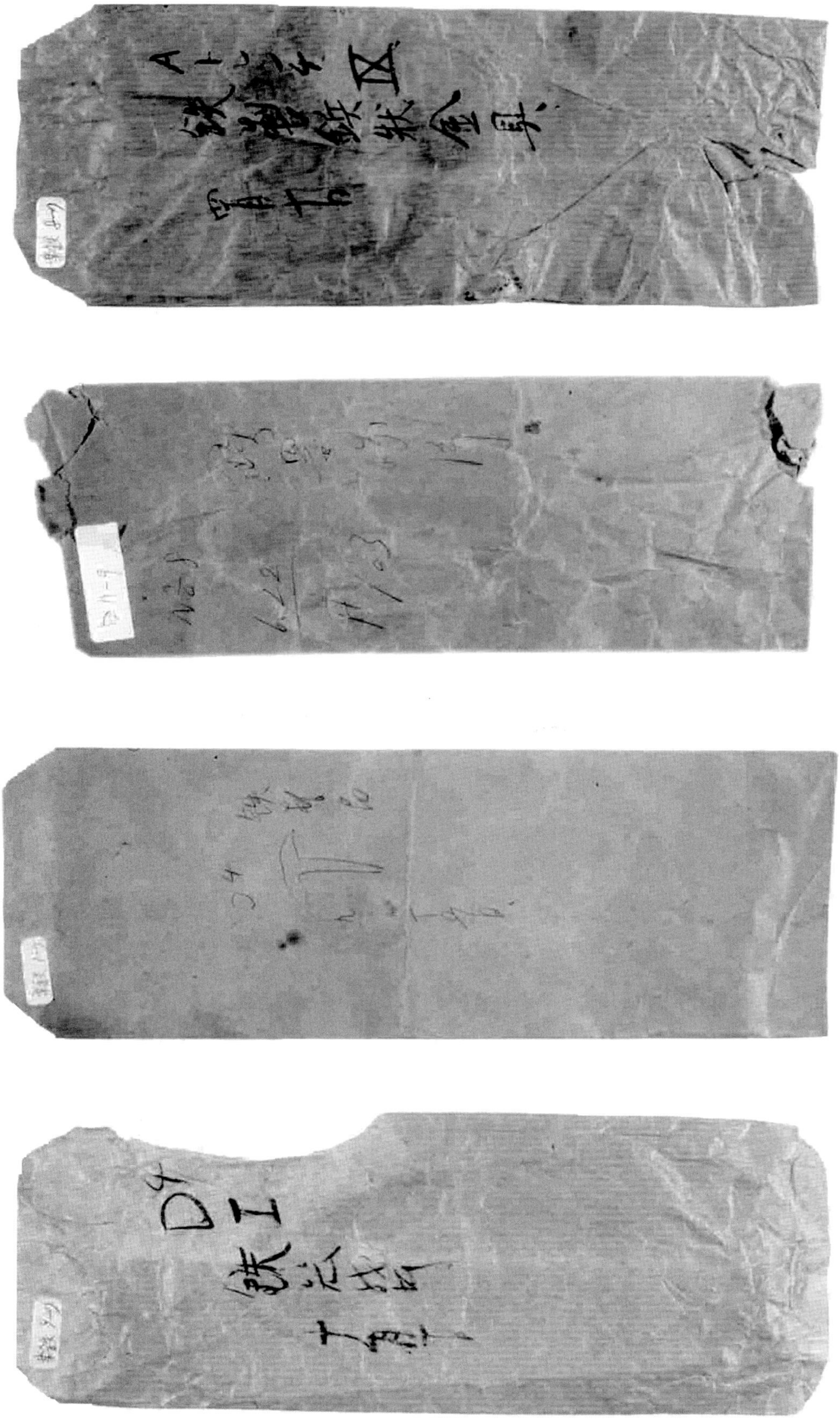

1. 10–20　2. 10–21　3. 11–8　4. 11–11

그림 12 철기 유물 보관 봉투 XII

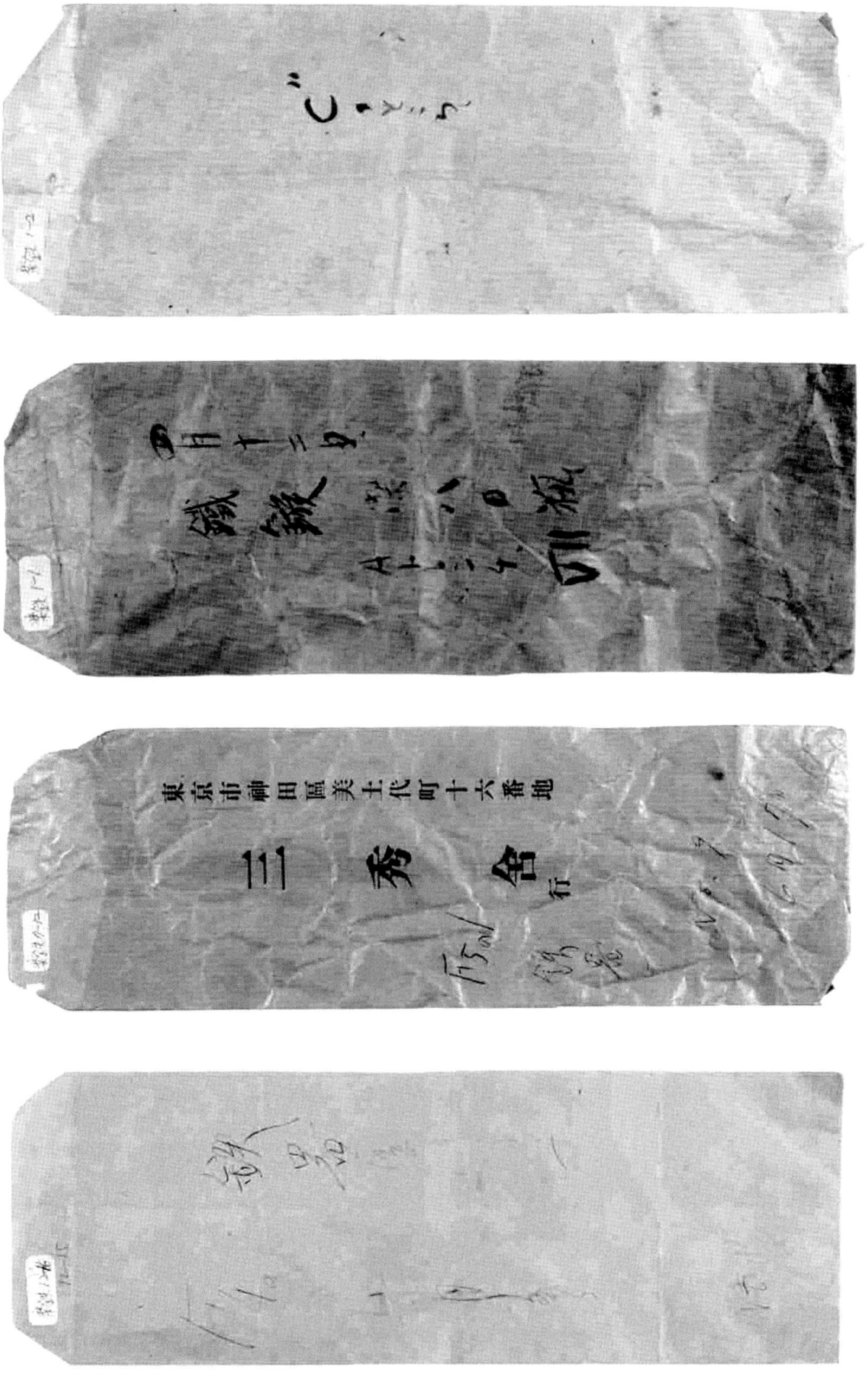

1. 11-12
2. 11-13
3
4

그림 13 철기 유물 보관 봉투 XIII

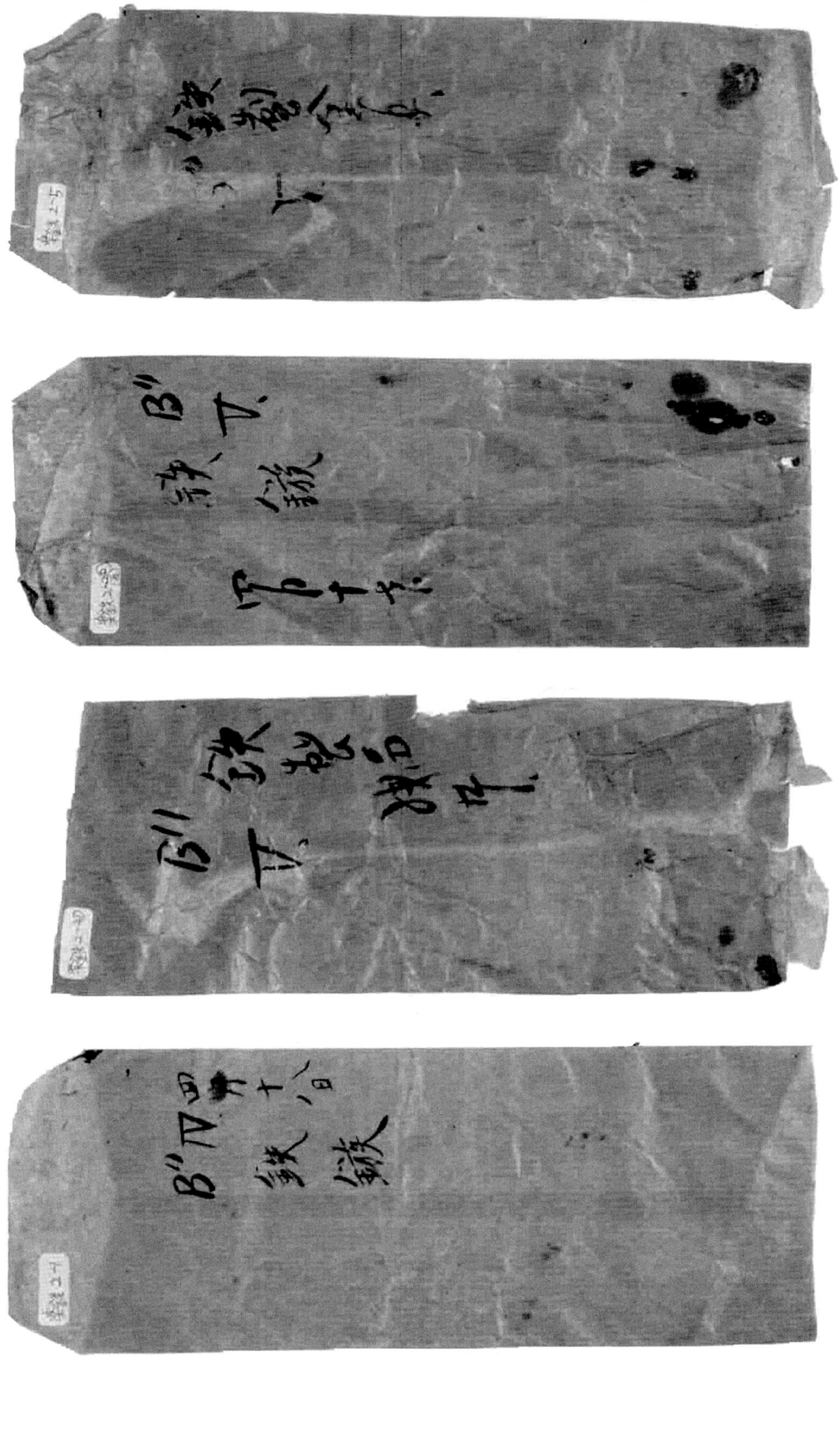

1 2 3 4

그림 14 철기 유물 보관 봉투 XIV

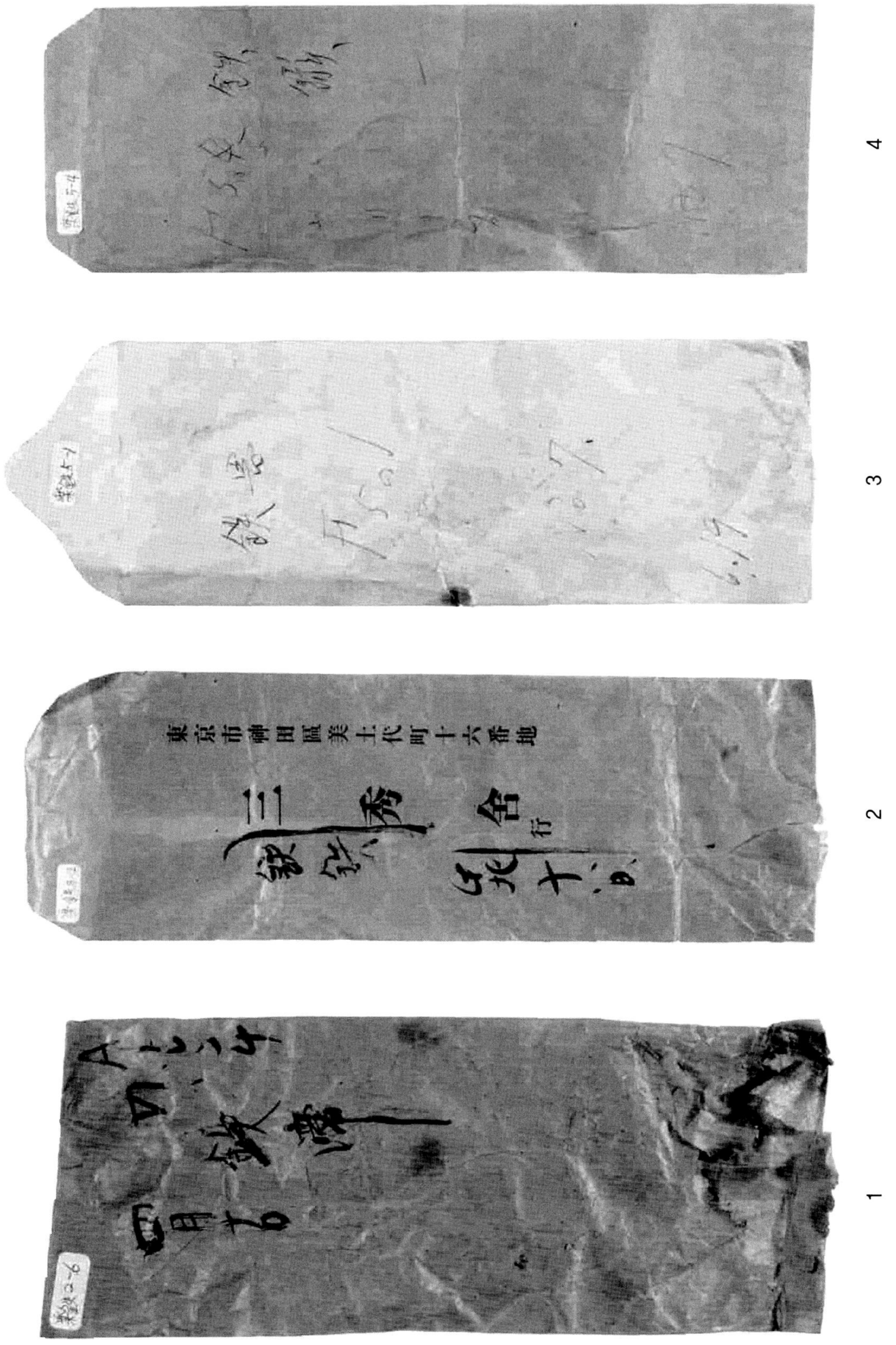

그림 15 철기 유물 보관 봉투 XV

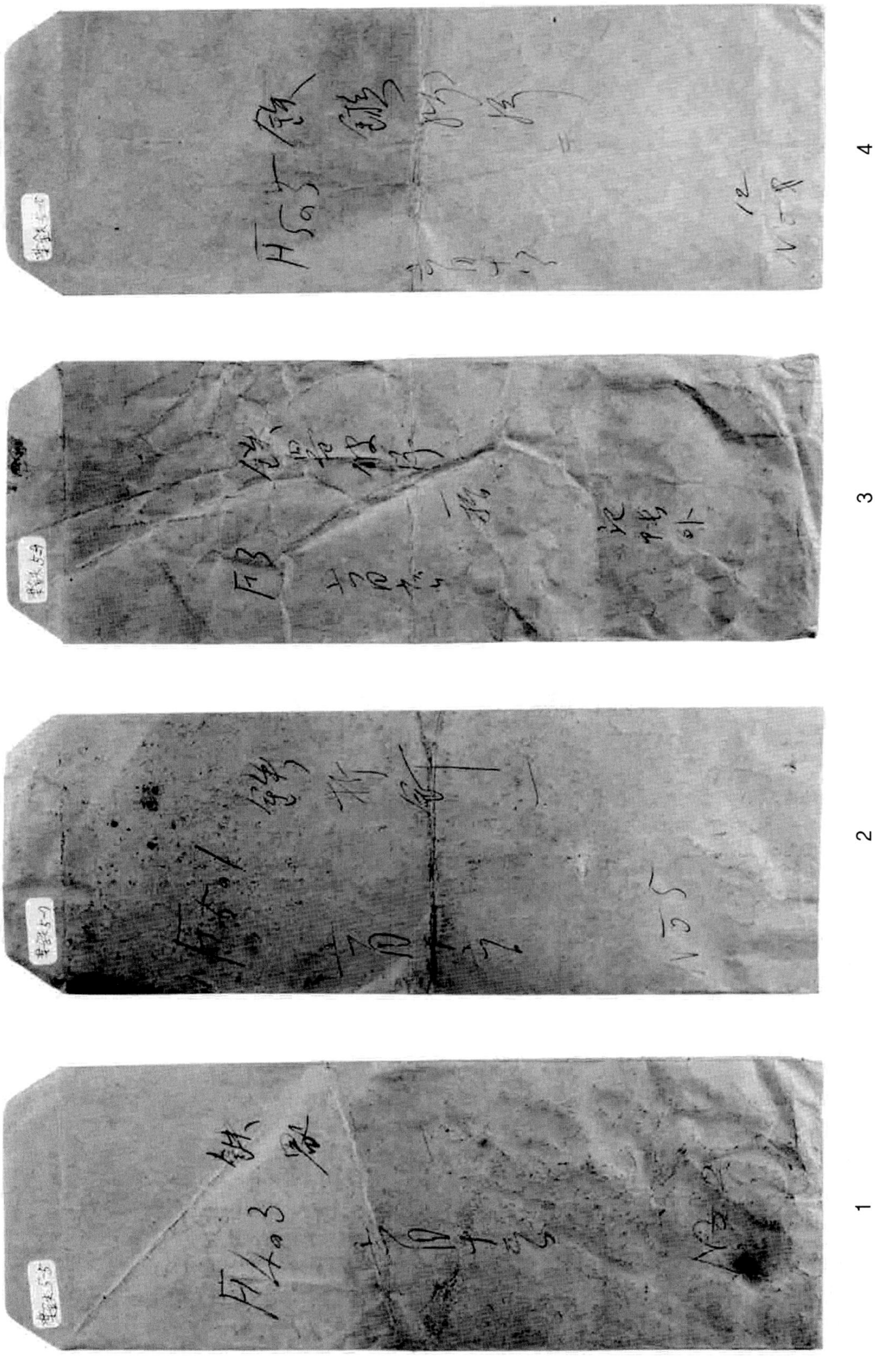

그림 16 철기 유물 보관 봉투 XVI

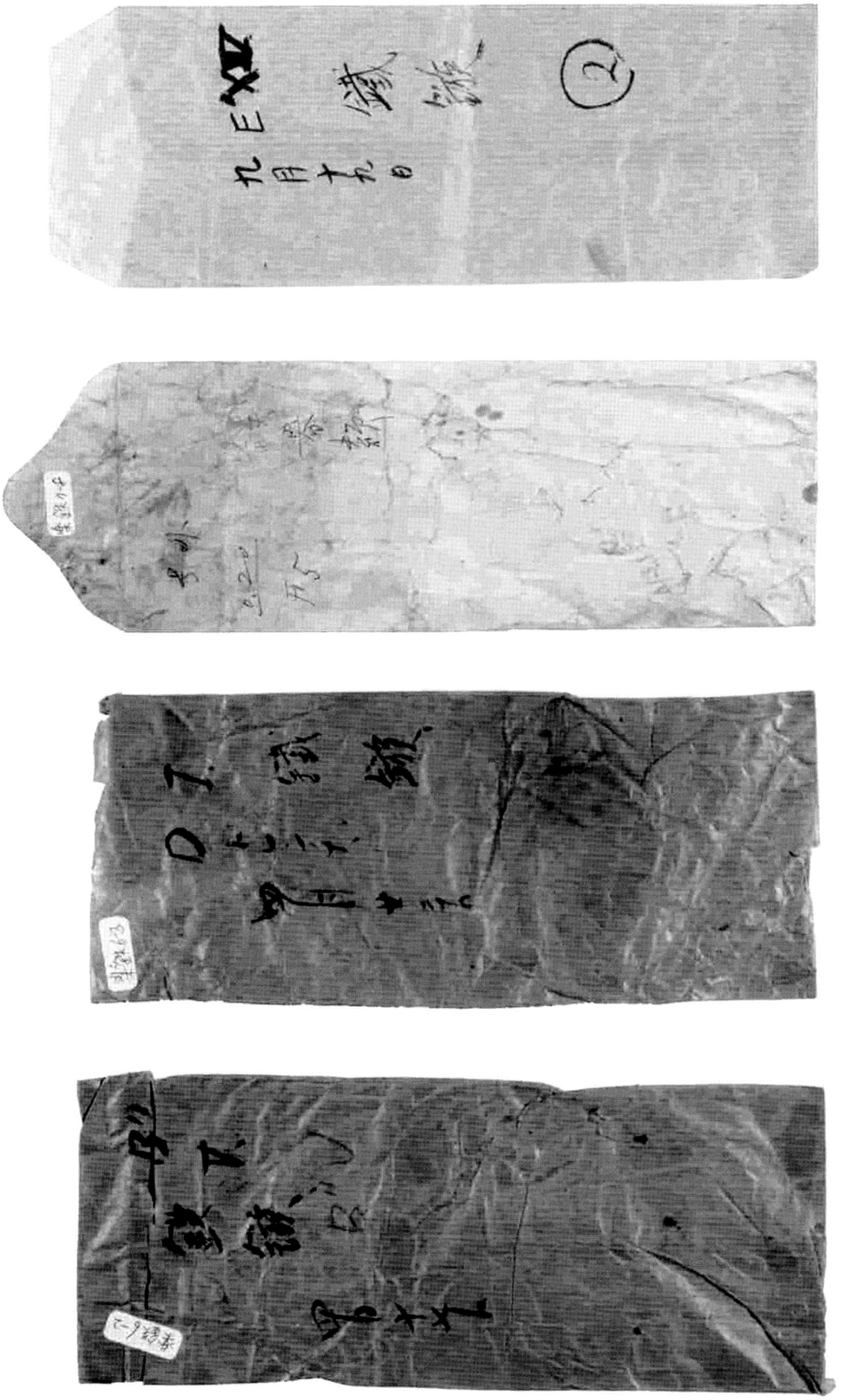

그림 17 철기 유물 보관 봉투 XVII

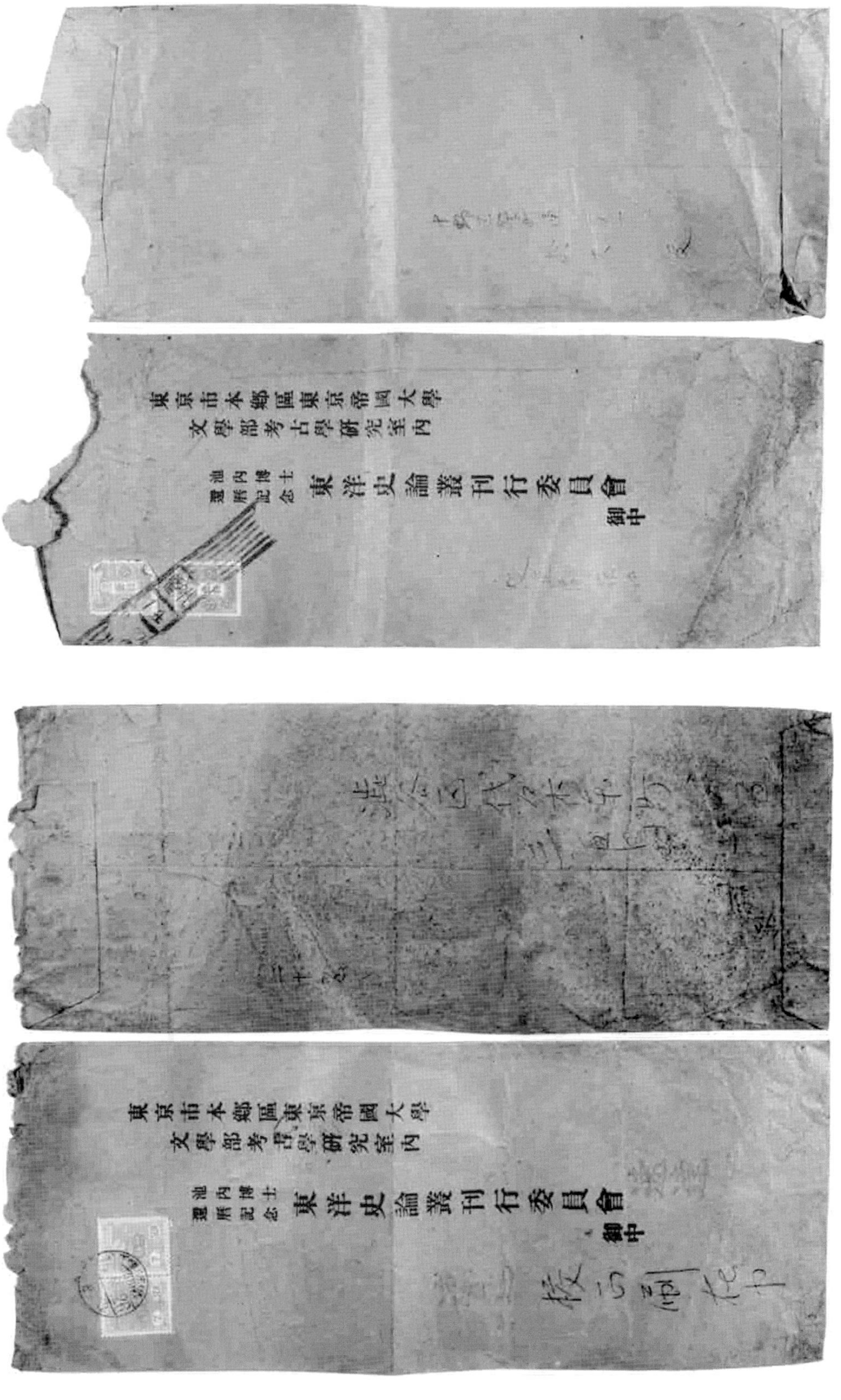

1 2

그림 18 철기 유물 보관 봉투 XVIII

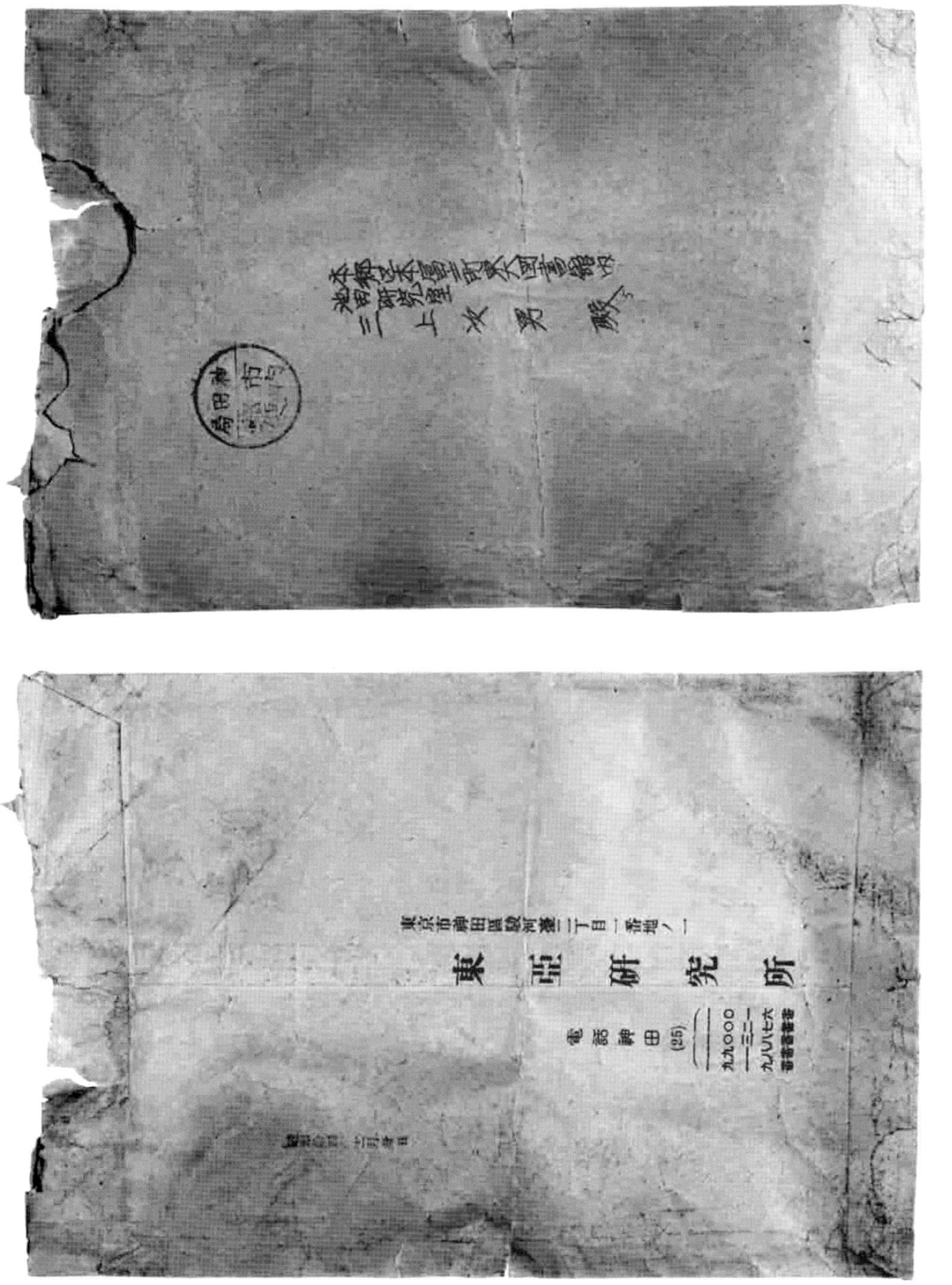

1

그림 19 철기 유물 보관 봉투 XIX

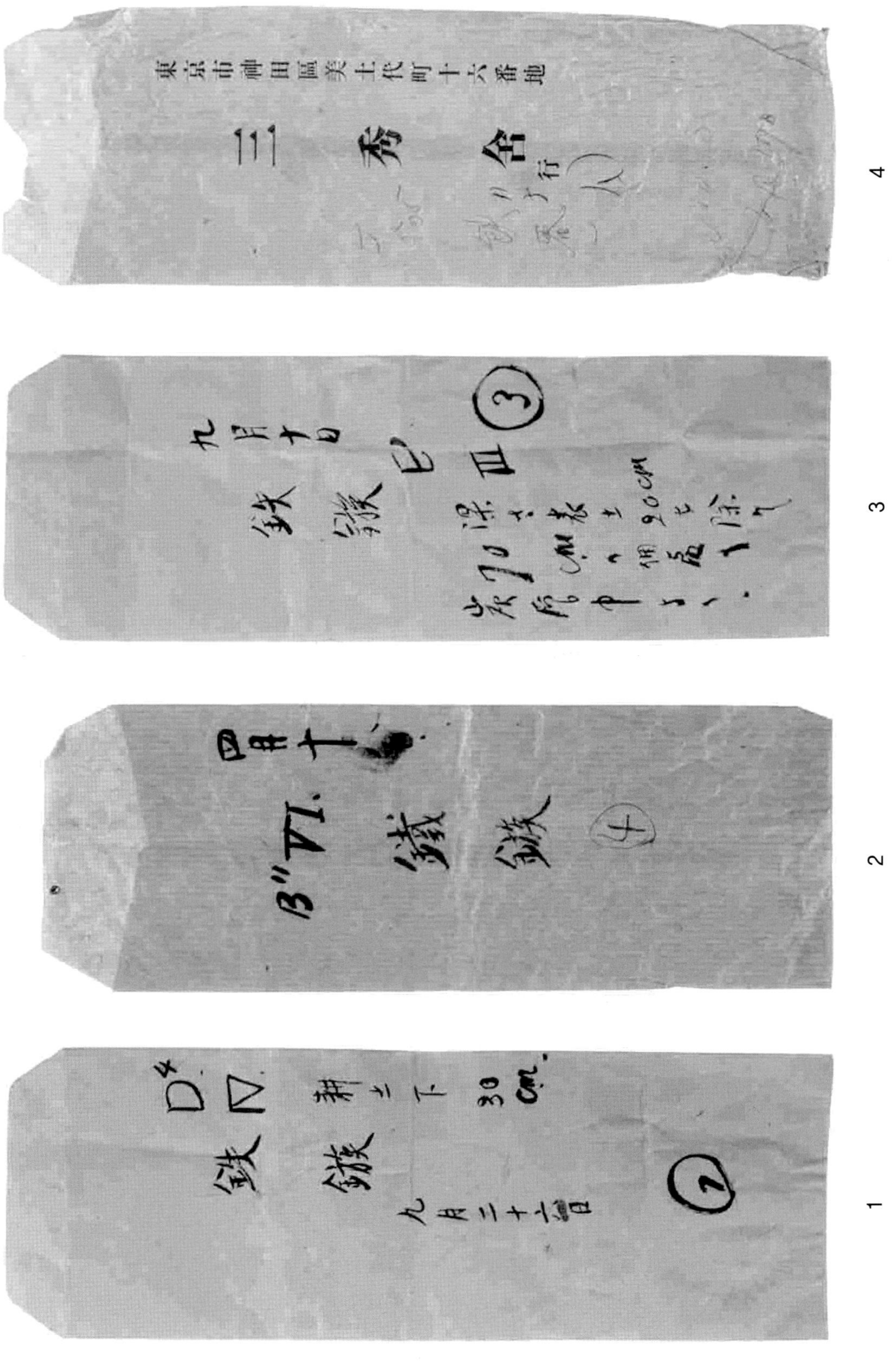

그림 20 철기 유물 보관 봉투 IIX

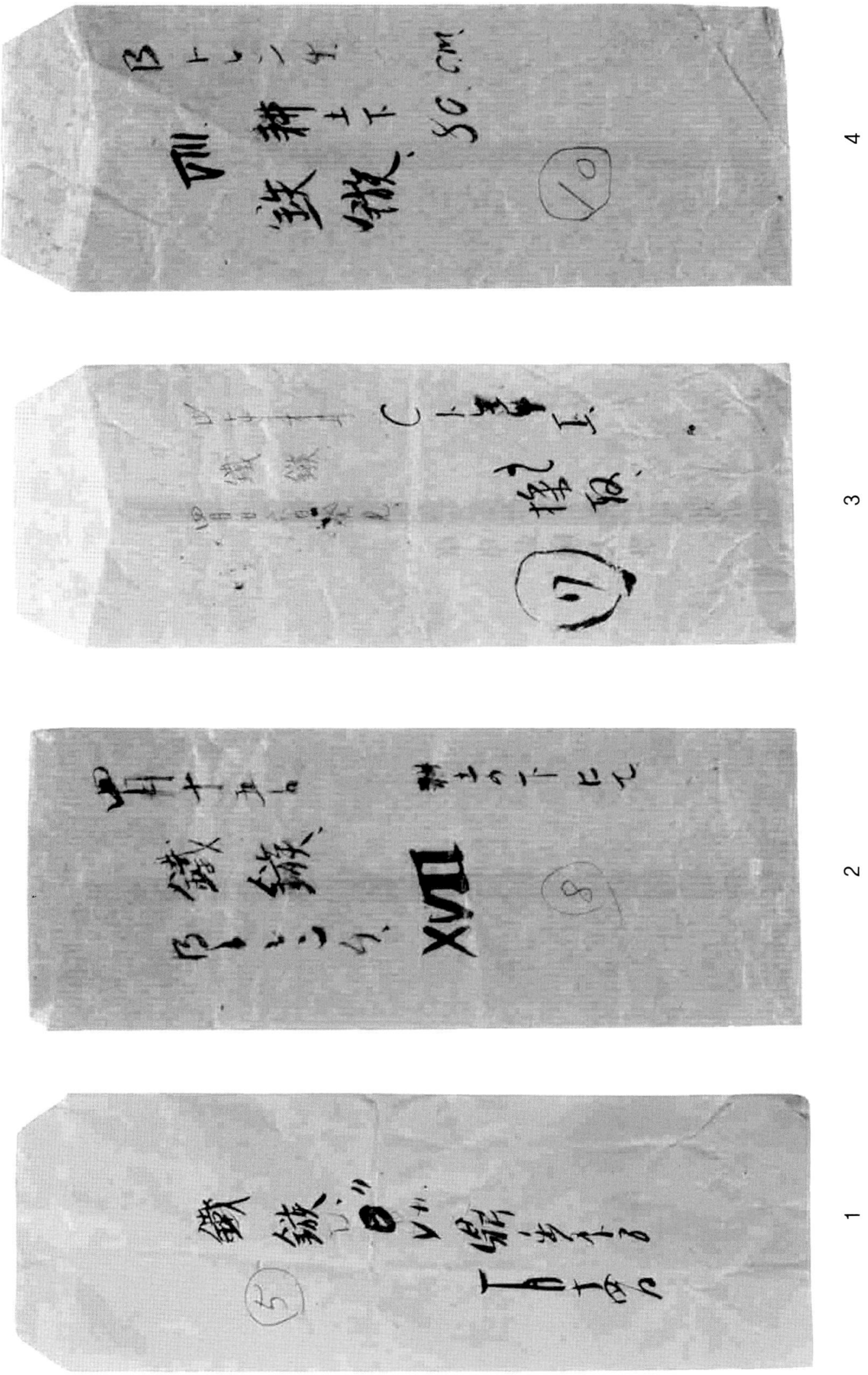

그림 21 철기 유물 보관 봉투 IIXI

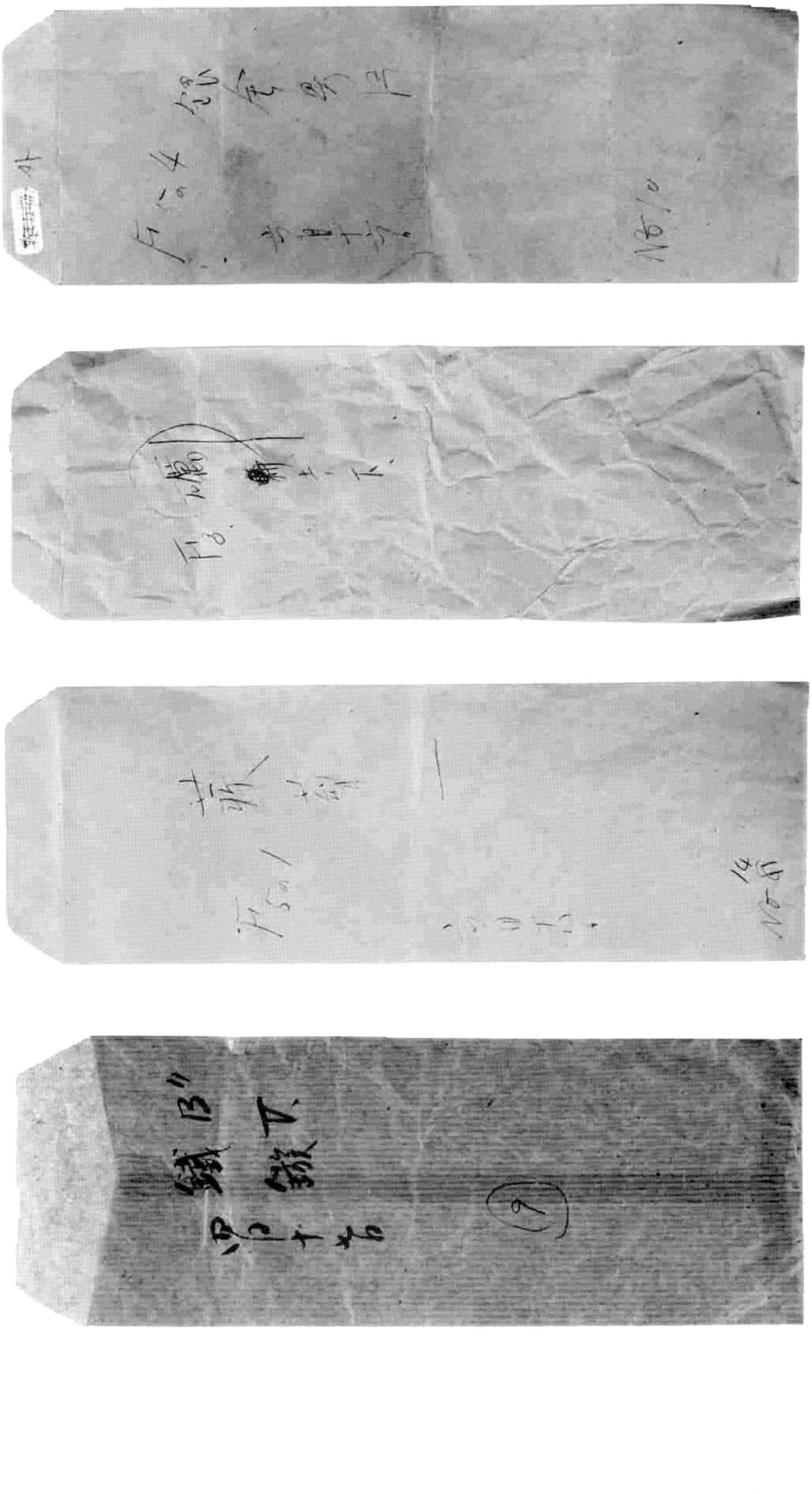

1 2 3 4

그림 22 철기 유물 보관 봉투 IIXII

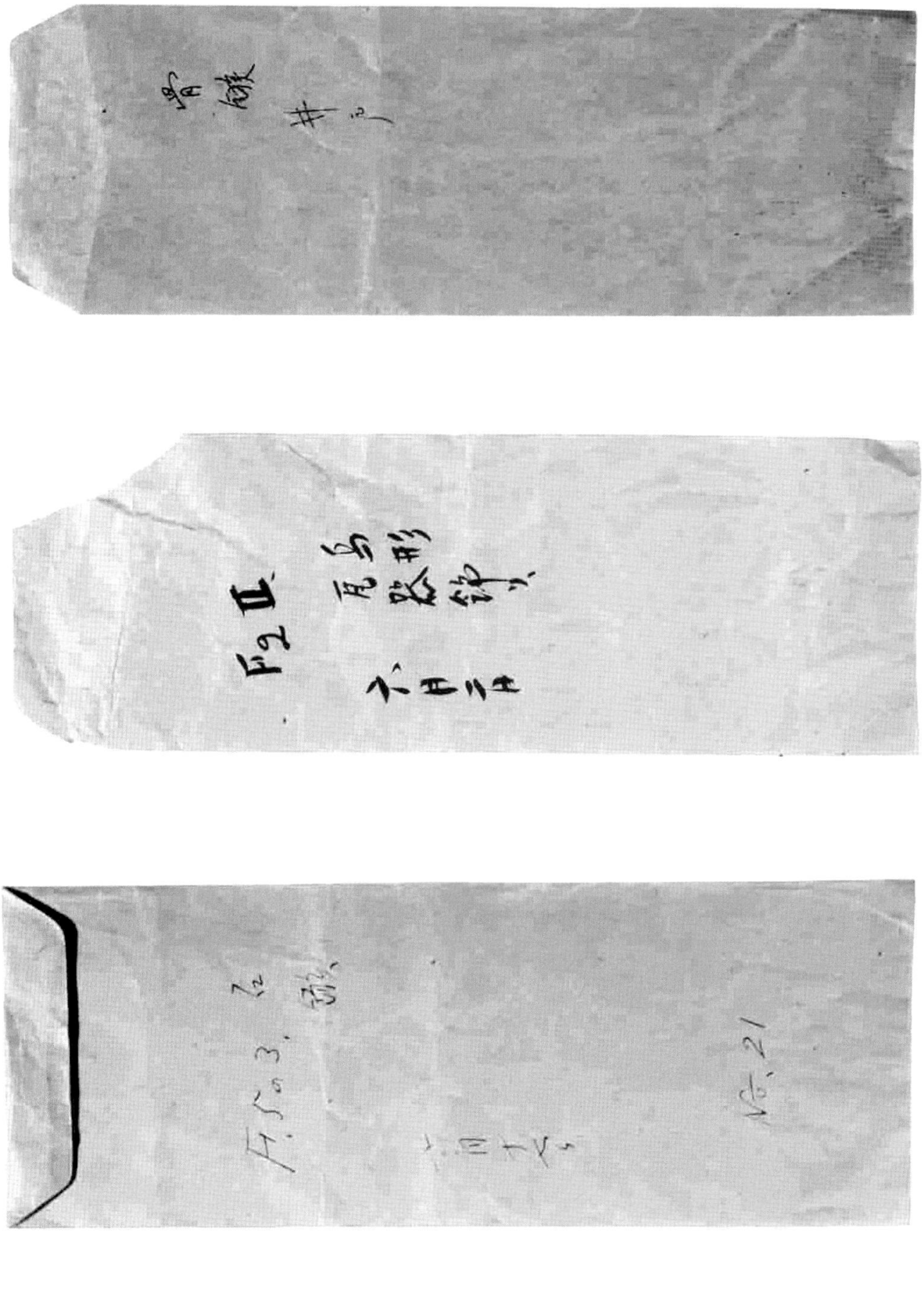

3

2

1

그림 23 철기 유물 보관 봉투 ⅡXⅢ

평양 석암리 205호(왕우묘) 출토유물

정인성

1. 유적 개요

도쿄대학 문학부 고고학연구실에는 낙랑시기의 무덤인 평양 석암리 205호(평남 대동군 대동강면)에서 출토되어 반출된 유물이 보관되어 있다. 석암리 205호는 발굴과정에서 '王旴' 라는 피장자의 이름이 적힌 木印이 출토되었기 때문에 '왕우묘' 라고도 불린다. 1916년에 '고적 및 유물보존규칙' 이 반포된 이후에는 모든 발굴조사가 허가제로 바뀌어 조선총독부 박물관과 그 관변단체인 조선고적연구회 등이 발굴조사를 주도하게 되었다. 그런데 왕우묘의 발굴조사는 유일하게 예외가 인정되어 대학에 발굴조사가 허가된 사례이다. 도쿄대학 문학부가 왕우묘를 발굴할 수 있었던 것은 당시 '朝鮮史編修' 사업을 주도하였고 문화재 행정과 각종 '고적조사' 사업에서 영향력이 있던 도쿄대학 문학부의 구로이타 카쓰미(黑板勝美)의 적극적인 후원이 있었기 때문에 가능했다.

조사는 도쿄대학 문학부에서는 하라다 요시토(原田淑人)의 책임하에 타자와 긴고(田澤金五)가 현장조사를 수행하고 朝鮮總督府博物館에서는 고이즈미 다카오(小泉顯夫)가 파견되어 현장조사에 참여하였다. 발굴조사에서 출토된 유물은 그 대부분이 반출되어 도쿄대학 문학부에 보관되었다. 당시 일본으로의 유물반출에 대하여 비판적인 여론이 형성되자 보고서 작성이 완료되면 반환할 것이라며 미봉하였지만, 그 약속은 끝내 지켜지지 않았다.[1]

왕우묘는 낙랑토성의 남쪽으로 전개되는 석암리에 위치한다. 그 서쪽으로 1916년에 조사되어 금제교구 등 화려한 부장품이 출토된 석암리 9호가 인접한다. 왕우묘는 목곽 내부에 3개의 목관이, 그리고 목곽의 외부를 확장하여 목관 하나를 더 설치한 봉토분인데 내부에서는 많은 유물이 출토되었다.

1 구체적으로는 본서 4장 오영찬의 정리를 참고하길 바란다.

2. 반출유물의 내용

1) 토기류

(1) 평저 호형 토기(그림 3-1, 그림 4-1)

니질태토에 소성이 와질인 평저호이다. 색조는 표면이 흑갈색이고 속심은 회백색이다. 동최대경이 상위에 위치하고 구경부가 축약되며 구연단이 수평에 가깝게 외반한다. 동체의 외면에는 회전물손질흔이 선명하고 구경부의 중간지점에서 최대경이 위치하는 어깨 부위까지는 상하 방향의 마연흔(암문)이 뚜렷하게 관찰되는데 이는 반건조 공정이 끝난 다음에 이루어진 것이다. 저부에는 정지상태에서의 '실로떼기' 흔이 관찰되고 그 가장자리를 따라 '깎기' 흔이 관찰된다. 동체 외면의 저부 가까이에도 깎기흔이 관찰되는데 이 점은 니질계 태토 낙랑토기의 전형적인 특징이다. 지금은 박락되었으나 원래는 토기의 외면이 흑칠되었을 가능성이 높다.

(2) 평저 호형 토기(그림 3-2, 그림 4-2)

불순물 혼입이 거의 없는 니질태토이며 소성은 와질인 평저호이다. 동최대경은 상위에 있고 축약되면서 구경을 이루지만 구경부는 약간 내만하는 느낌이 있으나 전체적으로 직립하면서 끝난다. 저부의 안쪽으로 정지상태의 실로떼기흔이 관찰되고 그 바깥으로 깎기조정흔이 확인된다. 저부로 연결되는 동체의 하위에도 정지상태의 깎기조정흔이 있다. 이 토기 역시 흑칠이 되었을 가능성이 높다.

(3) 평저 호형 토기(그림 3-3, 그림 4-3)

니질태토에 와질소성의 평저호이다. 색조는 표면이 회흑색이고 속심은 황갈색이다. 평저에 동최대경은 역시 상위에 위치하며 크게 축약되면서 경부를 이룬다. 경부는 직립하지만 구연단은 외반한다. 구경부와 어깨에는 상하 마연흔이 관찰되고 저부와 접하는 동체의 하위에는 깎기 흔적이 관찰된다. 토기의 내외면에는 강한 회전물손질에 의한 요철흔이 뚜렷하다. 토기의 저부는 사용에 의한 마모로 인하여 조정흔이 관찰되지 않는다.

(4) 평저 호형 토기(그림 3-4, 그림 4-4)

위의 토기들과 마찬가지로 니질태토에 와질소성인 평저호이다. 색조는 표면이 흑갈색이고 속심은 황갈색이다. 최대경은 동체의 중위에서 약간 높은 곳에 위치하는데 그 부분에서 축약되어 경부를 이룬다. 구경은 외경하며 구연단은 수평에 가깝게 외반한다. 저부는 사용에 의하여 마모가 진행되었고 저부 가까운 곳에는 깎기조정흔이 관찰된다. 토기 외면에는 흑칠한 흔적이 관찰된다.

(5) 평저 호형 토기(그림 5-1, 그림 6-1)

니질태토에 와질소성이고 회갈색 색조의 평저호이다. 동최대경은 상위에 위치하고 구경은 외경한다. 그릇의 내외면에는 회전물손질흔에 의한 요철이 뚜렷하고 저부에 가까운 곳에는 깎기조정흔이 관찰된다. 위에서 살핀 토기와 마찬가지로 1차 성형과 관련된 타날흔은 일절 보이지 않는데 회전물손질 과정에서 완전히 지워졌을 가능성이 크다.

(6) 활석혼입계 화분형 토기(그림 5-2, 그림 6-2)

활석이 다량 혼입된 태토로 소성은 와질에 가까운 변형 화분형 토기이다. 저부는 결실되어 남아있지 않지만 동최대경이 구연부에 있고 구연단이 거의 수평에 가깝게 외반하는 기형이다. 器 내면의 중하위에서 포목 압흔이 관찰되고 구연부 내외면이 물손질로 조정된 것으로 보아 '형뜨기'로 그릇 형태를 만든 다음 이것을 뒤집어 놓고 구연부를 물손질로 마무리하여 성형한 것임을 알 수 있다.

(7) 석영혼입계 옹형 토기(그림 5-3)

태토에 석영이 다량 혼입되고 경질로 소성된 옹형 토기다. 색조는 회백색이다. 동체부가 거의 원형에 가깝게 부풀어 있고 구경부는 직립하며 구연단은 'ㄱ'자처럼 외반한다. 저부와 동하위에는 동체부의 회전물손질을 지우는 승문타날흔이 관찰된다. 그릇의 내면에는 성형과정에서 생긴 무문 내박자흔이 뚜렷하게 남아 있다.

(8) 석영혼입계 옹형 토기(그림 5-4, 그림 6-3)

그림 5-3과 마찬가지로 태토에 석영이 다량 혼입되고 경질소성인 옹형 토기다. 동최대경이 하위에 위치하는 형태적 속성 이외에는 그림 5-3의 토기와 제속성이 거의 유사하다. 저부를 원저화시키는 과정에서 실시된 타날 아래에서 실로떼기흔이 관찰된다.

석암리 205호(왕우묘)의 보고서인『樂浪』에는 니질계의 평저호가 6점, 석영혼입계 토기가 3점, 활석혼입계의 화분형 토기가 1점 보고된 바 있다. 그러나 현재 도쿄대학 문학부 고고학연구실에 보관되어 있는 토기는 평저호가 5점이고 석영혼입계 토기가 2점, 그리고 보고된 것과는 다른 화분형 토기 1점(그림 5-2)이 확인될 따름이다. 도쿄대학에서 확인되지 않는 유물들은 그 소재를 파악할 수 없다. 현지에 두고 왔을 가능성, 일본 내에서의 이동이나 분실되었을 가능성도 있지만 분명하지 않다. 추후 지속적인 조사를 통하여 밝혀지길 기대한다.

2) 청동기류

(1) 乳紋獸帶鏡 (그림 7-1)

거울의 背面이 볼록하고 乳와 乳孔은 반구형인 수대경이다. 외연에는 운문과 거치문이 표현되었고 외구에는 獸帶와 7개의 乳가 배치되었다.

(2) 內行花紋鏡 (그림 7-2, 그림 8-2)

거울의 배면이 볼록하고 뉴와 뉴공이 반구형에 가까운 전형적인 내행화문경이다. 외연부는 문양이 없고 내구와 외구에는 명문이 배치되었다. 뉴좌는 사엽좌이다.

(3) 內行花紋鏡 (그림 8-1)

지름이 14cm에 지나지 않는 소형 거울이다. 배면이 볼록하고 뉴와 뉴공은 반구형에 가깝다. 외연부에 문양이 없고 외구에는 복수의 침선이, 내구에는 화문이 배치되었으나 명문은 없다.

(4) 羊形杖頭 (그림 9)

청동제의 양모양 지팡이 머리장식이다. 표현된 양은 뿔이 2개인데 거푸집 분할선이 없는 것으로 보아 밀랍법으로 제작했음이 분명하다.

보고서 『樂浪』을 검토하면 왕우묘에서는 총 4점의 거울이 출토되었다. 그렇지만 거울면의 직경이 가장 큰 내행화문경 1점은 이번 조사에서 확인할 수 없었다.

3) 철기류

이들 철기 자료는 이번 조사에서 새로이 찾아낸 것으로 원 보고에는 누락된 것이다.

(1) 주조 철부편 (그림 10-1)

주조 철부의 파편으로 공부에 가까운 부분으로 판단된다. 표면 전체에 녹이 심하게 진행되어 정확한 형태는 알 수 없다.

(2) 철도편 (그림 10-2)

단면 렌즈형의 철도편이다. 표면에는 목제의 칼집흔이 남아 있다.

(3) 철침 (그림 10-3)

두께가 굵은 철침으로 상하가 결실되었다.

4) 기와류

기와류 역시 보고서인『樂浪』에는 도면이 없는 것이다.

(1) 수키와 (그림 10-4)

니질태토에 와질소성으로 회갈색 색조를 띠는 수키와이다. 외면에는 단판의 승문타날구에 의한 타날흔이 관찰된다. 내면에는 횡방향의 승문내박자흔이 관찰된다.

(2) 수키와 (그림 10-5)

니질태토에 와질소성으로 회갈색 색조를 띠는 수키와이다. 외면에는 단판의 승문타날구에 의한 타날흔이 관찰되고 1조의 횡조대가 타날흔을 지우고 있다. 내면에는 횡방향의 승문내박자흔이 관찰된다.

(3) 수키와 (그림 10-6)

니질태토에 와질소성이다. 황갈색 색조의 수키와로 내외면이 박락되었으나 승문타날흔과 부분적으로 승문내박자흔이 관찰된다.

왕우묘는 기년명이 있는 칠기가 다수 출토되어 기원후 1세기 후반이라는 축조연대가 알려져 있다. 그렇기 때문에 낙랑고분 및 출토유물을 편년하는 데 중요한 기준자료가 된다. 이 고분이 축조되는 시기에 이미 변형 화분형 토기가 출토된다는 사실과 주조 철부가 부장되었다는 사실은 주목된다. 또한 단판의 승문타날이 인정되는 평기와가 이 시기에 사용되었다는 사실도 앞으로 낙랑 기와의 편년 연구에서 중요하다.

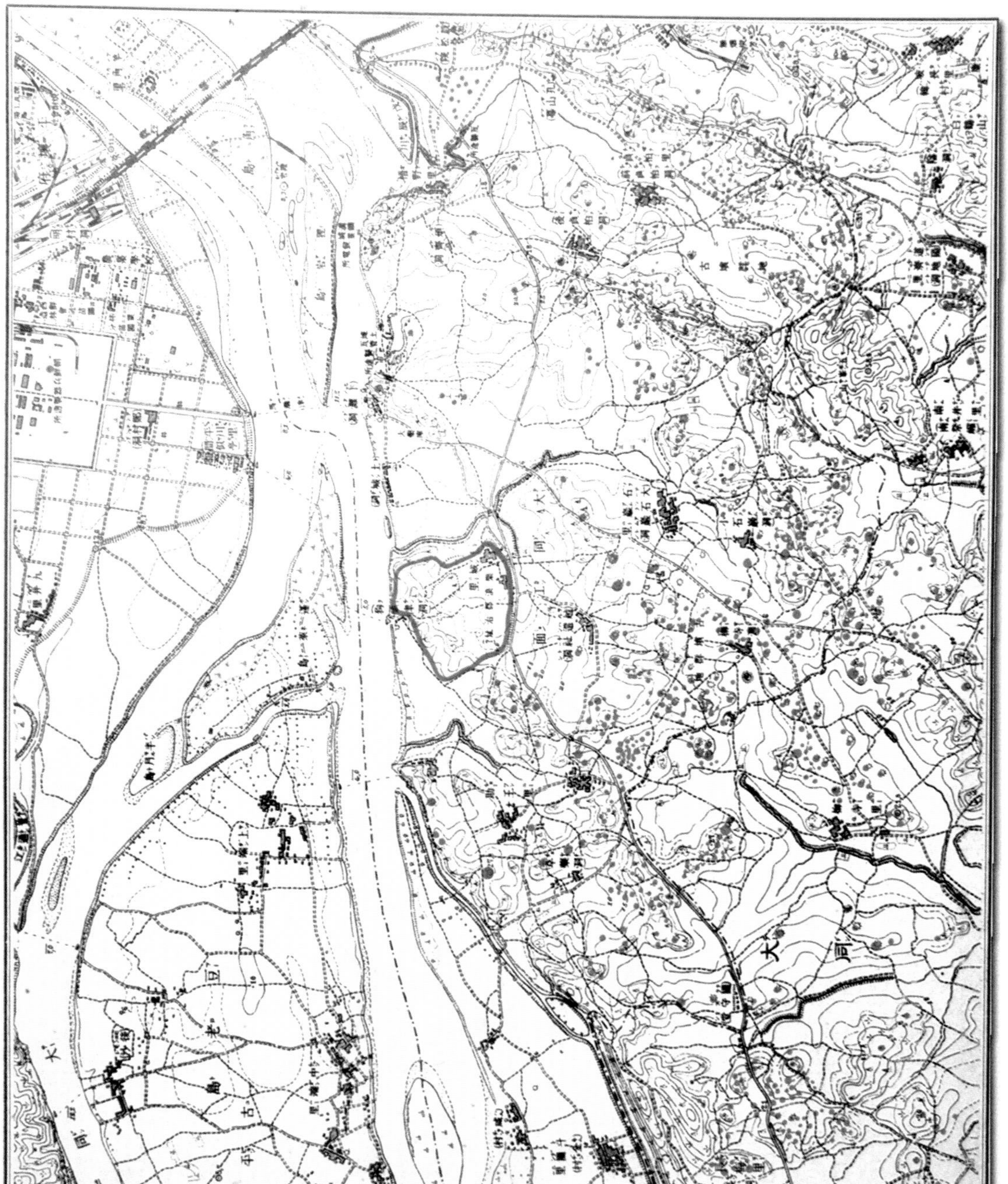

그림 1 석암리 고분군과 낙랑토성(출처 : 왕우묘 보고서)

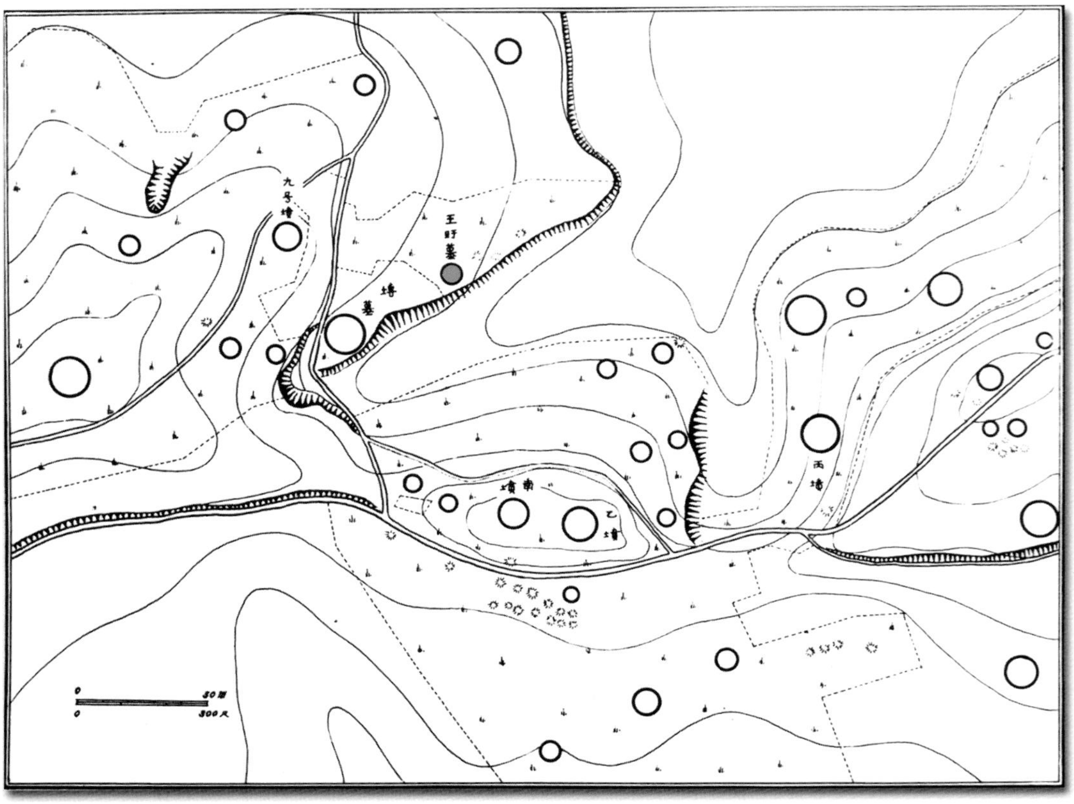

1

2

그림 2 석암리 205호 위치(위), 내부 구조(아래)

1

2

3

4

그림 3 출토유물 Ⅰ(토기류)

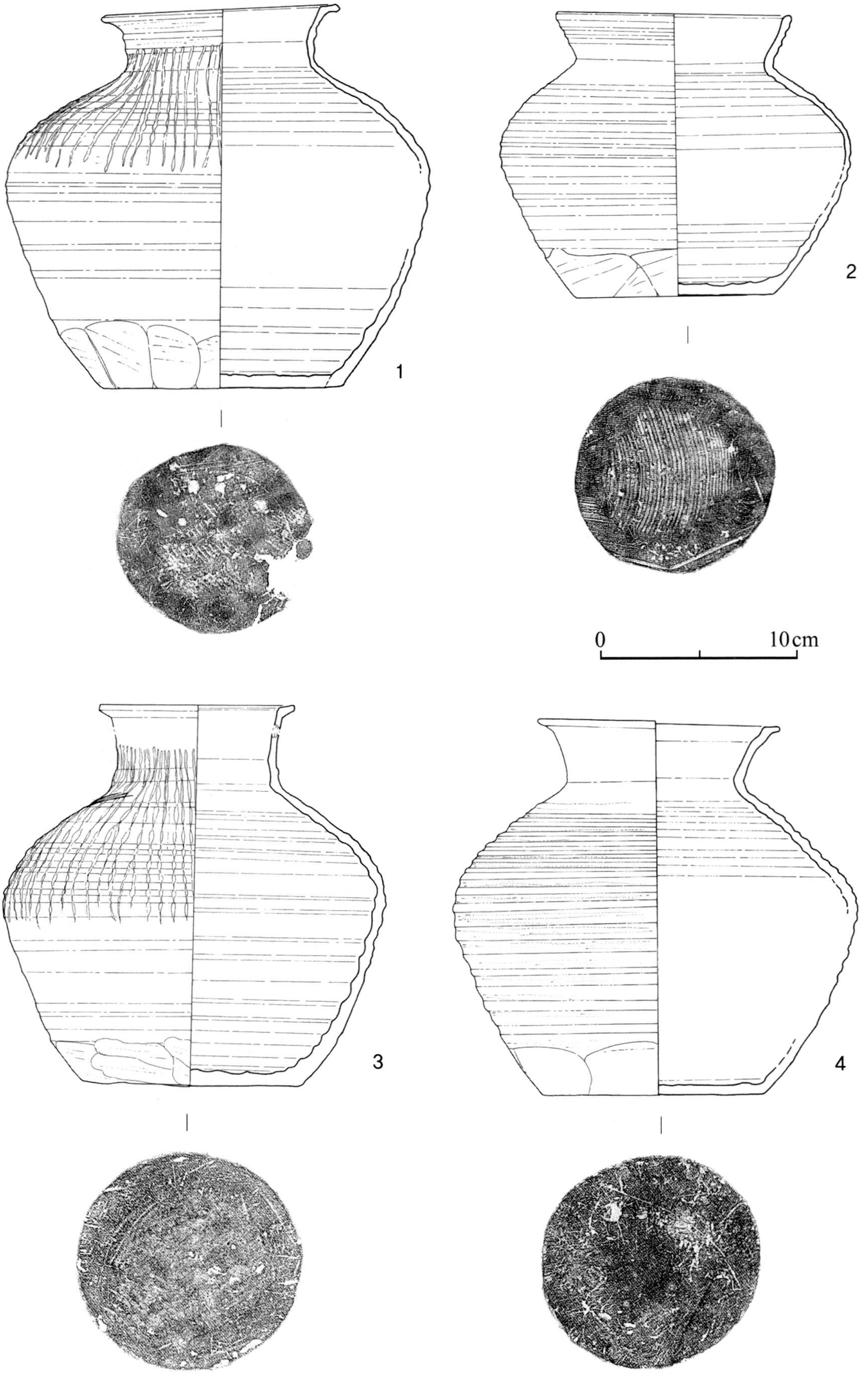

그림 4 출토유물 Ⅰ-1(토기류)

1

2

3

4

그림 5 출토유물 Ⅱ(토기류)

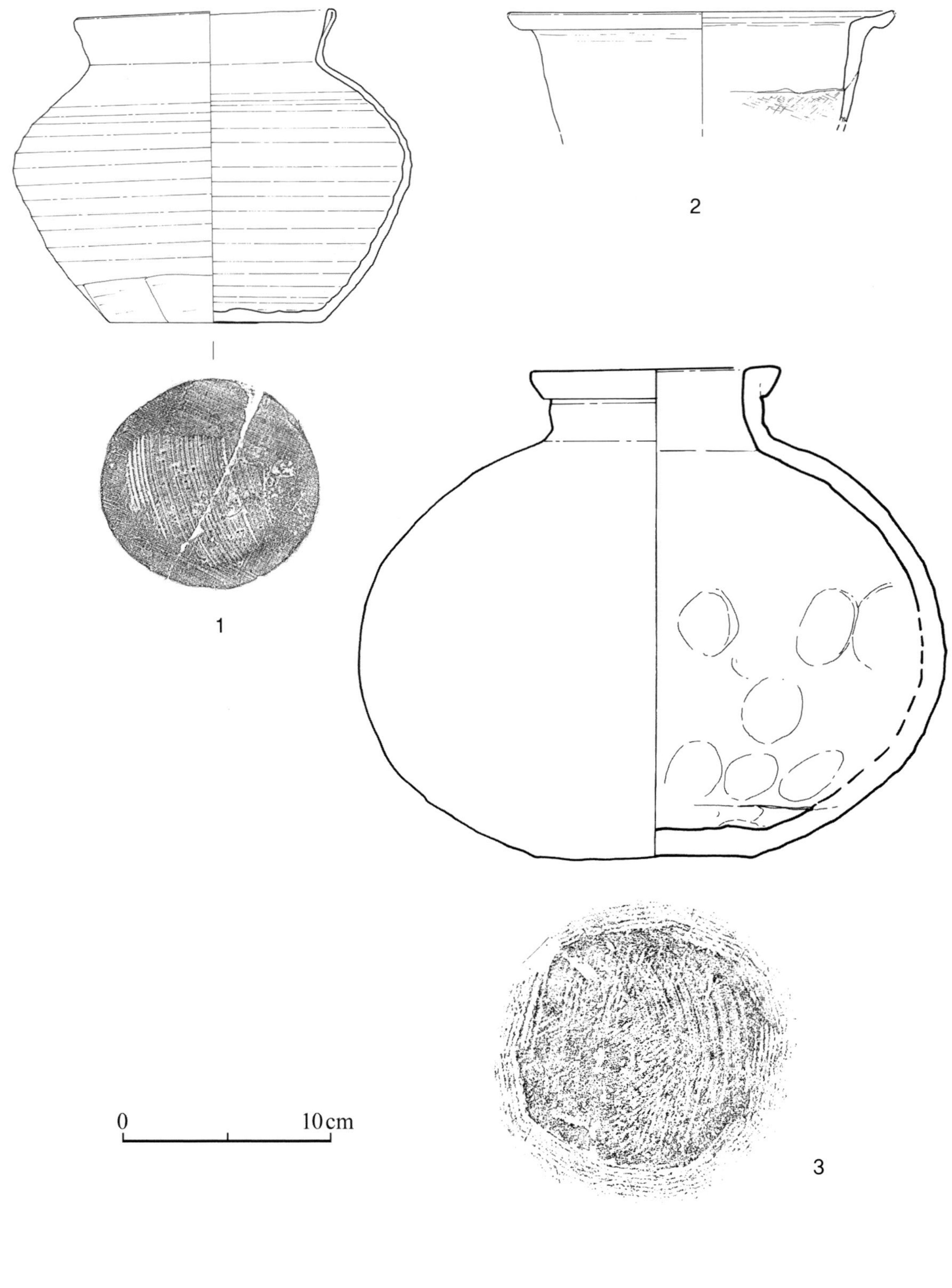

그림 6 출토유물 Ⅱ-1(토기류)

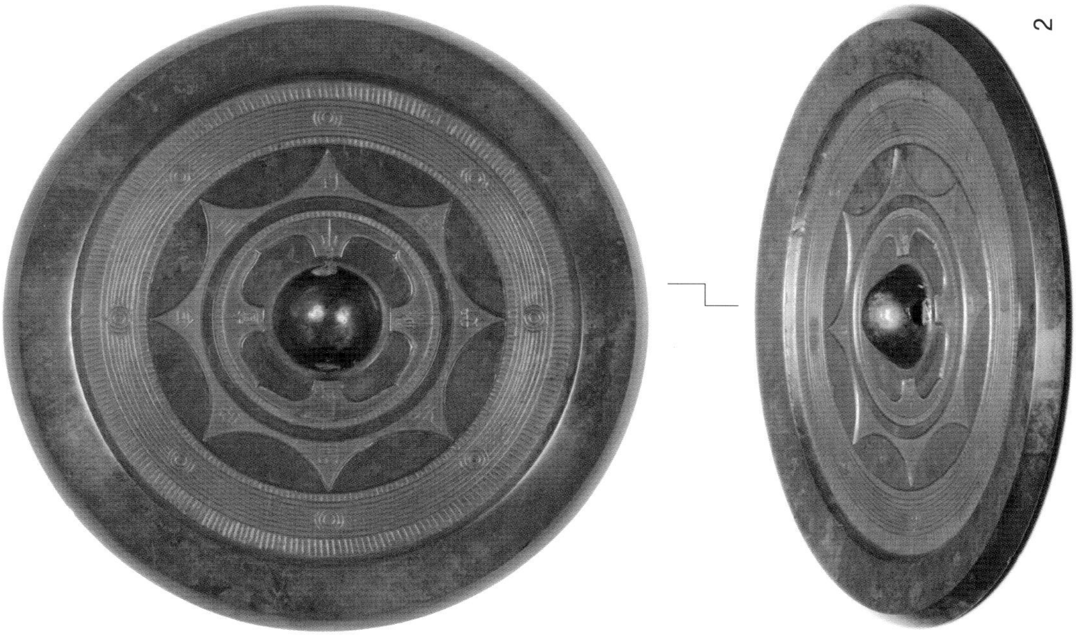

2

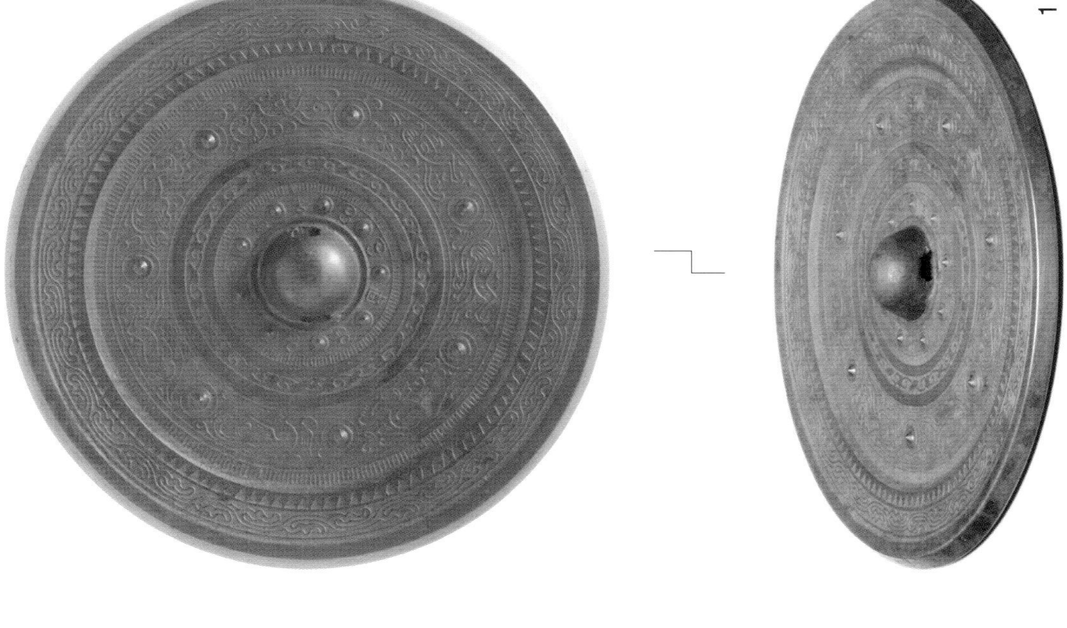

1

0 5cm

그림 7 출토유물 Ⅲ(거울류)

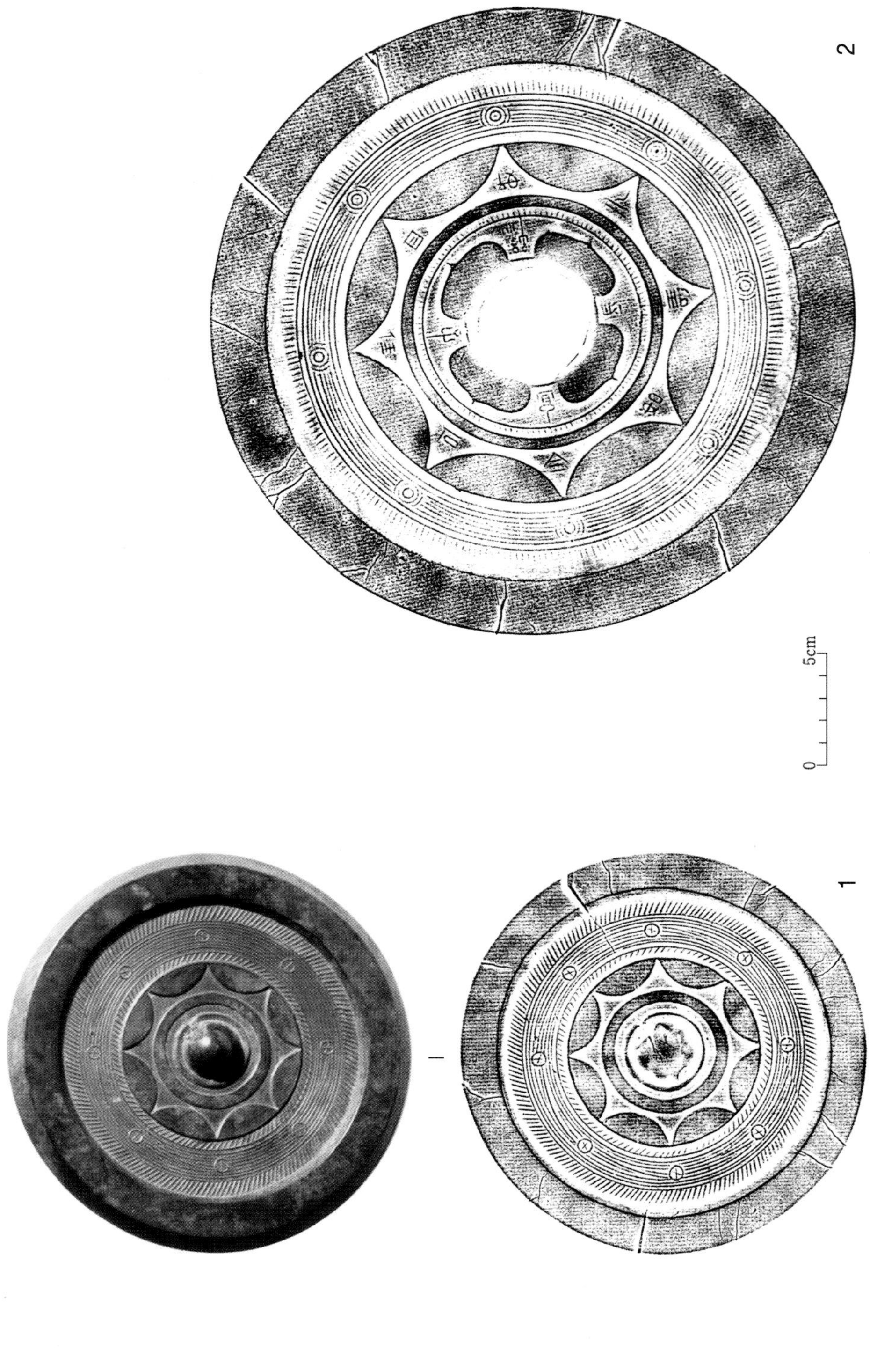

그림 8 출토유물 Ⅳ(거울류)

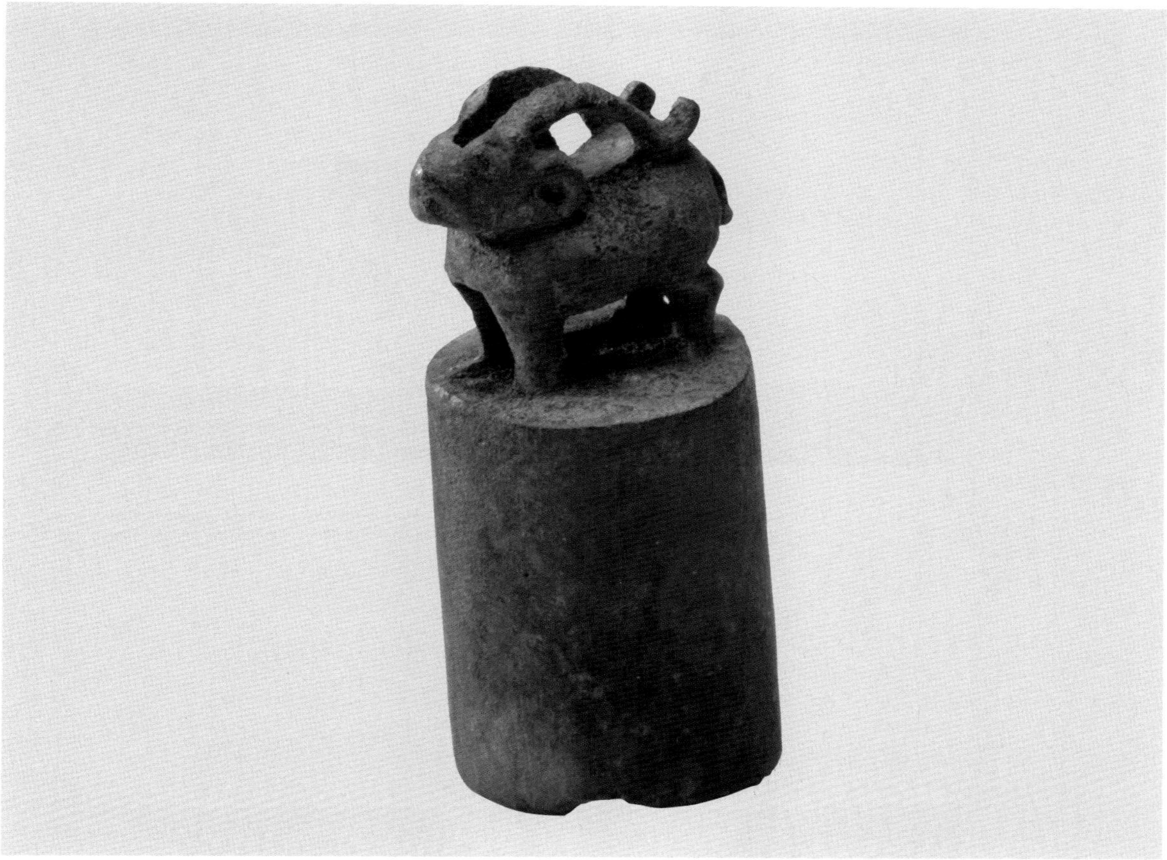

1

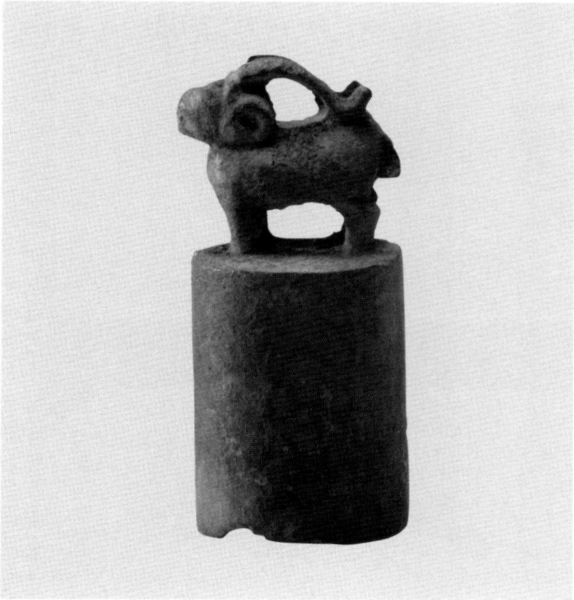

1-1

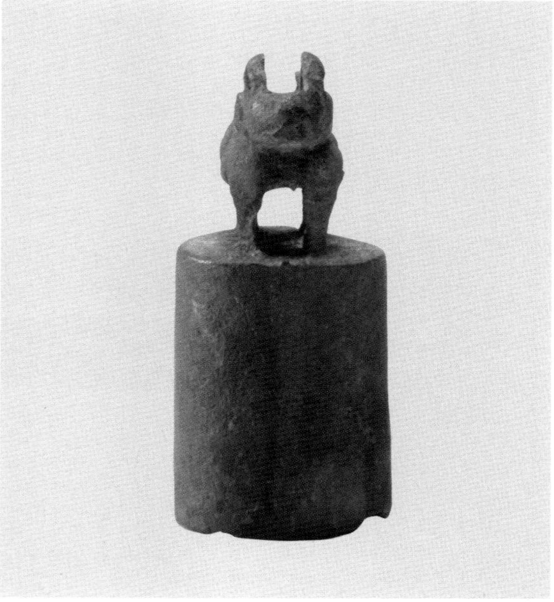

1-2

그림 9 출토유물 Ⅴ(羊頭 장식)

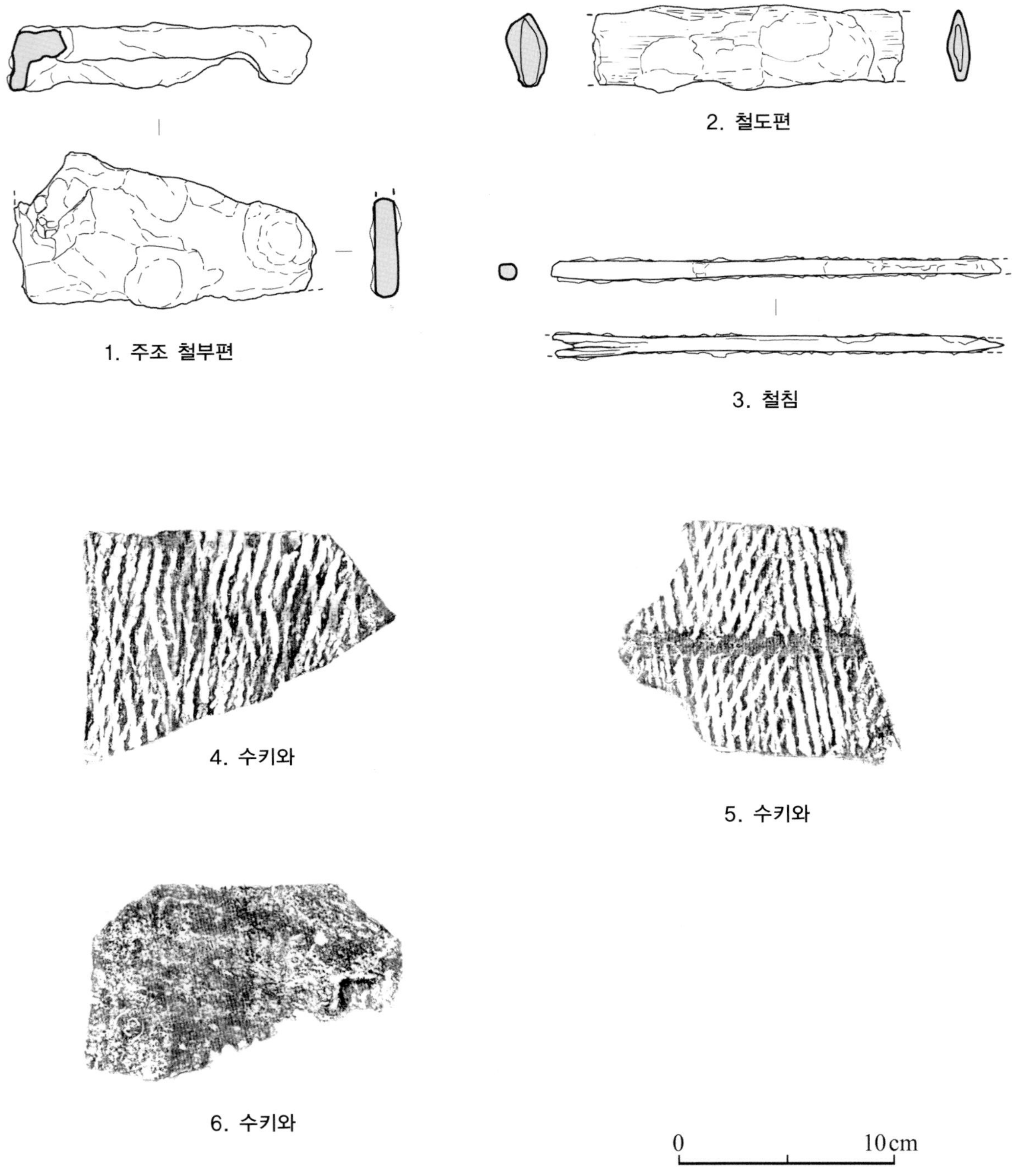

그림 10 기타 출토유물 Ⅵ

제 2 장

도쿄대학 공학부 건축학연구실 소장 자료

- 평양 석암동 전실묘 출토유물 — 정인성
- 평양 석암동 고분(甲墳) 출토유물 — 정인성
- 장무이묘 출토유물 — 정인성
- 소라리(所羅里) 토성과 어을동(於乙洞) 토성 출토유물 — 정인성

평양 석암동 전실묘 출토유물

정인성

1. 유적 개요

석암동 고분은 세키노 타다시(關野貞)에 의해 1909년에 조사된 고분이다. 당시의 발굴은 그가 실시하고 있던 다른 고적조사 과정에서 우연하게 이루어진 것이다. 당시 개성과 공주지역에서 예정되었던 고적조사를 마치고 평양에 돌아온 關野貞에게 평양에 거류하던 일본인이며 평양일보 社主였던 시라카와 세이지(白川正治)는 대동강 남안에 많은 고분이 분포한다는 정보를 들려준다. 현장답사를 통하여 고분을 확인한 關野貞는 곧장 조사를 결심하였는데 현장에서의 고분 굴착은 당시 토목공사 경험이 많았던 철도국 技師인 이마이즈미(今泉茂松)에게 일임시켰다. 그런데 關野貞가 최초로 조사한 것으로 알려져 유명한 석암동 고분의 매장주체부를 발견하기까지는 다수의 다른 고분이 굴착되어 희생되었다는 사실은 그다지 알려져 있지 않다. 즉 처음(1909년 9月 14日) 굴착을 시도한 고분은 墳頂에서 270cm 정도의 깊이에 이르자 이전에 이미 굴착되었던 흔적이 확인되었기 때문에 곧바로 조사를 포기하고 말았다.

다음 날(9月 15日)에도 中 · 小形墓 2基에 대한 발굴에 착수하였으나 塼室을 확인하지 못한 채 조사를 포기하고 만다. 이들 고분 3기에 대한 조사에서 실패한 후 4번째로 조사한 것이 바로 『朝鮮古蹟圖譜』 I 에 도면과 사진이 게재된 석암동 고분인 것이다. 그런데 이 석암동 고분의 조사를 착수할 당시 또 다른 고분 1기를 같이 조사한 것으로 확인되는데 이것이 석암동(甲) 고분이다.

석암동 고분의 조사는 우선 분구를 2군데에서 동시에 굴착하여 墳頂下 180cm지점에서 塼室의 천장을 발견하게 된다. 그리하여 천장의 일부분을 파괴하고 조선인 작업원을 들여보내 철침으로 찔러 고분의 바닥을 수시로 확인하면서 充塡土를 제거하는 방향으로 진행되었다. 그런데 고분의 내부 확인 작업이 예상 외로 시간이 많이 소요되는 바람에 현장조사 전반을 철도관리국의 기사인 今泉茂松에게 일임시키고 9월 18일부터 원래 계획되었던 의주 방면의 조사를 위해 현장을 비웠다. 關野貞가 평양으로 돌아와 조사가 끝난 석암동 고분과 석암동(甲) 고분의 출토유물을 관찰하는 것은 9月 31日인 것으로 확인되는데, 그 다음 날에 현장을 방문하여 드러난 고분의 구조를 관찰하고 야장을 작성하였다.

조사를 통해서 석암동 고분은 前室과 玄室로 이루어진 二室墓이며 배가 부른 구조임이 밝혀졌다. 羨門은 왼쪽으로 치우치고 천장은 아치형이다. 전실과 현실의 연락통로도 아치형이고 천장은 궁륭형이다. 전실과 현실의 床面에는 塼이 깔렸고 그 통로에도 2겹으로 塼을 쌓았다. 궁륭상의 천장을 쌓는 과정에서는 벽돌 사이사이에 토기와 瓦片을 끼워 넣은 것이 발견되었다. 塼室의 천장과 羨門 상부에는 문양이 있는 장부전이 사용되었다. 봉토를 굴착하는 과정에서 평와 편이 발견되었다(關野貞, 1915, p.7, 圖面 第30). 그리고 현실에서는 2매의 동경, 대도, 철극, 옹형 토기, 오수전, 반지 등이 출토되었고 前室에서는 각종 토기류와 동완, 칠반 등이 출토되었다.

2. 반출유물의 조사내용

이번 조사에서 확인된 자료들을 나열하고 그 특징을 관찰하기로 한다.

1) 토기류

간단한 조사 보고가 수록된 『朝鮮古蹟圖譜』 I 을 참고하면 출토 토기는 석영혼입계의 옹형 토기가 2점이고 나머지는 니질계 토기이다.

(1) 평저호 (그림 3-1, 그림 6-2)

니질태토에 와질소성된 회백색의 평저 단경호이다. 저부 가운데 부분에는 정지상태에서 이루어진 실로떼기흔이 관찰되고 그 주위에는 깎기흔이 있다. 동최대경은 그릇의 중위에 있고 어깨부에서 축약된 구경부는 완만하게 외반한다. 구연부의 아래에 승문으로 된 사방향의 1차 성형 타날흔이 관찰된다. 내외면에는 2차 성형 과정에서 생긴 회전물손질흔이 뚜렷하다.

(2) 시루 (그림 3-2, 그림 6-3)

니질태토이고 경질에 가깝게 소성된 시루형 토기의 명기이다. 저부는 평저이고 동최대경은 구연부 바로 아래에 있다. 그릇의 내외면에는 회전물손질흔이 뚜렷하고 저부에 가까운 그릇의 하위에는 깎기흔이 관찰된다. 그릇의 저부에는 비스듬하게 뚫어 놓은 복수의 증기 구멍이 있어 이 토기가 시루임을 알 수 있게 한다. 토기의 외면에는 하얗게 화장토를 바른 다음 그 위에 붉은 칠로 그림을 그린 흔적이 있으나 박락되어 분명하지 않다.

(3) 부뚜막형 토기(그림 4-1)

니질태토이고 와질소성이며 표면 곳곳에 하얀 화장토를 바른 황갈색 색조의 부뚜막형 토기이다. 부뚜막형 토기는 일반적인 낙랑 기와와 마찬가지로 점토띠쌓기에 타날을 가해서 1차 성형하고, 회전시키면서 물손질을 가한 다음 마지막으로 눌러서 각을 잡은 흔적이 뚜렷하다. 이러한 제작법은 따로따로 만든 몇 장의 점토판을 접합시켜서 성형하는 중국의 그것과는 다르다.

(4) 분형 토기(그림 5-1, 그림 6-1)

니질태토이고 소성도가 경질에 가깝다. 저부는 평저이며 동최대경이 구연부에 있는 분형 토기이다. 색조는 회백색이다. 구연단은 수평으로 외반하고 그릇의 내외면에는 회전물손질에 의한 요철이 뚜렷하게 남았다. 저부 외면에는 실로떼기흔이 분명하고 부분적으로 깎기흔도 관찰된다.

(5) 내만 옹(그림 5-2, 그림 6-4)

니질태토이고 소성은 와질인 내만 옹으로, 높이가 10cm 정도인 소형 명기이다. 저부는 평저이고 동최대경이 상위에 위치하며 구경부로 가면서 내만하였다가 구연단이 살짝 외반한다. 저부 전면에는 실로떼기한 흔적이 역력하다. 그림 6-3과 같은 시루와 세트로 부뚜막형 토기 위에 올려졌을 가능성이 있다.

(6) 석영혼입계 옹형 토기(그림 5-3, 그림 6-5)

석영이 다량 혼입된 대형의 옹형 토기인데 구연부와 경부의 일부를 제외하고는 모두 결실되었다. 동체부는 크게 부풀어 올라 있는데 경부는 직립하고 구연단에 점토띠를 한 겹 둘러 마무리 하였다. 구연부와 경부의 외면에는 물손질흔이 관찰되지만 성형과 관련된 타날흔은 보이지 않는다. 그러나 그릇의 내면에는 무문의 내박자흔이 확인되는 것으로 보아 이 토기의 기본성형은 점토띠쌓기와 타날에 의한 것임을 알 수 있다.

원 보고에는 이 외에도 완형 옹형 토기 1점이 더 있으나 동경대 건축학연구실에서는 이를 확인할 수 없었다.

2) 청동기류

석암동 고분에서는 원래 2점의 청동거울(銅鏡)이 출토되었지만 이번 조사에서 확인할 수 있었던 것은 1점에 지나지 않는다. 즉 보고서에 사진이 공개된 내행화문경은 보이지 않고 龍虎鏡만이 확인되었다.

(1) 龍虎鏡 (그림 7)

이 거울은 원형 뉴의 주위 내구에 龍虎를, 외구에는 문자를 배치시킨 鏡式이다. 외연부에는 鋸齒文과 파상문을 번갈아 가면서 표현하였는데 기원후 2세기 말에서 3세기 대에 유행한 거울로 이해된다.

(2) 청동 팔찌 (그림 8의 상단)

단면형이 타원형인 청동제의 팔찌로 2매가 출토되었다. 보존상태도 양호하다.

(3) 반지 (그림 8의 중 · 하단)

반지는 모두 6개인데 크게 3가지의 형태로 나누어진다. 우선 각을 잡으면서 늘린 銅線의 한 쪽을 두드려서 납작하게 만든 것(그림 8의 중단 좌측), 銅線을 두드려서 편 다음 새겨넣기로 문양을 시문하고 말아서 완성시킨 것(그림 8의 중단 가운데), 가는 동선이면서 이음매가 없어서 주조인지 단조인지의 구분이 애매한 것(그림 8의 나머지)이 있다.

(4) 동완 (그림 9-1)

구연부만을 남기고 나머지 부분이 전부 결실된 동완이다. 기벽이 아주 얇고 부분적으로 회전흔이 관찰된다.

(5) 오수전 꾸러미 (그림 9-2)

오수전은 여러 매가 포개진 채 孔에 노끈이 끼워진 상태에서 청동 녹이 발생하여 고착된 상태로 출토되었다.

석암동 고분은 전실묘의 구조와 출토유물을 동시에 파악할 수 있는 자료가 많지 않은 현 상황을 고려하면 자료적 가치가 높다.

그림 1 석암동 고분(위 : 전경, 아래 : 내부조사 상황, 출처 : 『조선고적도보』 I)

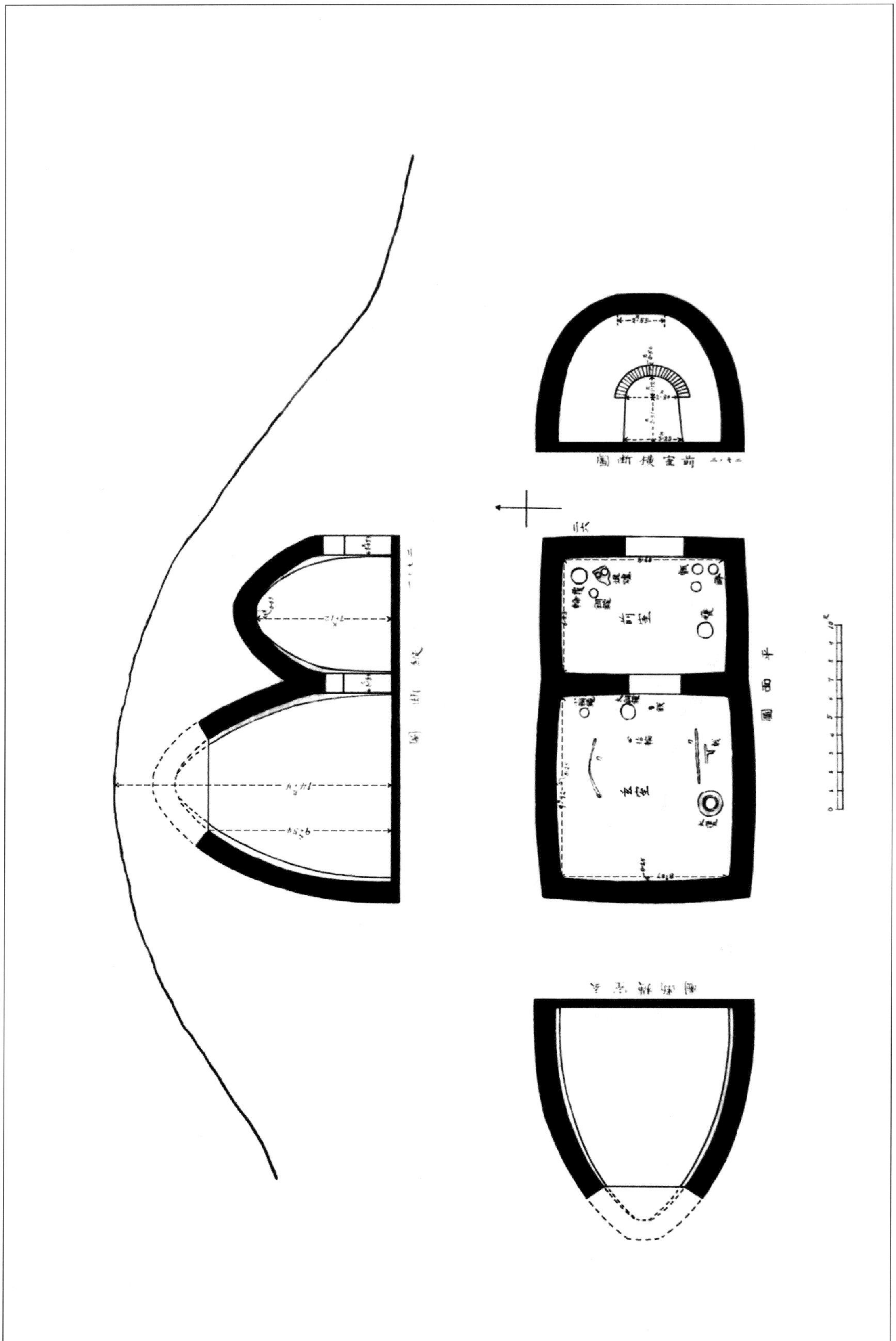

그림 2 석암동 고분의 구조(출처: 『조선고적도보』 I)

1

2

그림 3 출토유물 Ⅰ(토기류)

1

1-1

1-2

그림 4 출토유물 Ⅱ(부뚜막 명기)

1

2

3

그림 5 출토유물 Ⅲ(토기류)

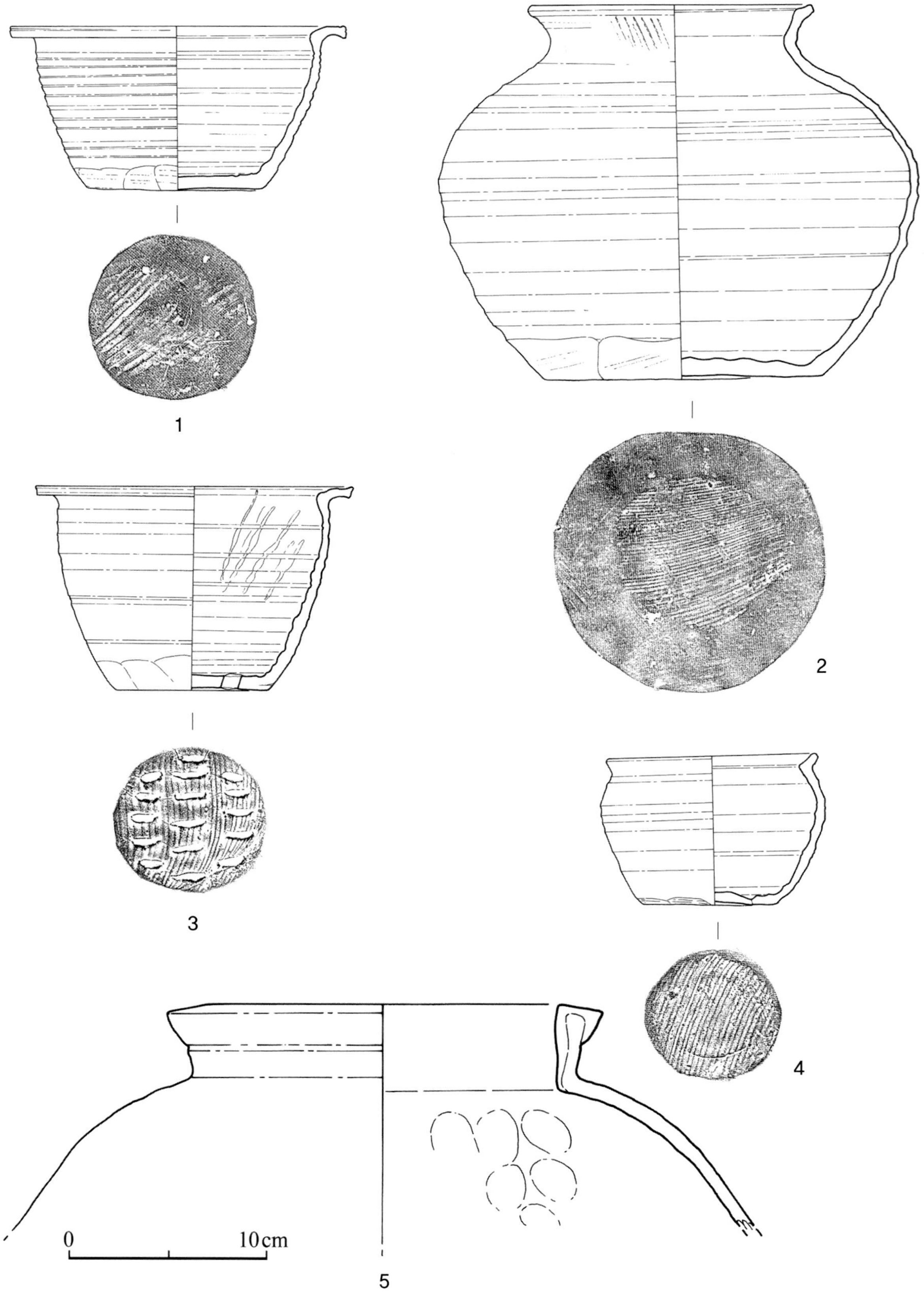

그림 6 출토유물 Ⅰ, Ⅲ(토기류 탁본)

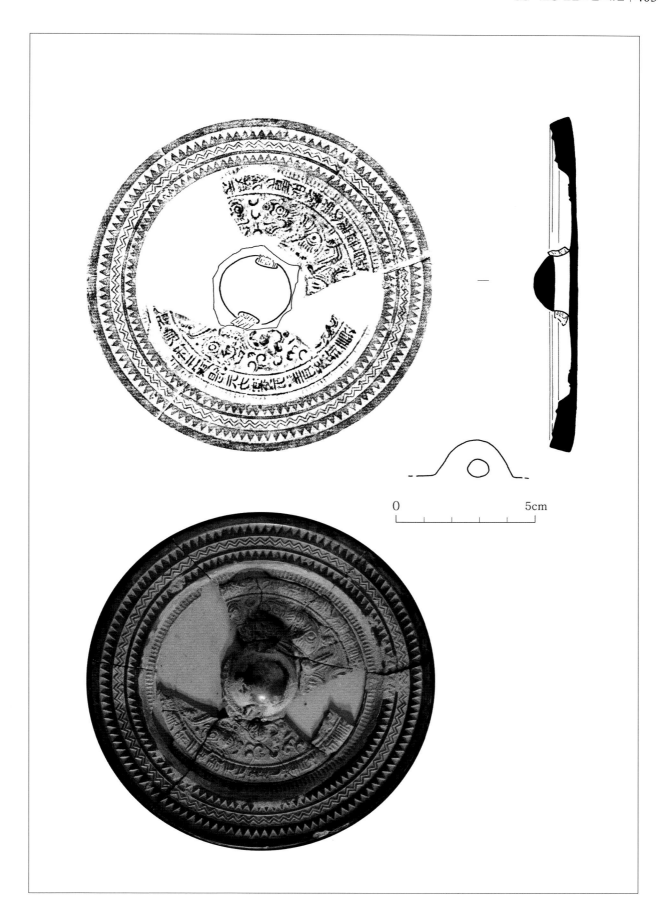

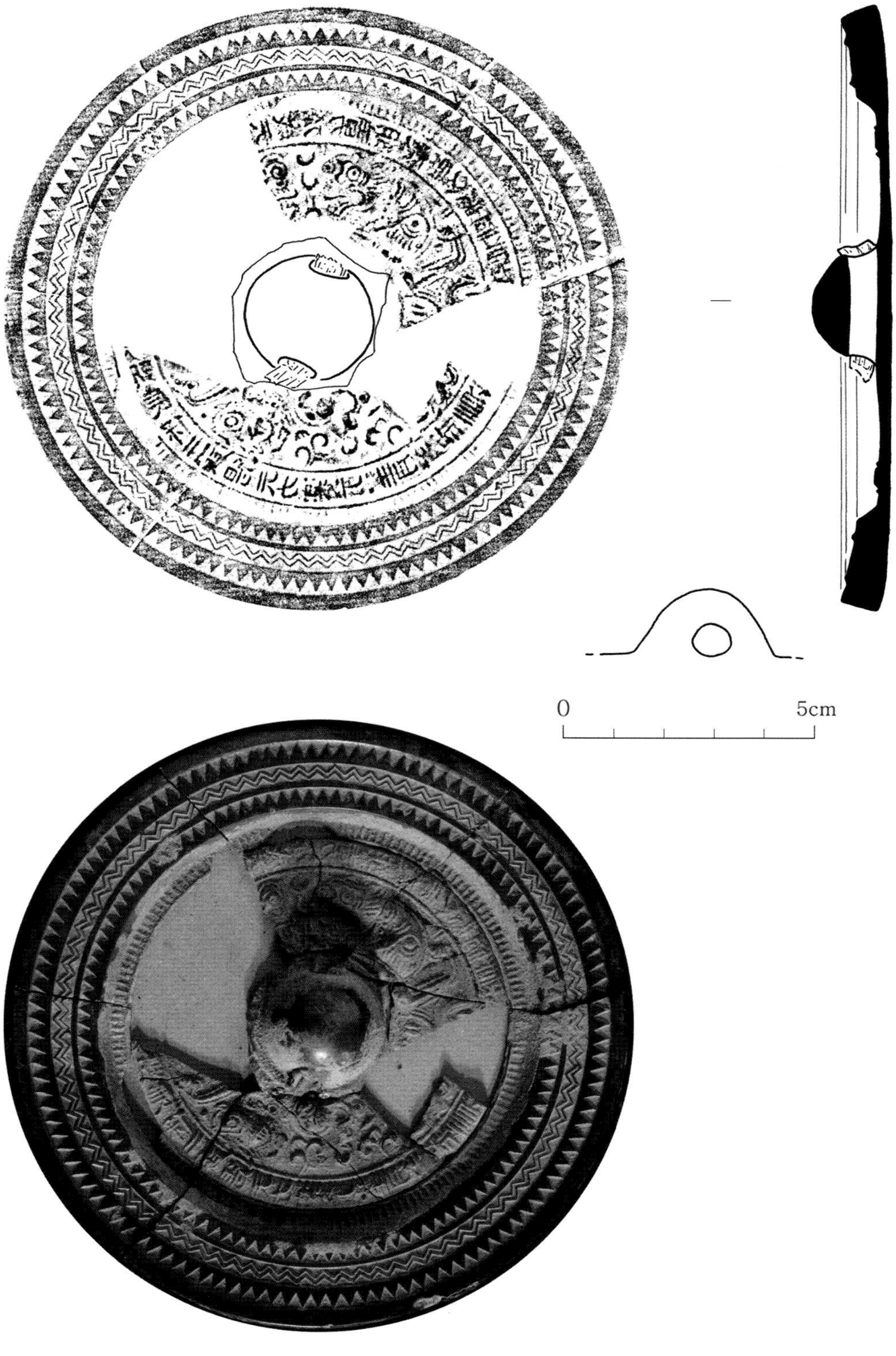

그림 7 출토유물 Ⅳ(거울)

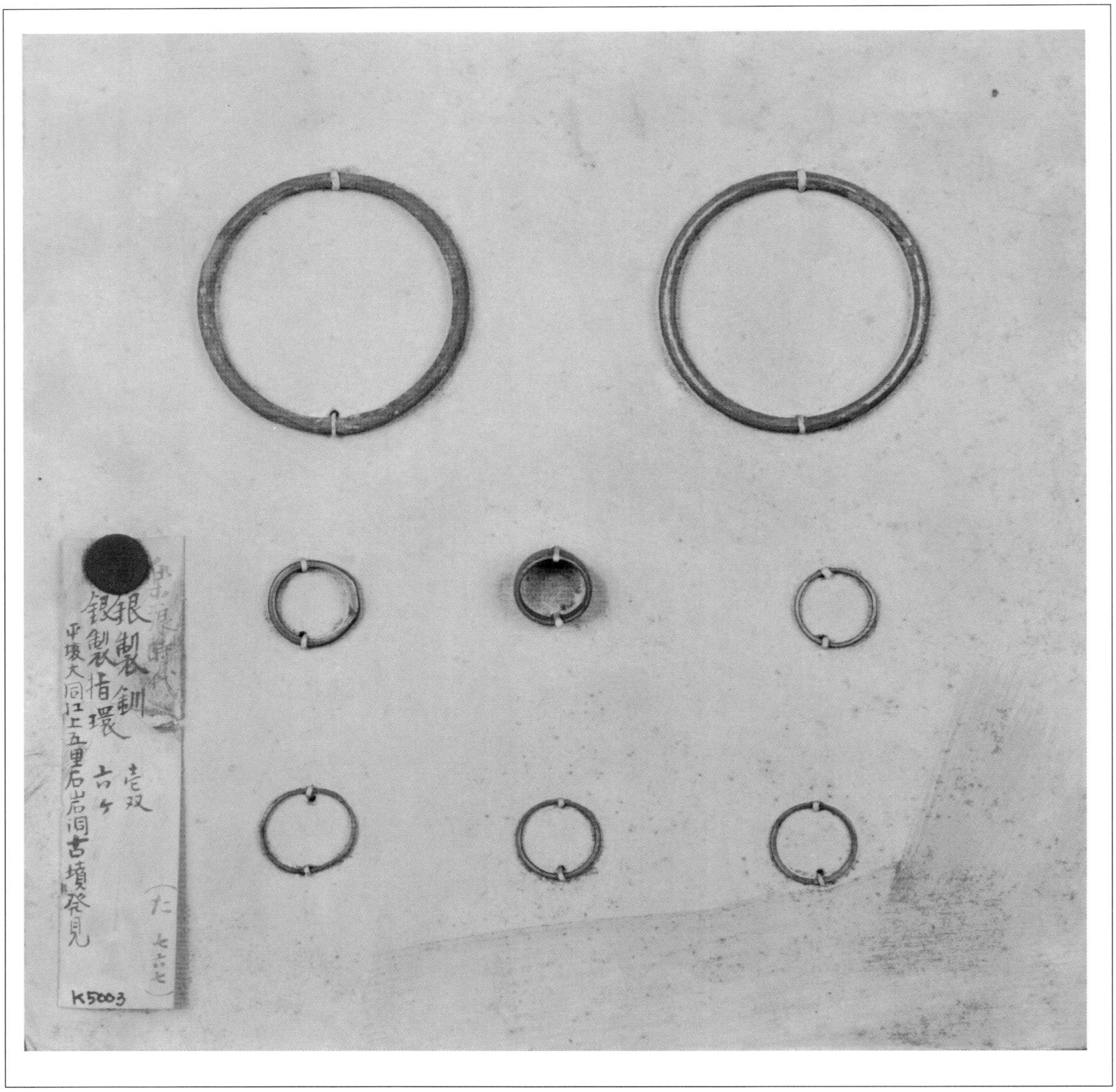

그림 8 출토유물 Ⅴ(청동 팔찌, 청동 반지)

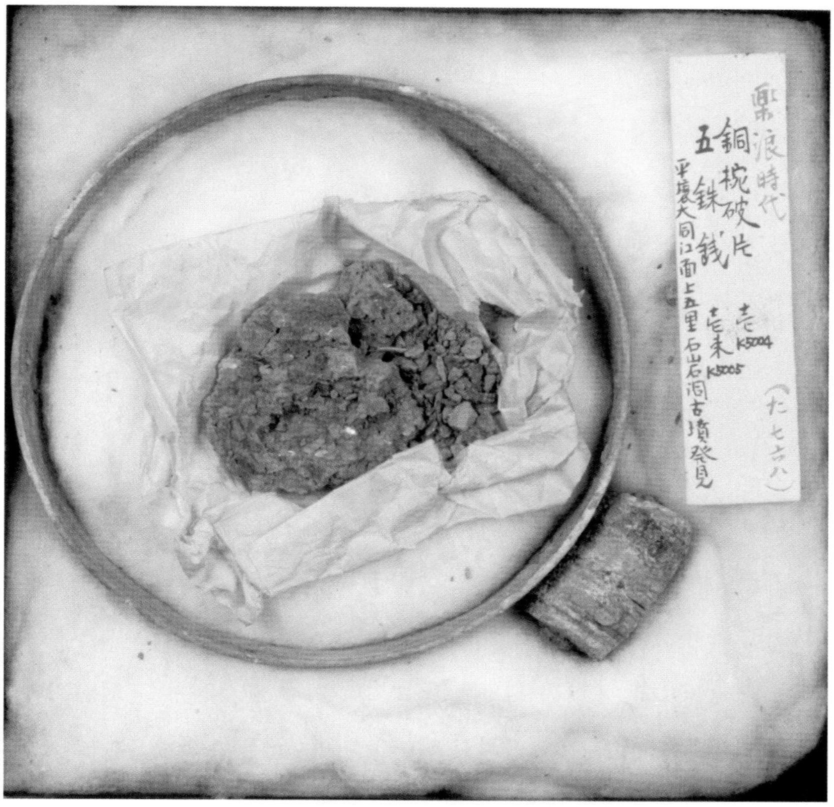

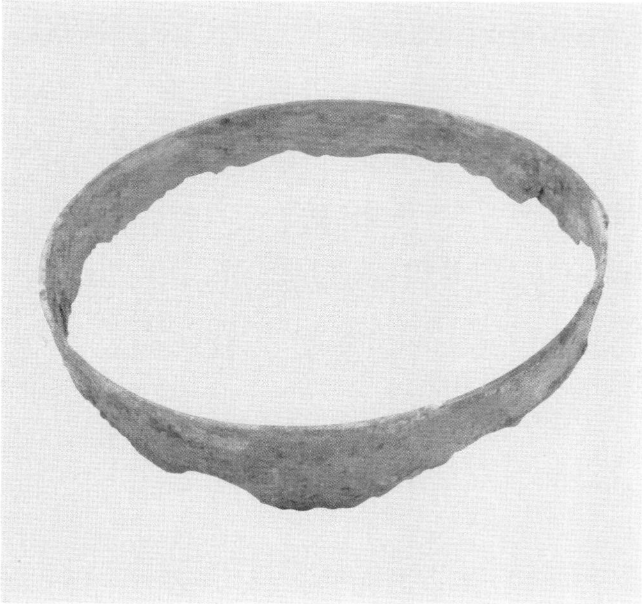

1

2

그림 9 출토유물 Ⅵ(청동완, 오수전)

평양 석암동 고분(甲墳) 출토유물

정인성

1. 유적 개요

앞에서도 언급한 것처럼 석암동(甲) 고분은 석암동 고분을 발굴하는 과정에서 굴착한 고분이다. 유적의 조사 경위는 앞에서 살폈기 때문에 생략한다. 고분은 벽돌로 축조된 현실만으로 이루어진 단실묘인데 묘문만이 확인될 뿐 연도부의 상황은 알 수 없다. 본 연구의 계획서를 작성할 당시에는 석암동(丙) 고분으로 판단했으나 출토유물을 조사하여 보고문과 대조한 결과 (甲)고분임을 알았다.

앞의 석암동 전실분과 마찬가지로『朝鮮古蹟圖譜』I 에 작은 사진이 게재되었지만 개별 유물에 대한 도면과 사진이 없고 설명이 미흡하기 때문에 이번 조사대상에 포함시켰다.

2. 반출유물의 조사내용

출토유물은 금속기가 주를 이루며 토기는 없다. 확인할 수 있었던 것은 부식이 심한 철제 거울 1점, 칠기 부속(장식) 금구 2점, 구조물의 연결금구 1점, 성격 불명의 철기 1점이다. 보고서에 언급된 유물 전부가 반출되었음을 알 수 있다.

1) 금속기

(1) 구조물 연결금구 (그림 2의 중앙)

투공이 곳곳에 있는 단면 사각형의 금구인데 금도금되었다. 고사리 손과 같은 장식이 달려있고 접을 수 있는 경첩이 부착된 것으로 보아 어떠한 구조물의 연결금구일 가능성이 있다. 보관된 상자에는 '金銅弩器' 라고 써 있으나 이는 잘못된 판단이다. 현재 이 유물은 특별 제작된 나무상자 안에 얇은 판을 깐 다음 종이로 만든 실로 고정해 둔 상태인데, 이는 보고서가 작성될 때와 동일한 상황이다. 보고서의 사진에도 고정용 실이 같은 위치에서 발견된다.

(2) 칠기 부속금구 (그림 2의 우측 상단)

직사각형 모양의 칠기 테두리 장식인데 청동으로 만들어졌다. 파괴되고 모서리 부분만 남은 것이나 흑칠과 그 위에 그린 적칠이 뚜렷하게 관찰되고 있다.

(3) 칠기 부속금구 (그림 3의 외곽)

구연이 둥글고 큰 칠기이다. 즉 분형 칠기의 테두리 부속금구일 가능성이 있으며, 거의 전면에 도금이 이루어졌다. 보고서가 작성될 때와 마찬가지로 특별 제작된 나무상자에 보관되어 있다.

(4) 칠기 장식금구 (그림 4-1)

스페이드 모양으로 금도금된 장식금구인데 속심은 청동이다. 중국 한대의 칠기 사례로 보아 그림 2와 같이 직사각형을 띠는 칠기에 부착되는 경우가 있다.

(5) 불명철기 (그림 4-2)

녹이 심하고 파손이 심하여 정확한 형태를 알 수 없는 철기이다. 철제 공구이거나 철촉이었을 가능성이 있다.

(6) 철제 거울 (그림 5)

둥근 원형의 철제 거울인데 부식이 심하여 세부적인 형태를 알 수 없는 것이다. 뉴는 원형이나 뉴공의 형태는 알 수 없다. 외연의 안쪽으로 연호문의 흔적이 희미하게 확인된다. 이 유물 역시 특별 제작된 나무상자에 보관되었다.

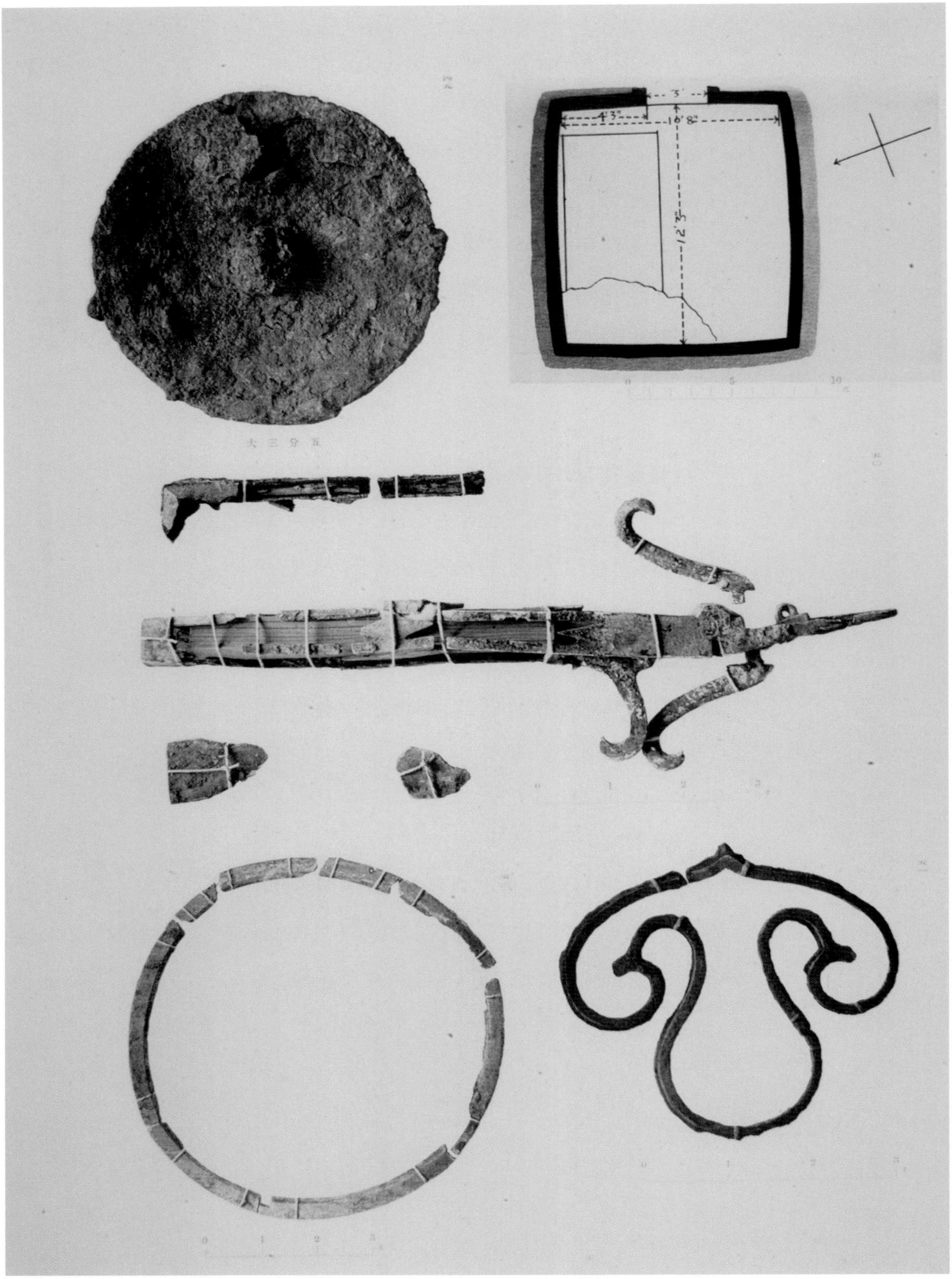

그림 1 석암동 고분(甲) 보고서 사진(출처 : 『조선고적도보』 I)

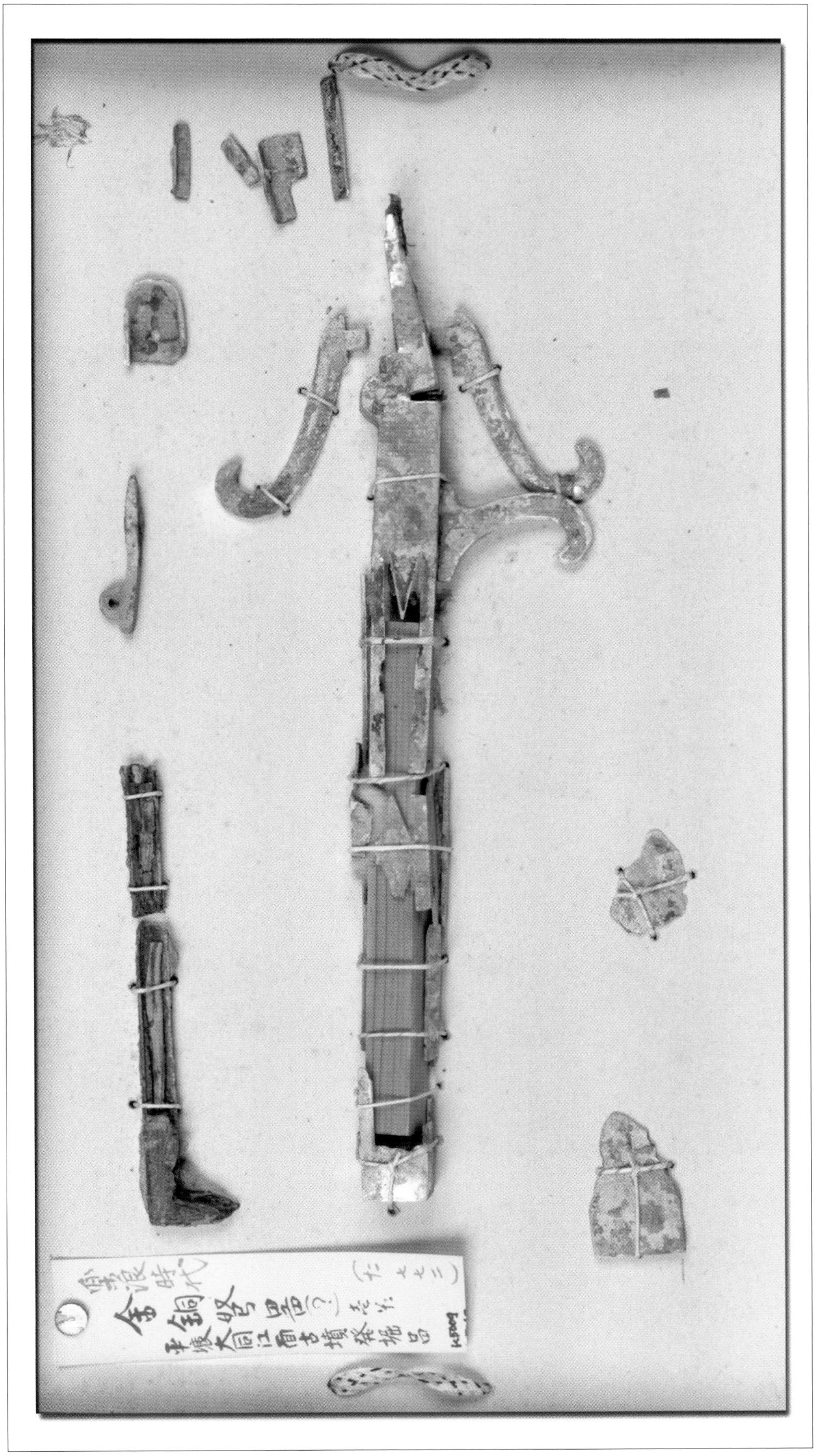

그림 2 출토유물 I(구조물 부속금구, 칠기 부속금구)

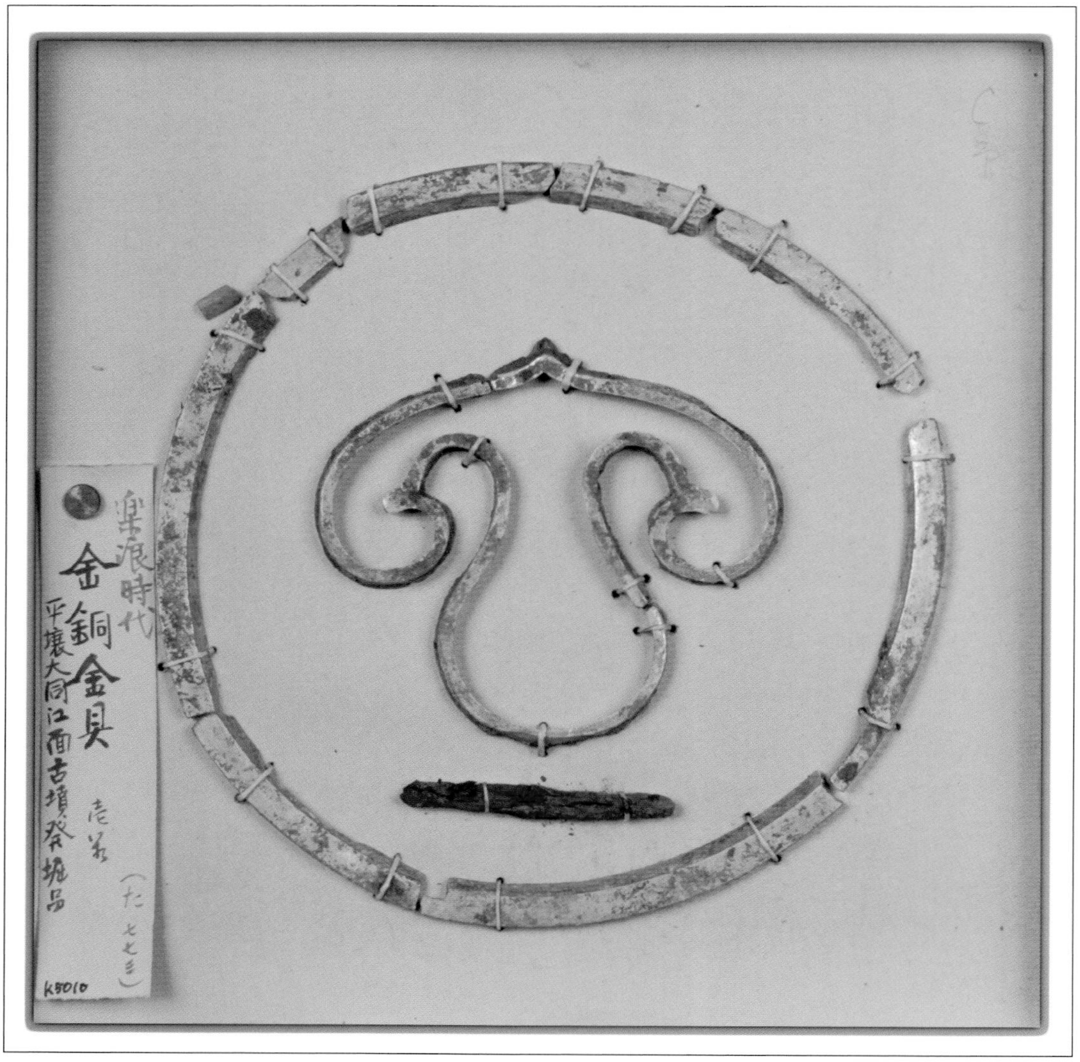

그림 3 출토유물 Ⅱ(칠기 부속금구)

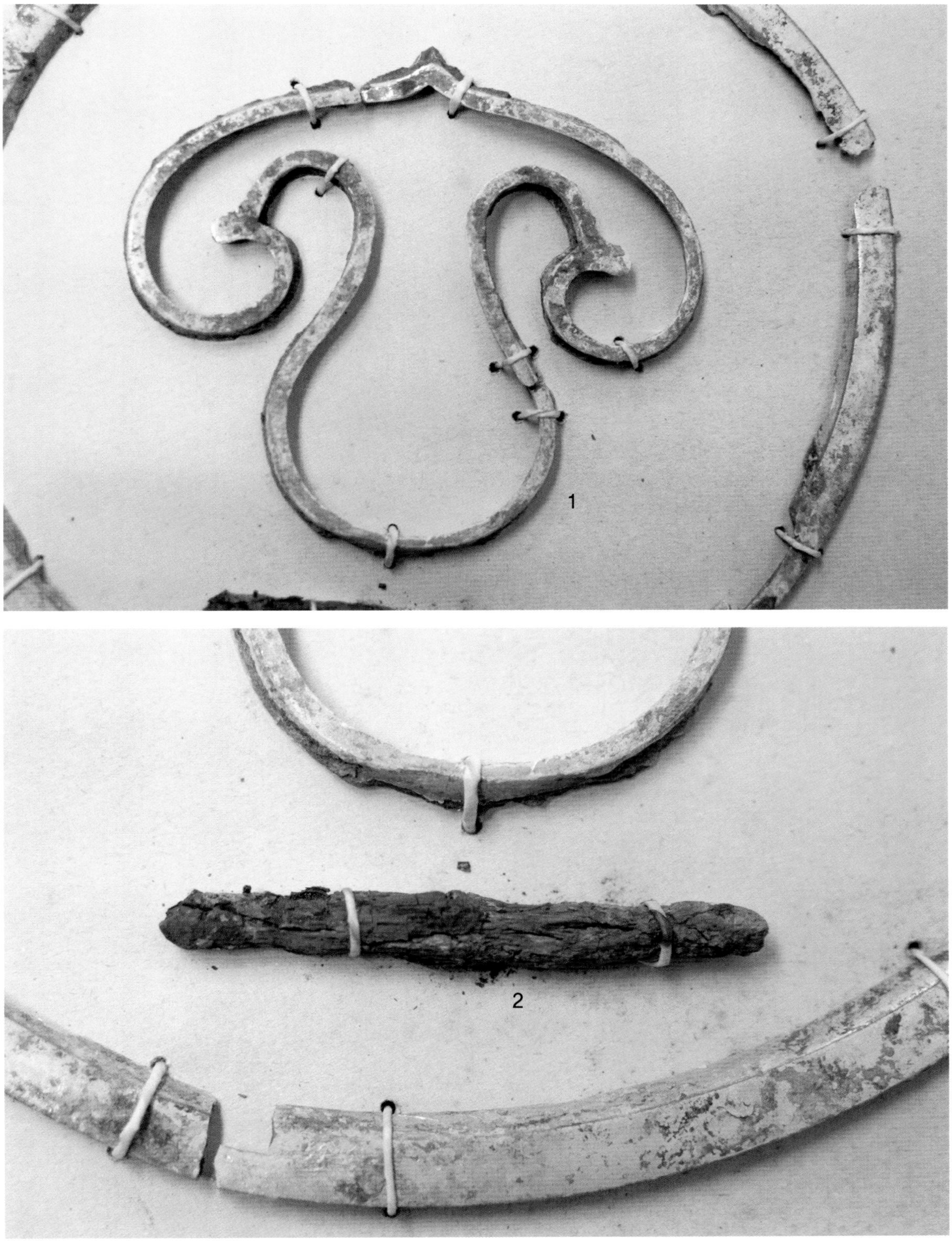

그림 4 출토유물 Ⅱ(1: 칠기 부속금구, 2: 철기)

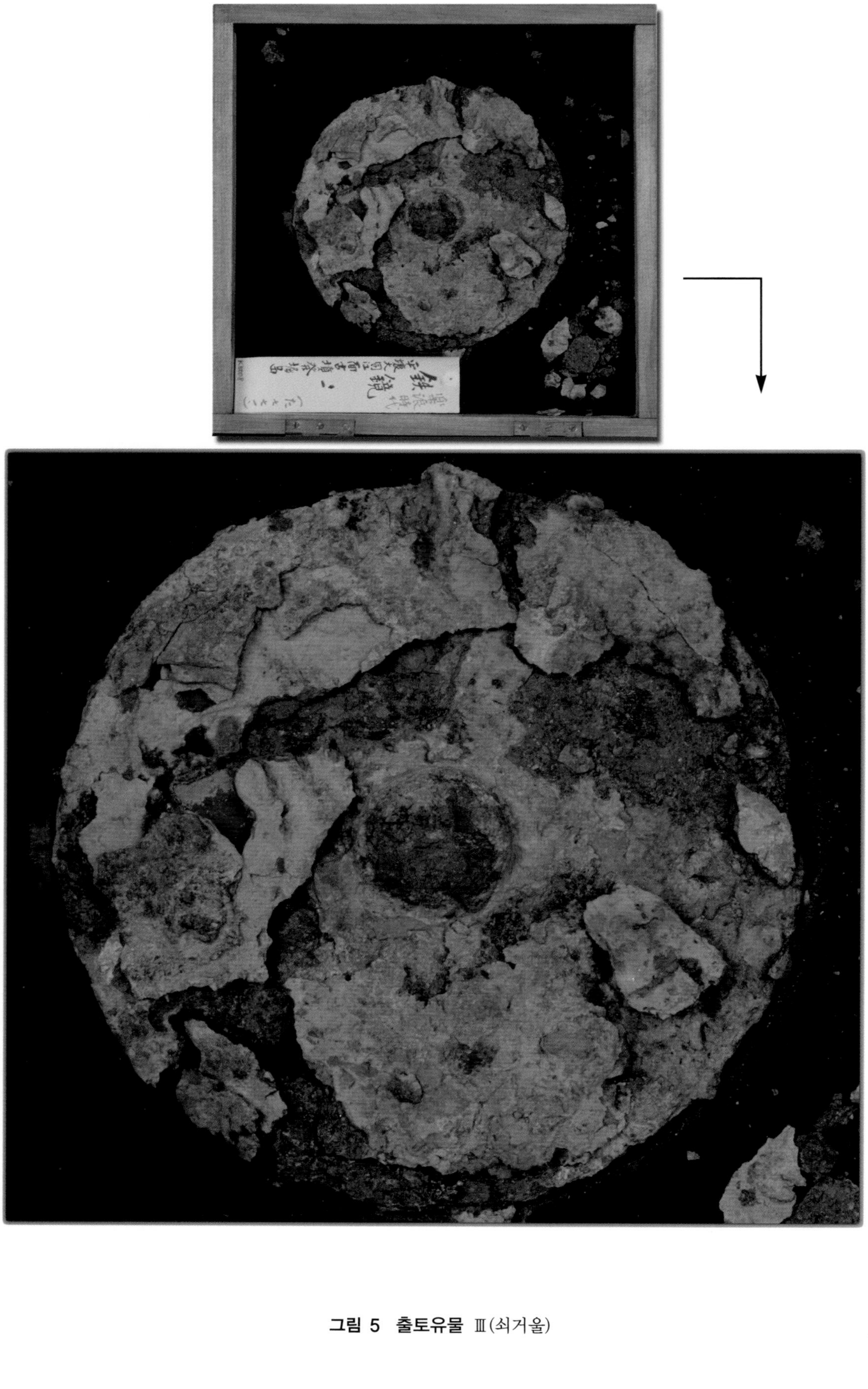

그림 5 출토유물 Ⅲ(쇠거울)

장무이묘 출토유물

정인성

1. 유적 개요

황해도 봉산군에 있는 장무이묘는 1910년에 세키노 타다시(關野貞)를 수행하여 한반도에서 고적조사를 실시하던 야츠이 세이이치(谷井齊一)에 의해 처음으로 조사되었는데 이듬해인 1911년에 재조사가 이루어졌다. 고분은 발견 당시 평면 방대형을 띠고 있었기 때문에 한대 이전 중국 봉토분과 관련있는 것으로 지적되었다. 게다가 주위에서 명문전이 발견되었기 때문에 관심이 더욱 고조되어 결국 굴착조사로 이어졌다.

조사 결과 장무이묘는 연도부에 좌우로 작은 감실이 달린 전실묘임이 밝혀졌다. 현실은 천장이 무너져 내렸으나 關野貞에 의해서 궁륭식으로 추정되어 보고되었다. 현실의 바닥 가까이에서 대형 판석이 비스듬히 기운 채로 확인되었는데 이를 고분 바닥에 깔아두었던 돌이 도굴과정에서 교란된 것이라 판단하였다. 벽돌로 축조된 현실 내부에는 석회가 가득 칠해져 있었다. 조사 과정에서는 다수의 명문전이 출토되었는데 이를 통해 張撫吏라는 피장자의 이름이 밝혀졌다. 조사 후 명문 중에 포함된 기년명을 둘러싸고 고분의 연대가 288년이라는 주장이 제기되었으나 4세기 초반이라는 설과 대립되어 아직까지도 논란이 계속되고 있다. 그 후 장무이묘는 지탑리(당)토성과 함께 황해도 지역을 대방군으로 비정하는 가장 중요한 고고학 증거가 되었다.

이번 조사에서는 고분을 축조하는 과정에서 사용된 기와 4점을 포함해 모두 17점의 塼을 확인한 다음 사진과 탁본작업을 실시하였다. 그 결과 기와는 와통이 사용된 것과 사용되지 않은 것이 모두 확인되었다. 전은 문자가 있는 직사각형이 대부분인데 이는 조사 과정에서 의도적으로 문자전을 선별하여 반출한 까닭이다. 이번에 조사하여 공개하는 자료는 논란이 끊이지 않는 장무이묘의 연대문제는 물론 이와 관련된 다각적 연구를 가능하게 할 것이다.

2. 반출유물의 조사내용

1) 기와류

장무이묘의 조사과정에서 출토되어 반출된 유물 중에는 4점의 기와편이 있는데 이것들은 고분 내에 부장된 것이 아니고 전실을 축조하는 과정에서 보조적으로 사용된 것이다.

(1) 기와 1 (그림 3-1)

와통에 점토를 붙여 승문타날로 성형한 수키와편이다. 외면에는 종방향의 승문타날흔이 남았고 내면에는 포목흔이 관찰된다.

(2) 기와 2 (그림 3-2)

와통을 사용하지 않고 점토띠를 쌓아 올린 다음 승문타날로 성형한 다음 횡조대를 돌린 수키와이다. 외면에는 약간 사방향의 승문타날흔이, 내면에도 사방향의 승문내박자흔이 관찰된다.

(3) 기와 3 (그림 3-3)

그림 3-1과는 달리 무와통을 사용하여 타날 성형된 수키와이다. 즉 외면에는 종방향의 승문타날흔과 횡방향의 물손질흔이 그리고 내면에는 사방향의 승문내박자흔이 관찰된다.

(4) 그림 4 (그림 3-4)

와통을 사용하여 승문타날한 수키와이다.

2) 전(塼)류

장무이묘에서 출토된 개별 전의 특징은 다음과 같이 표로 나타내었다.

〈표〉 장무이묘 출토전 속성표

연번	소장번호	塼의 형태	크기(cm) 길이x폭x크기	태토	소성도	색조	문양 및 문자	타날판 크기	특징	기존 보고와의 대조
1	タ 102 k 1055	장방형	36.2x14.6x6.1 36.5x15.1x6.4	정선된 점토 돌조각 포함	와질소성	회백색	상측, 우측면 : 문자 表面 : 승문, 裏面 : 무문	폭 : 13.8cm	사방향 겹쳐 쌓기흔, 우측면 하단에 소성전에 만든 구멍 있음	159
2	タ 84 k 1240	장방형	34.5x15.2x5.3~5.9	거친 편이고 강돌 혼입	경질소성	회흑색	우측면 : 문자, 상 · 하측면 : 능형문		직교하는 겹쳐 쌓기 건조흔	152
3	タ 85 k 1052	장방형 쐐기형	34.8x15x6.5/4.5	정선된 편	경질소성	회청색	좌측면 : 문자		겹쳐 쌓기 흔적, 일부에 회가 부착됨	148
4	タ 101 k 1054	장방형		정선 굵은 자갈	경질소성	회청색	우측면 : 문양 상측면 : 문자		겹쳐 쌓아 건조, 무늬가 얕다	150
5	タ 83 k 1051	장방형	34x14.6x5.1~6.1	굵은 강자갈	경질소성	회청색			세 곳에 겹쳐 쌓기 흔적, 목판에 눌린 흔적, 회가 부착됨	
6	タ 105	장방형	(?)x15.8~9x5.4~5	거친 태토	와질소성	적홍색	우측면 : 문자, 좌측면 : 무문 상측면 : 문양		문양 희미, 양 단에 테두리 없음, 무문의 눌린 흔적	
7		장방형	(26)x16x5.7~6.2		와질소성	적홍색	상측면 : 문자 우측면 : 문자		황토색 점토가 묻어 있음	
8	タ 86 k 1053		32.6~33.4x14.8x5.75	자갈	경질소성	회청색 회흑색	좌측 : 문자, 하단 : 문양 상측 : 무문		쌓아올리면서 황토와 석회로 넣음, 목판긁기로 점토 밀린 현상	151
9	タ 104 k 1057		(20)x14.5~7x3.7/5.35	불순물 없음	경질소성	회청색	좌측면 : 문양 우측면 : 무문	장판타날	선명한 노끈눈(0.6x0.25)	
10	タ 109 k 1158		(12)x(14)x5		와질소성 (아주 낮음)	흑갈색	상측 : 문자 좌우측면 : 무문	0.6x0.25		
11	タ 106		(18)x13.1x5.5~8	불순물 없음	경질소성	회청색	상측면 : 문자 우측면 : 문자		겹쳐 쌓아서 생긴 흔, 미세한 자연유 거푸집에 눌린 흔적만(조정흔 없음)	
12	タ 108 k 1157		(?)x15.8x5.7~6.0	날카로움	와질소성	회갈색 회색	좌측면 : 무문, 우측면 : 문자 상측면 : 문양	0.3x0.5	전면 회칠	
13	タ 111 k 1160	장방형 쐐기전 아님	(8.9)x13.6x5.6	소수의 석립 함유	경질소성	회청색	상측면 : 문자 좌측면 : 무문		겹쳐 쌓기 흔적, 노끈 흔적(0.3x0.2)	
14	タ 110 k 1159		(?)x16x5.7	전면 속심	와질소성 소성도 낮음	회갈색	상측면 : 문자 좌우측면 : 무문	(0.6x0.7)	겹쳐 소성, 건조한 흔적 없음	147
15	タ 107 k 1060		(19.8)x15.6x6.1/4.8	전면 속심	와질소성	회갈색	좌측면 : 문자	긴타날판 (0.5x0.21)	거푸집에 눌린 흔, 겹쳐 건조 및 소성 색도가 부분적으로 다름	
16	タ 89 k 1231		(7.3)x4.3	불순물 없음, 까칠한 느낌	와질소성	회갈색				
17	k 1156			불순물 없음	경질소성	회청색			목판 긁어내기	

※ 소장번호는 일본어 가타가나 タ0000이 구(日)소장번호이고, K000이 근년의 정리번호이다.

그림 1 장무이묘(위: 발굴된 상태, 아래: 드러난 현실, 출처 :『조선고적도보』Ⅰ)

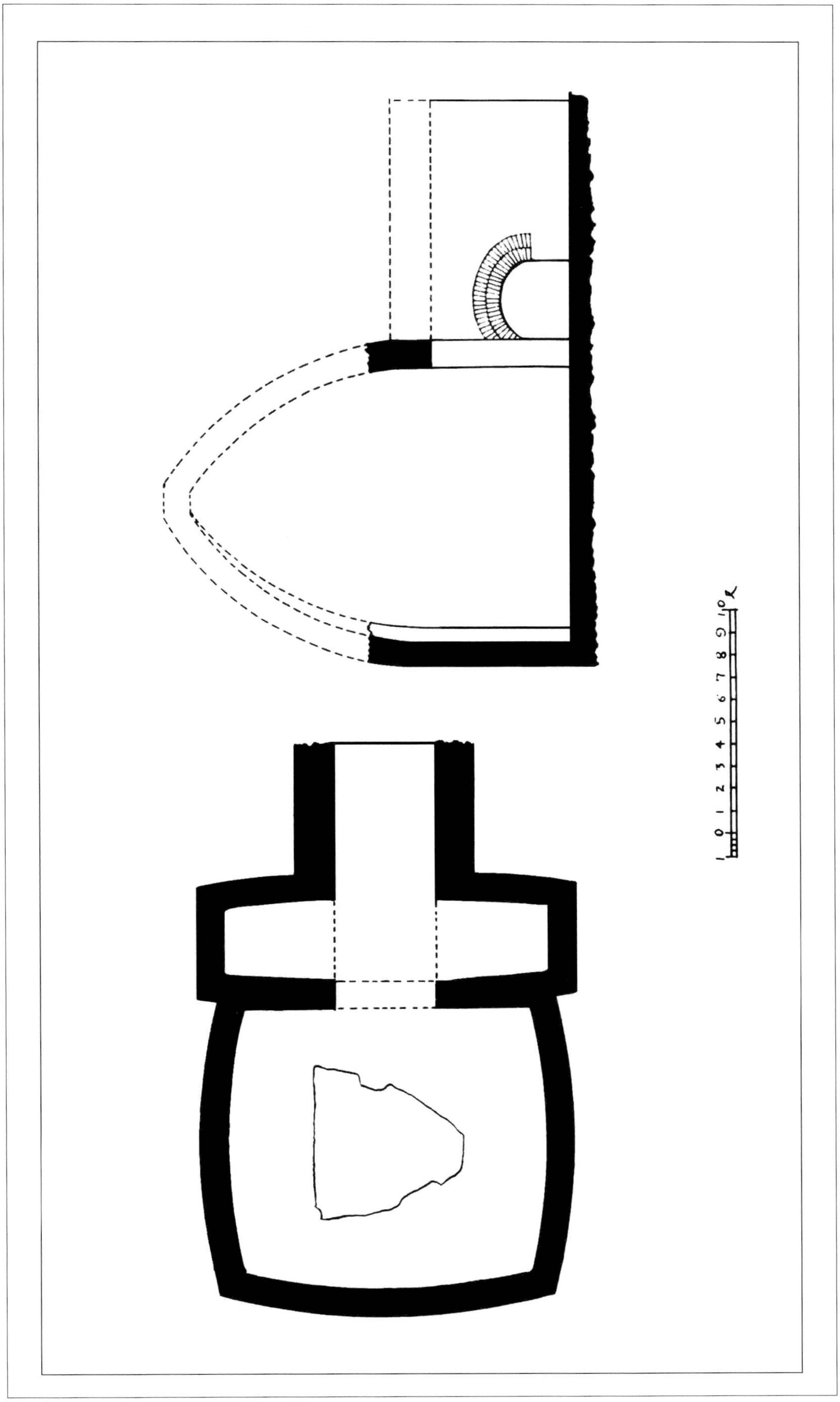

그림 2 장무이묘 내부구조(세키노 타다시의 복원안, 출처: 『조선고적도보』 I)

그림 3 장무이묘 출토유물(기와류)

1. 1-タ102(주기번호 : K1055)

그림 4 장무이묘 문자전(文字塼) I

1. 2-タ84(주기번호 : K1240)

그림 5 장무이묘 문자전(文字塼) Ⅱ

1. 3-タ85(주기번호 : K1052)

그림 6 장무이묘 문자전(文字塼) Ⅲ

1. 4-タ101(주기번호 : K1054)

그림 7 장무이묘 문자전(文字塼) Ⅳ

1. 5-タ83(주기번호 : K1051)

그림 8 장무이묘 문자전(文字塼) V

1. 6-タ105(주기번호 : K0000)

그림 9 장무이묘 문자전(文字塼) Ⅵ

1. (주기번호 : K000)

0 10cm

2. 14-タ110(주기번호 : K1159)

그림 10 장무이묘 문자전(文字塼) Ⅶ

1. 9-タ104(주기번호 : K1057)

그림 11 장무이묘 문자전(文字塼) Ⅷ

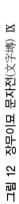

1. 11-タ106(주기번호 : K0000)

그림 12 장무이묘 문자전(文字塼) Ⅸ

1. 12-タ108(주기번호 : K1157)

그림 13 장무이묘 문자전(文字塼) X

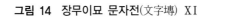

1. 15-タ107(주기번호 : K1060)

그림 14 장무이묘 문자전(文字塼) XI

1. 13-タ111(주기번호 : K1160)

2. 16-タ89(주기번호 : K1231)

3. 10-タ109(주기번호 : K1158)

4. 17-タ00(주기번호 : K1156)

0 10cm

그림 15 장무이묘 문자전(文字塼) XⅡ

1. 8-タ86(주기번호 : K1053)

그림 16 장무이묘 문자전(文字塼) XIII

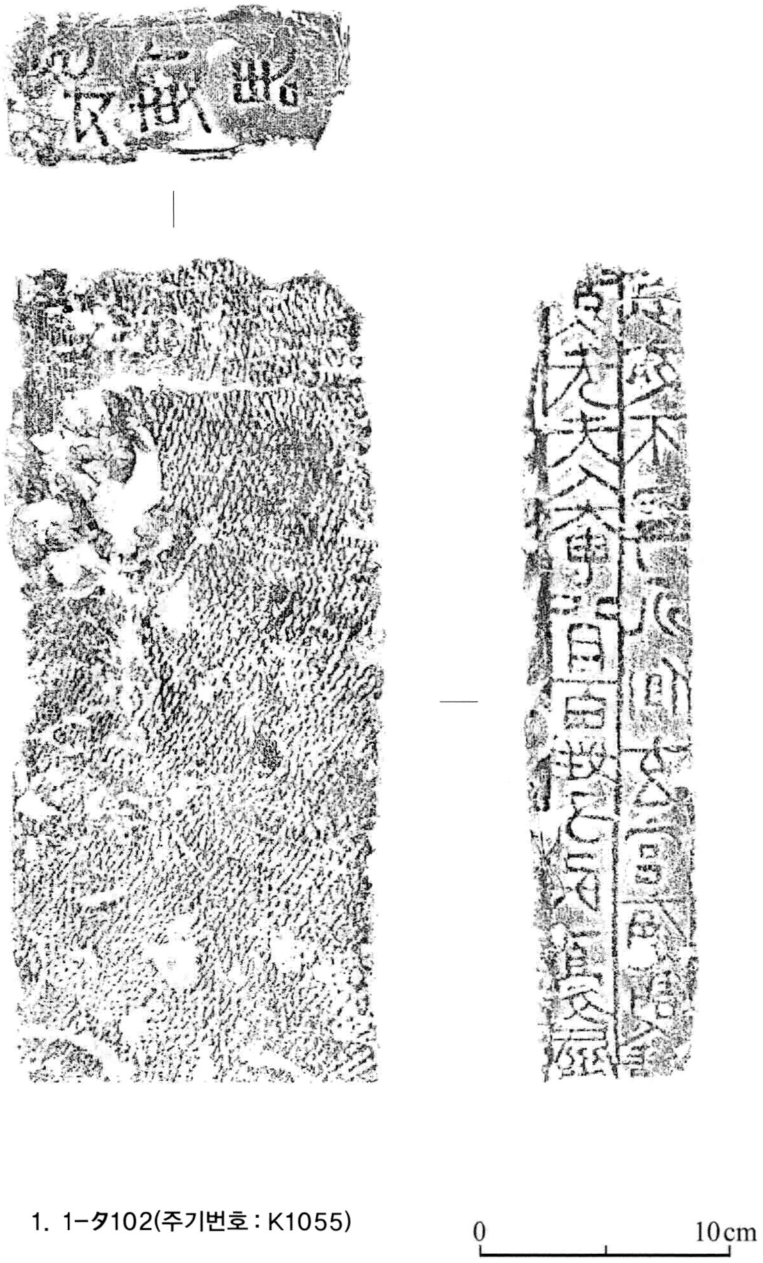

1. 1−タ102(주기번호 : K1055)

그림 17 장무이묘 문자전(文字塼) 탁본 I

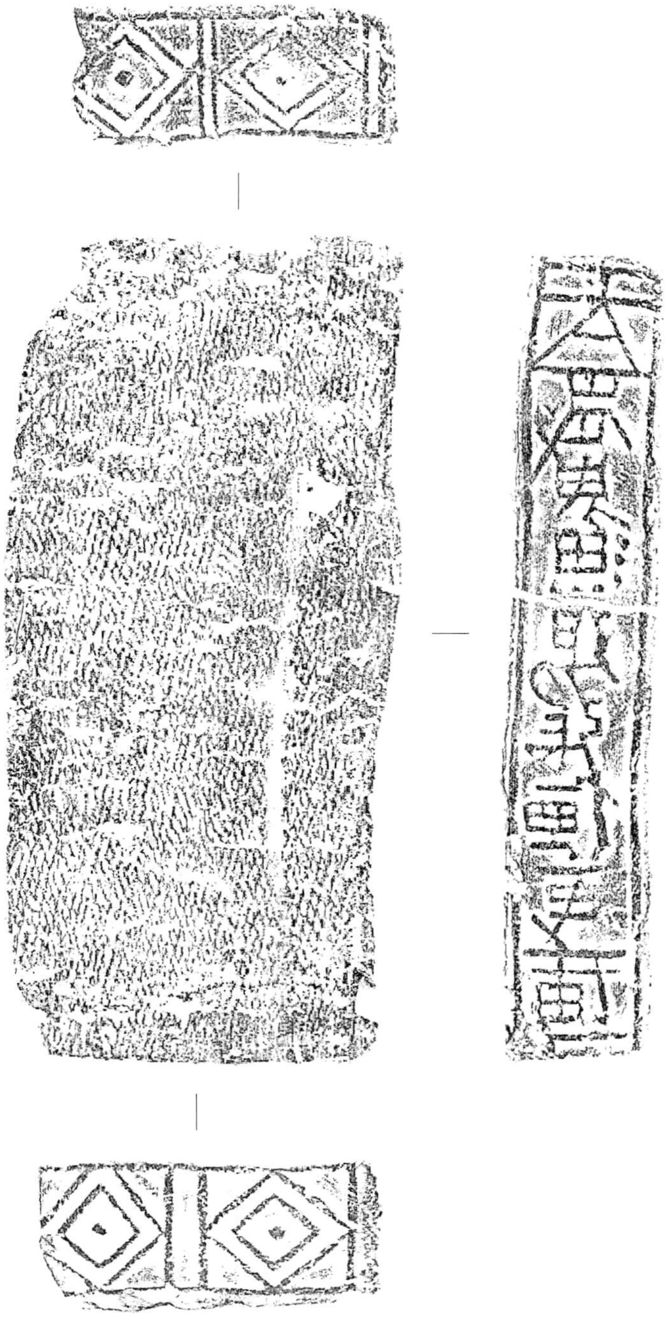

0 10cm

1. 2-タ84(주기번호 : K1240)

그림 18 장무이묘 문자전(文字塼) 탁본 Ⅱ

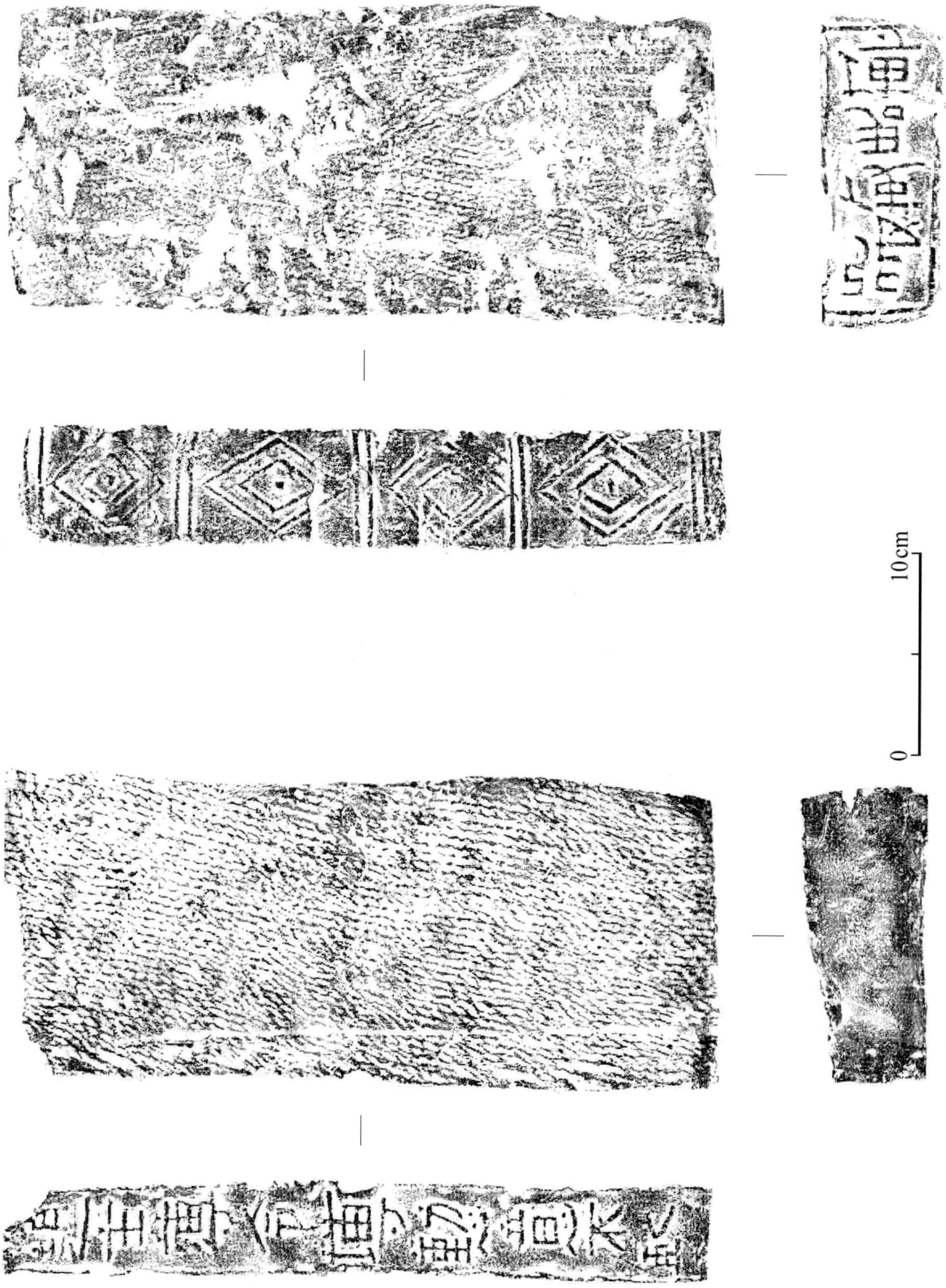

2. 4-タ101(주기번호 : K1054)

1. 3-タ85(주기번호 : K1052)

그림 19 장무이묘 문자전(文字塼) 탁본 Ⅲ

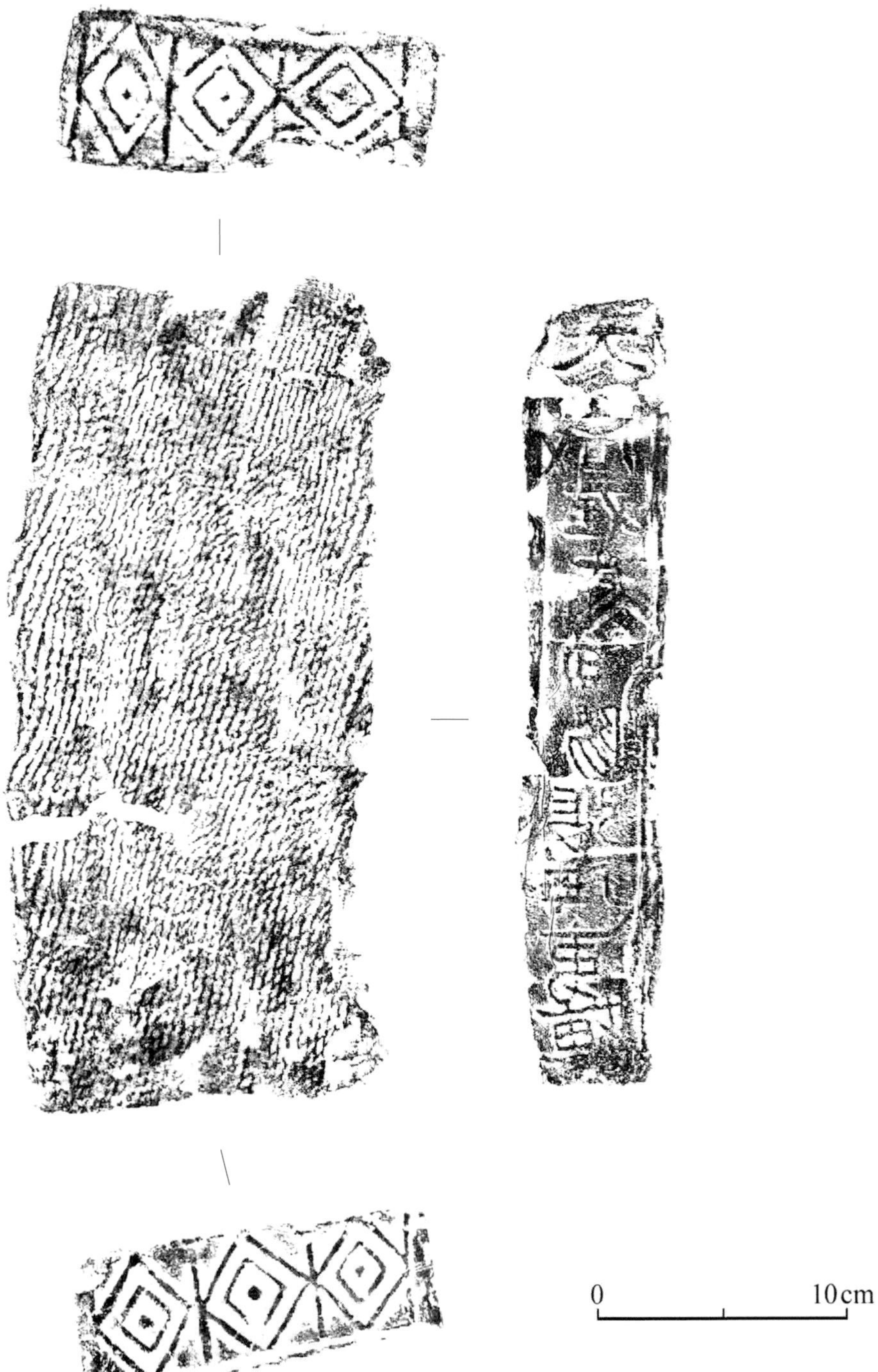

1. 5-タ83(주기번호 : K1051)

그림 20 장무이묘 문자전(文字塼) 탁본 Ⅳ

1. 6-タ105(주기번호 : K0000)

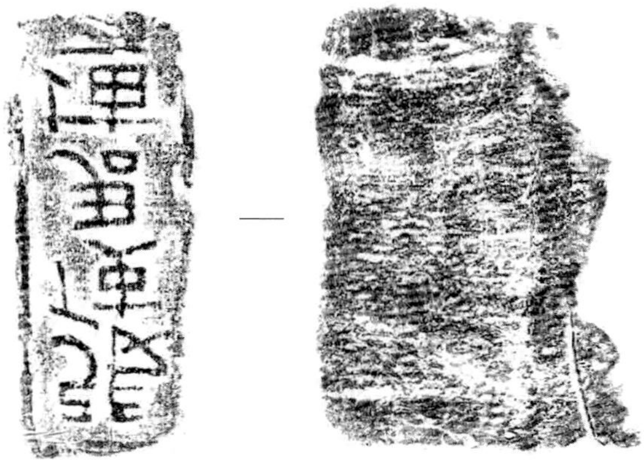

2. 14-タ110(주기번호 : K1159)

3

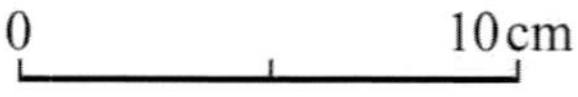

그림 21 장무이묘 문자전(文字塼) 탁본 V

1. 9-タ104(주기번호 : K1057)

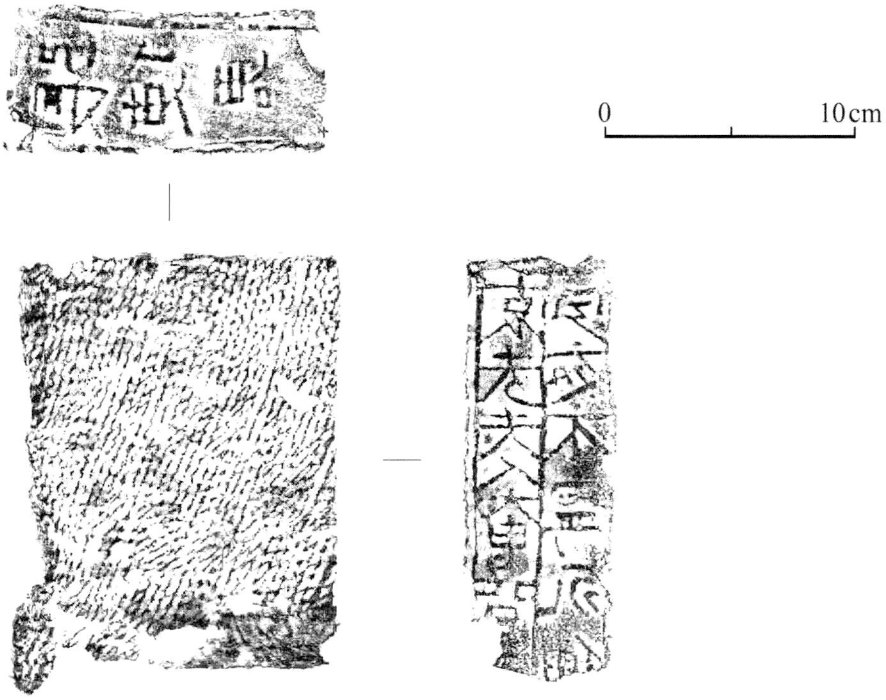

2. 11-タ106(주기번호 : K0000)

그림 22 장무이묘 문자전(文字塼) 탁본 Ⅵ

1. 13-タ111(주기번호 : K1160)

2. 15-タ107(주기번호 : K1060)

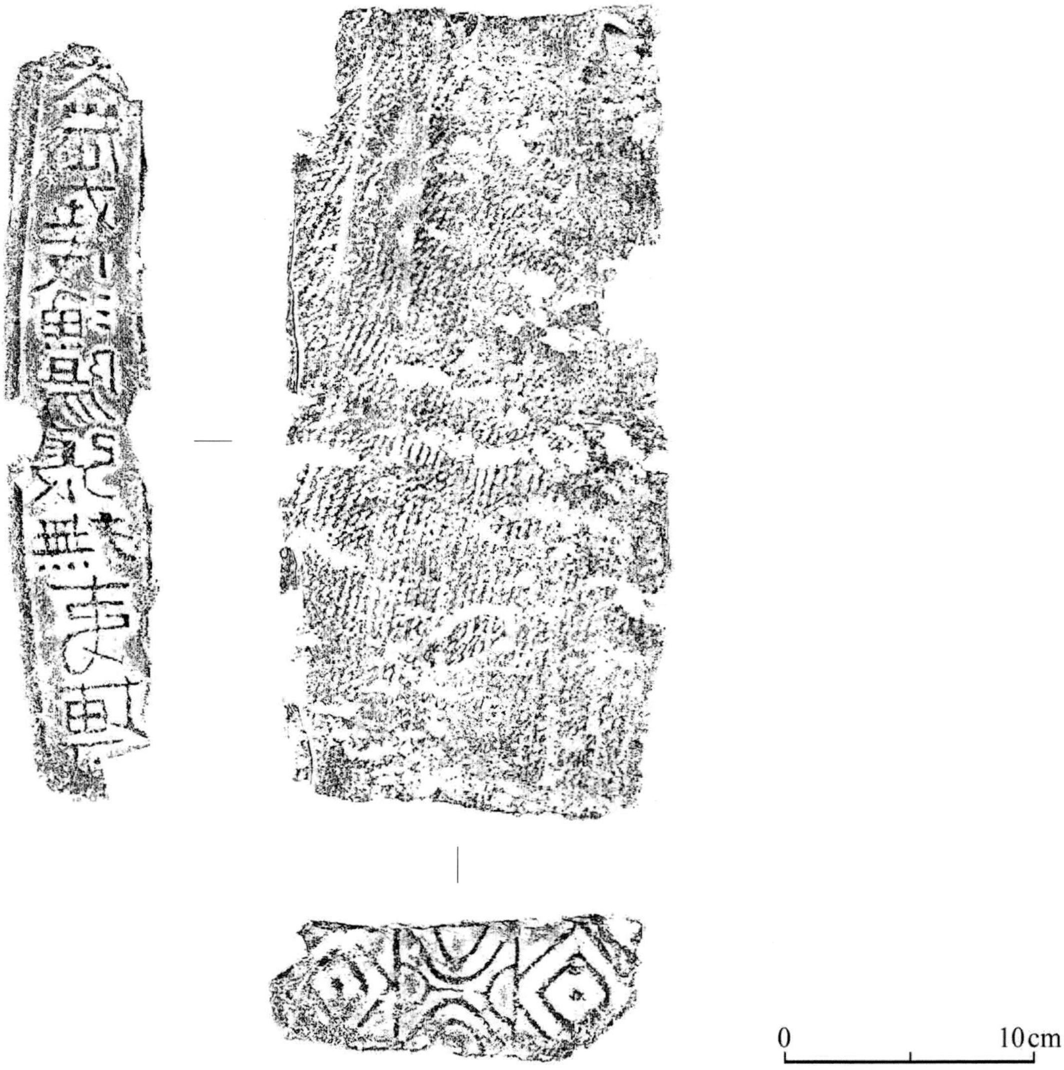

3. 8-タ86(주기번호 : K1053)

그림 23 장무이묘 문자전(文字塼) 탁본 Ⅶ

소라리(所羅里) 토성과 어을동(於乙洞) 토성 출토유물

정인성

1. 유적 개요

1) 소라리 토성(그림 1)

낙랑 시기의 많은 토성들이 대동강과 재령강 유역에 있으나 소라리 토성은 유일하게 동해안의 함흥평야에서 조사되었다. 토성은 함경남도 금야읍에서 동남으로 6km 정도 떨어진 새동리에 있다. 해방 후 북한의 보고를 참고하면 토성 내부에서 청동촉과 세형동검의 검파두식, 차축두, 일산대 장식과 철검과 더불어 판상철부가 출토되었다고 하지만 토기나 기와류는 소개된 적이 없다. 소라리 토성과 그 주변은 임둔군이나 현도군의 군치로 보기도 하지만 이를 적극 뒷받침하는 자료는 아직 없다. 다만 임둔군을 폐지하고 현도군을 이동시킨 다음의 東部都尉 嶺東七縣 중의 하나였을 가능성은 높은 편이다.

2) 어을동 토성(그림 6-1)

성현리 토성이라고 불리기도 하는 어을동 토성은 대동강 하구 북안의 해안가 낮은 구릉 위에 축조된 토성이다. 해방 후 북한학계의 보고를 참고하면 토성 내에서 다수의 토기편과 기와가 채집되었다고 하나 아직 와당이 발견되었다는 보고는 없다. 어을동 토성에서는 건물지와 벽돌을 깐 시설물이 발견되었고 세형동검의 검파두식과 화분형 토기, 니질계 단경호 등이 출토되었다. 근처에 같은 시기의 고분이 있고 얼마 떨어지지 않은 곳에서 점제비가 발견되었기 때문에 점제현의 縣城으로 비정하기도 하지만, 북한학계는 점제비 자체를 다른 곳에서 옮겨온 날조품으로 여기고 있다.

이번 조사에서는 소라리 토성과 그 주변에서 출토된 11점의 기와, 그리고 3점의 타날문 토기를 확인하고 조사했다.

2. 출토유물의 검토

1) 소라리 토성 출토 기와류

(1) 암키와 (그림 2-1)

니질태토에 와질소성이며 색조는 회백색이다. 외면에는 종방향의 승문타날흔이, 내면에는 사방향의 승문내박자흔이 선명하게 남았다. '6, 5, 4' 라는 주기와 '渡邊', '永興驛周邊' 이라는 검은색 주기가 관찰된다. 6년 5월 4일에 와타나베라는 사람이 영흥역 주변에서 채집했다는 뜻으로 이해된다. 6년은 명치, 대정, 소화 중의 하나로 추정된다. 그러나 한반도에서 채집하거나 발굴한 유물이 도쿄대학의 공학부 건축학연구실로 보내져 보관되는 것은 세키노 타다시(關野貞)가 한반도에서 활약하던 시기로 한정되기 때문에 대정 6년, 즉 1917년일 가능성이 높으나 분명하지 않다.

(2) 암키와 (그림 2-2)

세사립이 약간 혼입된 니질태토에 와질소성이며 색조는 황갈색이다. 내면에는 포흔이 관찰되며 외면에는 회전물손질에 의한 복수의 요철이 확인된다. 와통을 사용하여 제작한 것임을 알 수 있다. '永興 所羅里 土城內' 라는 검은색 주기가 관찰된다.

(3) 암키와 (그림 2-3)

니질태토에 와질소성이며 색조는 내외 표면이 황갈색이고 속심이 회백색이다. 외면에는 단판의 승문타날이 대개 종방향으로 남았고 내면에는 횡방향의 승문내박자흔이 관찰된다. 내면에는 상하 문지르기 조정흔이 승문내박자흔을 지우면서 관찰된다.

(4) 암키와 (그림 2-4)

니질태토에 와질소성이며 색조는 연한 황갈색이다. 외면에는 종방향의 승문타날흔이 그리고 내면에는 횡방향의 승문내박자흔이 관찰된다.

(5) 암키와 (그림 2-5)

세사립이 약간 혼입된 니질태토에 와질소성으로 회색을 띠는 암키와이다. 외면에는 노끈눈이 작은 단판의 승문타날흔이 관찰되고 내면에는 노끈눈이 비교적 굵은 횡방향의 승문내박자흔이 관찰된다. 내박자흔 위로는 상하 문지르기 조정흔이 남아 있다.

(6) 암키와 (그림 3-1)

세사립이 혼입된 니질태토이며 와질소성의 암키와이다. 색조는 외면이 회색, 내면이 회갈색을 띤다. 외면에는 단판의 승문타날이 관찰되고 내면에는 어골문과 유사한 기하학문의 내박자흔이 남았다. '永興 所羅里 土城內' 라는 검은색 주기가 관찰된다.

(7) 암키와 (그림 3-2)

니질태토에 와질소성의 암키와로 색조는 회갈색이다. 내면에는 布의 압흔이 선명하고 외면에는 종방향의 승문타날이 정연하다. '永興 所羅里 土城內' 라는 희미한 주기가 관찰된다.

(8) 암키와 (그림 3-3)

니질태토에 와질소성이고 색조는 회갈색이다. 외면에는 사방향의 승문타날흔이 내면에는 횡방향의 승문내박자흔이 정연하게 남았다. 승문내박자흔 위로는 상하 문지르기 조정흔이 관찰된다. '永興 洪仁面 雲坪里' 라는 검은색 주기가 관찰된다.

(9) 수키와 (그림 4-1)

니질태토에 와질소성이고 색조는 내외면 황갈색이다. 외면에는 위의 자료들과 마찬가지로 종방향의 승문타날흔이 관찰되고 내면에는 약간 사방향의 승문내박자흔이 관찰된다. '永興 所羅里 土城內' 라는 검은색 주기가 관찰된다.

(10) 수키와 (그림 4-2)

니질태토에 와질소성이고 색조는 내외면 회색이다. 내면에는 포흔이 분명하게 관찰되고 외면에는 노끈눈이 비교적 굵은 종방향의 승문타날흔이 남아있다. 외면의 승문타날흔은 성형과정에서 긁어내기 조정되어 일부 지워진 부분이 있다. '永興 所羅里 土城內' 라는 검은색 주기가 관찰된다.

(11) 수키와 (그림 4-3)

니질태토에 와질소성이며 색조는 내외면 황색이다. 내면에는 횡방향의 승문내박자흔이 관찰되고 외면에는 단판의 종방향 타날흔이 선명하게 남아있다. '永興 所羅里 土城內' 라는 검은색 주기가 관찰된다.

2) 소라리 토성에서 출토된 토기류

(1) 토기편 (그림 5-1)

불순물의 혼입이 없는 니질태토에 와질소성이고 회갈색 색조를 띤다. 토기의 저부일 가능성이 높은데 타날문 단경호가 가장 유력하다. 외면에는 단판의 승문타날흔이 그리고 내면에는 무문내박자흔이 뚜렷하다. 1차성형과 관련되는 내박자의 흔적은 확인되지 않는다. 내면에 '永興 洪仁面 雲坪里'라는 검은색 주기가 있다.

(2) 토기편 (그림 5-2)

불순물의 혼입이 없는 니질태토에 와질소성이고 회갈색 색조를 띠는 토기편이다. 외면에 승문타날흔이, 내면에는 무문 내박자흔이 관찰된다. 1차 성형과 관련된 내박자의 흔적은 확인되지 않는다. 내면에 '永興 洪仁面 雲坪里'라는 검은색 주기가 있는데 그림 5-1의 것과 동일한 필적이다.

(3) 토기편 (그림 5-3)

잘 수비된 니질태토에 소성도가 높아 경질에 가까운 토기편이다. 외면에는 단판인 승문타날흔이 내면에는 무문내박자흔이 관찰된다. 시계반대방향으로 회전시키면서 시문한 횡침선이 잔존하는 토기편의 상위에서 관찰된다. 기형은 횡침선이 동체의 중위까지 시문된 타날문 단경호일 것으로 추정된다. 내면에는 희미하지만 '永興驛……'이란 주기가 있는데 다른 것과 글자체가 다르다.

3) 어을동 토성에서 출토된 유물

이번 조사에서는 어을동 토성에서 출토된 것으로 보이는 암키와 1점을 조사하였다.

(1) 암키와 (그림 6-2)

니질태토에 소성은 와질에 가깝고 황갈색 색조를 띠는 암키와이다. 외면에는 상하방향과 사방향의 승문타날이, 내면에는 횡방향의 승문내박자흔이 있다. 그리고 상하방향의 문지르기흔이 선명하게 관찰되는데 이는 낙랑토성, 그리고 위에서 살핀 소라리 토성의 그것과 일치하는 특징이다.

3. 출토유물의 의의

위에서 언급한 것처럼 함흥평야 지역에서 낙랑 병행기의 기와나 토기상은 지금까지 전혀 알려져 있지 않았기 때문에 이들 자료의 중요성은 아무리 강조해도 지나치지 않다.

비록 와당은 확인되지 않았지만 평와에는 무와통 성형인 것과 와통을 이용한 성형이 있다. 무와통 성형에서 사용된 내박자는 낙랑토성과 마찬가지로 繩文인 것이 많으며 타날도구도 승문인 공통성을 보인다. 타날문토기는 모두 외면에 승문타날이, 그리고 내면에는 무문의 내박자흔이 관찰되는 것이다. 이러한 사실은 영동, 영서지역에서 타날문토기의 등장과 관련해서도 중요한 비교자료가 될 것으로 믿는다. 또한 영흥역과 홍인면 운평리는 소라리 토성과는 약간 떨어져 있다. 즉 이 지역에도 토성 외부에 기와를 사용하는 건물이 있었다는 사실이 밝혀진 셈이다.

이들 유물들이 건축학연구실에 보관되게 된 배경으로는 關野貞이 한반도에서 실시한 고적조사와 관련이 있는 것으로 지적된다. 그런데 關野貞이 함흥지역을 답사한 것은 1913년 10월이기 때문에 기와의 주기에서 확인되는 1917년과는 차이가 있다. 주기의 필적도 關野貞의 것과 다른 것을 보면 그가 직접 채집한 유물이 아니라 다른 사람이 기증한 것일 가능성이 제기된다. 당시 關野貞에게는 한반도 각지에서 문화재와 관련된 각종 정보를 제공하는 사람들이 많음이 그가 남긴 야장과 편지를 통해서 알 수 있다.

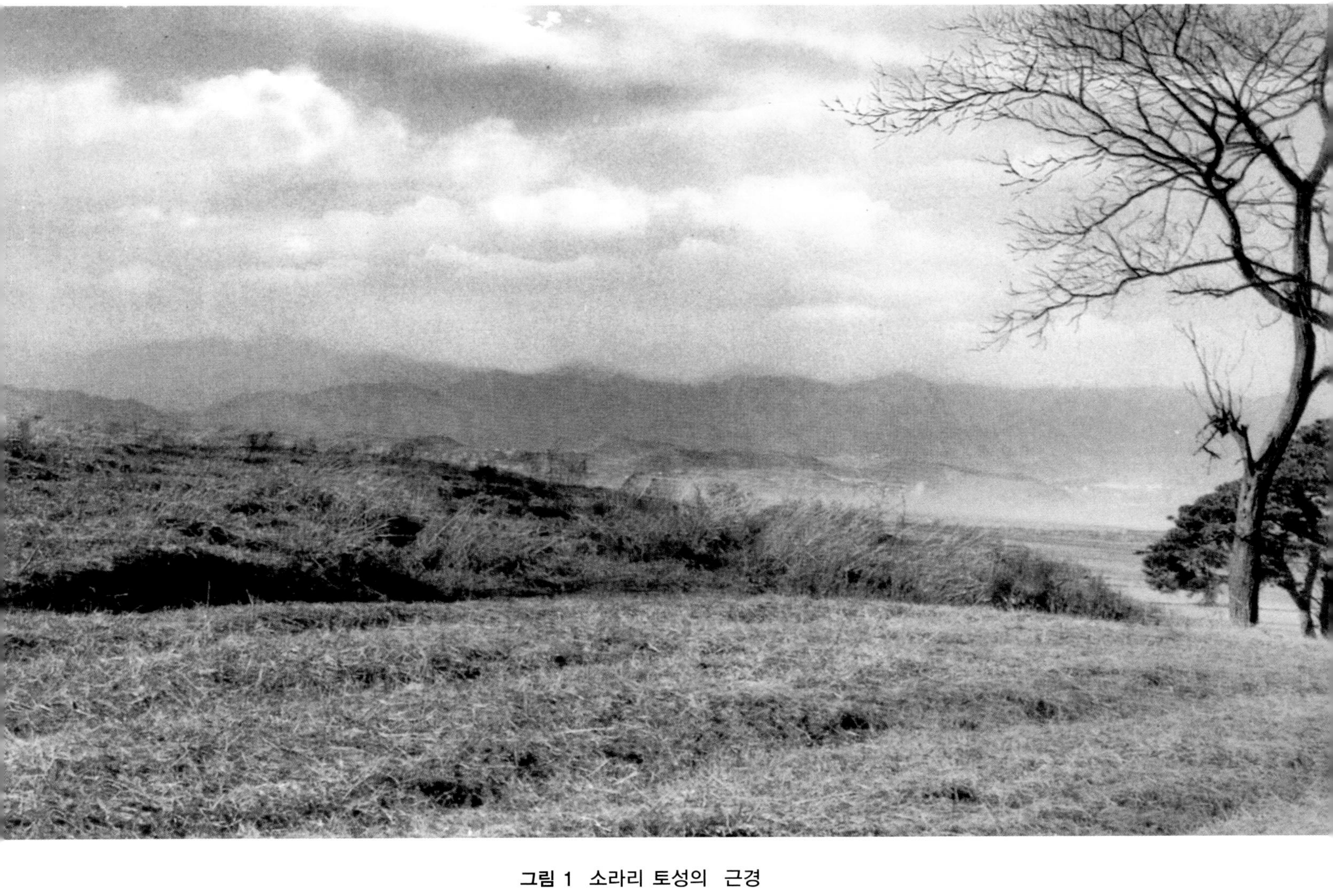

그림 1 소라리 토성의 근경

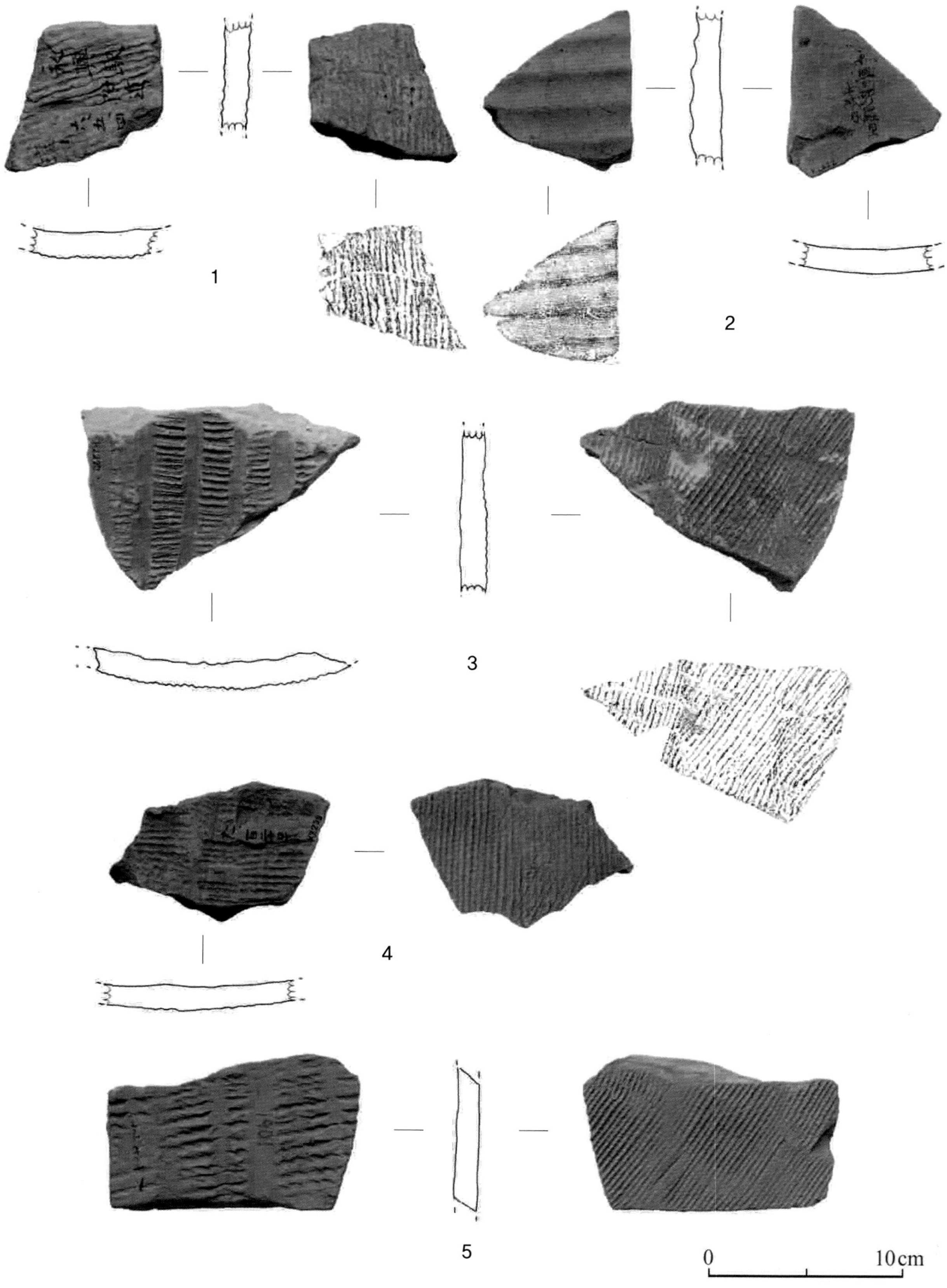

그림 2 기와류 I

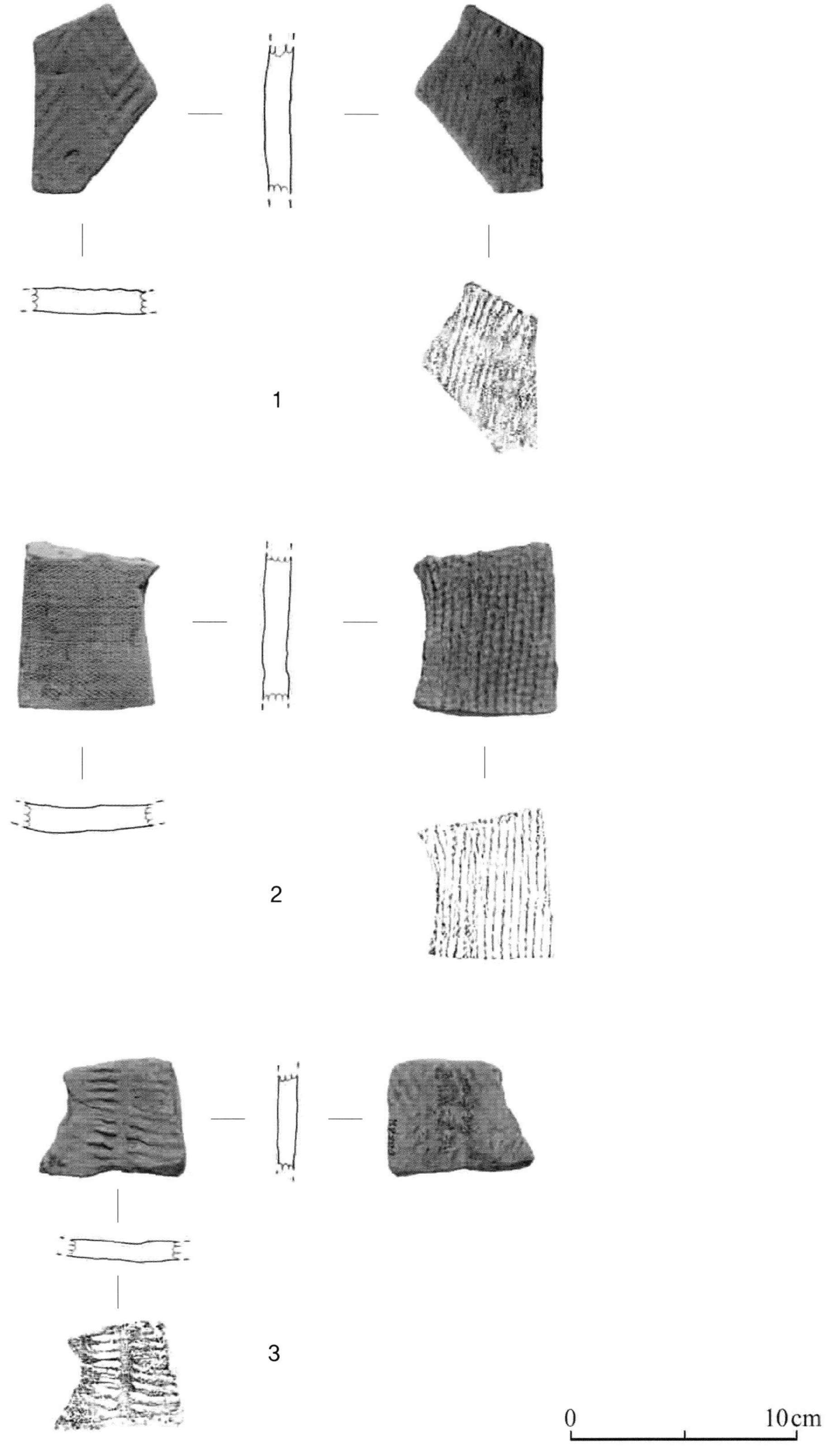

그림 3 기와류 Ⅱ

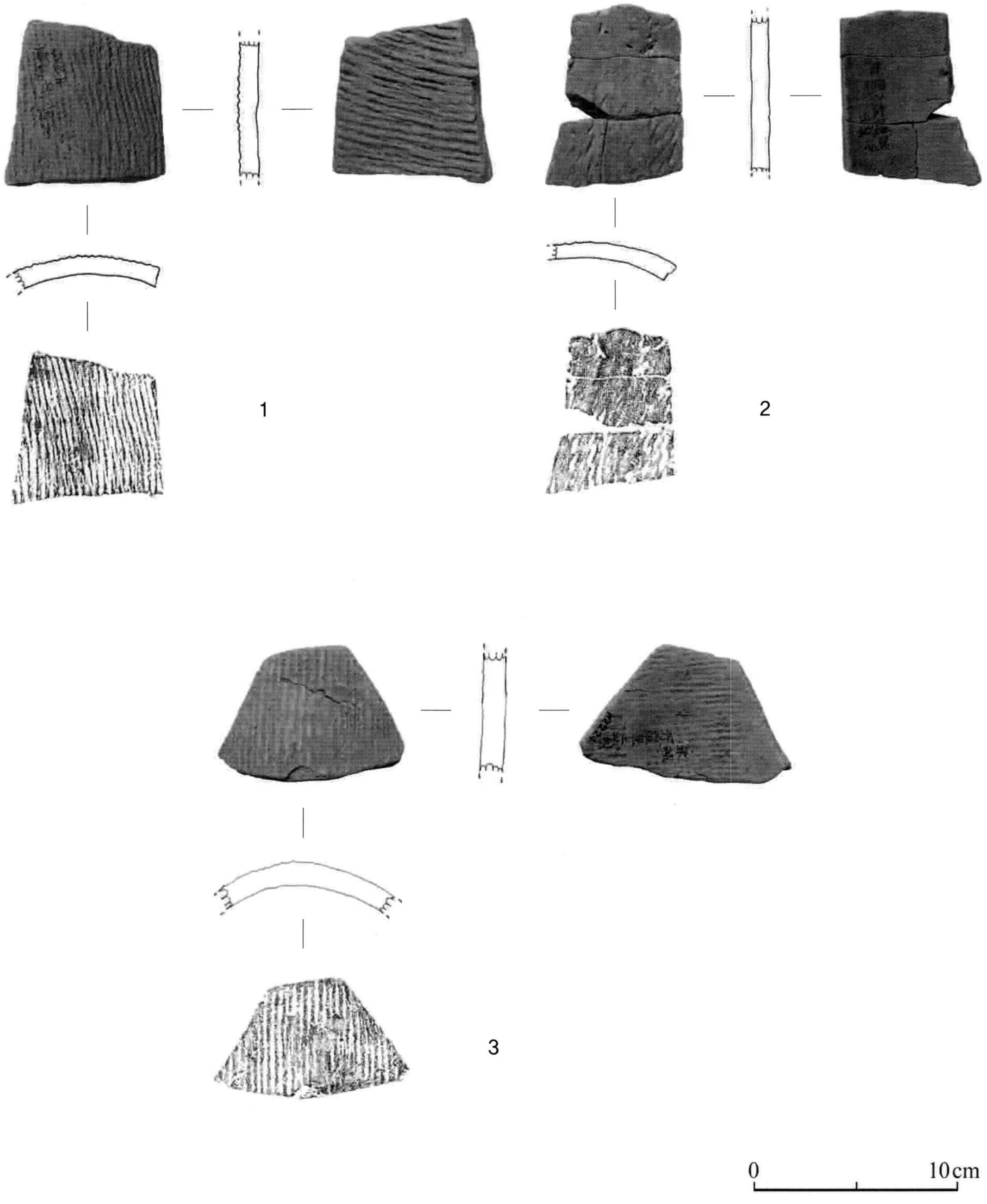

그림 4 기와류 Ⅲ

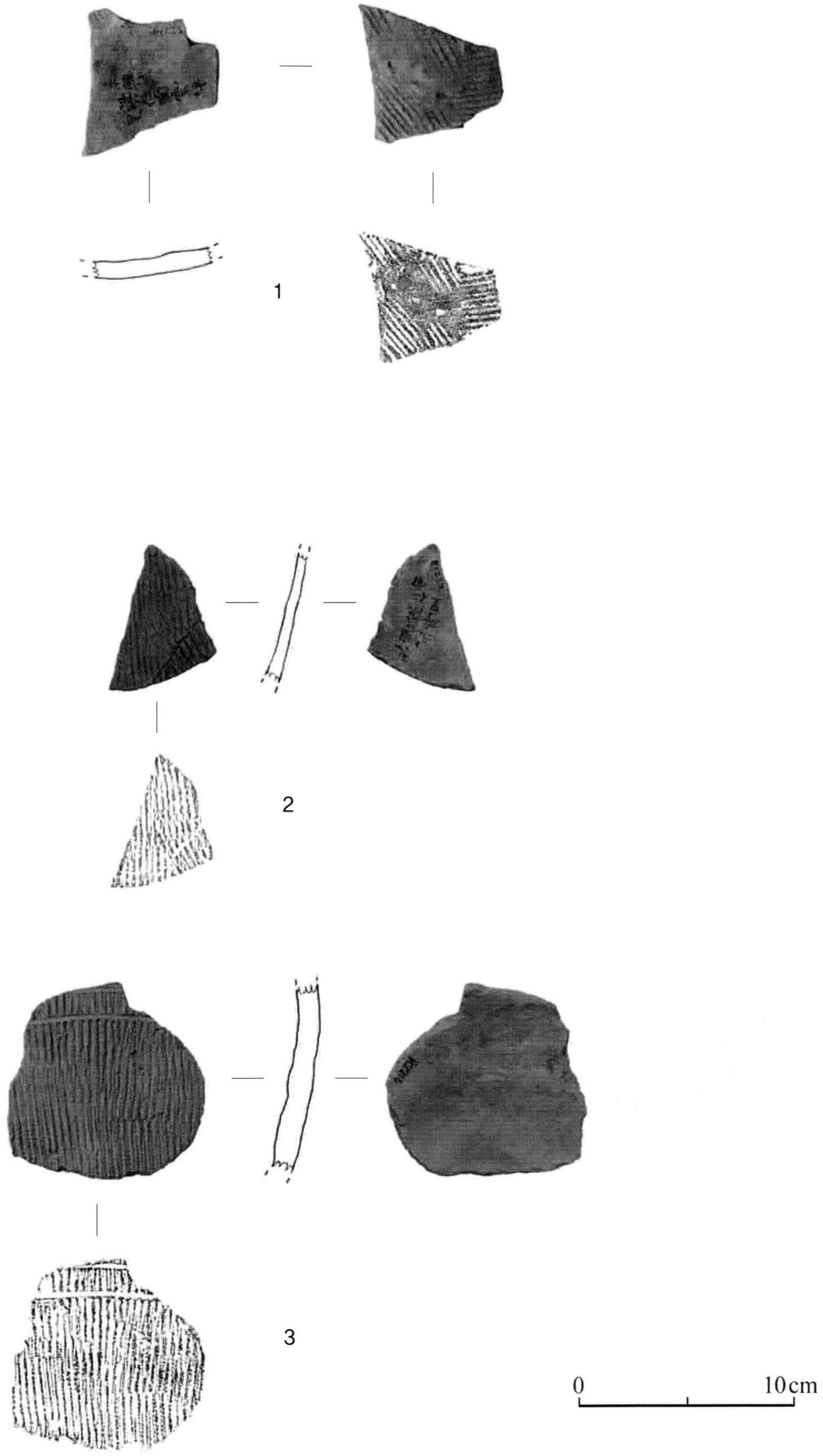

그림 5 토기류

1

2

그림 6 어을동 토성의 근경(위), 출토기와(아래)

제 3 장

동양문고『梅原考古資料目錄』중의 낙랑 관련 자료

▪ 동양문고『梅原考古資料目錄』중의 낙랑 관련 자료 이명선

동양문고『梅原考古資料目錄』중의 낙랑 관련 자료

이명선

도쿄에 소재하는 동양문고에는 우메하라 스에지(梅原末治)가 기록한 많은 양의 고고자료가 소장되어 있는데 여기에는 낙랑과 관련되는 것들이 다수 포함되어 있다. 여기서 말하는 고고자료란 유물을 말하는 것이 아니라, 우메하라가 한반도 등에서 고적을 조사하고 발굴하는 과정에서 남긴 각종 조사기록, 실측도, 스케치, 탁본, 사진 등의 2차 자료이다.

세키노 타다시(關野貞), 하마다 코우사쿠(浜田耕作) 등이 한반도에서 고적조사를 주도한 1세대라고 한다면, 우메하라는 후지타 료우사쿠(藤田亮策) 등과 함께 2세대에 해당하는 인물이다. 그가 참가하여 조사한 대표적인 유적으로는 경주의 금관총과 금령총과 같은 신라 고분과 정백리 127호를 비롯하여 1932년과 1933년에 이루어진 많은 낙랑 고분이 손꼽힌다. 우메하라 고고자료라는 것은 그가 직접 참가한 고적조사와 관련된 기록도 있겠지만 많은 수는 현장 견학이나 출토유물에 대한 조사연구에서 만들어진 것이다. 답사 및 조사야장을 꼼꼼하게 기록하고 남기게 된 것은 세키노의 답사 방법에서 배운 것이라고 밝히고 있다. 오랜 기간 작성된 우메하라 고고자료는 동양문고에 기증되었는데 한국과 관련된 자료를 따로 모아『梅原考古資料目錄－朝鮮의 部－』로 묶어 목록집을 출간하였다.

우메하라 고고자료는 전시기 전지역을 망라하는 내용이기 때문에 이번 연구에서는 우선 낙랑과 관련되는 목록만을 모두 뽑아서 정리했다. 그 중에서도 일본에 반출유물이 존재하여 이번 조사의 대상이 된 유적, 즉 낙랑토성과 왕우묘 그리고 장무이묘와 관련된 자료를 다시 뽑아서 목록을 만들었다. 이러한 작업을 바탕으로 동양문고에 낙랑토성과 관련된 자료에 대한 복제 허가를 신청해 두었으나 예상외로 시간이 걸리게 되어 이번 보고서에는 이것을 게재하지 못하게 되었다. 그리고 낙랑토성 관련 자료만을 신청한 것은 한 번에 복제할 수 있는 수량에 제한이 있었기 때문이다.

〈표〉 우메하라 고고자료 목록 중의 낙랑토성, 석암리 205호, 장무이묘 관련 자료 목록

자료번호	명칭	종류	출토지(낙랑군시대)	소장처	목록
K2-54 107	半兩鐵范	사진	平安南道 平壤市 土城里(平壤土城址)	舊朝鮮總督府博物館藏	2-134
K2-55 108	封泥	사진	(推定)平壤土城址, 平安南道 平壤市 土城里		2-134
K2-55 109	封泥	사진	(推定)平壤土城址, 平安南道 平壤市 土城里		2-134
K2-56 110	蕨手文수막새	사진	平壤土城址, 平安南道 平壤市 土城里	舊朝鮮總督府博物館藏	2-134
K2-57 111	双捲蕨手文수막새	사진	平壤土城址, 平安南道 平壤市 土城里	舊朝鮮總督府博物館藏	2-134
K2-58 112	六出間珠文수막새	사진	平壤土城址, 平安南道 平壤市 土城里		2-134
K2-59 113	蕨手文수막새	탁본	(推定)平壤土城址, 平安南道 平壤市 土城里		2-134
K2-60 114	蕨手文수막새	사진	(推定)平壤土城址, 平安南道 平壤市 土城里		2-134
K5-181 431	문자수막새	사진	平壤土城址, 平安南道 平壤市 土城里		2-149
993-0402-004	방추차	사진	平壤土城址, 平安南道 平壤市 土城里		1권-37
994-0402-004	방추차	탁본	平壤土城址, 平安南道 平壤市 土城里		1권-37
1173-0403-5	봉니, 동촉	사진	平壤土城址, 平安南道 平壤市 土城里		1권-44
1185-0499-5	흥평명 전편, 와당편	탁본	平壤土城址, 平安南道 平壤市 土城里		1권-45
1308-0536-107	'대진원강' 수막새	탁본	平壤土城址, 平安南道 平壤市 土城里		1권-49
1309-0536-107	문자와	탁본	平壤土城址, 平安南道 平壤市 土城里		1권-49
1317-0538-107	수막새	탁본	平壤土城址, 平安南道 平壤市 土城里		1권-49
1318-0538-107	수막새	탁본	平壤土城址, 平安南道 平壤市 土城里		1권-49
1319-0539-107	수막새	탁본	平壤土城址, 平安南道 平壤市 土城里		1권-49
1325-0544-107	'낙랑예관' 수막새 3종	탁본	平壤土城址, 平安南道 平壤市 土城里		1권-49
1326-0539-107	수막새	탁본	平壤土城址, 平安南道 平壤市 土城里		1권-49
1319-0539-107	수막새	탁본	平壤土城址, 平安南道 平壤市 土城里		1권-49
1319-0539-107	수막새	탁본	平壤土城址, 平安南道 平壤市 土城里		1권-49
1325-0540-107	'낙랑예관' 수막새 3종	사진	平壤土城址, 平安南道 平壤市 土城里		1권-50
1326-0541-107	'낙랑예관' 수막새	사진	平壤土城址, 平安南道 平壤市 土城里		1권-50
1327-0541-107	'낙랑예관' 수막새	사진	平壤土城址, 平安南道 平壤市 土城里		1권-50
1328-0541-107	'낙랑예관' 수막새	사진	平壤土城址, 平安南道 平壤市 土城里		1권-50
1329-0541-107	'낙랑예관' 수막새	사진	平壤土城址, 平安南道 平壤市 土城里		1권-50
1330-0541-107	'낙랑예관' 수막새	탁본	平壤土城址, 平安南道 平壤市 土城里		1권-50
1331-0541-107	'낙랑예관' 수막새	탁본	平壤土城址, 平安南道 平壤市 土城里		1권-50
1332-0541-107	'낙랑예관' 수막새	탁본	平壤土城址, 平安南道 平壤市 土城里		1권-50
1333-0541-107	'낙랑예관' 수막새	탁본	平壤土城址, 平安南道 平壤市 土城里		1권-50
1334-0541-107	'낙랑예관' 수막새	탁본	平壤土城址, 平安南道 平壤市 土城里		1권-50
1335-0541-107	'낙랑예관' 수막새	탁본	平壤土城址, 平安南道 平壤市 土城里		1권-50
1336-0542-107	수막새 2종	탁본	平壤土城址, 平安南道 平壤市 土城里		1권-50
1337-0542-107	수막새	탁본	平壤土城址, 平安南道 平壤市 土城里		1권-50
1338-0542-107	수막새	탁본	平壤土城址, 平安南道 平壤市 土城里		1권-50
1339-0542-107	수막새	탁본	平壤土城址, 平安南道 平壤市 土城里		1권-50

1340-0543-5	'낙랑부귀' 수막새	탁본	平壤土城址, 平安南道 平壤市 土城里		1권-50
1341-0543-5	'태진원강' 수막새	탁본	平壤土城址, 平安南道 平壤市 土城里		1권-50
1342-0543-5	'의' 수막새	탁본	平壤土城址, 平安南道 平壤市 土城里		1권-50
1343-0543-5	'천추만세' 수막새	탁본	平壤土城址, 平安南道 平壤市 土城里		1권-50
1349-0543-5	수막새	탁본	平壤土城址, 平安南道 平壤市 土城里		1권-51
1356-0548-5	'낙랑부귀' 수막새	사진	平壤土城址, 平安南道 平壤市 土城里		1권-51
1357-0549-5	'천추만세' 수막새	탁본	平壤土城址, 平安南道 平壤市 土城里		1권-51
1358-0549-5	수막새	탁본	平壤土城址, 平安南道 平壤市 土城里		1권-51
1359-0550-5	수막새	탁본	平壤土城址, 平安南道 平壤市 土城里		1권-51
1360-0550-5	수막새	탁본	平壤土城址, 平安南道 平壤市 土城里		1권-51
1361-0550-5	수막새	탁본	平壤土城址, 平安南道 平壤市 土城里		1권-51
1362-0551-5	수막새	사진	平壤土城址, 平安南道 平壤市 土城里		1권-51
1363-0551-5	수막새	사진	平壤土城址, 平安南道 平壤市 土城里		1권-51
1364-0552-5	문자와 '천추만세'	사진	平壤土城址, 平安南道 平壤市 土城里		1권-51
1369-0555-5	전범(반량)	탁본	平壤土城址, 平安南道 平壤市 土城里		1권-51
1635-656-109	동제 검파두식 2종	사진	平壤土城址, 平安南道 平壤市 土城里		1권-61
1636-656-109	동제 검파두식 2종	사진	平壤土城址, 平安南道 平壤市 土城里		1권-61
4445-1236-118	유구	사진	平壤土城址, 平安南道 平壤市 土城里		1권-168
4446-1236-118	유구	사진	平壤土城址, 平安南道 平壤市 土城里		1권-168
4447-1236-118	유구	사진	平壤土城址, 平安南道 平壤市 土城里		1권-168
4448-1236-118	유구	사진	平壤土城址, 平安南道 平壤市 土城里		1권-168
4449-1236-118	유구	사진	平壤土城址, 平安南道 平壤市 土城里		1권-168
4450-1236-118	유구 실측도	사진	平壤土城址, 平安南道 平壤市 土城里		1권-168
4451-1236-118	유구 실측도	사진	平壤土城址, 平安南道 平壤市 土城里		1권-168
4452-1236-118	유구 실측도	사진	平壤土城址, 平安南道 平壤市 土城里		1권-168
4453-1236-118	소화 12년도 발굴구역	사진	平壤土城址, 平安南道 平壤市 土城里		1권-168
4454-1236-118	봉니, 동제이요	사진	平壤土城址, 平安南道 平壤市 土城里		1권-168
4455-1236-118	사교문 방전 잔결	사진	平壤土城址, 平安南道 平壤市 土城里		1권-168
4456-1236-118	도자, 마름새 등	사진	平壤土城址, 平安南道 平壤市 土城里		1권-168
4457-1236-118	와정	사진	平壤土城址, 平安南道 平壤市 土城里		1권-168
4458-1236-118	와정	사진	平壤土城址, 平安南道 平壤市 土城里		1권-168
4459-1236-118	수막새 편	사진	平壤土城址, 平安南道 平壤市 土城里		1권-168
4460-1236-118	석구 3개	사진	平壤土城址, 平安南道 平壤市 土城里		1권-168
4461-1236-118	수막새 6개	사진	平壤土城址, 平安南道 平壤市 土城里		1권-168
4462-1236-118	문양전	사진	平壤土城址, 平安南道 平壤市 土城里		1권-168
10112-1314-120	토루의 일부	사진	平壤土城址, 平安南道 平壤市 土城里		1권-379
10113-1314-120	토성 원경	사진	平壤土城址, 平安南道 平壤市 土城里		1권-379
10115-1314-120	토성의 발굴 조사	사진	平壤土城址, 平安南道 平壤市 土城里		1권-379
K2-75 191	王盱墓(石岩里 205號墳) 附近狀景	사진	平安南道 平壤市 石岩里		2-136
K2-75 192	彩文	사진	王盱墓(石岩里205號墳), 平安南道 平壤市 石岩里		2-136
K2-75 193	彩文 漆盂	사진	王盱墓(石岩里205號墳), 平安南道 平壤市 石岩里		2-136
K5-185 435a	목실묘	사진	王盱墓(石岩里205號墳), 平安南道 平壤市 石岩里		2-150

474-0165-103	건무 28년명 칠이배	사진	王旴墓(石岩里205號墳), 平安南道 平壤市 石岩里		1권-18
475-0165-103	건무 28년명 칠이배	사진	王玕(石岩里205號墳), 平安南道 平壤市 石岩里		1권-18
476-0166-103	칠우	사진	王旴墓(石岩里205號墳), 平安南道 平壤市 石岩里		1권-18
477-0166-103	칠우	사진	王旴墓(石岩里205號墳), 平安南道 平壤市 石岩里		1권-18
478-0167-103	영평 13년명 칠반	사진	王旴墓(石岩里205號墳), 平安南道 平壤市 石岩里		1권-18
479-0168-103	영평 13년명 칠반	사진	王旴墓(石岩里205號墳), 平安南道 平壤市 石岩里		1권-18
480-0168-103	영평 13년명 칠반	사진	王旴墓(石岩里205號墳), 平安南道 平壤市 石岩里		1권-18
481-0168-103	영평 13년명 칠반	사진	王旴墓(石岩里205號墳), 平安南道 平壤市 石岩里		1권-18
482-0169-103	채화대모 첩소갑잔결	사진	王旴墓(石岩里205號墳), 平安南道 平壤市 石岩里		1권-18
483-0169-103	채화대모 첩소갑잔결	사진	王旴墓(石岩里205號墳), 平安南道 平壤市 石岩里		1권-18
484-0179-103	채화 칠경렴	사진	王旴墓(石岩里205號墳), 平安南道 平壤市 石岩里		1권-18
485-0170-103	채화 칠경렴	사진	王旴墓(石岩里205號墳), 平安南道 平壤市 石岩里		1권-18
486-0170-103	채화 칠경렴	사진	王旴墓(石岩里205號墳), 平安南道 平壤市 石岩里		1권-18
487-0171-103	건무 23년명 칠이배	사진	王旴墓(石岩里205號墳), 平安南道 平壤市 石岩里		1권-18
488-0171-103	건무 21년명 칠이배	사진	王旴墓(石岩里205號墳), 平安南道 平壤市 石岩里		1권-18
489-0171-103	건무 21년명 칠이배	사진	王旴墓(石岩里205號墳), 平安南道 平壤市 石岩里		1권-18
6866-1476-128	칠렴신	사진	王旴墓(石岩里205號墳), 平安南道 平壤市 石岩里		1권-258
7612-0168-103	칠반 내 사신선화상	사진	王旴墓(石岩里205號墳), 平安南道 平壤市 石岩里		1권-286
9703-1221-20	발굴전 상태	사진	王旴墓(石岩里205號墳), 平安南道 平壤市 石岩里		1권-364
9704-1221-20	목곽 천정의 출현	사진	王旴墓(石岩里205號墳), 平安南道 平壤市 石岩里		1권-364
9705-1221-20	목곽 천정의 출현	사진	王旴墓(石岩里205號墳), 平安南道 平壤市 石岩里		1권-364
9706-1221-20	목곽 내 목관	사진	王旴墓(石岩里205號墳), 平安南道 平壤市 石岩里		1권-364
9707-1221-20	조사 후의 목곽 내	사진	王旴墓(石岩里205號墳), 平安南道 平壤市 石岩里		1권-364
9708-1221-20	목곽의 복원	사진	王旴墓(石岩里205號墳), 平安南道 平壤市 石岩里		1권-364
9709-1221-20	목곽분의 내부	사진	王旴墓(石岩里205號墳), 平安南道 平壤市 石岩里		1권-364
9710-1221-20	부실 부장품실의 최상층	사진	王旴墓(石岩里205號墳), 平安南道 平壤市 石岩里		1권-364
9711-1221-20	목관	사진	王旴墓(石岩里205號墳), 平安南道 平壤市 石岩里		1권-364
9953-1221-20	발굴전의 상태	사진	王旴墓(石岩里205號墳), 平安南道 平壤市 石岩里		1권-373
9954-1221-20	왕우묘 발굴의 원경	사진	王旴墓(石岩里205號墳), 平安南道 平壤市 石岩里		1권-373
9955-1221-20	발굴 작업 개시	사진	王旴墓(石岩里205號墳), 平安南道 平壤市 石岩里		1권-373
9956-1221-20	목곽 천장 노출	사진	王旴墓(石岩里205號墳), 平安南道 平壤市 石岩里		1권-373
9957-1221-20	주실 부장품실 내부 상황	사진	王旴墓(石岩里205號墳), 平安南道 平壤市 石岩里		1권-373
9958-1221-20	부실의 방형 칠렴 내의 유물	사진	王旴墓(石岩里205號墳), 平安南道 平壤市 石岩里		1권-373
9959-1221-20	부실 방형 칠합 내부	사진	王旴墓(石岩里205號墳), 平安南道 平壤市 石岩里		1권-373
9960-1221-20	발굴조사의 광경	사진	王旴墓(石岩里205號墳), 平安南道 平壤市 石岩里		1권-373
9961-1221-20	발굴조사의 광경	사진	王旴墓(石岩里205號墳), 平安南道 平壤市 石岩里		1권-373
9962-1221-103	칠우	사진	王旴墓(石岩里205號墳), 平安南道 平壤市 石岩里		1권-373
9963-1221-103	칠우	사진	王旴墓(石岩里205號墳), 平安南道 平壤市 石岩里		1권-373
9964-1221-103	영평 12년 칠반	사진	王旴墓(石岩里205號墳), 平安南道 平壤市 石岩里		1권-373
9965-1221-103	건무 21년명 칠이배	사진	王旴墓(石岩里205號墳), 平安南道 平壤市 石岩里		1권-373
10159-1744-26	칠우	사진	王旴墓(石岩里205號墳), 平安南道平壤市 石岩里		1권-381
10160-1744-26	칠우	사진	王旴墓(石岩里205號墳), 平安南道 平壤市 石岩里		1권-381

10161-1744-26	칠우	사진	王旴墓(石岩里205號墳), 平安南道 平壤市 石岩里		1권-381
10162-1744-26	칠우	사진	王旴墓(石岩里205號墳), 平安南道 平壤市 石岩里		1권-381
10163-1744-26	칠렴	사진	王旴墓(石岩里205號墳), 平安南道 平壤市 石岩里		1권-381
10164-1744-26	칠렴 세부	사진	王旴墓(石岩里205號墳), 平安南道 平壤市 石岩里		1권-381
10165-1744-26	칠반	사진	王旴墓(石岩里205號墳), 平安南道 平壤市 石岩里		1권-381
10166-1744-26	칠반 세부	사진	王旴墓(石岩里205號墳), 平安南道 平壤市 石岩里		1권-381
10167-1744-26	칠반	사진	王旴墓(石岩里205號墳), 平安南道 平壤市 石岩里		1권-381
10168-1744-26	칠반	사진	王旴墓(石岩里205號墳), 平安南道 平壤市 石岩里		1권-381
10169-1744-26	칠반	사진	王旴墓(石岩里205號墳), 平安南道 平壤市 石岩里		1권-381
10170-1744-26	목즐	사진	王旴墓(石岩里205號墳), 平安南道 平壤市 石岩里		1권-381
K3-94 309	대방태수 장무이전	탁본	黃海道 鳳山郡 文井面 胎封里		2-140
K3-94 310	대방태수 장무이전	탁본	黃海道 鳳山郡 文井面 胎封里		2-140
K3-94 311	대방태수 장무이전	사진	黃海道 鳳山郡 文井面 胎封里		2-140
1232-0515-107	'장사군명' 전	탁본	黃海道 鳳山郡 文井面 胎封里 장무이묘		1권-46
1233-0515-107	대방태수 장무이전	탁본	黃海道 鳳山郡 文井面 胎封里 장무이묘		1권-46
1234-0515-107	'조주부령' 전	탁본	黃海道 鳳山郡 文井面 胎封里 장무이묘		1권-46
1235-0515-107	장사군전	탁본	黃海道 鳳山郡 文井面 胎封里 장무이묘		1권-46
1236-0515-107	어양장무이전	탁본	黃海道 鳳山郡 文井面 胎封里 장무이묘		1권-46
1237-0515-107	어양장무이전	탁본	黃海道 鳳山郡 文井面 胎封里 장무이묘		1권-46
1238-0515-107	어양장무이전 2종	탁본	黃海道 鳳山郡 文井面 胎封里 장무이묘		1권-46
1239-0515-107	'조주부령' 전	탁본	黃海道 鳳山郡 文井面 胎封里 장무이묘		1권-47
1240-0515-107	장사군전	탁본	黃海道 鳳山郡 文井面 胎封里 장무이묘		1권-47
1243-0515-107	장사군전	탁본	黃海道 鳳山郡 文井面 胎封里 장무이묘		1권-47
1244-0515-107	어양장무이전	탁본	黃海道 鳳山郡 文井面 胎封里 장무이묘		1권-47
1245-0515-107	…부령전	탁본	黃海道 鳳山郡 文井面 胎封里 장무이묘		1권-47
1246-0515-107	어양장무이전	탁본	黃海道 鳳山郡 文井面 胎封里 장무이묘		1권-47
1247-0515-107	장사군전	탁본	黃海道 鳳山郡 文井面 胎封里 장무이묘		1권-47
1248-0515-107	장사군전	탁본	黃海道 鳳山郡 文井面 胎封里 장무이묘		1권-47
1249-0515-107	장사군전	탁본	黃海道 鳳山郡 文井面 胎封里 장무이묘		1권-47

제 4 장

논 고

제국의 예외 - 1925년 일본 도쿄제국대학의 낙랑 고분 발굴

오영찬

1. 머리말

"당시 발굴에 종사했지만, 조선총독부는 발굴에 대해 매우 엄격한 제한을 해서 신앙의 대상이 되는 것은 발굴하지 않았다. 그 때문에 좋은 물건은 모두 한국에 남겨둔 것이다. 일본에 가져온 것에 대해서는 법적으로 정당하다고 생각한다. 따라서 반환 같은 것은 생각할 수도 없는 일이다."[1] 일제 강점기 조선총독부의 소위 '고적조사'에 깊이 관여하였으며, 나중에는 평양박물관장을 오랜 기간 지낸 小泉顯夫의 말이다. 이러한 언설은 과연 역사적으로도 그의 말만큼이나 '정당'하다고 볼 수 있을 것인가?

일제 강점기 조선총독부에서 행한 문화재 보존정책은 "그 땅의 것은 그 토지로"라는 現地主義나 한국의 문화재를 한국 내에 보존·전시했다는 사실을 들어, 일면 일본보다도 앞서 있었던 '善政'의 상징인 양 주장되기도 하고, 한국과 한국인에게 영원히 자랑할 만한 문화정책이었다고 말하는 경우도 있다.[2] 그러나 조선총독부의 문화재 보존정책이 내포하였던 정치적 함의를 차치하고서라도, 실제로는 많은 우리 문화재가 일제 강점기를 거치면서 일본으로 유출되어 열도 전역에 산재하고 있다. 현재 일본의 대표 국립박물관에서부터 대학들, 그리고 개인 소장가에 이르기까지 제대로 파악하기도 힘들 만큼의 많은 양이 그들의 수중에 있다는 점은 부인할 수 없는 사실이다.

본고에서 다루고자 하는 일본 도쿄대학 고고학연구실 소장의 평양 석암리 205호분 출토유물도 일제 강점기에 일본으로 유출된 문화재이다. 그러나 이 사례는 사적이고 상업적인 또는 비공식적인 과정을 통한 유출이 아니라, 조선총독부에 의하여 합법적인 과정을 거치면서 이루어진 유출이라는 점에서 특별히 주목된다. 1916년 7월 반포된 조선총독부 부령 제52호「古蹟及遺物保存規則」[3]과 조선총독부 훈령 제30호「古蹟及遺物ニ關スル件」[4]에 의하면, 유적을 발견하면 반드시 경찰서장을 거쳐 조선총독부에 보고하고, 만일

1 崔淳雨, 1964,「韓日會談의 係爭點」『思想界』긴급특집호(『崔淳雨全集』4, 1992).
2 藤田亮策, 1963,「朝鮮古蹟調査」『朝鮮學論考』藤田先生記念事業會.
3 조선총독부령 제52호,『조선총독부관보』제1175호, 1916년 7월 4일.
4「古蹟及遺物ニ關スル件」(조선총독부, 1917『大正5年度 古蹟調査報告』).

발굴조사처럼 현상을 변경할 경우에는 조선총독의 인가를 받도록 되어 있다. 결국 조선총독부의 허가 없이는 일체의 발굴조사를 할 수 없도록 되어 있으며, 이후 일제 강점기 전 시기를 통하여 발굴조사는 조선총독부박물관과 관변단체인 조선고적연구회에 의하여 독점되었다.[5] 그러나 단 한 번의 예외가 있었는데, 바로 1925년 일본 도쿄제국대학(이하 '도쿄제대' 라 약칭함)에 의해 행해진 평양 석암리 205호분의 발굴조사이다. 그렇다면 어떤 과정을 거치면서 도쿄제대에 대한 발굴 허가가 이루어졌으며, 그 배경은 무엇일까. 아울러 발굴의 결과물 중 하나인 유물은 어떤 과정을 거쳐 오늘날 일본 도쿄대학에 소장되어 있는 것일까.

국립중앙박물관에 소장된 조선총독부박물관의 공문서[6] 중에는 도쿄제대의 발굴 허가와 관련된 일련의 문서들이 남아 있는데, 여기에는 발굴 허가와 관련된 내용이 상세히 기록되어 있어 당시의 정황을 생생히 엿볼 수 있다. 1925년 도쿄제대 문학부의 발굴 신청을 허가한 제25회 고적조사위원회 회의록과 도쿄제대의 발굴 신청 공문서와 조선총독부의 발굴 허가 통보 공문서들이 포함되어 있다. 아울러 그 이듬해인 1926년 도쿄미술학교(東京美術學校)와 오사카 마이니치(大阪每日) 신문사에 의해 이루어진 동일한 사안의 발굴 허가 신청을 심의한 제25회 고적조사위원회 회의안과 회의록도 전해지고 있어, 앞서 도쿄제대의 발굴 허가 건과의 상호 비교도 가능하게 해 준다.[7]

본고에서는 이 자료를 중심으로 도쿄제대가 낙랑 고분에 대한 발굴 허가를 취득하게 되는 과정을 추적해 보고, 또 그러한 결정이 내려지게 되는 배경에 대하여 살펴볼 예정이다. 그리고 도쿄제대의 발굴 허가가 내려진 1년 뒤 도쿄미술학교와 오사카 마이니치 신문사의 발굴 신청이 불허되는 과정을 검토해 보겠는데, 도쿄제대 발굴의 허가 논리와 도쿄미술학교 발굴의 불허 논리를 상호 비교해 봄으로써 도쿄제대 발굴 허가의 실제 의미를 파악할 수 있을 것으로 생각한다. 이러한 작업은 일본에 소재한 우리 문화재의 유출 경위의 일단을 밝히는 것과 아울러 조선총독부의 식민지 문화정책의 한 단면을 실증적으로 규명하는 데 일조할 것으로 기대한다. 한편 일제 강점기의 고고학사를 복원하는 데도 나름의 의미가 있을 것이다. 먼저 도쿄제대가 1925년에 발굴한 평양 석암리 205호분이 어떤 유적인지부터 살펴보자.

5 "조사연구, 특히 고분 발굴은 國費로 국가의 책임으로 실시했고, 채집유물은 모두 국유로 하여 각지의 박물관에 진열하는 원칙을 엄수하였다. 조선고적연구회는 유일한 예외이지만, 조사에 앞서 반드시 매번 총독부의 허가를 받았다."(藤田亮策, 1963, 앞의 글, p.87)

6 국립중앙박물관 소장 조선총독부박물관 공문서에 대해서는 목록집이 간행되었으며(국립중앙박물관, 1996, 「국립중앙박물관 소장 고문서목록」; 국립중앙박물관, 1997, 「광복이전 박물관 자료 목록집」), 간단한 소개도 이루어진 바 있다(김도형, 2000, 「일제하 총독부박물관 문서와 관리체계」『기록학연구』 3, 한국국가기록연구원; 오영찬, 2004, 「國立中央博物館 所藏 樂浪古墳 資料와 硏究現況」『韓國古代史硏究』 34, 韓國古代史學會).

7 黃壽永 編, 1973, 「日帝期文化財被害資料」, 韓國美術史學會에 자료의 일부분이 번역되어 소개된 바 있다.

2. 평양 석암리 205호분의 개요[8]

기원전 108년 중국 漢 武帝는 고조선을 멸망시키고 낙랑 · 임둔 · 진번 · 현도 4개의 郡을 설치하였는데, 나머지 3개 郡은 곧 없어지거나 요동지역으로 물러나고 樂浪郡만 기원후 313년까지 420년간 한반도 서북한 지역에 존속하였다. 낙랑군 당시 유적이 평양을 비롯한 한반도 서북한 지역에 다수 분포하고 있는데, 평양 대동강 남안에는 수많은 고분과 토성이 분포하고 있다.

평양 석암리 205호분은 대동강 남안에 분포한 낙랑 고분 중 하나이다. 행정구역상으로는 현재 평양특별시 락랑구역에 해당되지만, 발굴 당시에는 평안남도 대동군 대동강면 석암리에 해당된다. 1925년 도쿄제대 문학부 발굴조사 사업의 일환으로 발굴이 이루어지게 되었다. 도쿄제대 교수 黑板勝美와 村川堅固가 계획을 세웠고, 실제 발굴조사는 고고학연구실의 原田淑人과 田澤金吾가 맡았으며, 낙랑 고분의 발굴 경험이 많았던 조선총독부박물관 小泉顯夫가 발굴을 도왔다.

무덤의 형식은 동혈합장의 귀틀무덤이며, 주실 내 가운데 위치한 목관에서 「五官掾王旴之印」이라 새겨진 木製 도장이 출토되어 '王旴墓'라고 불린다. 봉분은 당초 정사각형으로 추정되며 현존 규모는 한 변 15m, 높이 3.3m 내외이다. 무덤의 내부는 세 기의 목관이 안치된 주곽과, 한 기의 목관이 안치된 側槨을 덧붙인 독특한 구조이다. 주곽의 규모는 3m×2m, 측곽의 규모는 2.6m×1m 정도이며, 높이는 모두 3m 정도로, 모두 각재를 사용하여 구축하였다. 주곽 내 북쪽 공간에 격벽을 두어 부장 공간을 마련하였으며, 측곽이 연접된 주곽의 서벽 중간에는 높이 30cm, 폭 20cm 내외의 작은 창문을 낸 점도 특이하다. 천정은 주곽의 경우 동서로 두 매의 각재를 걸친 다음 9매의 각재를 덮고 그 위에 침수를 방지하기 위하여 회청색의 점토를 발랐다. 목관은 모두 4기가 안치되었는데, 길이는 2m, 폭과 높이는 50cm 내외로 비슷한 규모이며, 표면에 0.5cm 두께로 흑칠을 발랐다. 목관 내에서는 은반지, 유리귀걸이, 대모비녀, 칠비녀 등이 공히 출토되었으며, 특히 주곽 내 가운데 관에서만 漆冠과 함께 「五官掾王旴之印」 목제 도장이 부장되어 있어 무덤의 주인공으로 추정된다.

유물은 주로 북쪽에 마련된 부장 공간에서 출토되었는데, 주곽의 경우 철검, 式占天地盤을 비롯하여 칠이배, 漆盂, 칠반 등의 각종 칠기류와 토기, 동경 등이 출토되었으며, 측곽에서는 각종 칠기류와 토기, 그리고 각종 구슬이 출토되었다. 칠기의 경우, 중원의 광한군과 촉군 공관에서 제작하여 직수입된 기년명 칠기들이 다수 출토되었는데, 여기에는

8 석암리 205호분에 대한 설명은 발굴보고서인 原田淑人 · 田澤金吾, 1930, 「樂浪-五官掾王旴の墳墓」 東京大學文學部에 의한다.

建武 21년[45년], 건무 28년[52년], 永平 12년[69년]의 기년과 함께 제작공관과 공인이 각서로 상세히 명기되어 있으며, 영평 12년명 칠반에는 神仙과 龍虎가 그려져 있다. 이와 함께 「利王」, 「利韓」, 그리고 「張仲父」 등의 명문이 적힌 칠이배와 칠반과 함께 금동장식이 붙은 칠기들도 출토되었다. 토기는 화분형 토기 1점과 광구단경호 6점, 그리고 회백색 옹이 3점이 출토되었는데, 화분형 토기에는 굽이 달린 특징이 있으며, 광구단경호의 표면에는 흑색 마연이 되어 있고 사격자문의 암문이 있는 것도 있다. 왕우묘는 다른 귀틀무덤과 달리 철검 1점을 제외하고는 철제나 청동제의 무기가 거의 부장되어 있지 않은 점과 함께 거마구의 부장도 거의 이루어지지 않은 점이 특징적이다.

무덤의 연대를 추정할 수 있는 결정적인 자료는 앞서의 기년명 칠기이다. 이와 함께, 동경의 경우 기원 1세기대로 추정되는 內行花文鏡과 獸帶鏡이 부장되어 있으며, 굽이 달린 화분형 토기와 회백색 옹의 조합을 이루고 있는 점 등을 통해 볼 때, 무덤의 연대는 기원 1세기 후반으로 편년된다. 유사한 예의 고분으로는 정오동 4호분, 정오동 6호분, 오야리 21호분 등을 들 수 있다.

석암리 205호분은 피장자의 성명을 알 수 있는 印章이 출토되었을 뿐만 아니라, 당초 기대했던 다량의 기년명 칠기와 문양 칠기들이 발견되어 큰 주목을 끌었으며, 발굴 기획자들의 소기의 목적을 달성시켜 주기에 충분하였다.[9]

3. 발굴 허가의 과정

평양 석암리 205호분이 발굴되기까지의 과정은 도쿄제국대학 문학부에서 1930년 발간한 정식 발굴보고서인 『樂浪－五官掾王旴の墳墓』의 '서문'과 '제1장 서설'에 간략하게 언급되어 있다. 먼저 도쿄제대 黑板勝美 교수가 쓴 '서문'에서는 낙랑 고분 발굴조사

9 발굴 직후 다수의 원고들이 집중적으로 발표되었다. 유적 발굴 자체를 소개하는 글과 명문 칠기를 다룬 논고가 중심을 이룬다.

田澤金吾, 1926, 「東大文學部の樂浪古墳發掘」(上)(中)(下) 『史學雜誌』 37-1,2,3.
黑板勝美, 1926, 「上代文化の一考察-樂浪との關係」 『史學雜誌』 37-2.
「東大文學部所管樂浪郡王旴墓發掘品展覽」 『史學雜誌』 37-6.
原田淑人, 1926, 「新たに發見せられたる樂浪木槨墳」 『人類學雜誌』 41-3.
原田淑人, 1926, 「樂浪出土の工藝品に就いて」 『史學雜誌』 37-6.
原田淑人, 1926, 「樂浪出土漆器の銘文中に見ゆる工に就いて」 『史學雜誌』 37-8.
原田淑人, 1926, 「樂浪の畵像塼」 『民族』 1-4.
原田淑人, 1926, 「樂浪王旴墳墓の發掘」 『太陽』 32-3.
馬衡 · 原田淑人, 1926, 「關于朝鮮樂浪古墓發掘之通信」 『北大國學月刊』 1-1.
內藤虎次郞, 1926, 「樂浪遺蹟出土の漆器銘文」 『藝文』 17-1.
內藤虎次郞(容庚 譯), 1926, 「樂浪遺蹟出土之漆器銘文」 『北大國學月刊』 1-1.
內藤虎次郞, 1926, 「再び樂浪遺蹟出土漆器銘文に就いて」 『藝文』 17-4.

를 위하여 村川과 함께 史學會를 움직이고 조선총독부와 교섭을 하였으며, 최종적으로 도쿄제대 문학부 사업으로 수행하게 되었다고만 간단하게 언급되어 있다. 그렇다면 어떤 계기로 인해 발굴 주체가 사학회에서 문학부로 바뀌게 되었을까. '제1장 서설'에 의하면 발굴 주체가 사학회에서 문학부로 바뀌게 된 데에는 조선총독부의 뜻에 의한 것임을 확인할 수 있다. 당초 黑板勝美와 村川 교수가 사학회의 사업으로 낙랑 고분의 발굴조사를 발의하고 계획하여 細川護立 후작 집안에서 자금까지 확보하였다. 그러나 실제로는 발굴 허가를 관장하였던 조선총독부에서 도쿄제대 문학부의 사업으로 하는 것이 좋겠다는 뜻을 비침에 따라, 관련 자금을 사학회에서 문학부로 이관하였던 것으로 되었다.

조선총독부가 발굴 주체를 사학회에서 문학부로 바꾼 이유는 무엇일까. 여기에 대해서는 1931년 藤田亮策이 쓴 발굴보고서 『樂浪』의 서평에서 해답을 찾을 수 있다.[10] 藤田은 도쿄제대가 발굴 허가를 받을 당시 조선총독부의 박물관 주임이자 고적조사위원회 간사였기 때문에 발굴의 허가 과정에 대하여 가장 잘 파악하고 있는 인물이었다. 藤田의 서평에는 黑板勝美가 발굴을 추진하게 된 동기와 아울러 발굴 주체가 사학회에서 문학부로 바뀌게 되는 이유, 그리고 조건부로 발굴을 허가 받은 사실 등이 기술되어 있다. 먼저 黑板勝美가 낙랑 고분의 발굴을 추진하게 된 직접적인 동기는 1924년 가을 기년명 칠기의 발굴이라고 되어 있다. 이는 1924년 평양부가 재정을 지원하고 조선총독부박물관에서 발굴한 석암리 200호분(乙), 석암리 194호분(丙), 석암리 20호분(丁), 석암리 52호분(戊)의 발굴을 말하는데, 당시 조사과정에서 다량의 기년명 칠기가 발견되었다.[11] 제작연호가 명기된 칠기를 紀年銘漆器라고 통칭하는데, 이것들은 중앙공관인 考工, 右工과 지방공관인 蜀郡西工, 廣漢郡工에서 제작된 것이다. 여기에는 세부 제작공정에 참가한 素工[몸체를 만드는 공인], 髹工[初漆하는 공인], 上工[덧칠하는 공인], 𠜲工[문양과 명문을 조각하는 공인], 畵工[문양을 그려넣는 공인], 黃塗工[표면에 금동·은 장식을 입히는 공인], 淸工[칠기를 다듬고 수정·점검하는 공인], 造工[공장 안에서 공인의 주임 역할], 氾工[협저 제작에서 성형 후 칠을 하기 전에 가는 모래나 점토로 거친 것을 없애는 공인] 등 공인을 모두 병기하였고, 長·丞·掾·[守]令史·護工卒史·嗇夫 등 감독 관인들도 모두 표기되어 있어서 학계의 큰 주목을 끌었다.

한편 黑板勝美가 발굴을 추진하던 1924~1925년경에는 낙랑 고분에 대한 도굴이 크게 성행하였는데, 단속도 심하지 않아서 우수한 유물들이 도굴되어 평양, 경성이나 일본 교토 등의 수집가들 손에 다수가 넘어갔다고 전해진다. 심지어 관립학교 선생까지도 백주에 여러 명의 인부를 거느리고 무덤을 파헤치고 부장품을 도굴하던 그런 시기였다.[12] 당시에

10 藤田亮策, 1931, 「書評—'樂浪'」『靑丘學叢』3, 靑丘學會.

11 樂浪漢墓刊行會, 1974, 『樂浪漢墓』第1册(大正13年度發掘調査報告).

전염병처럼 번졌다는 소위 '樂浪熱'에 영향을 받았음을 어렵지 않게 추정할 수 있다.

낙랑 고분 발굴을 위한 교섭은 黑板勝美가 조선총독부의 고적조사위원회와 1925년 교섭하였는데, 당초에는 사학회가 발굴을 맡는 것으로 하고 細川護立 후작의 재정 지원까지 성사시켰다. 그러나 조선총독부에서는 일개 학회가 조사를 하면 선례를 남기게 되어 문제가 되기 때문에 거절하였고, 대신 도쿄제대 문학부가 고고학 연구를 위하여 발굴하는 것으로 하고 승인을 해 주었다. 당시 조선에서는 앞서 언급한 '낙랑열' 때문에 고분에 대한 도굴이 일어나고 있었기 때문에 도쿄제대의 발굴조사를 허가하는 데 강경한 입장이 적지 않았음에도 불구하고, 상세한 보고서를 제출하고 유물의 처분은 총독부의 뜻을 따른다는 조건하에 타협을 하였다. 이러한 결정에는 黑板勝美의 주도적인 역할에 힘입었던 것으로 보인다.

이로써 현재까지 공간된 발굴보고서와 이 보고서의 서평을 통하여, 발굴 주체가 조선총독부박물관에 의해 사학회에서 문학부로 바뀌었으며, 발굴 허가도 일정한 조건을 전제로 하는 조건부 허가였으며, 그 과정에서 도쿄제대 문학부의 黑板勝美 교수는 발굴 허가 신청기관의 당사자이자 발굴 허가 주체인 조선총독부 고적조사위원회 위원의 두 가지 자격을 모두 가지면서 발굴허가를 취득하는 데 깊숙이 관여하고 또 무리할 정도로 적극적인 노력을 하였음을 대체로 확인할 수 있었다.

그렇다면 보다 구체적으로 발굴 신청부터 발굴 허가까지의 전 과정이 어떻게 진행되었으며, 발굴을 허가하는 과정에서 어떠한 조건이 전제되었고 그러한 과정에서 고적조사위원들이 어떤 역할을 했는지 궁금해지지 않을 수 없다. 다행히 국립중앙박물관에 소장된 조선총독부박물관의 공문서에 도쿄제대 문학부의 낙랑 고분과 관련된 문서들이 포함되어 있어 그 단서를 찾을 수 있게 되었다. 이를 시간의 추이에 따라 정리하면 다음과 같이 복원할 수 있다.

먼저 1925년 9월 2일 도쿄제대 총장 古在由直은 조선총독에게 「古墳發掘ノ件」(도쿄제대 庶第534號)이라는 제목의 공문을 보냈고, 9월 5일 조선총독부에서 접수하게 된다. 전문의 내용은 다음과 같다.[13]

> 이번에 우리 대학 문학부에서 고고학적 연구를 이루고 싶은 희망으로, 귀관 관할의 평안남도 대동군 평양 부근의 낙랑 고분을 발굴하고자 하오니, 左記 조항에 의해 승인을 얻고자 하오니, 이에 살펴주시기 바랍니다.
>
> 1. 기간은 9월 중순부터 45일간 예정
>
> 1. 발굴조사에 필요한 비용은 우리 대학의 부담으로 할 것

12 八田蒼明, 1934, 『樂浪と傳說の平壤』, 平壤研究會, p.8.

13 277-1 「古墳發掘ノ件」(東京帝國大學 庶第534號).

1. 발굴에 관해서는 우리 대학 教授 村川堅固와 黑板勝美 및 조교수 原田淑人으로 하여금 감독시킬 것

앞서 『낙랑』 서평에서 藤田亮策이 언급한 내용를 상기시켜 보면, 당초 낙랑 고분의 발굴조사는 사학회가 추진하기로 되어 있었으나, 黑板勝美와 조선총독부의 교섭 과정에서 도쿄제대 문학부가 전면에 나서게 되었다. 그렇다면 도쿄제대 총장이 보낸 이 공문은 黑板勝美가 조선총독부에 사전 정지작업을 한 뒤에 보내진 공문임을 알 수 있다.

도쿄제대가 신청한 낙랑 고분의 발굴조사를 심의하기 위하여 1925년 9월 9일 제22회 고적조사위원회가 개최되었다. 「樂浪郡時代古墳發掘調査ニ關スル件」이란 제목으로 상정된 의안에는 발굴 허가를 내주기 위하여 도쿄제대와 사전에 조율된 조선총독부의 의지가 잘 담겨져 있다.[14] 조선총독부가 작성한 의안에는 도쿄제대가 신청한 발굴조사를 허가해 주어도 되는 이유를 다음과 같이 제시하고 있다.

- 첫째, 2,000여 기에 달하는 낙랑 고분을 전부 그리고 영구히 보존하는 것은 도저히 어렵다.
- 둘째, 우리나라(일본) 학술의 중심인 제국대학의 전문적인 연구를 통해 반도의 문화를 소개하여 학계에 도움을 주어야 한다.
- 셋째, 일본 내지에서도 이런 종류의 고분 발굴을 대학에 허가한 전례가 있다. 1911~15년 도쿄제대와 교토제대가 내무대신 및 궁내대신의 허가를 얻어서 宮崎縣의 고분을 조사한 례가 있다.
- 넷째, 신라와 백제 등 반도 민중과 직접 관련이 있는 고분이나 고적의 조사는 신중을 기해야 하겠지만, 대동군에 있는 고분은 전부 낙랑군의 통치자인 漢人의 무덤이므로 반도 고유의 민중과는 관계가 없으므로 발굴조사가 민심에 영향을 미칠 리 만무하다.
- 다섯째, 조선총독부의 고적보존규칙과 고적조사위원회규정에는 고적조사위원이 참가하면 저촉되지 않는다.

모든 고분은 전부 그리고 영구히 보존할 수 없기 때문에 발굴 허가를 내준다는 점, 제국주의의 식민지배 이데올로기를 대변하기 위한 제국대학에 각별한 배려를 하는 점, 일본의 전례를 억지로 들고 있는 점, 낙랑 고분이 漢人의 무덤이기 때문에 조선인들의 반발을 사지 않을 것이라는 점 등은 조선총독부가 유적의 보호보다는 도쿄제대에 발굴 허가를 내주기 위해 늘어놓은 강변에 지나지 않는다고 할 수 있다. 특히 다른 기관도 아닌 제국대학이 주체가 되었다는 점은 식민지 조사와 연구가 관련된 제국대학의 본질을 단적으로 보여주는 것이라 하겠다. 조선총독부에서 들고 있는 이러한 이유는 다음 장에서 살펴

14 277-1「第二十二回古蹟調査委員會議案」.

볼 바와 같이 다른 기관에 발굴 허가를 내주지 않는 과정에서 적나라하게 자기모순에 빠지게 된다.

발굴 허가에는 여섯 가지 조건이 붙어 있는데, 그 내용은 다음과 같다.[15]

1. 조사구역은 평안남도 대동군 및 猿巖面 내이며, 고분은 4기 이내로 함.
2. 조사시에는 관할 도청 및 경찰서장과 상의한 후 착수하고, 또 반드시 조선총독부 고적조사위원을 참가시킬 것.
3. 조사 및 조사지의 손해 등에 관한 비용은 모두 도쿄제대의 부담으로 함.
4. 발굴유적은 완전히 복구하고, 石標를 세워 조사 일시를 銘記할 것.
5. 발굴유물은 조선총독부가 지정한 것을 제외하고는 전부 도쿄제대가 완전히 보존하고, 자타의 연구 자료를 제공하며, 매각 또는 양도하지 말 것(중복되는 물건을 제외하고는 전부 총독부에서 지정한 것으로 할 것).
6. 상세한 보고서를 조선총독부 고적조사위원회에 제출할 것.

조선총독부가 제시한 조건은 고적조사위원을 참가시켜 발굴을 하여야 하며, 비용은 도쿄제대 부담으로 하고, 발굴보고서를 제출한다는 등으로, 도쿄제대의 요구 조건을 거의 수용한 것으로 보인다. 그러나 제5조에서 발굴유물의 처리에 대해서는 상당한 제약을 두었다. 즉 조선총독부가 중요하다고 판단하여 지정하는 것은 가지고 갈 수 없으며, 총독부가 지정하지 않은 그 이외의 나머지 유물만 가지고 갈 수 있다는 것이다. 그리고 괄호 속의 구절이 중요한 의미를 지니는데, 중복되는 물건을 제외하고는 전부 총독부에서 지정한 것으로 한다는 문장의 의미는, 유사한 유물이 여러 점 중복되어 출토된 유물만 도쿄제대에서 가지고 갈 수 있다는 것이다. 이 점에서 발굴조사는 허가하지만 발굴유물의 유출 내지 이관은 엄격하게 제한을 가하고 있었다. 그러나 유물에 대한 이러한 제약은 여러 가지 면에서 제대로 지켜지지 않았는데, 다음 장에서 보다 자세히 살펴보도록 하겠다.

고적조사위원회에 부의한 결과, 京城에 있는 위원 17명 중 부재자 1명을 제외한 16명이 찬성하였고, 일본에 있는 위원 8명 중 4명이 별도의 이의없이 원안에 찬성하여 통과되었다. 경성에 있는 위원은 주로 조선총독부의 관원이 대부분을 차지한다. 이 가운데 3명의 날인이 존재하지 않는다. 학무국장 이진호, 종교과장 겸 고적조사위원회 간사 유만겸, 박물관 주임 藤田亮策이 여기에 해당되는데, 이들 3인은 낙랑 고분 발굴조사의 담당자 내지 담당과장, 담당국장이기 때문에 별도의 날인이나 의견서를 제출하지 않고서도 찬성하는 것으로 간주하였다.

일본에 있는 위원 8명 중 4명이 찬성하였다고 문서에 기재되어 있는데, 鳥居龍藏은

15 277-1 「古墳發掘ノ件」(朝鮮總督府 宗第126號).

〈표 1〉 제22회 고적조사위원회 위원[16]

성명	당시 직책	입장	거주	비고
小田省吾	경성제대	날인	京城	
末松熊彦	李王職 사무관	날인	京城	
柳正秀	中樞院 參議	날인, 의견서	京城	
劉猛		날인, 의견서	京城	
金漢睦		날인, 의견서	京城	
大原利武	중추원	날인	京城	
小河正儀	비서과	날인	京城	
後藤眞	산림과	날인	京城	
小場恒吉		날인	京城	
園田寬	회계과	날인	京城	
藤原喜藏	비서과	날인	京城	
田中武雄	경무국	날인	京城	
石黑英彦	지방과	날인	京城	
岩井長三郎	건축과	날인	京城	
藤田亮策	박물관 주임	의견표명 없음	京城	담당자
俞萬兼	종교과장, 간사	의견표명 없음	京城	담당과장
李軫鎬	학무국장	의견표명 없음	京城	담당국장
關野貞	도쿄제대	별도 의견서 첨부	일본	
濱田耕作	교토제대	별도 의견서 첨부	일본	
黑板勝美	도쿄제대	의견표명 없음	일본	발굴신청자
原田淑人	도쿄제대	의견표명 없음	일본	발굴신청자
今西龍	교토제대	의견서(추후 도착)	일본	
池內宏	도쿄제대	의견서(추후 도착)	일본	
谷井濟一		의견서(추후 도착)	일본	
鳥居龍藏	도쿄제대	불참	일본	불참

의결에 불참하였고 今西龍 · 池內宏 · 谷井濟一은 추후에 의견서가 도착하였다는 기록이 있는 것으로 보아, 關野貞 · 浜田耕作 · 黑板勝美 · 原田淑人 4명이 찬성한 것으로 파악된다. 앞서 발굴 허가 담당인 藤田亮策과 이진호 · 유만겸의 경우 별도의 날인 없이도 찬성으로 간주된 것처럼, 발굴조사를 신청한 당사자인 黑板勝美와 原田淑人도 날인이나 의견서 없이 찬성으로 파악되었다.

關野貞과 濱田耕作의 경우, 별도의 의견서가 첨부되어 있는데, 이 의견서에 의하면 비록 도쿄제대 문학부의 발굴을 허가해 주기는 하지만 그 과정이 순탄치 않았음을 엿볼 수 있게 해주어 당시의 분위기를 이해하는 데 도움을 준다. 關野貞은 고분의 조사는 국가

16 277-1 「回議」(1925.9.9).

가 자체 기관을 세워 실행할 성질의 것이며, 개인 또는 다른 기관이 발굴을 하는 것은 변칙이라고 자기 입장을 분명히 밝히고 있다. 도쿄제대 문학부의 신청은 이번에 한하여 특별히 허가하고, 이후 총독부에서는 조속히 고분 조사 및 보호를 담당할 기관을 평양에 설치함으로써, 개인 또는 다른 기관에 일체의 발굴조사를 허가하지 않는 방침을 세우기를 바란다고 하였다. 그리고 조선총독부가 제시한 발굴 허가 조건 중 6항을 보완할 것도 세세히 기재하고 있다. 「상세한 조사 보고서와 함께 아래의 도면, 사진을 조선총독부 고적조사위원회에 제출」하라는 것이다. 먼저 도면의 경우 ①고분의 외형 실측도 및 종횡단면도, 평면도, ②내부 구조를 볼 수 있는 상세 평면도, 종횡단면도, ③유물배치상세도, 기타 필요한 도면을 갖추고, 사진의 경우 ①발굴 전, 발굴 중, 유물출토 광경 등 사진, ②유물의 사진을 제출하라고 하였다.[17]

濱田耕作은 1. 조선에서 고적의 발굴조사는 총독부 고적조사사업으로 하는 것이 원칙이다. 2. 제국대학과 기타 학교에서 고고학 전문 교관을 주임으로 고분을 발굴조사하는 것에 한하여 특별히 허가하는 것은 가능하다. 3. 특별 허가를 받은 발굴의 경우 발굴품은 총독부의 소유로 하는 것이 원칙이다. 4. 다만 발굴품 중 중복 또는 기타의 이유로 발굴한 학교에 교부 또는 대여를 하는 것이 가능하다. 5. 특별히 허가를 받아 발굴한 경우 조속히 주임자는 발굴의 경과, 발굴품의 목록, 존재상태 등에 관한 상세한 보고를 조선총독부에 제출하여야 한다.[18]

關野와 濱田 두 사람은 모두 발굴조사는 총독부에서 직접 하는 것이 원칙임을 천명하고 있다. 그러나 이번 도쿄제대 문학부의 발굴 허가는 예외적인 차원에서 특별히 허가되는 것임을 밝히고 있고, 여기에는 발굴 허가를 받기 위한 黑板勝美의 각별한 노력이 있었음을 시사하고 있는 것이다. 앞서 언급한 바와 같이 고적조사위원회의 구성을 살펴보면 25명 중 경성의 위원 17명은 모두 조선총독부의 전현직 관료로 구성되어 있고, 일본의 위원 8명은 도쿄제대 교수 5명, 교토제대 교수 2명, 도쿄제대 출신 1명으로 구성되어 있었다. 이러한 의결 구조로 말미암아 黑板勝美의 발굴 신청은 허가될 수 밖에 없는 상황이었다.

발굴 허가 문서는 1925년 9월 18일 기안되어 9월 24일부로 도쿄제대 총장 앞으로 발송되었다. 이미 발굴 허가를 예상하고 준비에 들어간 도쿄제대는 일사천리로 발굴 준비를 진행하였는데, 9월 28일부터 고분의 선정 작업에 들어가, 9월 30일 발굴에 착수하였고 11월 5일까지 진행하였다.

17 277-1 「關野貞 의견서」.
18 277-1 「浜田耕作 의견서」.

4. 1926년, 또 하나의 신청

도쿄제대 문학부의 석암리 205호분 발굴이 있은 다음 해인 1926년, 도쿄미술학교와 오사카 마이니치 신문사가 공동으로 낙랑 고분의 발굴 허가를 신청하였다. 이를 심의하기 위해 1926년 8월 2일 제25회 고적조사위원회를 열었는데, 당시 고적위원회의 의안은 「樂浪郡古墳ノ發掘ヲ各學校及研究團體等ニ許可スルコトノ可否ニ就キ諮問」이었다.[19] 조선총독부는 '고적조사위원회규정(總訓 제29호, 대정5년 7월)'에 의거하여, 제5조에서 고적 및 유물의 조사에 관한 사항을 심사하도록 되어 있고, 제6조에서 위원회가 필요하다고 인정되는 사항이나 조선총독의 자문과 관련된 사항에 관해서는 그 심사 결과를 이유를 덧붙여 위원장을 통해 의견서나 보고서를 조선총독에게 제출하도록 되어 있었다. 제25회 고적조사위원회가 낙랑 고분의 발굴 허가를 심의하게 되는 직접적인 계기는 도쿄미술학교와 오사카 마이니치 신문사의 발굴 신청이었다. 하지만 조선총독부가 작성한 회의안에서 스스로 밝히고 있듯이 1925년 도쿄제대의 발굴이 허가된 이래 각종 학교, 연구단체 및 개인 등이 고분 발굴 허가를 요구했기 때문에, 조선총독부의 발굴 허가 방침을 정리할 필요가 있었던 것이다.

제25회 고적조사위원회의 경우에는 회의록이 남아 있다.[20] 1926년 8월 2일 오전 10시 20분부터 오후 1시 20분까지 조선총독부 소회의실에서 개최되었는데, 출석자와 결석자는 〈표 2〉와 같다. 이 회의에서는 도쿄제대와 경성제대 교수는 모두 불참하였는데, 통상 1년에 여러 차례 열리는 고적조사위원회에 일본에 거주하는 이들 교수가 항상 출석하기는 어려운 상황이었을 것이다. 표에서 볼 수 있듯이 고적조사위원회의 구성 자체가 모두 조선총독부 중추원 참의나 총독부의 관원들로 채워져 있었고, 학자로는 경성제대 교수인 小田省吾와 今西龍가 있었으나, 이 날 회의에는 小田省吾가 결석하여 今西龍 1인만 출석하였다. 따라서 모든 논의는 조선총독부의 입장 그 자체에 다름 아닌 것이 되었다.

회의안에서는 낙랑 고분의 중요성과 도쿄제대 문학부의 낙랑 발굴 경과에 대하여 간단히 설명하면서 발굴 허가의 심의를 요청하지만, 결국에는 아래와 같은 이유를 들면서 낙랑 고분 발굴 허가의 부결로 유도하고 있다. 총독부가 들고 있는 발굴 불허의 이유로는 먼저 발굴조사 과정의 기술적인 난해함을 들고 있다. 낙랑의 고분은 붉은 점토층에 있어서 조사가 아주 곤란하여 경험 있는 사람이 아니면 곤란하다는 것이다. 그래서 도쿄제대 문학부가 조사할 때에도 조선총독부에서 경험이 있는 사람이 지원을 했고, 만약 무관심하

---

19 원래 의안은 「樂浪郡古墳ヲ總督府以外ノ者ニ發掘調査セシムルコトノ可否ニ就キ諮問」이었는데, 상기와 같이 수정을 하였다.

20 277-2 「第二十五回古蹟調査委員會 會議案」(1926.8.2).

〈표 2〉 제25회 고적조사위원회 위원[21]

출석자		결석자	
성명	당시 직책	성명	당시 직책
湯淺倉平	정무총감(위원장)	小田省吾	경성제대 교수
末松熊彦	李王職사무관	柳正秀	中樞院 參議
劉猛	중추원 참의	後藤眞	산림과장
金漢睦	중추원 참의	田中武雄	고등경찰과장
大原利武	중추원 촉탁	石黑英彦	지방과장
小河正儀	비서관	藤原喜藏	비서관
岩井長三郎	건축과장		
榛葉孝平	토목과장		
中村寅之助	문서과장		
穗積眞六狼	회계과장		
今西龍	교토제대 겸 경성제대 교수		
藤田亮策	박물관 주임		
俞萬兼	종교과장, 간사		
李軫鎬	학무국장		

게 조사를 하면 귀중한 칠기나 다른 유물들이 모두 파괴되어 도굴과 다를 것이 없어진다는 것이다. 다음으로는 내지의 학교 단체가 낙랑 고분을 발굴하려는 이유가 칠기, 동기, 무기 등의 유물을 입수하는 데 목적이 있기 때문에 유물을 구입할 비용을 투자하여 고분을 발굴하려고 한다는 점을 분명히 하면서, 발굴 허가 문제를 심의해 줄 것을 제안하고 있다.

회의록에서 발굴 허가와 관련하여 전하는 주요 발언은 다음과 같다.

> 小河正儀(비서관):발굴품을 목적으로 하는 것에는 허가를 하지 않는 방침을 채택하는 것이 좋겠다고 하였다.
>
> 今西龍(경성제대):고분 발굴은 사람의 도리상 허가하는 것이 죄악 중의 큰 죄악이어서 그것을 허가하는 것은 고대를 조사연구 하는 데 어쩔 수 없는 경우로 제한하고, 유물을 목적으로 발굴하는 것은 절대 허가할 수 없다
>
> 大原利武(중추원 촉탁):이전에 도쿄제대에게 발굴을 허가한 시점은 도굴이 성행하였기 때문에 조건부로 허가를 하였으나, 현재는 단속할 경관 주재소도 설치되어 단속도 충분히 이루어져 달리 발굴을 허가하지 않기를 희망한다.
>
> 劉猛(중추원 참의):고분 발굴은 학술 연구상 어쩔 수 없는 경우로 제한하고, 기타 여하하게 희망하여도 절대 허가하지 않는 방침을 채택해야 한다.

대부분의 참석 위원들이 발굴 허가를 반대함에 따라, 고적위원장인 정무총감 湯淺은

21 277-2「第二十五回古蹟調査委員會 會議錄」.

다음과 같은 방침을 정하게 된다.

> 고분 조사는 조선총독부가 직접 하고, 다른 곳에는 허가하지 않는다는 방침을 채택하고, 만약 연구상 특별히 허가할 필요가 인정되어 출원하는 경우에는 결정하기 이전에 미리 고적조사위원회에 자문을 구하여 의견을 구한다.[22]

공식적인 문서에서는 위와 같이 원칙적인 대강에 대해서 명시하지만, 회의안에 첨부된 결의안은 보다 구체적인 내용을 전해주고 있다. 7가지 내용을 구체적으로 명시하고 있는데, 이 내용을 바탕으로 하여 앞서의 기준이 세워진 것으로 보인다. 7가지 결의 내용을 살펴보면 다음과 같다.

1. 고적 및 명승, 천연기념물 등은 국가가 보존의 임무를 지고, 국가에서 연구 발표하는 것이 원칙이다. 여기서 생기는 연구 자료는 특별히 지정하는 연구단체 및 학교 등에 내려줄 수 있다.
2. 고분의 발굴은 매우 신중한 태도를 요한다. 각종 단체에서 서로 조사를 한다면 이유 여하를 막론하고 지방 민심에 영향을 미칠 우려가 있다. 氏姓제도가 아주 중요한 반도의 고분에서 특히 그러하다고 생각한다.
3. 낙랑 고분 발굴희망자의 유일한 이유라고 할 매년 도굴에 의한 상실은, 1926년 3월부터 해당 고분군에 주재 분소를 설치하여 고분 단속을 맡겼기 때문에 앞으로는 걱정하지 않아도 된다.
4. 낙랑의 고분은 대동강면, 원암면, 남곤면에 총 수천백여 기로 산정되고, 그 중 완전하다고 인정되는 것은 40여 기에 불과하다. 그것을 경쟁적으로 발굴하면 수년이 지나지 않아 전부 상실된다. 마땅히 이에 대한 조사 방침을 세우고 연대, 구조, 형식을 학술적으로 질서 정연하게 조사하여 소수의 완전한 유적을 가장 효과적으로 조사하고, 約 半數는 장래 연구를 위하여 보존의 책임을 질 필요가 있다.
5. 유물을 목적으로 하는 고분 조사는 가장 한심하고, 지방 민심에 주는 영향도 있을 뿐 아니라 고분의 구조 등 조사에 등한하여 조사도 한결같지 않아 학술적 연구를 결하고 나빠지게 된다.
6. 대정 15년도부터 본부 고적조사위원회에서 완전한 분포도를 작성하고, 고분 대장을 작성하여 既掘, 未掘, 대소, 내용 등의 특징을 기록하여 장래 조사 계획을 세우고 본 위원회에도 이들 고분군 전부의 등록을 제안한다. 일찍이 대정 5년 이래 조사 결과는 계속 보고서 및 도판으로 간행되고, 칠기 기타의 귀중품은 전문가에게 맡겨 완전한 모사를 만들고 수리를 하여 보존할 것을 계획하여, 감히 다른 조사를 할 필요성이 인정되지 않는다. 다만 경비 관계상 理想의 십분의 일에 달할 수 없는 것이 유감스럽다.
7. 지난번 服部 경성제국대학 총장이 발의한 對支文化事業에서 10개년 계속 십오만 엔을 지출하여 평양에 연구소를 설치하고, 낙랑유적 조사를 전문적으로 할 계획을 세웠다. 경비지출 등은 對支文化事業委員會 및 外務省의 승인을 얻을 것이기 때문에, 공연히 대지문화사업위원회로부터 신청을 한 다음 적당한 조건으로 조직, 조사법, 기타 방침이 결정되고 적당하다

22 277-2「第二十五回古蹟調査委員會 會議錄」.

고 인정되는 때는 전문적으로 그것을 조사할 생각이 있기 때문에, 감히 개개 발굴조사, 기타는 필요하다고 생각되지 않는다.

5. 남겨진 유물과 과제

앞서 도쿄제대 문학부의 발굴을 허가한 제22회 고적위원회와 도쿄미술학교와 오사카 마이니치 신문사의 발굴 신청을 불허한 제25회 고적위원회의 논의 내용과 결과를 비교하면, 일제 강점기 고적조사위원회가 얼마나 자기 모순에 빠져 있는지를 쉽게 확인할 수 있다. 전자에서는 2000여 기에 달하는 낙랑 고분을 전부 영구히 보존하기 어렵기 때문에 발굴을 허가해 준다고 하다가, 후자에서는 40여 기밖에 남지 않았기 때문에 무분별한 발굴 허가가 어렵다는 것이다. 낙랑 고분은 漢人들의 무덤이므로 조선인들의 민심과는 무관하다더니 조선에서 고분을 발굴하는 것은 죄악 중의 가장 큰 죄악이라고 주장하고 있다. 일본에서 제국대학이 발굴한 전례를 강조하다가, 국가가 유적을 보존하고 연구 발표해야 하는 임무가 있다고 하며, 조선 고적조사위원이 참가하면 규정상으로 문제가 없다고 하다가 후자에서는 언급조차 하지 않고 있다. 도쿄제대에 대하여 발굴을 허가한 조선총독부 고적조사위원회의 단 한 번의 예외는 자신들의 원칙에 어긋났을 뿐 아니라, 1년도 채 못 되어 동일한 고적위원회에서 번복을 하지 않을 수 없는 처지가 되었다.

도쿄제대 문학부의 1925년 발굴은 유물의 향방에도 오점을 남겼다는 점을 지적하지 않을 수 없다. 발굴이 끝난 직후 유물은 동경으로 운반되어 문학부 고고학연구실에 의해 정리되었으며, 1930년 발굴보고서가 정식으로 간행되었다.[23] 도쿄제대 문학부에는 관동대지진 후 공간이 협소하여 정리할 장소가 없었기 때문에 동양문고의 도움으로 방을 빌려서 정리 작업을 마쳤다. 동양문고에 있는 동안 일본 천황이 직접 와서 유물을 보았고, 스웨덴 황태자가 방문하기도 하였다.[24] 유물 중 칠기 문양의 모사는 도쿄미술학교 강사 小場恒吉, 일부 칠기의 수리는 도쿄미술학교 교수 六角紫水가 담당하였다. 유물의 분석에는 많은 자연과학자들이 참여하였는데, 목곽재의 분석은 도쿄제대 農學部 森林利用學

23 석암리 205호분의 보고서는 당시 큰 관심을 끌었다. 이 보고서를 다룬 書評만도 여러 편에 이른다.
「'樂浪' の完成」『歷史教育』 5-10, 1930.
三上次男, 1931, 「'樂浪' 東京帝國大學文學部編」『史學雜誌』 42-1.
藤田亮策, 1931, 「書評-'樂浪'」『靑丘學叢』 3, 靑丘學會.
後藤守一, 1931, 「'樂浪' を讀む」『史潮』 1-1.
後藤守一, 1931, 「'樂浪' 原田淑人 · 田澤金吾著」『考古學雜誌』 21-3.
楊樹達, 1931, 「讀 '樂浪' 書後」『北平圖書館刊』 5-4.

24 原田淑人 · 田澤金吾, 1930, 앞의 책, p.3 주)6.

敎室 兼次忠藏, 鏡奩 내 남아 있던 화장 재료 등은 理學部 生化學敎室 左右田德郎과 上海 自然科學硏究所 中尾万三, 곽내 남아있던 白樺製 飮器 및 果核은 이학부 식물학교실 中井孟之進, 관내에서 발견된 絹布와 鏡紐帶는 도쿄공업대학 紡織科 太田勤治 · 中原虎男, 인골 치아와 모발은 교토제대 淸野謙次 등, 당시의 역량이 총동원되었다.

1930년 정식 보고서가 발간된 이후에도 오늘에 이르기까지 유물은 도쿄제대 문학부에 그대로 보관되어 있다. 그렇다면 어떤 경위를 통하여 유물이 일본으로 건너가게 되었는지 살펴보자. 먼저, 제22회 고적조사위원회의 회의안에서 발굴유물은 조선총독부가 지정한 것을 제외하고는 전부 도쿄제대가 완전히 보존하고, 자타의 연구 자료를 제공하며, 매각 또는 양도하지 못하는 것으로 명시하고 있으며, 덧붙여 괄호 속에서 중복되는 물건을 제외하고는 전부 총독부에서 지정한 것으로 한다고 명시하고 있다. 이에 따라 조선총독부의 공문서(宗 제126호)에서는 "발굴유물의 지정에 즈음하여 중복품을 제외하고는 총독부에서 지정한다는 방침을 세울 것"이라고 되어 있다. 즉 발굴된 유물 중에서 중복되는 유물만 도쿄제대로 양도될 수 있음을 명시한 중요한 구절이라고 하겠다. 그러나 발굴 직후 모든 유물은 정리를 명분으로 도쿄제대로 옮겨지게 되었기 때문에, 중복유물의 파악을 바탕으로 한 이관 유물의 선정 작업 등은 이루어질 수 없었다. 당초 허가 조건대로라면 발굴유물 중 중복되어 복수로 출토된 유물만 도쿄제대로 이관되어야 하며, 중복 출토되지 않은 대부분의 유물은 조선총독부에 귀속되어야 했던 것이다. 유물의 귀속 건에 관해서는 당시 조선총독부에서도 문제를 제기하고 있다. 석암리 205호분이 발굴된 다음해인, 1925년 제25회 고적조사위원회에서, 小河正儀(비서관)는 회의 서두에 도쿄제대에서 조사한 낙랑의 유물은 언제 총독부로 제출되느냐는 질문에, 실무를 맡은 藤田亮策은 지금 도쿄제대에서 정리 작업이 진행 중이기 때문에 정리를 끝내는 대로 제출할 것이라고 답하고 있다.[25] 발굴 직후 유물이 제대로 파악되지 않은 상태에서 조선총독부와의 협의 과정을 충분히 거치지 않고 유물이 모두 도쿄제대로 건너가게 되었음을 말해주는 것이라 하겠다.

제25회 고적조사위원회에 상정된 도쿄미술학교와 오사카 마이니치 신문사의 발굴 허가를 반대하면서 고적조사위원 今西龍(교토제대 겸 경성제대 교수)는 「樂浪古墳ノ發掘ヲ美術學校ニ許可スベキ否ヤニ對スル答」이라는 4쪽에 달하는 장문의 의견서를 제출하였다. 여기에는 다음과 같은 구절이 있다.

> 작년 도쿄제대가 낙랑 고분의 발굴을 出願하여 여러 가지 조건하에 특별히 허가하였다. 총독부는 총독부의 발굴 사업을 도쿄제대에 依囑한 것에 지나지 않는 것 같다. 그러나 금일에

25 277-2 「第二十五回古蹟調査委員會 會議錄」.

> 이르러 그 조건이 이행된 것을 하나도 보지 못했다. 특별히 허가한 것이 상례의 허가라고 생각하여 금번 미술학교에서 출원을 한 것 같다.[26]

여기에 의하면 도쿄제대에 조건부로 특별히 발굴을 허가하였음에도 불구하고, 당시 제시한 조건이 제대로 이행되지 않았다고 불만족스럽게 언급하고 있다. 도쿄제대가 이행하지 못한 조건이란 발굴 허가 공문에서 명시한 여섯 가지 조건 중 5번과 6번 조건을 언급한 것으로 보인다. 특히 5번 조건은 유물의 이관에 관한 것이고, 6번 조건은 보고서의 제출과 관련된 것이다. 도쿄제대의 석암리 205호분 발굴 이후 도쿄제대의 일련의 조치가 조선총독부 고적조사위원들에게조차도 신뢰를 주지 못했고, 특히 발굴유물의 향방이 관건이 되었던 것 같다.

도쿄제대의 발굴을 직접 주도한 黑板勝美는 발굴 후 유물의 귀속에 대한 주목에 부담을 느꼈던지, 발굴이 종료된 직후인 1925년 11월 25일자 「京城日報」와의 인터뷰에서 다음과 같이 말하고 있다.

> 우리들은 골동적인 의미로 발굴한 것이 아니고 연구를 위하여 발굴한 것으로, 보존이라는 것은 연구를 위하여만 의의가 있는 것이니, 보존이라는 것은 깊이 생각하고 있지 않다. 따라서 대학에 가지고 가서 연구만 끝나면, 현재처럼 도쿄제대나 京城, 기타 민간에 분산되어 있는 것은 좋지 않으므로, 평양에 박물관만 되면 언제 어느 때라도 돌려보낼 생각이다.

발굴의 허가를 맡은 조선총독부 고적조사위원회의 결정이나, 발굴을 추진한 주체인 黑板勝美의 언급에도 불구하고, 도쿄제대 문학부가 발굴한 석암리 205호분의 발굴유물은 발굴 직후 보고서 출간을 위한 유물 정리를 위해 일본 도쿄제대로 반출되었으며, 1930년 보고서가 발간되었음에도 불구하고 오늘날에까지 이르고 있다.

26 277-2 「今西龍 의견서-樂浪古墳ノ發掘美術學校ニ許可スベキ否ヤニ對スル答」.

중국 한대(漢代) 현성(縣城) 유적 및 출토유물

김병준

본 표는 낙랑토성과 어을동 토성, 소라리 토성 출토유물의 성격을 판명하는 데 중국 내의 漢代 현성 유지와 출토유물이 도움이 될 수 있다고 판단하여 이를 정리한 것이다. 1997년 6월까지 발표된 유적은 江村治樹, 「春秋戰國秦漢時代出土文字資料の研究」(汲古書院, 2000) 所收 表 10 秦漢都市遺跡表를 주로 참조하되 출토유물별로 항목을 다시 나누어 정리하였으며, 여기에 다시 1997년 이후 2006년까지의 유물을 새로이 첨가하였다. 한편 낙랑토성의 기와와 와당, 그리고 어을동 토성과 소라리 토성의 기와에 주목하여, 중국 한대 현성 유지에서 기와(筒瓦 및 板瓦)와 와당이 출토된 곳과 그 간단한 특징을 추가하였다.

〈표〉 중국 漢代 縣城 유적 및 출토유물

일련번호	省	상세위치	성지명	연대	규모(m)		기와와 와당								청동기	동전	도기	기타	지명비정	비고
					東西	南北	통와수량	설명	판와수량	설명	와당수량	설명	기타수량	설명						
1	山西	渾源	崞縣古城	漢														周圍前漢墓地	崞縣	文80-6
2	山西	榆次	榆次古城	漢	約320	400									銅器		陶器	鐵器, 漢墓	榆次	文參55-1
3	山西	臨汾	城居村古城	漢-北朝		800														
4	山西	襄汾	古晉城遺址	漢															臨汾	文90-12
5	山西	襄汾	永固古城	戰國-前漢	334	約324	4	Ⅰ式爲泥質紅陶, 外面縱向排列 深密的繩紋. Ⅱ式爲泥質灰陶, 外面飾細 而密斜正交叉的 繩或呈短而叢的 繩紋, 內面有布紋 和麻點紋之分	8	均泥質灰陶. 一種瓦面爲密佈的 斜繩紋, 瓦內爲麻點紋, 瓦面爲粗繩紋, 瓦內麻點紋紋淺	5	半瓦當: 均泥質灰紋 陶飾雲者. 當面飾卷雲紋, 雙線界格					盆7, 罐4, 甑2, 豆2	紡輪, 鐵鏟, 石器		考與文90-6
6	山西	夏縣	禹王城中城	漢	960	1500										半兩錢	陶片	範	安邑	文62-4, 5
7	河北	北京	朱房村古城	漢	周長 約4里											五銖錢		鐵劍, 鐵刀, 鐵鋤, 鐵鏡		文參55-1
8	河北	北京	竇店土城	戰國末, 前漢	200 (1230)	960 (1040)											陶片	大城(戰國 早期始建), 小城 (440x450米,, 北魏郎鄉縣?)	郎鄉	文59-9 (考92-8)
9	河北	房山	廣陵城	東周, 漢	600	600											陶片		廣陵	考63-3
10	河北	房山	長溝土城	漢	360南	500西													西鄉	考63-3, 文59-1
11	河北	平谷	北城子村古城	漢	220	240											陶片	窯址, 漢墓	博陸	考62-5
12	河北	寶抵	秦成	戰國晩 -前漢	50萬㎡													戰國, 前漢的堆積		考97-2
13	河北	武淸	大孔城	前漢	25萬㎡															考97-2
14	河北	寧河	大海北遺址	~後漢	330	170														考97-2
15	河北	天津	泉川古城	漢	500	600												"泉川"陶文	泉川	三十年(文物考古工 作三十年 1949~1979, 文物出版社, 1979)
16	河北	天津	東平舒古城	漢	500	500													東平舒	三十年
17	河北	天津	務木二村城址	前漢	300	170											陶片	紅燒土	漂榆	考93-2
18	河北	黃驊	伏崎城	前漢	520?	510												"武師"陶文	章武	考65-2
19	河北	保定	東壁陽城	後漢-五代	200北	100東									銅帶鉤	半兩錢, 貨泉,, 五銖錢		磚, 鐵器		文59-2
20	河北	隆堯	象氏縣城城址	前漢															象氏	文92-4
21	河北	磁縣	講武城	戰國, 漢	1100	1150											陶器	磚, 鐵器	武城	三十年

22	河南	淸豐縣古城鄕舊城村	頓丘古城址	漢,五代	周長3000							瓦當					陶片	磚	頓丘	河南517
23	河南	淸豐縣	陰安古城(陰安縣故城)	漢, 宋(漢, 唐)	周長3000					板瓦		瓦當					陶片, 瓷器	磚, 發現水井, 房基	陰安	河南517(地圖集310)
24	河南	內黃縣	內黃古城	漢, 宋													陶片		內黃	河南517
25	河南	衛輝市孫杏村汲城村	汲城古城	漢	周長 4522														前漢: 汲縣 後漢: 崔瑗築城	地圖集255
26	河南	輝縣吳村鄧城村西北	鄧城城址	漢										磚瓦			磚陶片			地圖集243
27	河南	新鄉市	唐莊古城址(馮石故城)	漢	周長2000 (36萬m²)									瓦片	銅刀, 銅鏡, 銅印	五銖錢	陶倉, 罐	城壁, 磚, 陶窯, 墓地 "別部司馬", "偏將軍印"		河南527(地圖集527)
28	河南	新鄉縣大召營鄕張固城村西南	張固城遺址(獲嘉縣故城)	漢	約8萬m²					板瓦							陶器殘片	筒	獲嘉	地圖集239
29	河南	修武縣五裏源鄕里固村西南	濁鹿故城	漢	100	300		筒瓦		板瓦								筒	濁鹿	地圖集197
30	河南	焦作市	山陽城址	漢	1850	1360						瓦當			銅鏃				山陽	中原 86-3, 地圖集161
31	河南	沁陽市葛村鄕伏背村東	伏背城址	東漢	1.6m²									磚瓦				磚瓦窯		地圖集203
32	河南	溫縣	溫縣古城	漢	20平方華里									陶瓦片				磚, 北城外鐵器製作場遺址	溫縣	漢代疊鑄(文物出版社, 1978)
33	河南	靈寶	中河村城址	漢						繩紋					銅劍			鐵鏃		地圖集355
34	河南	靈寶	項城城址	漢						繩紋										地圖集355
35	河南	義馬	新安故城	秦漢	15萬m²		大量	筒瓦	大量	板瓦									新安	地圖集369
36	河南	澠池	馮異城址	後漢	周長200															地圖集372
37	河南	洛陽	漢魏故城	後漢	3700北	4290西													洛陽	文博88-1, 考古73-4
38	河南	洛陽	河南縣城	漢	1460 (1485)	1400 (1410)						31號 墓葬內有1件			銅器	五銖錢, 貨幣.	陶器	鐵器	河南	考學59-2(地圖集103)
39	河南	伊川	新城故城	漢	周長5935					板瓦					銅鏃					地圖集143
40	河南	汝陽	安成故城	漢	1200南	1200								磚瓦	銅器	五銖錢, 貨泉				中原90-2
41	河南	登封	崇高古城	漢	34北	94東													崇高	地圖集21
42	河南	滎陽	漢王成	秦末	1200(530)	300(190)														
43	河南	滎陽	覇王成	秦末	1000(400)	400 (340)												城內戰國晩期的, 銅鏃 鐵鏃, 陶片		文73-1(河南495, 地圖集9)
44	河南	滎陽	東張溝城址	秦											銅鏃			鐵鏃		地圖集9
45	河南	滎陽	馮溝城址	漢																地圖集9

46	河南	滎陽	七裏河城址	後漢	400	200												磚		地圖集9
47	河南	滎陽	虎牢關城址	後漢	1000												陶片			地圖集10
48	河南	鄭州	南陽寨城址	漢	100北	90西											陶片			地圖集4
49	河南	鄭州	鄭州漢代城壁	漢	1700	900														中原94-2
50	河南	中牟	圃田故城	漢	1500	1400										銅器		陶器	石器		地圖集53
51	河南	新鄭	苑陵故城	漢	周長4000										銅器	布幣		鐵器, 空心磚	苑陵	地圖集17
52	河南	許昌	張潘故城	漢	150萬㎡			筒瓦		板瓦					銅兵器, 銅鏡		陶器	陶水道管, 玉器, 印		地圖集315
53	河南	許昌	趙堂城址	漢	400	400		筒瓦		板瓦		瓦當			銅兵器, 銅鏡			陶水道管, 井圈, 畵像磚	曲蠡	地圖集315
54	河南	魯山	赤誠城址	漢	10萬㎡									布紋瓦片						地圖集91
55	河南	襄城	潁陽縣故城	前漢	周長3000												陶片			河南602
56	河南	襄城	胡崗城址	後漢	1000	1500											陶片	石磨, 磚		地圖集86
57	河南	襄城	城上村城址	後漢	350	500				繩紋						五銖錢		井戶, 鐵釜, 鐵劍, 鐵帶鉤	輸城	地圖集86
58	河南	業縣	昆陽故城	漢	75萬㎡											貨布, 大泉五十(新)		空心磚	昆陽	河南617, 地圖集96
59	河南	業縣	彭莊城址	秦漢	1.5萬㎡										銅鏃	五銖錢	陶器	城外有漢墓		地圖集96
60	河南	業縣	古城村城址	秦漢										磚瓦	銅鏃		陶片			地圖集96
61	河南	業縣	葉故城	漢										磚瓦			陶片		昆陽	地圖集96
62	河南	郾城	古城遺址	漢	周長1100															河南612
63	河南	郾城	召陵故城	春秋, 漢	周長6000									磚瓦				磚, 鐵鼎, 鐵兵器	召陵	河南612, 地圖集333
64	河南	開封	陳留城址	漢		100東													陳留	地圖集58
65	河南	民權	外黃故城遺址	漢	78萬㎡					板瓦								漢代窯址		地圖集389
66	河南	商丘	睢陽故城	漢	4500南	660西								瓦片			陶器		睢陽	地圖集376
67	河南	永城	酇縣故城	漢	800	600													酇縣	地圖集403
68	河南	尉氏	繼雞王城址	漢	580	430	大量	筒瓦	大量	繩紋	大量	雲紋				大泉五十(錢範)	陶片	石器, 漢代磚室墓		地圖集60
69	河南	尉氏	藿莊城址	漢	897	1148		繩紋		繩紋					銅鏃		陶片			地圖集60
70	河南	尉氏	小任澤城址	漢	500	500							大量	磚瓦	銅鏃, 銅劍	五銖錢, 貨泉				地圖集60
71	河南	鄢陵	城王故城址	漢	周長1600		大量	筒瓦	大量	板瓦					銅釜		陶器			地圖集328
72	河南	扶溝	桐邱故城	春秋, 漢						板瓦							陶器	漢代空心磚墓	桐邱	地突擊427
73	河南	西華	後石羊城址	漢	500	1000		筒瓦		板瓦						五銖錢	陶器	鐵劍		地圖集413
74	河南	西華	前柳城村城址	漢	20萬㎡			筒瓦		板瓦										地圖集413
75	河南	商水	汝陽縣故城	前漢	500	500		繩紋		繩紋							陶器		汝陽	地圖集425
76	河南	商水	㶏水縣故城	漢	500	500		筒瓦		板瓦							陶器		㶏水	地圖集425
77	河南	鹿邑	武平故城	漢						繩紋									武平	地圖集432
78	河南	鄲城	甯平故城	漢	200北	150西		筒瓦		板瓦								空心磚墓	甯平	地圖集434
79	河南	項城	南頓故城	春秋, 漢	50萬㎡		大量	筒瓦	大量	板瓦								春秋, 漢代墓	南頓	地圖集438

80	河南	西平	冶爐城遺址	戰國, 漢	500	700												冶鐵地, 戰國 "龍泉劍" 産地		地圖集446
81	河南	西平	西平故城	漢	120萬㎡									瓦	銅器		陶器		西平	地圖集446
82	河南	遂平	文城故城	周, 漢	周長6600 (900x2400)							瓦當			銅鏃, 銅印		陶器國, 漢代墓	城外東北戰		河南619(地圖集450)
83	河南	遂平	吳房故城	春秋, 漢	周長3774										銅鏃	布幣	陶器	石器	吳房	地圖集450
84	河南	汝南	宜春縣故城	漢	150萬㎡ (750x500)					板瓦					銅鏡, 銅印	五銖錢		磚, 鐵農具	宜春	河南621(地圖集472)
85	河南	汝南	安城故城址	漢	388	510											陶片		安城	地圖集472
86	河南	汝南	灈陽故城	漢	560	380									銅器		陶器	磚, 井戶, 鐵器	灈陽	地圖集472
87	河南	汝南	陽安縣故城	漢	650	400								瓦	通經, 銅鏃			鐵器	陽安	地圖集472
88	河南	汝南	慎陽故城	漢	565	485											陶片	井戶	慎陽	地圖集472
89	河南	確山	郎陵故城	後漢(漢)	周長2800 (1800X1200)			筒瓦		板瓦					靑銅器			鐵器製造場, 畫像石墓	郎陵	河南618(地圖集466)
90	河南	確山	黃莊城址	漢	800	1000		筒瓦		板瓦					銅鏃			俗稱 "將軍城"		地圖集466
91	河南	確山	安昌故城	漢	400	620		筒瓦		板瓦					銅鏡, 銅洗		陶片	井戶	安昌	地圖集466
92	河南	西峽	析縣故城	西周-漢-唐	400	500		筒瓦		板瓦						五銖錢	陶器	井圈, 鐵釜	析縣	中原91-4(地圖集546)
93	河南	西峽	漢王城城址	漢				筒瓦		板瓦										地圖集546
94	河南	淅川	黨崗村故城	漢										陶瓦			陶器, 陶井	"延喜二年"	丹水	江漢96-1
95	河南	內鄉	趙店故城 (酈國故城)	後漢	周長約3000 (300萬㎡)										銅鏃			金餅, "軍中司馬"印	酈城	河南656(地圖集549)
96	河南	鄧州	冠軍故城	漢	周長2000 (20萬㎡)													石華表		河南660
97	河南	鄧州	古村城址	漢	周長3000									瓦片						地圖集558
98	河南	鄧州	樂成縣故城	漢	17萬㎡								大量	瓦片			陶片	井戶	樂成	地圖集558
99	河南	鄧州	涅陽故城	漢	20萬㎡									繩紋瓦片		五銖錢	陶片	井戶	涅陽	地圖集558
100	河南	鄧州	明耿村城址	漢	周長2000															
101	河南	鄧州	白牛城址	後漢	周長4000 (東城), 周長1500(西城)					繩紋							陶片			地圖集559
102	河南	鄧州	安衆故城	漢	25萬㎡									瓦片					安衆	地圖集559
103	河南	鄧州	魏武城遺址	後漢	2.5萬㎡												陶片	鐵器		地圖集559
104	河南	新野	棘陽縣故城	漢	400	1000								繩紋瓦片	銅印			房基, 井戶, 石天祿, 石磨, 畫像石墓	朿朿陽	地圖集543
105	河南	新野	新都故城	漢	200	200		筒瓦		板瓦		雲紋			銅鏡	貨幣		井戶, 石磨		地圖集543
106	河南	南陽	宛城址	漢(前漢)	周長8200 (1000北x 2000東)		大量	繩紋	大量	繩紋					銅鏃	半兩錢	陶窯	堀, 水道, 井戶, 制鐵場	宛縣	地圖集526 (文60-1)
107	河南	南陽	西鄂城址 (西鄂縣故城)	漢(前漢)	周長1300 (300x300)								大量	磚瓦	三陵銅鏃		陶片	鐵器, 鐵鏃, 房基, 井戶	西鄂	河南650(地圖集531)

108	河南	南陽	陽縣故城	前漢	500	600							大量	磚瓦	銅鏃		陶片		淯陽	地圖集531
109	河南	社旗	古城村城址	漢	25萬㎡									磚瓦				燒土		地圖集575
110	河南	方城	博望故城	漢	1300	400								磚瓦			陶井	鐵器, 井圈, 水道管	博望	地圖集572
111	河南	方城	梁城城址	漢	200	360											陶片	井戸, 畫像磚, 陶井圈, 磨		地圖集572
112	河南	泌陽	舞陰故城	漢	640	770									"軍司馬印"銅印	貨泉, 五銖錢		陶磨, 井戸, 水道管, 磚	舞陰	地圖集457
113	河南	泌陽	泚陽故城	漢	560	350		筒瓦								貨泉	陶器	磚	泚陽	地圖集457
114	河南	桐柏	光武城遺址	漢	周長300, (750x1000)										銅洗, 銅鏃			墓		河南664 (地圖集568)
115	河南	桐柏	朝城城址	漢	500	800									銅鏃		陶片	下水管, 燒土, 磚, 石斧		地圖集568
116	河南	信陽	古城村城址	漢	120	200		筒瓦						磚瓦						地圖集484
117	河南	信陽	申陽臺城址	漢	200	160		筒瓦						磚瓦				堀		地圖集485
118	河南	信陽	八里山城址	漢	160	100		筒瓦									陶片			地圖集485
119	河南	信陽	蘭橋城址	漢	200	300		筒瓦									陶片			地圖集485
120	河南	正陽	安陽故城	周, 漢	400	600								磚瓦	"別部司馬"銅印		陶器	堀殘存	安陽侯	地圖集462
121	河南	正陽	安成故城	漢	周長6000										通經,"假司馬印"銅印			"安成陶尉"封泥	安成侯	地圖集462
122	河南	正陽	臨淮故城	漢	1000	800									銅鏡, 銅鏃	五銖錢	陶片		臨淮	地圖集462
123	河南	新蔡	葛陵故城	漢	16萬㎡										銅鏡, 銅印, 銅鏃		陶器	磚	葛陵	地圖集444
124	河南	新蔡	老沈崗城址	漢	823	621								瓦片		"大布黃千"銅錢				地圖集444
125	河南	新蔡	馮莊城址	漢	200	300				繩紋								戰國瓦當		地圖集490
126	河南	光山	仙居古城	漢	周長約3000										銅器		陶器, 陶井	鐵器		河南641
127	河南	潢川	天橋村城址	戰國, 前漢	14萬㎡ (455x305)									磚瓦				井戸, 陶器, 銅鏃(戰國)		地圖集504
128	河南	潢川	王莽城故址	漢	3萬㎡ (150x200)							半瓦當					陶片	銅器製作場		地圖集504
129	河南	潢川	考城莊城址	漢	4.5萬㎡ (150x300)									瓦片			陶罐	堀, 貝殼		地圖集504
130	河南	潢川	桃園村城址	前漢	4.5萬㎡ (160x280)												陶片	磚片, 燒土		地圖集504
131	河南	潢川	鄂店城址	前漢	600	700				板瓦								房基, 漢墓, 殘磚		地圖集504
132	河南	潢川	楊集城址	漢										瓦片			前漢陶片	漢代墓葬區		地圖集505
133	河南	潢川	崔寨城址	漢														房基, 磚		地圖集505
134	河南	商城	古城村遺址	漢	310(長)	210(寬)								瓦片			陶片			地圖集515

135	陝西	華陰	華倉倉城	戰國,漢	1120	700										鐵幣		倉庫(建築址),水池,水井,水溝,兵器		考與文81-3,考與文82-6
136	陝西	蒲城	古代城址	漢	45	85		繩紋,麻點紋,後期素面板瓦瓦片		繩紋,麻點紋										
137	陝西	澄城	澂邑	漢	1000	1500		瓦		瓦	4	「澄邑漕倉」瓦當 雲紋瓦當					陶片(甕,碗,罐,盆,壺等)	建築基礎,窯址	澂邑	考與文94-4
138	陝西	韓城	夏陽城	秦,漢	1750	1500	大量	大量的筒瓦:粗繩紋,細繩紋:瓦內有布紋和麻點紋.大多數瓦質地密實堅硬,色呈靑灰色(jpg)	大量	大量的板瓦:粗繩紋,細繩紋:瓦內有布紋和麻點紋:大多數瓦質地密實堅硬,色呈靑灰色(jpg)		雲紋瓦當						建築址,磚,瓦窯(秦漢),鐵器製作場,墓地(秦漢)	夏陽	考與文87-6
139	陝西	洛川	古鄜城遺址	秦,漢											「契刀五百」錢範					考與文96-1
140	陝西	甘泉	寨子山城址	秦	220	160		筒瓦		繩紋板瓦							罐,盆,壺			考與文91-5
141	陝西	靖邊	楊橋畔古城	前漢		10余萬㎡									銅器,銅印	〈大泉五十〉錢範		鐵錢場		考與文87-5,文博88-3
142	陝西	楡林	古城灘漢城	後漢晚											銅鏃	半兩錢,五銖錢	陶器	附近有後漢的墓地	龜玆	文76-2
143	遼寧	建平	西胡素台古城	前漢	300	300		外-繩紋,內拍布紋		外-繩紋,內-拍方格紋	1	"安樂未央"圓瓦當				半兩錢,	陶器	明刀,方足布,甕棺墓	賨縣	考87-2
144	遼寧	建平	梨寨營子古城	前漢	125	175						殘片,卷雲紋,瓦當上面塗有紅彩			銅鏃	五銖錢	陶片	方足布,明刀,鐵器		考87-2
145	遼寧	寧城	右北平郡址(黑城)	秦,前漢新	2500北(1800)x2000(800)										銅範		陶器	鐵器,"假司馬","部曲將"印,封泥	平剛	文85-4(文82-2)
146	遼寧	寧城	塔琪營嶂城	漢	170(170)	170(160)											陶片			文85-4(北方87-2)
147	遼寧	喀喇沁旗	北山根嶂址	漢	100x150(東城)	100x150(西城)									銅鏃	半兩錢,五銖錢	陶器			文85-4(北方87-2)
148	遼寧	喀喇沁旗	七家嶂址	漢	200	150										五銖錢	陶器	鐵器,台基,堀		文85-4
149	遼寧	朝陽	柳城遺址	前漢														前漢墓郡(城外東南=袁臺子西漢墓40餘座)	遼西郡柳城有關	文90-2
150	遼寧	阜新	沙巴營子古城	戰國-前漢	周長1350													戰國,秦漢遺物	新安平	六次年會151
151	遼寧	鐵嶺	邱台遺址	前漢	9萬㎡			多細泥黃褐陶.制法:管狀泥筒.個別還見有施瓦釘的圓孔.正面:多施較淺細的繩紋		紅陶/灰陶.面-粗細.不同的繩紋.瓦的外邊淸晰的切割痕	1	泥質黃褐陶.半圓形.正面-四道半環			銅劍,銅帶鉤	貨幣	陶片	鐵器,房址,窖穴,墓葬	望平	考 96-2

152	遼寧	新賓	永陵鎭城址	漢-魏晉	215南	455東	1	外-細繩紋, 內-布紋	10, 殘片	外-粗繩紋, 內-方格紋,布紋	24	雲紋半瓦當 -12分兩式/ 雲紋瓦當, 殘片-5/花 瓣紋瓦當, 殘片-6/文 字瓦當, 殘片-1				五銖錢	陶片		漢玄菟郡 徙遷後 的 郡治	考89-11
153	遼寧	新賓	太子城	後漢-魏晉	周長1425 (13萬㎡)		不明	素面. 瓦色-鮮紅	不明	背-細密的布紋, 正面-繩紋 瓦色-深褐								內城: 梁貊的遺址/ 外城: 高句麗的, 續建, 烽火臺		考92-4
154	遼寧	丹東	靉河尖 古城	漢	約500	約600						"安平樂未央" -證明靉河尖 古城確是 漢安平縣城				五銖錢			安平	考80-6 (考87-2)
155	黑龍	慶華	慶華 故城	戰國, 西漢末	周長約500												陶器	城內的遺址 (戰國早-前漢末)	賓縣	考88-7
156	內蒙	准格 爾旗	廣衍故城	戰國-北魏	87北	390東										大泉五十, 五銖錢, 半兩錢		鐵渣, 泥,石 範. 城外戰國, 前漢的 墓地	廣衍	文77-5
157	內蒙	集寧	克裏孟子營村 古城	前漢	500	200											陶片	建築地, 城外匈奴 墓地, 前漢雁門郡址		文參57-4
158	內蒙	卓資	三道營古城 (西城)	戰國, 前漢-唐	480南	690西													武要	考92-5
159	內蒙	凉城	左尉子村 古城	漢魏-隋唐	800	300											陶片	西北一帶漢魏的 墓地		文參57-4
160	內蒙古	呼和 浩特	塔布禿村 漢城	前漢	850	900		外-拍有繩紋		外-粗繩紋, 陰面-方格紋	多	卷雲文, 素面, 帶文字("萬歲", "與天無極")							武泉	考61-4 (考古 92-5)
161	內蒙古	呼和 浩特	美岱古城 (二十家子 古城)	前漢	23500㎡											五銖錢 半兩錢		封泥, 鐵器 (鐵甲片)	安陶	(考92-5)
162	內蒙古	呼和 浩特	陶卜齊古城	前漢	800	400													武皐	考92-5
163	內蒙古	和林 格爾	土城子南城	漢-北魏	505 (670)	535 (655)		半圓形, 反面-布紋, 麻點紋, 籃紋, 小方格紋, 素面		瓦尾-弧形部稍薄, 反面-繩紋, 草席紋 麻點紋, 籃紋, 布紋, 菱形紋, 亂麻紋, 大小方格紋		紋飾-圍繞 , 中心乳凸 卷雲紋, S紋, 弧線釣曲紋, 分四式		瓦-制法 :用泥條 盤接, 內襯瓦模, 然後拍打成形 紋飾: 繩紋		刀錢, 半兩錢 (漢), 五銖錢		鐵器, 陶文, 窯址, 建築址, 窖穴(文61-9)	成樂	集刊6 (文61-9)
164	內蒙古	和林 格爾	土城子南城					正面-繩紋簡化, 趨向素面. 弧內-小方格紋, 籃紋, 布紋		紋飾:繩紋, 凸麻點紋. 紋樣多於前期. 一般較前期 厚重堅硬		瓦當制法 前期不同. 紋飾: 前期的 影響. 分七式								集刊6 (文61-9) ;

165	內蒙古	和林格爾	榆林城 漢城	漢														武城圖, 莊園圖	武成	考與文85-1
166	內蒙古	武川	廟溝古城	漢	約180	約200												陶片(漢) 銅鏃, 建築址(金元)		考通58-3
167	內蒙古	武川	莎爾墩口子遺址	漢				表-繩紋裏布紋的子母口卷		表繩紋 內方格紋的大型		"富貴未央" 瓦當頭					陶片			考通58-3
168	內蒙古	武川	瓦窯圪旦	漢	面積 80多畝							瓦當頭					陶片			考通58-3:
169	內蒙古	包頭	鳥拉山(內城) 裏城堡(外城)	漢	80	87												陶片(漢)		考59-3
170	內蒙古	包頭	增蔣昌古城	漢	240	315														內蒙3
171	內蒙古	包頭	大餘台古城	漢																內蒙3
172	內蒙古	包頭	孟家梁古城	漢																內蒙3
173	內蒙古	包頭	麻池古城	漢																內蒙3
174	內蒙古	包頭	古城灣古城	漢															蹇泉	內蒙3
175	內蒙古	包頭	城梁古城	漢																內蒙3
176	內蒙古	包頭	梅令山古城	漢														陶片 (漢, 魏)	石門章	考87-1
177	內蒙古	烏拉特前旗	公廟溝口古城堡	漢	140	140												磚		文參56-9
178	內蒙古	烏拉特前旗	哈德門溝古城堡	秦, 漢	150南	250										五銖錢		磚, 陶片, 陶器		文參65-7
179	內蒙古	潮洛旗	朝魯庫輸古城	前漢																考92-5
180	內蒙古	磴口	陶升井古城	前漢	約118 (外城約100)	約118 (外城約 100)		重繩紋 -在外城外兩節泄水陶管露的地面上, 跟瓦當扣合而成			殘塊 2	雲紋-由於時代的特徵, 一進烏蘭布和地區就能看到的.估計瓦當的使用沒有中原發達				五銖錢, 大權五十, 半兩錢	陶片	磚片, 城外前漢末~後漢初的墓地	三封	考73-2
181	內蒙古	磴口	布隆淖古城	漢	約450	約638 東											陶片	磚片, 冶鐵遺址	臨戎	考73-2
182	內蒙古	磴口	保爾浩特古城	前漢	250	200										五銖錢	陶片	磚片, 冶鐵遺址	窳渾	考73-2
183	內蒙古	磴口	雞鹿塞石城	漢	68.5	68.5											陶片	磚片, 石城, 城門		考73-2
184	內蒙古	磴口	大壩溝小石城	漢	22.5	22.5											陶片	石城, 城門		考73-2
185	內蒙古	伊盟郡王旗	紅慶河古城	漢	50	50											陶片	建築址, 城外前漢中墓地		文58-3
186	寧夏	鹽池	張家場古城	秦, 漢	1200	800										貨幣, 王莽錢		城外西南漢代墓	眴衍	文88-9
187	寧夏	固原	古城鄉城	秦, 漢	800	500		布紋		內:乳釘, 麻點, 網格紋		獸頭, 雲紋			銅器			陶水管, 堀	肅關	五次年會,
188	寧夏	固原	固原縣古城	漢											銅刀			城外後漢墓, 陶井圈, 陶水管, 鐵劍		考94-4

189	甘肅	鎭原	彭陽古城址	漢										銅鼎("彭陽"—後漢)				彭陽	文84-4
190	甘肅	天水	樊家城古城址	秦漢-												陶片			考92-11
191	甘肅	夏河	八角城	漢	周長1080 (内城1960)											陶片	磁片(宋)		考與文86-6
192	甘肅	永昌	顯美縣古城	漢													西北後漢墓地	顯美	考與文85-1
193	甘肅	額濟納旗	大灣古堡 (大灣成·A35)	漢	250x350 70-x70-												木管1500餘枚, 銅印, 銅鏃, 竹木器	肩水	考60-1 (文90-12)
194	甘肅	額濟納旗	居延城(大城) (K688)(小城)	漢	500x180 100x145													居延 遮虜	文90-12
195	青海	剛察	南向陽古城	新	90	120													考84-3
196	青海	剛察	立新古城	新	周長140														考84-3
197	青海	剛察	北向陽古城	新	400	300									五銖錢		陶片		考84-3
198	青海	海晏	尕海古城	新	435	463									五銖錢		陶片, 銅鐘		考84-3
199	青海	海晏	三角城	新	659南	630東												西海	五次年會
200	青海	樂度	鎭海堡古城	漢	380	300												臨羌	五次年會
201	青海	共和	唐格木古城	漢	200	200									五銖錢		陶片(漢)		五次年會
202	四川	榮經	嚴道(土城) 故城(資城)	後漢	400x375 300x270												磚片(漢) 陶器	嚴道	五次年會
203	四川	廣漢	雒城	後漢	2400	1800									五銖錢(後漢)		磚, 陶器	雒縣	五次年會
204	四川	西昌	漢土城	漢	500?	500?													集刊3
205	山東	壽光	益都侯城古跡	漢			古址範圍内漢代瓦礫遍地							銅洗, 銅與石錢範	大布黃千				文85-3
206	山東	招遠市	曲成縣故址	漢														曲成	考94-3
207	山東	文登縣	昌陽縣古城址	漢														昌陽	考學57-1
208	山東	高密縣	城陰城古城址	戰國~東漢	1950	1850				21	計21塊(I式~VI式), 有圓瓦當和半瓦當 I式3: 中心作半球狀,圓心凸起,, 外繞弦紋,線一周, 文爲"千秋萬歲". II式2: 均殘,外飾一周弦紋 III飾7: 中心作半球狀, 圓心凸起,, 外繞一周弦紋, 弦紋之外飾四規整的草葉紋和四變形草葉紋. IV式5: 瓦當圓心被兩條平行線分轄成二等份, V式1. VI式3(jpg)			銅鏡, 銅劍, 熏爐, 鋪首, 銅鏃(三棱式外2件) 印章	大布黃千6, 貨布10, 齊之法化8, 齊法化29, 五銖錢 1000餘	壺, 釜	空心磚, 鐵器 (鋤, 犁)		考與文91-5

209	山東	蒼山縣	柞城故址	戰國, 漢		周4000						雲紋瓦當(圖), "千秋萬歲長樂" 瓦當(圖)			印章(荼大夫之璽, 此似戰國官印)	五銖, 大泉五十				文94-8
210	山東	諸城	東武古城	漢															東武	考87-9
211	山東	沂水縣	東安故城	漢															東安	考與文87-6
212	山東	平度市	淳於故城址	漢											鈁 2, 鍾 2, 鼎 1				淳於	考與文94-4
213	山東	棗莊市 安城鄉 方莊村	漢代城址	漢																考與文94-3
214	山東	菏澤城 西北 45華里	離孤城	漢~唐															離孤	考通58-2
215	山東	山東 無棣	陽信故城	漢															陽信	考92-9
216	湖北	湖北 荊州	郢城	戰國晩~後漢	1454北	1400東	多 (最少 48件 以上)	全是泥質灰陶, 分二型三式, A型:瓦內無紋飾和榫扣, 溜肩/B型, 瓦內有紋飾和榫扣, 聳肩或內弧肩	標本 19件	板狀微孤, 有泥質灰陶和紅陶, 分二型三式. A型: 瓦頭較直, 瓦內無紋,外有斜繩紋,瓦身較長 B型: 瓦頭折向外, 內外有紋,分三式	標本 11件	① 半圓瓦當, 4件:素面,外繩紋, 內拍打痕跡 ② 圓瓦當 7件: 根據紋飾的變化分3式		脊瓦1件: 呈∧形, 外繩紋	鏃	銅錢, 王莽錢, 五銖錢	陶器, 井圈	郢縣		江漢80-1, 江漢86-1
217	湖北	湖北 荊門	子陵崗遺址	漢	1000	600	8(分五式) Ⅰ式2, Ⅱ式2, Ⅲ式1, Ⅳ式2, Ⅴ式1	①Ⅰ式: 舌端尖, 瓦身: 繩紋, 內: 布紋/舌端尖微, 上翹, 瓦舌: 瓦楞紋, 瓦身: 繩紋, 內:布紋 ②Ⅱ式:舌尖近, 圓面:繩紋, 內: 布紋/瓦舌較長, 微上抬, 面:繩紋, 內: 布紋 ③Ⅲ式:舌尖端上折,面:繩紋, 內:布紋 ④Ⅳ式:, 瓦舌較長舌尖方平, 面:繩紋/舌尖方平, 略有翹度,瓦身上端: 素面, 下端: 繩紋, 內面: 橫道繩紋 ⑤Ⅴ式:半筒狀, 瓦舌較 短, 面:繩紋, 內:布紋	4	①泥質灰陶, 瓦頭:平面微高於瓦身 上端:指甲紋間弦紋 下端: 繩紋 內面: 麻點紋 ②泥質灰陶, 瓦頭: 平面微低於瓦身, 素面, 瓦身: 間斷繩紋, 內面: 布紋 ③泥質灰陶, 面: 繩紋, 內面: 葉脈紋 ④泥質灰陶, 面: 繩紋, 內面: 斜方格紋	3(分) 二型	①半瓦當: 面-卷雲文, ②圓瓦當: 面-雲紋/殘缺, 面-雲紋			銅蓋弓帽		陶器, 井圈	鐵器, 鐵釘		考古1993-11

218	湖北	湖北 鍾祥	豐樂鎭古城	漢													陶井圈		竟陵	江漢80-1
219	湖北	湖北 洪湖	大城濠	前漢		500 x280	殘片 2	①泥質灰陶, 表面飾斜繩紋, 裏面印布紋 ②泥質灰陶, 唇部下斂並經旋轉加工, 一側削齊, 表面飾直繩紋,裏面印布紋	殘片 1	泥質灰陶, 表面飾斜繩紋, 裏面印方塊紋	殘片 1	圓形, 泥質灰陶, 邊廓較厚, 當面下凹, 飾雲紋					陶器		州陵	江漢92-4
220	湖北	湖北 洪湖	萬鋪堤遺址	前漢	480	420 (面積約 20.16萬㎡	殘片 1	泥質灰陶, 唇部下斂並經旋轉加工, 一側削齊, 表面飾直繩紋, 裏面印布紋	殘片 1	泥質灰陶, 表面飾斜, 直交錯繩紋, 有重疊現象					銅器		陶器	鐵器		江漢92-4
221	安徽	安徽 亳縣	城父集故城	秦末															城父	文物78-8
222	安徽	安徽 宿縣	蘄縣集古城	戰國, 漢		1000										蟻鼻錢	陶片	"蘄城宋父" 楚印	蘄縣	文物78-8
223	安徽	安徽 阜陽	阜陽城	前漢				筒瓦內外通體麻布紋, 皆爲靑色泥質		板瓦外爲直排或斜排粗繩紋, 內爲素面, 皆爲靑色泥質		瓦當顔色可分爲靑灰色, 灰色, 灰褐色, 紋飾多爲卷雲紋爲主, 雲紋瓦當較多, 尤以當面中央紋飾變化較多. 文字瓦當爲其次: 女陰宮當瓦當, 安樂□貴, 安樂富貴, '蘑菇' 形雲紋瓦當, 卷雲紋瓦當							汝陰	考與文96-5
224	浙江	浙江 安吉	安吉古城	漢															鄣城	考96-7
225	江西	江西 都昌	(梟+邑)陽城址	漢	約1k㎡			繩紋筒瓦				卷雲紋瓦當, 萬歲瓦當			銅鏡	五銖錢, 貨泉	陶罐, 缸形器, 缽		(梟+邑)陽	考古83-10
226	江西	江西 新建	昌邑古城	漢?	600	400				粗繩紋板瓦: 有灰色和紅色兩種. 表面皆有粗繩紋, 裏面無紋飾					銅鏡			鐵劍, 刀	海昏侯	考古60-7
227	湖南	湖南 衡陽	酃湖遺址	漢																考古84-10
228	湖南	湖南 寧遠	舂陵古城	前漢	200	160		繩紋		繩紋									舂陵	考古78-4
229	湖南	湖南 寧遠	冷道故城	漢	130 北	180東	大量	繩紋	大量	繩紋									冷道	考古78-4
230	廣西	廣西 全縣	洮陽故城	漢	約300	約100		繩紋		繩紋									洮陽	考古78-4
231	福建	福建 崇安	城前漢城	漢	550	860													冶縣	文物85-11
232	陝西	陝西 西安	漢長安城	前漢	5940東	6250南													長安	文物81-1
233	陝西	陝西 西安	杜陵邑	前漢	1100	500											陶器	玉器	杜陵	文叢6

234	陝西	陝西 臨潼	芷陽城遺址	戰國~前漢晩				筒瓦		板瓦		山字紋瓦當, 長樂未央瓦當, 長生無極瓦當, 雲紋瓦當, 動物紋瓦當, 樹葉紋瓦當			銅箭頭	五銖錢, 半兩錢, 王莽錢	陶器	鐵器, 大型水道, 井圈		考與文87-4
235	陝西	陝西臨潼	新豐城址	秦漢	600	670		外飾繩紋, 內飾麻點紋,布紋(jpg); 有印文"宮耿"(jpg)		外飾粗繩紋, 內飾布紋(jpg); 有"王"字戳印(jpg)		①圓瓦當: 均爲雲瓦當, 瓦當中心分紋別爲菱形紋, 方格紋, 三角紋(jpg), 有戳印 '宮屯'(jpg)②半瓦當 : 均素面, 外飾細繩紋, 內飾大麻點紋, 有印文(jpg)			銅弩機, 鏃	五銖錢	盆, 罐	鐵削	新豐	考93-10
236	陝西	陝西 咸陽	長陵邑	前漢	2040(西)	1300(北) 1194(南)													長陵	考87-1
237	陝西	陝西 咸陽	安陵邑	前漢	1643	705						長陵東當瓦當, 長陵西當瓦當							安陵	考81-5
238	陝西	陝西 咸陽	平陵邑	前漢		867X380									銅鼎	五銖錢	陶器	鐵器	平陵	文叢6
239	陝西	陝西 咸陽	陽陵邑	前漢																文物92-4
240	陝西	陝西 興平	茂陵邑	前漢	1500	700												玉器	茂陵	文物92-4
241	陝西	陝西 淳化	雲陵邑	前漢	370	700									銅器	五銖錢			雲陵	考古與文物82-4
242	陝西	陝西 扶風	岐陽城	戰國~北魏	850 北	500西									三棱銅鏃				美陽	文博84-3
243	陝西	陝西 扶風	邰城遺址	秦漢				粗繩紋瓦				雲紋瓦當								考與文 96-6
244	陝西	陝西 鳳翔	南古城(古城台)	前漢	254北	287南														考古與文物80-4
245	陝西	陝西 隴縣	鄭家溝城址	漢															汧縣	文博90-5
246	陝西	陝西 丹鳳	丹鳳縣古城	秦漢	2000	600													商縣	文博81-3
247	江蘇	贛榆縣	李城子遺址	漢	1500㎡							雲紋圖案與繩紋瓦當			三棱式銅鏃	大布黃千, 大泉五十, 五銖				考64-1
248	江蘇	贛榆縣	鹽倉城遺址	漢				素面飾繩紋, 裏面飾布紋的瓦片									繩紋陶片		贛榆	考62-3
249	江蘇	東海縣	羅莊古城	漢	500	500		繩紋筒瓦		繩紋板瓦					三棱式銅鏃	銅錢	繩紋陶片, 紅陶片		東安	考64-1
250	江蘇	揚州	吳邗城, 楚廣陵城, 漢棱城	春秋~漢				繩紋瓦片											廣陵, 漢鼻城	考79-9, 文87-1
251	江蘇	泗洪縣	霸王城	漢	1000	1300		灰色繩紋筒瓦				雲紋瓦當					灰陶繩紋大缸, 罐, 素面陶豆	残窯腔, 窯汗		考64-5

252	江蘇	洪澤縣	越城	漢	500	200											陶片			考64-5
253	江蘇	盱眙縣	古城崗	漢	600	800											大缸, 圜底罐, 豆, 盆,	花磚		考64-5
254	江蘇	盱眙縣	東陽	秦漢	838(東)	933(南) 862(南)				均呈灰色, 表面飾平行粗繩紋, 內模印布紋, 方格紋, 斜方格紋, 圓釘紋 (這種板瓦曾見於西漢遺址, 時代約當西漢中期)		①半瓦當: 皆深灰色, 數量極少, 均以樹木紋主體, 兩側配以S紋或渦紋 (這種半瓦當極似戰國末期臨淄城出土的瓦當, 這裏的當爲秦代) ②圓瓦當: 數量最多, 主要是卷雲紋, 雲紋的變活多樣, 雲紋圓瓦當主要盛行于秦漢時期, 此外一件獸面紋圓瓦當(秦代)(圖)				蟻鼻錢, 五銖錢, 半兩錢	盆, 甑, 豆等的陶器	花紋磚	秦漢-東陽城	五次年會
255	江蘇	鹽城縣	麻瓦墳	周, 漢	1000	1500		瓦面上有粗繩紋, 細繩紋, 布紋等		瓦面上有粗繩紋, 細繩紋, 布紋等		一般直徑15㎝左右, 中有鈕, 外有邊, 紋飾有雲紋, 如意紋, 葉雲紋, 三角紋, 蛋紋等 10餘種(圖)			鐵犁, 鐵斧, 鐵武器, 銅鏃, 乳釘紋的鐵器, 銅模	蟻鼻錢, 五銖錢, 半兩錢	陶器	陶井圈	鹽瀆	考64-8
256	甘肅	高臺縣	駱駝城古城	漢-唐	30萬㎡													附近發掘 3000餘 墓葬	表氏	考古03-6
257	湖南	湘西自治州 山縣裏耶鄉	裏耶古城	戰國, 秦, 漢	殘寬103 ~107	210.4													秦: 遷陵縣城 / 漢: 酉陽縣	考古03-7
258	山東	章丘市, 濟南市	東平陵故城		1900	1900						瓦當			銅器			首飾, 建築材料	東平陵	文物97-4
259	山東	淄博市 臨淄區 齊都鎭	齊國古城															漢代鑄鏡 作坊址		考古04-4
260	四川	重慶市 雲陽縣	李家壩遺址	商周, 兩漢, 六朝, 唐宋, 明淸	約1300	約100 ~500		筒瓦		板瓦					銅器	五銖錢, 半兩錢	陶器	兩漢的房屋建築, 灰坑, 墓葬/鐵器, 琉璃器, 石器		考古04-6
261	湖北		赤壁土城	戰國, 前漢														墓葬		考古04-10
262	山東	費縣	防故城遺址	東周 至漢	440	370	較小	正面: 繩紋, 唇沿成斜面 / 唇面: 素面, 麻點紋	多	正面: 繩紋, 瓦溝紋 / 背面: 素面, 瓦溝紋, 布紋					銅鏃等有銅器		陶器	城牆, 墓葬	華縣	考古05-10
263	山東	防故城遺址	華城南城	漢	50萬㎡									瓦片	銅三足提梁壺	莽幣"一刀陶片平五千"		磚		考古05-10

264	廣東	澄海市	澄海龜山漢代建築遺址	漢	面積 4000餘㎡			泥質陶. 陶色-紅, 灰, 灰黑, 橙紅, 褐	極多	長方形/泥質陶/內-麻點, 布紋, 菱格紋, 素面	46	泥質陶/紅, 褐, 橙黃, 灰等/分爲3型 A型-19件, 卷雲紋, 箭鏃紋. B型-4件. C型-26件					陶器	房址, 建築材料		文物04-2
265	廣東	徐聞縣 五裏鎮	徐聞縣遺址	漢	350㎡			A型-橫斷面呈半圓形, 分2式. B型-惟瓦頜爲. 瘦高窄頜, 頜口兩側邊緣呈弧狀		泥質灰陶, 斷面成弧形, 表面淺細繩紋	7	分4型/			銅印"田", "陳固私印"			墓葬, 灰坑, 房址, 水井		文物00-9
266	河南	新安縣	漢函谷關倉庫遺址	漢	10㎢					泥質灰陶		呈圓形, "關", 有的外飾凸弦紋				五銖錢, 貨泉				文物00-10
267	河南	洛陽市 新安縣	西漢建築遺址	前漢						分2式 ①表面-飾粗直繩紋後斜繩紋, 裏面-粗布紋 ②表面和瓦裏-細繩紋, 瓦頭處抹平	5	2件-"伊壽亦王"/3件-雲紋, 圓形, 分3式								文物00-10
268	山東	威海市	冶鐵遺址	漢														鐵钁		考古97-5
269	湖南	常德市	磚窯遺址	後漢														窯址, 磚		考古97-7
270	新疆	吐魯番	交河故城																	考古97-9
271	遼寧	綏中縣	"姜女石" 秦漢建築群址	戰國-漢	9㎢			表面-繩紋, 反面-麻點, 布紋		素面-繩紋, 反面-麻點紋		半瓦當, 圓瓦當/卷雲紋加貝, "千秋萬歲"						秦代的瓦當, 板瓦, 筒瓦		考古97-10
272	陝西	鳳翔縣	汧河碼頭倉儲建築遺址	前漢	33	216m (面積 7200㎡)	54	4件-泥質紅陶, 其餘均泥質灰陶. 整體呈半圓形筒狀	24 .	1件-泥質紅陶, 其餘均泥質灰陶. 瓦面呈弧狀, 形式差異不大	275	泥質灰陶. 雲紋瓦當/"長生未央" -266件			銅鏃	五銖錢 貨布		磚, 鐵工具		考古05-7
273	山東	昌樂縣	謝家埠遺址	新-兩漢, 隋唐	200	400								窯室內瓦片, 墓葬內瓦片				陶窯, 墓葬		考古05-05
274	貴州	安順市	甯穀漢代遺址	戰國, 秦漢	9萬㎡		數十件	大部分殘片, 多爲泥質灰陶/有3件-子母口, 長筒半圓形, 表面-繩紋	數百件	大部分殘片/1件-泥質灰陶, 表面:繩紋, 內:布紋	17	1件-面:雲紋, 麥穗紋/6件-車輪紋瓦當, 面:車輪形紋,. 後:筒瓦/10件-"長樂未央" 後:繩紋筒瓦			銅器	五銖錢, 半兩錢	陶器	鐵器, 木器/窯址, 墓葬 內出土好多遺物		考古04-6
275	福建	武夷山市	城村西漢窯址	西漢	225㎡			與板瓦類同		粗繩紋, 凹面飾凸麻點, 麻點, 繩紋/有的內印文字	6	1件-當面:卷雲紋, 紅陶						窯址		考古03-12
276	福建	福州市	新店古城	戰國, 漢	東 287	北 310	1	泥質紅陶, 外:繩紋, 內:乳釘紋									陶器	戰國晩期的冶城煉鐵爐遺址		考古01-3

277	福建	福州市	屏山	漢			大量	筒瓦	大量	板瓦	4	龍鳳紋"萬歲"/"萬歲未央"/"萬歲"/雲紋								考古01-3
278	河北	天津市 武淸縣	蘭城遺址	戰國, 東漢	500	600	較多, 多爲殘片	分三型	較多, 多爲殘片	分三型	8件-完整的/多爲殘塊	3件-雙夔龍饕餮紋半瓦當/2件-卷雲紋半瓦當/2件-雙龍紋/半瓦當/1件-山雲紋半瓦當/卷雲紋圓瓦當-分2式/4件-大樂昌富圓瓦當/1件-樹木卷雲紋/1件-"千"字			銅器	銅錢	陶器	灰坑, 灰溝	雍奴	考古01-9
279	河北	懷來縣小南辛堡鄉	大古城遺址	戰國, 秦漢	大城 500x900 (45萬m²)	小城 14. 2萬m²	14	泥質灰陶/內-布紋, 外-粗繩紋	1	泥質灰陶/素面, 平面呈梯形	6	均泥質灰陶/分二亞型			銅器		陶器	鐵器, 骨器, 石器	沮陽	考古01-11
280	陝西	尾縣第五村	成山宮遺址	秦漢	600	1000		灰色夾細砂. 內:布紋, 背前:直行繩紋		靑灰夾細砂. 內:光素, 背:菱形組合排列的粗繩紋	120餘	半圓, 大半圓, 圓/素面, 圖像, 圖案, 文字/"長樂未央", "成山"				五銖錢		磚/成山宮行燈/陳倉成山宮鼎		考古98-6
281	廣東	樂昌市武江	洲仔秦漢城址	秦漢																考古00-6
282	靑海	平安縣 古城鄕	古城遺址	前漢														墓葬 (陶器, 銅器)		考古02-12
283	甘肅	武威	前漢武威郡	?															休屠	考古98-5
284	山東	山東滕州市	薛國故城	?															薛國	考古99-5
285	湖北	蘄春縣 城漕河 鎭	蘄春縣 城故址 (羅州城)	漢	東263, 西349	南450, 北314		多爲泥質灰陶, 少數爲泥質橙, 黃色有深灰和, 淺灰的區別火候較高, 瓦面均拍飾繩紋, 背面多有細麻布紋. 瓦頭與瓦身斜 弧相連		均爲泥質淺灰陶, 瓦面多斜向拍印繩紋,, 有的背面亦拍繩紋,, 有的瓦面爲素面, 瓦唇稍厚鈍							罐, 豆, 盆, 鬲	陶井圈	蘄春縣	考古99-8
286	湖南	漵浦縣馬田坪鄕良家坡村	義陵縣舊址	前漢															義陵縣	文物資料叢刊10
287	廣西	興安縣	秦城(越城)	秦漢	246	156														中國考古學鑒 1992

| 지은이 약력 |

이현혜李賢惠(YI, Hyun-Hae)

한림대학교 사학과 교수

한국고대사 전공

문학박사(이화여자대학교)

대표저서 : 『삼한사회의 형성과정연구』(일조각), 『한국고대의 생산과 교역』(일조각)

정인성鄭仁盛(JUNG, In-Seung)

영남대학교 문화인류학과 조교수

도쿄대학교 문학부 고고학연구실 박사학위 취득

한국 역사고고학 전공(세부전공 : 낙랑, 고구려 고고학)

대표논저 : 『일본소재 고구려 유물』 1(동북아역사재단, 2008), 「낙랑토성의 철기와 제작」, 『낙랑문화연구』(동북아역사재단, 2006), 「낙랑토성의 토기」, 『韓國古代史研究』 34(한국고대사학회 편, 2004) 외 다수

오영찬吳永贊(OH, Young-Chan)

국립경주박물관 학예연구관

한국고대사 전공

문학박사(서울대학교)

대표저서 : 『낙랑군연구』(사계절), 『낙랑』(솔출판사, 공저)

김병준金秉駿(Kim, Byung-Joon)

한림대학교 사학과 교수

중국고대사 전공

문학박사(서울대학교)

대표논저 : 『중국고대 지역문화와 군현지배(일조각), 「중국고대 간독자료를 통해 본 낙랑군의 군현지배」(『역사학보』 189), 「漢代 묘장분포의 변화」(『중국고중세사연구』 15)

이명선李明善(YI, Myong-Sun)

일본 立命館大學 역사도시 방재연구센터 박사후연구원

도쿄대학교 공학부 건축학연구실 박사학위 취득

문화재학 전공(세부전공 : 건축문화재 역사)

대표논저 : 「한국의 건축문화재 성립과정에 관한 연구」(박사학위논문, 2003), 「조선고적조사와 고적 및 유물보존규칙에 대하여」(『일본건축학회 논문집』 2004) 외 다수